U0904888

斜拉桥

——世界范围内 40 年的理论和技术

［德］Holger Svensson　著
张戎令　王学伟　王　亚　冷　冰　译
杨子江　审

人民交通出版社股份有限公司
China Communications Press Co.,Ltd.

内 容 提 要

本书由德国德累斯顿大学 Holger Svensson 教授编著，其在国际桥梁领域具有很高的知名度，原版于 2012 年由威利出版社出版。本书总结了世界范围内 40 多年来斜拉桥的发展，系统介绍了斜拉桥的发展概述、发展历史、斜拉索、斜拉桥的一般设计、斜拉桥的施工、典型斜拉桥实例，并对斜拉桥未来的发展进行展望。

本书可作为桥梁工程技术人员的参考书，也可供相关技术人员和大专院校师生参考使用。

图书在版编目(CIP)数据

斜拉桥——世界范围内 40 年的理论和技术 /
[德] Holger Svensson 著；张戎令等译. —北京：
人民交通出版社股份有限公司，2018.10

ISBN 978-7-114-13828-7

Ⅰ. ①斜… Ⅱ. ①Holger… ②张… Ⅲ. ①斜拉桥
Ⅳ. ①U448.3

中国版本图书馆 CIP 数据核字(2017)第 312180 号
著作权合同登记号 图字：01-2018-6624

书　　名：斜拉桥——世界范围内 40 年的理论和技术
著 作 者：[德] Holger Svensson
译　　者：张戎令　王学伟　王　亚　冷　冰
责任编辑：李　喆
责任校对：刘　芹
责任印制：张　凯
出版发行：人民交通出版社股份有限公司
地　　址：(100011)北京市朝阳区安定门外外馆斜街 3 号
网　　址：http://www.ccpress.com.cn
销售电话：(010)59757973
总 经 销：人民交通出版社股份有限公司发行部
经　　销：各地新华书店
印　　刷：北京印匠彩色印刷有限公司
开　　本：787×1092　1/16
印　　张：34
字　　数：797 千
版　　次：2018 年 10 月　第 1 版
印　　次：2018 年 10 月　第 1 次印刷
书　　号：ISBN 978-7-114-13828-7
定　　价：265.00 元
(有印刷、装订质量问题，由本公司负责调换)

作 者 简 介

Holger Svensson 在工程设计、施工，以及世界各地的斜拉桥和其他大跨度桥梁的监理等方面拥有丰富的经验。

在德国，他参与了 Kocher 峡谷桥的校核和 Flehe 斜拉桥的详细设计。

在美国，他设计了几座斜拉桥：帕斯科—肯纳威克大桥（混凝土桥）、东亨廷顿大桥（混凝土桥）、阳光大道桥（组合结构桥）、伯灵顿大桥（组合结构桥）和跨越休斯敦航道的贝敦大桥（组合结构桥）。

在挪威，他负责海尔格兰大桥的设计；在苏格兰，他为利文河大桥的设计提过建议。两桥均为混凝土斜拉桥。

在瑞典，他曾担任过 Höga Kusten 悬索桥（主跨 1210m）、Sunningesund 桥和 Ume Älv 组合斜拉桥的监理工程师。

在澳大利亚，作为澳大利亚国际发展署的成员，他为格里布岛悉尼混凝土斜拉桥和越南 My Tuan 桥的设计提过建议。

作为亚洲开发银行的国际专家成员之一，他评估了由亚洲开发银行资助建设的破纪录的组合结构斜拉桥杨浦大桥（主跨 602m，中国上海）的设计与施工。

在中国香港，他对大屿山机场的汲水门大桥的设计和施工提出了建议。他也负责德国和其他地方几座主要梁桥和拱桥的设计。

Prof. Dipl. -Ing. Holger Svensson

职业工程师，注册工程师，结构工程资深专家

1945 年出生于德国汉堡

1969 年毕业于德国斯图加特大学

2009—2011 年间任讲师，2012 年至今是德国德累斯顿大学斜拉桥领域的教授

1970—1971 年在南非和博茨瓦纳的投资人瑞格那里任职

1972—2009 年 LAP 的设计顾问工程师和监理工程师，主要是斜拉桥方面

1992—2009 年任执行理事

1998—2008 年任执行委员会发言人

2009 年任董事长

2010 年开始任独立的顾问工程师

任职

现任：柏林德国工程师协会会员；美国职业工程师；英国资深注册工程师。

曾任：南非土木工程学会会员；加拿大职业工程师；中国香港工程师协会会员；澳大利亚昆

士兰注册专业工程师;马来西亚职业工程师。

会员身份

2003—2011 年任国际桥梁与结构工程协会副主席;德国铁路桥梁顾问委员会委员;德国桥梁奖评审委员;德国结构工程奖委员;德国修道院建筑文化委员。

出版物

发表了 100 多篇文章,进行了 180 多场学术报告。

《斜拉桥——世界范围内 40 年的理论和技术》的作者,该书德文版在 2011 年由 Ernst & Sohn 出版社出版,英文版在 2012 年由 Wiley-Blackwell(威利)出版社出版。

荣誉

1999 年获英国土木工程师学会詹姆斯·瓦特奖章;

2000 年获伦敦结构工程师学会亨利赫斯本德奖;

2011 年获德国混凝土协会 Emil Mörsch 纪念勋章。

译者简介

张戎令，1984 年出生，内蒙古人。工学博士，教授，硕士生导师。

获甘肃青年五四奖章。

入选青年人才托举工程、飞天学者特聘计划——青年人才和陇原青年创新人才。

陇原青年创新人才(团队)项目——干寒大温差地区材料耐久性与结构全寿命关键技术及应用学术带头人。

甘肃省高校协同创新科技团队——干寒地区道桥灾害防治技术学术带头人和首席专家。

兰州交通大学西北干寒地区材料与结构耐久性优秀科研团队学术带头人。

长江学者和创新团队发展计划滚动支持项目主要参与人。

主持或参与省部级科研项目 11 项、国家自然科学基金 4 项、工程建设科研服务项目 18 项、参加各种混凝土工程技术攻关和应用 20 余项。

先后获得省部级鉴定和验收成果 9 项、获得省部级以上科研奖励 7 项(第一完成人 2 项，甘肃省教学成果一等奖 1 项，省级科技进步二等奖 1 项和三等奖 2 项，中国铁道学会科学技术二等奖 1 项和三等奖 1 项，中国铁道建筑总公司三等奖 1 项)。

参与科研项目“新建兰新铁路第二双线工程(新疆段)”获中国土木工程詹天佑奖和创新集体奖。

获批授权专利 8 项(发明专利 3 项)。

参编《既有混凝土结构耐久性评定标准》国家标准和《铁路桥梁钢管混凝土结构设计规范》行业标准各1部、出版专著1部。

发表学术论文123篇,被SCI、EI收录19篇。

参与西北地区多项重大基础设施建设科研攻关。如兰新高铁、库格铁路、白明高速公路、敦当高速公路、青藏高速公路等工程的重难点项目的科技攻关,并取得了良好的社会经济效益。

主要研究领域:干寒大温差地区材料耐久性与结构全寿命关键技术及应用。

致　谢

作者非常感谢德累斯顿大学提供举办关于斜拉桥讲座的机会,尤尔根·斯特兹科教授是这一讲座的最早发起者。感谢混凝土结构研究所所长曼弗雷德教授与钢结构和木结构研究所所长理查德·施特勒特曼教授两位教授长期以来的支持和帮助,同时感谢在讲座视频录制准备工作中乌维罗伊特博士和硕士生彼得所做的大量工作。

在数据资料收集过程中,作者非常感激同事们给予的慷慨帮助:美国的查尔斯博士提供了关于尼恩堡桥的信息,雅克·康博特先生提供了关于安提利翁大桥的信息,让·玛丽·克莱莫先生提供了关于本阿罕和米劳大桥的信息,圭多摩根罕教授提供了关于昂船洲和苏通大桥的信息,克劳斯博士提供了关于法国早期斜拉桥的信息,米歇尔·维洛热先生提供了关于诺曼底大桥的信息。工程师维尔纳·布兰德(德国),张先生(韩国),汉斯·鲁道夫·甘兹博士(瑞士),埃里克·梅利耶先生(法国),克里斯蒂安·布劳恩博士(德国),马塞尔博士(瑞士),弗里德·黑尔姆先生(英国)及田中由人博士(日本)等提供了大量的斜拉桥的信息。书中提及的其他资料,尤其是图示和照片都来源于作者和 LAP 的档案资料。

出版商威廉·埃尔恩斯特索恩和布莱克·威利的克劳迪娅·奥济梅克编辑给予了大量有益的支持,苏菲女士在排版工作中做了大量工作,尤塔贝亚特·穆茨女士为书籍的印刷做了大量工作。

除了圭多摩根罕教授所完成的动力学部分,作者将这本书其他章节翻译成英文。英国的保罗·贝弗利先生对翻译内容进行了审查和完善。完整的德语和英文版由伊娃·加斯曼女士打印并且所有的图表和英文翻译是由米蕾·拉博伊特尔女士完成;作者衷心感谢他们不可或缺的技能和耐心。

英文版前言

在世界范围内,当前斜拉桥正处在一个快速发展的阶段。截至1986年约有150座斜拉桥,但到2012年,斜拉桥数量增加到1000多座。斜拉桥跨径也有较大的突破,1975年,斜拉桥跨径可达404m,1995年跨径达到856m,目前斜拉桥最大跨径为1104m,但该跨径还远未达到其极限跨径,如今已设计出主跨达1800m的斜拉桥。由于大跨悬索桥在工程造价上的局限性,斜拉桥已成为世界范围内桥梁工程师们关注的焦点。

本书面向有经验的工程师和学生。该书是自2009年以来,由德累斯顿大学第七、八学期的桥梁工程系学生在斜拉桥课程讲义的基础上发展而来的。

本书基于作者40年的工程经验,编著内容涵盖了设计、施工和作者认为比较重要的现场施工的一些工程处理方法。另外通过350个引用给出了更多细节方面的信息。

这本书讲述的重点内容可分为以下几部分:

—斜拉桥的发展历史;

—斜拉桥的重要组成部分:梁、塔、索的细部构造;

—斜拉桥的初步设计,给出了合理的受力分布、容许的设计尺寸及设计校核;

—斜拉桥的安装阶段与成桥阶段具有同等重要的作用。

除涉及斜拉索尺寸的标准外,没有涉及其他标准。由于涉及的桥梁分布在世界范围内,其设计标准有所不同,包括德国标准、欧洲标准、美国标准、英国标准及其他标准。在世界范围内,设计因素的控制法则是相同的。

斜拉桥的选择较为主观。该书主要包括的斜拉桥种类有:

—作者参与或LAP参与的斜拉桥。

—具有独特构造细节的斜拉桥;

—创造跨径纪录的斜拉桥。

该书探讨了已建成的斜拉桥结构,关于他们所关心的问题和建议不在本书范围内。

本书含有近1300张图,大部分为彩图,作者认为一张好的图片比任何描述都有意义,特别是桥梁外观和结构形式。

作者作为一名桥梁工程师,参与了许多桥梁的设计与建设,这将有助于提高工程师们的共识,然而这一点却常被工程师们所忽视。可靠的工程师通常也是被公认的参考文献的作者。当然一座桥不是一个人的工作,需要一个团队的配合,为了成功地完成一项桥梁工程项目,需要业主工程师和现场工程师相互信任。

Holger Svensson, Zeuthen

2012 年

中文版前言

作为一本旨在简明、易懂地传授斜拉桥知识的著作，这本图书一经出版就流行于世界各地，不仅被翻译成各种语言，还被许多高等院校、研究院所等用作研究生的教学教材和设计人员设计斜拉桥的参考书。

2015 年，译者开始对《Cable-Stayed Bridges 40 Years of Experience Worldwide》进行翻译，并于 2017 年完成初稿，将其译名定为《斜拉桥——世界范围内 40 年的理论和技术》。本译本根据《Cable-Stayed Bridges 40 Years of Experience Worldwide》的原文进行翻译。本次翻译除了正文内容外，还翻译了其他介绍章节、附录等。但为了保证原参考文献便于参考和索引，原书中的参考文献没有翻译而保持原样。

本书的翻译过程中并非一蹴而就，关于书的选取，译者在加拿大访学期间，对大量书籍进行了筛选，所选书籍近千本，由于该书厚重的知识积累、图文并茂的解释说明、桥梁形式囊括了世界上典型的斜拉桥以及原著作者博学的知识和丰富的工作经历深深地折服了译者，因此选择了本书进行翻译。由于该书近 500 页，涉及系统的斜拉桥发展、经历和相应的技术，翻译工作量非常大，同时由于译者的水平有限，翻译过程一直持续了两年多。为了保证翻译的质量和效果，对本书进行了多次校对，同时由原著的黑白印刷改为彩色印刷，虽在出版成本上增加了很多，但考虑到本书是原著者一生的学术积淀和凝练以及对读者的受益程度，译者认为是非常值得的。

本书共 7 章和 1 节附录，张戎令进行了全书的初稿翻译。其中第 3 章、第 4.1 节 ~ 第 4.3 节、第 6 章由张戎令完成；第 2 章、第 4.5 节由王学伟完成；第 1 章、第 7 章、附录由王亚完成；第 4.4 节、第 5 章由冷冰完成。全书由张戎令统稿，杨子江教授对本书进行了审核。

本书在翻译过程中，得到了中国科协青年人才托举工程、飞天学者——青年学者、陇原青年创新人才扶持计划、中国博士后科学基金资助项目(2016M602892)、长江学者和创新团队发展计划(IRT_15R29)、甘肃省高校协同创新科技团队支持计划(2017C-08)、甘肃省基础研究创新群体项目(145RJIA332)、陇原青年创新人才(团队)项目和兰州交通大学(201606)诸多优秀平台的共同资助。翻译期间，薛彦瑾、熊赳、李浩师、顾晓宇、杨志莹等研究生对书籍图表、文字的校对和排版投入了大量时间；在多次校对过程中人民交通出版社股份有限公司李喆进行了非常认真的修改和校对；我的博士后导师杨子江、博士导师王起才给予了大量的指导和帮助；同时在加拿大渥太华做访问学者期间得到驻加拿大使馆公使衔教育参赞杨新育、加拿大渥太华大学 Z. Jason Zhang 教授的支持，在此一并表示深深的感谢！

由于译者水平有限，书中难免存在不妥之处，敬请读者指正，译者邮箱：zhangrl@mail.lzjtu.cn。

译　者

2018 年 10 月

目　　录

第1章　绪　　论

1.1　设计原则

1.1.1　综述

如图1.1所示为斜拉桥及其他桥型的跨径和造价比较，其跨径比连续梁桥和拱桥大，比悬索桥小。

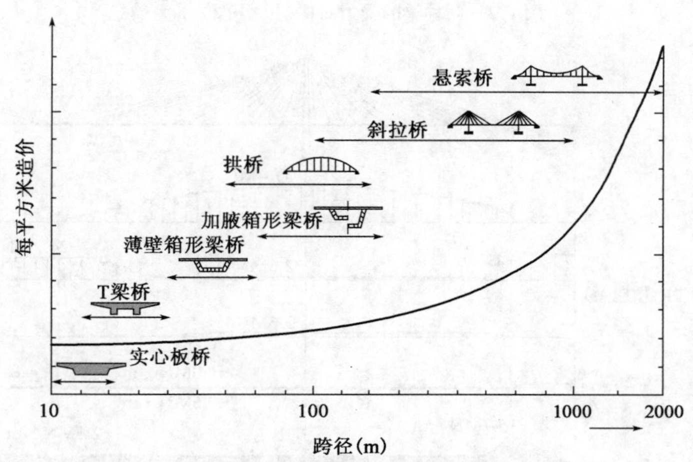

图1.1　斜拉桥及其他桥型的跨径和造价对比

从经济角度而言，跨径100m左右时可以采用单塔式斜拉桥，1000m左右时可以采用双塔式斜拉桥。

斜拉桥的主要优点：

首先，通过斜拉索的荷载传递，主梁弯矩大大减小，见图1.2。通过安装预设长度精确的斜拉索，可以得到由斜拉索锚点支撑的主梁边界条件，这可使永久荷载产生的力矩减小，如图1.3所示。

即使在活载作用下，斜拉索对主梁的弹性支承也会使其弯矩值保持在较小的变化范围内。

在主塔竖向支座的上方会产生负的活载弯矩(包括在主塔附近的区域)，该活载弯矩可通过斜拉索的支撑来抵消。最大的正、负弯矩位于边跨近桥墩的位置，由于该处剪切力较小，该位置需要特殊处理措施。

边索索力在水平向产生的荷载最大，如图1.3所示，因此，主梁轴向力在主梁端部增加较快，靠近主塔位置时增长速度相比主梁端部慢，且在此处达到最大。压应力对混凝土梁是有利的。在桥梁中心位置处由索力引起的主梁轴向压力较小,需要设置后张拉预应力,同时需要克服摩擦力、制动力等。

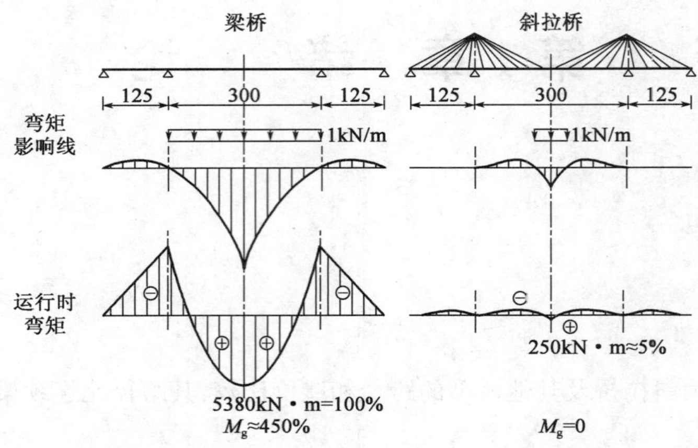

图 1.2　两种梁的受力对比(尺寸单位:m)

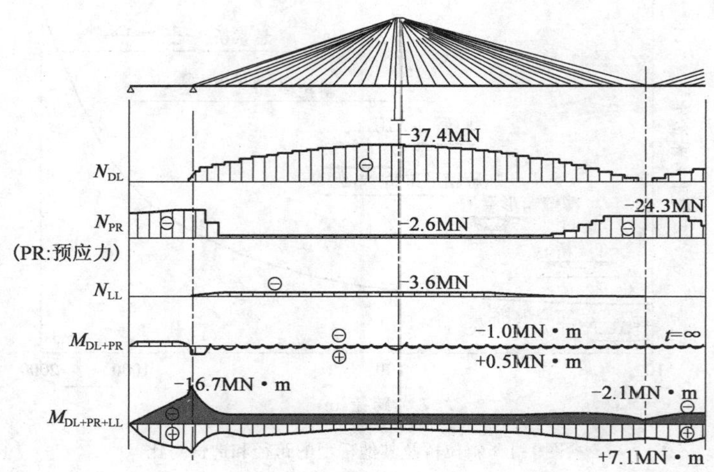

图 1.3　斜拉桥主梁的弯矩和轴力

钢梁横截面只需要很少的构造措施即可满足主梁的整体压应力要求。

斜拉桥的另一个优点是易建造,见图 1.4。

在拱桥安装到合龙及水平支承锚固前,大跨径拱桥整体结构处于不稳定状态,必须设置临时支承,如辅助墩或临时搭背。

自锚式悬索桥适用于当水平锚固处于恶劣的地质条件,其工程造价不经济的情况,其需设置临时支承来支撑主梁,直到主索安装就位。

对于斜拉桥而言,主梁自由悬臂施工节段的应力分布与主梁完成以后的受力基本相同。对主塔两侧的自由悬臂及主跨的自由悬臂而言,其也存在相同的应力分布形式。

斜拉桥的第三个优点是整体刚度较悬索桥大。对于纵向偏心荷载而言,此优势显而易见。在偏心荷载作用下,悬索桥在不增加索力(无应力变形)的情况下可以重新达到平衡状态。但斜拉桥需要通过增加索力来承担施加的荷载。

图 1.4 拱桥、自锚式悬索桥和斜拉桥的安装体系

因此，悬索桥一般不适合承受高速铁路活载，在此荷载下，其变形会很大。

斜拉桥的固有频率明显高于悬索桥，不考虑边拉索的弹性，通过采用 A 形塔，扭转频率可以进一步提高，这对于在空气动力作用下的安全性尤为重要，见图 1.5。

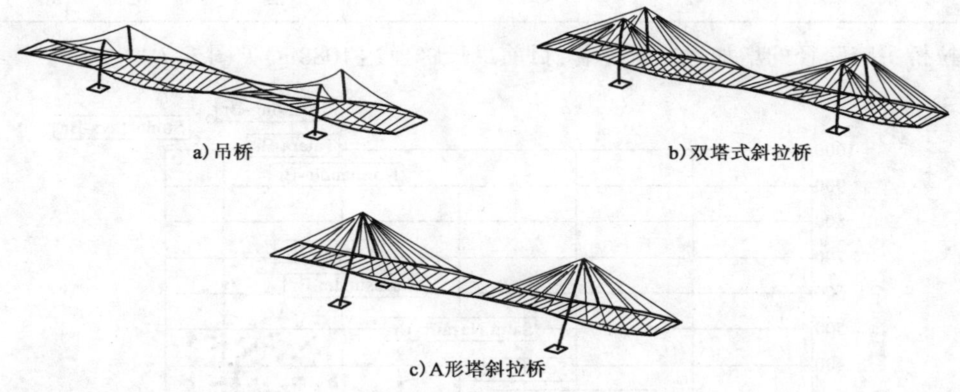

图 1.5 悬索桥和斜拉桥的振动模态

斜拉桥的初始临界风速比悬索桥高。一座典型的 500m 跨径的斜拉桥的临界颤振风速为 200km/h，而同等情况下，悬索桥的临界颤振风速仅为 100km/h，见图 1.6。

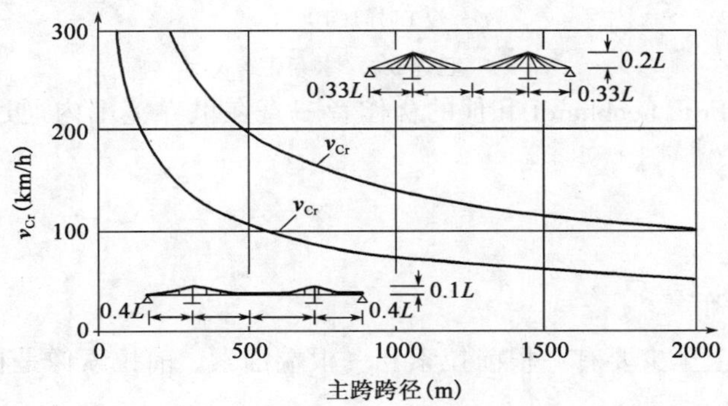

图 1.6 悬索桥和斜拉桥的临界风速

自1970年以来，斜拉桥的以上优点在世界范围内被广泛认同，与此同时，斜拉桥的建造数量突飞猛进，如表1.1所示。当前世界范围内的斜拉桥总数已达到1000座。

世界范围斜拉桥建造数量　　表1.1

国家	年份（年）						总计
	1900—1950	1960	1970	1980	1990	2000	
日本	—	—	—	1	8	12	21
中国	—	—	—	—	—	17	17
德国	—	2	5	6	2	—	15
美国	—	—	—	2	7	4	13
荷兰	—	—	—	2	1	2	5
法国	—	—	—	2	—	2	4
英国	—	—	—	1	1	2	4
其他	—	—	—	3	9	21	33
总计	0	2	5	18	29	62	116

斜拉桥主跨跨径的增加也非常显著，目前最长跨径达1088m，见图1.7[1.1]。

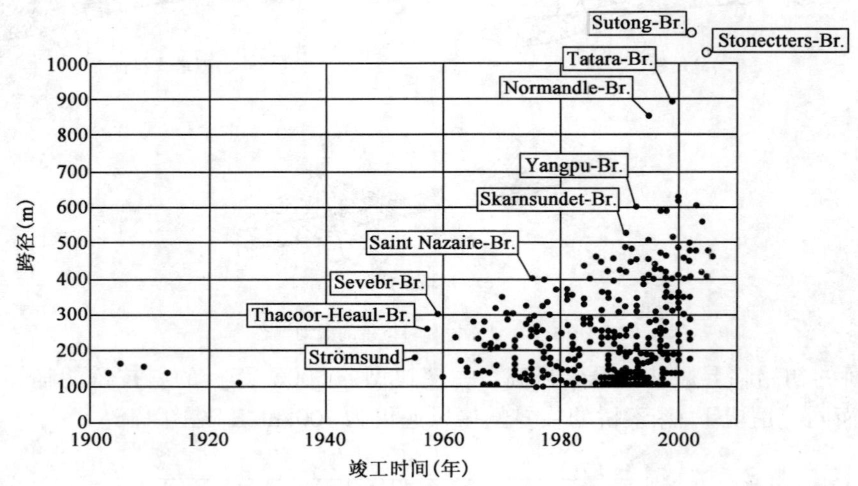

图1.7　已建成的斜拉桥主跨长度

自1970年以来，Fritz Leonhardt和他的合作者一直在世界范围内通过学术报告和出版物的方式论述以上优点[1.2-1.9]。

1.1.2　全桥体系

1.1.2.1　拉索布置

斜拉桥每个主塔上至少要有一根前拉索和一根端锚索。前拉索像是在主跨上省去了两个桥墩。

20世纪50年代，在第一个跨越莱茵河的斜拉桥上使用了相对较简单的拉索体系，主要由几根封闭拉索组成，梁上拉索锚固间距为 40 ~ 60m。这使得拉索的防腐保护措施较为困难，因此在施工阶段需要增加辅助系梁来克服拉索之间距离较大的问题。

桥梁设计师霍姆·伯格（参见下章图 2.77），在伯恩北桥中采用了单个距离为 4.5m 的拉索，这样有利于构造细节的设计和施工，如图 1.8 所示，这种设计在斜拉桥的发展过程中是比较创新的。

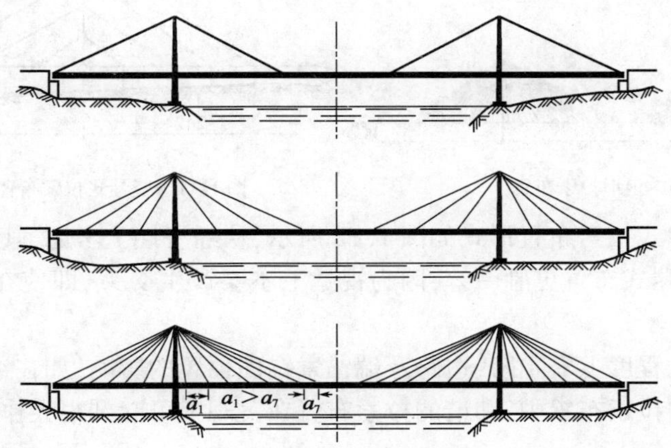

图 1.8 多拉索式斜拉桥的发展

拉索距离越小使得拉索在主梁和主塔上的锚固变得越简单。

随着斜拉索的承载能力增加（最大可达 20MN），即使对于宽幅主梁斜拉桥，梁上拉索锚固的间距可在 5 ~ 15m 范围内变化，最大可达 20m。较小的拉索间距使得采用悬臂法施工的过程中可以不再设置辅助梁。

近年来拉索间距的变化如图 1.9 所示。

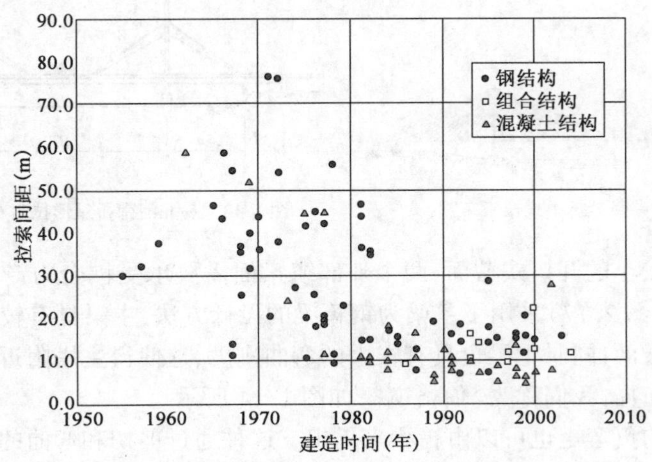

图 1.9 拉索间距的发展

斜拉桥索面的基本布置形式分为三种：扇形拉索布置、竖琴式拉索布置、扇形—竖琴折中式拉索布置。

扇形拉索布置如图 1.10 所示，所用拉索均在塔顶连接。竖琴式拉索布置如图 1.11 所示，所有拉索平行布置并在塔上不同高度处进行锚固。真正的扇形布置在实际应用中未必可行,如果采用这种布置形式,在更换拉索时,每根单独的拉索需要通过与拉索安装时相反的过程来进行更换,这就需要拉索锚固点之间在塔端保持一定的最小距离。

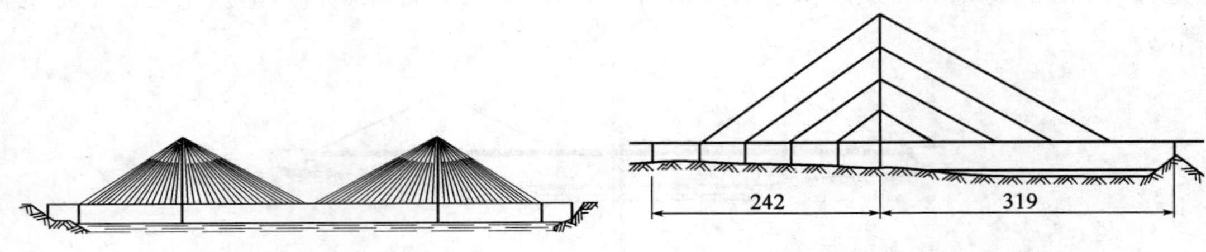

图 1.10　扇形拉索布置

图 1.11　竖琴式拉索布置(尺寸单位:m)

扇形—竖琴折中式拉索布置形式如图 1.12 所示,从经济性上考虑,其与扇形布置很接近。从美学角度来看,竖琴式布置更胜一筹,因为视觉上不会产生交叉,即使在斜交的两个拉索面上也不会产生交叉。

拉索的布置很大程度上受主跨、边跨及端锚索锚固位置的影响,如在边跨主墩上直接将拉索连接。在斜拉桥的拉索布置中,和谐的拉索布置在美观上可起到很大作用,因此在设计之初应仔细地研究。

除以上提到的基本布置形式外,斜拉桥也会用到一些特殊的拉索布置形式。

早期的易北河南桥使用了一个星形拉索布置,其中为了简化锚固,很少有拉索锚固在塔上,即便有也是分散布置,如图 1.13 所示[1.10]。由于这些拉索在梁端是一起锚固的,因此这种方案并没有再使用。

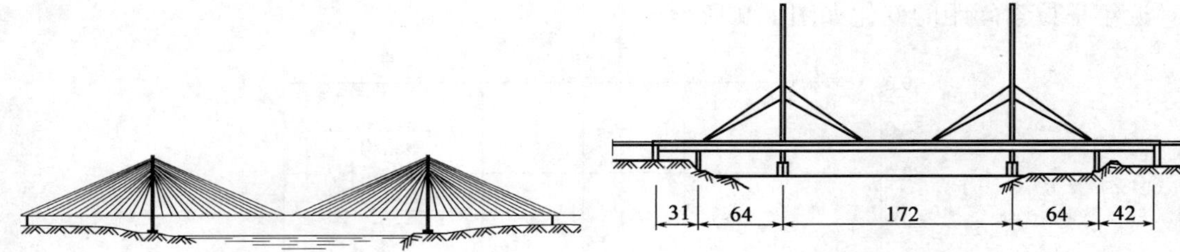

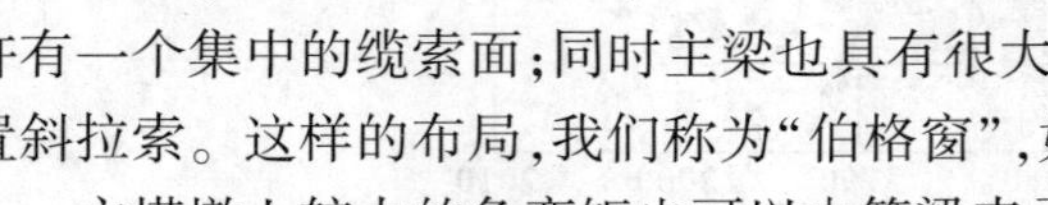

图 1.12　扇形—竖琴折中式拉索布置

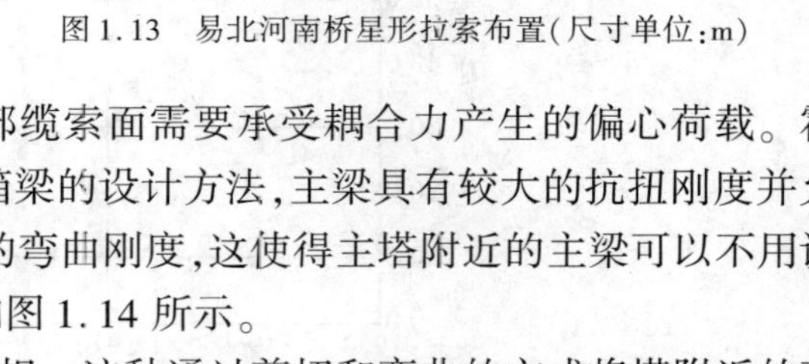

图 1.13　易北河南桥星形拉索布置(尺寸单位:m)

对于扭转刚度较小的开口式截面,两个外部缆索面需要承受耦合力产生的偏心荷载。霍姆·伯格(参见下章图 2.77)采用了主梁为钢箱梁的设计方法,主梁具有较大的抗扭刚度并允许有一个集中的缆索面;同时主梁也具有很大的弯曲刚度,这使得主塔附近的主梁可以不用设置斜拉索。这样的布局,我们称为“伯格窗”,如图 1.14 所示。

主塔墩上较大的负弯矩也可以由箱梁来承担。这种通过剪切和弯曲的方式将塔附近的荷载转移到地基上的传递模式较采用拉索支撑的方法更经济。

Ilverich 的莱茵河桥坐落在杜塞尔多夫机场附近。出于交通流量及安全的考虑,常规的 110m 塔高设计在这里并不现实。为了避免拉索出现不经济的平角,每个塔都被两个 V 形柱所分离,并在端锚索和前拉索之间通过系梁连接,如图 1.15 所示[1.12]。

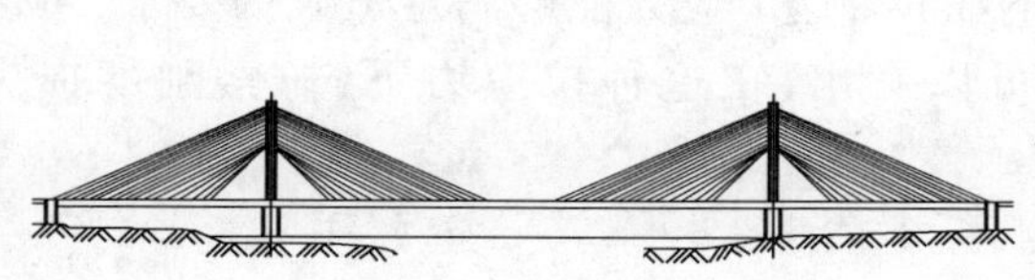

图 1.14　伯恩北桥“伯格窗”

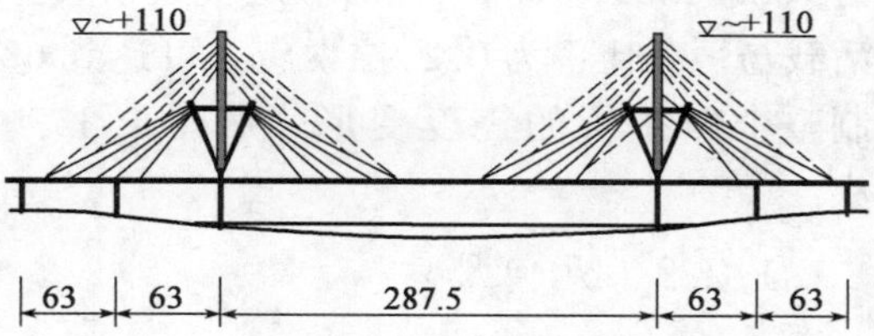

图 1.15　Ilverich 的莱茵河桥伸缩塔（尺寸单位：m，高程单位：m）

1.1.2.2　拉索刚度

斜拉桥的整体刚度取决于拉索刚度，它随着拉索垂度的增加而降低，如恩斯特[1.13]给出的公式（图 1.16）：

$$A_s E_{eff} = \frac{A_s E_0}{1 + \dfrac{\gamma^2 l_k^2 E_0}{12\sigma^3}} \tag{1-1}$$

式中：A_s——斜拉索的面积；

E_0——斜拉索的切线弹性模量；

E_{eff}——有效垂度的拉索弹性模量；

γ——包括防腐保护层在内的拉索重度；

l_k——拉索水平长度；

σ——拉索拉应力。

式（1-1）中给出了拉索有效弹性模量与拉索切线弹性模量、拉索重度、水平投影长度和拉应力之间的关系。其中拉应力占主导作用，因为在公式中它的指数是三次。

不同参数对拉索刚度的影响如图 1.17 所示。

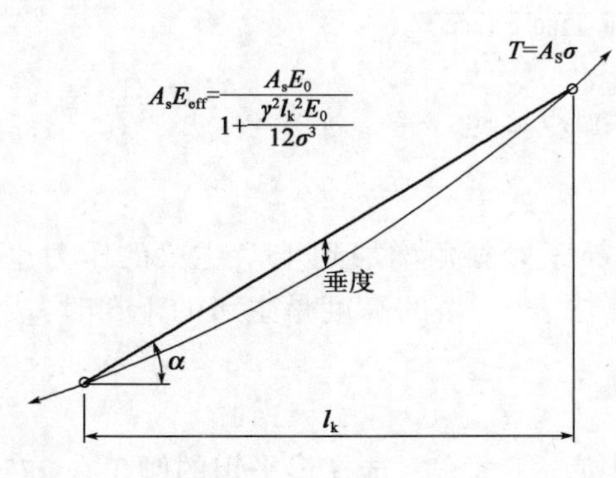

图 1.16　斜拉索有效刚度

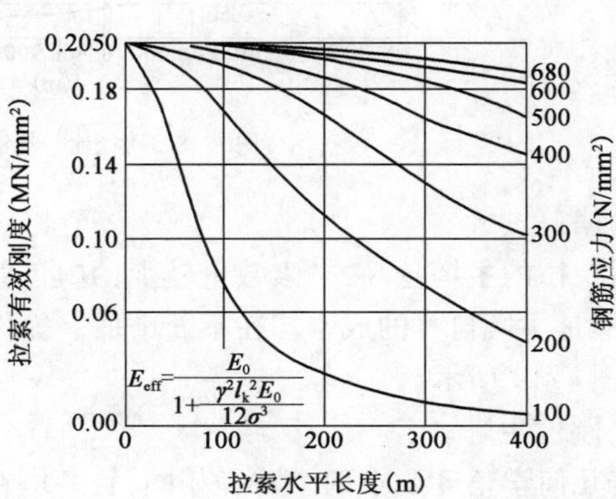

图 1.17　拉索有效刚度、跨度和钢筋应力之间的关系

拉索刚度可以通过增加拉索应力来改善。因此，高强度的预应力筋得到了广泛的应用。对于主梁自重较大的混凝土结构来说，在这方面占有很大的优势。假定钢绞线的每根钢丝强

度为1660/1860 N/mm²,同时假定安全系数上限为2.2,工作荷载可达845N/mm²。进一步假定活载与恒载比率为0.2,拉索应力可达到680N/mm²,这个应力能够满足恒载的要求,可以控制整个斜拉桥的挠度变形。从图1.17中可以看出,在这种拉应力下,拉索刚度损失很小。

1.1.2.3　几何尺寸

1)主跨

对于混凝土梁而言,在路面交通荷载作用下,第一个边跨的跨径大约是主跨跨径的40%。然而对于钢梁而言,铁路荷载作用下这个比例可减少到30%。

跨径比的主要决定因素在于端锚索的拉应力。对于在主跨活载作用下的最大拉力所需要的端锚索尺寸来说,主跨和边跨活载作用下的疲劳应力都不能超过允许范围,如200N/mm²,如图1.18所示。

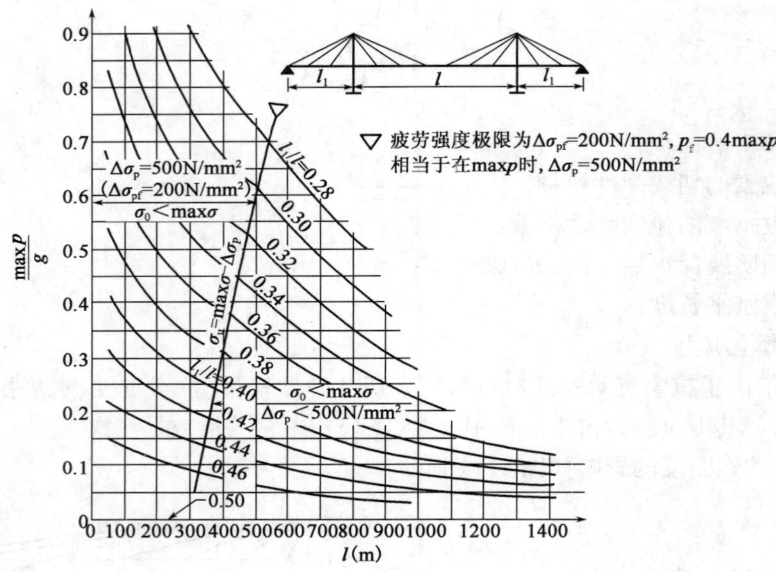

图1.18　跨径比与端锚索拉应力之间的关系

2)塔高

斜拉桥的主塔越高,拉索数量越少,并且随着拉索倾斜角增加到45°,主梁的压力也随之减小,但是主塔自身的成本却在不断增加。优化算法表明,塔的高度是主跨的1/5时,成本最低,如图1.19所示。

3)刚性主塔

若几何学角度要求两个跨径相同,且桥塔在中心,那么需要选择最平坦的倾角在27°左右的拉索。此时,塔高与每一跨的比值约为0.5。

由于没有典型的端锚索限制主塔的顶部,因此需要主塔自身有足够的刚度。在纵向上A形塔能够满足该条件,如图1.20所示。

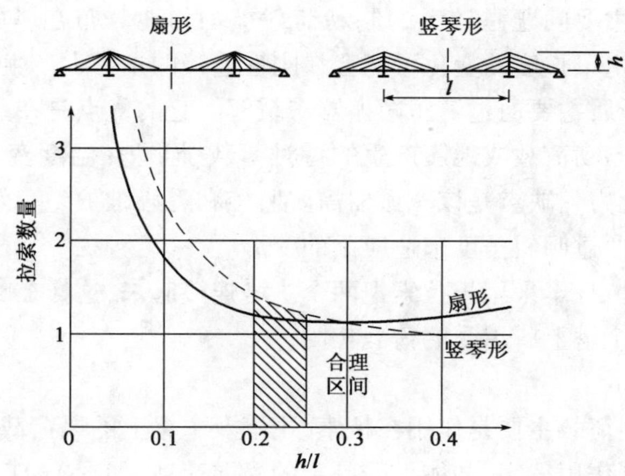

图 1.19 塔高和斜拉索数量之间的关系

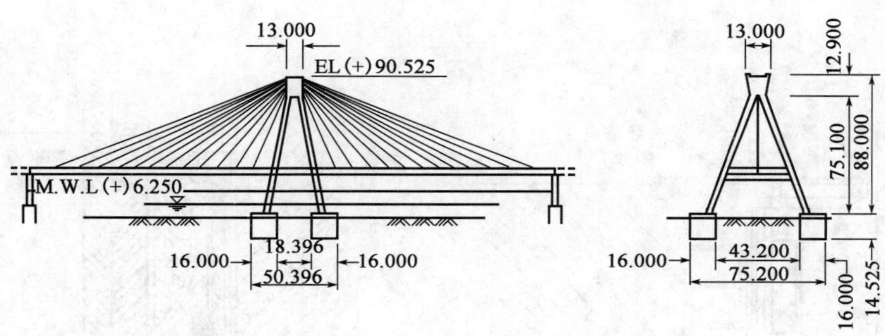

图 1.20 韩国首尔奥林匹克大桥(尺寸单位:m;高程单位:m)

1.1.2.4 支承情况

1)纵向

斜拉桥主梁上的纵向支承条件主要由主梁纵向长度变化量来确定,而纵向长度的变化量主要由温度变化、收缩、徐变以及纵向力(如制动力、风荷载和地震荷载)等引起。不同支承条件的优缺点如表 1.2 所示[1.14]。尤其是铁路桥,对支承条件的变化极为敏感。

纵向支承情况及其优缺点 表 1.2

编号	体系	特点	优点	缺点
1	悬浮桥	温度变化引起的自由变形使得拉索和桥塔处产生制动力	半跨桥梁结构具有同样的应力和变形	由于制动力和不对称的活载,会在塔处产生较大的弯曲和主梁的水平位移
2	一个固定支座	温度作用下产生自由变形使得所有的水平力都作用在一个支墩上	比悬浮桥变形小	在固定墩处产生强大的横向不对称力,而在其他支撑墩上会产生温度变形
3	在塔上装有两个液压缓冲器	两个固定支座承受短期荷载,漂浮体系承受长期荷载	对称体系变形小,可将制动力传递到两个主塔上	体系的支承条件随着周期性荷载而发生改变

上承式铁路桥,其主要问题是较大的制动荷载被均匀地分布在塔的两侧,而由于温度变化、收缩和徐变引起的主梁长度的变化可能会在刚性连接的主塔上产生较大的力矩。

这些相互之间的矛盾主要通过液压减振器来缓解。它的优点是在主梁和主塔之间充当一个刚性连接,主要承受制动荷载或地震产生的瞬时荷载,但是在温度变化、收缩和徐变的缓慢加载过程中不产生抵抗力。缺点是该减振器需要监控和悉心维护。有效的解决方案是使用高氯丁橡胶支座,它能够通过倾斜角度来适应梁的变形。

另一种解决方案是:日本采用长拉索把两个主塔连接起来,这样在支座变形的同时拉索将会产生弹性变形,且两个塔上所承受的荷载相同。

2)横向

斜拉桥的横向控制荷载主要是作用在拉索、主塔及主梁上的风荷载。在很多工程实例中,尽管塔上的横向减振器作用很小,却能承受一定的横向荷载,如图 1.21 所示[1.15]。

如果使用横向后张支座,则横向位移是可以避免的,如图 1.22 所示[1.16]。

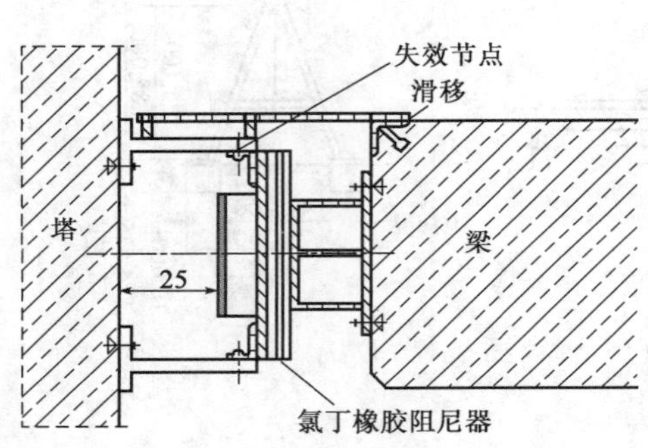

图 1.21　塔上横向减振器(尺寸单位:cm)

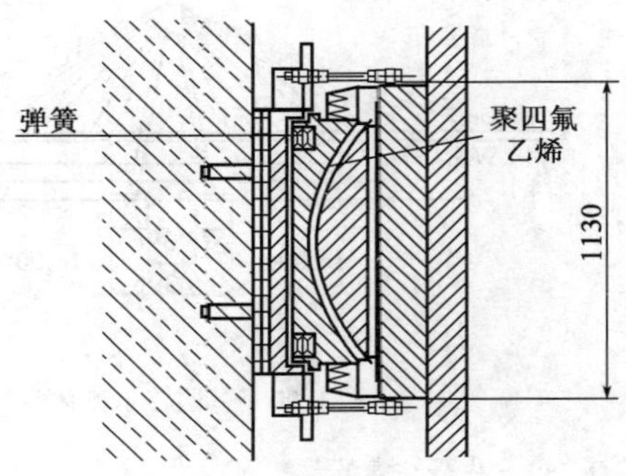

图 1.22　后张法横向塔上支座(尺寸单位:cm)

为了适应风荷载作用下桥台的水平转动,在横梁末端的中心位置安装横向固定转动支座。如果边跨上有桥墩存在,那么这些支座可以在横向正常地滑动,这样可避免主跨产生不利应变。

3)锚固桥墩

在锚固桥墩(压型墩)上,端锚索在主跨上由于不平衡荷载产生的上拔力必须通过锚固的方式抵消。最简单的方案是将梁通过转动连接件直接和锚固桥墩连接,如图 1.23 所示。由于锚固桥墩需要把应力传递到基础,它需要有足够的弹性去应对梁纵向长度的改变。

在刚性桥台的摆动过程中,梁上的滑动支座能够延伸进桥台并在桥台两端铰接。特别是在钢桥中,需要考虑这种摆动可能会产生的拉力或压力。因此要考虑疲劳设计,这一点在端部铰接处尤为重要。

如果主梁是通过支座后张力去平衡锚固桥墩反力,那么疲劳问题可以避免。因此,支座通常会考虑一部分的压力,如图 1.24 所示[1.18],同时也需要考虑纵向移动。

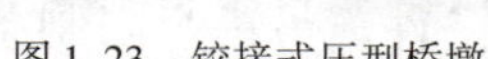

图 1.23 铰接式压型桥墩

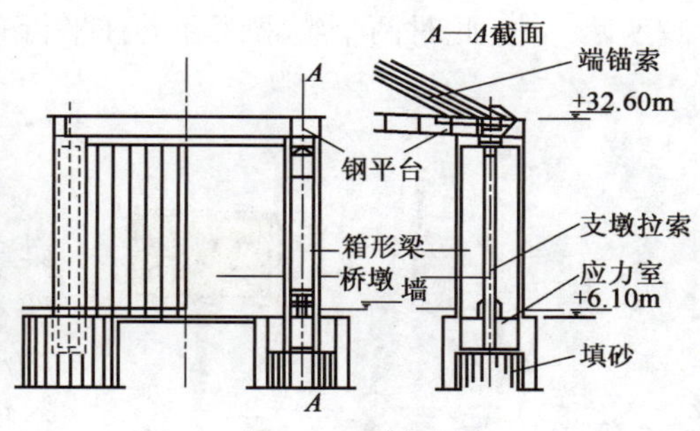

图 1.24 预应力摆

1.1.3 主塔形状

最初的斜拉桥使用的是钢塔。主塔主要承受压力,因此混凝土塔更为经济,直到今天仍在广泛地应用。而如今只有在极端不良地质条件下,才会采用细长轻型钢塔。

1.1.3.1 两个外部缆索面

斜拉桥的主梁通常是在两侧进行支撑,主要是为了能有效地限制转动变形。两个缆索面则需要两个塔柱支撑,如图 1.25 所示。对于中等跨径和小跨径的斜拉桥,可以使用竖直塔柱。为了在横向上有很大的刚度,两个塔柱之间用横梁连接。对于大跨径斜拉桥,两个塔柱应向相反方向倾斜形成 A 字形塔柱,这样可以提高主梁的扭转刚度,并使主塔在荷载作用下更加坚固。

对于桥梁而言,两个基础之间如果净空要求较高,A 字形塔柱并不经济。此时可以将两个塔柱在主梁下方连接起来,并使用同一个基础。

1.1.3.2 一个中央缆索面

只有在一个中央缆索面的情况下,小跨径和中等跨径斜拉桥的拉索才有可能在桥中心处的同一个塔上进行锚固。这样设计的主要目的是抵抗侧向屈曲,如图 1.26 所示。对于大跨径斜拉桥,中央集中的缆索面可以在 A 字形塔顶端延伸处进行锚固。

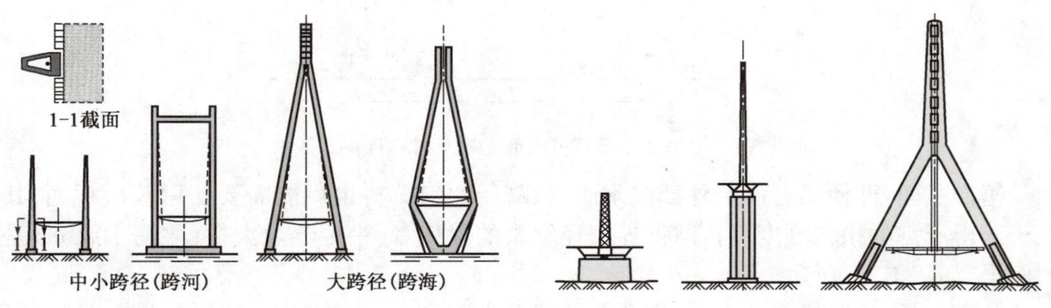

图 1.25 两个缆索面的主塔

图 1.26 一个缆索面的主塔

1.1.3.3 分散的中央缆索面

如果斜拉桥要承受两侧路面行车道和中央铁路轨道的荷载,那么它需要在行车道和铁路轨道之间合理布置两个塔柱。这样会导致两个塔柱之间的缆索面出现局部分散现象，如图1.27所示[1.19]，此时两个缆索面和塔柱平行布置。

图1.27　局部分散的中央缆索面

1.1.4　主梁截面

较小的拉索间距在梁上恒载作用下产生的主梁弯矩也较小。活载弯矩通常是抵抗性弯矩，它随着主梁高度的增加而减小。因此，主梁的高度越小越经济，与主梁跨径无关，主梁抵抗屈曲的安全性是一个限制条件。另一个限制条件是确保集中荷载下弯曲半径最小。交通荷载下，即便是细长梁也很容易满足这个限制条件，但是铁路桥则需要较大的主梁高度。

1.1.4.1　钢截面

钢截面由正交异性桥面板组成，该桥面板由横梁和纵梁支撑。所有的梁单元共同作用来承受局部和整体荷载。

1）两个外部缆索面

敞口式截面：对于小跨径和中等跨径的斜拉桥，偏心活载作用下产生的扭矩由成对的外部缆索面承担。敞口式截面的扭转抵抗力矩很小，因此得到了应用，如图1.28所示[1.20]。

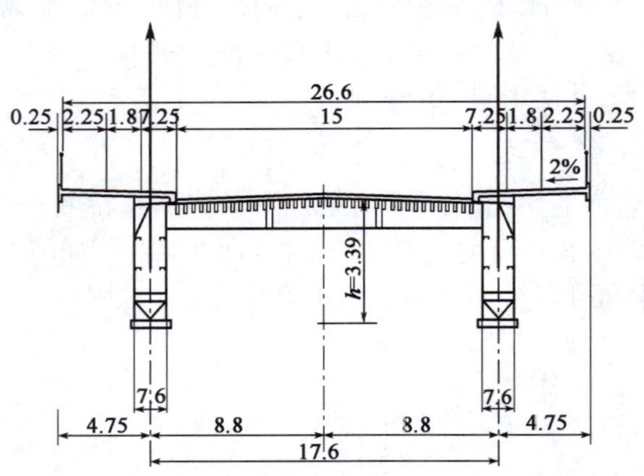

图1.28　敞开式钢截面(尺寸单位:m)

箱形截面：即便是有两个外部缆索面，大跨径的斜拉桥也可能需要使用箱形截面，其目的在于获得所需的扭转刚度。目前世界跨径纪录的保持者，中国苏通大桥（主跨1088m）是典型的例子，如图1.29所示[1.21]。

分离式梁：香港昂船洲大桥，有两个外部缆索面和一个集中塔。为了使塔有足够的空间，两个分离式的梁由横梁连接，如图1.30所示[1.22]。

2）一个中央缆索面

一个集中的缆索面主梁需要采用箱形截面，主要是为了承受扭矩。德国Ilverich的莱茵河桥就是一个典型的例子，如图1.31所示[1.12]。

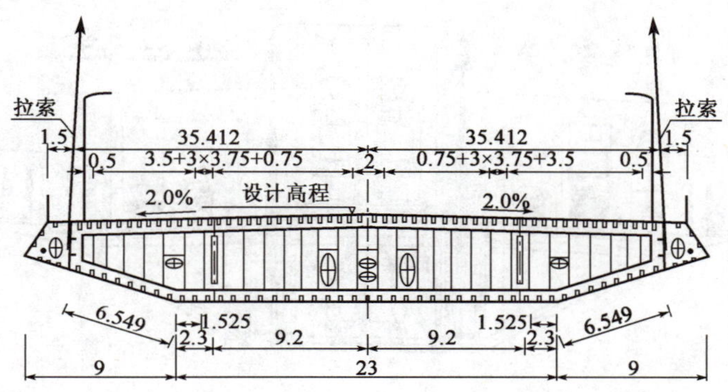

图 1.29　钢箱梁截面(尺寸单位:m)

图 1.30　通过横梁连接的分离式钢梁截面

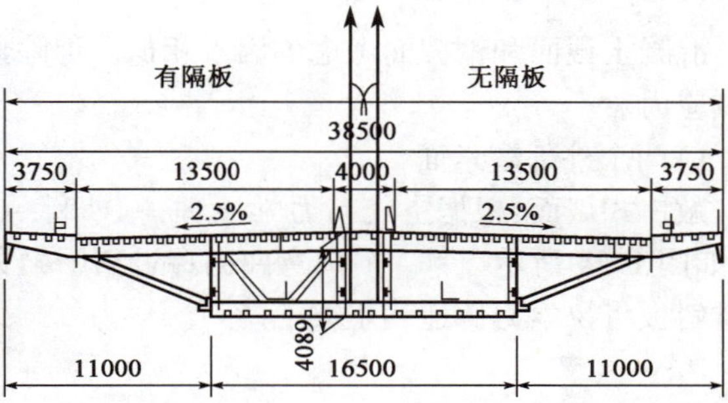

图 1.31　钢箱梁截面(尺寸单位:mm)

3)分散的中央缆索面

敞口式截面:莱茵河曼海姆—路德维希港桥上两个分散的中央缆索面,两个箱形梁提供了需要的扭转刚度,而横梁则主要提供横向弯曲所需的刚度,如图 1.32 所示[1.19]。两个箱形梁之间的区域由末端的较低电车轨道所占用。

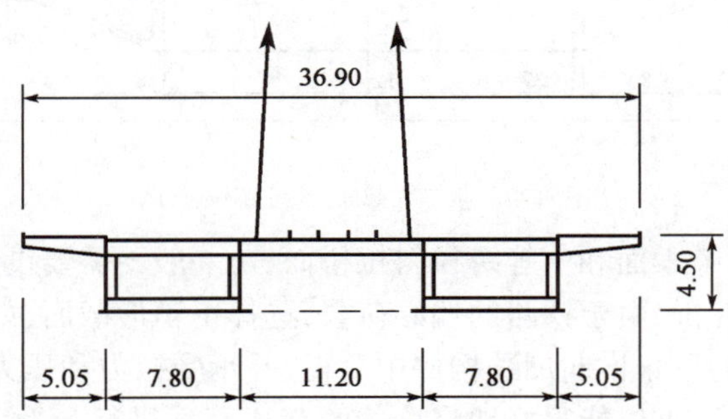

图 1.32　分离式钢箱梁截面(尺寸单位:m)

箱形梁:萨瓦河上一铁路轨道刚好通过阿达齐甘利亚桥的中心,如图 1.33 所示[1.23]。两个独立的中央缆索面被锚固在箱形梁中心的外侧。为了将拉索力分散,该桥使用了 45m 宽的梁网布置。

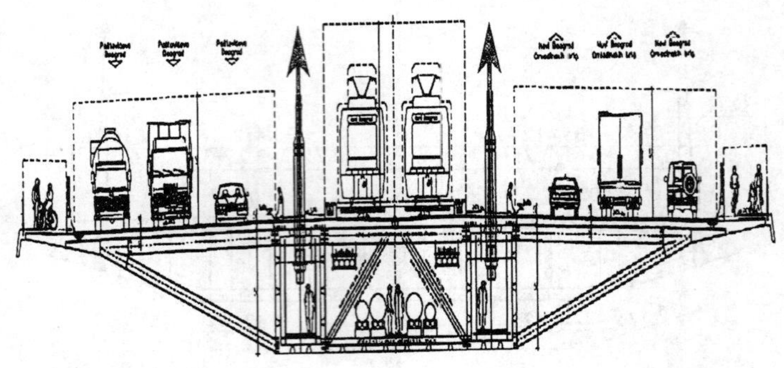

图 1.33　附加悬臂梁宽的钢箱梁截面

1.1.4.2　混凝土截面

混凝土截面和钢截面考虑的因素相似。但除此之外，它还需要考虑钢丝束能否承受集中的拉应力。

1）两个外部缆索面

敞口式截面：根据空气动力学原理，帕斯科—肯纳威克桥的敞口式截面使用了三角形形状，如图 1.34 所示[1.15]。横向弯曲由穿过整个梁宽的后张拉横梁来承担。其他短的钢丝束则通过斜板将拉索力传递到主梁上。

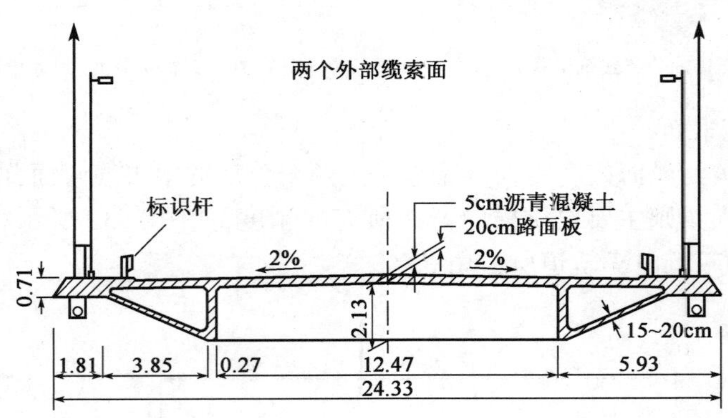

图 1.34　敞口式截面（尺寸单位：m）

箱形截面：对于两个缆索面和中等跨径斜拉桥而言，一般不需要设计箱形梁截面。阿根廷的波萨达斯—恩卡纳西翁桥，由于铁路的偏心荷载，选择了箱形截面，如图 1.35 所示[1.24]。箱形梁的横向刚度从预制的后张横向加劲构件中获得，并承受拉力和压力。

实心截面：拉索的弹性支撑能很好地将单一的交通荷载进行分散。实心面板截面可能在小跨径斜拉桥中采用，如图 1.36 所示[1.25]，在这个例子中，横向的长细比为 1∶23.5。

2）一个中央缆索面

对于混凝土梁而言，一个中央缆索面也需要箱形梁去承受偏心活载引起的扭矩。法国的布鲁东纳桥，拉索力通过后张拉斜杆传递到梁网上，如图 1.37 所示[1.26]。横向力也可以通过横梁进行分布,只不过需要的横梁数量较多。

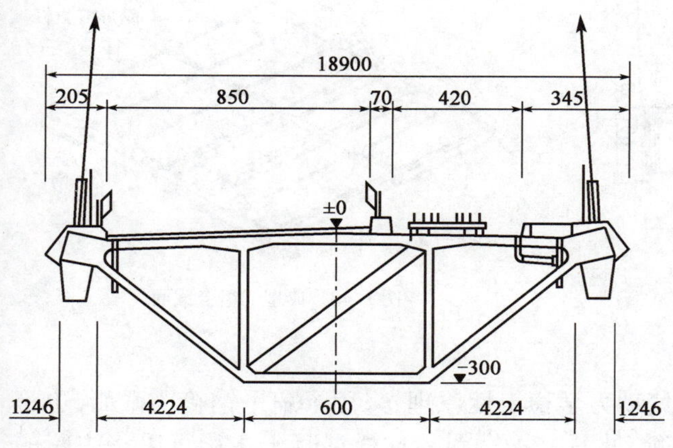

图 1.35 混凝土箱形梁截面(尺寸单位:mm)

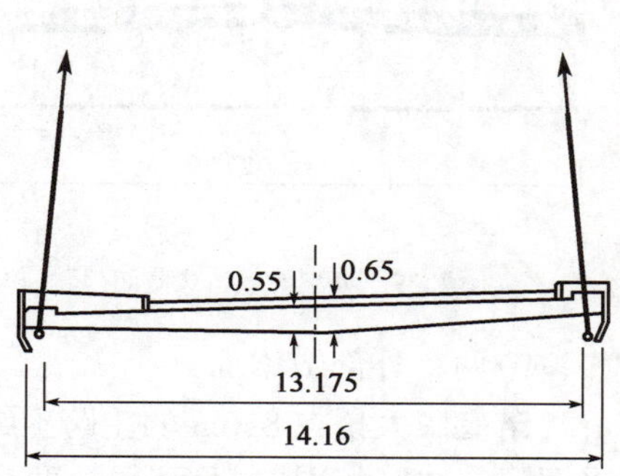

图 1.36 混凝土实心截面(尺寸单位:m)

3)分散的中央缆索面

赫斯特第二主河桥的两个分散的中央缆索面被直接锚固在中央箱形梁网上,如图 1.38 所示[1.27]。

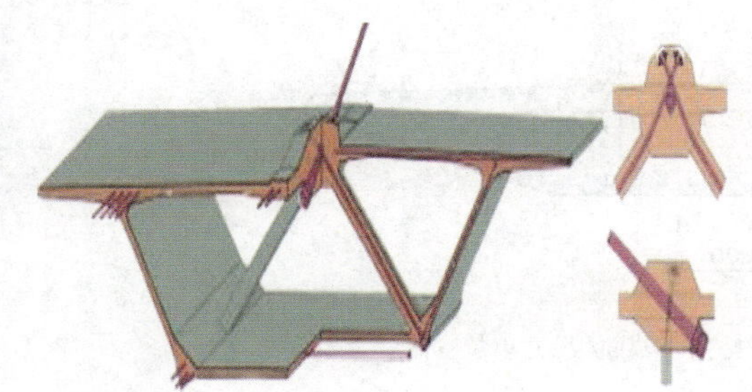

图 1.37 混凝土箱形截面

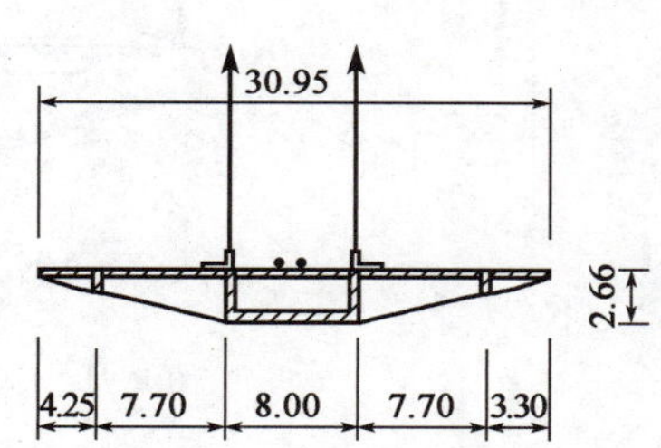

图 1.38 混凝土箱形截面(尺寸单位:m)

1.1.4.3 组合截面

组合截面在钢主梁和横梁边缘上使用混凝土桥面板,用剪力钉连接。混凝土面板在两个方向上均受压:纵向上承受斜拉索的压力;横向上则在两个外部缆索面之间的单跨梁边缘受压。中央缆索面一般不使用组合截面。

桥面板可以现场浇筑或使用预制件。后者的优势在于它的收缩和徐变在安装后都很小。必须明确的是,节点处在整个桥梁使用寿命过程中不能成为薄弱点。典型的组合梁截面如图 1.39和图 1.40 所示[1.28]。

1.1.4.4 组合梁(钢—混凝土)

在组合结构斜拉桥中,主跨由钢梁组成,而边跨由混凝土梁组成。混凝土梁的重量平衡了主跨的轻型钢梁。如果拉索的压力不足以抵抗局部弯曲压力,则两种截面会在塔处或塔附近用剪力钉或连接键连接在一起。

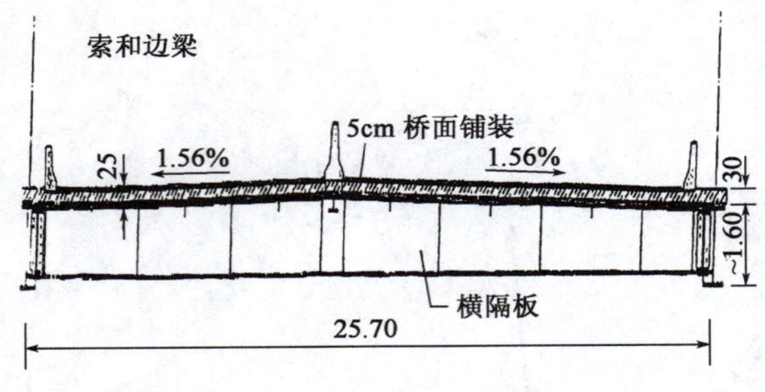

图 1.39　典型的敞口式截面(尺寸单位:m)

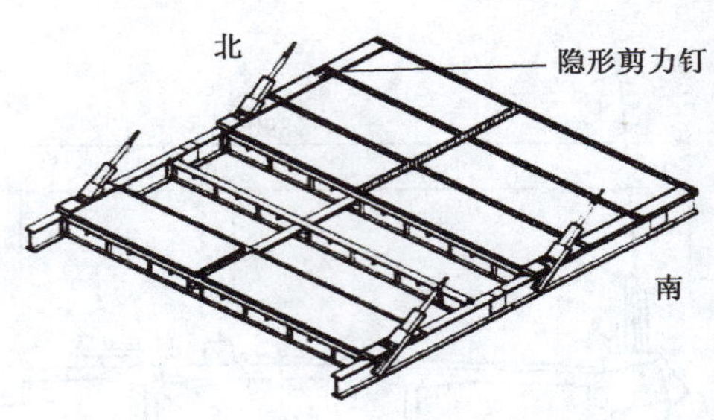

图 1.40　典型的组合截面

1)两个外部缆索面

诺曼底大桥在 856m 的主跨上结合空气动力学稳定性原理,采用了扁平钢箱梁截面,边跨采用了与主跨相同的截面形式,两者相平衡,见图 1.41[1.29]。这样混凝土主梁可以将主跨的跨径向两侧延伸大约 100m,见图 1.42。

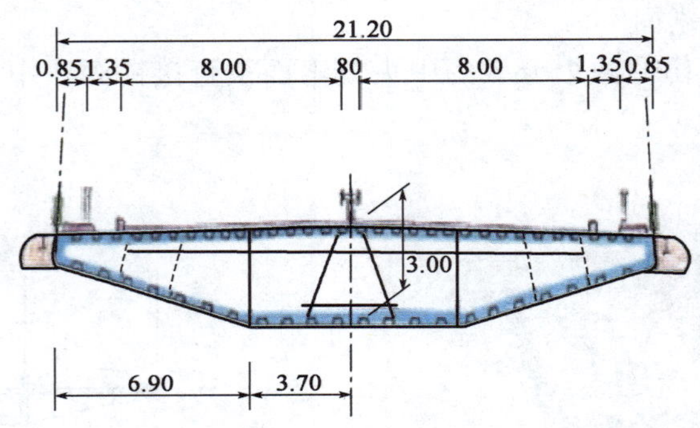

图 1.41　法国诺曼底桥主跨截面(尺寸单位:m)

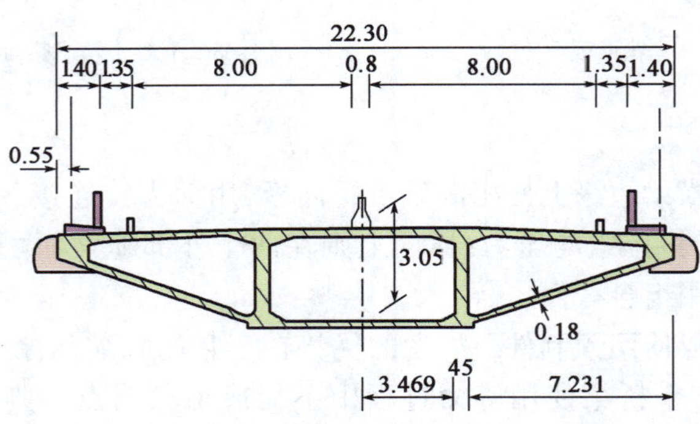

图 1.42　法国诺曼底桥边跨截面(尺寸单位:m)

2)一个中央缆索面

德国佛莱埃的莱茵河桥是一座具有中央缆索面的斜拉桥,钢箱梁和混凝土箱梁均在该桥中得到了应用,如图 1.43 和图 1.44 所示[1.16],它们在主塔的轴线位置处连接在一起。边跨一般支撑于外侧桥墩上,拉索锚固区的中央端锚索可以减小支座反力。

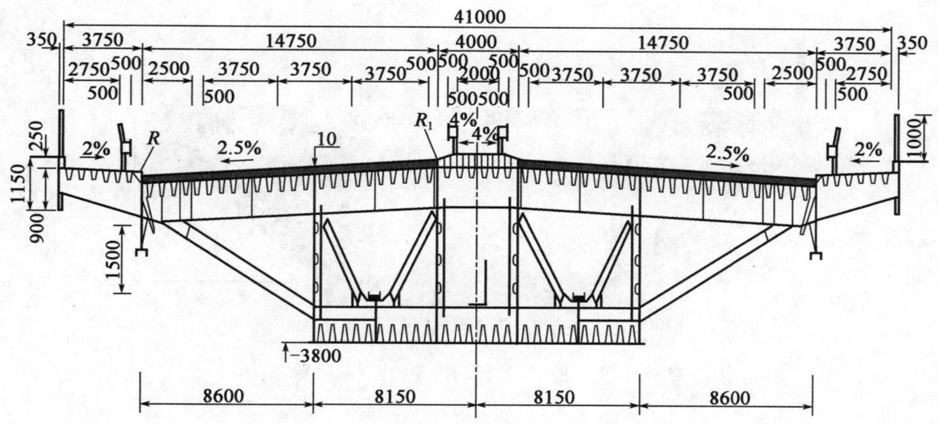

图 1.43 德国佛莱埃的莱茵河桥主跨截面(尺寸单位:mm)

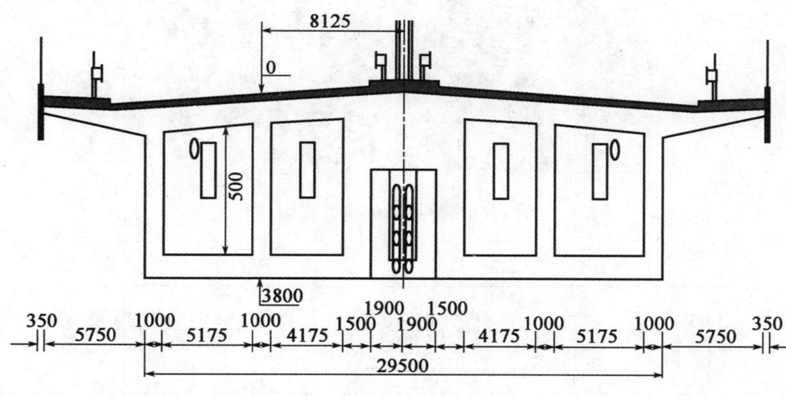

图 1.44 德国佛莱埃的莱茵河桥边跨截面(尺寸单位:mm)

1.1.4.5 双层桥面截面

如果高速公路的多车道和两个铁路轨道合并在一起,那么铁路轨道的位置要低一些。通常情况,梁高需达 8m,因此常选用桁架结构,主要考虑乘客在漫长的旅途中能自由地享受优美的风景。

1)两个外部缆索面

丹麦—瑞典的厄勒桥上,拉索力则通过桁架上弦杆和下弦杆来传递,如图 1.45 所示[1.30]。它们像悬臂梁的支架一样布置,因此主梁能够在两个塔柱之间穿过,如图 1.46 所示。

2)一个中央缆索面

委内瑞拉的第三奥利诺克桥是一个下沉式的单一铁路轨道桥。拉索则由附着在交通车道方向短边横梁上的单一缆索面支撑,如图 1.47 所示[1.31]。拉索力通过横梁弯曲传递到桁架斜杆上,所需的抗扭刚度则由桁架体系提供。

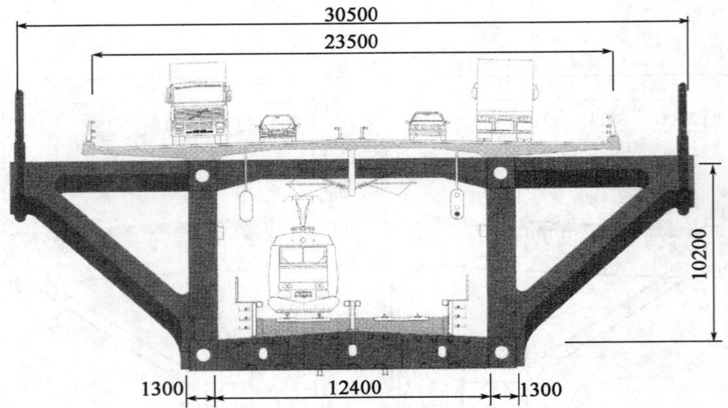

图 1.45　丹麦—瑞典厄勒桥的桁架截面(尺寸单位:mm)

图 1.46　厄勒桥的拉索锚固

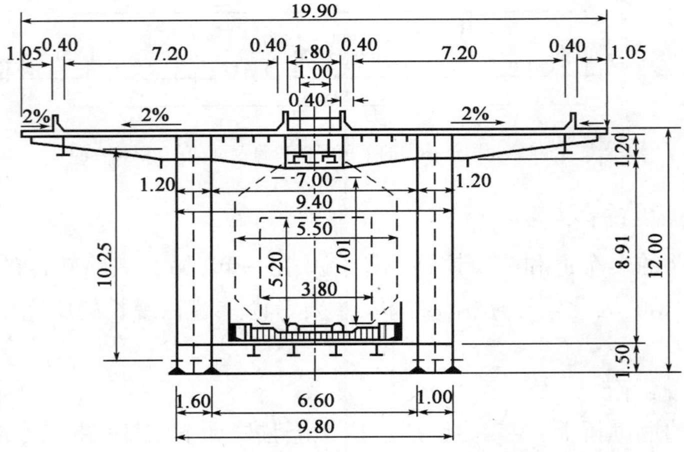

图 1.47　委内瑞拉第三奥利诺克桥的桁架体系(尺寸单位:m)

1.1.5　斜拉索

斜拉索是斜拉桥的主要结构特征。它们的性能不仅仅在竣工阶段,而且在施工阶段中都直接控制整个桥的响应和行为。此外,斜拉索的耐久性决定了整个桥的使用寿命。

1.1.5.1 体系

目前使用的斜拉索体系包括光面拉索(现代封闭线圈拉索)、平行钢丝拉索和平行钢绞线拉索,见表1.3。

目前的斜拉索体系

表1.3

特 征	现代封闭线圈拉索	平行钢丝拉索	平行钢绞线拉索
$E\times10^{-6}$(N/mm²)	0.170	0.205	0.195
f_u(N/mm²)	1470	1670	1870
Δv(N/mm²)	130	200	200

从经济性的角度出发,当今世界范围内使用最多的是平行钢绞线拉索。即使是在德国,虽然光面拉索仍在使用,但最新的两座斜拉桥的拉索均采用了平行钢绞线。世界上主要制造商制造出来的这两种拉索都极其类似,如图1.48所示[1.32]。

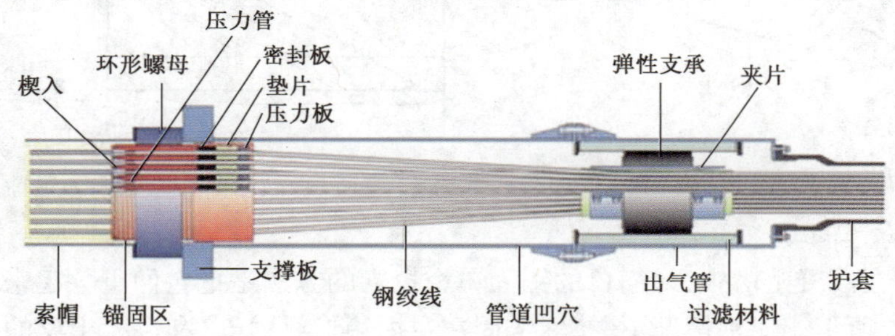

图1.48 典型的平行钢绞线拉索(DSI)

钢绞线一般通过异性楔形块在地锚处进行锚固。楔齿的深度逐渐增加,因此可以安全牢固地锚固钢绞线,而疲劳强度只是轻微的减少。

每一根钢绞线的防腐保护措施如下:

(1)在钢绞线中给每一根钢丝镀锌。

(2)在单根钢丝之间用油脂填充间隙。

(3)每一根钢绞线周围直接用挤压的PE护套包裹。

这样的钢绞线称为无黏结预应力钢绞线。大量的无黏结预应力钢绞线组成一根拉索,在这里面,钢绞线被PE管所包裹(图1.48)。在从锚固区域自由长度到钢绞线展开的过渡区,径向力由一个夹具所控制。在这个区域,一般会安装一个阻尼器。

斜拉索通常在现场组装零部件并进行安装。通过PE管,将无黏结预应力钢绞线拉伸,每一根钢绞线都单独受力并产生应力。这样在拉伸完成后,所有的钢绞线都承受同样的应力。对拉伸完成后的拉索,也有可能用大的千斤顶进行二次应力施加,同样,钢绞线逐个交替进行。

1.1.5.2 拉索锚固

拉索通常通过一个钢管穿过锚固端,并且分离的垫片可以阻止锚固端部的滑动。拉索长度和拉索索力可以通过改变垫片的厚度进行调整。锚固端周围的支撑螺母也可以用来稳定锚固端和调整拉索长度。

1)梁上拉索锚固

混凝土梁:典型的混凝土梁的拉索锚固如图1.49所示[1.15]。拉索索力直接由主梁承担。锚固端则由焊接在钢管末端的压力板上的垫片承担,同时垫片将拉索力直接或者通过钢管和剪力环传递到混凝土梁上,所传递的拉力则由混凝土中的钢筋来承担。

拉索位于钢管末端中心处,并且可能会安装弹性环状阻尼器。夹在钢管和拉索之间的氯丁橡胶确保了钢管的抗老化能力。

钢梁:钢梁直接将拉索内力传递到主梁网格中,如图1.50所示[1.33]。这个梁网通过敞口的上翼缘对接焊缝进行延伸。钢管焊接进入梁网中并延伸到附着分离垫片或支撑螺母的锚固端上。

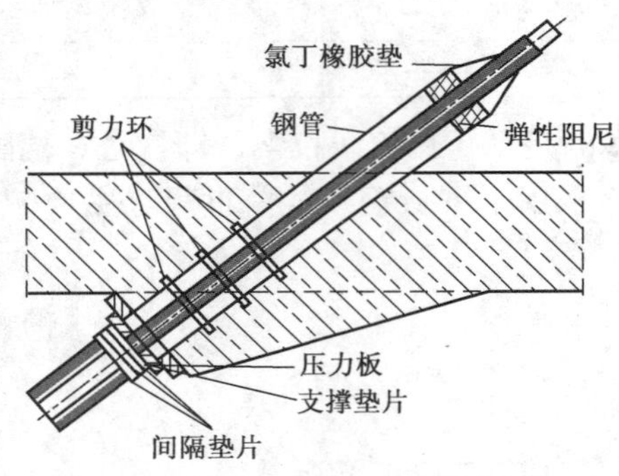

图1.49 典型混凝土梁的斜拉索锚固

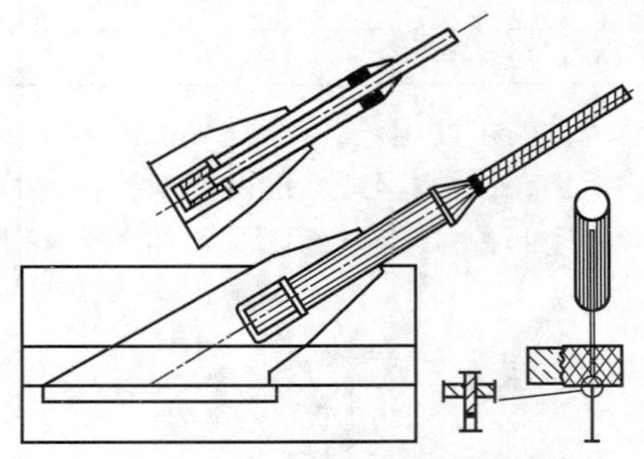

图1.50 典型钢梁的斜拉索锚固

2)塔上拉索锚固

混凝土梁:在混凝土塔中,最简单的锚固单个拉索的方法是把它们重叠起来通过压力进行锚固,如图1.51所示。通常情况下,拉索锚固在主塔箱形梁内部,和混凝土梁的锚固类似。前后拉索之间的拉力由钢筋束承担,如图1.52所示。

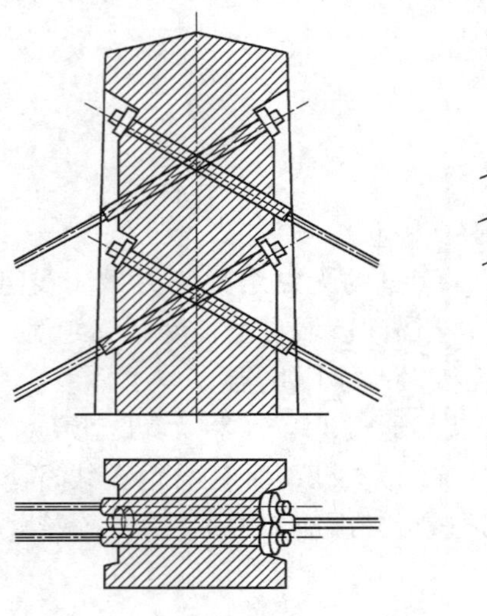

图1.51 重叠法锚固拉索

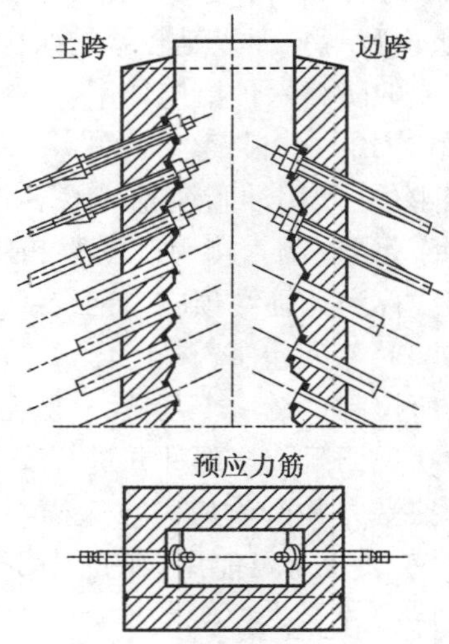

图1.52 箱形梁内部拉索锚固

钢梁:为获得理想的扇形拉索,拉索需向侧面进行分散,形成几个拉索面。钢锚固端的例子如图 1.53 所示,图中拉索索力直接进入纵向平面。

一般情况下,拉索在竖直方向上的索面是分散的,主要是为了获得足够的空间使拉索在竖直方向上对齐锚固。这样,扇形布置在高度上需要不断修正,如图 1.54 所示。拉索索力也因此被转移到纵向拉索面内。

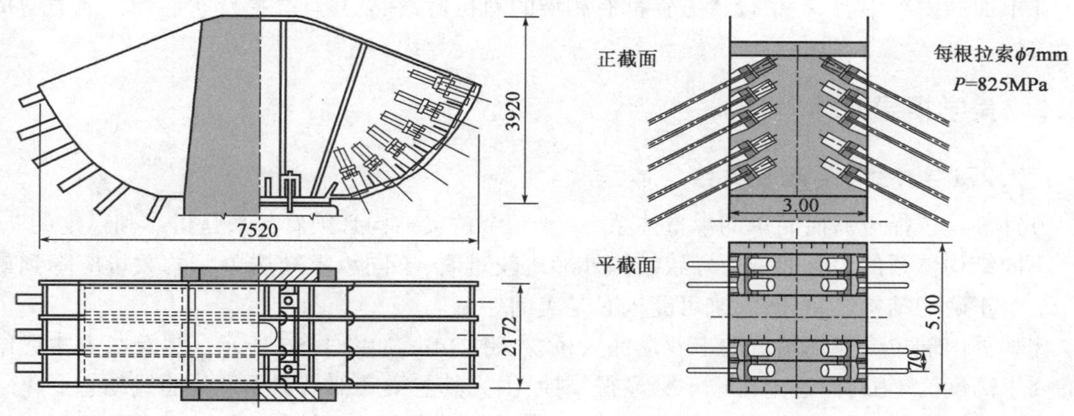

图 1.53　扇形布置下钢主塔顶部(尺寸单位:mm)　　图 1.54　修正后的扇形布置(尺寸单位:m)

1.2　桥梁设计的美学特征

1.2.1　引言

在维特鲁威以拉丁文书写的 10 本关于罗马建筑史的书籍中,作者简单准确地描述了结构所需的三个最重要特征:安全、实用和美观。

在斜拉桥中并没有明确的美学原则。它们需要满足其他桥梁所需要满足的标准和规范要求。大跨径的桥梁应该是刚性结构,要能够抵挡巨大的风荷载。因此,斜拉桥在美学方面的考虑应该更加慎重,当然和其他桥梁结构的对比也是很有意义的。

一般地,外形比较好看的桥梁结构通常可以起到美化城市景观的作用。相比之下,外形较为丑陋的桥梁,会显得与周围环境格格不入,人们甚至会希望它从来都不存在或者可以拆除。那么如何去辨别一座桥的美与丑呢?

一个不争的事实就是,大部分人会认为某一类特定的桥梁结构是美丽的,而另外一类却是丑陋的。不同的人之间,对桥梁结构美学特征的反应也不尽相同。实际上这主要取决于个人的敏感度和审美观。而美学评价能力只能通过不断潜意识的感知评价和审美训练才能得到提高。

在莱昂·哈特的书中[1.34],他指出外形好看的桥并不是偶然设计的。定义人的"感知"并不难,可以选择一些桥梁结构进行对比,那么桥梁结构的美学特征就会在潜意识中出现。

传统观念认为,结构工程具有两个美学特征:一个是从技术角度出发,基于理性分析总结出来的"形式服从功能"。然而,很多历史上的桥,尽管功能上设计比较合理,但未必是美的。另一个则更多地侧重于直观的印象,标语为"美在旁观者心中"。在德国诗人席勒的论著《优雅与尊严》[1.35]中,他把这两种矛盾联系起来并上升到一个更高的层次,也就是辩证法。他指出古典美符合理性的、有意识的和潜意识的要求。

下面将介绍10个美学设计方针。但是这些方针不应限制直觉和幻想的自由,一个好的设计往往取决于设计师的天赋、他们的美学敏感度以及他们对外观评价意识的培养。并且这10个指导方针也应支持设计者的理性评估,好的设计也是通过一步步的批判性分析来逐渐完善的。在下面的内容中,每一个设计方针都有相应的斜拉桥案例,并且会提及它们和其他类型桥的相关性。

1.2.2 美学指导方针

1.2.2.1 方针一:清晰的结构体系

方针一是选择可靠而简单的承重体系——“一个桥梁结构必须看起来是可靠和稳定的”。

不同结构体系的组合通常会导致结构外形比较难看,不同承重结构单元的数量应降到最低。一个正确的结构体系,看起来可能未必是美的。

比如委内瑞拉圭亚那附近的卡罗尼河大桥,主跨214m,如图1.55所示。尽管墩上主梁结构的要求高度为14m,但这个桥也不会显得笨拙,因为其主梁底部具有强烈的曲线动态变化。

这种设计是可以实现的,因为公路和铁路同时位于桥面上且铁路不穿越箱梁内部的这种情况在其他地方经常出现。因此,跨中4.8m的截面高度是足够的。对于一个三跨连续梁来说,梁高与变化弯矩是相对应的。本桥使用了两个承重结构单元,即梁和桥墩,两者的可靠性和稳定性都比较高。

如图1.56所示的是横跨内卡河峡谷的威廷根大桥,主梁是一个多跨连续梁。恒定的梁高突出了它的连续性。除了主梁和桥墩两个主要承重结构单元外,216m长的边跨由底部的悬空支柱来支撑,主要因为在这些地方会产生很大的弯矩。

图1.55 委内瑞拉卡罗尼河公铁两用桥

图1.56 德国横跨内卡河峡谷的威廷根大桥

汉斯·卡默勒教授是桥梁工程师莱昂·哈特的建筑顾问。

在挪威—瑞典城市桥设计竞赛中胜出的方案,其结构体系最具说服力。拱圈被固定在峡谷两侧的岩石边坡上,拱圈结构高度随着弯矩的变化从跨中到两端逐渐增加,如图1.57所示。路面行车道被悬空在拱圈上。桥的细长和拱的厚实形成了鲜明的对比。尽管吊杆都在竖直方向上,但在视觉上却形成了交叉,这主要是因为倾斜的拱圈,这也是倾斜拱的一个缺点。

在中国香港昂船洲桥的设计竞赛中，一个跨径为1007m的透明斜拉桥设计方案最后中标，如图1.58所示。

图1.57　挪威—瑞典城市桥设计竞赛方案

图1.58　中国香港昂船洲大桥设计竞赛方案

瑞典霍加的悬索桥，主跨为1210m，如图1.59所示，在清晰度、简洁和优雅等方面十分出众。悬索桥相比斜拉桥的这种美学优势是不可否认的。此桥主缆将梁上荷载通过竖向吊杆和混凝土主塔传递到桥台。采用的结构单元主要有梁、吊杆、索和塔。

1.2.2.2　方针二：合理的比例

“结构单元之间、桥的长跨比和高跨比都要有合理的三维尺寸比例。”

结构构件之间要有一个平衡的比例，长跨比、高跨比以及见光部分与阴影部分面积的比例，甚至梁、桥墩和桥台的质量比都要有合理的设定。

在桥墩中，合理的长跨比和高跨比非常重要。两个比例明显不同会产生如“躺着的”或者“站着的”长方形的效果，而正方形往往显得比较呆滞。横跨峡谷之间的桥，长跨比和高跨比应尽量保持一致。

一个典型的例子是德国温宁根的摩泽尔峡谷大桥，如图1.60所示。跨径和高度从两侧到中心逐渐增加。主跨跨径为240m，桥墩高为120m，刚好符合2∶1的美学合理比例。

图1.59　瑞典霍加悬索桥

图1.60　德国温宁根摩泽尔峡谷大桥

德国科赫尔河峡谷大桥，跨径为130m，桥墩高为180m，在横向上是一抛物线形状，外形轮廓很优雅，如图1.61所示。尽管该桥尺寸较大，但是该桥巧妙地与深邃的峡谷相适宜，以至于不会显得尺寸很大。

如图 1.62 所示为德国莱茵河上的科隆—道依茨桥。在图中,加腋三跨梁的设计也展现出一个很吸引人的外观,这主要是因为桥墩支点位置和跨中位置的梁高比为 2:1。此外,在桥台端部位置的梁高与跨中位置的梁高相等,同时主梁底面与桥面的曲线变化相一致,这都对良好的外形起到了很大的作用。遵从这些规则,桥的外形往往看起来都不会很差。

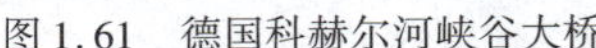

图 1.61　德国科赫尔河峡谷大桥

图 1.62　德国莱茵河上科隆—道依茨桥

在美国横跨塞文河的安纳波利斯大桥表现得尤为突出,如图 1.63 所示。此桥主跨 90m,且主跨加劲连续梁也选择了 2:1 的梁高比,并且在主跨和边跨中有连续过渡。桥中心处的梁高和边跨处的梁高相同。这种清晰的体系突出了主跨,并用动态的模式展现了一个静态桥。

V 形桥墩需要刚好的路面坡度和恰当的地面高度,这样能够产生合理的三角形外形,如图 1.64所示。铁路桥梁穿过美茵河,作为在汉诺威和维尔茨堡之间高速铁路的一部分,这部分梁设有加劲梁,主要是为了加强 130m 的主跨。

图 1.63　美国安纳波利斯大桥

图 1.64　横跨维尔茨堡美茵河的至格明登铁路桥

拱桥中,拱圈和主梁采用变截面,比例为 2:1 或者 1:2。相同的梁高和拱圈高度使得整个桥显得很笨重。对于德国坦哲蒙的易北河拉杆拱桥,其弯曲刚度由组合梁提供,如图 1.65 所示,它能承受沿主跨方向上的梁重。因此,钢拱也被认为是柔性的。美国亚利桑那州跨越罗斯福大坝的拱桥,固定的拱圈巧妙地通过合理强大的加劲拱提供了弯曲刚度,桥面板因此也是一个柔性板,如图 1.66 所示。

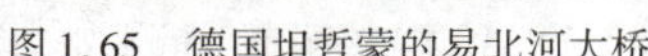
图1.65 德国坦哲蒙的易北河大桥

图1.66 美国亚利桑那州跨越罗斯福大坝的拱桥

美国华盛顿帕斯科—肯那威克桥的梁高只有2.1m，主跨300m，如图1.67所示，也是一个细长形状。只有40cm高的白色梁边缘更加强化了这一印象。实际的梁在斜下方的阴影中几乎“消失”，因此产生了一条丝带跨越河流的效果。

1.2.2.3 方针三：合理的秩序

“所有结构线条和边缘都会决定桥梁外形——数量和方向要尽可能地减少。”

结构的数量和方向应尽可能地减少，尤其是桁架桥。只要不造成结构单调，那么对称或者同类构件的重复会产生很好的结构秩序。

德国汉堡的铁路桁架桥只由上弦杆和下弦杆组成，即使斜观，也会呈现井然有序的结构布置，如图1.68所示。

图1.67 美国华盛顿帕斯科—肯那威克大桥

图1.68 德国汉堡铁路桁架桥

德国阿尔滕巴赫附近跨越美茵河的铁路桥如图1.69所示，也只由上弦杆和下弦杆组成，没有交叉框架，这主要是为了将构件方向减少到两个。尽管梁高在不断地变化，但斜杆的倾角保持一致，因此斜面的交叉并不存在。即使这是德国最长跨径的铁路桥(主跨207m)，它也并不显得沉重。

19世纪典型的桁架结构显现出来的却是一种令人眼花缭乱的印象，这主要是由于各个方向上都有大量的桁架结构单元，如印度加尔各答的胡格利河大桥(图1.70)。

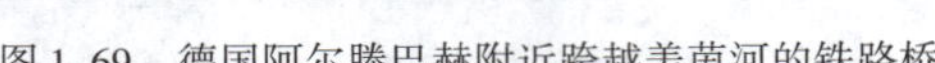

图 1.69　德国阿尔滕巴赫附近跨越美茵河的铁路桥

图 1.70　印度加尔各答胡格利河大桥

新的胡格利河大桥如图 1.71 所示,相比之下,它是一个典型的有清晰线条的斜拉桥。尽管纵梁和横梁按常规布置,但从下方角度来看,它的结构构件布置井然有序,连续不断的重复让结构看起来并不显得单调。

塔的形状和拉索布置决定了斜拉桥的外形特性,而拉索的视觉交叉起到了很大的决定性作用。竖琴式拉索的平行布置显示了最好的结构秩序,这一点在上卡塞尔莱茵河桥中得到了论证,如图 1.72 所示。当然,一个拉索不会产生视觉交叉。20 世纪 50 年代早期,在杜塞尔多夫系列桥梁的初始设计阶段,建筑师费雷德里希 · 塔姆斯始终坚持认为,三个桥都应按竖琴式布置拉索,即使三个桥的结构体系完全不同,常规的竖琴形状也能在视觉上将它们联系起来。

图 1.71　印度新的胡格利河大桥

图 1.72　德国上卡塞尔莱茵河桥

不管在竖直面上还是水平面上,两个竖琴式拉索面都不会产生视觉交叉,如图 1.73 所示。如果拉索按照扇形布置且倾斜角有不断的变化,那么视觉交叉可以采用单一中央缆索面避免,如中国香港的昂船洲大桥(图 1.74),Dissing 和 Weiyling 担任了此桥的设计顾问,而伊恩 · 费斯则是该桥梁的主管设计师。

两个扇形拉索面的视觉交叉可以通过使用有倾斜拉索面的 A 形塔进行缓和,如图 1.75 所示。如果拉索数量很多,那么视觉交叉的缺点可以被进一步减弱,甚至会产生一种朦胧感,如图 1.76 所示。

图1.73　芬兰黑诺拉大桥

图1.74　中国香港昂船洲大桥

图1.75　美国华盛顿跨越俄亥俄州河的亨廷西桥

图1.76　中国上海杨浦大桥

美国得克萨斯州跨越休斯敦船运航道的桥如图1.77所示，设计要求有8个车道。最经济的结构体系是由2个独立的菱形桥塔组成的斜拉桥，在梁上相互连接，这样4个拉索面秩序井然。大量的拉索产生了朦胧感，并且从某种程度来说，拉索视觉交叉也得到了弱化。

图1.77　美国休斯敦航运桥

1.2.2.4　方针四：与环境相融合

“要与周围环境和谐融合。”

桥梁的材料和比例与其周围环境的协调是这个方针的主题。

一个典型的例子是德国厄珀哈费尔河的南桥，图 1.78 所示，桥墩在桥两侧向上延伸，并用与周围建筑物相同的棕色石材进行修建。这个项目由瓦尔特 · 诺贝尔教授担任建筑顾问。另外一个将桥与周围环境相适应的例子是柏林的洪德堡海港桥，如图 1.79 所示。与常规使用材料的方式不同的是，混凝土作为受压构件，钢筋作为受拉和受弯构件，这主要是为了使桥梁外形和附近火车站的钢玻璃结构相适应。这样一来，桥和车站通过建筑师马尔格和工程师施莱克的设计紧密地联系了起来。

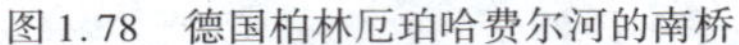

图 1.78　德国柏林厄珀哈费尔河的南桥

图 1.79　德国柏林跨越洪德堡海港的铁路桥

出于美学原因，为了与已有的拱桥设计相协调，法兰克福跨越奥德河的第二个高速公路桥也设计成了拱桥。即使这种桥梁体系并不经济，它却能够与奥德河周围没有被妨碍的风景相呼应，如图 1.80 所示。在著名的安纳波利斯海军学院门口，图 1.81 中的跨越塞文河的大桥在设计竞赛中中标。该桥被设计成弯曲曲线，是为了不与学院旧的历史建筑物在背景上产生视觉的冲突。由于桥梁外形简单，在其他的拱桥和斜拉桥设计中脱颖而出。此外，德国的 Dittenbrunn 铁路桥（图 1.82）遵从了自然轮廓并且看起来好像是从斜坡上走出来一样，与周围环境相得益彰。斯图加特的 Schillersteg 人行桥将上方的学校和中间的公共区域连接起来。细长的钢梁在一端形成分支，主要是为了与自然的小路径相衔接（图 1.83）。澳大利亚悉尼格勒贝岛桥（图 1.84），单从技术设计而言，也是融合了悉尼海港周围的工业环境。

图 1.80　德国法兰克福奥德河桥

图 1.81　美国安纳波利斯桥

图 1.82　德国 Dittenbrunn 铁路桥

图 1.83　德国斯图加特的 Schillersteg 人行桥

1.2.2.5　方针五:材料的选择

“根据承重材料特性和结构外形正确地选择材料。”

通常,混凝土被选作为支撑构件,而钢则被选作为连接构件。天然地基选用大体积的桥墩和桥台是比较有利的。大体积混凝土表面能够承受一些由于雕刻等产生的纹理。大体积表面通常都是比较粗糙的,然而小体积表面通常应是光滑的。

德国 Oberroßla 附近的伊尔姆河大桥见图 1.85,于 1848 年用天然石材建成,在当时,这是唯一可用的材料。由于这些石材并不能承受拉力,因此选用了拱形结构,因为拱形结构在荷载作用下产生压力。经过深度的修复和顶板的置换,这个桥如今仍然作为高速铁路桥在使用。

图 1.84　澳大利亚悉尼格勒贝岛桥

图 1.85　德国 Oberroßla 伊尔姆河大桥

木材是人行桥中使用最多的天然材料,如图 1.86 所示的人行桥,跨径为 60m。设计目标是要轻并且要透明。端部框架由于要承受横向风荷载,因此需要较大的横截面。为了避免造成沉重的印象,使用了细长钢截面。材料的差异性可以通过使用不同颜色的钢和木材进行区分。

800m 长的跨越瓦尔诺大峡谷的高速桥离地面只有 10m 高,如图 1.87 所示。对于这种跨径相对较小的桥梁,混凝土是最适宜的选择材料。在美国安纳波利斯桥的设计中,桥墩采用八边形设计,没有横梁,主要是为了突出桥的轻巧,如图 1.88 所示。双桥墩支撑在常规的花岗岩复合地基上,而漂浮式的上部结构由长细的桥墩和强大的地基支撑。跨越易北河的三跨系杆拱桥使用了混凝土拱用于受压,钢主梁作为联系和弯曲结构单元,如图 1.89 所示,混凝土路面板将局部的轮压进行分散。

图 1.86 德国跨越达默河的人行桥

图 1.87 德国罗斯托克跨越瓦尔诺大峡谷高速桥

图 1.88 美国安纳波利斯桥

图 1.89 德国皮尔那易北河大桥

挪威海格兰德大桥的控制因素是它的抗压能力，如图 1.90 所示。因此，它用混凝土修建而成。主跨 425m，梁高 1.2m，这足够抵抗弯矩并确保侧向屈曲的安全性，并产生了细长比为 1∶355的纪录。同时也说明，混凝土桥的主梁未必是笨重的。

佛莱埃的莱茵河大桥巧妙地将主跨钢梁和混凝土边梁联系在一起，而边梁主要为了平衡掉主跨的重量，如图 1.91 所示。此外，诺曼底大桥不仅外形精美，也打破了使用钢材料为主梁的跨径纪录，如图 1.92 所示。

图 1.90 挪威海格兰德大桥

图 1.91 德国佛莱埃的莱茵河大桥

1.2.2.6　方针六:色彩

“对于一个赏心悦目的桥梁外形,色彩是重要的组成部分。”

不仅仅是钢桥,混凝土桥在设计时也需要考虑色彩与周围环境相匹配。然而,大面积的亮色要尽量避免。斯图加特的沙腾混凝土桥,为了与周围森林相呼应,梁上选用了淡绿色,而桥墩选用了深绿色,如图1.93所示。拉芬斯堡的敞口式隧道是一个在细长构件(如桁架斜杆)上使用亮红色的例子。同样的颜色也用在了隧道的桁架和人行斜拉桥的桥塔上(图1.94),甚至是弯曲的人行桁架桥上(图1.95)。不同的颜色将不同结构单元连成了整体。

图1.92　法国诺曼底大桥

图1.93　德国斯图加特沙腾桥

图1.94　德国拉芬斯堡敞口式隧道和斜拉索桥

图1.95　德国拉芬斯堡人行桥

对于坦哲蒙的易北河大桥,如图1.96所示,用不同色彩突出显示了桥上不同的承重结构。弯曲刚度由梁高较大的结构单元提供,这些单元被涂上亮蓝色,而拱的长细部件由亮灰色突出显示。

在阿根廷布宜诺斯艾利斯和萨拉特两个城市间跨越巴拉那河有两座几乎一样的斜拉桥,主跨330m,是公铁两用斜拉桥,如图1.97所示。它们独一无二的色彩搭配是由塔顶的红色钢桁架杆和白色拉索组成。与通常为灰色的混凝土主跨不同,它们都用鲜明的色彩突出了大桥的主跨。

跨越密西西比河的伯灵顿桥选用了白色拉索,如图1.98所示。和其他斜拉桥一样,亮色突出显示了斜拉索结构的漂浮感。

图1.96　德国坦哲蒙易北河大桥

图1.97　阿根廷萨拉特公路铁路两用桥

威尔士迪依河大桥的预制构件使用了白色混凝土，这使整座桥有一种轻盈飘逸的感觉，如图1.99所示。

图1.98　美国柏林顿桥

图1.99　英国威尔士迪依河大桥

美国得克萨斯州休斯敦船运航道桥的黄色拉索似乎是为了与强烈的阳光和深蓝色的天空相匹配，如图1.100和图1.101所示，这样的黄色给人们留下了深刻的印象。

图1.100　美国得克萨斯州休斯敦航运桥

图1.101　美国得克萨斯州休斯敦航运桥

佛莱埃莱茵河桥的拉索也采用了红色为主打色，如图1.102所示。

根据航空管制要求，圣纳泽尔的卢瓦尔河大桥的桥塔使用了条纹状的危险警示色，如

图 1.103所示，这种不适宜的方法在别的地方没有再出现过，因为通常塔顶部设置一个危险信标就足够了。

图 1.102　德国佛莱埃莱茵河桥

图 1.103　法国卢瓦尔河大桥

1.2.2.7　方针七：桥上空间

“桥上空间应让驾驶员通过桥梁时有一种舒适感。”

在桥面板上，最理想的状态是从开始到结束都不存在其他结构单元。

传统的古代桥梁都会用柱子或者雕塑进行装饰，如布拉格的卡尔斯大桥，使用了赞助人内波穆克的雕塑进行装饰，如图 1.104 所示。

同样是传统桥梁，厄珀·哈弗尔河南桥的桥墩在桥面板两侧突出显示出来，如图 1.105 所示。其被设计成一套特别的主要供行人使用的照明体系。

图 1.104　布拉格的卡尔斯大桥

图 1.105　德国柏林厄珀·哈弗尔河南桥

俄亥俄州哥伦布的宽街桥，有意识地被设计成为缓行内陆城市桥，并用柱子将桥突出显示出来，如图 1.106 所示，在研讨中提出了这种方案，并得到了公众的认可。

A 字形桥塔的两个拉索面会形成像帐篷一样的屋顶，给使用者安全感。典型的例子是挪威海格兰德桥，如图 1.107 所示。

阿根廷跨越波萨达斯和恩卡娜森两个城市之间的巴拉那运河桥，桥上有偏心的铁路轨道，也有两个 A 字形拉索面，如图 1.108 所示。

图 1.106　美国俄亥俄州哥伦布宽街桥

图 1.107　挪威海格兰德桥

从桥上空间的角度出发,只有一个中央缆索面的斜拉桥方案在美学方面存在一定问题,如图 1.109 所示的未实现的科赫尔河峡谷大桥方案。虽然鸟瞰时这种设计很吸引人(图 1.109),但从驾驶员的视角看,是不合适的(图 1.110),因为驾驶员只能看到柱子的前面,拉索面不能得到完全展示,造成不确定的感觉。

图 1.108　波萨达斯—恩卡娜森桥

图 1.109　科赫尔河峡谷大桥

1.2.2.8　方针八:清晰可辨的传力路径

"桥梁设计时要做到,即便是外行人看来,传力路径也是显而易见的。"

即便是缺少经验的外行人,对于桥的传力设计是否可靠,也会产生一种本能的感觉。然而这个规则最近被很多"惊人"的设计所打破,这些设计的标语是"标志桥"或者"图标桥",它们只考虑了桥梁的外形,而忽略了力的传递。通常这种欠合理的设计都是由建筑师提出的,但离开他们,工程师们又很难取得成功。

桥梁的上部结构位于桥墩之上,桥墩的盖梁应宽于梁体底部的宽度。托尔高的易北河大桥使用了单个加腋梁设计。这个位置的集中力由一个用花岗岩包裹的厚重桥墩支撑,如图 1.111所示,而且它和其他桥墩的倾斜角方向相反(是 A 形而非 V 形)。

苏格兰利文河大桥的桥塔,横向不对称,并直接反映到梁的弯曲上,如图 1.112 所示。

图 1.110 驾驶员视角下的科赫尔河峡谷大桥

图 1.111 德国托尔高的易北河大桥

斜拉桥的桥塔需要将拉索荷载传递到地基。前面提到过的最简单也是最有效的方法是采用直立的 A 字形塔。

如果由于桥的整体几何条件受到限制,塔柱之间因为船运交通距离变得过大或者当建造两个独立地基成本太高时,塔柱可以在主梁梁体下部位置连接在一起,形成所谓的菱形塔。

佛罗里达州坦帕市附近日照高架桥是早期钢结构桥的设计代表,如图 1.113 所示。它的传力路径很明显,即从塔柱横向宽度上开始分流。控制荷载主要是拉索横向风荷载,主要通过梁上桁架的拉力和压力效应来承受。桥面板上两个塔柱宽度相同。桥面板下方连接处产生的偏心力在横梁上产生拉力并通过后张拉来承担。张拉的 V 形塔柱也需要承受横向上由于弯曲产生的力,它的宽度从塔顶到塔基逐渐增大,桥墩也可以设计成为类似的 V 形。

图 1.112 英国苏格兰利文河大桥

图 1.113 佛罗里达州坦帕市日照高架桥

美国得克萨斯州跨越贝城的休斯敦航道桥,要求使用两个分离式的梁。最有效的力传递是由连接在一起的菱形塔来实现的,如图 1.114 所示。这样就在相同高度上组成了一个桁架结构,因此横向风荷载通过梁下部结构产生的拉力和压力来承担,而细长的塔柱宽度却只有 2.1m。

杜塞尔多夫机场附近的 Ilverich 莱茵河桥在设计时对桥塔做了限制,要求桥塔高度小于主跨的 1/5。为了获得拉索的经济倾斜角,塔在纵向上被建成了 V 形,如图 1.115 所示。前端拉索的拉力由系梁连接,力的传递路径显而易见。

图 1.114　美国得克萨斯州休斯敦贝城桥

图 1.115　德国 Ilverich 莱茵河桥

泰国拉马八桥的荷载传递路径如图 1.116 所示，很明显，主跨上的荷载集中作用在桥末端一个较大的混凝土桥墩上。

为了将从拉索传递到梁上的力显示出来，图 1.117 中的拉索锚固贯穿混凝土梁体，并由下挑的托梁支撑。清晰可见，拉索的锚固头也参与了力的传递。

图 1.116　泰国曼谷拉马八桥

图 1.117　美国帕斯科桥锚固在梁上的拉索

在斜拉桥中，集中的端锚索承担的荷载最大。因此它们的荷载传递应被高度重视。在图 1.118 中，加劲肋平行于拉索布置，这表明力从拉索传到主梁腹板。此时，拉力也通过直径为 30cm 的螺栓从梁转移到桥墩上。

图 1.118　贝城桥端锚索锚固情况

端锚索的竖直锚固贯穿梁体，在图1.119 中清晰地显示了出来。对于多跨斜拉桥体系，斜拉桥的设计要点是如何稳定塔的顶端，因为往往没有通常集中受力的端锚索。

香港汀九桥的拉索在桥塔两侧桥面板外进行了固定，如图 1.120 所示。强大的系索与常规拉索相比，垂度更大，并有利于传力。不同类型拉索的视觉交叉也可被接受。

图 1.119 端锚索的束缚

图 1.120 香港汀九桥

另一个合理解决荷载传递的例子是委内瑞拉第二奥利诺克河公铁两用桥。桥的两个主跨均为 300m,主跨之间又需要满足航道净宽的要求。解决方案是将两个常规的斜拉桥背靠背,如图 1.121 所示。桥墩的中心被设计成 A 形框架,主要是为了承受铁路轨道在全桥范围内产生的制动力。

卡拉特拉瓦设计的西班牙阿拉米罗大桥,展示出了一种特殊的传力方式,如图 1.122 所示,主跨上的永久荷载通过倾斜的桥塔来平衡。而在端锚索不存在的情况下,主跨上的临时荷载就利用塔的倾斜来承担。

图 1.121 委内瑞拉第二奥利诺克河公铁两用桥

图 1.122 西班牙阿拉米罗桥

1.2.2.9 方针九:照明

“夜间的照明,能够提升桥梁的外形美感。”

现代桥梁照明使用的是探照灯,其光照能够覆盖整个区域,而单个灯只能显示出一个轮廓。

香港的汲水门桥在夜间被照亮成淡紫色,如图 1.123 所示。有趣的是,灯光从梁向上逐渐变弱产生了很好的颜色渐变效果。

上海的南浦大桥在梁上使用了暖色调的黄色灯光,梁下却使用了淡蓝色灯光,如图 1.124 所示。

图 1.123　香港汲水门桥

图 1.124　上海南浦大桥

美国休斯敦航运桥在桥塔和拉索上采用了暖色的黄色探照灯,如图 1.125 所示。

在香港昂船洲桥的一个设计竞赛方案中,桥塔和拉索上采用了白色探照灯,如图 1.126 所示。

图 1.125　美国休斯敦航运桥

图 1.126　香港昂船洲大桥

芬兰黑诺拉大桥在日落时产生了不同颜色的组合,如图 1.127 所示。在微红天空的映衬下,伴随着主跨上一系列的街灯,桥塔透出淡淡的黄色。出于航运安全考虑,塔上还设置了单独的照明系统。

1.2.2.10　方针十:简洁

“简洁而又精致对于纯粹的结构形状是非常重要的。装饰、装修或者建筑附属构件等只是附加设施。”

Stöbnitz 峡谷桥如图 1.128 所示。主梁由实心截面组成,坐落在圆柱形混凝土桥墩上,它的简洁得到了公众的认可。

德国威廷根桥中间跨桥墩为单柱式,截面为八边形,锥度为 1:70,如图 1.129 所示。120m 高桥墩支撑 30m 宽的公路用主梁,桥墩的设计非常简洁,如图 1.130 所示。

在德国坦哲蒙桥上,支撑拱圈的支柱数量已降到最低,如图 1.131 所示。它没有使用常规的可有多种方向的桁架结构,而采用了与拱圈方向垂直的钢管。

图 1.127 芬兰黑诺拉大桥

图 1.128 德国 Stöbnitz 峡谷铁路桥

图 1.129 德国威廷根桥

图 1.130 德国威廷根桥的视觉效果图和核心塔

德国里萨海港桥使用了一个更简单的方案,如图 1.132 所示。两拱之间的距离很大,并且只略高于路面。拱顶间的水平支撑形成一系列的矩形,看起来不美观。因此,它并没有使用支承而采用了单个加劲拱圈以防止侧向屈曲。

图 1.131 德国坦哲蒙莱茵河桥

图 1.132 德国里萨海港桥

德国菲林根—施文宁根的人行桥,如图 1.133 所示。一个中央缆索面内的四个端锚索支承主跨,并沿桥台方向锚固。细长的主塔固定在主梁上,设置承托以抵抗该位置产生较大的弯曲压力。

德国米赫拉克尔的 Enz 河人行桥,由莱昂·哈特设计,由一个承重的混凝土拱圈构成,用红色灯装饰扶手,如图 1.134 所示。这个桥显示了结构单元的理论最小值,同时表现出了惊人的美景。

图 1.133　德国菲林根—施文宁根人行桥

图 1.134　德国米赫拉克尔 Enz 河人行桥

1.2.3　协作

最后值得一提的是建筑师和结构工程师的合作。

对于一个建筑结构,建筑师负责设计而工程师负责解决技术问题。德国建筑师马尔格和工程师施莱克之间的合作就展示了如何实现一次意气相投的合作[1.37]。

然而,对于一座桥梁,工程师要对技术负主要责任,而建筑师需在外观上提出相应的建议,这样的合作才富有成效。由于桥梁建设是技术性问题,因此,桥梁的主要问题还需由工程师来解决。设计一座桥梁结构需要专业的知识和经验。因此,并不是每个建筑师都适合担任桥梁顾问,经验丰富且能够深入了解荷载传递的建筑师是很稀缺的。能否取得合作成功的关键在于每一方是否能认真地听取另一方的建议,并试图去理解它。

著名的建筑师塔姆斯教授曾说过,结构工程的建筑顾问如果想要获得自己可以影响桥梁结构的成就感,那么他需要处理在布局、施工和材料等方面所涉及的所有问题。

第 2 章　斜拉桥的发展

2.1　斜拉桥的起源

2.1.1　引言

梁或者桅杆支撑的原理可以追溯很远。早期的斜拉桥都是使用天然材料，如用竹子作为梁，以及用藤本植物作为连接系。

航海船所用的桅杆在横向上是通过船的横桅索来固定（图 2.1）。有趣的是，斜拉桥与桅杆的类比在法语和俄语中也有体现。

早期斜拉桥的基本轮廓可以在托洛茨基[2.1]的书中查阅到，本书在后文中也会提及。新的斜拉桥轮廓则可以在 Pelke[2.2,2.3]的书中找到。Birnstiel 最近对宁堡的萨勒河斜拉桥展开了调查研究[2.8]，Stiglat 也对早期的法国斜拉桥进行过研究[2.19]，尤其是运输桥。

早期斜拉桥和现代斜拉桥的主要区别是什么呢？现代斜拉桥采用的拉索都是精细的，可以调节索力，并将荷载直接传递至主塔，如图 2.2 所示。现代斜拉桥的水平构件将其内部产生的拉索水平压力引入主梁。主跨的前拉索由端锚索在桥梁端部进行平衡，并在桥梁端部锚固于压型（锚固）墩内。每个拉索力都可以分解为两个分量：竖直分量由锚固墩来平衡，水平分量则以压力的形式通过主梁来平衡。前拉索的水平分量和端锚索的水平分量大小相等，方向相反，在塔处达到最大值。

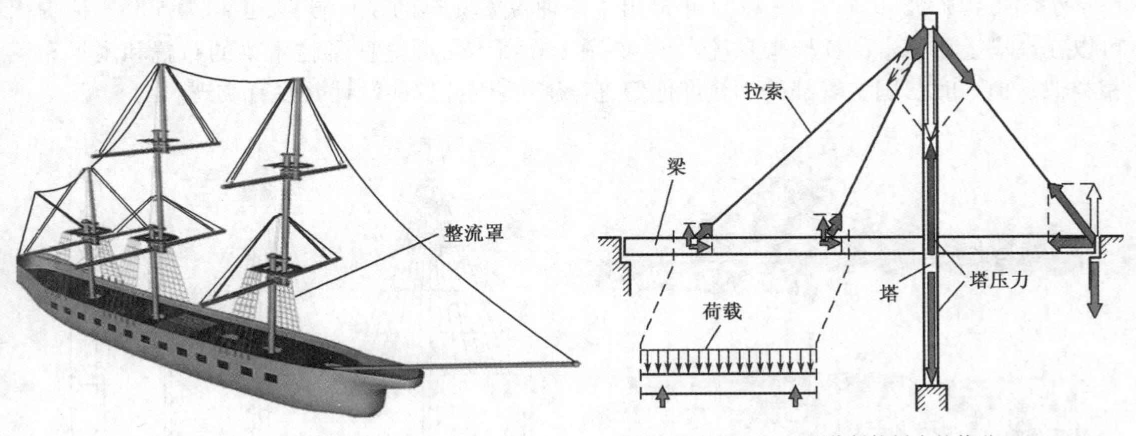

图 2.1　横桅索杆

图 2.2　现代斜拉桥力的传递

早期斜拉桥和现代斜拉桥的荷载传递方式是不同的。比如，就像在悬索桥中一样，早期斜拉桥是将端锚索产生的水平分量通过在桥台处进行锚固或者在主跨中心两侧连接前拉索来平衡,此外,拉索不能进行调节。直到第二次世界大战时期,现代斜拉桥才开始发展。

2.1.2 历史性的发展

2.1.2.1 斜拉桥设计历史

早期斜拉桥设计的典型例子来自于浮士德·威朗蒂斯(图2.3)[2.4]。在他的设计图中,木结构的梁通过带环拉杆和悬索杆直接支撑,如图2.4所示。连接系的平行布置和现代的竖琴式布置很类似。带环拉杆通过铰接形式锚固在梁上,和现代斜拉桥的铰接梁相近似。

图2.3 浮士德·威朗蒂斯,克罗地亚工程师(1551—1620年)

图2.4 威朗蒂斯设计的钢眼支撑桥,1617年

1784年,来自德国弗莱堡的工匠马利·罗旭德设计了一种“后拉式桥梁结构”,主跨为43m,其用三根木结构的系梁向后固定在两座木塔上,而木塔也由木结构固定,如图2.5所示[2.5]。

法国工程师波耶特[2.6]在1787年提出了一种拉索支撑的设计方案,主跨为50m。他提出可以在高塔上用竖直的铁棒来悬挂木梁,如图2.6所示。而这些悬挂木梁的布置和扇形布置相类似。但当时法国主管部门不允许他们进行施工,因此这些设计并没有实现。

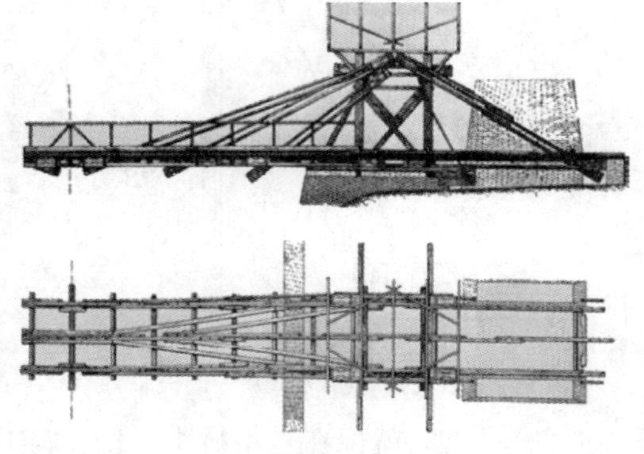

图2.5 罗旭德设计的后拉式木桥,1784年

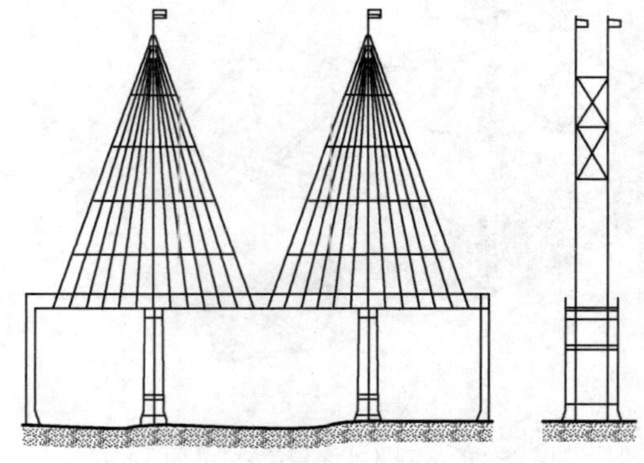

图2.6 波耶特设计的拉索支撑式桥,1787年

2.1.2.2 第一批斜拉桥及其破坏

第一座带有永久性斜拉索的桥是1817年英国的草甸桥[2.7]，如图2.7所示。它的设计师是两个苏格兰的五金商人：詹姆斯·雷德帕斯(1772—1846年)和约翰·布朗(1792—1852年)。

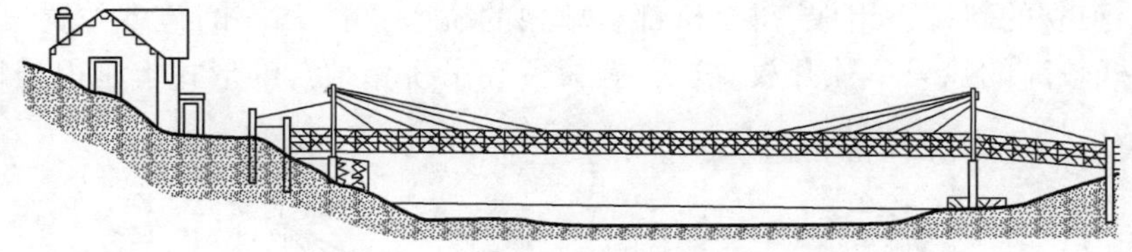

图2.7 草甸桥，1817年

草甸桥扇形布置的拉索由直径为8mm的钢丝组成，用直径为19mm的钢筋锚固在基础上，并且锚固处可以通过螺栓进行调节。不幸的是，在1922—1923年的冬天，桥梁部分发生了倒塌，采用增加了16根拉索进行修复，如图2.8所示。但在1954年，这座桥被特大洪水冲垮。

图2.8 草甸桥，1922年

斜拉桥的发展由于两个早期桥梁的倒塌而中止，分别是1818年修建的第一柴伯尔修道院桥和1824年修建的宁堡桥。

1817年，约翰和威廉·史密斯在柴伯尔修道院附近设计了第一座跨越特维德河的桥[2.7]，跨径为79.3m，和草甸桥的设计类似。桥面板宽仅为1.22m，在人群荷载和风荷载作用下产生很大的振动。仅仅过了6个月，1818年，在暴风雨作用下，一根索链发生了断裂，整座桥发生倒塌。引起倒塌的原因可能是金属管头的圆钢发生了屈曲。同一年，第二柴伯尔修道院桥(图2.9)建成，其采用了悬索桥结构，并用刚性很大的主斜杆在1/4主跨处进行了支承。

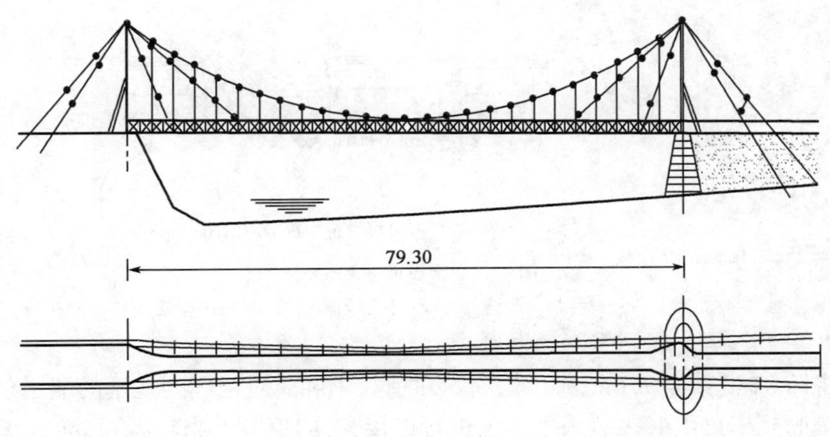

图2.9 第二柴伯尔修道院桥，1818年(尺寸单位：m)

当时,悬索桥上的主索索力可以通过计算获得。拉索只是由于结构原因被引入桥梁结构中,但是并没有产生特别的拉力。刚性拉索的出现在悬索桥上是一个很大的改变。

第一座跨越德国宁堡萨勒河的斜拉桥由戈特弗莱德在1824年设计,如图2.10和图2.11所示。美国工程师查尔斯最近研究了这座桥倒塌的原因并发表了他的结论[2.8a,2.8b]。宁堡桥实际上由两个独立的斜拉桥组成,每个桥都有单独的桥塔,在3.5m的跨中位置设计了一个吊桥,可以对桅杆较高的船只单独开放。这种斜拉桥和吊桥相结合的形式也是很独特的。

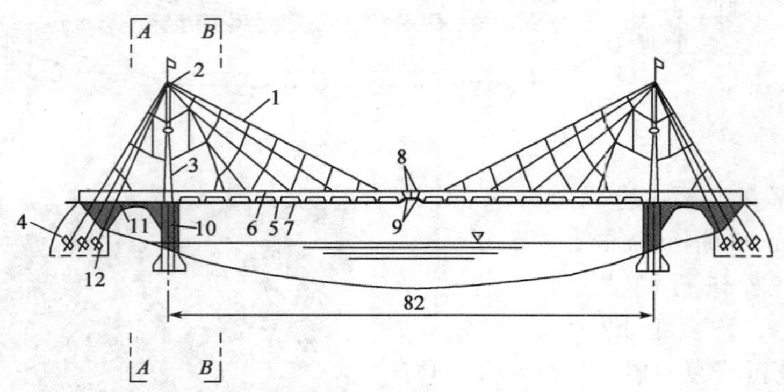

图2.10　宁堡桥,1824年(尺寸单位:m)

1-铸铁拉索;2-生铁鞍座;3-木结构塔;4-索锚(翼墙);5-木横梁;6-木刚性梁;7-木侧向X形支撑;8-铰接梁板;9-塔板(下叠板);10-石墩;11-石拱;12-石锚块

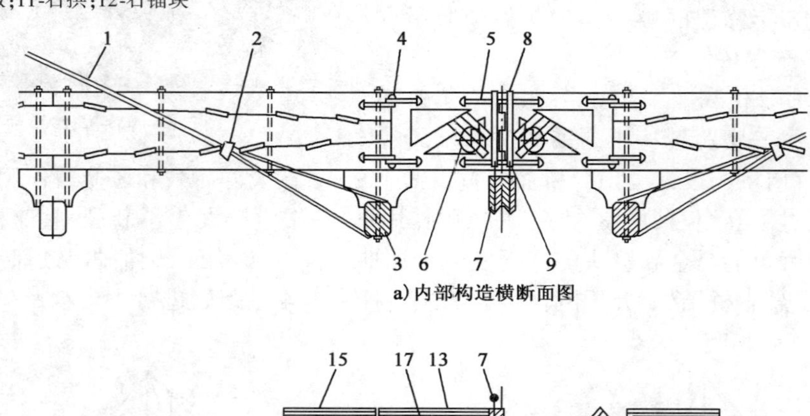

a)内部构造横断面图

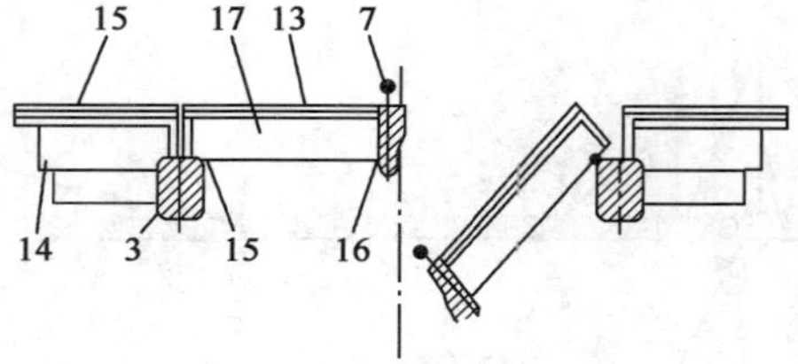

b)可动桥面板横断面图

图2.11　宁堡桥中央吊桥

1-铸铁拉索;2-索套筒;3-木板梁;4-铰;5-套锚杆;6-链筒;7-环头拉杆;8-铸铁吊环;9-螺栓孔和环头拉杆;10-盖板;11-纵梁;12-固定盖板;13-侧架支撑;14-抗剪键;15-横板

宁堡桥主跨82m,梁宽7.6m,每个塔有5对前拉索和3对锚固到地基的端锚索,如图2.12所示。拉索锚固到横梁上时多数采用钢条进行连接,有的也可采用轮齿和金属套管进行连接,如图2.13所示。

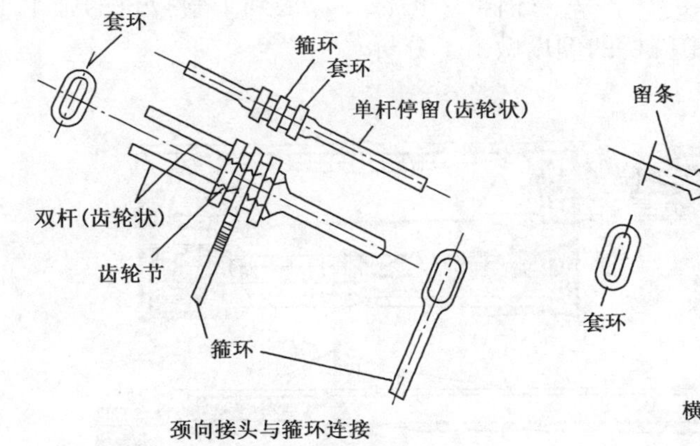

图 2.12　宁堡桥拉索耦合器

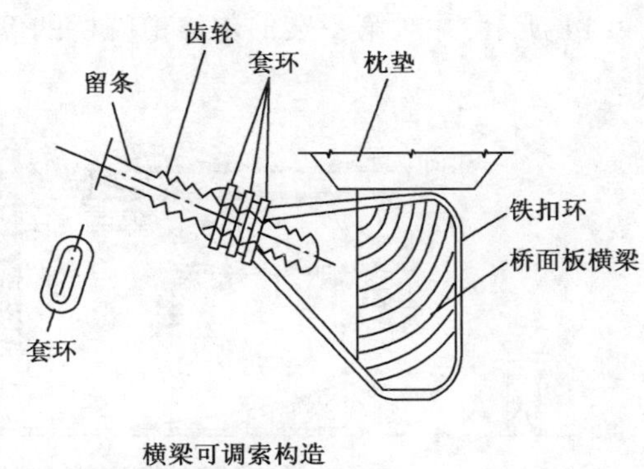

图 2.13　宁堡桥上拉索锚固

宁堡桥的意义和创新：

(1)是跨径最长和桥面最宽的现代斜拉桥。

(2)第一次在扇形索面布置中使用前端锚索。

(3)是第一座适用全道路交通的斜拉桥。

(4)桥中心设计了独特的吊桥。

但是,这座桥有以下缺点：

(1)拉索的设计强度较低。

(2)弹性过大,因此很容易产生振动。

(3)一些技术的细节并不成熟,尤其是拉索连接方面。

(4)整个设计对于当时的工匠而言太过先进。

尽管荷载不同,宁堡桥的拉索尺寸却是类似的,这说明实际的荷载传递方式并没有被完全理解。

斜拉索主要由韧性铸铁制成,在一开始质量就存在缺陷。Bandhauer 曾在项目上用拉力机对拉索逐个进行试验,但是 40% 的拉索并没有达到要求的强度,因此被返工。全桥梁也需要进行荷载测试,1825 年 8 月 27 日,当 6t 重的马车从桥上穿过时,最后一次加载试验完成。而后,该桥的开放通车对日常交通起到了很大的作用,并且没有遭到过任何投诉。1825 年 12 月 5 日,安哈尔特 · 柯登公爵到访宁堡,为了表达对他的尊敬,300 人手持火炬行经此桥。当一些兴奋的游人试图将桥振动起来时,朝南方向的 3 根端锚索突然失效,引起了南向一半的桥体发生倒塌,导致 55 人跌入萨勒河中溺亡。

在拉索结点失效的调查中发现,铸铁里含有不良的微观结构——气泡和炉渣。巨大的动力荷载和低质量的铸铁拉索很有可能导致了该桥的倒塌。Brandhauer 被指责造成了这次事故,因为他的设计理念太新并且他没有阻止行进的队伍[2.9]。

Brandhauer 向公众公开了他的设计稿。然而针对残留的桥北部的调查发现,其仍然保持稳定,并没有出现任何的薄弱点。因此 1829 年 Brandhauer 被赦免无罪。

这个事故造成斜拉桥在德国的发展中止了 125 年,直到 1950 年,才在杜塞尔多夫桥梁系列中得以发展。

在1821年出版的《悬索桥的概述》[2.7]中,罗伯特·史蒂芬森谈到了斜拉桥的施工工艺,如图2.14所示,并对第一柴伯尔修道院桥的倒塌做出了分析。

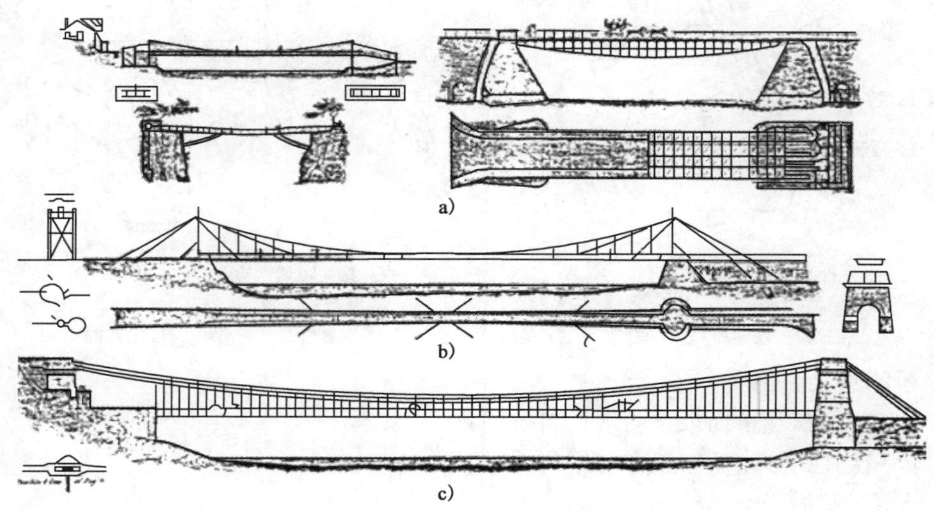

图2.14　罗伯特·史蒂芬森《悬索桥的概述》

著名的法国数学家和桥梁工程师亨利·纳唯叶(图2.16),1832年在史蒂芬森发表论著的基础上出版了专著《Memoires sur les pont suspend》[2.6](图2.15)。纳唯叶将扇形拉索和竖琴式拉索进行了对比,得出的结论是在给定的跨径中,塔所需的钢数量和拉索所需的钢数量相当,如图2.17所示。但他所谓的拉索仍然被锚固在地基中,因此与现代斜拉桥并不一致。

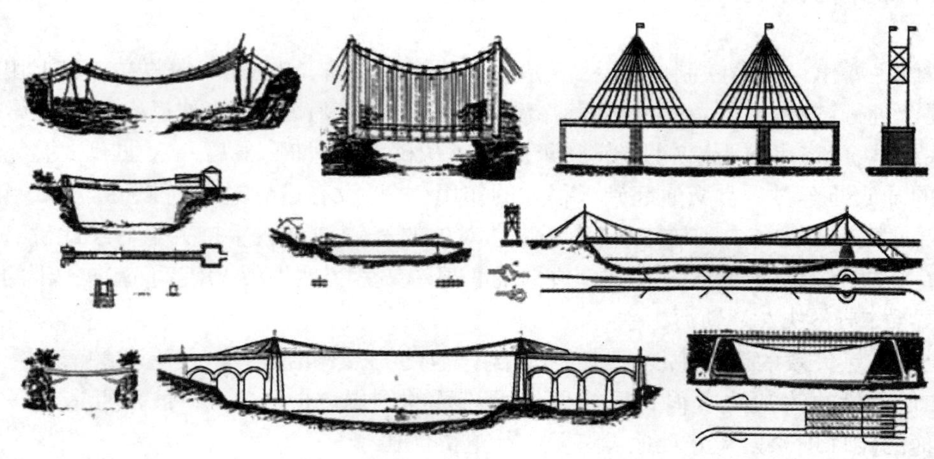

图2.15　亨利·纳唯叶《Memoires sur les pont suspend》

纳唯叶认为斜拉桥不能像悬索桥一样经受住荷载位置改变而引起的无应力变形,但是斜拉桥是刚性体系,能够承受由于拉索长度改变引起的弹性变形。

法国数学家和桥梁工程师
1785年出生于法国
1818年任巴黎大学教授
1821年建立流体力学Navier-Stokes方程
1830年任Ecole Nationale des Ponts et Chausseés教授
1832年专注于斜拉索研究
1836年去世

图 2.16　亨利·纳唯叶

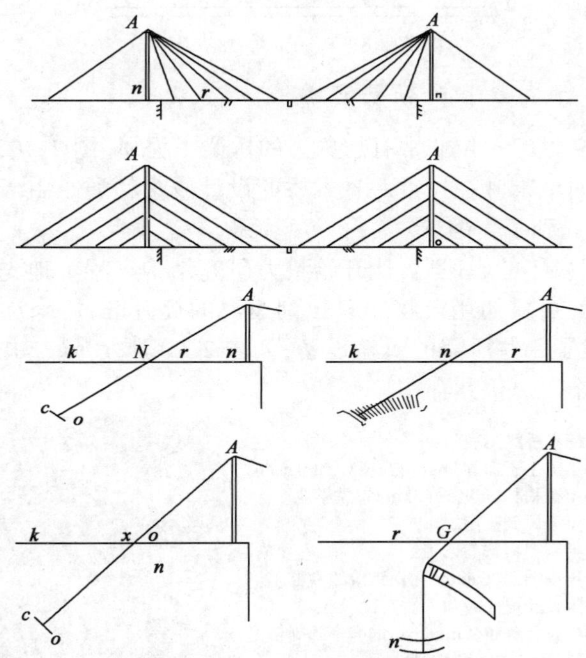

图 2.17　亨利·纳唯叶研究的拉索体系

纳唯叶意识到,斜拉桥的高次超静定结构不能用当时的方法进行计算,不像悬索桥,只是采用简单的超静定结构。因此,他拒绝使用斜拉桥,从此斜拉桥在法国的发展被终止了将近 50 年。直到费迪南设计了 Pont des Saint Ilpize 桥,如图 2.28 所示。

然而,斜拉桥在英国得以继续发展。工程师托马斯·莫特利提出了刚性桥的现代理念,这对铁路桥而言是比较适用的,并于 1837 年在 Twerton 桥上实现了他的想法,如图 2.18 所示[2.10]。

在这座桥中,钢梁由拉索和吊钩支撑的铸铁桁架组成。钢梁将承受的活载直接传递到桥台,这座桥已经体现出了现代斜拉桥的一些特征。

Tuerton 桥末端的上拔力用螺纹钢锚固到桥台中。施工也遵循了现代桥梁的原理:在主塔上向两侧进行悬臂法施工,跨中合龙梁段在木结构辅助框架上进行安装。

此时斜拉桥在英国的发展达到了顶峰,但短期内没有进一步发展。随着悬索桥中更经济的高强度钢绞线拉索得以发展,莫特利的理论逐渐被遗忘了。

进一步的发展则主要体现悬索桥的高强度钢绞线拉索的发展。

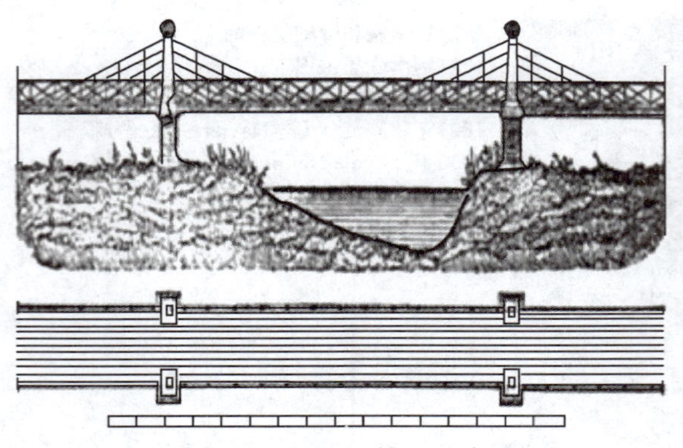

图 2.18 Twerton 桥,1837 年

2.1.2.3 约翰·罗布林和加劲悬索桥

约翰·罗布林是 19 世纪一位非常有想象力的桥梁工程师(图 2.19)[2.11]。他在柏林工学院学习结构工程,因此对纳唯叶在拉索—悬索桥的设计较为精通。由于他在德国没有找到合适的工作,1831 年他移民到了美国。

约翰·罗布林做了多年的农民后,他开始致力研究结构工程。他先后研发了卷曲线索和平行钢丝拉索的制作工艺,最初用于将船只拉到运河的提升区,后来逐渐演变成了桥梁的拉索。此后他还自己研发了一些所需的机械设备,如图 2.20 所示[2.12],并在俄亥俄州特伦顿设立了工厂,直到现在这个工厂仍然存在。

美籍德裔桥梁工程师
1806年出生于德国Thuringia州Mühlhausen
1826年在柏林Polytechnikum完成学业
1831年移民到美国
1842年获得钢铁卷曲工艺专利
1849年在Ohio Trenton开设钢绞线卷曲工厂
1855年设计尼亚拉加大桥
1866年设计跨越Ohio River的辛辛那提桥
1869年设计布鲁克林大桥
1869年在一次桥梁事故中去世

图 2.19 约翰·罗布林

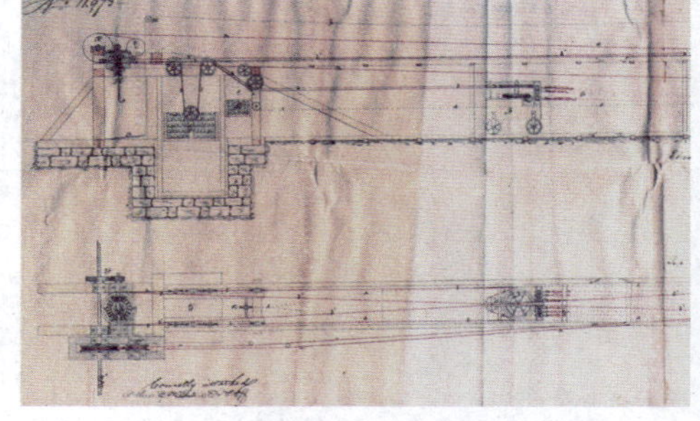

图 2.20 罗布林设计的桥梁拉索形态

返回德国后约翰·罗布林曾经打算设计一座悬索桥。1841 年,他发表了关于拉索—悬索桥的文章[2.13]。他指出,平行钢丝拉索的高强度和弹性可以弥补韧性铸铁的不足,可以应用在桥梁结构中。对于一系列悬索桥在风致振动下出现的“壮观性”倒塌,他发表了自己的看法。他认为可以在悬索桥上添加附加的斜拉索,这样可以使桥对风致振动产生不敏感性。此外,在活载作用下,桥的挠度变形也会降低。

图 2.21 美国尼亚拉加大桥,1855 年

在类似的小型桥中取得成功后,1851 年,约翰·罗布林在尼亚拉加瀑布桥上取得了更大的突破,如图 2.21 所示。跨径为 251.5m 的悬索桥

的主要问题是在高速铁路荷载作用下没有足够的刚度，并且在水上露天环境下，主梁要能抵抗风荷载引起的振动。他用两种方法解决了上述问题：一是使用6m高的木结构桁架提高主梁的刚度；二是在主跨1/3处使用倾斜拉索。从某些方面，他深化了莫特利的理念。

逐渐地，更多类似的加劲悬索桥被设计出来，如匹兹堡Allegheni河大桥和辛辛那提桥。作为桥梁工程师，约翰·罗布林的最高成就是纽约的布鲁克林大桥，主跨486m，如图2.22和图2.23所示。该桥从1865年开始设计，图2.24显示的是他自己绘制的拉索设计图。他尝试着至少能将恒载均匀分布在拉索和主悬索上。在那个时代，想要计算出高次超静定结构组合体系几乎是不可能的，但是他凭直觉分析出了力的传递路径，这一点的确让人敬佩。

图2.22　美国布鲁克林大桥，1869年

图2.23　美国布鲁克林大桥的刚性拉索

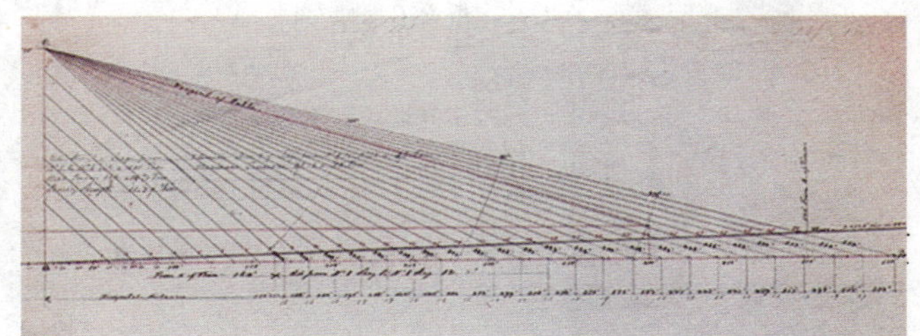

图2.24　罗布林对美国布鲁克林大桥的初始设计

在布鲁克林大桥竣工之前，约翰·罗布林在现场的一次事故中不幸去世。桥的施工则由他的儿子华盛顿继续完成。然而，华盛顿由于沉箱基础减压太快受伤导致瘫痪，他的妻子埃米莉·沃伦·罗布林继续监管现场，最后成功地完成了这座桥的施工。埃米莉·沃伦·罗布林杰出的成就后来被写在她的自传《沉默的建筑者》中，进而才被大众所知。

1868年，葡萄牙横跨莫尔道河的弗朗兹约瑟桥由Ordish和勒福夫尔完成，如图2.25所示[2.15]。这座桥中使用了新的组合体系：倾斜的钢筋可以从主塔的1/4处一直运动到塔顶端。这些抗拉结构单元由主悬索上的悬挂架支撑，这样可以减小垂度。两个内拉索在塔之间是连续的，因此并不会将所受的拉力传递到桥台。

图2.25　葡萄牙横跨莫尔道河的弗朗兹约瑟桥，1868年

伦敦跨越泰晤士河的艾伯特桥,主跨 122m,也是由 Ordish 设计,如图 2.26 所示[2.16]。和布鲁克林大桥一样,是目前保存最好也是最有名的带有加劲索的悬索桥。

图 2.26 伦敦艾伯特桥,1873 年

费迪南是一位著名的法国桥梁工程师(图 2.27),他用不同的方法提出了斜拉桥的理念。和罗布林一样,他采用自己研发制造的螺旋桥索。在桥梁设计中,他使用过一种组合体系:梁外部 1/4 处由拉索支撑,中间一半由悬索支撑。最早的例子是 1879 年建造的 Pont de Saint Ilpize 桥,如图 2.28 和图 2.29 所示[2.17]。

法国桥梁工程师
1845年出生于法国Sainte Foy lés lyon
1872年开设桥梁缆索反向制造工厂
1887获得交通运输桥专利
设计了现有18座运输桥中的9座
设计了多座悬索桥
1924年在Chateauneuf sur loire去世

图 2.27 费迪南

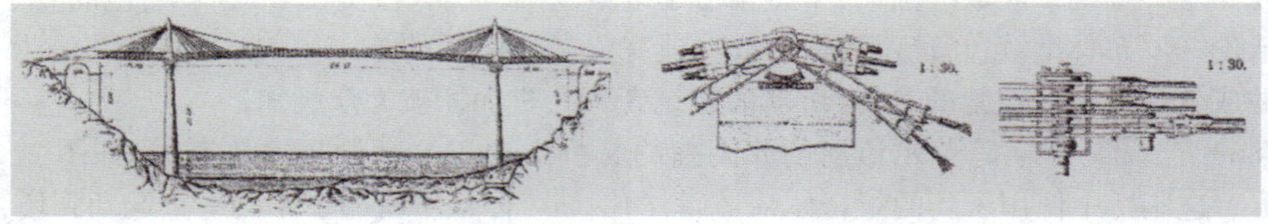

图 2.28 Pont des Saint Ilpize 桥,1879 年

根据这个原理,还有另外三个代表性的桥梁设计实例。如里昂的索恩河大桥,主跨 121m,如图 2.30 所示[2.17]。阿维尼翁跨越罗纳河的大桥虽然看起来比较单调,但是设计原理也是相同的。跨越布拉维河的博诺姆大桥,主跨为 163m,在荷载承重体系上发生了改变,主跨被分成三部分,其中外侧的两部分由斜拉索支撑,见图 2.31[2.18]。

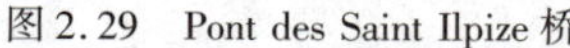
图 2.29 Pont des Saint Ilpize 桥

图 2.30 法国里昂的索恩河大桥,1888 年

直到现在,高强拉索在悬索桥上得到了持久应用。例如英国的天马桥,如图 2.32 所示,两个外侧行车道将桥面进行了加宽。为了承受额外的荷载,也需要增加拉索。当然,人们使用了比较精确的现代静力计算方法并在现场准确地进行了拉索调整,如图 2.33 所示。

图 2.31 跨越布拉维河的博诺姆大桥,1904 年

图 2.32 加宽前的英国天马桥,2001 年

图 2.33 加宽后的天马桥

2.1.2.4 运输桥

Stiglat[2.19]提到,在 1893—1920 年,至少修建了 18 座运输桥。它们承担着在主要水道上运输行人和货物的功能,因为传统的船渡经常受潮汐的影响且阻碍交通。通常航海船只的桅

杆很高，需要超过30m的航运净高，因此不能使用普通的桥梁。而在拥挤的海港处修建过长的坡道则需要占用大量的空间，也不宜采用。第一座运输桥在葡萄牙建成，主跨160m，由西班牙人 Alberto de Palacio 和法国人费迪南·阿诺丁于1893年联合设计[2.20]。

满足运输船净空要求的主梁外侧由拉索支撑，中心部分由悬索支撑，这与阿诺丁原理相符合，如图2.34所示。

阿诺丁也在突尼斯海港、塞纳河、夏朗特河设计了类似的运输桥。跨越卢瓦尔河的运输桥如图2.35所示，每一侧端锚索的有效长度只有25m[2.21]，不能采用加劲拉索悬索桥体系。因此，阿诺丁选择了一种只由拉索支撑的体系，并采用了悬臂法施工。35m长的落梁重46t，用两个悬臂端放置的起重机浮筒进行起吊。在短的悬臂梁段，缆索锚固在大量的砌筑体中。这种设计和施工对阿诺丁来说都是一种具有突破性的成就。

图2.34　葡萄牙的运输桥，1893年

图2.35　法国南斯跨越卢瓦尔的运输桥，1903年

接下来阿诺丁设计的另一个运输桥是英国的新港运输桥，它的设计跨径达到了197m，但是结构体系却回到了最初的组合设计。高达117.5t的集中荷载需要由一个没有铰或者带有落梁的连续梁进行支撑。1985年，该桥被关闭，但10年后经过深度的修复又重新对外开放。

跨越马赛旧港的运输桥是阿诺丁的最后一个作品，如图2.36所示[2.22]。它的结构体系和南斯桥的结构体系相似，包括独有的拉索应用，采用自由悬臂梁施工和落梁，如图2.37所示。

图2.36　跨越马赛旧港的运输桥，1905年

图2.37　法国马赛旧港的运输桥施工

运输桥的建设一直持续到20世纪20年代，但是不再是以斜拉桥的形式。运输桥代表了第二次向现代斜拉桥的过渡，而这一次也是相当的成功。

2.1.2.5 现代斜拉桥的演变

美国工程师埃德温·鲁尼恩和威廉·费林，提出了一种轻型的且施工较方便的斜拉桥方案，如图2.38所示[2.16]。为了使梁体质量变轻，中央拉索不锚固在梁上。相反，它们在桥面板下方是连续的，且一直延伸到下一个主塔，这在法国早期的桥梁中已有类似案例。梁中的压力大大减少，梁内的通长筋对轻型结构的施工起到了很大的作用[2.16]，悬索也不再出现。

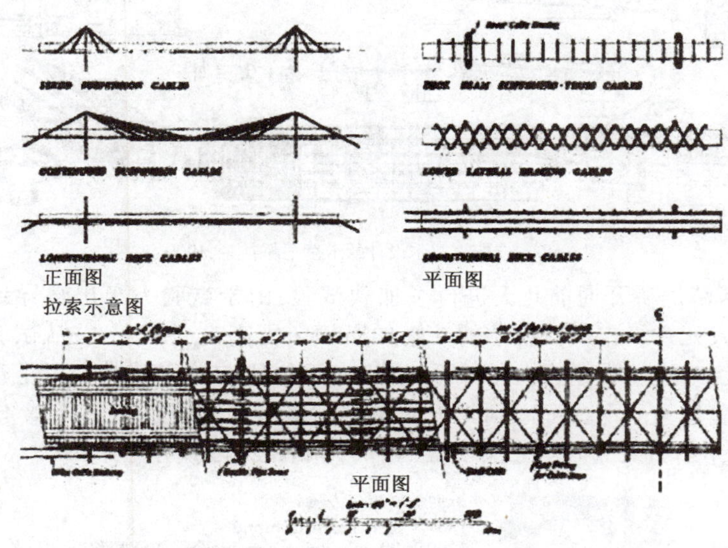

图2.38 美国布拉夫戴尔桥，1899年

斜拉桥的第一次一致性设计方法由法国工程师艾伯特·吉斯克拉尔（图2.39）于1899年提出，这个设计中桥梁结构具有足够的刚度并且成本很经济。它的结构体系包括倾斜和水平的拉索，形成了一个几何稳定的桁架结构。拉索传递水平分量不是通过梁上的压力而是通过相邻下拉索的拉力。严格来说，它的子系统就是带有斜拉索的三角拱体系[2.23]。

法国桥梁工程师
1844年出生于法国Nîmes
提出了吉斯克拉尔体系
1909年在施工现场事故中去世

图2.39 艾伯特·吉斯克拉尔

吉斯克拉尔体系较适用于铁路桥，尤其在法国及其殖民地国家使用较多。一个典型的例子就是卡萨尼桥，主跨156m[2.24]，如图2.40所示。

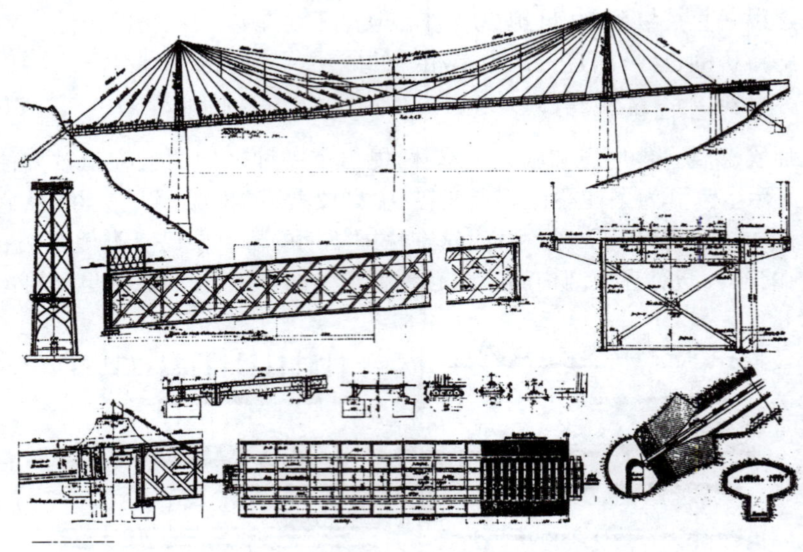

图 2.40　吉斯克拉尔设计的卡萨尼桥体系，1909 年

1909 年，在卡萨尼桥开通前几天进行了加载试验，由于试验火车出轨导致包括吉斯克拉尔自己在内的 6 人死亡。吉斯克拉尔的女婿加斯顿·雷高克（图 2.41）从试验火车上跳了下来而获救。雷高克改进了吉斯吉拉尔体系，通过向下锚固前拉索使其在梁上产生压力。而中间区域的前拉索以拉力的形式锚固到其他的塔中。典型的例子是法国跨越 Trieaux 河的利扎德瑞克斯大桥，该桥于 1925 年竣工，如图 2.42[2.25] 和图 2.43 所示。

吉斯克拉尔的女婿
1867年出生于法国Cambrai
1890年在Ecole Polytechnique获得数学和动力学博士学位
1900年在Arnodin公司用吉斯克拉尔体系进行桥梁设计
1911年在出版的拉索支撑式桥中编写两卷
1914年设计French army桥
1922年在Larche en corréze担任钢结构顾问
1924年在Arnodin公司担任钢结构顾问
1965年去世

图 2.41　加斯顿·雷高克

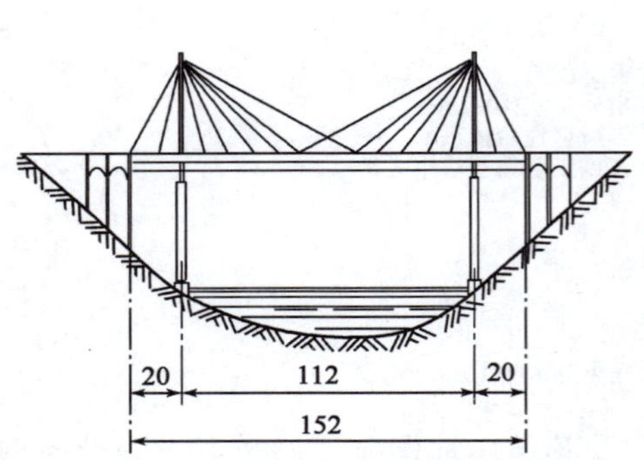

图 2.42　法国利扎德瑞克斯桥，1925 年（尺寸单位：m）

图 2.43　法国利扎德瑞克斯桥，现如今

雷高克意识到，形成单个荷载承重体系的原理来自于稳定三角形原理，它用梁和塔作为受压构件、拉索作为系梁，端锚索则被锚固到梁中。所有的这些在现代斜拉桥中缺失的构件都是由拉索应力控制的。

最后由西班牙工程师 Eduardo Torroja 在 1926 年的 Tempul 渡槽项目中完成（图 2.44）[2.27]。这个桥原计划设计为连续梁桥，主跨上设两个桥墩。由于不良的地质条件，桥墩无法建成，Torroja 用一个前端锚索替换了桥墩。这是他第一次在拉索中使用高强度的后张钢筋，并在钢筋上施加应力，直至达到计算所需的力，这可以通过液压千斤顶提升塔头使之能够承受预应力混凝土水槽的自重，最后拉索被浇筑到混凝土中[2.27,2.28]，如图 2.45 ~ 图 2.48 所示。

西班牙桥梁设计师
1899年出生于西班牙马德里
1923年获得结构工程学位
1929年设计Tempul渡槽
1939年在马德里Escuela de Caminos任教
1959年任IASS的合作人
1961年在马德里去世

图 2.44　Eduardo Torroja

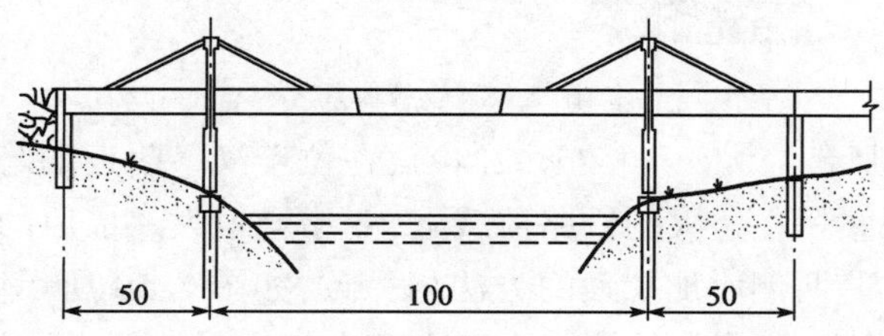

图 2.45　Tempul 渡槽（60m），1929 年（尺寸单位：m）

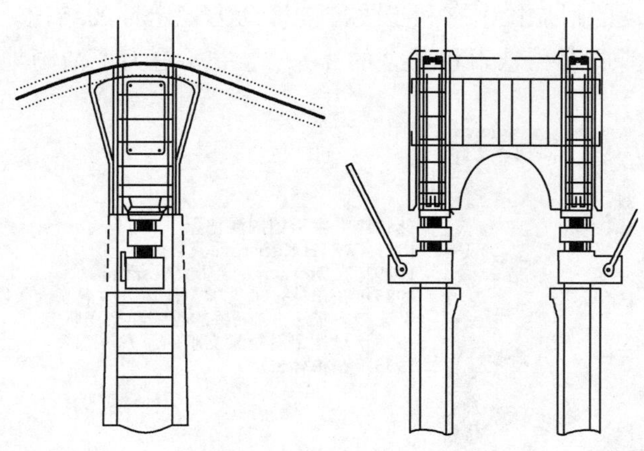

图 2.46　塔头处的提升机布置

图 2.47　Tempul 渡槽

图 2.48　支撑体系

1938 年,德国工程师弗兰·狄辛格(图 2.49),在位于汉堡附近的跨越易北河设计了一座铁路桥梁。他意识到悬索桥在过大的铁路荷载下,变形会很大。最后的解决方案与罗布林和其他设计师提出的在主跨两侧增加拉索的方法相一致,如图 2.50 所示。狄辛格在 1949 年发表了他的结论[2.29],文章指出,拉索的控制因素主要在于变形特征,可以通过公式计算垂度作用下的刚度损失。同时还指出了高强度钢拉索的优点和准确调节拉索力的必要性。此外,他证实了罗布林已经发现的附加拉索有利于改善空气动力稳定性的结论。和罗布林不同的是,他有意识地放弃了将斜拉索和悬索相结合的体系,这主要是为了清晰地表达力的传递,如图 2.50 所示。

1887年出生于德国海德堡
1911年在TH Karlsruhe获学位
1929年在Dresden大学研究板壳结构
1933年在柏林技术大学担任预应力混凝土教授
无连接后张法：Aue桥的收缩和徐变研究
1938年设计用斜拉索支承的悬索桥
1953年在柏林去世

图 2.49　弗兰·狄辛格

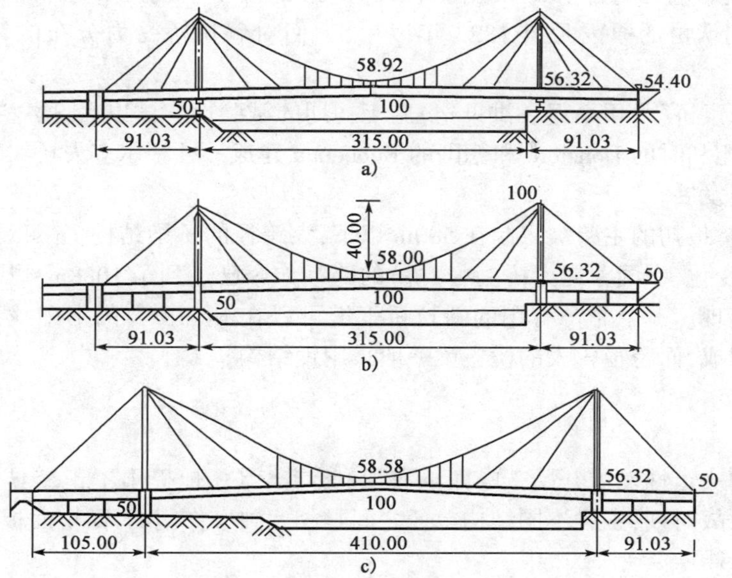

图 2.50　汉堡易北河桥狄辛格体系(尺寸单位:m)

在第二次世界大战结束前,随着狄辛格关于斜拉桥特点的论著发表,斜拉桥的初期发展才逐渐完成。

2.2　钢斜拉桥

2.2.1　引言

现代斜拉桥在大跨径桥梁中取得了成功,主要是从狄辛格 1949 年出版的《重载作用下的悬索桥》[2.29]开始的,本书中他第一次提出了斜拉索的设计依据,如图 2.51 所示。

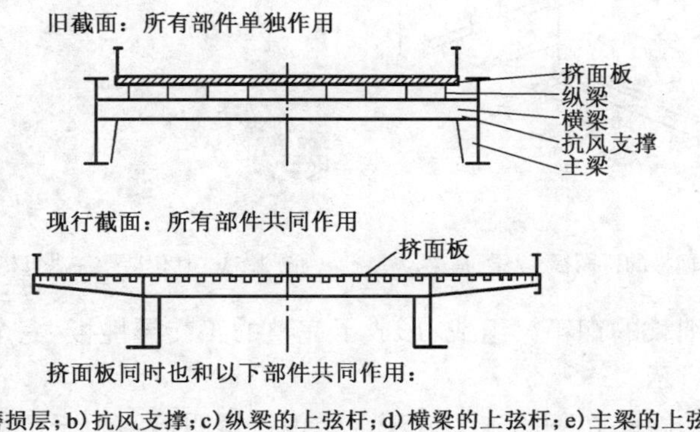

图 2.51　旧的梁截面和正交梁面板

随着拉索力准确计算方法的发展以及高强度钢斜拉索、液压千斤顶的出现,液压千斤顶可使拉索产生的应力与计算结果相吻合,因此最终改变了纳唯叶对斜拉桥的排斥观念,而之前没有得到认可的原因是自 1823 年以来,人们对斜拉桥受力分布的认识还具有不确定性[2.6]。

在经过对悬索桥(杜伊斯堡—洪贝格)施工初期的试验性尝试以后,第一批斜拉桥在瑞典的斯特拉松德、比利时的 Donzière 和德国的 Büchenau 建成。杜塞尔多夫桥梁系列的综合性设计也开始了切实发展。

然而,斜拉桥最初的主跨被限制在 500m 以下,大跨径的桥梁结构仍然以悬索桥的形式出现,随着时间的变化,中国苏通大桥(斜拉桥)的跨径如今已达到了 1088m,以后甚至更大跨径的斜拉桥也会出现。一个非常有用的斜拉桥汇编可以在 Ewert[1.1] 的书中找到。小跨径的桥通常用混凝土建成,而跨径较大的桥主梁一般采用钢结构。

2.2.2 起源

钢斜拉桥的决定性发展开始于威廉·科尼利尔斯[2.30],他提出了正交异性轻型钢板。直到第二次世界大战时期,主梁不同结构单元之间是相互独立作用的,而桥面板将所有结构单元连接起来(图 2.51)。

正交异性桥面板最重要的特征如图 2.52 所示,板厚至少 14mm,加劲梁之间的距离为 300mm。正交异性桥面板的发展在文献[2.31]中给出了总结。

韦茨[2.32]较为全面地总结了钢斜拉桥的发展。

杜伊斯堡—洪贝格的莱茵河桥于 1954 年竣工,主跨 260m,由局部悬链线形状的悬索支撑,如图 2.53 所示[2.33,2.34]。这些局部悬索被锚固在梁内部形成自锚式悬索桥。拉索力的水平分量在塔外侧相互平衡,如图 2.54 所示。

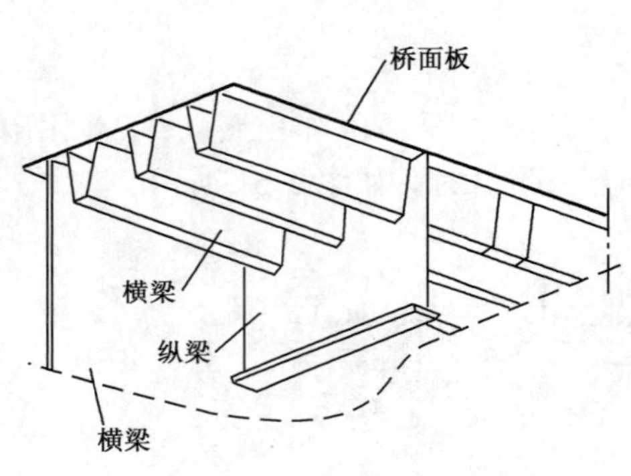

图 2.52　正交桥面板的桥面板、纵梁、横梁

图 2.53　杜伊斯堡—洪贝格局部悬索桥,1954 年

此桥的梁由两个细长的钢箱梁组成,形成了完整的正交异性板,完全显示了现代斜拉桥的主梁特性,如图 2.55 所示。

这种斜拉悬索桥的缺陷在不同施工方法上体现得很明显。由于桥梁结构只有在最后一个阶段是稳定的,因此在施工阶段梁必须暂时由拉索支撑,如图 2.56 所示,以不影响莱茵河巨大的交通流量。

很显然,在竣工阶段使用暂时性的拉索是最经济的,这样可以省略掉悬挂的拉索。从这个

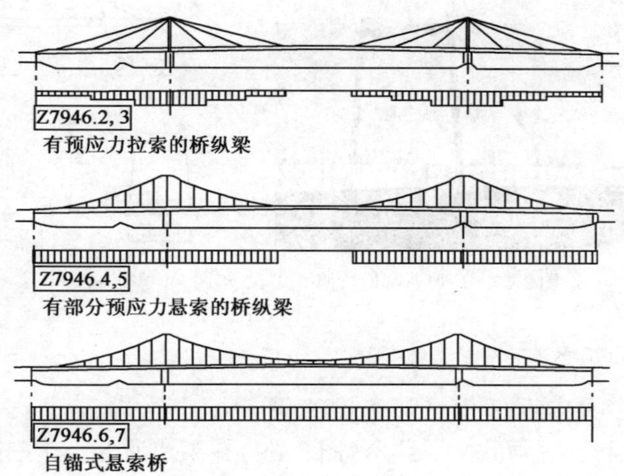

图2.54 梁上压力的对比

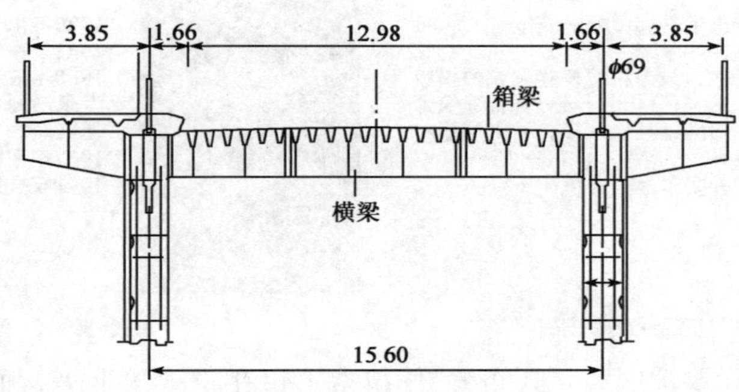

图2.55 桥梁截面(尺寸单位:m)

理念出发,杜伊斯堡—洪贝格桥梁体系再没有得到重复。

在瑞典斯特伦松德桥的设计建设期间,狄辛格给德国钢结构承包人德马格担任了顾问。第一个主跨为182m的采用一致性设计的斜拉桥因此而诞生,如图2.57所示[2.35,2.36]。工程的设计与施工也采用了当时最新的斜拉桥施工方法。

斯特伦松德桥通常被视为第一个现代化的斜拉桥。由于混凝土面板只将局部轮压进行分散且没有与钢梁进行组合,因此,混凝土面板并没有参与承受整体主梁的弯矩和轴力,所以它也被看作钢梁斜拉桥。整座桥的主梁从现代斜拉桥的角度来看,梁高度并不大。但是由于主梁与水面很靠近,因此该桥的外形被"夸张放大"了。除了它的非组合桥面板以外,斯特伦松德桥代表了斜拉桥发展史上的一个重大飞跃。

图2.56 悬臂法施工

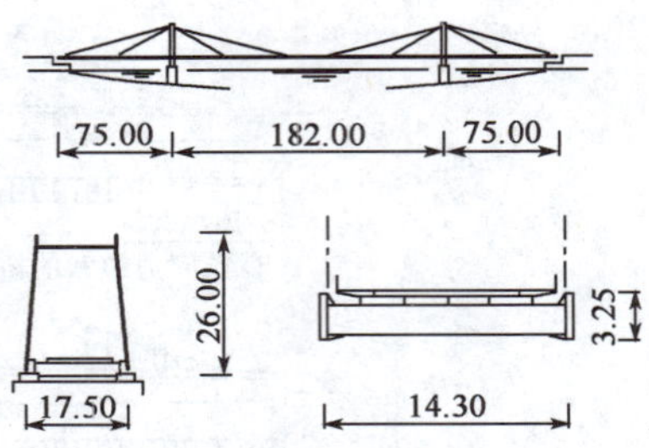

图 2.57　瑞典斯特伦松德桥,1956 年(尺寸单位:m)

2.2.3　杜塞尔多夫桥梁系列

1952 年,杜塞尔多夫市委任建筑师费雷德里希·塔姆斯(图 2.58)和工程师欧文·拜尔(图 2.59)在莱茵河上修建三座斜拉桥。其中塔姆斯提出桥梁结构要尽可能的精致、轻巧、细长并且透明,从而不产生压抑的印象。

1904年出生于德国Schwerin
1923—1929学习
1929—1934成为柏林桥梁领域的权威
1935—1945任Motorrways咨询建筑师
1948—1969任杜塞尔多夫城市规划中心负责人
1980在杜塞尔多夫去世

图 2.58　费雷德里希·塔姆斯

1920年出生于德国Stennweiler/Saar
1943年在Munich获得学位
1968年成为杜塞尔多夫桥梁隧道权威专家规划和杜塞尔多夫桥梁系列的现场监理
1977年在Brauschweig大学任教
1991年去世

图 2.59　欧文·拜尔

塔姆斯还要求拉索要按照竖琴式布置,使拉索不仅在正视角上平行而且在斜视角上也平行。按照这样,拉索就不会产生视觉交叉效应。此外,塔顶部不需要连接,但是塔柱应该是独立的门式框架结构,这样就能够在传统悬索桥结构中脱颖而出[2.37]。

尽管三座桥的结构体系截然不同,但是竖琴式拉索布置和独立的塔柱在视觉上将杜塞尔多夫桥梁系列的三座桥紧密地联系了起来。

这三座桥另外一个共同的特征是主梁都采用了正交异性桥面板和同样的悬臂梁施工方案,这样不会扰乱莱茵河上繁忙的船运交通。杜塞尔多夫桥的概况可以在文献[4.6]中查找到。图 2.60显示了以北桥为背景层、奥博卡塞尔桥在中间层、凯恩桥在最外层的一个模型。即便杜塞尔多夫桥经过 24 年才修建完成,桥梁结构的原始设计却并没有发生改变。

图 2.60　德国杜塞尔多夫桥家族

杜塞尔多夫市北桥的招标设计是在 1952 年由莱昂·哈特(图 2.61)[2.38]、Wolfhart Andrä(图 2.62)、汉斯·格拉斯尔(图 2.63)[2.40]和 Louis Wintergerst(图 2.64)共同完成的。

1909年出生于德国斯图加特
1931年获得斯图加特大学工程学位
1936年在斯图加特大学进修
1934年在柏林高速公路桥梁部门工作
1938—1941年在科隆—罗登基兴莱茵河悬索桥担任设计与施工监理
1939年在慕尼黑建立公司
1948—1951年设计科隆—慕尼黑悬索桥
1950—1957年设计杜塞尔多夫桥梁
1956年设计斯图加特电视塔
1957—1974年在斯图加特大学担任教授
1999年在斯图加特去世

图2.61　莱昂·哈特

1914年出生于德国格拉
1939年获得斯图加特大学工程学位
1939—1941年设计罗登基兴桥
1941年设计öresund桥
1945年和莱昂·哈特合作
1953年任职于LAP
1963年在斯图加特大学进修
在斯图加特Schillersteg研发平行光缆拉索设计科尼桥、曼海姆北大桥、Oberkassel桥的水平吊装、温廷根桥
1996年在斯图加特去世

图2.62　Wolfhart Ardrä

1908年生于奥利地维也纳
1931年获得维也纳大学工程学位
1932—1936年在维也纳瓦格纳工作
1937—1947在德国汉堡Rheinstah1-Eggers/Kehrhau工作
自1947年在独立的工程咨询公司工作
设计Theodor-Heuss Bridge，oberkassel Bridge Flehe Bridge，Kohlbrand Bridge
1980年在因斯布鲁克去世

图2.63　汉斯·格拉斯尔

1913年出生于德国埃斯林根
1936年获得斯图加特大学工程学位
1938—1941年设计罗登基兴莱茵河桥
1948年设计Deutz桥、Düsseldorf-NeuB桥
自1949年在独立的工程咨询公司工作
设计西奥多—霍伊斯桥、莱茵河马克萨桥
科尼桥、莱茵河斯派尔桥
1977年在斯图加特去世

图2.64　Louis Wintergerst

杜塞尔多夫北桥(图2.65)的具有特色的结构分析问题在设计中基本得到了解决，如影响线的绘制(包括应力影响线)、弯曲梁中非线性压力效应、永久荷载下弯矩以及悬臂梁施工的结构分析。同时，独立塔的屈曲问题、加载和拉索弹性支撑问题也得到了解决。更多详细的细节见[4.1]和[4.2]。

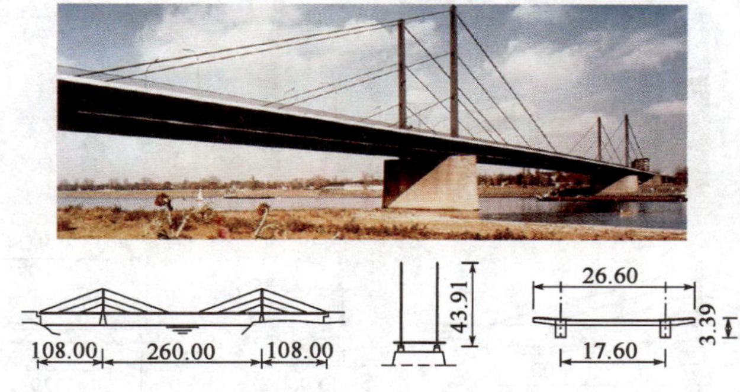

图2.65　杜塞尔多夫北桥(260m)，1957年(尺寸单位：m)

杜塞尔多夫北桥的结构分析和施工在文献[2.41]中有详细的描述，针对北桥的一些解决方案至今仍然适用。

这三座桥都是由当时德国最有影响力的钢结构承包人 Hein Lehamann AG、Karl Lange(图2.66)[2.42]作为主要负责人，Fritz-Reinhard Weitz(图2.67)作为首席工程师，Erwin Volke(图2.68)和 Carl-Heinz Rademacher(图2.69)提供支持。

杜塞尔多夫北桥完成后，同样的设计师设计了凯恩桥(图2.70)和奥博卡塞尔桥(图2.71)。凯恩桥主要由莱昂·哈特负责设计[1.20]，为了与莱茵河右岸高耸的建筑相呼应，塔姆斯要求主塔必须放置在左岸。这使主跨为320m的本桥和主跨为640m的另一座桥梁在结构设计上比较相似(这个跨径仅小于1995年建成的诺曼底桥)。

1911年出生
获TH Aachen工程学位
任首席合同执行官
1972年获卡尔斯鲁厄大学博士学位
1957年设计杜塞尔多夫北桥
1965年设计莱茵河莱沃库森桥
1967年设计伯恩北桥
1969年设计科尼桥
1973年设计奥博卡塞尔桥
1974年设计Kölbrand桥
1982年在巴登去世

图 2.66 Karl Lange

1926年出生于德国次拉尔
1955年在达姆斯塔特大学获工程学位
1956—1988年任莱曼AG海茵设计公司的负责人
1988—1993年任Schubler计划的执行领导
1999年在维也纳技术大学获博士学位
伯恩北桥、曼海姆—路德维希港桥、奥博卡塞尔桥
2006年在卡尔斯特去世

图 2.67 Fritz-Reinhard Weitz

1921年出生于德国希根
1950年在达姆施塔特大学获工程学位
1975年在达姆施塔特大学获博士学位
1976年任达姆施塔特的荣誉教授
1950—1975年任莱曼AG海恩的承包商
1967—1983年任蒂森—科隆的承包商
设计杜塞尔多夫桥梁系列、伯恩北桥、曼海姆—罗登基兴桥、Kolbrand桥
1983年去世

图 2.68 Erwin Volke

1930年出生于德国扎尔茨威德尔
1957年在柏林大学获工程学位
1960—1988年任莱曼AG海恩施工部负责人设计科尼桥、奥博卡塞尔桥、曼海姆—罗登基兴桥
2011年在埃尔克拉特去世

图 2.69 Carl-Heinz Rademacher

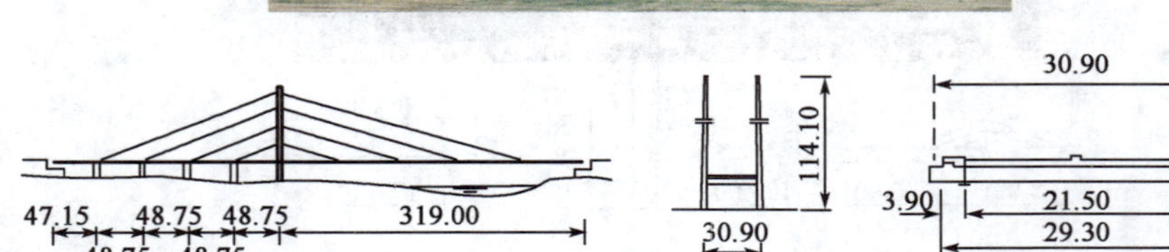

图 2.70 凯恩桥(319m),1969 年(尺寸单位:m)

由于塔姆斯一再坚持不在 114m 高的细长塔上设横梁,因此塔被设计成了 T 形截面,在截面上结构的重心和梁很靠近。和梁外部拉索锚固一样,只有小部分的拉索力作用在塔上。

主跨的刚度通过连接锚固在边跨梁上的前端锚索逐渐增加。边跨的桥墩则作为压型墩,能承受混凝土压型基础。

尽管凯恩桥的设计在 1954 年就已完成,但直到 1969 年才在几乎没有设计变更的情况下开始施工。关于主跨的施工,海恩·莱曼最初计划使用辅助墩,当时考虑到这个辅助墩的防船撞击成本远比悬臂法施工 320m 主跨所需的成本要高,因此采用了悬臂施工法。这在当时是史无前例的,并在 1978 年佛莱埃莱茵河桥上再次被实现。

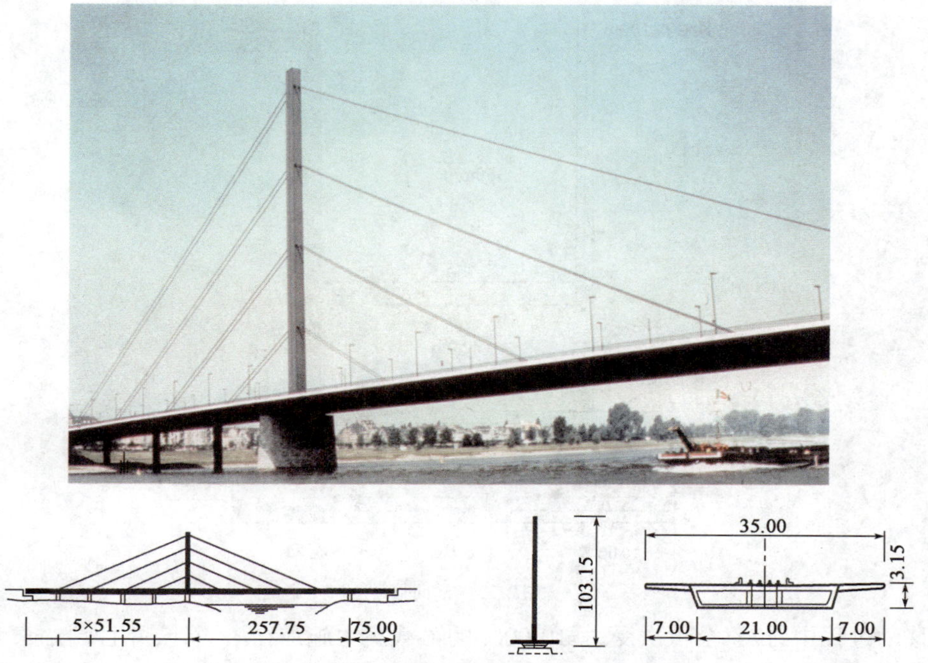

图 2.71　德国奥博卡塞尔桥(258m),1976 年(尺寸单位:m)

第三座杜塞尔多夫桥,即奥博卡塞尔桥,如图 2.71 所示,是由汉斯 · 格拉斯尔负责设计。由于密集的内陆交通不能长时间被干扰,它必须要沿着 47.5m 长的已经存在的“临时桥”(图 2.72,自从 1946 年就存在)开始施工,然后进行横向移动,如图 2.73 所示。因此,单塔就只能放置在桥台中心,并且四个端锚索用滚轴锚固在边跨桥墩上,与凯恩桥类似[2.45]。

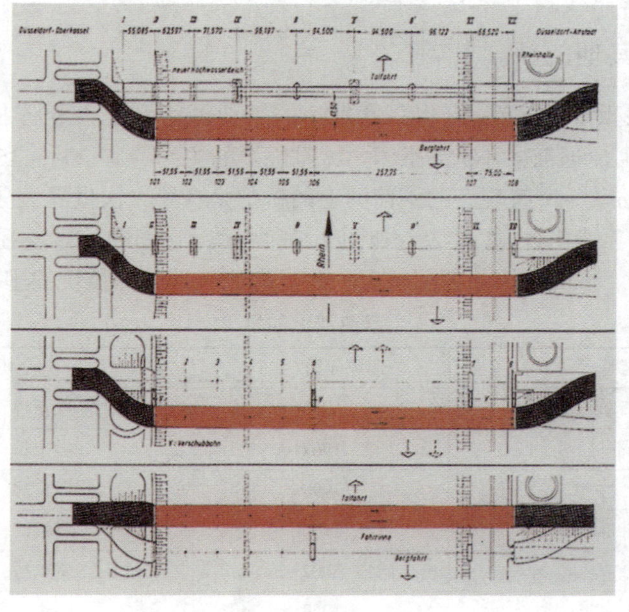

图 2.72　交通布局

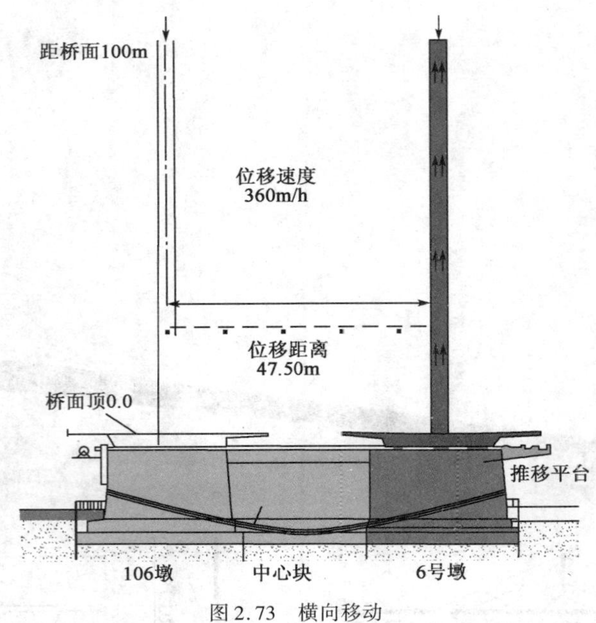

图 2.73　横向移动

在移动过程中,拉索会再次受力:10 000t 的恒载集中施加在塔墩处,并且端锚索和系梁之间的联系都会被解除。抛光的钢结构被放置在桥墩上,同时桥墩上的 PTFE 支座产生滑动,如图 2.73 所示。

1976 年 4 月 7—8 日,使用了液压千斤顶张拉钢绞线,整桥在横向发生移动。当时负责的工程师是 Wolfhart Andrä,更多细节可参见第 5.1.3.3 节。

杜塞尔多夫三座桥设计于 1953 年、1954 年,分别建成于 1957 年、1969 年、1976 年,它们的设计、制造和施工引领了斜拉桥在世界范围内的发展。

2.2.4　莱茵河上其他的桥

莱茵河是欧洲最重要的水路,它将高度发达的工业城市和北海相连接。由于货船的使用频率相当高,因此在河流通航段不允许设桥墩,即桥梁的主跨应在 200 ~ 350m,且需要采用悬臂法施工,不允许设辅助墩。所有现有的莱茵河上的桥都是在第二次世界大战后修建而成的,它们代表了斜拉桥的一个独特集合,如表 2.1 和图 2.74 所示。它们的数量还在不断地增加,最新建设的是维塞尔斜拉桥。下面介绍莱茵河桥上一些具有代表性的斜拉桥的主要特征。

莱茵河上的桥　　表 2.1

桥　　名	建成年份(年)	桥　　型
Kleve-Emmerich	1965	悬索桥,联邦公路桥梁
Rees-Kalkar	1967	斜拉桥,联邦公路桥梁
A42	1990	斜拉桥,高速公路桥梁
Duisburg-Neuenkamp	1970	斜拉桥,高速公路桥梁
Ilverich	2002	斜拉桥,高速公路桥梁
Düsseldorf North Bridge	1957	斜拉桥,内环城路桥梁

续上表

桥　　名	建成年份(年)	桥　　型
Oberkassel	1976	斜拉桥,内环城路桥梁
Knie Bridge	1969	斜拉桥,内环城路桥梁
Flehe Bridge	1979	斜拉桥,高速公路桥梁
Leverkusen	1965	斜拉桥,高速公路桥梁
Cologne-Mühlheim	1951	悬索桥,内环城路桥梁
Severins Bridge	1959	斜拉桥,内环城路桥梁
Cologne-Rodenkirchen	1954/1990	悬索桥,高速公路桥梁
Bonn North	1967	斜拉桥,高速公路桥梁
Neuwied	1978	斜拉桥,高速公路桥梁
Mannheim-Ludwigshafen	1971	斜拉桥,联邦公路桥梁
Speyer	1974	斜拉桥,高速公路桥梁
Maxau	1966	斜拉桥,联邦公路桥梁

图 2.74　莱茵河上的桥

科隆的泽韦林桥(图 2.75)[2.46],展示了斜拉桥体系的各种变化:

(1)非对称的扇形索面布置,主要是为了和对岸的科隆大教堂相呼应。

(2)倾斜的拉索面减轻了斜视图中的视觉交叉。

(3)桥塔和主梁使用了独立支撑。

杜塞尔多夫北桥的桥塔被固定在主梁上,并因此形成一个连续的塔梁体系。与之不同的是,泽韦林桥的主梁固定在独立的基础上,因此它可以在塔柱之间自由运动。由此漂浮体系的理念被提了出来。

莱茵河上的莱沃库森桥,如图2.76所示,是第一座高速公路斜拉桥,采用了仅由一个中央缆索面支撑的箱形梁。因此,主梁采用箱形截面承受偏心活载[2.47]。

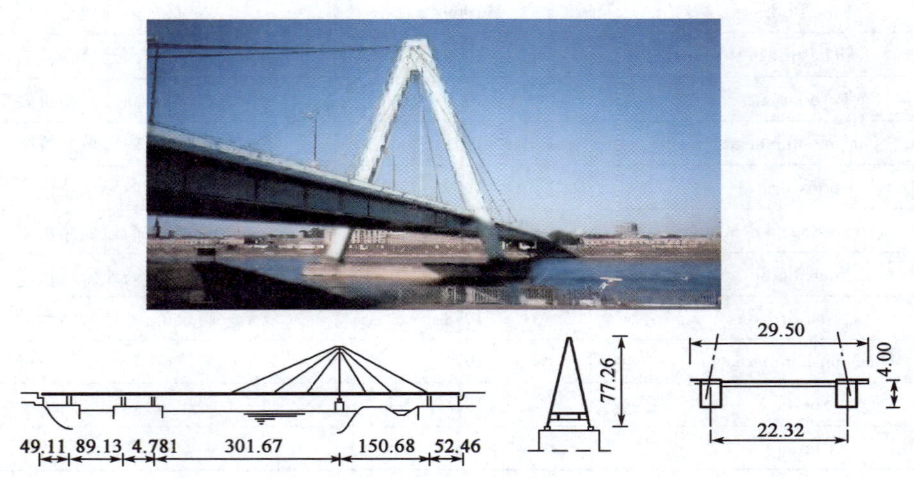

图2.75　德国泽韦林桥(301m),1950年(尺寸单位:m)

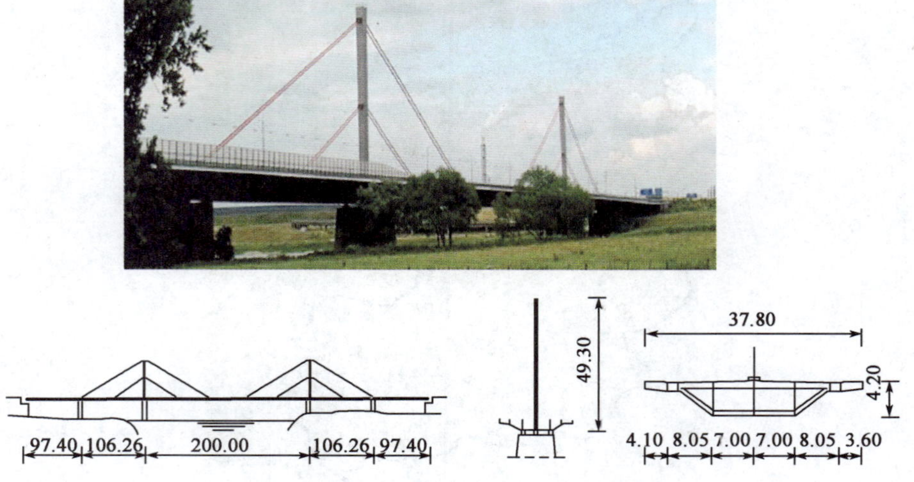

图2.76　莱茵河上的莱沃库森桥(280m),1965年(尺寸单位:m)

霍姆·伯格(图2.77)[2.11]1963年在莱茵河的伯恩北桥上提出了多拉索体系,斜拉桥因而取得了进一步的发展,如图2.78所示[1.11]。

霍姆·伯格设计了许多密集的单个拉索来支撑主梁,以替代由一组封闭线圈拉索组成的少数集中拉索,因此,梁的弹性支撑可看成是连续的弹性基础。

单个斜拉索的锚固和防腐蚀保护得到了简化,因为在自由悬臂阶段,不再需要设置集中拉索之间的主梁节段架设时的辅助拉索。每个梁段长4.5m(等于拉索间主梁的距离),可以直接连接到其相应的拉索上。计算机的发展使得该83倍超静定结构能够进行索力的计算。

1909年生于德国伍铂塔尔
1938年在柏林大学进修
1938年成立独立的工程咨询公司研究梁、板
1963年设计汉堡易北河北桥
1965年设计莱茵河勒沃库森桥
1965年设计莱茵河埃梅里希桥
1967年设计莱茵河李斯—卡尔卡桥
1967年设计伯恩北桥
1969年设计巴黎梅森桥
1977年设计横跨塞纳河的布鲁东纳桥
1978年设计莱茵河新韦德桥
1979年设计跨越比利时艾尔伯特运河的Godsheide桥
1979年设计苏格兰科索克大桥
1987年设计曼谷Chao-Phraya桥
1989年设计达特福德桥
1990年在哈根去世

图 2.77　霍姆·伯格

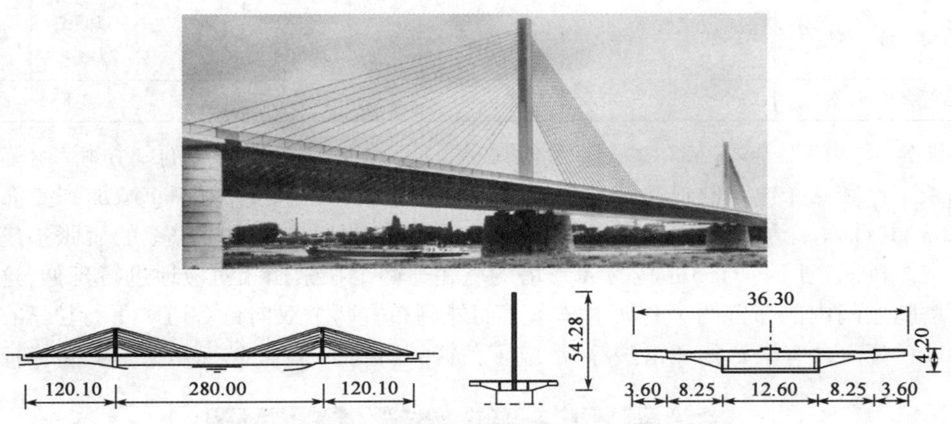

图 2.78　德国莱茵河上伯恩北桥(280m),1967 年(尺寸单位:m)

在本桥中,漂浮体系第一次使用。其中,塔和梁是分开的,塔被直接固定到地基上,梁没有明显的纵向固定支座,而是由拉索来定位。该体系对斜拉桥的进一步发展具有开创性意义。

霍姆·伯格是二战后德国优秀的桥梁工程师之一,一份关于莱沃库森桥的详细评估已于近期出版[2.48]。

曼海姆—路德维希港的莱茵河大桥是第一个采用组合梁的斜拉桥[1.19]。在组合梁斜拉桥中,来自主跨钢结构的荷载由较重的混凝土边跨来平衡。这种体系的经济优势显而易见。在一般情况下,如果短距离的桥墩可以设置在边跨,通过边跨来支撑混凝土梁的较大重量,那么该体系是唯一可行的(到目前为止唯一例外的是贝尔格莱阿达齐甘利亚的萨瓦河大桥,见图 2.95)。

边跨主梁施工适用于桥墩间距小的桥梁,并且通过翼展方向的自架设模板或通过节段增加的方法来实现。由于边跨结构建设较快,辅助桥墩可能需要承担原先由端锚索承担的那部分支撑力。如果增加辅助结构的施工方法成本不超过材料的节约成本,那么将混凝土的边跨向主跨延伸 100m 的方法就是经济的。其中一个例子为诺曼底大桥。

截至 1999 年,早期的斜拉桥与组合梁斜拉桥的例子,如表 2.2 所示。

截至 1999 年出现的组合梁斜拉桥　　表 2.2

桥名/桥址	建成年份（年）	总长度（m）	梁宽（m）	梁高（m）	钢桥面板长度（m）	所占主跨比例(%)	主塔类型	索面个数
曼海姆北桥/莱茵河	1972	287	36.9	4.5	287	100	非对称A形	2
Flehe 桥/莱茵河	1979	368	41.5	3.8	368	100	倒 Y 形	1
Tjörn 桥/瑞典	1982	366	15.75	3.0/3.0	386	105	双垂直H形	2
埃姆舍桥/莱茵河	1990	310	41	3.68	310	100	双中心塔柱	1
生口桥/日本	1991	10	24.1	2.48	490	100	双菱形	2
诺曼底大桥/塞纳河	1995	856	22.3	3.05	624	73	双倒 Y 形	2
汲水门大桥/香港	1997	430	35.2	7.46	387（混凝土）	90	双倾斜H形	2
多多罗大桥/日本	1999	890	30.8	2.7	1.312	147	双菱形	2

曼海姆—路德维希港(库尔特)桥，如图 2.79 所示，是只有一个塔的斜拉桥，由横跨莱茵河的四条车道和两条电车轨道组成。梁宽度由路德维希港一侧的 36.9m 增加到曼海姆一侧的 51.9m(共计六车道)。287m 的钢主跨由长 60～65m 的架在边跨桥墩上的后张预应力混凝土来平衡。桥面板以上 71.5m 高的 A 形塔的塔腿与两个拉索面相对应地进行延伸，这样可以允许在塔腿之间内侧布置两个有轨电车车道而外侧布置两个双向行车道。平行拉索在德国首次应用，PE 管内含有聚氨酯和铬酸锌，形成了独特的防腐蚀保护，然而后来又被替换掉了。

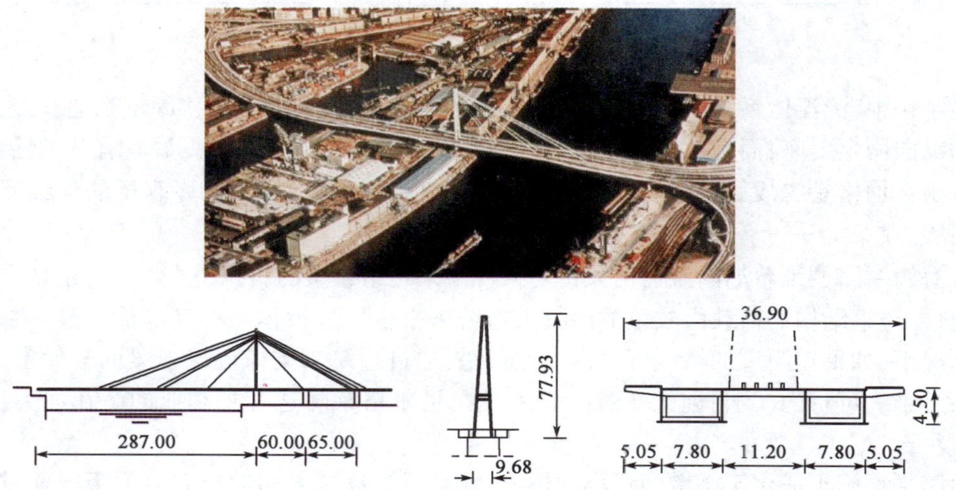

图 2.79　曼海姆—路德维希港的莱茵河大桥，建于 1972 年，主跨 287m(尺寸单位：m)

此桥采用悬臂施工法，部分辅助支撑系统的使用，克服了拉索距离大的难题，见图 5.87。

对于斯派尔莱茵河大桥的设计(图 2.80)，路易·温特斯特(图 2.64)首次使用了集中的端锚索[2.49]。边跨由桥墩直接支撑，主梁被固定到了锚固端锚索的桥台上。

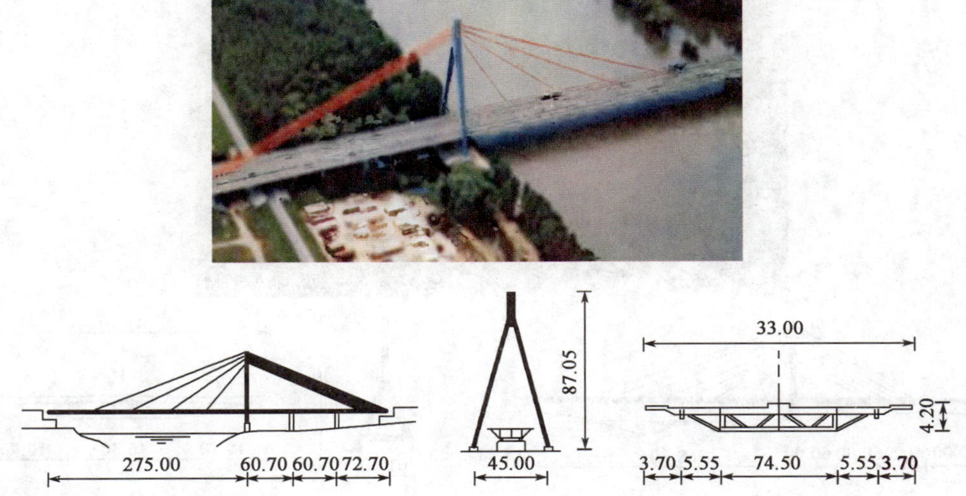

图 2.80　德国斯派尔的莱茵河大桥，建于 1974 年，主跨 275m（尺寸单位：m）

另一种新型的斜拉桥是建在诺韦德的莱茵河大桥（图 2.81），由霍姆 · 伯格设计建造（图 2.77）。莱茵河中部的小岛，使该桥梁的结构体系成为具有两个相近跨径边跨的单塔斜拉桥结构，岛的两侧各为一个边跨。为了限制主塔的端部，主塔采用了纵向为 A 形的结构形式。这座桥沿着一座已废弃的桥梁建造，然后横向移动了 16.25m。11400t 的支座重量是桥梁重量的 93%[2.50]（与奥博卡瑟尔莱茵河大桥作比较，如图 2.71 ~ 图 2.73 所示）。

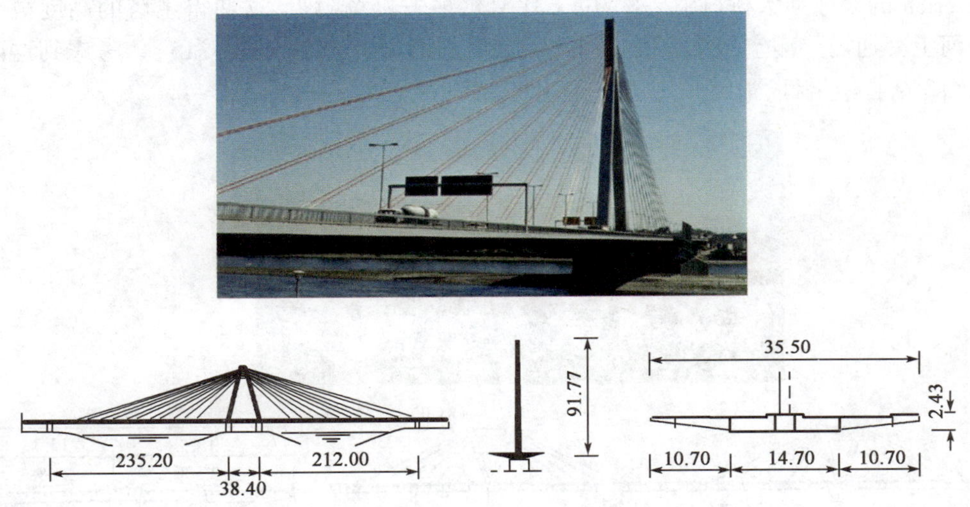

图 2.81　德国诺韦德的莱茵河大桥，建于 1978 年，主跨 212m + 235m（尺寸单位：m）

杜塞尔多夫附近的莱茵河大桥为由主跨 364m 的钢梁和 780m 混凝土梁引桥组成的六车道高速公路桥。端锚索锚固在前 240m 的引桥上，该引桥与主跨平衡，如图 2.82 所示[1.16,2.51-2.54]。145m 高的混凝土桥塔为倒 Y 形，中心拉索面锚固在主塔顶端。

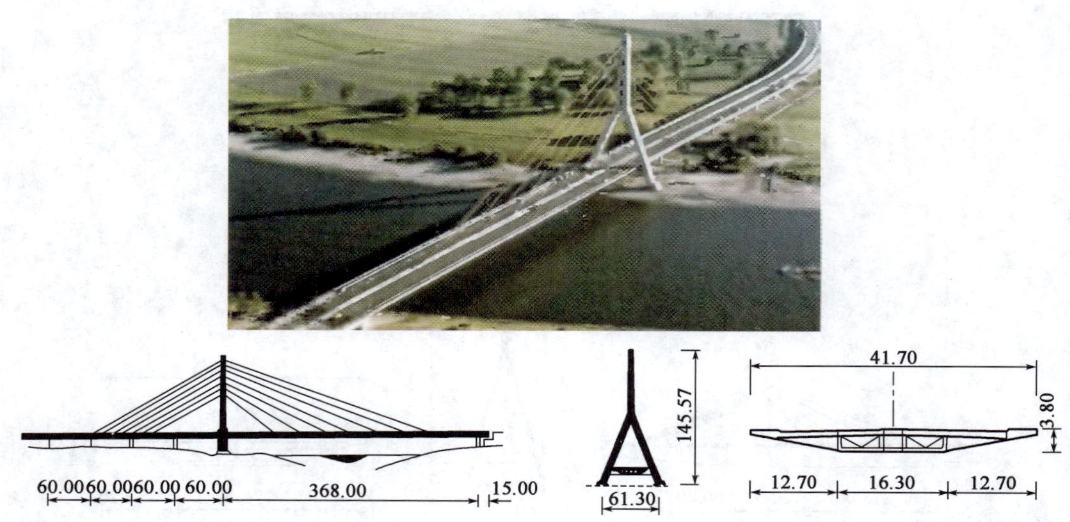

图 2.82　德国莱茵河大桥，建于 1978 年，主跨 368m（尺寸单位：m）

混凝土主梁和钢主梁在深埋的钢横梁处相连接，并在主塔塔腿处固定，因此形成了1148m的且在塔处进行固定的连续梁。这座双塔斜拉桥的梁高恒定为 3.80m，长细比为 1∶200。

每一根拉索的直径为 60 ~ 90mm，包括 19 根封闭线圈钢丝。每一根拉索从前锚固点到后锚固点是连续的，且在主塔端部的索鞍处转向。在主塔区域附近，边主梁由进行拉索锚固的附加内部中心梁来承担，如图 5.38 所示。

Ilverich 的莱茵河大桥（图 2.83）位于杜塞尔多夫机场附近，这使得主塔的高度被限制为81m。河上交通需要净空 287.5m，这通常需要塔的高度为 110m（图 1.15）。考虑到这两个矛盾的要求，结合经济性，最终采用了 V 形主塔[1.12]。

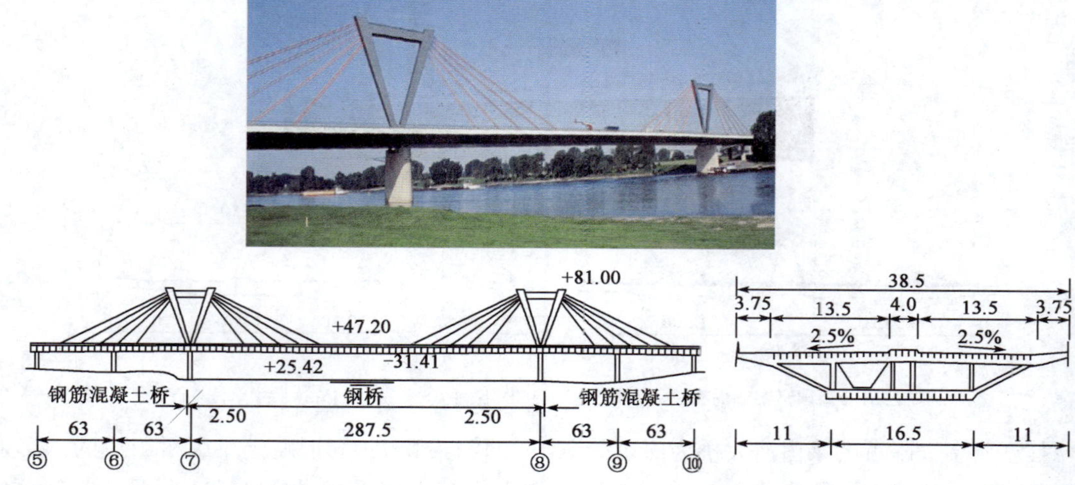

图 2.83　德国 Ilverich 的莱茵河桥，建于 2002 年，主跨 287m（尺寸单位：m；高程单位：m）

在韦瑟尔的组合莱茵河大桥,总长772m,采用单塔结构,钢主梁跨径为335m,如图2.84所示[2.55,2.56]。130m高的塔采用倒Y形,类似于Flehe桥。继Strelasund大桥后,这是德国第二次使用平行钢绞线斜拉索。

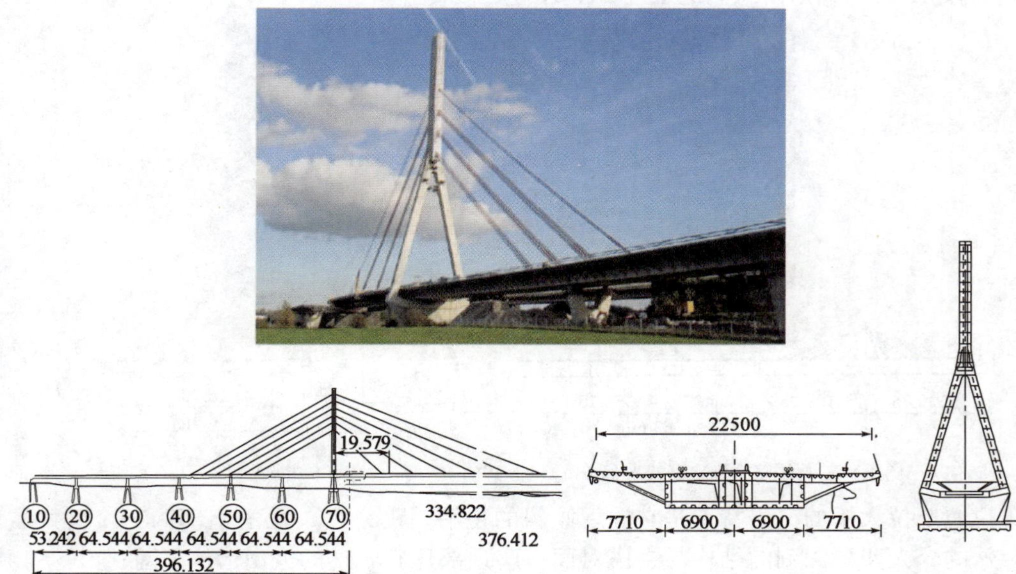

图2.84 德国韦瑟尔的莱茵河大桥,建于2009年,主跨335m

2.2.5 特种钢斜拉桥

只有一根前拉索和端锚索的第一座铁路桥在1967年建成,横跨Untertürkheim的内卡尔河(图2.85)[2.57]。拉索被焊接在I形截面上。

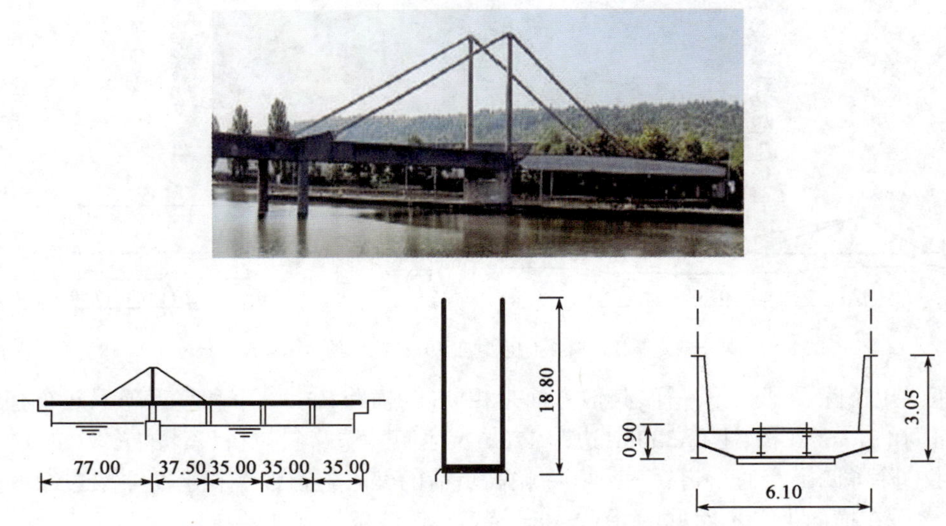

图2.85 德国内卡河大桥,建于1967年,主跨77m(尺寸单位:m)

如图2.86所示,在路德维希港的斜拉桥主塔横跨一个铁路车站,主塔采用了形如"四条腿"的支架,通过2×19根锚固拉索支撑两侧140m相同跨径的主梁,一侧跨越铁路车站,一侧跨越道路交叉口,其与新维德桥的布局类似。道路弯曲产生的离心力由横向的A形结构承担,不平衡的交通荷载则由纵向的A形结构承担[2.58]。

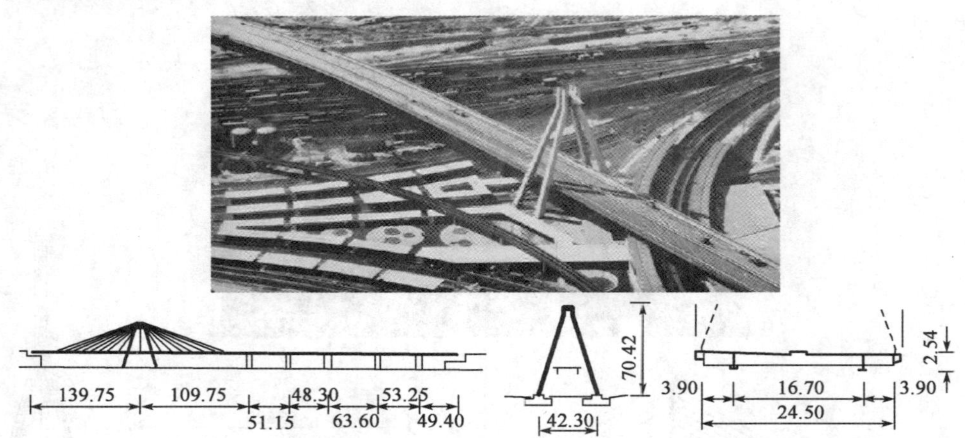

图2.86 德国路德维希港的火车站桥,建于1968年,跨径为2×140m(尺寸单位:m)

布拉迪斯拉大桥的突出特点是它向后倾斜的主塔(图2.87),主塔上部为一个公共餐厅。这种特殊的令人印象深刻的结构与主塔对面一座顶部建有城堡的大山形成了对比。这座独特的桥梁表明了斜拉桥设计的多功能性[2.59]。在80m高的A形主塔塔腿上为餐厅安装了高速电梯、安全楼梯和所有的服务设施。

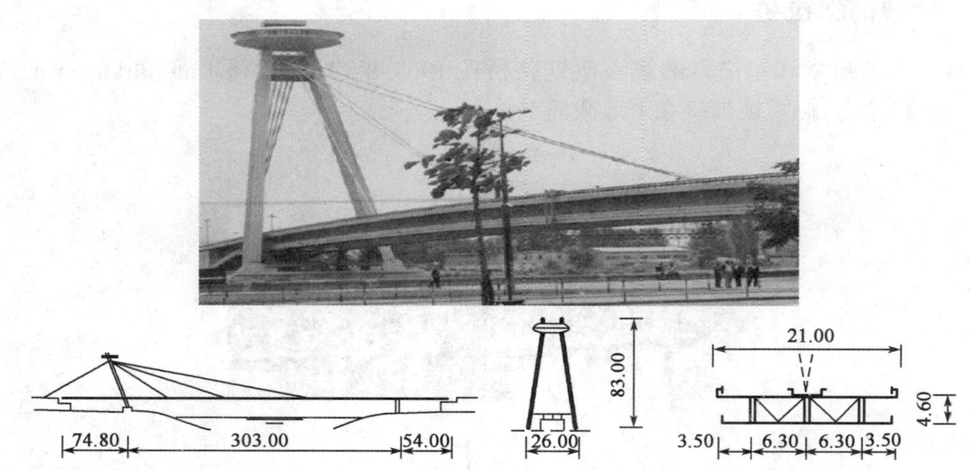

图2.87 斯洛伐克布拉迪斯拉大桥,建于1972年,主跨303m(尺寸单位:m)

两座斜拉桥除了基础不一样,其他方面是相同的,横跨Zárate市和靠近阿根廷布宜诺斯艾利斯拉哥间的Paraná桥,主跨330m,边跨110m。他们是铁路斜拉桥设计的首例,在这方面具有独特性。除了四个交通车道,一个80库帕高负荷的偏心轨道设置在上游主梁边缘位置。这意味着,该桥在横向上是不对称的,图2.88[2.60-2.62]。该桥的其他特点:

(1)第一座由钢梁和混凝土塔组成的斜拉桥。

(2)第一次使用工厂预制的平行钢缆索的大型桥梁。

(3)第一次使用大直径钻孔桩,深达70m,冲刷深度可达13m。

(4)第一次使用油压缓冲器将两塔的受力调节一致。

(5)第二次从主塔两侧的悬臂段开始施工,在桥面板上安装起重机,桥面离水面50m。

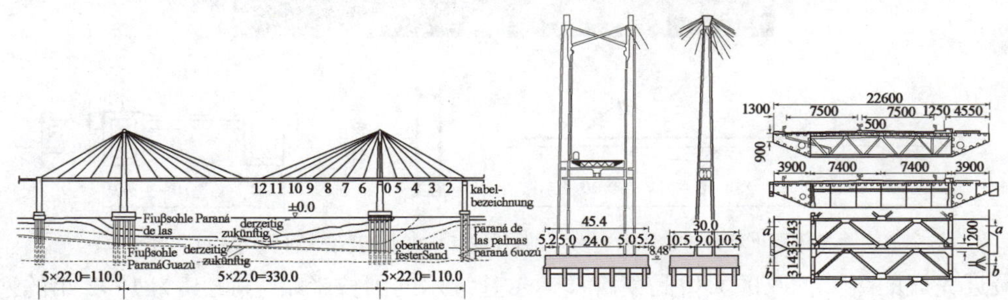

图2.88 Zárate-Brazo Largo桥,阿根廷,建于1977年,主跨330m

莱纳·索尔(图2.89)工程师在现场负责设计、施工、监督。

1938年出生于德国威斯特法伦州
1963年获得汉诺威大学工程硕士学位
1964—1968年在Hein, Lehman AG任职
1968—2003年任职于LAP
1995年以来作为特许工程师检查公路和铁路桥
2003年获得不伦瑞克大学博士学位
2004年以来作为LAP顾问建设波恩北桥、曼海姆北桥、萨拉特—拉哥桥、阿根廷双人组合梁桥、香港昂船洲大桥香港、凯尔—斯特拉斯堡人行天桥、罗萨里奥—维多利亚桥、汲水门大桥、韩国居金大桥

图2.89 莱纳·索尔

桥梁主梁只在其两端设有竖直的支撑,在两者之间,仅由主梁两侧外部的拉索面进行弹性支撑,拉索间距为22m。拉索通过钢塔的端部将荷载传递到混凝土塔柱上。

横截面由两个外三角箱组成,每个宽为3.9m,两者由一个横梁和正交异性板连接。箱形梁外侧的底部翼缘由能够改善抗扭刚度的桁架连接。

在横向上，箱梁由锚固桥墩上的钢架和主塔横梁上的氯丁橡胶支座来支撑。纵向力，特别是铁路轨道上的制动力，通过油压缓冲器传递到两塔的横梁上。对于温度引起的缓慢作用力，液压缓冲器是不起作用的，主梁仅由斜拉索提供支撑。

由于铁路轨道的偏心设置，在轨道一侧采用双斜拉索，另一侧采用单斜拉索。这些非对称缆索的设计使得现场施工和起吊本身变得更为复杂。

塞尔维亚贝尔格莱德横跨 Save 河的铁路大桥如图 2.90 所示，总长度为 2000m[2.63]。主桥为主跨 254m 的斜拉桥。主梁部分由两个外侧箱形梁组成，在主梁顶部翼缘以下 90cm 位置处由一个正交异性钢桥面板连接，支撑两个铁路轨道和道砟。

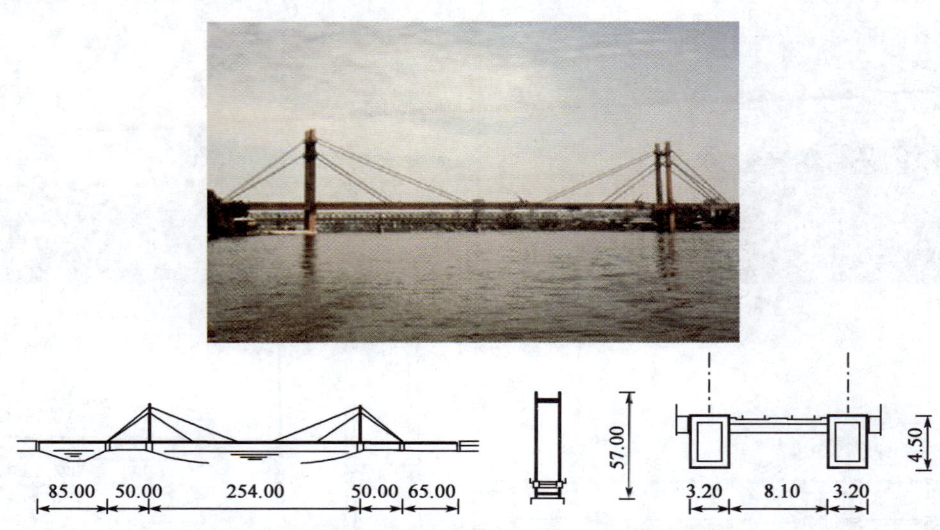

图 2.90　塞尔维亚贝尔格莱德横跨 Save 河的铁路大桥，建于 1977 年，主跨 254m（尺寸单位：m）

最近完成的令人惊叹的大桥是横跨瓜达尔基维尔的阿拉米略大桥，其为 1992 年的塞维利亚世博会提供了便利，由西班牙—瑞士建筑师和工程师圣地亚哥·卡拉特拉瓦·瓦尔斯（图 2.91）设计，200m 的主跨通过一个中央索面支撑。

这座桥（图 2.93）是按照塞维利亚阿尔卡德的要求设计的："我们要建造这样一个大胆的结构，使后人会问我们如何敢来启动它。"[2.64]该桥的正面由圣地亚哥·卡拉特拉瓦·瓦尔斯设计，灵感来自于一只起飞的鹤的形状（图 2.92）。最终，该桥的组成只有一个塔并且没有背索。

1951年出生于西班牙瓦伦西亚
1974年任Escula建筑师事务所高级建筑师
1979年获得苏黎世联邦理工学院的工程师硕士学位
1981年获得苏黎世联邦理工学院博士学位
1981年来独立担任阿拉米略大桥咨询工程师和建筑师

图 2.91　圣地亚哥·卡拉特拉瓦·瓦尔斯

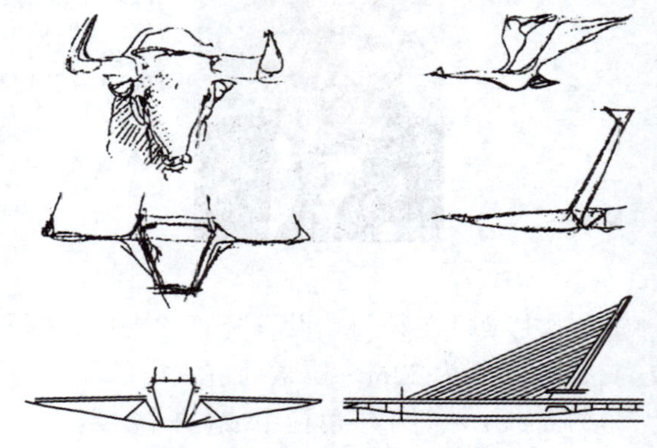

图 2.92　桥梁和横梁的形状发展

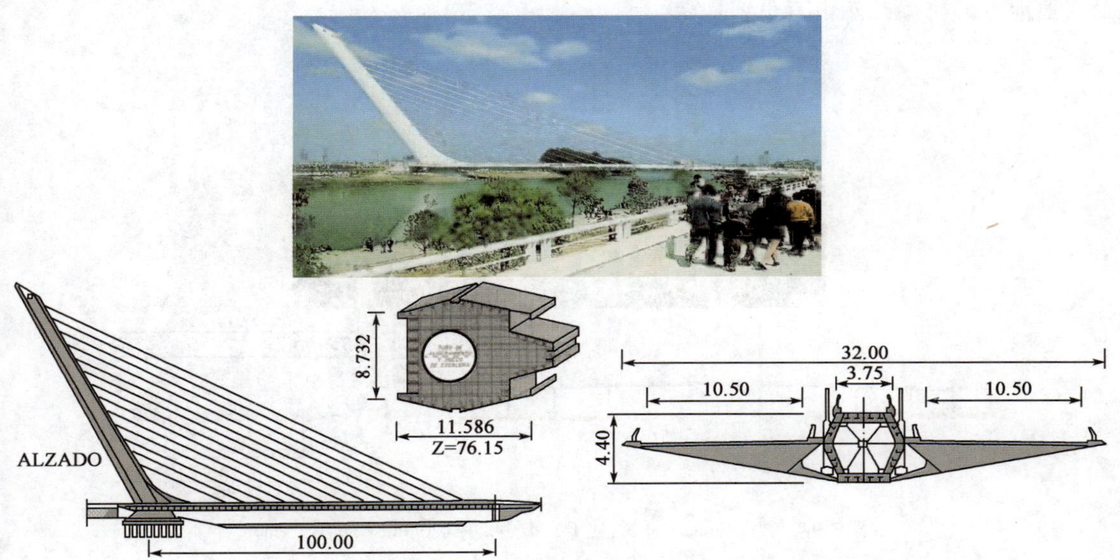

图 2.93 西班牙阿拉米略大桥,建于 1992 年,主跨 200m(尺寸单位:m)

主跨静力荷载由倾斜角为 30°的背塔来平衡。而主跨的活载必须由弯曲的桥塔传递到基础,这虽不是一个经济的解决方案,但可以满足受恶劣的地质条件。

2004 年以来作为 LAP 顾问建设波恩北桥、曼海姆北桥、萨拉特—拉哥桥、阿根廷双人组合梁桥、香港昂船洲大桥、凯尔—斯特拉斯堡人行天桥、罗萨里奥—维多利亚桥、香港汲水门大桥、韩国居金大桥。

类似地,箱梁横截面是由牛头部的正面外形而来(图 2.92)。头部成为中央箱梁,角部发展成为两侧悬臂。

大桥的建设,特别是主塔连续变化的横截面的施工需要专业水平较高的设计师和技术娴熟的工匠才能完成。最终的成功显示了他们出众的能力。即使把无效的荷载传递考虑在内,圣地亚哥 · 卡拉特拉瓦 · 瓦尔斯也在满足审美要求方面上取得了成功,它并不是一个理性却单调的桥梁设计。

4100m 长的 Strelasund 桥包括 600m 的钢斜拉桥,其主跨 198m,采用单塔形式(图 2.94)[2.65]。这是在德国第一次使用平行钢绞线拉索。

塞尔维亚横跨贝尔格莱德萨瓦河上的桥(图 2.95),主跨 376m,采用单塔形式。主塔采用 200m 高的 A 形塔,中间两个铁路轨道穿过主塔的塔腿,两侧分别有三个公路车道,因此主梁具有 45m 的超大宽度。两个索面向外分散,与塔腿相对应。

该桥的主跨采用钢梁,而边跨采用混凝土梁,但不同于曼海姆—路德维希港桥、诺曼底大桥、昂船洲大桥等。其特点是桥墩支撑边跨的混凝土自重精确地平衡了钢主跨的质量,而主跨的活荷载由端锚索承担。

2.2.6 斜拉桥的跨径纪录(表 2.3)

截至 1975 年,钢斜拉桥的最大跨径纪录由莱茵河上的桥所保持(图 2.96),自此以后,世界其他地方的桥梁开始占有重要地位。

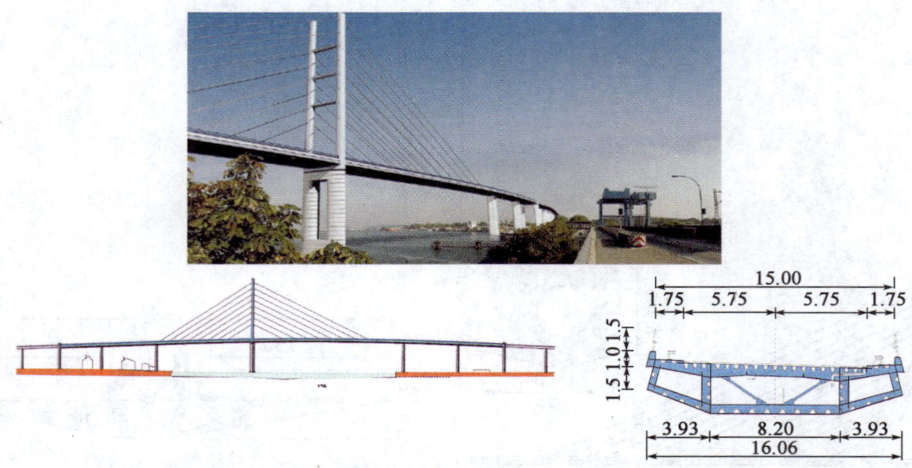

图 2.94　德国 Strelasund 桥，建于 2007 年，主跨 198m（尺寸单位：m）

图 2.95　塞尔维亚萨瓦桥，建于 2011 年，主跨 376m

斜拉桥的跨径纪录　　表 2.3

斜拉桥名称	跨径（m）	建成年份（年）
北杜塞尔多夫莱茵河大桥	260	1957
瑟维芮大桥	301	1959
格尼大桥	319	1969
杜伊斯堡莱茵河大桥	350	1970
圣纳泽尔桥	404	1975
诺曼底大桥	856	1995
多多罗大桥	890	1999
昂船洲大桥	1018	2009
苏通大桥	1088	2008
阿斯克桥	1104	2012

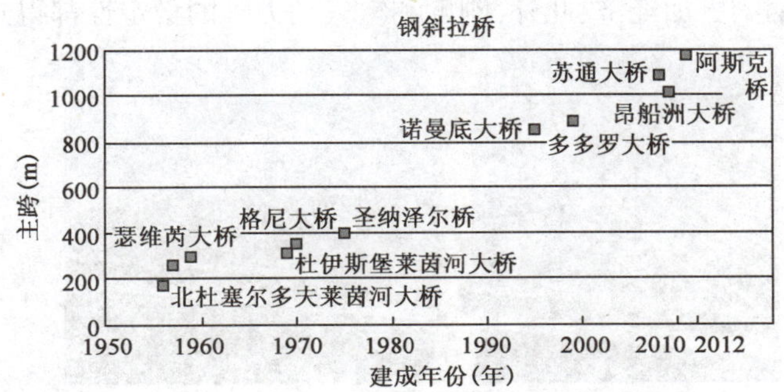

图2.96 钢斜拉桥的跨径纪录

建于1907年的杜伊斯堡莱茵河大桥跨径为350m,创造了当时的纪录(图2.97)。桥墩之间采用连续主梁,主梁由中心拉索面支撑[2.66]。为了在横向极限偏心活载作用下达到所需的扭转刚度,中心箱梁的宽度为12.7m,两侧悬臂的宽度为11.8m。

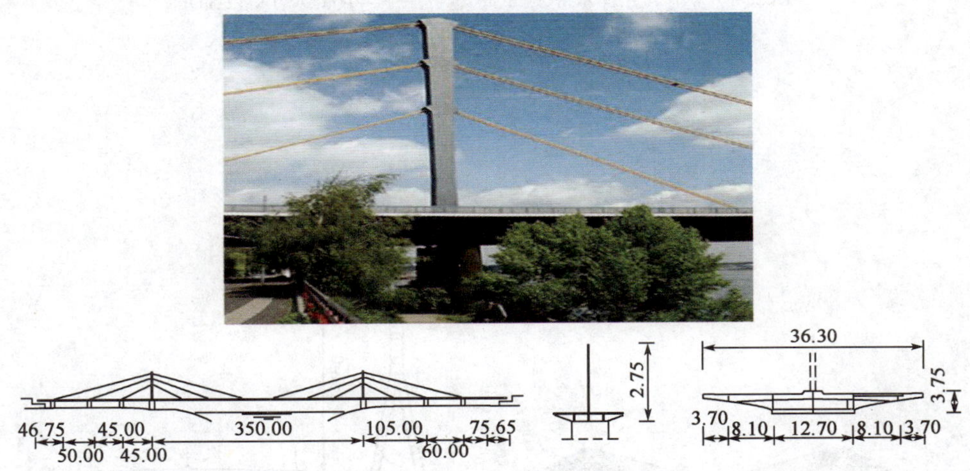

图2.97 德国杜伊斯堡莱茵河大桥,建于1970年,主跨350m(尺寸单位:m)

钢塔固定到主梁上,除了承受压力之外,还要适应因拉索弹性伸长引起的约束弯矩。因此,将塔柱设计得尽可能细长以便使约束弯矩最小(图4.22)。为了实现这个的目的,使用了屈服强度为700N/mm^{2}的NA-70 XTRA特种钢[2.67]。

1975年,横跨法国卢瓦尔河的圣纳泽尔桥创造了新的纪录。它的跨径为404m[2.68],航道垂直净空61m。由于附近有机场,必须在桥上设置危险性提示标志,使这座桥梁形成了独特的外观(图2.98)。

圣纳泽尔桥的引桥采用了50.7m长的现浇预应力钢筋混凝土梁,主桥的三跨均采用连续钢箱梁主梁,且主梁截面符合空气动力学对形状的要求。A形钢塔柱的横截面尺寸为2.0m×2.5m。缆索固定在80mm厚的垫板上。

经过六年的建设,横跨翁弗勒尔和勒阿弗尔之间的塞纳河的诺曼底大桥于1995年通车(图2.99)。856m的跨径打破了圣纳泽尔桥保持了20年的跨径纪录[1.29]。主跨中部是一个624m的钢结构,钢结构两侧向外分别延伸出116m的混凝土梁。在主塔四周压力较高的区域,采用这种设计比钢梁更加经济,此外,刚度和空气动力学的稳定性都得到了改善。

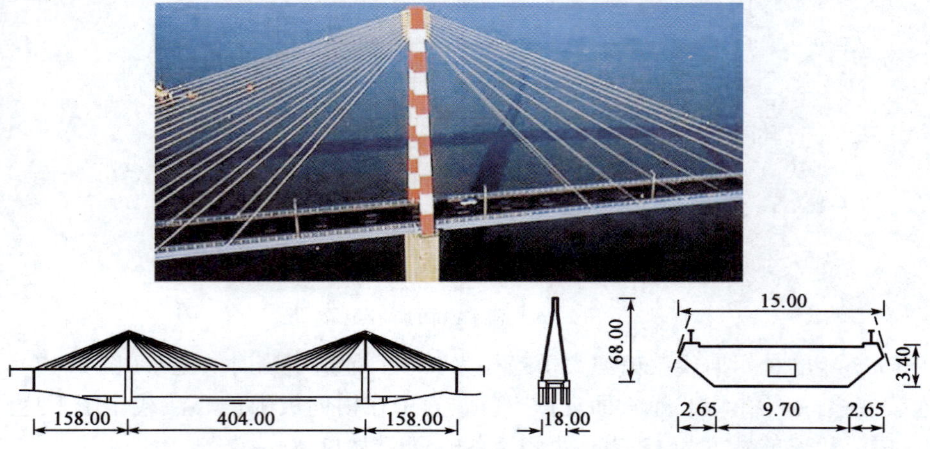

图 2.98　法国圣纳泽尔桥,建于 1975 年,主跨 404m(尺寸单位:m)

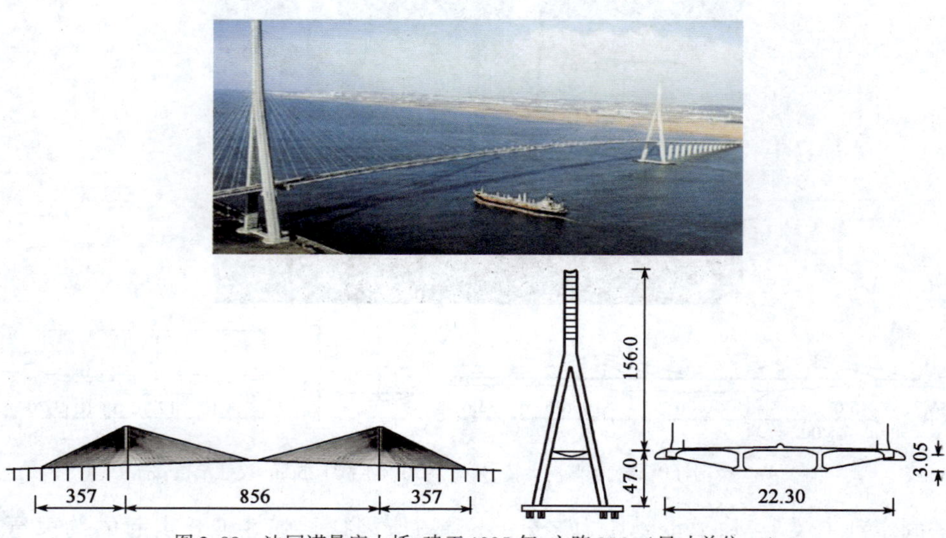

图 2.99　法国诺曼底大桥,建于 1995 年,主跨 856m(尺寸单位:m)

引桥的混凝土连续纵梁有 6% 的倾斜度,由一个特殊的起吊装置建造。主梁为 3.00m 高,箱梁具有平面空气动力学优势,其细长比为 1∶285。分管这项工程的工程师是米歇尔·沃勒哥斯(图 2.100)。

1946年出生于法国拉弗雷切
1967年毕业于英哥尼理工学院
1970年在国立路桥工作
1970—1973年工作于突尼斯皮埃尔和玛丽•居里大学(第六区,巴黎)
1974—1994年在SETRA任大型桥梁总监
1977—1991年在国立路桥任兼职结构分析教授等职务
担任诺曼底大桥、瓦斯科•达伽马大桥、米约大桥独立咨询工程师

图 2.100　米歇尔·沃勒哥斯

1999 年,890m 跨径的多多罗大桥在日本建成(图 2.101)[2.69],它是由本州—四国大桥局规划的。这座桥最初打算设计为悬索桥,但由于需要建造大量的桥墩和采用较多的锚固索使得成本太高,最终设计方案改为斜拉桥。

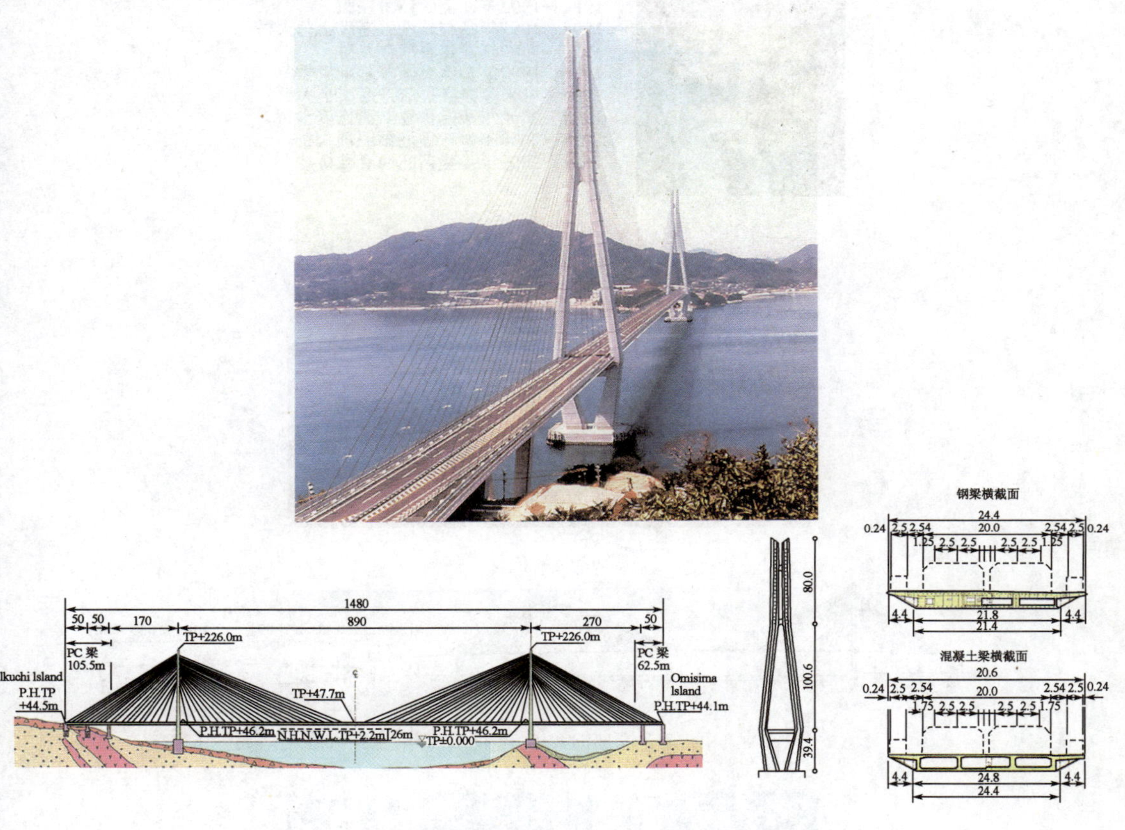

图 2.101 日本多多罗大桥,建于 1999 年,主跨 404m(尺寸单位:m)

选用钢塔的目的是减小主塔基础的荷载。细长的钢主梁距离水面只有 26m。钢主梁总长度为 1330m,宽度为 25.4m(长度:宽度 = 35:1)。钢主梁架设于两个 220m 的高塔之间。2.7m 的梁高度(长度:高度 = 326:1)被证明是足够的。

2009 年建成的昂船洲大桥是跨径排名第二的斜拉桥(图 2.103),它是香港的新地标[1.22]。该桥跨越九龙西部和昂船洲之间的蓝巴勒海峡,毗邻市中心,处在一个比较醒目的位置。该混凝土桥塔高 298m,并且具有一个向上逐渐变细的细长圆形横截面。主梁由两个跨越主塔中央的分离式箱梁组成。负责该工程的工程师是伊恩 · 弗斯(图 2.102)。

两个分离式的箱形主梁通过拉索之间的横系梁连接,开创了梁格法。单个混凝土边跨为 70m,主跨钢梁向边跨延伸 50m,且在此处与混凝土梁连接。主梁由 8 × 28 根钢绞线支撑,拉索均汇集锚固于混凝土主塔内的钢锚箱内。

中国苏通大桥(图 2.104),主跨 1088m,两边跨跨径组合为 300m + 2 × 100m,创造了当时斜拉桥跨径纪录[1.21]。高度 4m 的钢箱梁结合两个外侧的拉索面,表现出了较高的扭转抵抗特性,具有良好的空气动力学稳定性。

1956年出生于英国
1979年获得英国布里斯托大学学士学位
1982年获得帝国理工学院硕士学位
1981—1992年在英国怀桥任职
1993—1997年参与建设香港汲水门大桥
1993—2000年参建香港汀九桥
1996—1997年参建英国普尔港大桥
1996年以来参建格拉斯哥厄斯金大桥
1997—2000年参建梅德斯通佬可大桥
1999—2000年参建香港昂船洲大桥
2002—2003年参建斯旺西赛欧桥

图 2.102 伊恩·弗斯

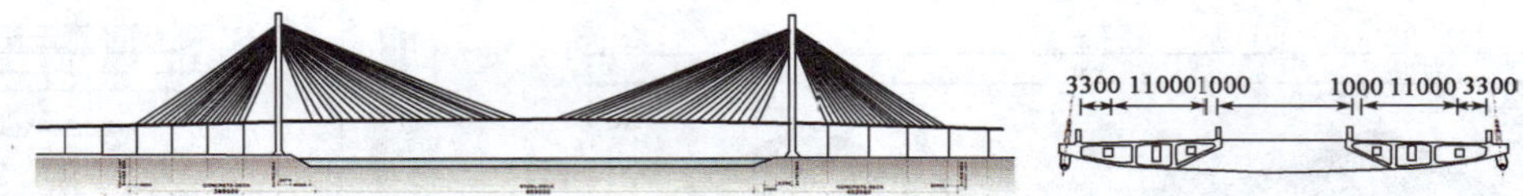

图 2.103 中国香港昂船洲大桥,建于 2009 年,主跨 1018m

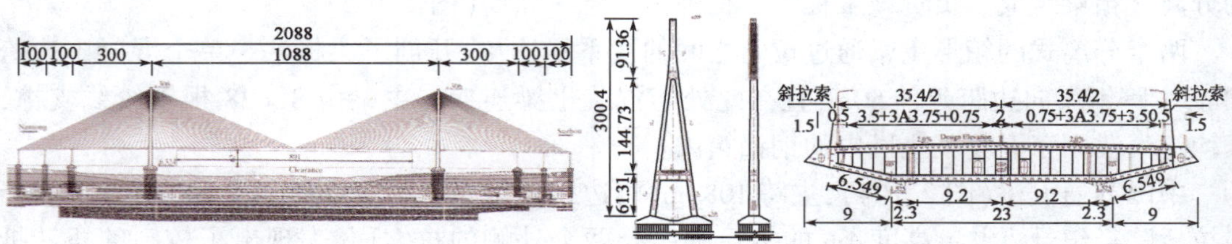

图 2.104 中国苏通大桥,建于 2008 年,主跨 1088m(尺寸单位:m)

两个300m高的混凝土箱形塔为简单的A字形。在中国的传统文化中,它体现了天地之间的和谐。

阿斯克桥(跨越东博斯普鲁斯海峡)1104m的跨径创造了新的纪录。2012年它连通了俄罗斯的符拉迪沃斯托克市与阿斯克岛(图2.105)[2.138]。

图2.105 俄罗斯阿斯克桥,建于2012年,主跨1104m

2.3 混凝土斜拉桥

2.3.1 概述

自1962年马拉开波大桥的建成,混凝土斜拉桥得到了越来越多的认可。如今,其成为200m以上跨径斜拉桥建设选用的重要体系,其经济跨径还在不断提高。1973年建设莱茵河大桥时,承包商提出了一个主梁使用轻质混凝土来建造的方案,主跨为365m,并且只有一个主塔。该结构可以与主跨为730m且有两个主塔的斜拉桥相比拟[1.16]。

1982年以前的斜拉桥案例可在文献[2.70]中查阅,之后的案例可在文献[2.71]和[1.1]中查到。

跨径达到400m的混凝土主梁,在经济上往往优于钢主梁。美国Dame Point桥就是一个很好的例子,主跨396m,投标价格中混凝土64.8美元/m,优于钢材84.8美元/m。即使是美国西弗吉尼亚州的亨廷顿东大桥,主跨为274m(仅一个塔),投标价格也是混凝土23.5美元/m,优于钢材33.3美元/m。上述两座桥均同时对钢结构和混凝土结构两种建造方式进行了招标。钢结构的方案比欧洲大型桥梁通常使用的钢材量更大。混凝土材料具有经济优势的原因是塔和梁主要承受压力,而混凝土相比钢材来说成本更低,且受压性能也占优势。此外,下部结构和上部结构可由同一个承包商建设。

混凝土本身的成本优势一部分被其较高的自重所抵消,这就需要增加钢拉索。合理的基础需要承担主梁和主塔的重量,并将其传递到地面,且不用增加过多额外桩的费用。

由于其较大的主梁质量和相对刚性的拉索,梁的应力和变形被有效减小,这对铁路桥梁尤其重要。否则铁路桥梁在端部将出现较大的转角,这就要求线路设置大量的伸缩缝。

混凝土斜拉桥的发展是从简单的横梁和几根拉索到混凝土细长梁的复杂斜拉桥体系。利比亚的旺地大桥是一个比较特殊的例子,其主跨仅有282m,梁高为4.00~5.90m,采用双索面布置。挪威的海格兰德桥,主跨 425m,梁高 1.20m,由较多拉索支撑。斜拉索的扇形布置比竖琴式布置更广泛。

一般情况下,主塔固定在地基上,但在纵向上是灵活的,需由锚固在主塔端部和锚固墩上的端锚索稳定。在斜拉桥体系中也存在例外的情况,主塔的刚度可以通过纵向的 A 形塔架来实现,例如马拉开波桥。在横向上,早期斜拉桥主要采用垂直塔柱,而目前 A 形塔在大跨径桥梁中占主导地位。

2.3.2 混凝土斜拉桥的发展

第一座现代化的斜拉桥是法国跨荡资若的斜拉桥(图 2.106),但是其几乎已被遗忘。它由法国水工混凝土结构工程师阿尔伯特·卡柯设计(1881—1976 年)(图 2.107)。他使用了高强度钢筋束支撑整个桥面的混凝土,并在主梁轴向上锚固拉索以节省悬索桥所需的锚碇[2.72]。他的孙子凯里泽[2.73]解释了卡柯的想法,并通过张拉高强度拉索的方法建立了现代斜拉桥的施工方法。1995 年,弗里茨·莱昂哈特在一封给凯里泽的信中接受了这一观点,并且说道,"我必须纠正我自己"。

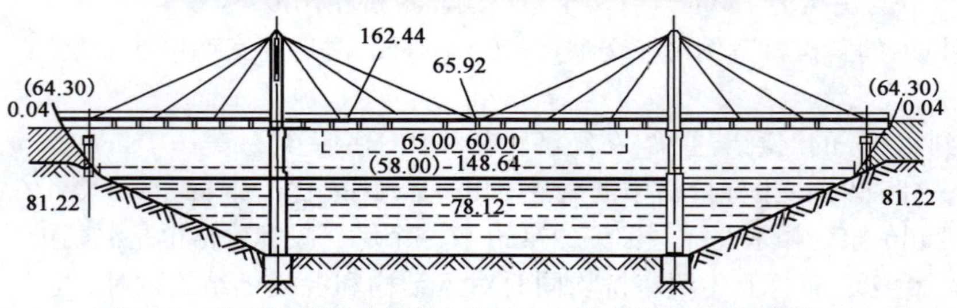

图 2.106 法国跨荡资若的斜拉桥,建于 1952 年,跨径 78m(尺寸单位:m)

1881年生于法国阿登
获得路桥学校学位
是伟大的水工混凝土结构工程师
1952年建造荡资若桥
1976年在巴黎去世

图 2.107 阿尔伯特·卡柯

荡资若桥两个相邻横梁的设置吸引了人们的注意，桥梁中心处的两个前拉索之间没有自由长度。末端的悬臂超出了端部支撑。所有斜拉索锚固在预制钢套筒上且具有可调整距离的螺母。卡柯明显遵从了托罗哈的想法，使用了平衡的中跨主梁和边跨，而没有使用液压千斤顶顶起塔端张拉斜拉索，卡柯在一个相对高度的位置浇筑了主梁，然后通过将主梁降到最终高程位置实现了斜拉索张拉。

德国赫斯特第二美茵河桥的结构体系如图 2.108所示，是按照委托方的要求选择的，148m 的主跨仅由南侧 94m 的引桥延伸而来。考虑到斜拉索的锚固区相当短，仅有一部分被锚固在主塔上。北侧 26m 长的引桥延伸到主跨来承担了自身的荷载，但没有跨过南侧的引桥。为了控制悬臂弯矩，主梁通过北侧桥墩支撑。剩余部分的主梁则被悬挂到两个 50m 高的塔腿上，由腹板面内的 4×13 根斜拉索支撑[1.27]。

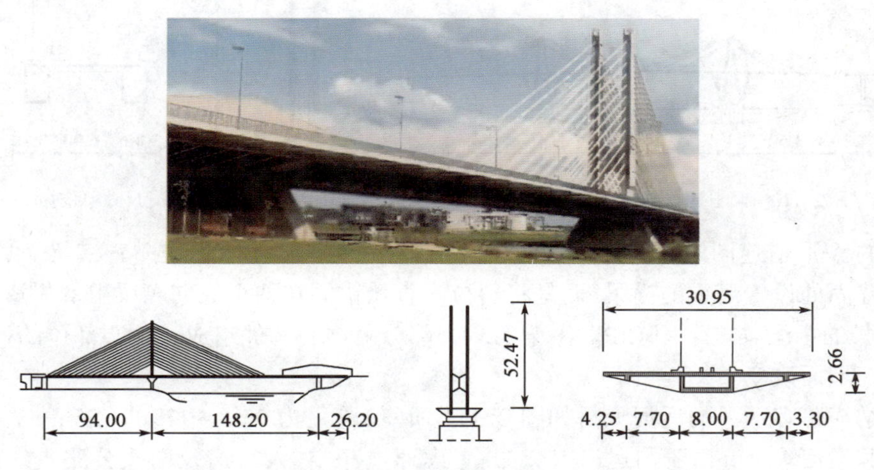

图 2.108　德国赫斯特第二美茵河桥，建于 1972 年，主跨 148m(尺寸单位：m)

横截面的建设方案来自于委托方的要求，即需要满足一个铁路轨道、公用管道线路和 9m 宽的外侧道路的要求。按照这三种用途，斜拉索的两个索面设置于道路和铁路轨道之间。箱梁底部的桥板在整个桥梁长度范围内是连续的。腹板、顶板、底板形成了 2.7m 高、8m 宽的具有足够刚度和抗弯曲扭转能力的箱梁。

3m 长的横梁支撑着纵向道路桥面板。悬臂端外侧的辅助纵梁有助于改善集中荷载的分配。赫斯特大桥项目的负责工程师是乌尔里希(图 2.109)，由赫伯特(图 2.133)担任顾问。

1897年出生于德国慕尼黑
1923年获得慕尼黑大学硕士学位
1923年任职维德曼公司
1930年获得慕尼黑大学博士学位
1933年开始担任维德曼设计事务所的负责人
是一位混凝土结构、预应力系统、自由悬臂领域杰出的工程师，赫斯特第二主河大桥的建造者
1988年在慕尼黑去世

图 2.109　乌尔里希

第一座具有刚性塔的斜拉桥(图 2.198)是由莫兰迪设计的。他对阿根廷查科—科连特斯桥设计的影响显而易见(图 2.110)[2.74]。

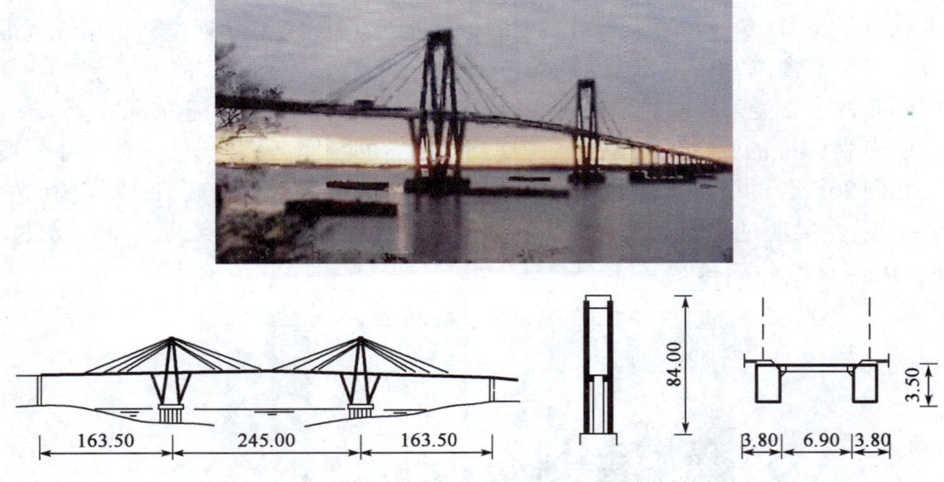

图 2.110　阿根廷查科—科连特斯的巴拉那河大桥,建于 1973 年,主跨 245m(尺寸单位:m)

刚性的 A 形塔连同倾斜的桥墩和两个端锚索(每侧一根)一起支撑着横梁。莫兰迪避免了在拉索锚固处设置沉重的横梁,而是将斜拉索直接锚固在两个纵向箱梁上。桥塔、倾斜的桥墩及 53m 长的主梁梁段采用 CIP。主梁的剩余部分由预制构件组成。中心部位的桥墩随着纵向箱梁的变形而改变。

维也纳横跨多瑙河的运河大桥如图 2.111 所示,跨径为 55m + 119m + 55m,以 45°角跨越高速公路和运河[2.75]。由于与运河斜交,并考虑通航净空、人行道及两边公路支线的要求,在桥梁的最终桥位处寻找一个经济的架设方式是不可能的。

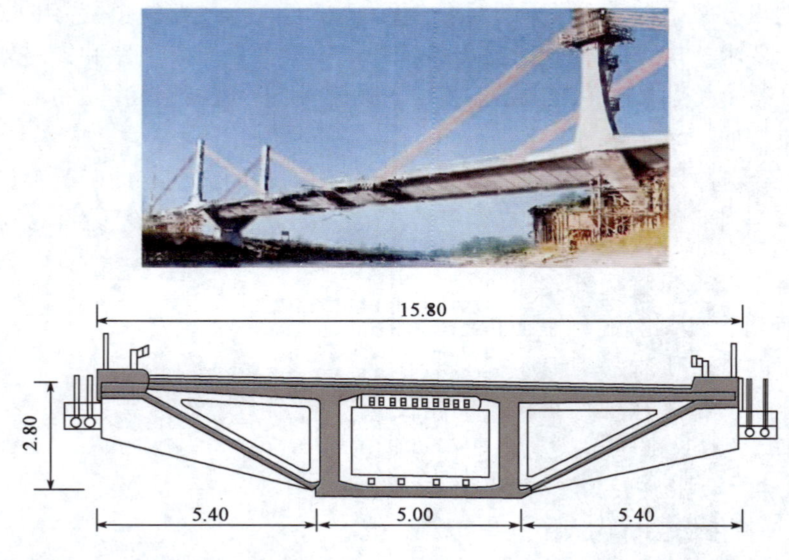

图 2.111　奥地利维也纳多瑙河运河大桥,建于 1975 年,主跨 119m(尺寸单位:m)

受桥梁位置和高度等诸多限制,导致桥墩之间的距离必须减小。然而,由于在桥梁建设的整个时期可以利用桥梁两端的空间,因此,建造期间使桥梁平行于多瑙河运河的方法被提了出来(图 2.112),然后再将它旋转到最终位置(图 2.113)。坡度和通航净空仅允许主梁厚度为 2.8m,这导致桥梁的细长比为 1∶42。负责该工程的工程师是阿尔弗雷德(图 2.114)。

图 2.112 奥地利维也纳的多瑙河运河大桥在脚手架上现浇

图 2.113 多瑙河运河大桥主梁旋转

1930年生于德国格明德
1955年获得硕士学位
1964年开始担任独立顾问
1975年建造维也纳多瑙河运河大桥
1982年成为维也纳大学教授

图 2.114 阿尔弗雷德

该桥旋转施工的特殊之处在于:

(1)在施工期间桥梁由成桥时的斜拉索支撑。

(2)不需要全桥移动,较大支座面积的旋转有利于降低压力。

帕斯科—肯纳威克斜拉桥(图 2.115)表现出以下特色[1.15]:

(1)主跨约 300m(设计时的世界纪录)。

(2)梁高 2.13m(1∶140)。

(3)主梁为预制构件,重量达 270t。

(4)工厂预制带可调节锚头的平行钢丝斜拉索,在 PE 管内灌浆水泥。

(5)抗震设计。

(6)从主塔两侧开始自由悬臂施工。

有关详细信息,请参见第 6.1.2 节。

1981 年,横跨埃布罗河的桑丘—埃尔—梅弗桥竣工,如图 2.116 所示[2.76]。该桥主跨

146m,单塔单索面,索面在桥梁横截面的中心位置。支撑主跨质量的端锚索被锚固在公路两侧的平衡重物上。这样的设计产生了三个单独的索面:中心前拉索和两侧倾斜的端锚索。

图 2.115　美国帕斯科—肯纳威克桥,建于 1978 年,主跨 300m(尺寸单位:m)

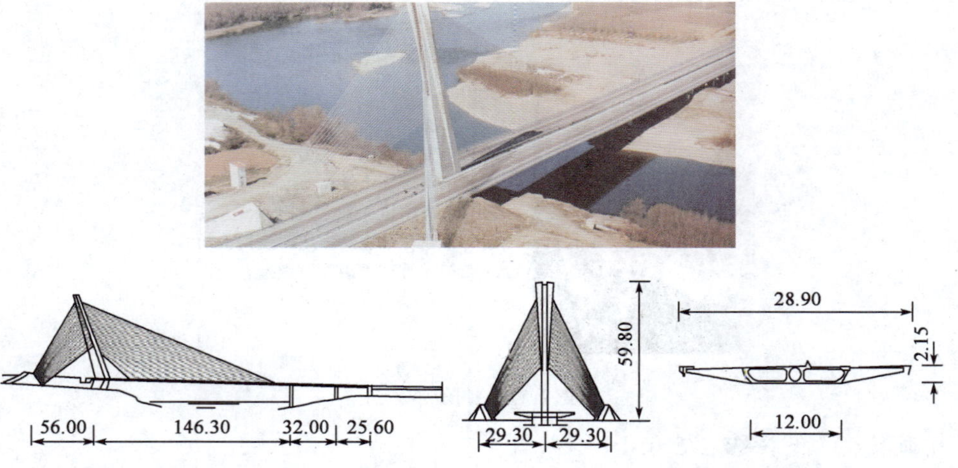

图 2.116　西班牙桑丘—埃尔—梅弗桥,建于 1981 年,主跨 146m(尺寸单位:m)

端锚索的水平力通过两个预埋的混凝受压梁从平衡重物传送到主跨梁上,最后到达塔处。压力在斜拉桥内部自平衡。主跨混凝土箱梁高 2.1m,且由预制构件组成,节段长度等于 6.4m 的拉索间距。与西班牙的许多斜拉桥相似,桑丘—埃尔—梅弗大桥给人一种美观的如雕塑一样的印象。

美国西弗吉尼亚州的亨廷顿东大桥(图 2.117)横跨俄亥俄河,主跨 274m,采用单塔形式。这在当时创造了世界纪录:类似的双塔结构主跨跨径约达到 450m[2.77],这个跨径在 1991 年才被 Skarnsundet 大桥超越(图 2.145)。

混凝土结构的设计方案在钢结构的设计方案完成之后才被提出和要求更换,此时两个主墩已经建成,因此面临的问题是如何使混凝土结构适应轻型钢墩。通过使用钢横梁、B56 高强度混凝土预制箱梁及 B42 混凝土主塔,该问题得以解决(当时,B35 是唯一用在美国桥梁上的混凝土)。此混凝土投标价格比正交异性钢桥便宜了29%。该桥270t重的预制构件分别由浮吊起重机托起架设,采用自由悬臂施工。该桥的更多情况在第6.1.3节作了详细论述。

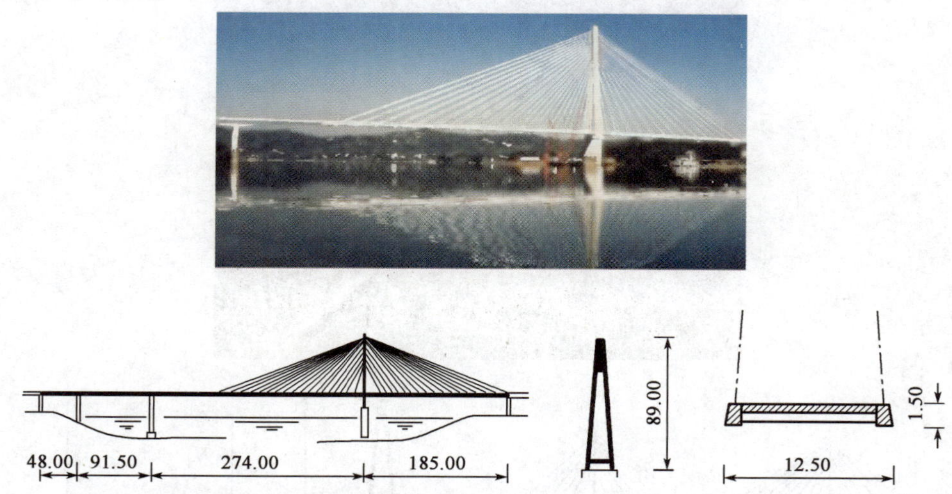

图2.117　美国亨廷顿东大桥,建于1985年,主跨274m(尺寸单位:m)

槟城大桥为通往马来西亚槟城西北部岛屿高速公路的一部分,双向六车道,主跨为混凝土梁,跨径225m,主塔高101m,如图2.118所示[2.78],通航净空要求为33m。

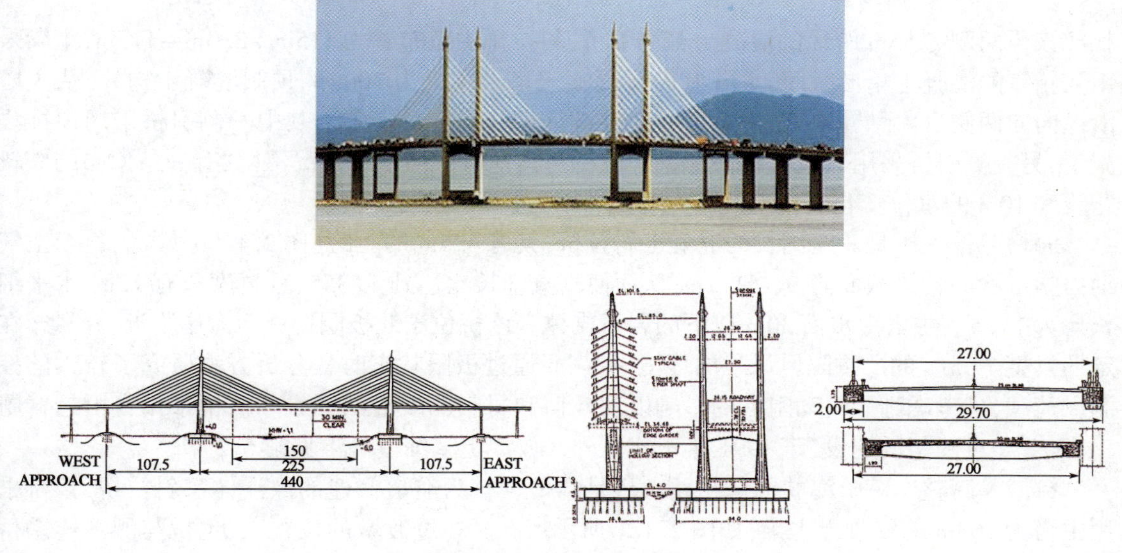

图2.118　马来西亚槟城大桥,建于1988年,主跨225m(尺寸单位:m)

该桥体现了乌尔里希的设计风格,与第二美茵河大桥相类似(图2.108)。主跨两侧采用对称布置的形式,跨径为107.5m+2×112.5m,主塔为刚性塔,双面平行拉索布置,参见第2.3.2节。

阿根廷巴拉那河大桥跨越巴拉那河,位于波萨达斯和恩卡纳西翁两座城市之间,连接阿根廷与巴拉圭,总长度2 550m,如图2.119所示[1.24]。

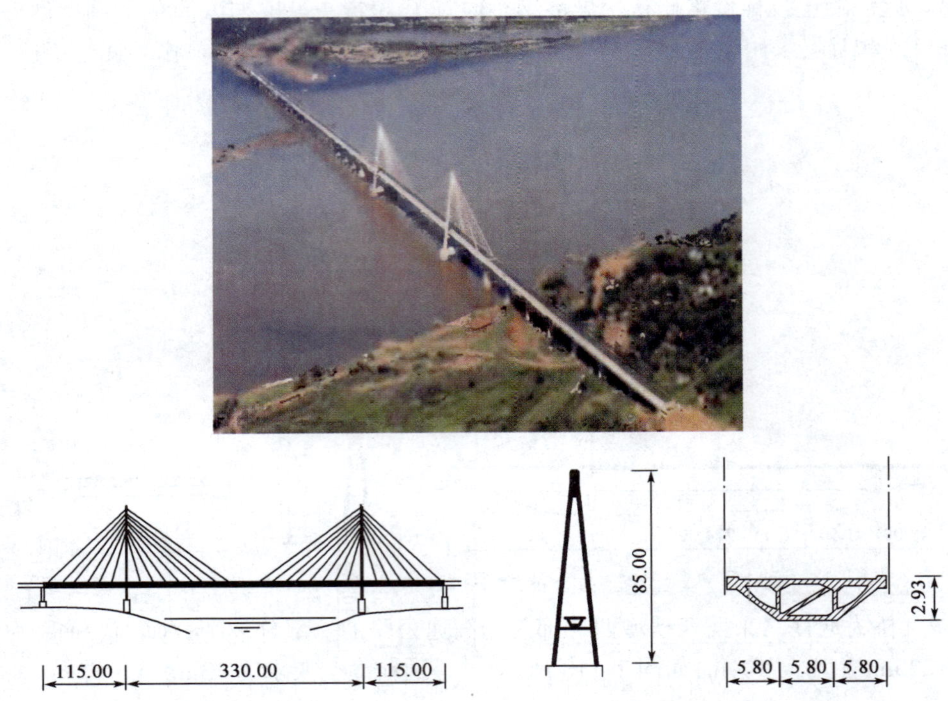

图 2.119 阿根廷波萨达斯—恩卡纳西翁巴拉那河大桥,建于 1987 年(尺寸单位:m)

该桥两侧为 55m 跨径的混凝土箱梁引桥,斜拉桥主桥布置为 115m + 330m + 115m,主梁采用三箱室的混凝土箱形截面,主塔为 A 形混凝土塔。主梁为 300t 的预制混凝土构件,从主塔沿纵向向两侧自由悬臂施工,主梁上的起重机负责起吊定位安装。其中一侧引桥采用顶推法施工,另一侧引桥采用支架模板法施工。该桥与其他桥梁面临的情况不同,有一条偏心的铁轨路线和 10m 的水位变化。针对高速龙卷风,该桥进行了风洞试验[2.79]。

海格兰德大桥是一座细长的混凝土斜拉桥,具有 425m 的主跨(图 2.120)[2.80]。符合空气动力学形状的箱梁截面高度为 1.2m,从而使垂直细长比达到 1∶355,且宽度只有 12m,水平细长比为 1∶35。主塔由水面 30m 以下的岩石支撑。该桥位于北极圈挪威西海岸附近,并暴露在定期发生 77m/s 的严重阵风风暴的环境中,因此通过极限状态时程分析方法研究了较大的控制风荷载,且考虑到了气动阻尼的影响以及几何和材料非线性的因素。该桥采用自由悬臂施工方法,经过两年的建设,于 1991 年正式对外开放。更多细节可参见第 6.2 节。

挪威横跨整个萨哈海峡的努胡兰大桥是唯一一座为航道修建的漂浮体系斜拉桥,该桥采用主跨为 163m 的混凝土主梁,如图 2.121 所示[2.81]。在过渡墩的位置上,主桥与漂浮体系桥相连,浮桥的钢箱梁由间距 55m 的轻型混凝土浮筒支撑。

苏格兰格伦罗西斯城附近的利文河大桥如图 2.122 所示,是一座细长、稍弯曲的混凝土斜拉桥,单塔主跨 115.2m。主梁在横向和纵向上均不采用后张。由于混凝土的开裂,由活荷载引起的约束弯矩减小。细长的混凝土 A 形塔在横向是不对称的,反映了梁的弯曲。悬索固定在两个塔柱之间的钢箱梁上。CIP 主梁在全桥长度范围内采用脚手架架设,后通过张拉斜拉索解除架设[2.82]。更多细节可参见第 5.1.3.2 节。

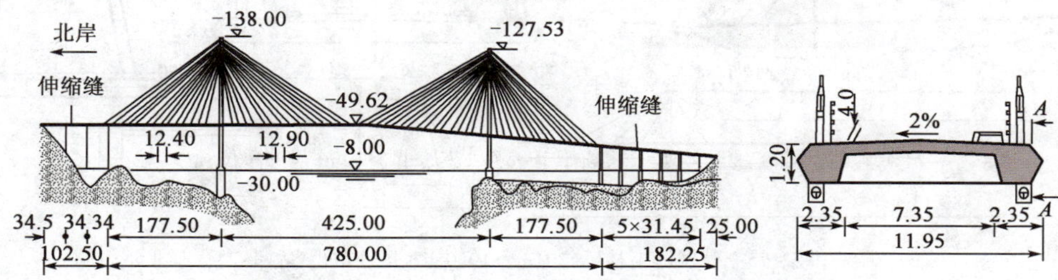

图 2.120 挪威海格兰德大桥，建于 1991 年，主跨 425m（尺寸单位：m；高程单位：m）

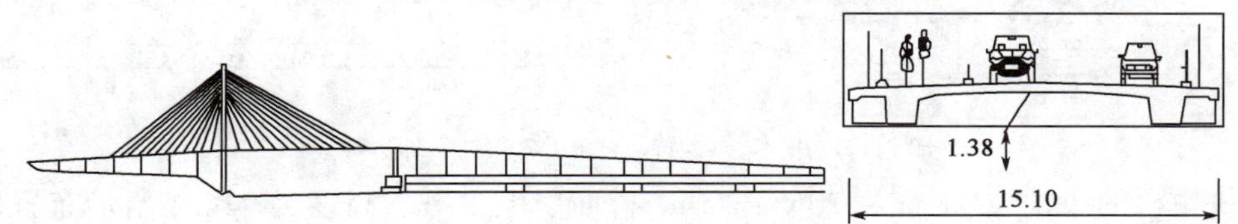

图 2.121 挪威努胡兰浮桥，建于 1994 年，主跨 163m（尺寸单位：m）

横跨巴拿马运河的第二大桥（图 2.123），采用中央单索面布置，主跨为 420m，全桥总长度为 1052m[2.83]。悬臂法施工的混凝土箱形主梁宽度为 24.1m，位于运河以上 80m，以确保最大的船舶通过运河，甚至在船加宽以后也可满足通航要求。该桥采用双向六车道布置。

出于政治上的原因，这座桥梁的设计和建造周期仅为两年，在这么短的时间里需完成设计和建设，通过一个“快速通道合同”得以实现。招标文件是根据初步设计编制的，详细设计在施工过程中才准备妥当。这种安排在德国是常见的，但在美国并不常见。

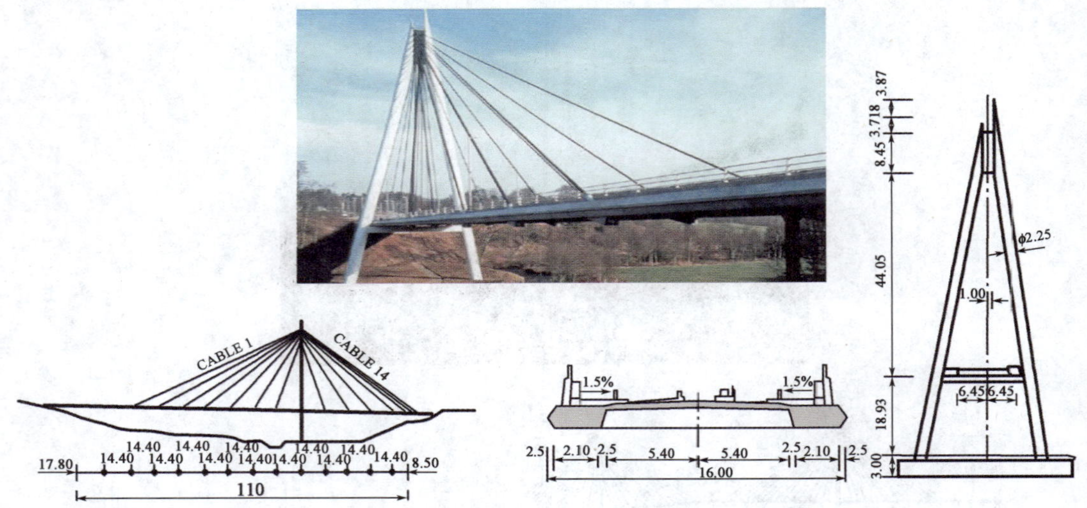

图 2.122　苏格兰莱文河大桥，建于 1995 年，主跨 115.20m(尺寸单位:m)

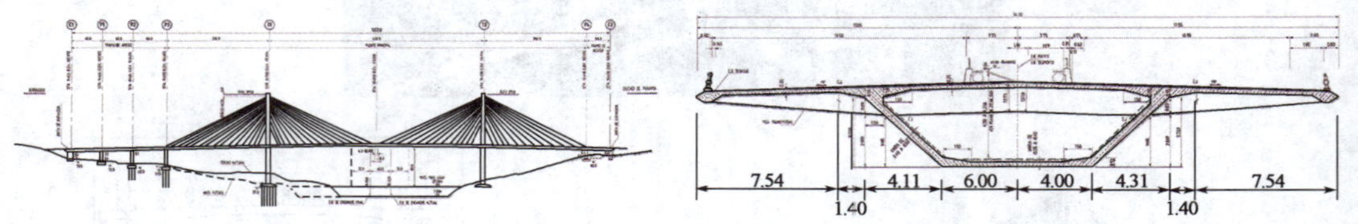

图 2.123　巴拿马运河大桥，建于 2004 年，主跨 420m

该桥主桥的布置为 200m + 420m + 200m，桥面以上主塔的高度为 94m。扇形布置的斜拉索在主梁上的间距为 6m，在桥塔上的间距为 1.5m。高度为 4.5m 且带有倾斜腹板的箱梁和 9m 宽的悬臂翼缘支撑公路桥面，间距为 6m 的横梁厚度为 1.55m。为了美观，纵梁外壁是弯曲的，并构成垂直的沟槽，前墙有明显向后的趋势。拉索固定在主塔的箱形截面内，水平部件被环向钢筋束包围。不良的地基条件在文献[2.84]中作了描述。

阿根廷罗萨里奥和维多利亚两省之间的巴拉那河大桥，全长3350m。该桥的主跨为 330m，引桥跨径为 60m(图 2.124)[2.85]。双向六车道布置，主梁横截面为宽度 22.8m 的 T 形梁。

位于河中的桥墩均设有独立的保护措施以应对 10 万 t 载质量船舶的碰撞。钻孔桩上的桥墩及保护层直径为 2.05m。更详细的信息可参阅第 4.4.3.5 节。

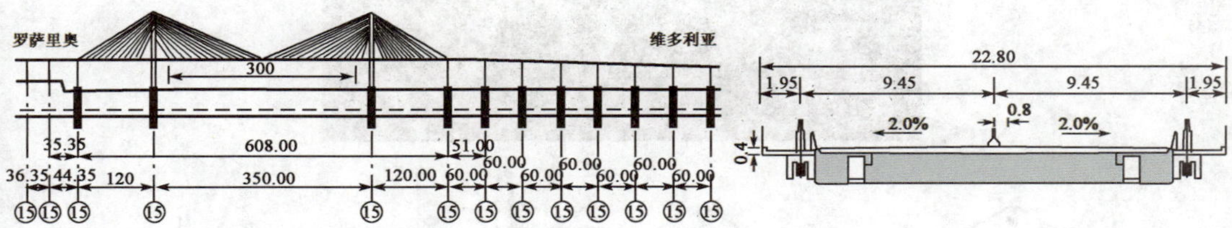

图 2.124　阿根廷罗萨里奥—维多利亚桥，建于 2000 年，主跨 330m（尺寸单位：m）

2.3.3　混凝土斜撑斜拉桥

斜拉桥的混凝土斜撑包含常规的预应力钢筋束和用来进行防腐保护的混凝土层。混凝土养护完成之后，斜撑通过后张拉的方式形成受压状态以承担荷载。张拉完成以后再进行管道注浆。这种方式可以减小疲劳幅值，防腐保护类似于常规钢束，这便是它被设计为钢筋束而不是斜拉索的原因。

由于完整的横截面参与到荷载传递中，这些支撑的刚度都非常大。它们在主跨上经常被用来代替桥墩。因此，该类型连续主梁的弯矩比采用短距离设置斜拉索弹性支撑的主梁弯矩要大。

2.3.3.1　里卡多·莫兰迪的桥梁

意大利工程师里卡多·莫兰迪（图 2.125）是最重要的混凝土斜拉桥创始人之一。他最著名的代表作是 1962 年建成的马拉开波桥，为五跨斜拉桥，每跨 235m，在第 2.5.1.7 节斜拉桥系列中作了介绍。

1902年出生于意大利罗马
1927年完成学业
1931年担任独立顾问
1959—1969年任佛罗伦萨大学桥梁系教授
1969—1972年任罗马大学桥梁系教授
参与建造的桥梁有：1962年马拉开波桥、1967年玛格丽娜桥、1968年Polcevera桥、1971年旺地卡夫桥、1974年里约马格达莱纳桥、1977年卡皮内特桥
1989年在罗马去世

图 2.125　里卡多·莫兰迪

莫兰迪将应用于马拉开波桥的设计准则，应用在了利比亚的旺地卡夫桥上，该桥主跨282m，如图2.126所示。刚性的A形塔配合V形墩，采用单个混凝土前后斜撑，主梁和主塔形成一个整体，主跨中心设置一段悬吊梁来适应收缩、徐变及温度变形[2.86]。1972—1977年，这座桥保持着当时混凝土桥梁的世界纪录。

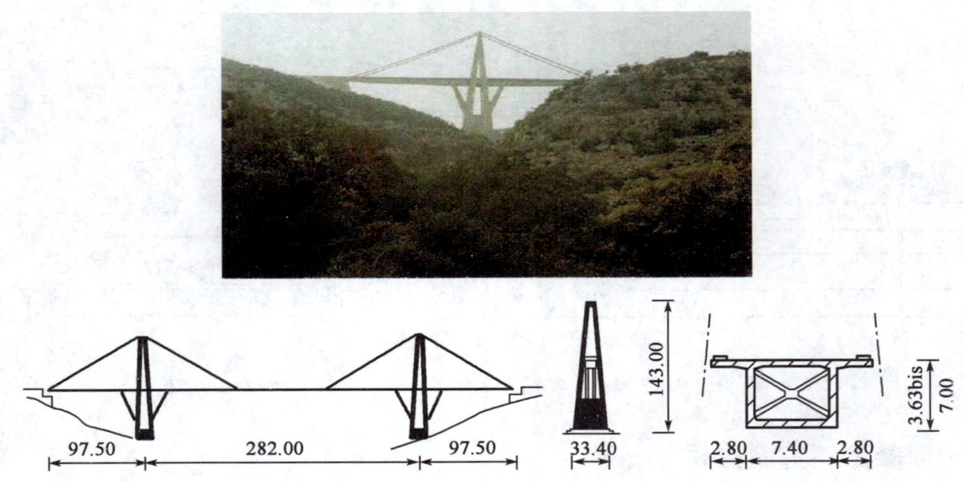

图2.126　利比亚旺地卡夫桥，建于1971年，主跨282m(尺寸单位:m)

在他此后设计的玛格丽娜桥(图2.127)[2.87]、里约热内卢马格达莱纳桥(图2.128)[2.88]和卡皮内特桥(图2.129)[2.89]中，莫兰迪用垂直主塔代替了A形塔，但保留了混凝土前撑和背撑。

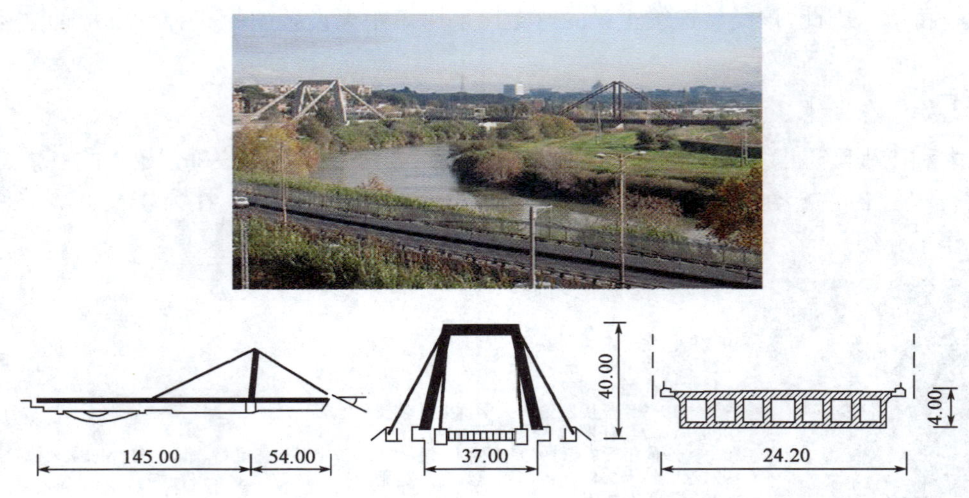

图2.127　意大利玛格丽娜桥，意大利，建于1967年，主跨145m(尺寸单位:m)

莫兰迪没有致力于1972年后在世界范围内备受关注的由独立支撑体系发展而来的复合型支撑体系研究。然而，这并不会影响他作为混凝土斜拉桥先驱的地位。

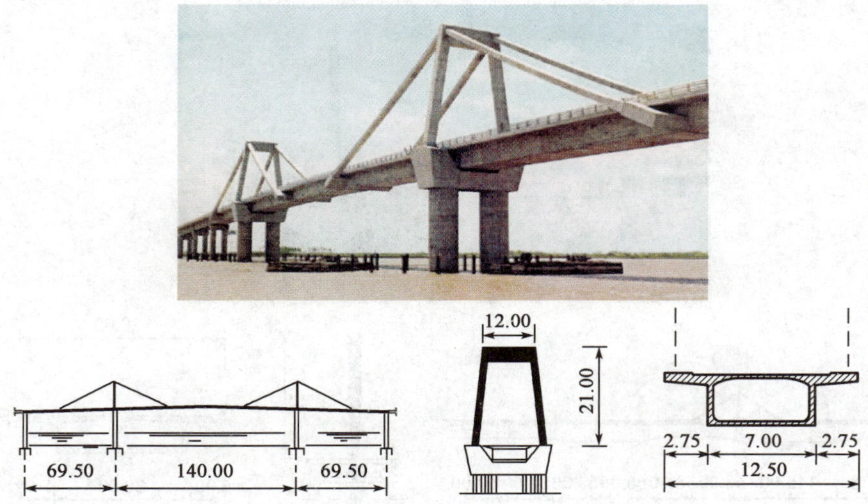

图 2.128　里约马格达莱纳桥，建于 1974 年，主跨 140m(尺寸单位：m)

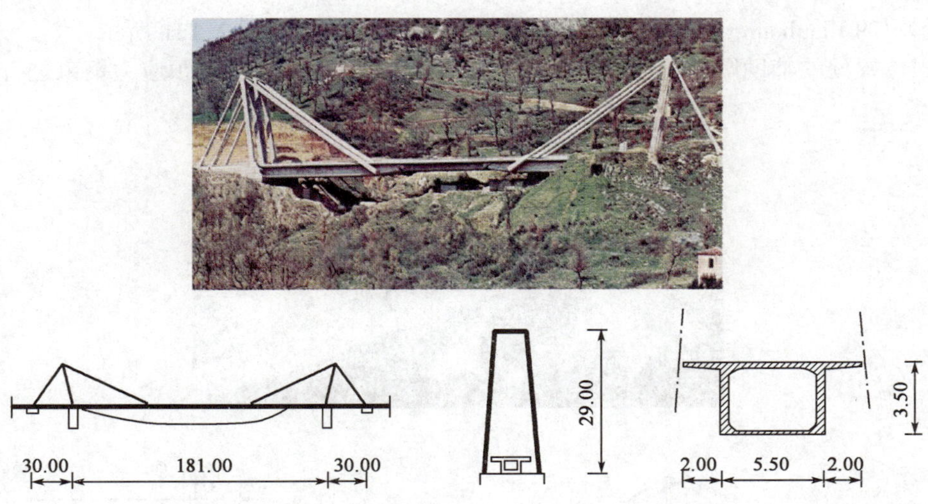

图 2.129　意大利卡皮内特桥，建于 1977 年，主跨 181m(尺寸单位：m)

2.3.3.2　后期示例

在寻找新的斜撑系统的过程中发现，后张拉的混凝土系杆代替钢索是有效的、坚固的，且免维护、性价比高，结构构件令人视觉印象深刻，即便是仅有单个的前后斜撑。

梅滕多瑙河大桥(图 2.130)是德国第一次使用单根前后斜撑，该斜撑不作为拉索而是作为符合德国标准 DIN 4 227m[2.90]的预应力混凝土构件，它允许更高的钢筋疲劳应力和极限荷载。长 600m、宽 30m 的桥采用 68m 的标准跨径，仅在跨越河流的适当位置采用了两个大约 145m 的跨径，全桥长度范围内箱梁横截面是连续的。由前后斜撑来代替使用相应的桥墩，前后斜撑由混凝土主塔支撑。因此，在全桥采用相同的施工方法是可行的，主梁从相邻的桥墩到另一个桥墩逐段架设。

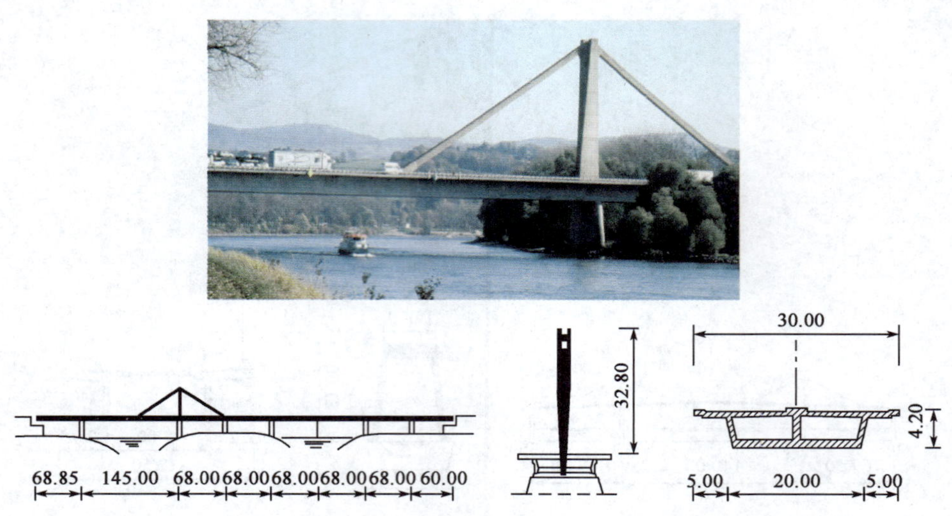

图 2.130　德国梅滕多瑙河大桥，建于 1980 年，主跨 145m（尺寸单位：m）

乌尔姆的 Blaubeurer Tor 桥横跨一座火车站，全长 295m，如图 2.131 所示[2.91]。该桥利用拉索锚固位置处的辅助墩进行逐节段架设安装，然后再对混凝土内的预应力钢束进行张拉。

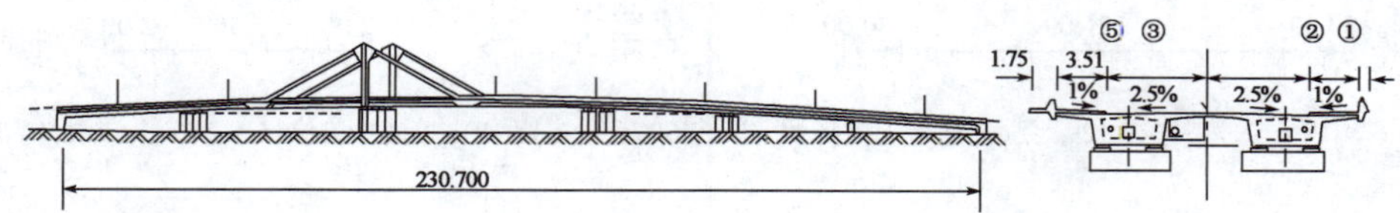

图 2.131　德国乌尔姆 Blaubeurer Tor 桥，建于 1989 年，主跨 74m

法兰克福横跨美茵河的 Flößer 桥（图 2.132）[2.92]，也采用了混凝土支撑，但它在美学形态上是独一无二的。这座桥的特殊情况是其斜交跨越河流，采用单塔不对称形式，河流东侧的主梁端部较大，这限制了锚固端锚索平衡块的空间。此外，主跨上距离较大的单斜撑不允许采用标准的自由悬臂方法，但由于船运交通的需要，不能采用辅助墩的方式来建造主跨结构。所以不得不将这些因素考虑在内，以寻找合适的跨径布置、构造细节及施工方法。大胆的形状和色彩方案由建筑师 Egon Jux 提出并呈现在大众眼前。该桥的主管工程师为赫伯特·沙贝克（图 2.133）。

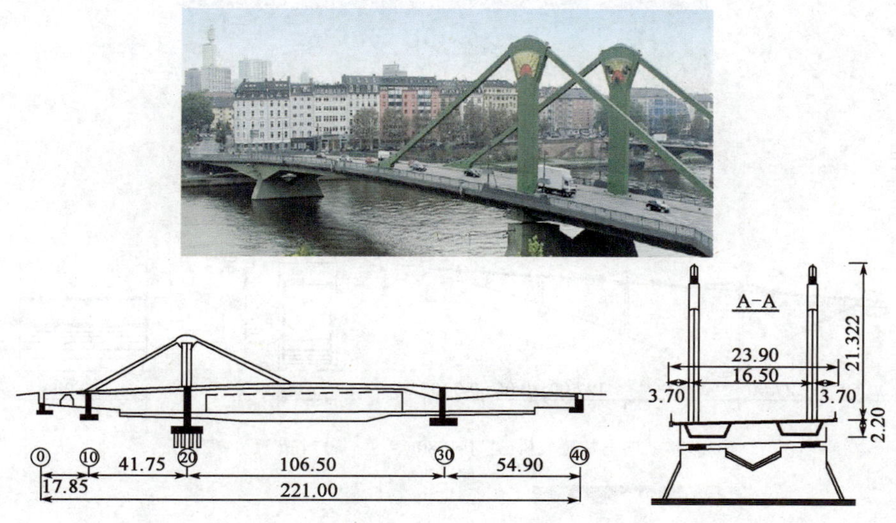

图 2.132　德国 Flößer 桥,建于 1985 年,主跨 106.5m(尺寸单位:m)

1927年出生
1949年获得慕尼黑大学硕士学位
1950—1990年任职于维德曼公司
1972年建造赫斯特第二美因河大桥
1977年建造杜塞尔多夫桥
1980年建造梅滕多瑙河大桥
1985年建造Floβer桥
2001年建造杜布罗夫尼克大桥

图 2.133　赫伯特·沙贝克

2.3.3.3　混凝土块体斜撑桥

混凝土块内包含几根斜拉索,以此作为斜撑来支撑主梁,从而使主梁的跨径更大。这类桥梁表现出了许多与所谓“矮塔斜拉桥”的相似之处,它是由加腋主梁、斜拉索和主塔组成的混合系统,见第 2.5.2.2 节。

在瑞士的布里格市和辛普朗山脉间,有一条陡峭的深峡谷。跨越峡谷需要一座长 700m,高 150m 的桥,如图 2.134 所示,平面为双曲形,立面坡度为 5%[2.93]。桥墩的位置根据需求设置,要素是避开陡峭斜坡而使主梁跨径达 174m。

上部结构由于加腋梁和主塔上斜拉索的组合,使得主梁高度减少。混凝土截面的腹板突出延伸到公路桥面以外且延伸到主塔位置作为连续梁的支撑,这些混凝土块斜撑顺应了主梁的曲率并承担内部拉索引起的横向力、径向力。预应力束通过张拉来约束混凝土。这座特别的桥梁由工程师克里斯蒂安·梅恩(图 2.135)负责建造。

第二麦纳麦桥连接了巴林麦纳麦和穆哈拉格。102m 的桥梁主跨作为船运航道(图 2.136)[2.94]。主梁由后张拉的包裹预应力束的混凝土块斜撑来支撑。

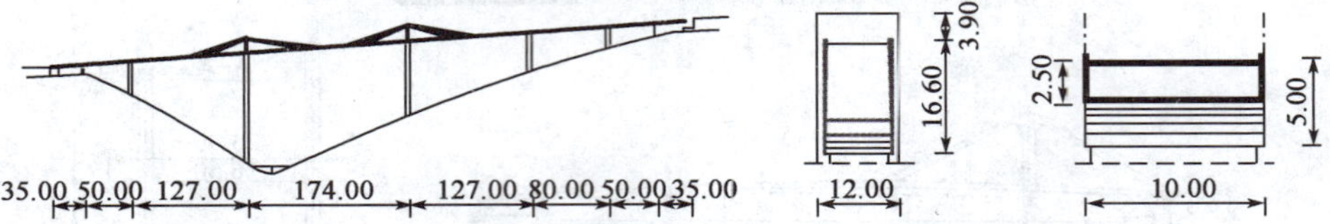

图 2.134　瑞士甘特大桥，建于 1980 年，主跨 174m（尺寸单位：m）

1927年出生于瑞士迈林根
1957年任独立顾问
1970年建造绯色那桥
1971年任苏黎世联邦理工学院教授
1980年建造甘特大桥
1998年建造桑尼伯格桥
获得的荣誉有：
1982年舒马赫 · 弗里茨奖
1990年福瑞森耐特勋章
1996年斯图加特大学名誉博士

图 2.135　克里斯蒂安 · 梅恩

图 2.136　第二纳麦桥，建于 1997 年，主跨 102m

受高温气候和盐水侵蚀的条件限制，该桥的设计有如下特点：

（1）混凝土块斜撑采用预制构件。

（2）使用热固化的 Mikrosilika 混凝土预制构件。

（3）采用增强的混凝土保护层。

（4）阴极保护钢筋混凝土墩柱和墩帽。

（5）钛制网作为钢筋网保护层，并为桥墩混凝土表面涂抗碳化涂料。

在 PE 管道内的无黏结预应力钢绞线,类似于现代的平行钢绞线拉索,且在预制块斜撑内进行后张拉,以使在瞬态加载的情况下不产生拉应力。

2.3.4　扁平混凝土梁斜拉桥

莱茵河上游的瑞士第培撒桥如图 2.137 所示[1.25],其特别之处是主梁仅由细长的实心板组成,没有附加主梁和横梁。虽然 97m 的主跨和 250m 的总长度在梁桥和拱桥的范围内,但采用自由悬臂法施工细长梁也是经济有利的建设方案。

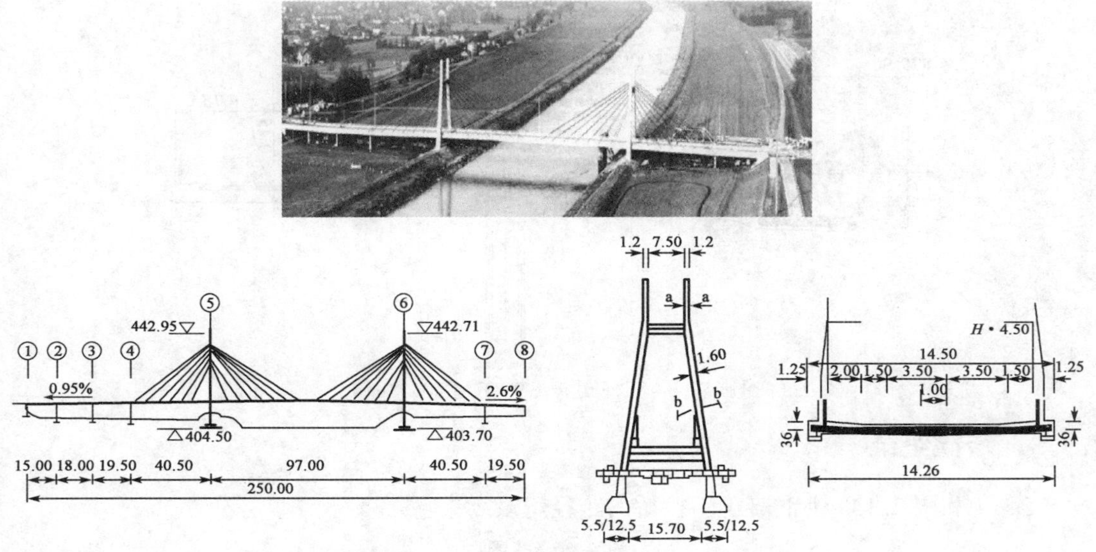

图 2.137　瑞士第培撒桥,建于 1985 年,主跨 97m(尺寸单位:m;高程单位:m)

为了研究细长梁($l:h=0.55:79=1:176$)斜拉桥的静力和动力特性,洛桑理工学院的教授瓦尔特采用 1:20 的比例尺设计了一个 20m 长的模型。25mm 厚的道路板采用纤维混凝土制成[2.95]。

试验证明,这种具有较薄主梁的斜拉桥屈曲并不严重,说明主梁是由密集的斜拉索提供支撑。屈曲的计算见第 4.1.4.2 节。

在希腊 Evripos 桥上,细长梁的使用得到了进一步的发展,如图 2.138 所示。该桥连接了 Euböa 岛屿与希腊大陆,为希腊的第一座公路斜拉桥[2.96],主跨 215m,缆索横向距离 13.5m,纵向距离 5.9m。

实心混凝土梁在其整个宽度范围内保持 45cm 的厚度不变,使得横向细长比为 0.45:13.5 = 1:30,纵向细长比 0.45:215 = 1:478(世界纪录)。第培撒桥的试验证实拉索弹性支撑的薄板上的集中荷载能够进行大面积的分散。

在 H 形混凝土塔为壁厚 40 ~ 50cm 的箱形截面,与主梁固结。恶劣的地质条件要求桩长度达 50m,相应地,主塔可以较为灵活地适应主梁长度的弹性变形。

这种典型的双线桥的细长板被证明是非常经济的,因其具有优越的荷载分布特点、简单的 CIP 自由悬臂施工、有利的空气动力学形状及结构稳定性。

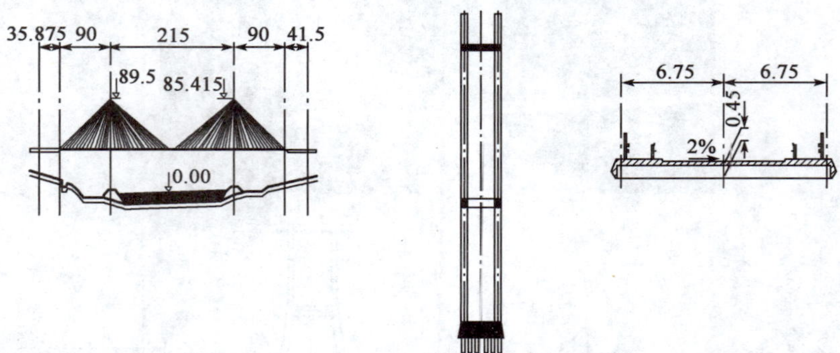

图 2.138　希腊 Evripos 大桥，建于 1993 年，主跨 215m(尺寸单位：m)

2.3.5　跨径纪录

表 2.4 和图 2.139 为混凝土斜拉桥的跨径纪录。

跨 径 纪 录　　表 2.4

混凝土斜拉桥	主跨(m)	建成时间(年)
Maracaibo Bridge	235	1962
Wadi Kuf Bridge	282	1972
Brotonne Bridge	320	1977
Barrios de Luna Bridge	400	1983
Skarnsundet Bridge	530	1991

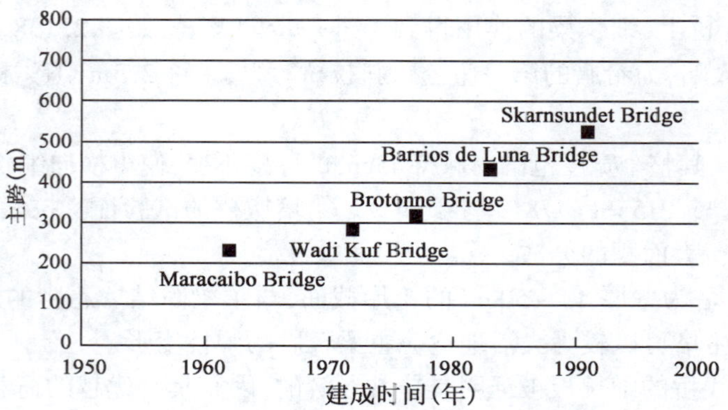

图 2.139　混凝土斜拉桥的跨径纪录

位于法国巴黎塞纳河下游的布罗托讷大桥如图 2.140 所示[1.26]，总长 1280m，是一座主跨为 320m 的混凝土斜拉桥。

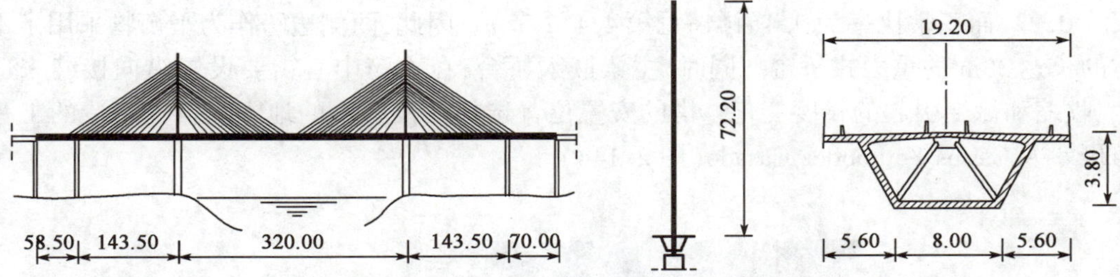

图 2.140 法国布罗托讷大桥，建于 1977 年，主跨 320m（尺寸单位：m）

该桥的主梁由单箱室的壁厚均匀的后张法预应力箱梁和预制倾斜腹板组成。所有组件采用三向预应力钢束，即箱梁纵向、行车道横向和沿腹板竖向。这样可以获得与 Freyssinet 的理论相一致的全预应力构件（图 2.141）。缆索为中心单索面布置。主梁上拉索的垂直分力通过倾斜的系带传递到腹板内，由于活载的偏载作用引起的扭转力矩由箱梁承担。

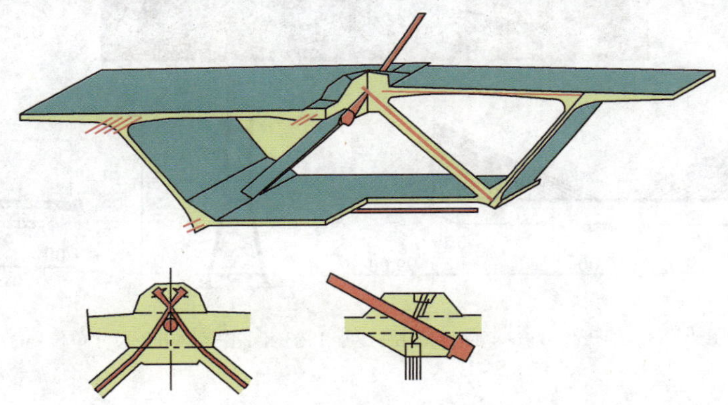

图 2.141 法国布罗托讷大桥的箱梁

该桥采用自由悬臂法施工，带有预留钢筋的预制腹板安装在模板内侧，同时周围浇筑 CIP 混凝土。主管工程师为 Jean Muller（图 2.142），此后他曾告诉笔者，考虑到实际因素，他将不再使用 CIP 混凝土浇筑和预制混凝土的结合。

1925年生于法国Levallois-Perret
1947年获得法国巴黎中央学院学士学位，在 Campenon-Bernard and STUP 开始工作
1951年在纽约任首席工程师
1955年任Campenon-Bernard 技术总监和 Europe-Étude技术顾问
1978年联合Eugene Figg创立Figg & Muller 公司
1986年返回法国，创立Jean Muller国际设计公司
1977年参建布罗托讷大桥
1987年参建阳光公路桥
1991年参建Isère高架桥
2005年于巴黎逝世

图 2.142 Jean Muller

主跨为440m的Barrios de Luna混凝土斜拉桥，保持了1983—1991年所有类型斜拉桥的跨径纪录(图2.143)[2.97]，该桥横跨西班牙里昂省的一座大坝。方案比选时，研究了大量的交叉体系，并考虑到了恶劣的地质情况，以及水深从15～48m的巨大波动。99m与440m的跨径比仅为0.23，而正常比率为0.4(详情见第4.1.2节)。因此，两侧边跨作为平衡物采用了不同寻常的长达35m的重力式桥台。同时，主梁嵌入桥台，在主跨中心需要设置纵向接缝来适应温度、收缩和徐变引起的长度变化。塔的安置位置选择在没有水的地方。负责建造的工程师是西班牙人Carlos Fernández Casado(图2.144)。

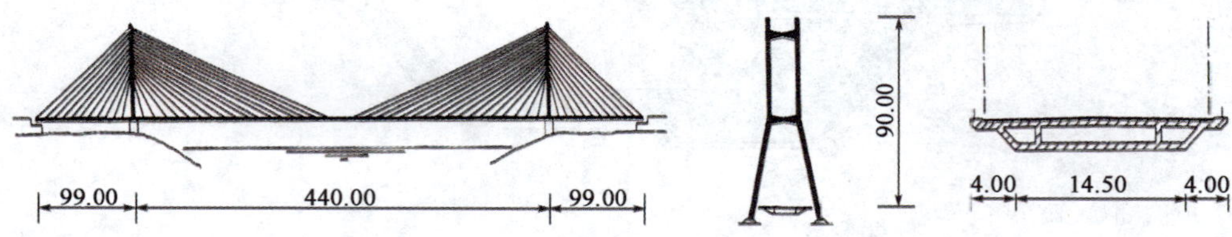

图2.143 西班牙Barrios de Luna桥，建于1983年，主跨440m(尺寸单位:m)

1905年生于西班牙Logroño
1924年获得学士学位
1949—1963年任职于西班牙建设部
1963—1968年任职于路桥部门
1966年在马德里创立联合咨询公司
1983年参建斜拉桥 Barrios de Luna
1988年逝世

图2.144 Carlos Fernández Casado

自1991年起，混凝土斜拉桥的跨径纪录属于挪威Skarnsundet大桥，其跨径为530m(图2.145)[2.98]。该桥横跨特隆赫姆海峡，桥塔为箱形截面，主梁为具有空气动力学优势的三角形结构形式，短的边跨(比率为0.36)采用实心截面来提供足够的配重。斜拉索为镀锌的封闭钢丝索，直径达85mm。

主塔采用在挪威常见的滑模法施工，主梁采用自由悬臂法施工，节段长度与拉索的 10m 间距相当。

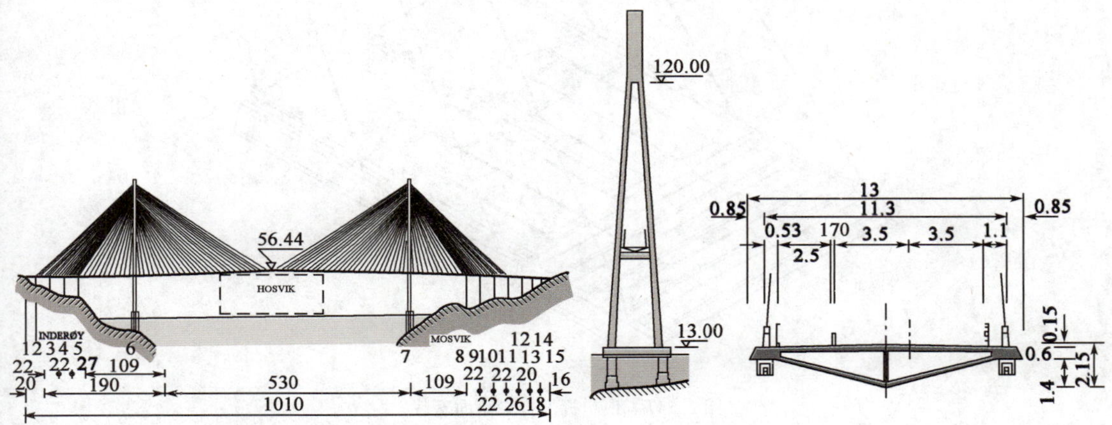

图 2.145　挪威 Skarnsundet 大桥，建于 1991 年，主跨 530m（尺寸单位：m）

2.4　组合梁斜拉桥

2.4.1　概述

近年来，由于组合梁斜拉桥具有较好的经济性且便于施工，其应用越来越多。典型的组合截面如图 2.146 所示。

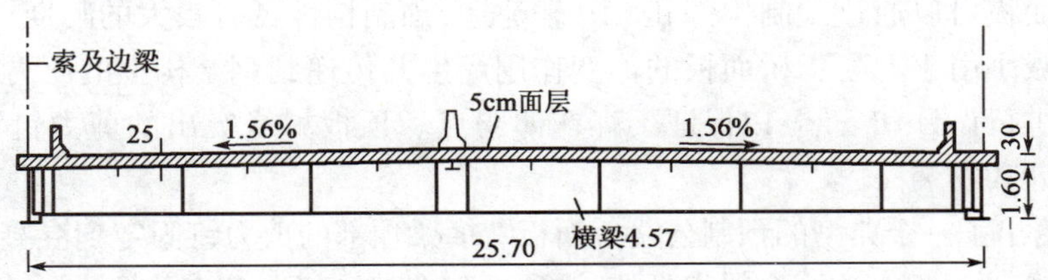

图 2.146　典型的组合梁截面（尺寸单位：m）

组合梁斜拉桥对比钢梁桥来说是建设费用节省的，因为混凝土在承受压应力方面较钢材经济，并且混凝土桥面板也较正交异性钢桥面板经济。对比混凝土斜拉桥来说，组合梁斜拉桥需要更少的拉索用钢量及较小的墩基础。

组合梁可以通过较小的主梁、横梁及桥面预制板构件来进行拼装,如图2.147所示,因此较小的起重设备即可满足吊装的需要。即便是全部预拼装好的主梁,其质量也是比较小的。假如使用预拼装桥面板,那么可以使用CIP节点,节点处利用钢筋重叠加固。主梁自重较小及预制节段间不存在节点是组合梁桥结构较混凝土梁结构的优势。这种结构形式在1984年就被提了出来[1.7,2.99]。

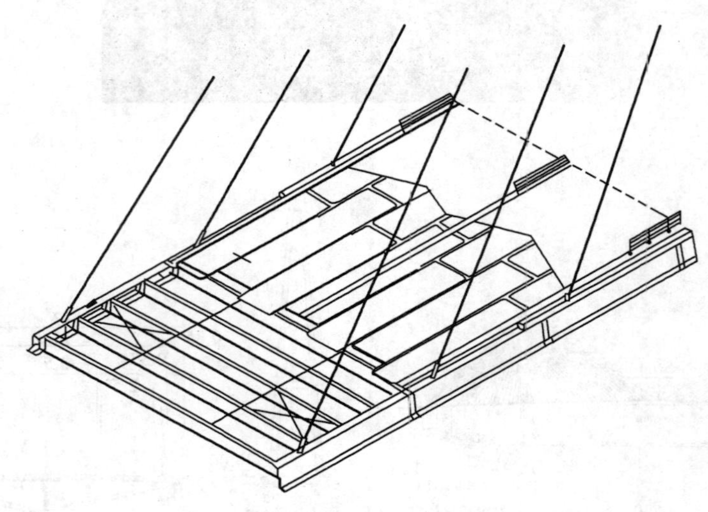

图2.147　预制板组合梁截面安装

2.4.2　横截面

组合梁桥设计的主要任务是尽可能地避免桥面板处产生拉应力作用。这在横向上是可以实现的,因为主梁两侧的斜拉索面的支撑可使主梁上翼缘的混凝土桥面板处于受压状态。因此,中心单索面不能有效地使横截面处于受压状态。

在纵向上,主梁的压力来自于倾斜拉索的水平力作用。在主跨的中心位置,主梁的压应力较小,同时会产生较大的活载负弯矩,由于弯曲变形产生的恒载正弯矩可以使公路桥面板处于受压状态。

混凝土桥面板可以通过预制构件和CIP来建造,预制构件具有较大的龄期,因此收缩徐变较小。这可以减小由于混凝土桥面板的徐变作用产生并传递到钢结构上的压力。预制构件之间的节点需要进行设计和安装,以保证不存在薄弱点。顶板翼缘突出的剪力钉需要按照相同的原则进行设计和安装。

图2.148给出了一个典型的预制公路桥面板。横梁顶部的剪力钉固定到混凝土面板中。在端部位置,预制板通过CIP边缘纵梁来延伸,梁顶部包含剪力钉。节点位置处的重叠钢筋由CIP混凝土包裹。所有的节点在恒载作用下处于受压状态。CIP公路桥面板的施工在第5.1.3.21节中有展开叙述。

截至2001年的组合梁斜拉桥列于表2.5和表2.6中[2.99]。

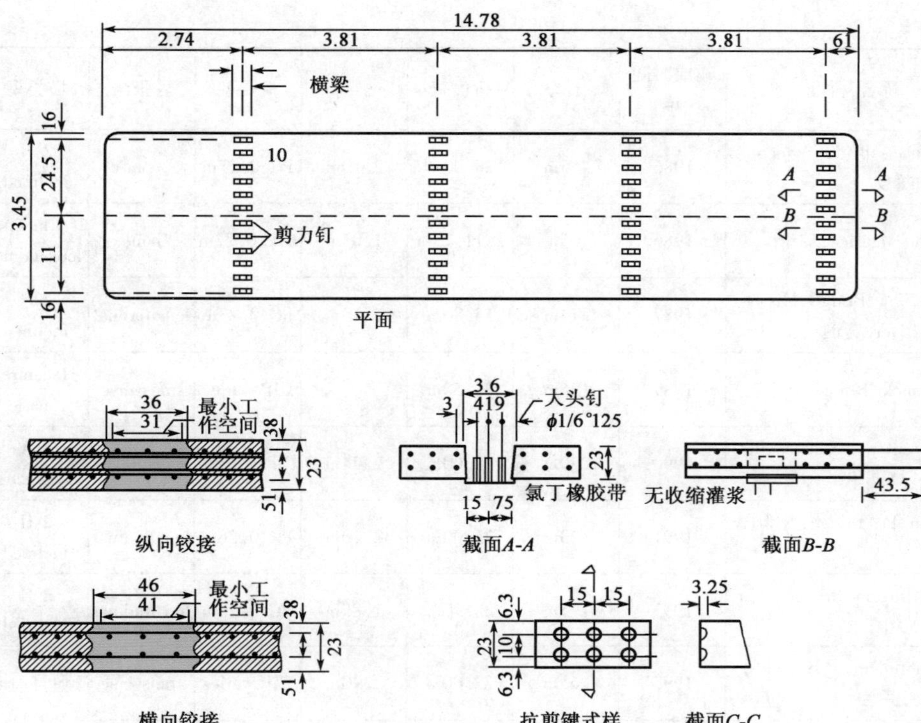

图2.148　组合梁预制公路桥面板(尺寸单位:m)

组合梁斜拉桥　　　　表2.5

序号	桥名,桥址	建成时间(年)	主跨	桥面宽	梁高	板类型	后张法	塔类型	索面
1	Strömsund Bridge,瑞士(非组合桥)	1955	183m	14.30m	3.00m	CIP,0.20m	none	2H inclined	2
2	Buchenau Bridge,德国	1956	58.80m	20.80m	1.40m	CIP,0.25m	longitudinal	2H w/o struts	2
3	Pont des lles. Expo 67,加拿大	1967	2.105m	28.65m	2.82m	CIP,0.19m	none	1H w/struts	2
4	Second Hooghly River Bridge,印度	(1980)1992	457m	25.00m	2.33m	CIP,0.23m	none	2H inclined	2
5	Sitka Harbor Bridge Alaska,美国	1972	157m	11.00m	1.80m	CIP,0.20m	none	2H w/o struts	2
6	Heer-Agimont Bridge,比利时	1975	123m	4.50m	2.05m	CIP,0.19m	none	2H w/2 struts	2
7	Steyregger Danube Bridge Linz,澳大利亚	1979	161.2m	24.86m	4.07m	CIP,0.20m	longitudinal	2 A asymmetric	2
8	Sunshine Skyway Bridge Florida,美国	(1982)	366m	27.50m	2.34m	PC.0.23m	none	2 Diamond	2

续上表

序号	桥名,桥址	建成时间(年)	主跨	桥面宽	梁高	板类型	后张法	塔类型	索面
9	Annacis Bridge Vancouver,加拿大	1986	465m	28.00m	2.10m	PC,0.27m	none	2 H inclined	2
10	Saint Maurice,瑞士	1986	105m	2.11.75m	1.01m	CIP,0.22m	none	1 A inclined longitudinal	2
11	Quincy Bridge Mississippi River,美国	1987	274m	13.80m	2.10m	PC.0.23m	longitudinal	2 H inclined	2
12	Kemjoki Bridge,芬兰	1989	126m	25.50m		CIP,varies	transverse	1 centre mast	2
13	Weirton. Stcubenville Bridge Ohio River,美国	1990	250m	28.00m	2.74m	CIP,0.22m	none	2 A asymmetric	2
14	Nan Pu Bridge,中国,上海	1991	123m	25.00m	2.10m	PC,0.26m	longitudinal	2 H inclined	2
15	Burlington Bridge Ohio River,美国	1993	195m	25.70m	1.85m	PC.0.25m	longitudinal	2 H inclined	2
16	Tahtinicmi (Heinola) Bridge,芬兰	1993	165m	22.00m	3.20m	CIP,varies	transvcrse	2 H,! strut	2
17	Utsjoki Bridge,芬兰	1993	155m	12.00m	1.76m	PC,0.26m	none	2 H inclined	2
18	Kamali River Bridge,尼泊尔	1993	325m	11.30m	3.00m	PC.0.23m	none	1 H asymmetric	2
19	Mezcala Bridge,墨西哥	1993	300/311m	18.10m	2.79m	CIP,0.20m	none	3 H towers	2
20	El Canon,墨西哥	1993	166m	21.00m	2.11m	0.20m		1 H inclined	2
21	El Zapote,墨西哥	1993	176m	21.00m	2.11m	0.20m		1 H inclined	2
22	Yang Pu Bridge Shanghai,中国,上海	1993	602	32.50m	3.00m	PC.0.26-0.40m	longitudinal + transverse	2 inverted Y	2
23	Clark Bridge Mississippi River,美国	1994	230m	30.50m	1.90m	PC,0.27m	longitudinal	2 centre masts	2
24	Baytown Bridge Teras,美国	1995	381m	2.23.83m	1.83m	PC,0.20m	none	2 twin diamond	4
25	Second Severn Bridge,英国	1996	456m	34.60m	2.70m	PC onto grid,0.25m	none	2 H w/2 struts	2
26	Kap Shui Mun Bridge,中国,香港	1996	430m	35.20m	7.46m	Pc onto grid,0.25m	none	2 H inclined	2
27	Ting Kau Bridge,中国,香港	1997	448/475m	43.00m	1.75m	PC,0.23m	none	3 centre masts	4

续上表

序号	桥名,桥址	建成时间(年)	主跨	桥面宽	梁高	板类型	后张法	塔类型	索面
28	Raippaluoto Bridge,芬兰	1998	250m	15.00m	2.80m	PC,0.27m	none	2 diamand	2
29	Oresund Bridge,瑞典—丹麦	2000	490m	30.50m	10.20m	CIP	transverse	2 H w/o strut	2
30	Sunningesund Bridge Uddevalta,瑞典	2000	414m	26.50m	2.20m	PC,0.24m	none	2 diamond	2
31	Kolbäcks Bridge Ume Älv,瑞典	2001	130m	17.65m	2.59m	CIP,0.27m	none	1 H inclined	2

组合横梁斜拉桥　　表2.6

序号	桥名,桥址	建成时间(年)	主跨	桥面宽	梁高	板类型	后张法	塔类型	索面
1	East Huntigton Bridge Ohio River,美国	1945	274m	12.20m	1.52m	I dest. 0.91m	2.73m	1 A asymteuk	2
2	Vasco da Cama Eridge Lidam. 葡萄牙	1998	420m	31.20m	2.50m	1. Sectiose. 0.20m	4.41m	2 H inclined	2

2.4.3 特殊构造细节

2.4.3.1 组合横梁

为了尽可能地减小东亨廷顿大桥的主梁建造质量,采用了组合横梁截面代替了混凝土横梁截面,如图2.149及第6.1.3节所示。横跨里斯本塔霍河的瓦斯科加玛大桥也采用了组合横梁,如表2.6所示[2.100]。

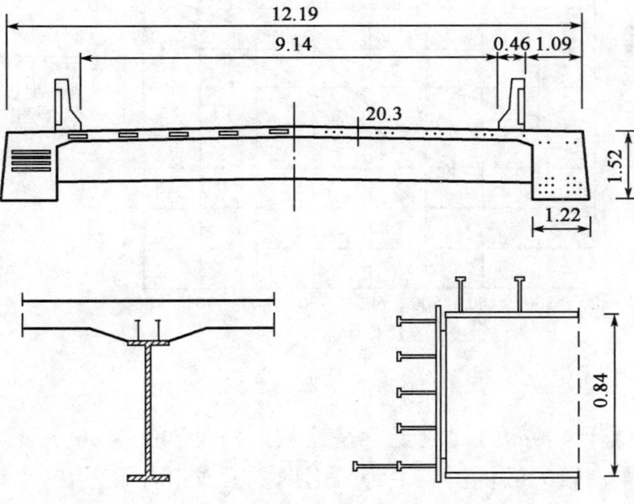

图2.149　美国东亨廷顿桥的组合横梁截面(尺寸单位:m)

2.4.3.2 组合公路桥面板

除了较高的成本以外,正交异性钢桥面板也有其他的缺点:沥青表面铺装可能会与钢桥面板分离,也比混凝土桥面结冰速度更快。这些问题可以通过在正交异性板顶部表面采用 CIP 混凝土组合的方式来避免。这就是今天所说的“正交桥面板”,如图 2.150 所示。

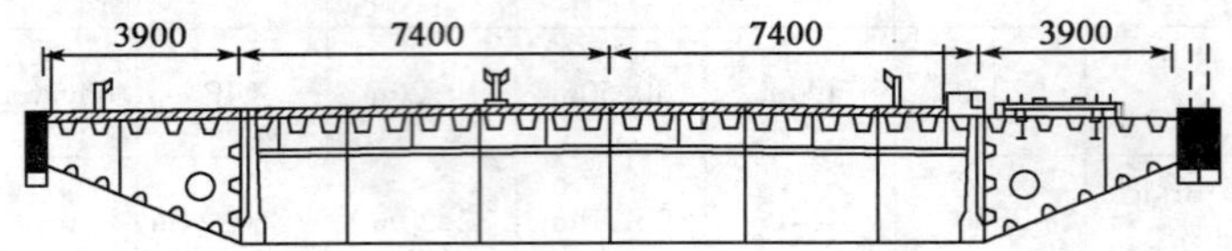

图 2.150 Zárate-Brazo Largo 桥的正交组合桥面板(尺寸单位:mm)

纵梁间的间距可以超过通常的 300mm,顶板的厚度则可以减少到 10mm,这些均取决于局部刚度。

霍姆·伯格在 1969 年巴黎的 Massená 桥[2.101]和 1991 年伦敦附近的达特福德桥[2.101]上采用了该体系。这两座桥采用了 10cm 厚的混凝土顶板,如图 2.150 所示。它们的刚度允许纵梁间距增大到 400mm。混凝土承担主梁传递的荷载,但是剪力钉和钢筋的设计考虑了除轮压荷载以外的组合结构整体受力。

2.4.4 经济跨径

常规情况下,混凝土的费用大约是钢材费用的 2/3。一个正交异性钢桥面板的费用至少是 25cm 厚混凝土公路桥面板的 4 倍。每平方米主梁的费用对比如图 2.151 所示,该费用与主跨跨径和主梁材料有关。

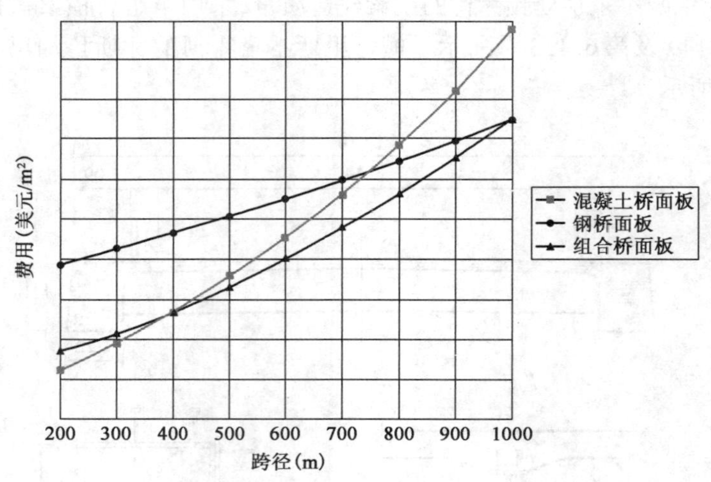

图 2.151 每平方米主梁费用的对比

可以看出,跨径低于 400m 时混凝土梁是比较经济的,400 ~ 900m 时,组合梁是比较经济的。超大跨径时,钢梁占较大的优势。主跨采用钢主梁或组合梁,边跨采用混凝土梁还可进一步改良结构体系。

由于主塔附近的压应力较高,因此如果混凝土截面向主跨延伸100m,组合体系可以达到最优。然而,如果需要额外的结构和施工,这一优势就会被抵消,例如,假如边跨可以采用顶推法施工,主跨将可以部分采用自由悬臂法施工,正如诺曼底大桥的施工方法,见第6.5节。

2.4.5 起源

桥梁工程师们都可能忽视了一座桥,横跨布鲁赫萨尔市铁路的Büchenau桥被公认为是德国第一座现代组合梁斜拉桥,如图2.152所示[2.103]。封闭线圈钢丝拉索通过降低脚手架上的主梁得到张拉。

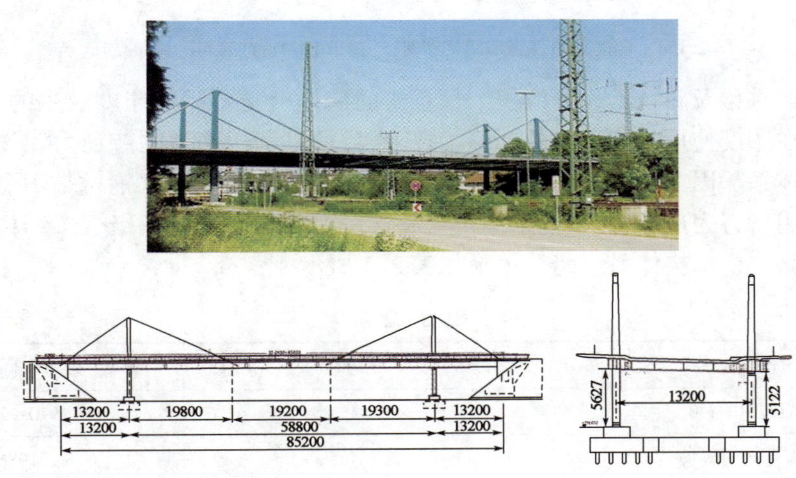

图2.152　德国Büchenau桥,建于1956年,主跨59m(尺寸单位:mm)

2.4.6 跨径纪录(图2.153)

胡格利河上通向加尔各答市海港的航运船要求桥梁的主跨为457m,且通航净空为38m,如图2.154所示[1.18]。这一条件下最经济的桥梁结构体系为斜拉桥。由于在不良地质条件下锚固墩的费用较高,这使得悬索桥体系不如斜拉桥经济。主梁恒载与活载的比率在3:1范围内,所以采用了183m的边跨,长度为主跨的40%。

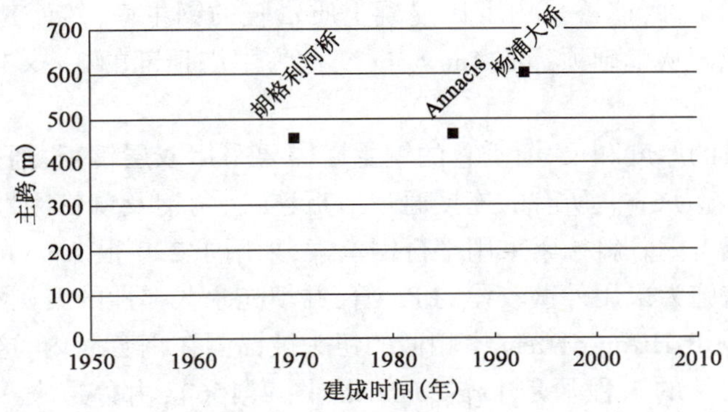

图2.153　组合梁桥的跨径纪录

图 2.154 印度加尔各答市胡格利河桥，建于 1974—1994 年，主跨 457m

基础、主塔、主梁及斜拉索设计的一个最重要的前提就是要满足印度业主的要求，即使用当地的材料及在印度使用过或适用的和施工技术，目的是利用当地的劳动力和设备建造最经济的桥梁结构体系。因为当地的焊接设备不够先进，这就意味着局部钢材是不可焊接的。所有的连接均利用铆钉完成，因此不能采用正交异性桥面结构而采用了组合梁结构。这在印度是第一次采用斜拉桥结构体系。跨径记录如表 2.7 所示。

跨径纪录　　表 2.7

桥　名	主跨(m)	建成时间(年)
Hooghly River Bridge	457	1970—1994
Annacis Bridge	465	1986
杨浦大桥	602	1993

该桥的主梁宽度为 35m，双向车道，且两侧分别有一个 2.5m 宽的人行道。组合梁由支撑在钢主梁梁格上的混凝土板组成，钢主梁梁格由 3 个纵向主梁和 4.1m 间距的横梁组成，如图 2.155 所示。23cm 厚的混凝土板悬臂在纵主梁外侧，且逐渐变薄使外侧悬臂端的厚度为 15cm。由于索力的作用，混凝土板仅受压，不需要采用后张拉预应力，但是设置了密集的细直径钢筋来控制开裂。混凝土板和钢梁梁格之间利用主梁和横梁上部的环形布置的粗剪力钉连接。

由于不良的地质条件，该桥采用了比混凝土质量轻的钢主塔，然而其费用较混凝土主塔高。梯形的钢主塔截面从基础顶部的 4m × 4m 变化为主塔顶部的 3m × 3m，主塔的塔腿由两个横梁刚性连接。

考虑到印度钢材的厚度和尺寸，垂直的钢主塔需要采用双层钢板，通过纵向连接达到 4m 的宽度，横向连接距离为 6m。所有的连接通过搭板连接、角钢及铆钉刚性连接实现。主梁由 12.3m 间距的斜拉索支撑。斜拉索采用平行钢丝索，采用了 220 根 7mm 的 1460/1570 级高强钢丝。拉索的防腐措施为采用外壁较厚的 PE 管，并填充永久弹性的聚氨酯材料。

钢丝索通过与 BBR-HiAm-System 中相似的钮头被锚固在钢套筒内，这一锚固系统可以在印度制造。负责该项目的工程师是 Jörg Schlaich（图 2.156），由鲁道夫 · 伯格曼（图 2.157）协助。

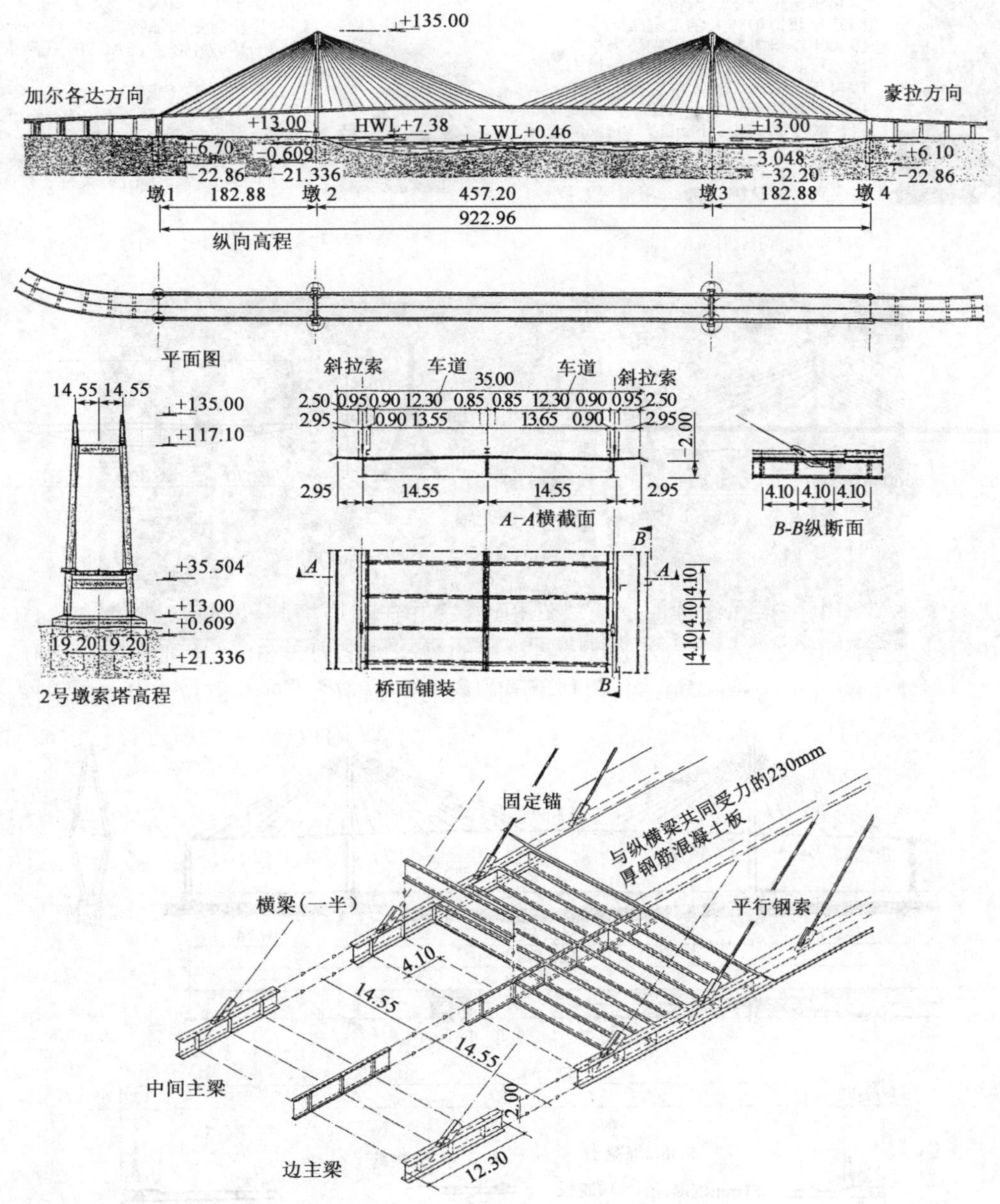

图2.155 印度加尔各答胡格利河大桥细部图(尺寸单位:m)

跨越佛罗里达州坦帕海湾的高架桥主跨366m。该桥没有采用钢梁,而是采用了组合梁截面,由开口型钢制作的钢梁格和钢梁格上方的预制混凝土桥面板组成,该混凝土桥面板由CIP节点连接,如图2.158和图2.159所示[2.104]。主塔设计时,一个结合了独立基础桥面板以上A形主塔优势的菱形主塔方案被提了出来,但在与混凝土方案的竞标中,由于较小的利润而落选。然而,这一组合梁和主塔的设计思想随后成功地在其他几座斜拉桥中得到了应用。

1934年出生于德国施特滕
1959年获得柏林大学工程学士学位
1960年获得凯斯理工学院硕士学位
1962年获得斯图加特大学工学博士学位
1974年任斯图加特大学教授
1963—1979年任职于LAP
自1980年起成为Schlaich，Berger-mann的合伙人
设计加尔各答胡格利河大桥、Evripos桥、多座人行斜拉桥、Obere阿根河大桥

图 2.156　Jörg Schlaich

1941年出生于德国杜塞尔多夫
1966年获得斯图加特大学工学学士学位
1966—1967年在斯图加特的旭普林股份公司
1968—1979年任职于LAP
自1980年起成为Schlaich，Bergermann的合伙人
设计加尔各答胡格利河大桥、Al桥、Obere阿根河大桥、Evripos大桥、汀九大桥

图 2.157　鲁道夫 · 伯格曼

图 2.158　美国组合式高架桥，建于 1982 年，主跨 366m

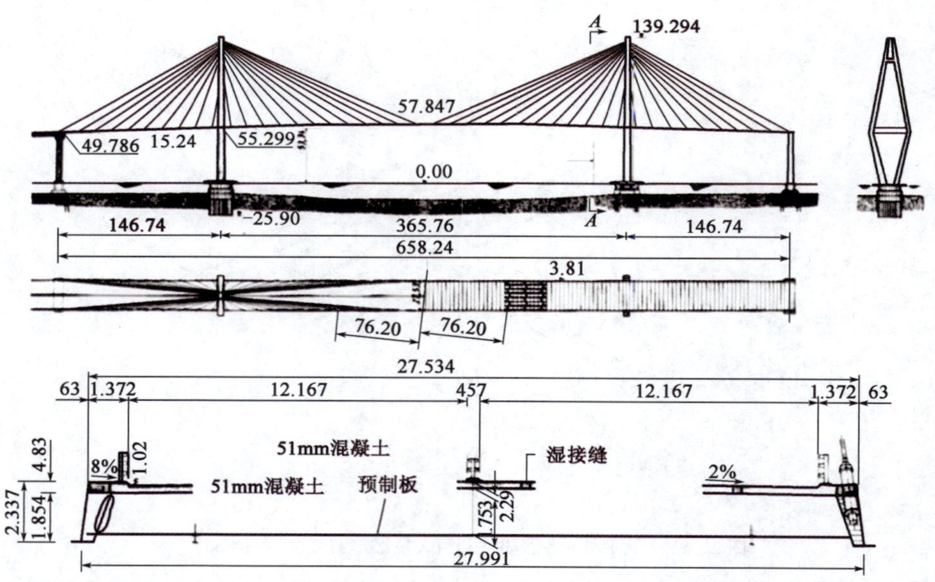

图 2.159　阳光高架桥钢主梁方案细部结构(尺寸单位：m；高程单位：m)

加拿大安纳西斯桥如图 2.160 所示，该桥 465m 的主跨长度成了新的跨径纪录[1.33]。该桥设计符合高架桥的设计准则。它使用了新的锚固系统，拉索锚固在桥面板上突出的腹板上，如图 2.161 和图 2.162 所示。负责该项目的工程师是彼得 · 巴克兰(图 2.163)和彼得 · 泰勒(图 2.164)。

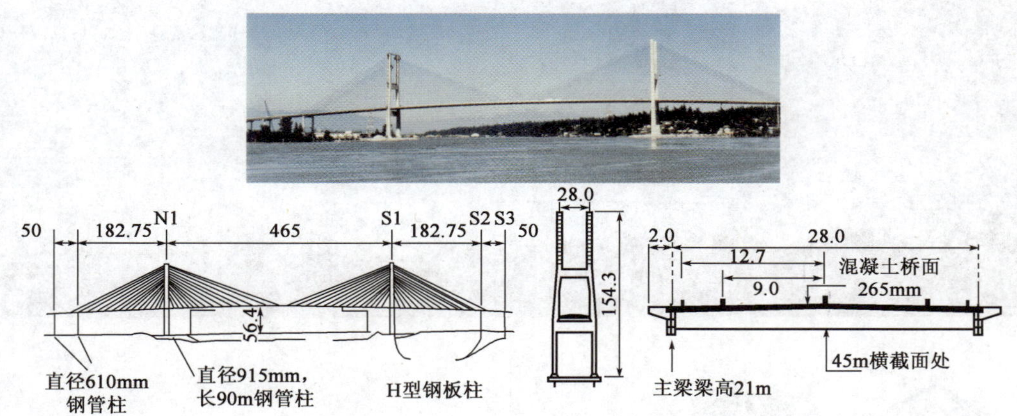

图 2.160　加拿大安纳西斯大桥,建于 1986 年,主跨 465m(尺寸单位:m)

图 2.161　安纳西斯大桥的斜拉索锚固

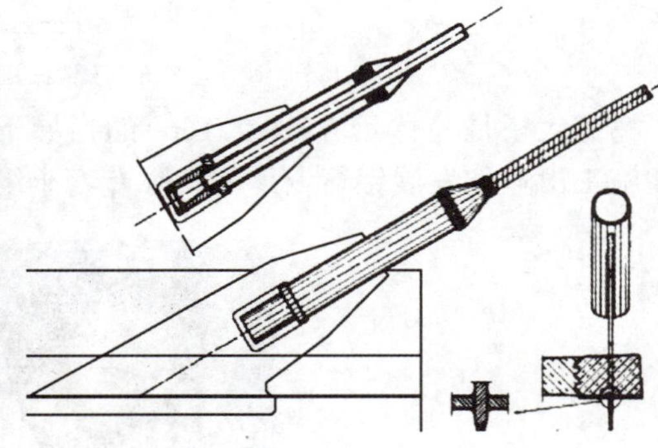

图 2.162　锚固细部图

1960年获得剑桥大学研究生学位
1960—1965年在英国和加拿大做顾问工作
1966—1970年与钢结构承包商合作
1970年创立Buckland&Assocoates
1972年任职于温哥华任职于Buckland&Taylor有限公司致力于研究不同的悬索桥和斜拉桥
参建亚历克斯·弗雷泽大桥、狮门大桥、联邦大桥、参与金门大桥修复

图 2.163　彼得 · 巴克兰

1965年任职于加拿大Dominion桥梁有限公司
1972年任职于Buckland&Taylor有限公司工作
参建帕皮诺桥、亚历克斯·弗雷泽大桥、库珀河大桥、第二塞文桥

图 2.164　彼得 · 泰勒

1993 年,上海杨浦大桥打破了以上记录,其主跨为 602m,至今未被超越,见图 2.165[2.105]。该桥的主梁包含两个箱形纵主梁,纵主梁由横梁连接,其上为混凝土桥面板。引桥采用 144m—99m—44/40m 的跨径布置,外侧 44m 预制构件作为锚固墩的配重。根据主塔要求,在黄浦江两侧设计两个主塔,602m 的主跨长度是应两个主塔所需,设置在杨浦江两侧。以此保证船只不会接触到主塔。

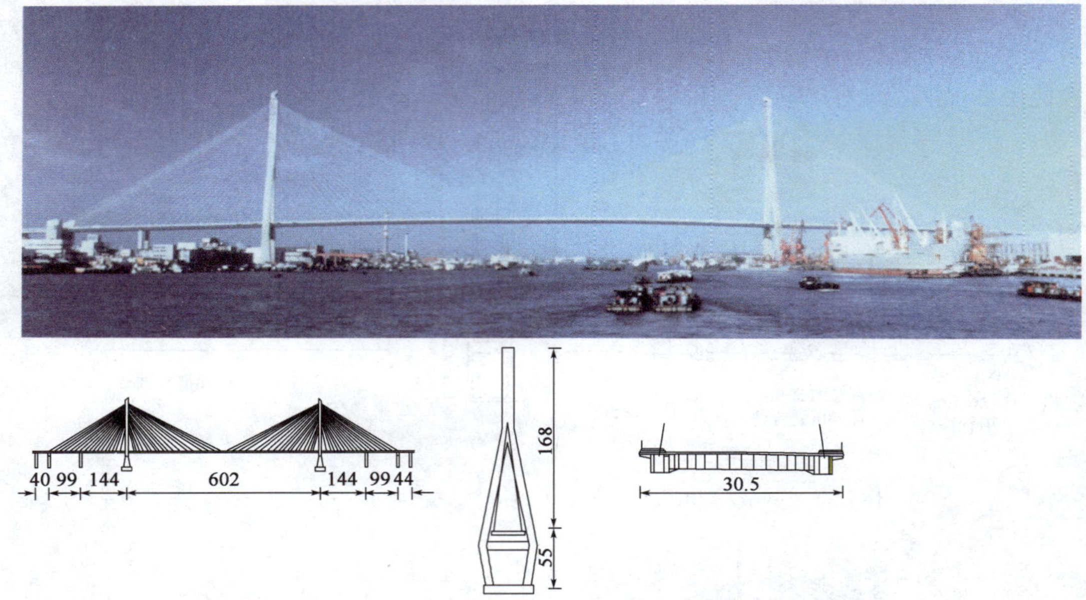

图 2.165　中国上海杨浦大桥，建于 1993 年，主跨 602m（尺寸单位：m）

杨浦大桥是在林元培（图 2.166）的指导下，由上海市政工程设计研究院设计。该桥的设计和施工由亚洲发展银行资助的国际专家小组评估（图 2.167）。

中国上海杨浦大桥总工程师
中国设计大师
参建南浦大桥、杨浦大桥、卢浦大桥

图 2.166　林元培

图 2.167　国际专家小组（左起）：林元培（总工程师）、Walter Podolny（联邦公路管理局）、朱志豪（现场指挥）、笔者、邓文中（美国林同炎国际公司）、书绪东野（东京大学）、布鲁斯·默里（亚洲开发银行）

2.4.7　最新实例

美国伯灵顿有一座主跨201m的横跨密西西比河的组合式斜拉桥，如图2.168所示[1.28]。该桥的主要特点是采用了钢梁预制板、后张法锚固、环氧涂层斜拉索和主梁悬臂法施工。

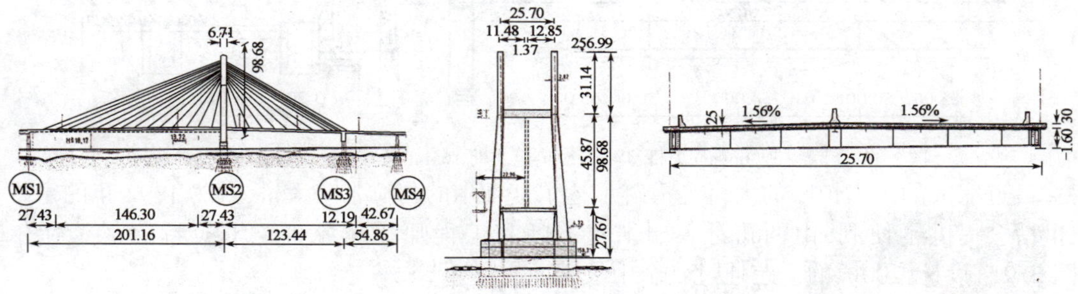

图2.168　美国伯灵顿大桥，建于1993年，主跨201m（尺寸单位：m）

临近芬兰黑诺拉横跨鲁奥察莱宁湖的Tähtiniemi大桥长924m，设计曲线半径$R=4000$m（图2.169[2.106]）。斜拉索支撑的主跨长度分别为165m和127m，引桥跨径70m。组合梁采用敞开式钢构和预制混凝土板，由一个H形混凝土单塔支撑。

梁的钢束从两侧穿过，延伸到辅助墩的预留区域。混凝土板分段浇筑后，斜拉索开始安装和受力，此后拆除辅助墩。负责该工程的是艾司科·耶尔文佩（图2.170）。

香港汲水门大桥主跨431m，边跨为2×80m，如图2.171所示[2.107]。上层为六车道，下层为2个快速交通轨道和4个紧急车道，如图2.172所示。主梁跨中387m采用组合材料，其余为预应力混凝土横截面。主梁的混凝土部分采用顶推法施工，以组合梁中心截面前26m作为导梁，其余部分采用悬臂法施工，起吊质量为500t。包括施工阶段在内，极端台风情况必须进行检算。负责施工和设计的工程师是莱纳·索尔（图2.89），该工程还得到了齐格弗里德·霍普夫的协助。

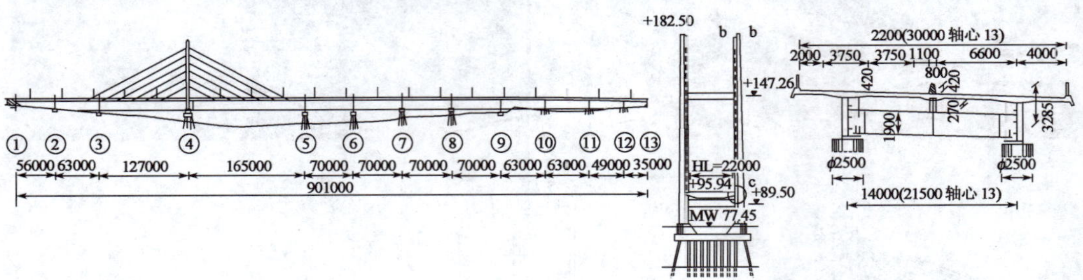

图 2.169　芬兰 Tähtiniemi 大桥，建于 1994 年，主跨 165m（尺寸单位：mm，高程单位：m）

1946年出生
1972年获得芬兰奥卢大学土木工程硕士学位
1986年任芬兰奥卢大学土木工程技术员
1974—1994年任奥卢技术学院讲师，讲授桥梁设计
1972—1974年在WSP咨询科特有限公司任桥梁工程师
1974—1979年任WSP桥梁总工程师
1979—1991年任WSP技术总监、桥梁专家
1992—1995年任WSP副主任
1995—2007年任WSP总经理
2007年以来任WSP桥梁总监、高级顾问
参建Lumberjack's Candle大桥（1989年）、Raippaluoto大桥（1997年）、Thātinie-mi（Heinola）大桥（1997年）、Saame大桥（1998年）、Stonecutters大桥（2000年）、Swietokrzyski大桥（2000年）、Van Troi-Tran Thi Ly大桥（2009年）

图 2.170　艾司科·耶尔文佩

横跨得克萨斯州休斯敦航道的贝城桥占地 32800m^2，是同类型桥梁中占地面积最大的桥梁之一，如图 2.173 所示[1.17]。该桥主跨 381m，通航净空 53m。每段梁宽 24m，主梁外侧是钢梁网格十字网格共同支撑预制混凝土面板。双菱形混凝土主塔高 140m，横向风载由桁架结构传递到基础。

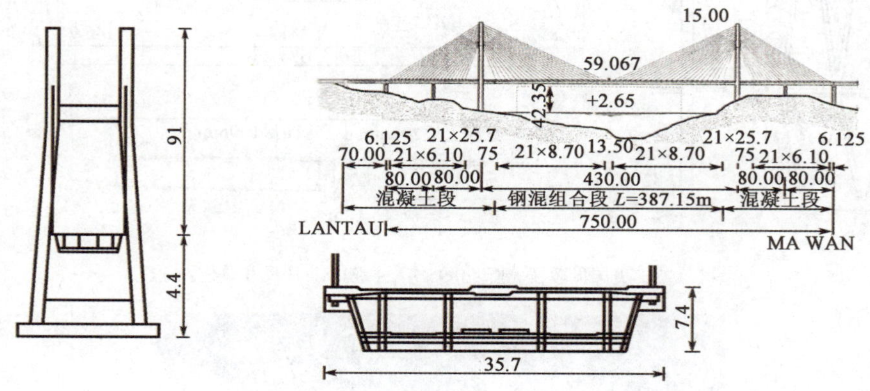

图 2.171　中国香港汲水门大桥，建于 1995 年，主跨 431m(尺寸单位：m)

图 2.172　双层组合梁的汲水门大桥

厄勒海峡大桥连接了丹麦的哥本哈根和瑞典的马尔默，如图 2.174 所示。该桥的上桥面是双车道公路，下桥面是双车道铁路[1.30]。箱梁是一个连续的桁架，全桥长 7845m，主跨 490m，引桥长 140m(公铁两用桥梁的世界纪录)。

瑞典西海岸的乌德瓦拉大桥采用六车道，主跨长 414m，见图 2.175[2.108]。该桥总长 1712m，采用组合箱梁，斜拉桥的主桥是一个敞开式的预制混凝土网格桥面板，并且采用了平行拉索。

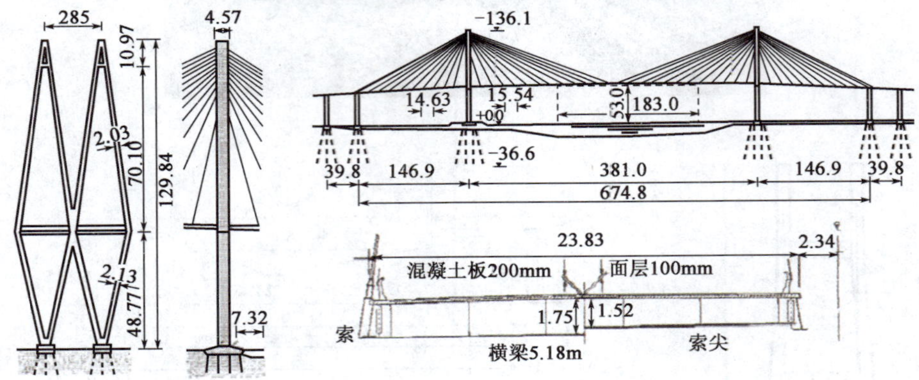

图 2.173　美国贝敦桥，建于 1995 年，主跨 381m（尺寸单位：m）

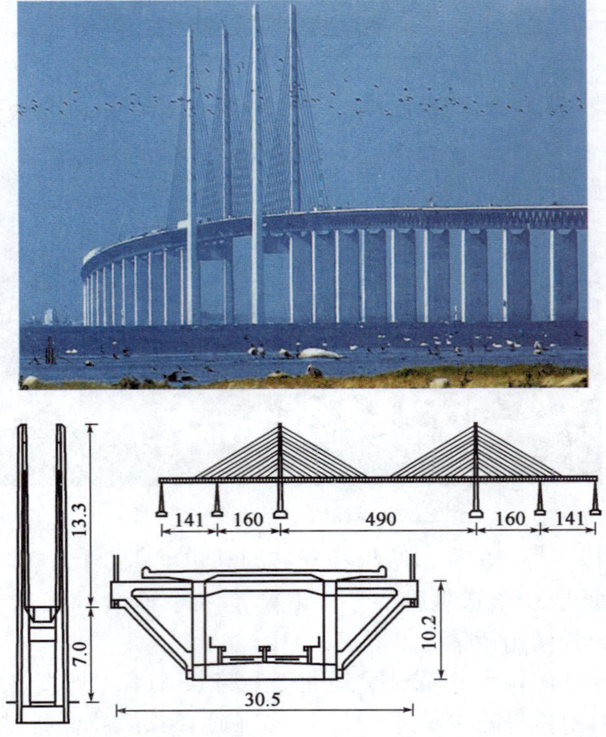

图 2.174　连接丹麦和瑞典的厄勒海峡大桥，建于 2000 年，主跨 490m（尺寸单位：m）

图 2.175 瑞典乌德瓦拉大桥,建于 2000 年,主跨 414m(尺寸单位:m)

瑞典 Kolbäcks 大桥主跨 130m,主塔为单塔,组合梁为三角形横截面,如图 2.176 所示[2.109]。斜拉索连接在钢横梁上,塔端拉索锚固在钢锚箱内部,并用混凝土锚固。主梁的钢梁格通过辅助墩顶推,公路桥面板采用 CIP 混凝土,然后安装斜拉索。

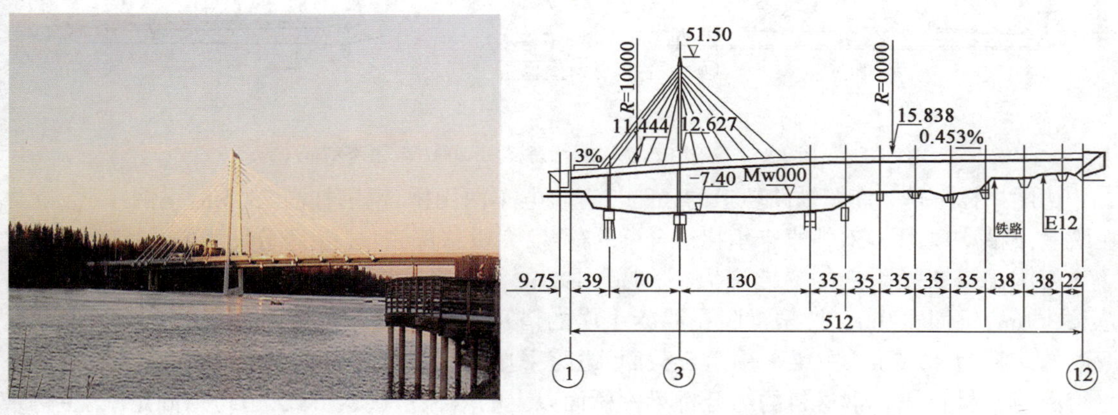

图 2.176 瑞典 Kolbäcks 大桥,建于 2001 年,主跨 130m(尺寸单位:m,高程单位:m)

2006 年建成的德国哈雷新柏林桥如图 2.177 所示,代替了 1916 年建成的钢桁架桥,成为继 Büchenau 桥(1956 年)之后德国第二座采用组合结构的公路斜拉桥[2.110]。由于德国规范中长时间内限制了混凝土在工作荷载下的拉应力,致使两桥的建成相隔了 50 年。这样混凝土公路桥面板的纵向后张拉预应力将传递到钢主梁上,使得该结构形式很不经济。德国规范修改以后，规定变为最终极限状态和裂缝控制，这使得组合梁斜拉桥结构在德国变得同样经济。

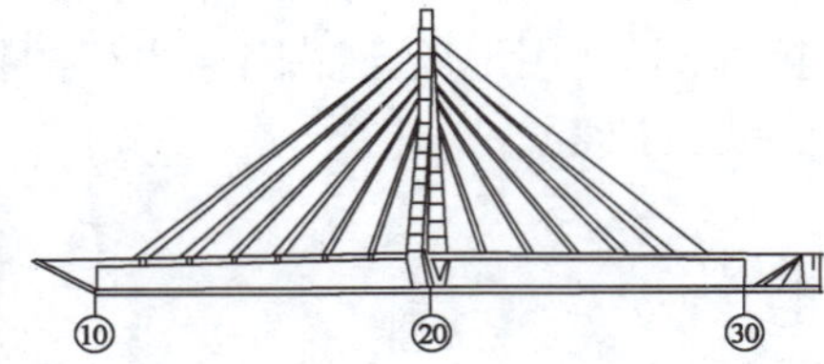

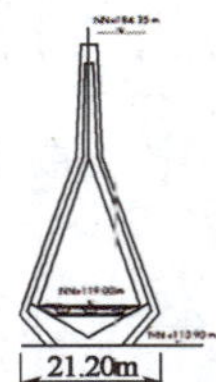

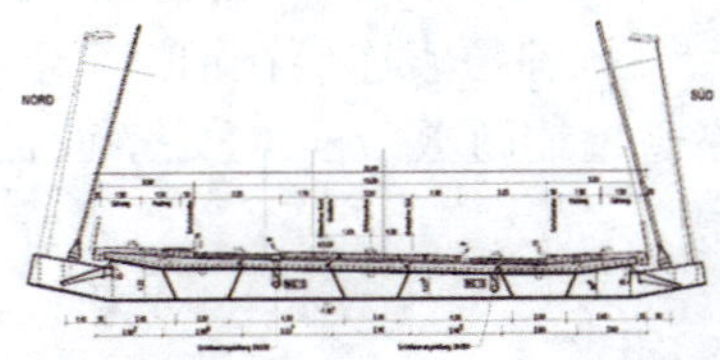

图 2.177　德国哈雷新柏林大桥，建于 2006 年，主跨 87m

德国柏林桥是一座跨铁路轨道的公路与有轨电车两用桥，钢塔柱高 73.5m，呈倒 Y 形，支撑在墩上，两跨均采用 6 对缆索来承担组合梁的荷载，大桥总长 171m，主跨分别为 87m 和 84m。

德国德累斯顿附近的易北河大桥，主跨 192m，A 形塔高 77m，如图 2.178 所示[2.111]，该桥总长 366m，桥面宽 9m。拉索锚固在混凝土塔的塔顶钢锚箱内。主桥跨径为 192m，其中易北河侧的跨径为 82.5m。主梁采用组合截面，边跨采用混凝土梁作为主跨的配重。这是第一座主跨由组合材料代替钢材料的组合桥梁。桥面以上的塔柱呈跳跃形式，边跨为固定式，主跨采用常规悬臂法施工。

第三座横跨奥里诺科河及其冲积平原的公铁两用桥，全长 11.1km，如图 2.179 所示[1.31]。这一跨径是为了适应高达 12m 的河流水位变化。主跨长 360m，是组合钢桁架桥梁，上层为四车道公路，下层为铁路。与众不同的是，针对这一特定的条件，用一个中心缆索面锚固在截面高度较大的主梁上，是一种最经济的解决方案。

图 2.178　德国易北河大桥，建于 2008 年，主跨 192m

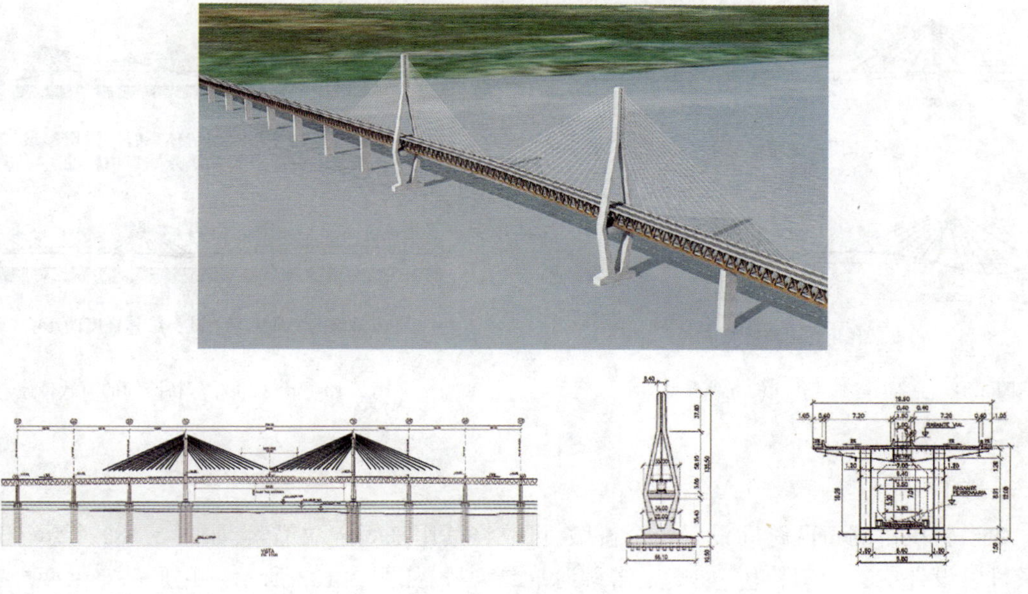

图 2.179　委内瑞拉第三奥里诺科河大桥，建于 2011 年，主跨 360m

2.5 特殊体系斜拉桥

2.5.1 斜拉桥体系

在设计 Millau 大桥时,法国工程师 Michel Virlogeux 详细了解了一系列斜拉桥的设计规定。本节将以他的出版物为依据进行说明[2.112]。

2.5.1.1 荷载传递

三跨斜拉桥荷载从主跨传递到桥墩,总是从前拉索通过主塔顶部传递到锚固在固定墩上的端锚索,如图 2.180a)、b)所示;主跨和边跨主梁产生压力作用,边跨桥墩产生拉力作用。边跨活荷载通过边跨拉索传递到塔顶,但此时塔顶荷载通过边索将压荷载传递到锚固墩,在边跨梁上产生拉荷载,在墩上产生压荷载,如图 2.180c)所示。

一些斜拉桥体系没有限制塔顶的端锚索。因此,主要问题是如何通过其他方法来确保塔顶在活载作用下挠度不至过大,如图 2.181 所示;第二个问题是如何使斜拉桥适应由于收缩、徐变和温度变化所引起的长度变化,同时使斜拉桥适应由于制动力和纵向风力所产生的主梁纵向力。

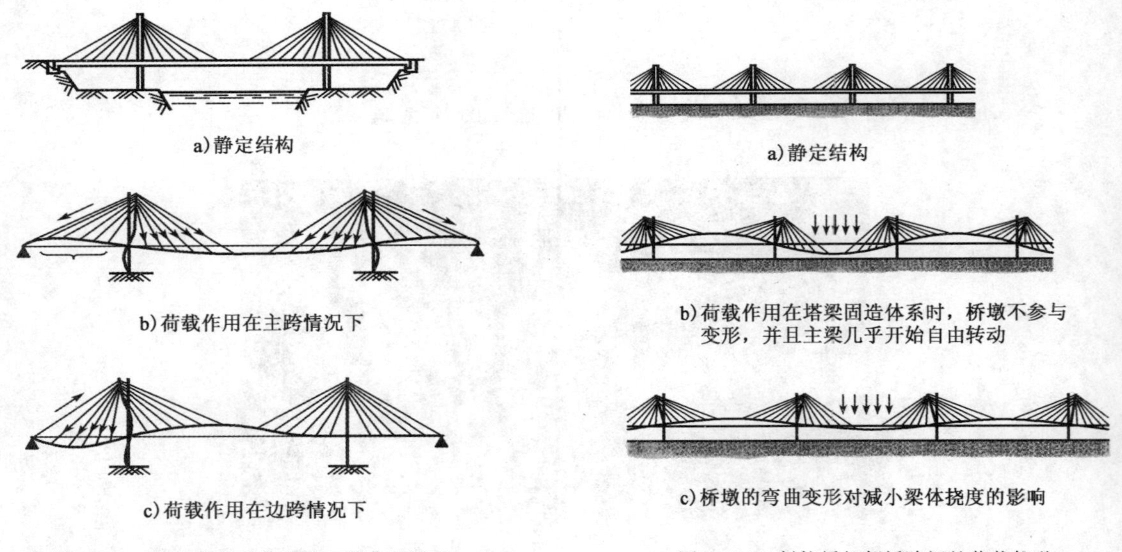
a)静定结构

b)荷载作用在主跨情况下

c)荷载作用在边跨情况下

图 2.180 斜拉桥荷载传递的三种典型图示

a)静定结构

b)荷载作用在塔梁固造体系时,桥墩不参与变形,并且主梁几乎开始自由转动

c)桥墩的弯曲变形对减小梁体挠度的影响

图 2.181 斜拉桥相邻桥跨间的荷载传递

2.5.1.2 中间墩

如果斜拉桥的每两跨间设置一个桥墩,可以将其用来固定端锚索,如图 2.182 所示。这种体系可以设计成三跨斜拉桥,如奥里诺科河第二大桥,如图 2.183 所示。它是一座由两个三跨斜拉桥组成的公铁两用桥,列车制动力由中间桥墩来承担,中间桥墩采用 A 形桥墩。

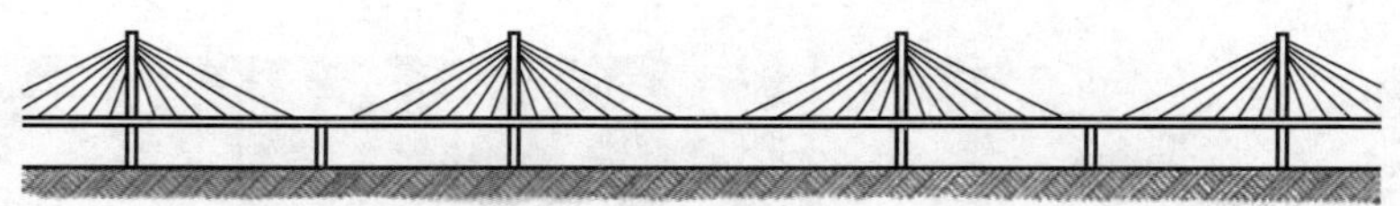

图 2.182　中间墩

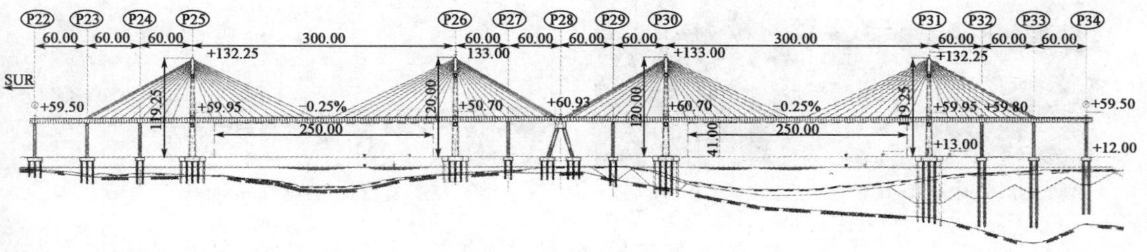

图 2.183　奥里诺科河第二大桥中间的 A 墩(尺寸单位:m)

2.5.1.3　刚性塔

如果中间墩的刚度不足,则主塔就需要有足够的刚度,很显然应选择 A 形结构。1968 年 Leonhardt 在设计横跨印度恒河的 Ala Habat 大桥时提出的方案如图 2.184 和图 2.185 所示。按照印度的惯例,该桥尺寸选用的原则是每一个塔柱应能较好地支撑在一个沉井基础上。

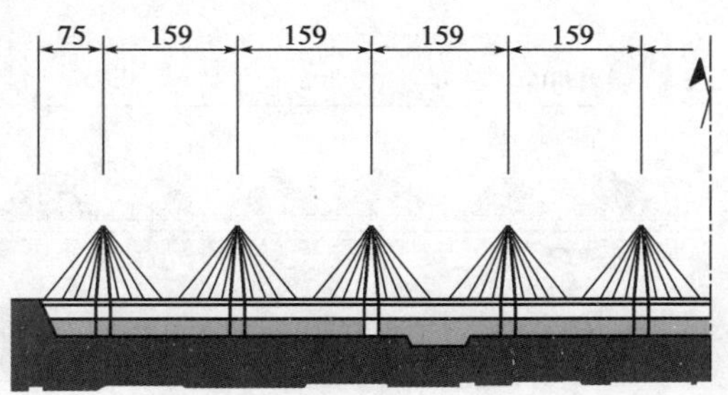

图 2.184　印度恒河 Ala Habat 桥(尺寸单位:m)

图 2.185　Ala Habat 桥素描图

2.5.1.4　索塔

图 2.186 显示了保持塔顶稳定的三种方式的示意图。塔顶通过一根水平缆索可直接连接到另一个塔顶,该缆索锚固在外侧桥墩上,如图 2.186b)所示。其缺点是缆索垂度随主塔间的距离成二次方比例增加,这将显著降低水平缆索的有效刚度。如果水平缆索承受较大的拉应力,则梁在全长范围内将承受压应力。这个方案应用在了普尔港桥(图 2.187)和瑞典 Munksjö 桥上(图 2.188)。

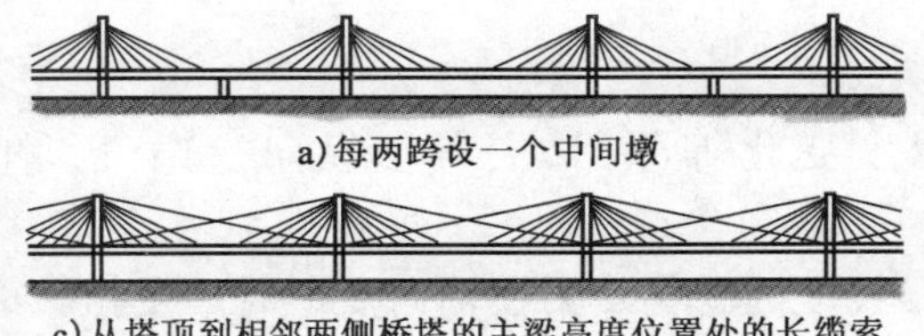

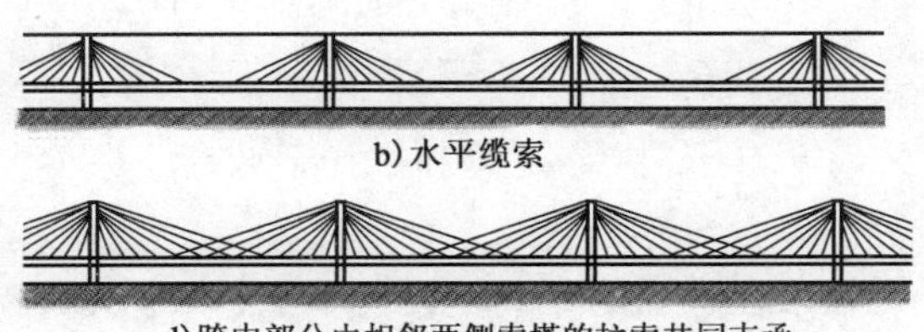

a)每两跨设一个中间墩

b)水平缆索

c)从塔顶到相邻两侧桥塔的主梁高度位置处的长缆索

d)跨中部分由相邻两侧索塔的拉索共同支承

图 2.186　刚性塔的几种形式

图2.187　普尔港桥(获1996年桥梁设计大赛一等奖)

图2.188　瑞典 Munksjö 桥

图2.186c)显示了主塔如何固定到左右两侧桥塔的主梁高度位置处,中国汀九桥就是一个实例(图2.189)。图2.190是印度巴特那桥,同其他三跨连续斜拉桥一样,其各边跨的长度是主跨的0.8倍。交叉连接各跨有助于增强主塔的刚度。但这种结构导致连接缆索变得过长,垂度减少使有效刚度降低。

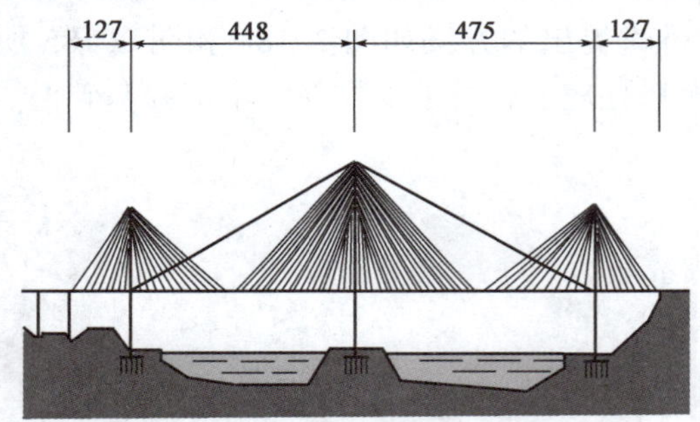

图2.189　中国香港汀九桥,建于1998年,主跨448m+475m(尺寸单位:m)

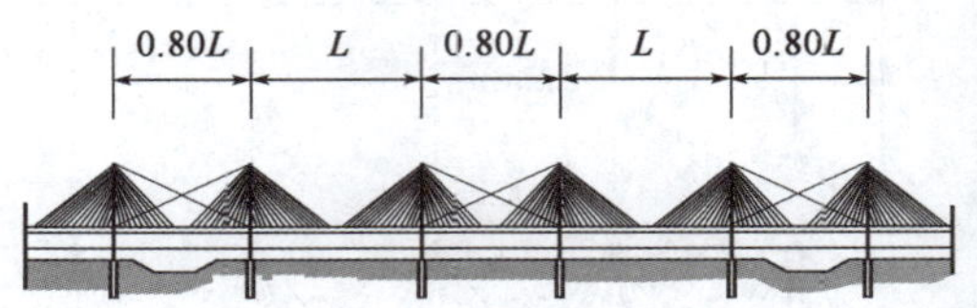

图2.190　横跨印度恒河的巴特那大桥,建于1971年

图2.186d)显示了通过主跨中心两侧拉索重叠的方法来提高刚度,一个实例是2011年设计的新苏格兰四桥(图2.191)。作用在主跨的活荷载在相邻跨中产生了压缩(卸载),如图2.192所示[2.113]。在缆索重叠区域,需要提高主梁的刚度。

2.5.1.5　框架结构

最后,通过梁和塔的连接可以实现结构体系整体连续,如图2.193和图2.194所示。为了满足刚度要求,无论是梁[图2.193a)]或塔[图2.193c)]都应被加强。例如中国台湾光复桥(图2.195)和墨西哥阿瑞纳斯高架桥(图2.196),都使用了该种体系。

2.5.1.6　纵向变形调节

对于超长主梁斜拉桥,由于收缩、徐变、温度变化等原因,应考虑纵向主梁变形的调节。

如果在适当的距离上设置节点,则可以调节梁长度的变化。梁在轴向变形时产生扭转的这一缺点在理论上可以避免,通过安装一些套筒节点即可吸收纵向滑动位移,但会传递弯矩和剪力,如图2.197所示。

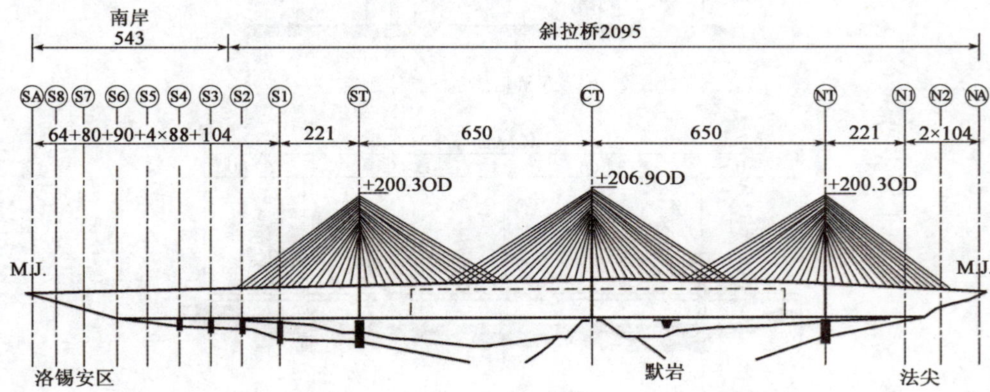

图 2.191 新苏格兰四桥(2011 年设计)(尺寸单位:m)

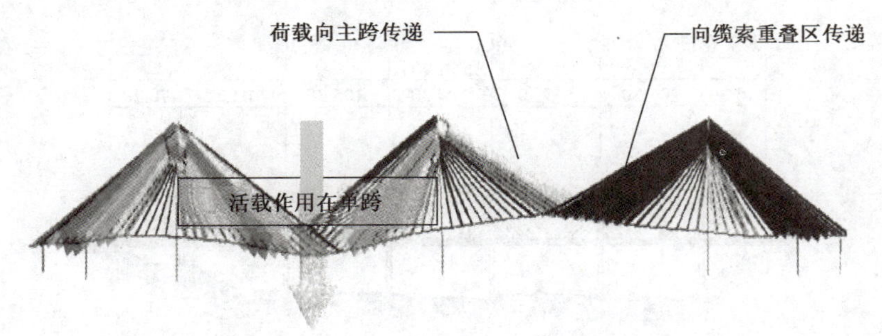

图 2.192 单跨活载下的索力

a)刚性桥面,墩和梁之间通过不同连接方式连接（刚性连接，一排或两排支座）

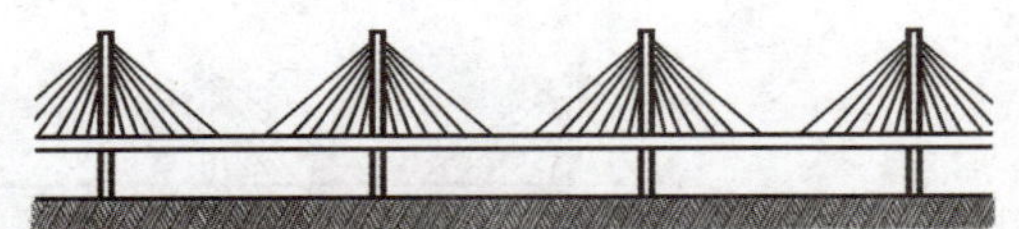

b)中间方案，刚度分布在墩梁和索塔之间

c)刚性索塔和柔性桥面，力矩在索塔和桥墩之间传递（刚性连接或两排支座）

图 2.193 梁和塔之间的刚度分布

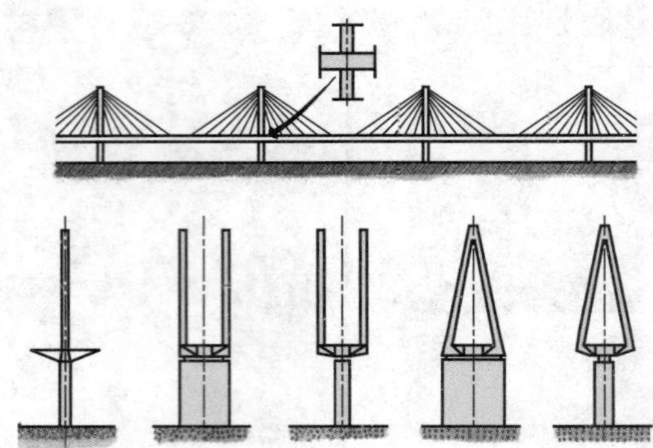

图 2.194　梁和塔体系的整体连接

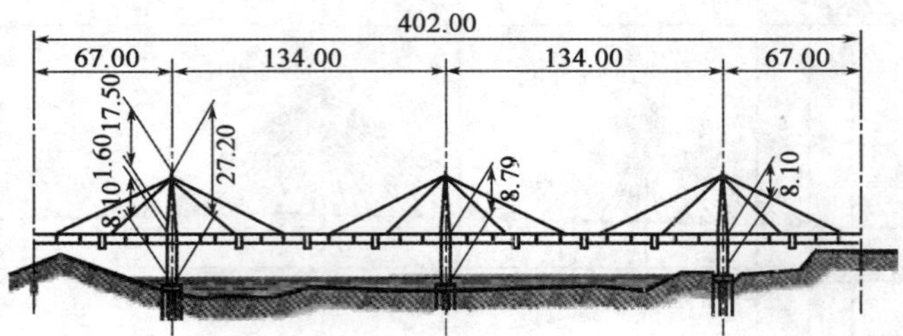

图 2.195　中国台湾光复桥,建于 1977 年(尺寸单位:m)

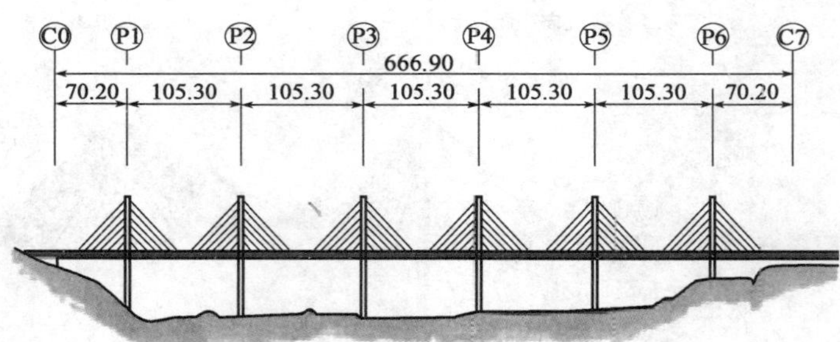

图 2.196　墨西哥阿瑞纳斯高架桥,1992 年(尺寸单位:m)

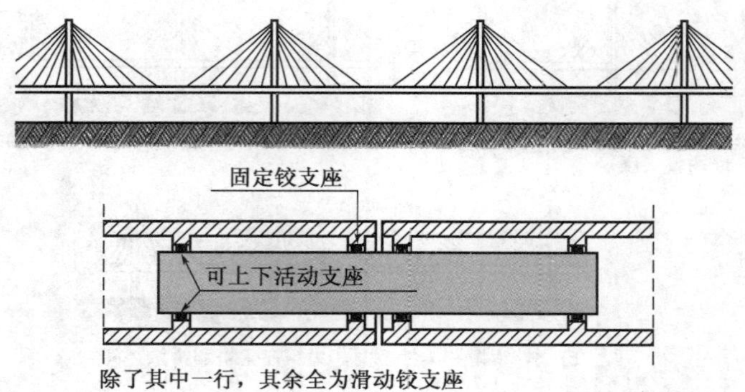

图 2.197　纵向移动节点的弯矩和剪力

从图 2.198 和图 2.199 可看出,通过将桥墩分成两部分,可使桥面下的主塔部分更有柔性,可水平运动,但是塔柱在力偶作用下会产生瞬间运动。这就是我们所熟知的悬臂施工的连续梁体系,不平衡荷载可以由墩柱上产生的力偶来平衡。

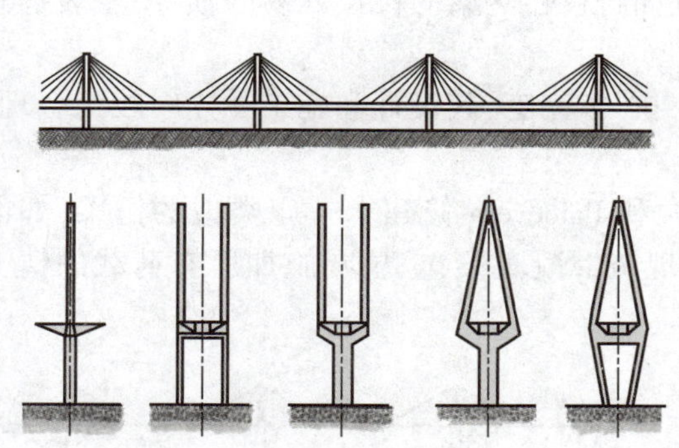

图 2.198 水平向柔性但弯矩刚性的塔

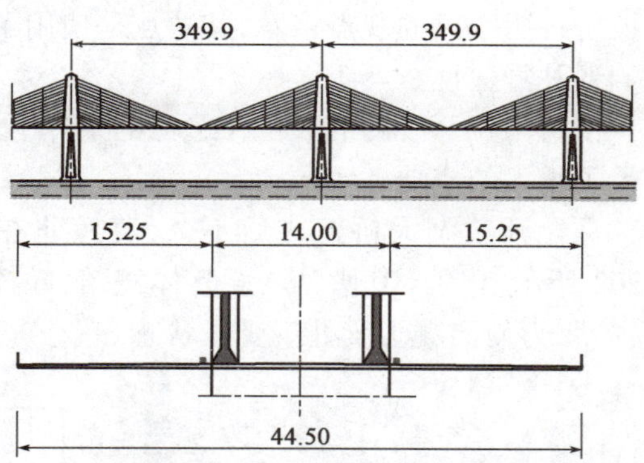

图 2.199 Finsterwalder 设计的 Great Belt 桥,建于 1967 年(尺寸单位:m)

2.5.1.7 实例

莫兰迪(图 2.125)设计了位于委内瑞拉横跨马拉开波湖的大桥,该桥是混凝土桥的代表,见图 2.200[2.114]。对于这座近 9km 长的大桥,具有挑战性的工作是需要采用 30 ~ 45m 的基础穿过厚厚的淤泥层,为了达到该目标,这一特大尺寸的大桥采用了特殊设备。

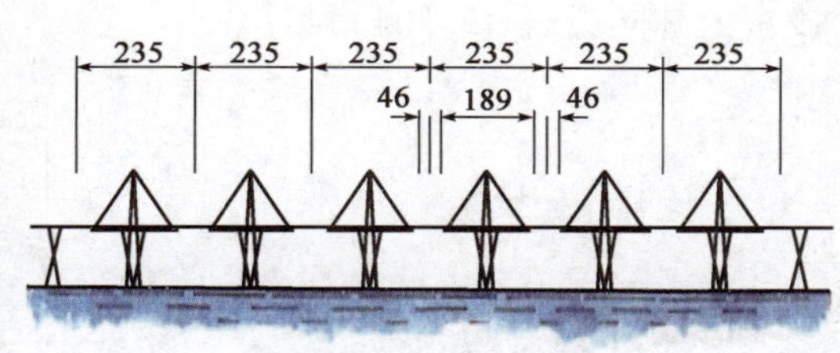

图 2.200 委内瑞拉刚性塔 V 形墩的马拉开波湖大桥,建于 1962 年,主跨 6 × 235m(尺寸单位:m)

每个塔采用了截面高 5m 且间距为 79m 的单对前索和后索支撑相邻的混凝土箱梁,如图 2.201所示。每个主跨中心用 15m 长的悬臂梁支撑 46m 长的落梁。A 形桥塔通过两个 V 形墩来支撑主塔附近的主梁,引桥采用 X 形墩。

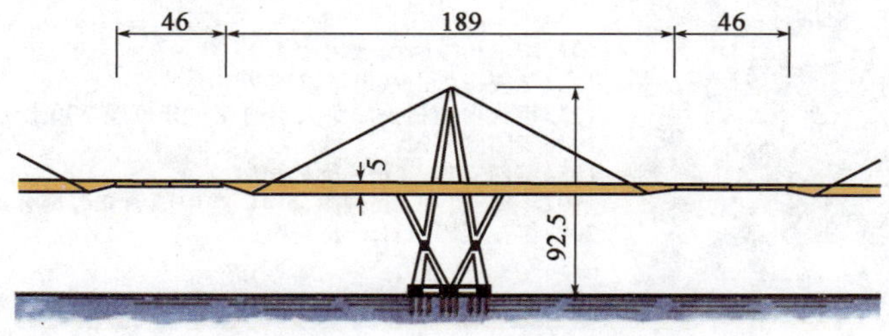

图 2.201 单跨桥(尺寸单位:m)

A 形桥塔在拉伸和压缩时,将偏心荷载直接传递到地基上。梁长的变化由落梁的节点来调节。

235m 的主梁通过两个桥墩支撑,因此该主梁需 V 形桥墩提供额外支撑。主梁工作时需要由混凝土桥墩和 V 形桥墩刚性支撑,因此更像刚性支撑连续梁,而不是现代的弹性多支撑斜拉桥。用今天的观点来看,其缺点是使用了大量的材料,落梁的铰接处易磨损、产生裂缝和影响驾驶舒适性。

横跨马拉开波湖的大桥在恶劣的条件下于 1962 年完工,其设计和施工在当时较为合理,取得了很大的成功。

马拉开波湖大桥建成后不久,莫兰迪在意大利 Polcevera 修建了一座类似的桥梁,如图 2.202 所示[2.115]。其墩、塔、梁整体浇筑,拉索被现浇混凝土梁包裹,在施加所有荷载的情况下,后张力使混凝土梁处于受压状态。

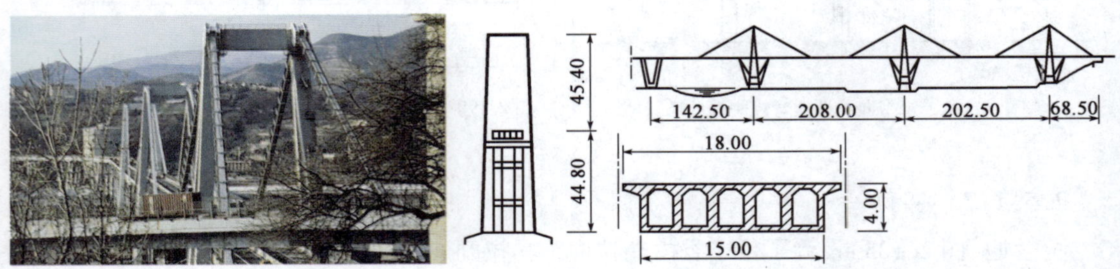

图 2.202　意大利 Polcevera 高架桥,建于 1964 年,主跨 208m + 203m(尺寸单位:m)

中国台湾光复桥(图 2.203)[2.116]是一座四跨预制混凝土梁斜拉桥。外侧两个钢塔由背索约束,中心塔的刚度相对较柔,由间距为 134m 的桥墩支撑。这是一个相对灵活的桥梁体系,该桥由林同炎(图 2.204)设计。

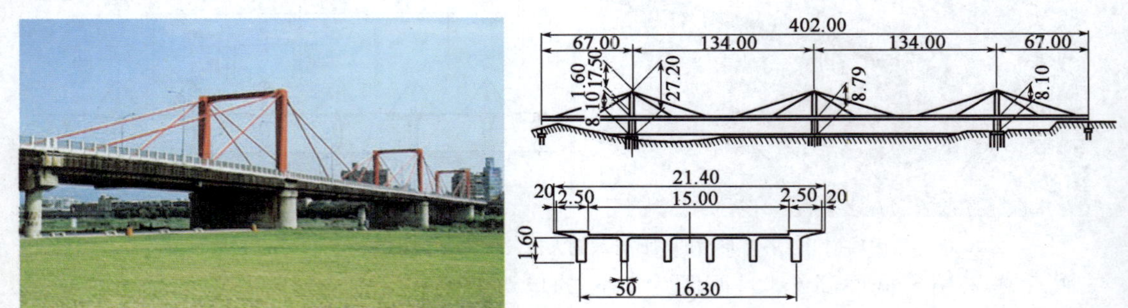

图 2.203　中国台湾光复桥,建于 1977 年,主跨 2 × 134m(尺寸单位:m)

1912年出生于中国福州
1931年获得唐山铁道学院理学学士学位
1933年获得加利福尼亚大学伯克利分校理学硕士学位
1946年回到美国
1954年创立T.Y.Lin国际公司
1992年离开T.Y.Lin国际公司，在中国创立咨询公司
2003年在美国El Cerrito去世

图 2.204　林同炎

西班牙的阿里纳斯高架桥是一座具有优美S形曲线的大桥，如图2.205所示。该斜拉桥为六塔五跨，每跨长105m，相对较小的跨径减小了主梁的挠度，刚性梁与主塔主要承担不对称的活荷载。梁和塔非整体浇筑，但是在每个轴上都有两个氯丁橡胶支座。这种漂浮体系可以适应由于氯丁橡胶和塔的剪切变形而引起梁长的变化。

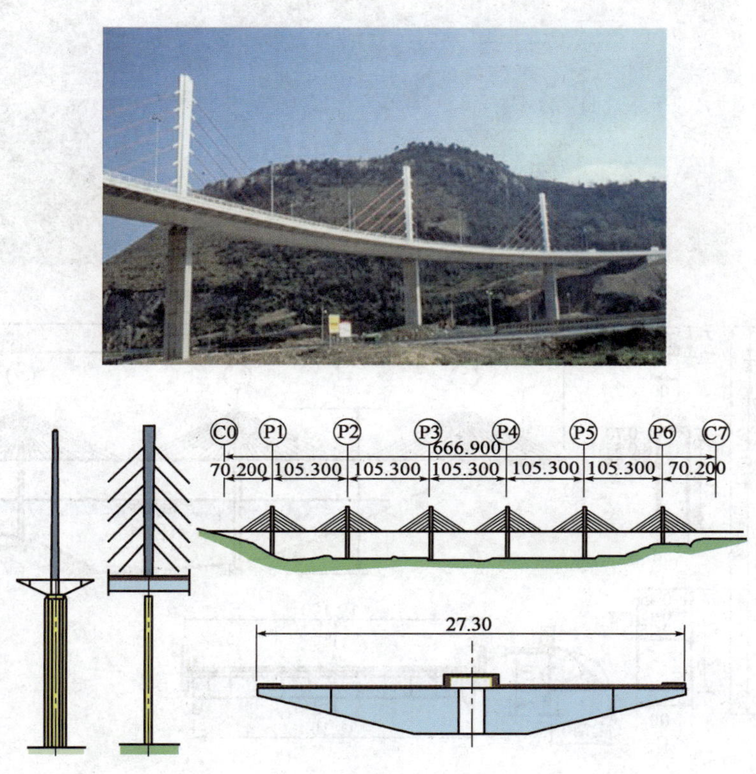

图2.205　西班牙阿里纳斯高架桥，建于1993年，主跨5×105m(尺寸单位：m)

墨西哥的梅斯卡拉桥(图2.206)[2.117]，三塔两跨，主跨长300m和311m。两侧的矮塔由背索来锚固。主塔的下部结构支撑上部塔柱间的复合梁。

中国澳门大桥有两个主跨，长度均为112m，如图2.207所示[2.118]。由于落梁位于两主跨中心处，因此各桥梁单元很像具有单前索和背索的独立斜拉桥。

中国香港汀九桥(图2.208)[2.119,2.120]两主跨分别为448m和475m，且两侧为矮塔，类似于梅斯卡拉桥。组合梁分布于主塔两侧。内侧主塔的顶部由斜拉索锚固在两个外侧主塔梁高度的位置。从图2.208可见，近500m长的加强拉索垂度较大。中心塔在横向上是稳定的，就像帆船的桅杆一样，如图2.2所示。该工程的负责人是Jörg Schlaich(图2.156)和鲁道夫·伯格曼(图2.157)。

瑞士Sunniberg桥(图2.209)[2.121]的设计理念是建造一座矮塔斜拉桥，即矮塔、细梁。该桥为四塔五跨，与景观和道路线形和谐。主跨2×140m的布置主要是为了适应山谷间的河流。

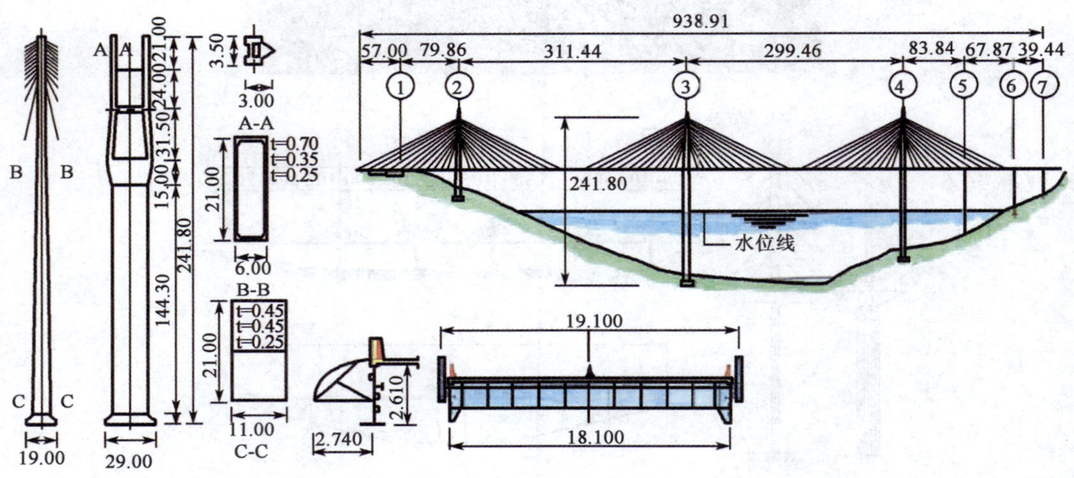

图 2.206　墨西哥梅斯卡拉桥，建于 1993 年，主跨 300m + 311m(尺寸单位：m)

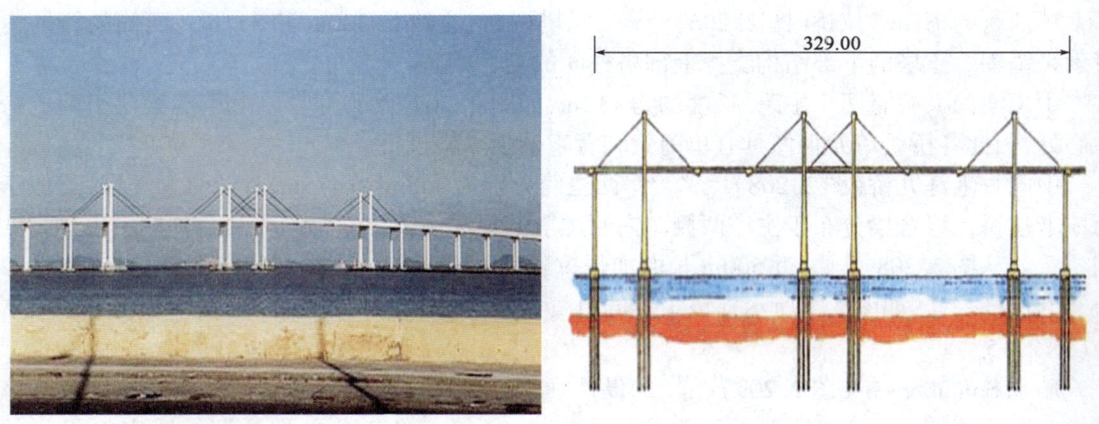

图 2.207　中国澳门大桥，建于 1994 年，主跨 2 × 112m(尺寸单位：m)

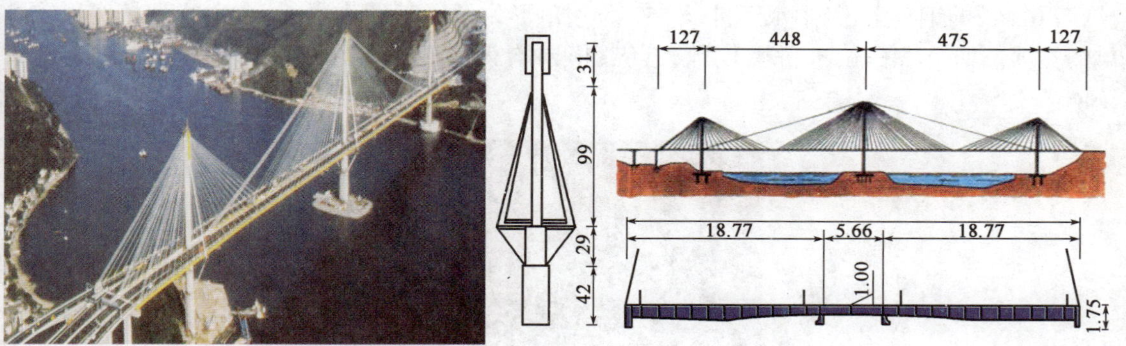

图 2.208　中国香港汀九桥，建于 1998 年，主跨 448m + 475m（尺寸单位：m）

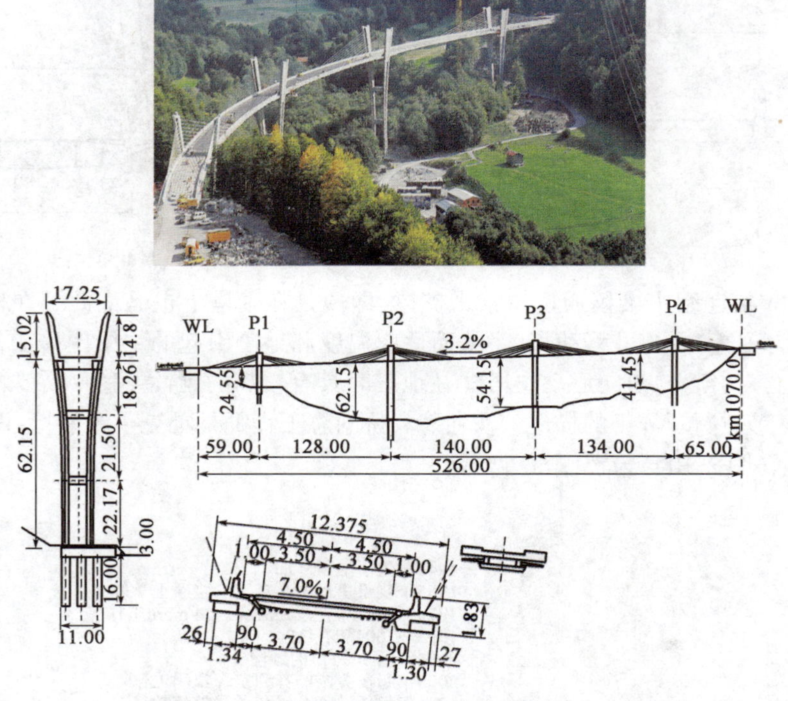

图 2.209　瑞士 Sunniberg 桥，建于 1998 年，主跨 140m

由于该桥的桥墩非常高，因此希望桥面上方的主塔建造得尽可能矮。最后选定的方案为跨径的十分之一与桥墩高度的四分之一相等。平行索无法承担主梁的变形，因此各跨活荷载不能由相邻跨承担，但是又需将活荷载直接传递给桥墩，所以梁和墩宜为一个整体。在全桥延伸方向上，需通过连续曲线梁来实现塔顶水平稳定。拉索间 10m 宽的主梁厚度为 40cm，边缘厚度为 80cm，拉索锚固在托臂上。考虑到悬臂梁弯矩的允许范围、缆索的尺寸及梁的稳定性，缆索锚固的纵向距离为 6m。Sunniberg 桥的主管工程师是克里斯蒂安·梅恩（图 2.135）。

位于希腊横跨科林斯的里翁—安提里翁大桥是一座具有混凝土主塔的三跨（每跨各 560m）组合斜拉桥，如图 2.210 所示[2.122]。设计面临的主要问题是巨大的地震灾害。塔身支撑在60m长的钢桩上,其中水下桩长55m。八角形的桥墩延伸到主梁,在主梁处扩宽以支撑梁的宽度。四个塔柱位于桥墩顶部,其纵、横向均为A形,墩顶的四个塔柱采用复合缆索锚固。

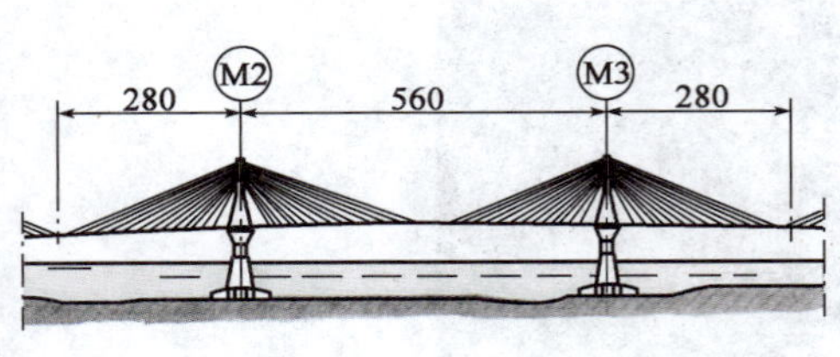

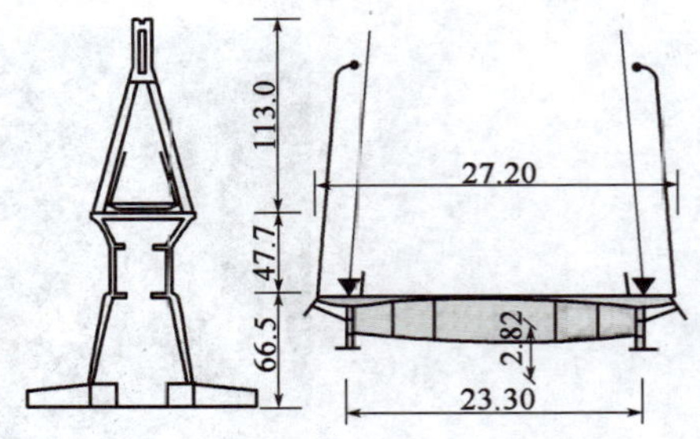

图2.210　希腊里翁—安提里翁大桥,建于2004年,主跨3×560m(尺寸单位:m)

全长2252m的连续主梁仅通过拉索来支撑,即便是在主塔上也是如此。在桥的两端将道路的接缝设置为±2.5m的可移动长度,从而适应温度和地震引起的主梁位移变化。塔内设置减震器来限制地震引起的横向运动。塔柱在地震时具有较高的延性。这一特殊的桥梁设计和施工在第6.6.2节进行了详细的描述。铁利翁大桥的总工程师是雅克·康伯特(图2.211)。米歇尔·沃勒哥斯(图2.100)为资深桥梁顾问。

1943出生于法国乌耶
1965年获得里昂中央理工学院硕士学位
1970—1993年在Campenon Be mard工作
1993—2001年在GTM工作
2001年起为GTM的顾问
2005年起在美国的芬利工程集团工作
1996年起任国家公路和桥梁学院教授
1997年修建布罗托讷桥
2004年修建大桥

图2.211　雅克·康伯特

法国米约大桥(图2.212[2.123])横跨Tarne大峡谷,作为多塔多跨斜拉桥,其外形方案于1996年获得通过,并融入了作为评委的工程师米歇尔·沃勒哥斯(图2.101)和建筑师诺曼·福斯特的建议。有两种可供选择的方案,一种是采用后张法预应力混凝土梁,另一种是采用正交异性钢桥面板。这两种方案看起来类似,都符合当地的地形和350m深谷的高风速的要求。该桥的活荷载由箱梁和A形塔顶端的斜拉索来分配,并以力偶的形式再传到墩顶。由于桥墩上部采用分离式，因此其能够适应梁的纵向变形。值得一提的是，桥梁优雅的外观，使所有元素都浑然成为一体。简洁的外形显示出力的传递途径。最后，选用了钢主梁的方案，其满足主梁采用顶推法施工的要求。

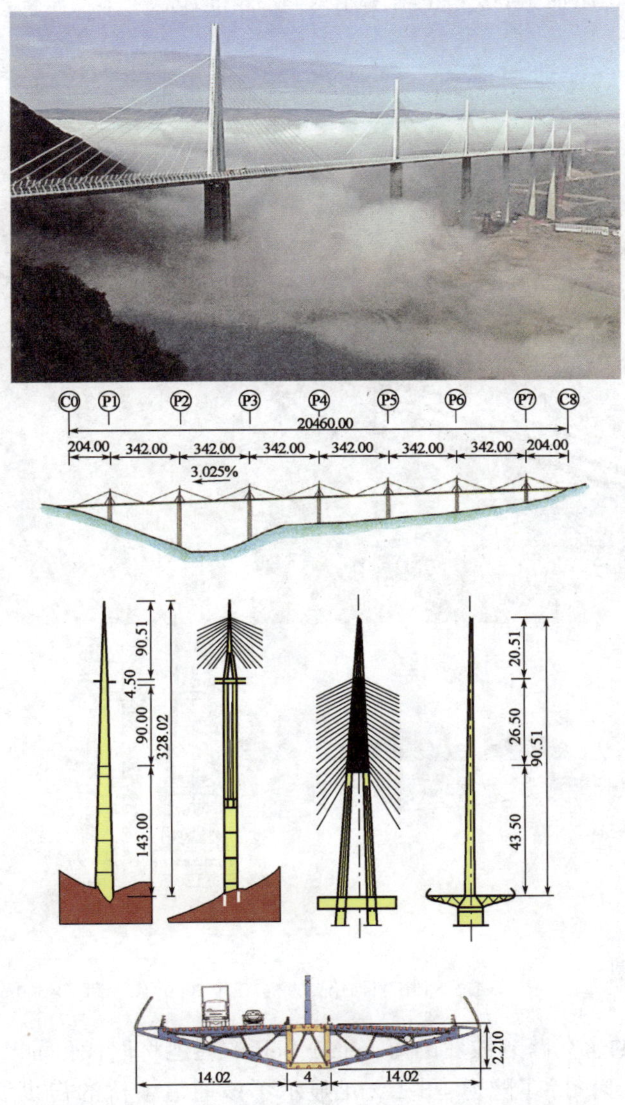

图 2.212 法国米约大桥，建于 2004 年，主跨 6×342m（尺寸单位：m）

该桥主梁采用正交异性桥面板，截面为梯形，全长 2460m，狭窄的底部使其近似呈三角状，截面高 4.5m，长细比为 76:1。桥面以上主塔采用纵向 A 形，塔高 90m，目的是满足刚度要求，同时也是为了保证光的可透性。基于美观的要求，采用中心单索面布置，使缆索形状在视觉上不相交。主梁下的桥墩高达 270m，必须能承受较高的横向风荷载，但也必须具有足够的柔性来适应由温度变化引起的梁长变化。考虑到审美因素，所有的桥墩都设计为相同的形状。这座著名桥梁的设计和施工在第 6.6.1 节中会详细讲解。

委内瑞拉圭亚那城的奥利诺科河第二大桥为公铁两用桥，总长度为3600m[2.124]。它由两个三跨斜拉桥组合而成，其中斜拉桥主跨为300m，如图2.213所示。一般在三跨斜拉桥中，中间主跨不设置桥墩，从而减少流体的阻力作用。为了承担铁路纵向制动载荷，桥墩在纵向采用A形墩。由于穿过冲积淤泥，桥墩和主塔采用大直径钻孔桩。

图2.213　委内瑞拉奥利诺科河第二大桥，建于2006年，主跨2×300m

一条长17.6km的永久跨越波罗的海Femer Belt的通道将取代目前连接德国Femarn岛和丹麦Rødby之间的船渡。除了隧道，图2.214显示了该通道中桥的初步设计。其中主桥部分包含三个跨径均为724m的主梁。在各个方向上，两个边跨均可满足船舶的航行要求，主跨则可将两个边跨航道安全地分开。斜拉桥总长为2414m。主梁采用桁架式的横断面，上部为公路，下部为双线铁路，主梁在塔的纵向中间位置处固结。

2.5.2　斜撑梁

一些桥梁的主梁在跨中由下部和上部的斜撑来支撑，从而增加结构的长度和抗弯能力，但该方式的抗弯承载能力不如梁高较大的连续梁承载能力强。

图 2.214 德国和丹麦之间的 Femer 大桥,建于 1999 年,主跨 3×724m

2.5.2.1 下侧斜拉支撑

为了增加结构的长度,下侧支撑梁(在主梁下侧支撑)已经应用了很长时间,例如房屋的屋顶结构。而对于桥梁,它们仅仅被用于个别的大跨径桥梁,以满足边跨主梁截面高度尽可能小的要求,为桥梁营造整体轻薄的外观。这种支撑可以减小恒载作用下主梁的弯矩,但由于其较小的附加刚度,活载作用下弯矩的减小并不明显。

位于威廷根附近的内卡河桥,采用五跨的布置形式,跨径为 234m + 134m + 134m + 134m + 264m,距地面可达 124m,见图 2.215[2.126]。由于恶劣的地质条件,边坡会随时间发生滑坡,难以在此上建立基础。因此需要较长的边跨,跨中由下方穿越的拉索支撑的立柱来支撑。由于边跨在永久荷载下产生的效应会减半,因此桥梁全跨采用 6m 等截面高度的梁是可行的。

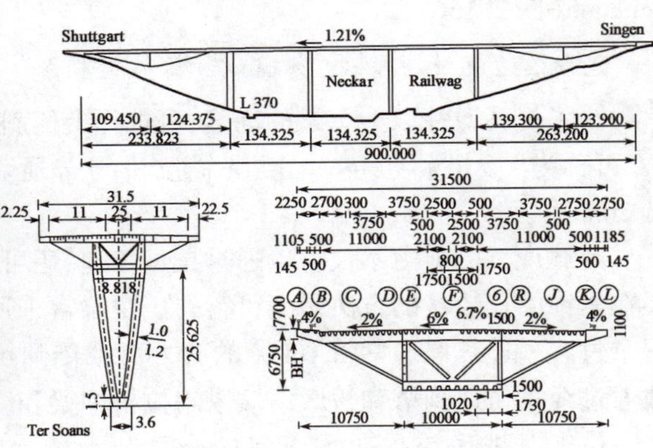

图 2.215 德国 Weitingen 内卡河桥,建于 1978 年,主跨 234m + 134m + 134m + 134m + 264m(尺寸单位:m)

斜撑支撑在悬臂箱梁中部,宽度为 31.5m 的路面通过斜坡底部的双支墩和中跨的两单墩支撑。这些内部的桥墩像摆墩一样,可承担竖向荷载,桥梁的桥墩和桥台承担风荷载。在中间墩和辅助墩之间的主梁采用自由悬臂法施工。

德国 Obere Argen 峡谷桥的钢梁为了克服 344m 长度边坡的变形,采用了上部和下部斜撑共同支撑的方式,如图 2.216 所示[2.127]。梁通过斜索和 6 个距离为 43m 的支柱来支撑。

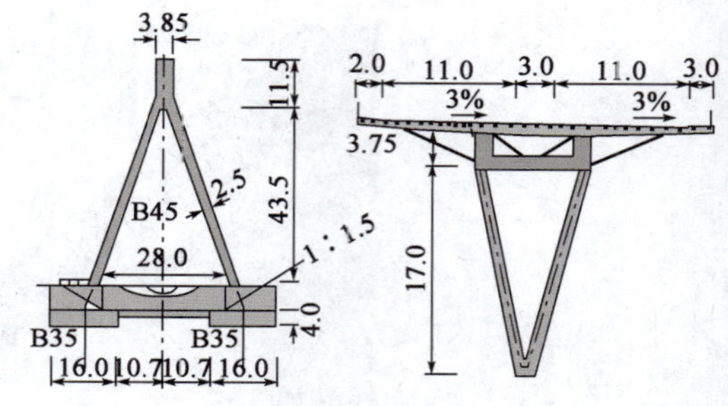

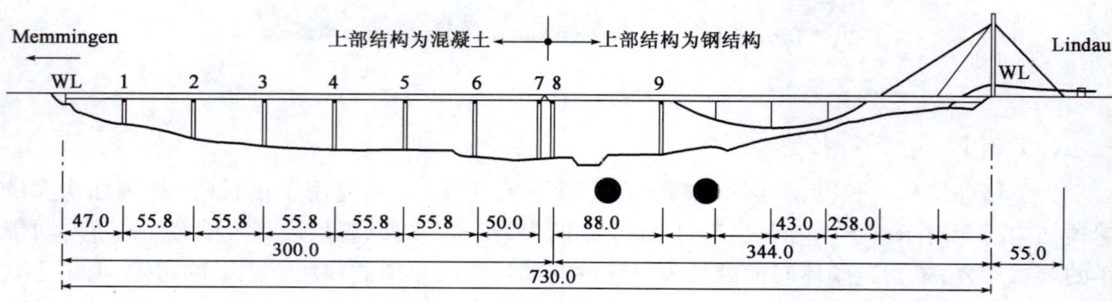

图 2.216 德国 Obere Argen 峡谷桥，建于 1990 年，主跨 344m（尺寸单位：m）

该桥横截面采用宽 9.4m、高 3.7m 的单箱单室结构，由斜撑悬臂支撑。梁下方的 3 个立柱由 6 个直径 126mm 呈抛物线形的缆索支撑。梁的水平曲率会导致立柱在水平方向上发生偏离。在纵向设计了两个 V 形的摆墩，是为了传递竖向荷载。负责该项目的工程师为 Jörg Schlaich（图 2.156）。

2.5.2.2 上侧斜拉支撑（矮塔斜拉桥）

为了提高墩柱以上主梁的高度，可选择上侧斜拉支撑体系。如果安装拉索的斜拉桥塔较矮，可称为“矮塔斜拉桥”。矮塔斜拉桥与普通斜拉桥的区别在于，其塔高比普通斜拉桥低 20%。

活载产生的剪力不仅可以通过拉索传递，还可从梁传递到墩。如第 4.1.3 节中阐述的主梁在索锚固点铰接的方法是不可行的。主梁常采用腋梁，使从主跨荷载到桥墩的剪力传递有一个过渡。连续梁通常将 100% 的剪力荷载传到桥墩上，而细长梁的斜拉桥将几乎所有的荷载通过缆索传递到塔和桥墩。矮塔斜拉桥中梁和缆索各传递 50% 的荷载[2.128]。

位于温哥华跨越弗雷泽河的金耳朵大桥为三跨斜拉桥，每跨长 242m，如图 2.217 所示[2.129]。968m 长的组合梁包括一个简单的钢梁和其上的质量较小的混凝土盖板，以使在非常差的地质条件下，地基尽可能地减少承担的荷载。桥的梁与墩相连，使桥看起来像一个连续的框架，固定点在桥梁的中心。在水平方向，梁下的塔被分隔成柔性的两部分，以适应梁的水平移动，但桥面以上的主塔是刚性的。斜拉索布置成竖琴形，这样使桥面以上的主塔低而又有柔性。梁高从跨中的 3.07m 增加到墩处的 4.87m。梁和索之间的剪力传递是分开的。

匈牙利塞格德附近的蒂萨河大桥，跨径为 95m + 180m + 95m，如图 2.218 所示。主墩上的主梁为顶板和底板采用混凝土材料而腹板采用钢材料的组合截面。短斜拉索增强了主梁的承载能力。

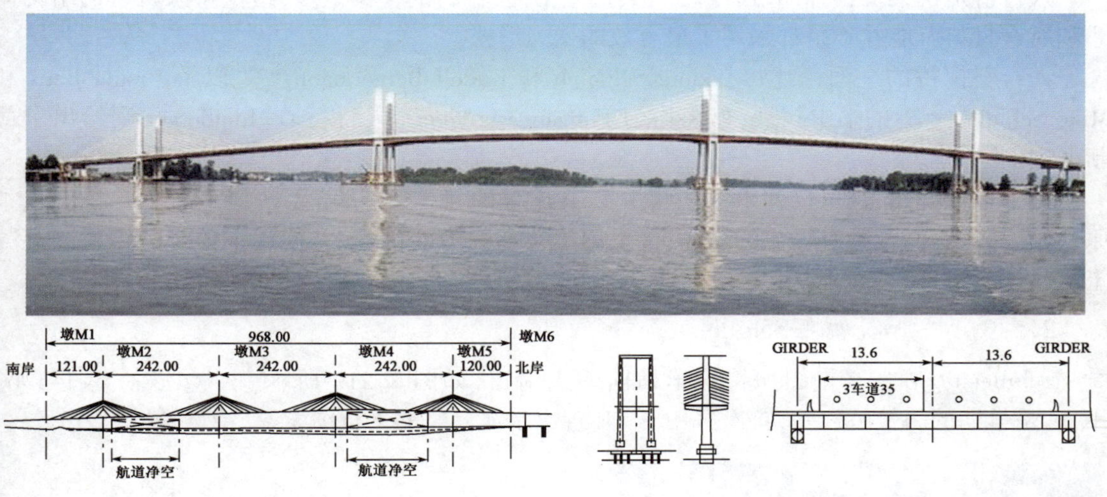

图 2.217 加拿大温哥华金耳朵大桥，建于 2009 年，主跨 3 ×242m(尺寸单位：m)

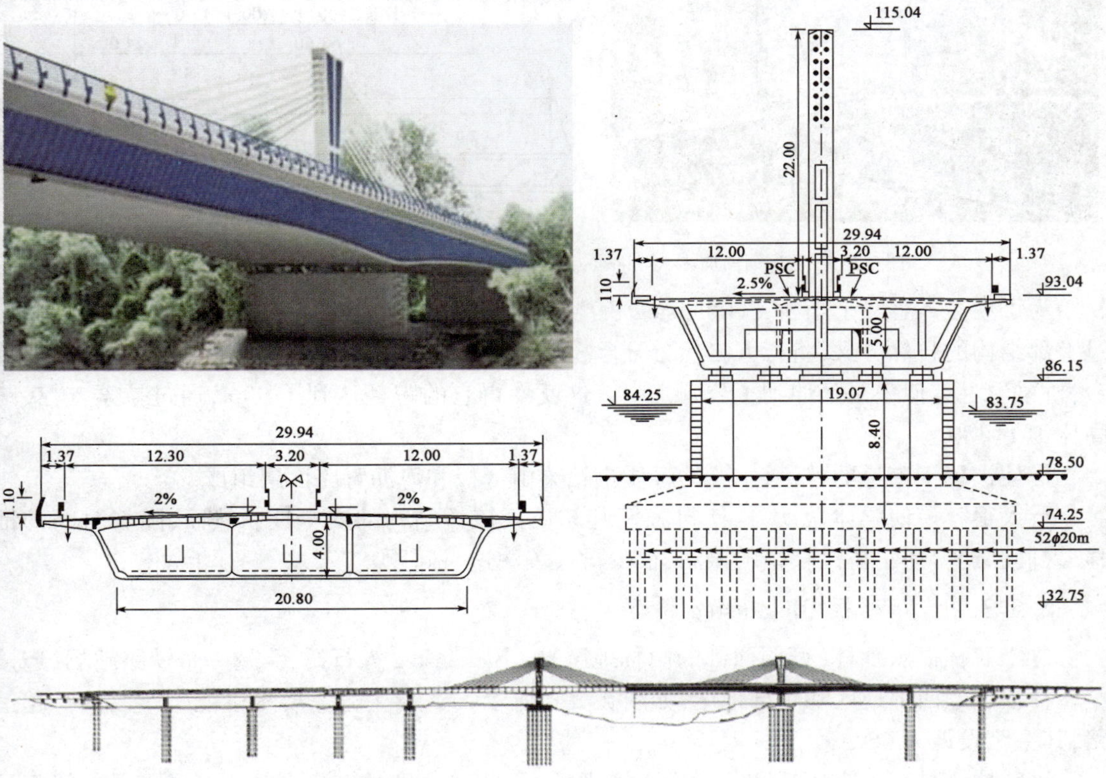

图 2.218 匈牙利塞格德附近的蒂萨河大桥，建于 2010 年，主跨 180m(尺寸单位：m)

2.5.3 人行斜拉桥

人行桥是桥梁工程师的“游乐场”,其造型多样,材料的种类繁多,这使得人行桥的结构体系和所有材料可能并不是都采用了最有效的受力形式。

人行斜拉桥的全面论述可在 Jörg Schlaich 和 Rudolf Bergermann[2.130]以及 Ursula Baus 和 Mike Schlaich[2.131]的书中找到,书名均为 Fußgängerbrücken(人行桥)。Idelberger 则给出了最新的实例[2.131a]。

为了进行说明,这里仅列出了一些由 LAP 设计的斜拉桥,讲解了一些人行斜拉桥的基本原理,尤其是它们既具有轻盈的结构,又采用了合理的力的传递,并使用了传统的钢材和混凝土材料这一特点。

2.5.3.1 斯图加特 Schillersteg 桥

Schillersteg 桥跨越斯图加特火车站前的主街道,如图 2.219 所示[2.132]。该桥建于 1960 年,它是早期的斜拉桥之一,首次采用了 PE 管道水泥灌浆的平行缆索,其特点是轻盈。

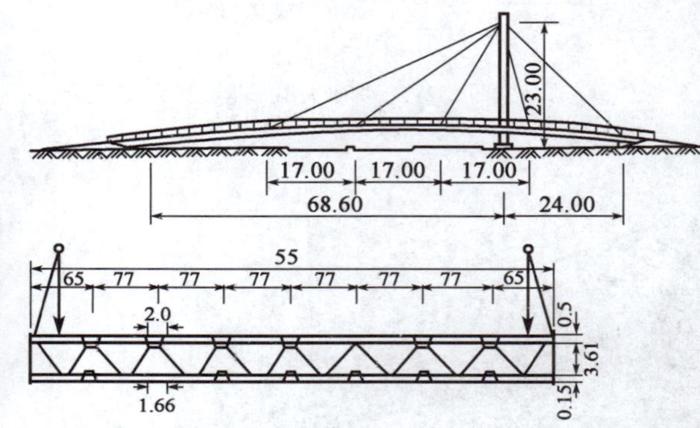

图 2.219 德国斯图加特 Schillersteg 桥,建于 1960 年,主跨 90m(尺寸单位:m)

为了使行人容易上下桥,Schillersteg 桥离地面的高程尽可能低。该桥连接了两个公园,通过上部结构的自然分叉,将行人自然分开。桥梁越过了两边的街道,目的是为了避免过大的桥台,桥梁看上去似乎是延伸到了公园之中。这就使得它的跨径达到了 90m,通过拉索支撑,跨高比为 1∶180。

塔柱被置于街道的外侧,主梁的轻质钢箱梁由薄板和薄沥青路面层组成。

行人很容易使梁体振动,这使得人们起初质疑该桥结构的安全性。然而,随着时间的推移,人们已经习惯了桥梁轻微的振动,很少再去关注这一问题。

2.5.3.2 菲林根 Bickensteg 桥

位于菲林根黑森林(德国西部的山林地区)的 Bickensteg 人行桥,跨越一个铁路站场,连接了菲林根市的西部地区和东部地区,如图 2.220 所示[2.133]。主梁需要尽可能轻薄以便跨越道路,其主跨设计为 66.5m。

该斜拉桥具有一个塔柱和一个中心缆索面。对于 5m 宽的实心混凝土梁,0.6m 的梁高足以提供必要的扭转刚度。由辅助墩支撑的 5 片长达 14.1m 的预制轻质混凝土板跨越该区域的铁路站场，其接缝用普通混凝土连接。为进一步减少自重，主梁内部设置了预留圆柱孔。边跨则采用没有预留孔的普通混凝土浇筑，目的是为主跨配重。

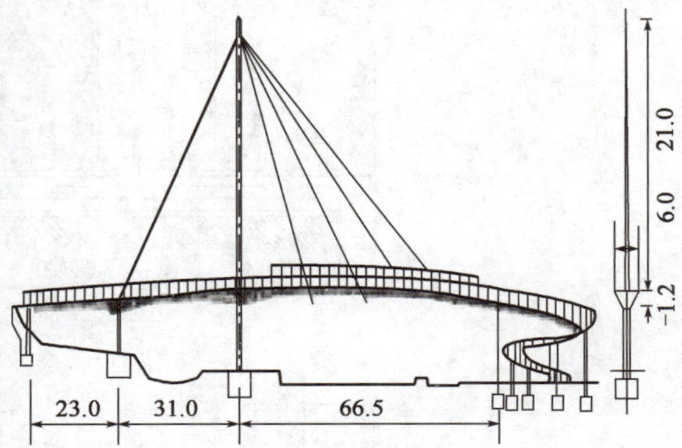

图2.220 德国 Bickensteg Villingen 桥，建于1972年，主跨66.5m(尺寸单位：m)

该桥采用塔柱固定，用混凝土铰接主梁和桥墩。在墩锚固处，主梁用钢筋束固定在地基上。钢塔嵌入主梁内，采用 HiAm 锚固的平行钢丝拉索。

2.5.3.3 曼海姆 Neckarcenter 桥

位于曼海姆的 Neckarcenter 桥由两个外索面支撑混凝土主梁，如图 2.221 所示[2.134]。斜拉索在钢塔顶部分别锚固。

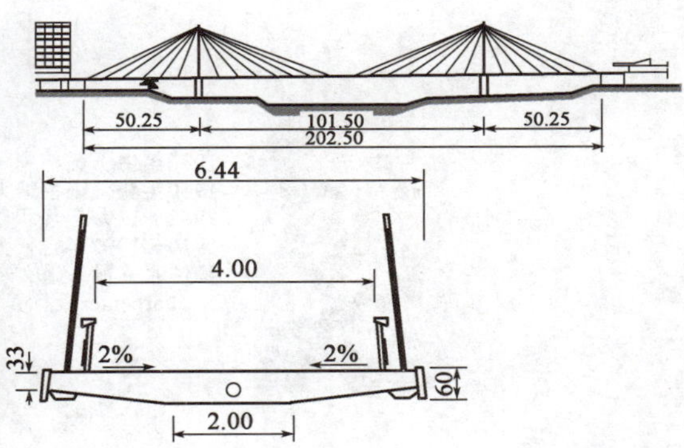

图2.221 德国曼海姆 Neckarcenter 桥，建于1974年，主跨139.5m(尺寸单位：m)

梁上缆索的锚固间距为9～10m，因此梯形截面主梁厚度仅需0.6m。在塔处，主梁截面有横向和纵向的腋梁，因此其高度达1.2m。虽然主梁固定在两个塔墩上，但可以产生转动，其伸缩缝置于桥的中心位置，如图2.222所示。此接缝允许主梁由于收缩、徐变和温度变化产生纵向运动和转动，它可以传递剪力和扭矩，如图2.223所示。

两个钢塔锚固在混凝土主梁内。其横截面在纵向上从底部的1.0m增加到塔顶的1.4m，以适应平行拉索的锚固要求。该桥的主管工程师是威廉·泽尔纳(图2.224)。

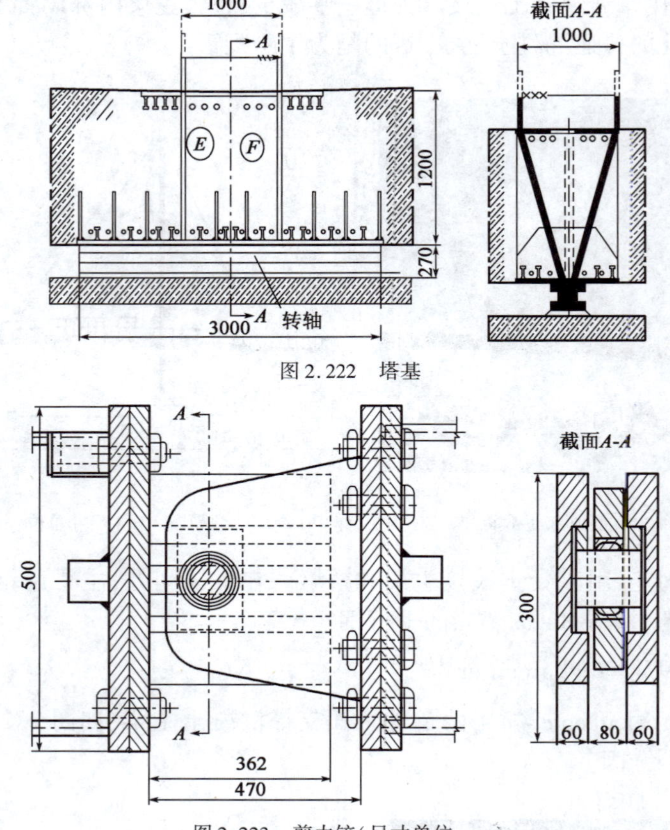

图 2.222　塔基

图 2.223　剪力铰(尺寸单位:mm)

1932年生于奥地利
1960年获得维也纳大学硕士学位
1962—1997年任职于LAP
1970—1997年合伙人/执行董事
参建菲林根—施文宁根人行天桥、曼海姆
Neckarcenter人行天桥、帕斯科-肯纳威克桥、东亨廷顿大桥

图 2.224　威廉·泽尔纳

2.5.3.4　普福尔茨海姆人行桥

普福尔茨海姆人行桥的特点是主塔和主梁末端有两个立式的扭折,以满足行人散步的需求,其穿越繁忙的城市干道,为去市政厅提供了便利的通道,总长达 72.4m,如图 2.225 所示。上部截面为槽形混凝土结构。平行钢丝斜拉索锚固在钢塔上。PE 管在出厂时填充有弹性的防腐保护措施,以方便缆索运输。防腐填料包括木屑和沥青混合料。

主塔被固定在主梁内,并延伸到地面,与桥形成固定结构,阶梯则位于桥的两端。

2.5.3.5　拉芬斯堡人行桥

拉芬斯堡附近有两座人行天桥,一座采用斜拉桥结构,如图 2.226a)所示,一座由弯曲的钢管桁架与混凝土板构成,如图 2.226b)所示。斜拉桥与敞开式隧道桁架相连,钢构件采用相同的鲜红色使其形成了视觉上的连续,如图 2.226a)所示。

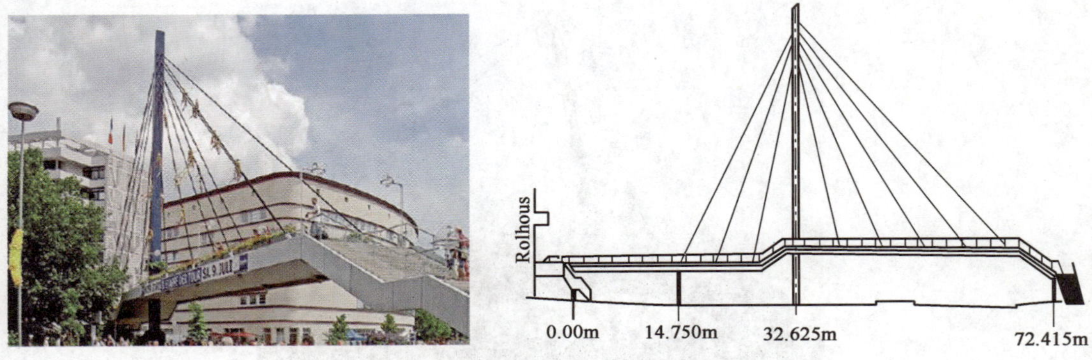

图 2.225　德国普福尔茨海姆人行天桥,建于 1987 年

a) 建于1995年的斜拉桥

b) 弯曲的人行天桥

图 2.226　德国拉芬斯堡人行桥

2.5.3.6　Kehl-Straßburg 人行桥

在准备 2004 年跨境“两岸花园”园艺展览时,德国和法国之间进行了莱茵河上供行人和

自行车通行的桥梁竞标。法国建筑师马克·米姆拉姆和 LAD 提出的轻巧斜拉桥方案赢得了竞标，如图 2.227 和图 2.228 所示[2.135]。

图 2.227 Kehl-Straßburg 人行桥，建于 2004 年，主跨 183m

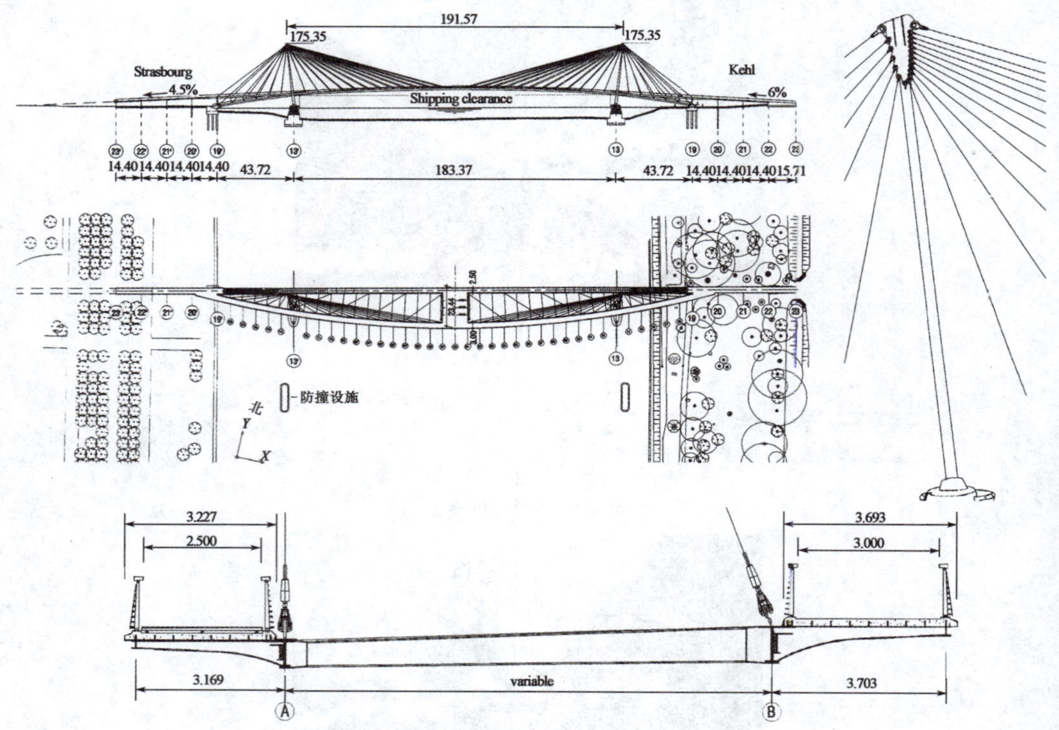

图 2.228 Kehl-Straßburg 人行桥（尺寸单位：m）

斜拉桥主跨长 183m，两侧为引桥。组合梁分为上下两部分，通过横梁和组合梁连接。下梁与河边的两条人行步道相连，如图 2.228 所示，平面直线和竖向曲线的坡度高达 18%。上梁平面弯曲，与堤坝两侧相连，在高水位时也可满足使用要求。在桥中心，上下梁间的距离达到最大，它们在此处与一个 300m^{2}的平台相连通，可供人们驻足瞭望莱茵河。

为了使这座极其轻巧的桥梁可抵抗风荷载引起的振动，设计了一种特殊的解决方案——利用横向作用补偿器，可调整反向振动而减轻风振，如图 2.229 所示。

图 2.229　振动补偿器

特殊的混凝土桥墩结构设计可保护桥墩，抵抗船舶碰撞，建在直径 1.2m 的桩基础上，如图 4.159 和图 4.160 所示。

2.5.3.7　魏尔德斯塔特人行天桥

供行人和自行车使用的斜拉桥横跨魏尔德尔斯塔特公路，如图 2.230 所示[2.136]。其具有细长的 39m 长混凝土板和一个只有 25m 高的桥台。

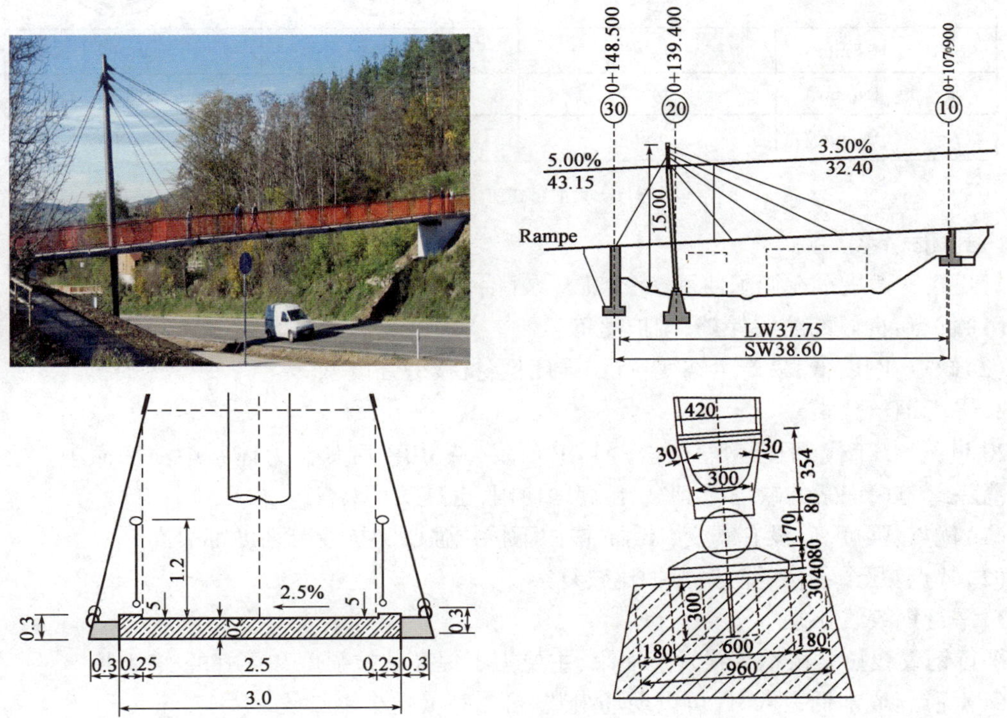

图 2.230　德国魏尔德尔斯塔特人行桥，建于 2006 年(尺寸单位：m)

为了快速施工，将塔柱的材料选为钢材。雪茄形钢管的底部直径为 40cm，中部为 65cm，以防止屈曲，确保施工安全。考虑到安装过程中塔的底部旋转和缆索应力，将塔置于铸钢球体之上。

精致的桥梁外形保证了峡谷的原始景观不被破坏，尽管对于斜拉桥来说其跨径较小，但这仍是最优的结构类型。

第3章 斜 拉 索

3.1 概述

如今使用的拉索体系如图 3.1 所示。

特 性	现代封闭线圈拉索 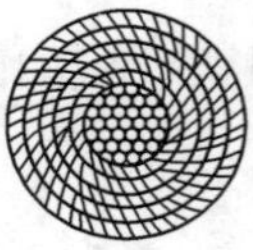	平行钢丝拉索 	平行钢绞线拉索 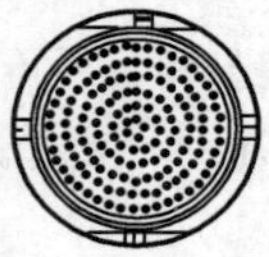
$E\times10^{-6}$ (N/mm²)	0.170	0.205	0.195
f_u (N/mm²)	1470	1670	1870
$\Delta\sigma$ (N/mm²)	150	200	200

图 3.1 目前正在使用的斜拉索体系

1)封闭式钢索

封闭式钢索最早在德国使用,完全工厂装配,几何尺寸允许现场施工。

(1)优点:良好的防腐保护,维护简单。

(2)缺点:刚度低,易产生蠕变;抗拉强度低;抗疲劳强度低。

2)平行钢丝拉索

20 世纪 60 年代,平行钢丝拉索由 LAP 研发,从 BBR 后张拉力体系中演变而来。主要是为了消除封闭式钢索的缺陷,几乎只在德国使用,也是工厂装配。

(1)优点:强度高,没有蠕变,HiAm 锚固下抗拉强度和抗疲劳强度都很高。

(2)缺点:几个部件的防腐保护比较复杂。

3)平行钢绞线拉索

平行钢绞线拉索由钢绞线发展而来,主要为了提高抗拉强度和更好的实用性。

(1)优点:成本低,零部件可以现场组装,可以替换单个钢绞线。

(2)缺点:刚度会减少。

这三种拉索体系都在不断地发展。而拉索最新的发展是人造合成材料,如玻璃纤维,尤其是碳纤维,仍然在不断地发展中。

(1)优点:对腐蚀不敏感。

(2)缺点:价格比较昂贵,纤维的锚固很困难。

此外,还有平行的钢筋体系,从 DSI 应力筋发展演变而来,现在已经几乎不再使用。

3.2　封闭式钢索

3.2.1　体系

德国早期斜拉索体系都使用封闭式钢索体系。它最开始主要用于提升大型起重设备，如采矿使用的风能机的提升。

封闭式钢索由内部直径为5mm的线圈环和外部直径为6～7mm的Z形布置的金属丝组成，如图3.2所示。它的防护层由镀锌的金属丝组成，在金属丝之间的间隙中填充防腐抑制剂并在外层进行几层喷镀。

不同的金属丝层间沿相反方向进行环绕，主要是为了形成无拧金属丝绳索，如图3.3所示。最出名的制造商是英国布顿公司[3.1,3.2]。

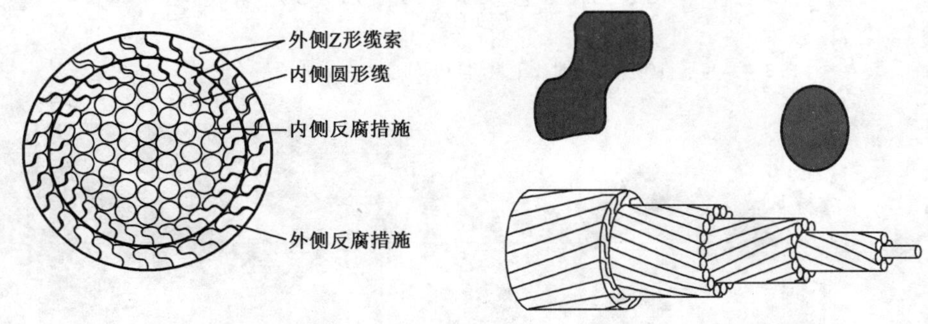

图3.2　封闭式钢索截面

图3.3　封闭式钢索的组成

当在拉索上施加应力时，Z形外层金属丝由于侧向压力作用相互挤压，从而"锁住"了金属丝表面，形成封闭面，阻止了水的侵入。如今单个金属丝通过冷拉和回火处理后抗拉强度能达到1570N/mm^2，弹性模量仍然维持在210000N/mm^2。由于组成方式不同，完整的拉索会产生耦合损失，即拉索的极限荷载小于单个金属丝承受的极限荷载之和。整个拉索上产生的抗拉应力则作为设计的基础。

整个拉索的弹性模量取决于它的组成。通常可以假定封闭拉索的弹性模量E为12～18MN/cm^2。对于小荷载，单个金属丝可以各自发挥作用，此时E较小。对于大荷载，E可以增加到18MN/cm^2。甚至有时应力—应变曲线由全截面拉索在变化的荷载工况下试验所得，如图3.4所示。

封闭的拉索与锚固头连接，抗拉强度可达700N/mm^2。常见形状如图3.5所示。常规强度试验中，尺寸对强度的影响试验多出现在1950—1960年。如今，三维FEM计算主要用于优化锚固头的尺寸。

最近在斜拉桥中使用封闭拉索的例子是Ilverich的莱茵河大桥，如图3.6所示[3.6]。

3.2.2　装配

封闭式拉索的装配成型按照EN10264[3.7]和EN12385[3.8]规范执行。图3.7显示用于制造大直径拉索的大型机械设备。

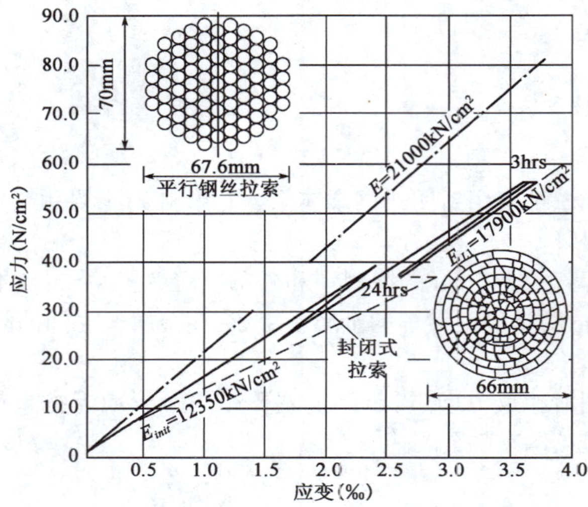

图 3.4　与平行钢丝拉索对比下封闭拉索的应力—应变关系[3.3]

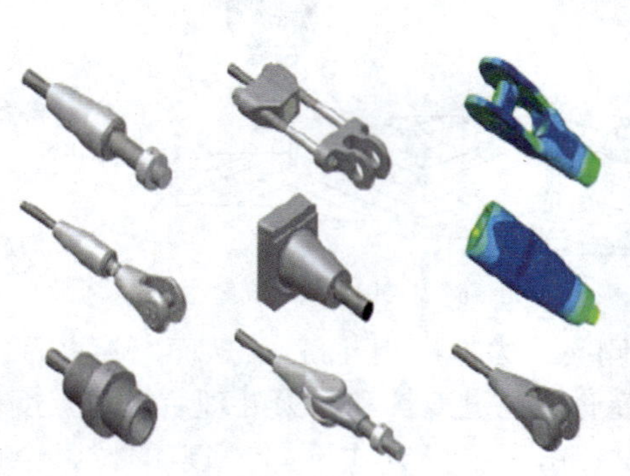

图 3.5　锚固头

图 3.6　德国莱茵河 Ilverich 中封闭钢索

单个金属丝和锚固头之间的连接主要在热铸阶段完成，如图 3.8 所示。金属丝被张拉成笤帚状并镶铸进入所谓的锌基铝合金中，而这个合金中包括 93% 的锌，6% 的铝和 1% 的铜。

图 3.7　封闭拉索的密封机械设备

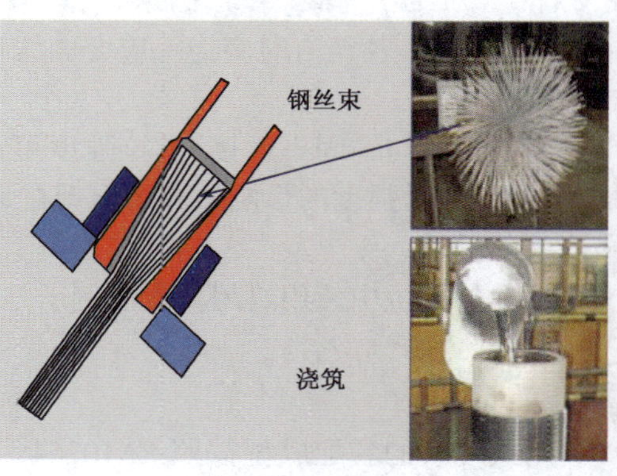

图 3.8　钢丝锚固进入锚固头

浇筑温度比常规使用温度要低,当合金质量不好时金属丝的微观结构会发生细微的改变,因此锚固头处的疲劳强度几乎等于自由长度拉索的强度,这就导致了封闭式拉索的缺陷。

3.2.3 现代防腐保护体系

3.2.3.1 概述

从3.2.5节中出现失效的例子汇总可以看出,经过大量的试验后封闭式拉索的防腐效果已得到改善[3.9]。

3.2.3.2 镀锌金属丝

所用的金属丝都被热浸镀锌,强度达到280g/cm^{2}或者镀锌厚度45μm。镀锌不仅能改善防腐保护体系,而且作为润滑剂可以提高疲劳强度。如今,合金主要被用来镀层[3.1],随着时间的增加,它的氧化物与金属表面能够紧密连接,有利于涂刷附加涂层而不是形成锌化物。

3.2.3.3 填充物

最开始铅丹被用来填充到金属丝之间的间隙。由于它具有毒性,且保持密闭状态的成本较高而被替换。因此现代防腐保护体系由一层PU滤层和镀锌或者镀铝层组成。

3.2.3.4 喷镀

安装完成后,在承受各种永久荷载和应力后,将对拉索进行彻底清理,然后采用总厚度为410μm的底层、两个中间层和外层镀层体系进行喷镀,如图3.9所示。几个金属丝组成的拉索最开始用作集中拉索,而金属丝在安装和接缝前必须要喷镀,并用氧化锡密封,这样可以将无法控制的拉索控制在拉索内部。

图3.9 钢丝的喷镀

自从锌的铬酸盐被认为是致癌物以后,通过相似相溶原理研发新型不添加活性色素的喷镀体系[3.11]。因此其称为金属冷装的填充层和喷涂层而使用,包括用铝片作为活性色素的苯酚甲醛树脂[3.12]。

3.2.4 监控与维护

在德国,拉索视觉上的监控主要是观察拉索在荷载作用下的反应或者用摄像机记录下来的拉索自振激励效应。此外,拉索内部的金属丝则通过电磁感应原理进行监测,如图3.10所示。

通过这种方式,金属丝内部的断裂和在拉索内部的位置可以被定位,如图3.11所示。

如果通过视觉无法监测或电磁感应现象无法定位桥中已有的金属丝(如在锚固管内部的金属丝),则它们需要采用内窥镜并通过摄像记录才能监测到。通过这种局部强化检测方法可以及时探测出损伤,进而以便维修,如采用涂刷涂料等进行维修。

图 3.10　电磁感应现象研究

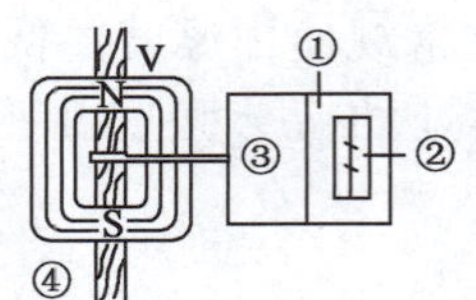

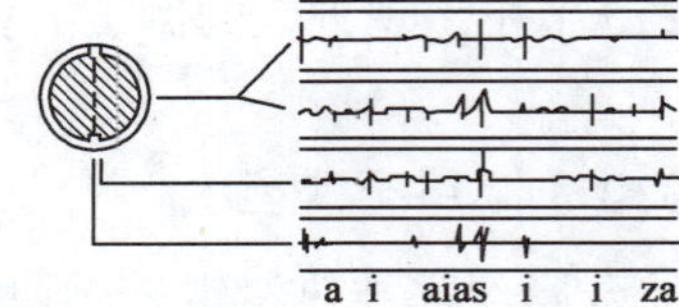

图 3.11　钢丝断裂的检测

3.2.5　损伤

3.2.5.1　Kohlbrand 桥

封闭缆索的常规损坏在 Kohlbrand 桥都有出现[3.9,3.13]。这些损伤主要是由于封闭拉索比较陈旧。这里详细地介绍 Kohlbrand 桥，如图 3.12 所示。建设时间为 1969—1974 年，由 88 根直径为 54～104mm 的封闭拉索组成，采取了以下防腐保护措施。

(1) 裸露的金属丝，因为当时工程师们害怕镀锌会引起氢的脆化。

(2) 内部填充基底为四氧化三铅。

(3) 两个基底层涂有 50μm 厚的四氧化三铅。

(4) 两个基底外层分别涂有 50μm 厚的铁云母，因此总厚度达到 200μm。

1976 年在对拉索进行监控时，经过两年的努力，共检测到 25 根破裂的金属丝，如图 3.13 所示，关于引起破裂的原因，有如下详细的描述。

图 3.12　德国汉堡的 Kohlbrand 桥

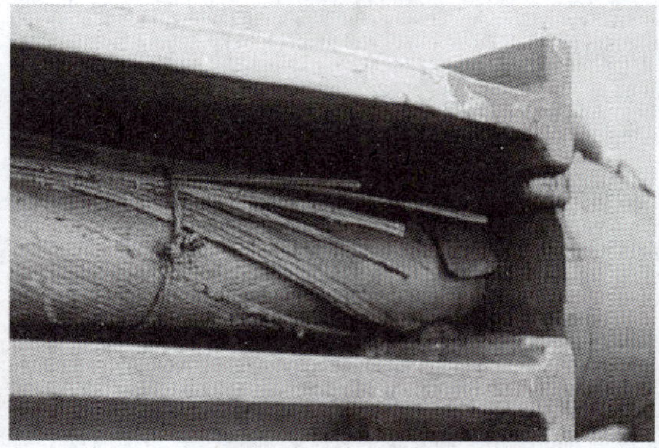

图 3.13　钢丝破裂处较低位置的拉索锚固

1）结构细节

（1）拉索锚固点间呈悬链线状，但并不是切线方向的，这使拉索产生附加的弯曲应力。

（2）拉索由铅保护，而这个保护层却参与了电化学反应，因此加速了腐蚀。

2）内部填充物的损坏

锚固头前面部分的内部防腐填充物被热铸件替换，这对未镀锌的金属丝而言会产生极大的损害。

金属丝损害的原因多种多样，一旦破坏，需要逐个更换，如图3.14所示。

图3.14　拉索更换

由于在设计中，在更换的拉索中进行加载与最初的设计并没有直接的因果关系，且产生的扭矩并不能由钢箱梁承受，但是可以在实际更换拉索位置处的主梁安装辅助的钢斜撑，如图3.15所示。

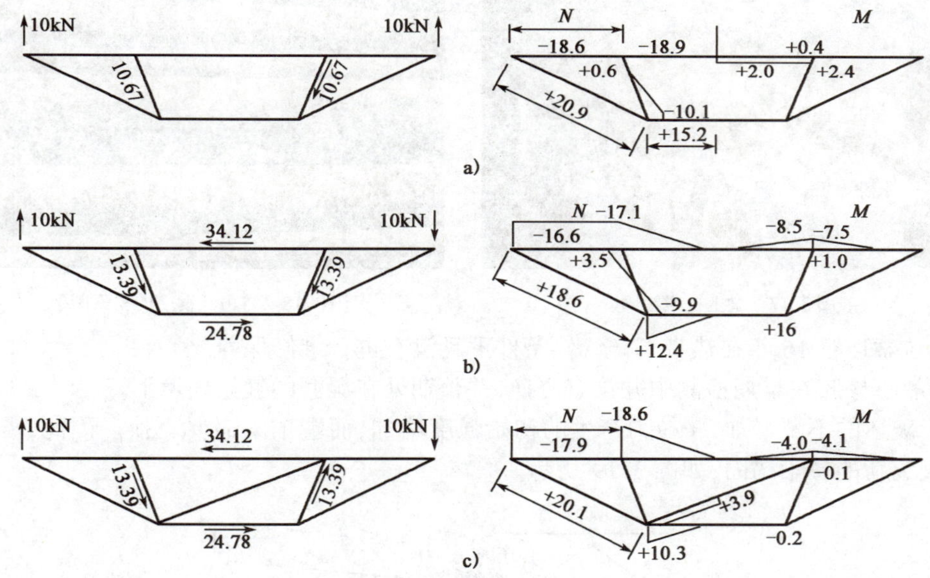

图3.15　梁中有无辅助斜撑下的扭矩

3.2.5.2　委内瑞拉的马拉开波桥

委内瑞拉的马拉开波桥横跨马拉开波湖，建设时间为1959—1962年。它的5个跨径均为235m，且每跨都由单个集中拉索支撑，而每个拉索由16根直径为74mm的封闭钢丝组成，如图3.16所示。它的防腐保护措施与Kohlbrand桥拉索的保护措施类似。在梁端，封闭的金属丝通过钢管被锚固在混凝土枕梁上。钢管内部则用沥青填充，并在顶部用楔块和氯丁橡胶密封，如图3.17所示。

1974—1978年，检测到几根断裂的钢丝。1978年，一次深度检测中发现超过500根钢丝发生了损坏，如图3.18所示。1979年，有3根拉索完全失效，这次失效的主要原因有：

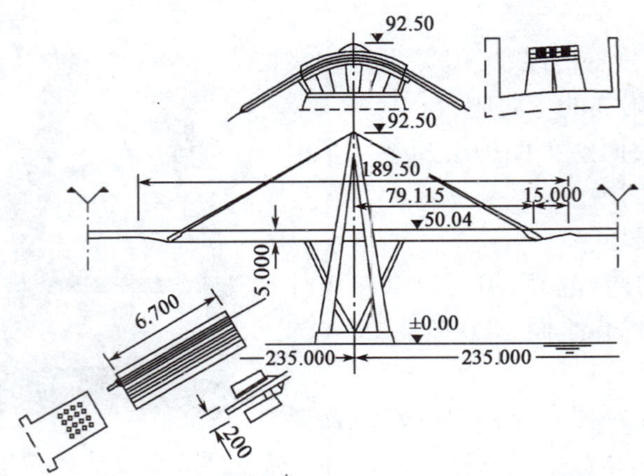

图 3.16　委内瑞拉的马拉开波桥(尺寸单位:m;高程单位:m)

图 3.17　梁上拉索锚固

图 3.18　自由长度上的拉索断裂

(1)拉索连续 16 年在热带海洋气候条件下且没有进行维修保养。

(2)氯丁橡胶在早期检测中并没有更换,并长期处在湿润的气候环境下。

由于破坏的不断增加,张拉力产生的初始强度增加,而端锚索需要更换。因此,需要在塔顶端部安装新的拉索锚固,如图 3.19 所示。

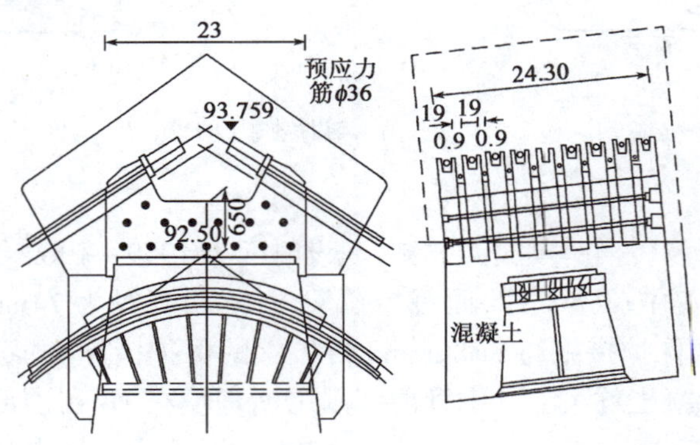

图 3.19　已有拉索鞍上顶部新的拉索锚固(尺寸单位:m;高程单位:m)

在德国,严格的规范要求,可解决监测不足的问题:

(1)所有拉索 3 年进行一次监测。

(2)所有拉索 6 年进行一次深度监测,包括电磁感应监测。

世界范围内的拉索破坏几乎都是没有遵守类似于这样的检测规定而造成的。

3.2.5.3　Fleha 莱茵河大桥

2009 年,Fleha 莱茵河大桥上的几个封闭拉索被更换,原因是这些拉索内部的钢丝已经失效并发生断裂。在拉索更换过程中,限制桥上交通流量。文献[3.15]对拉索损坏、更换和新的防腐保护给出了详细的说明。

3.2.5.4　拉索损坏吸取的教训

拉索的防腐保护应从根本上改善并有常规的监测,此外,在设计拉索的时候,应充分考虑拉索振动和更换拉索时的加载。

3.3　平行钢拉索

平行钢拉索发展成为斜拉索是由乌尔希里(图 2.109)提出来的。他在 1972 年设计赫斯特第二主河大桥(图 3.20、图 3.21)时,采用了 DSI 应力钢筋作为拉索设计。

图 3.20　赫斯特第二主河大桥

这些斜拉索由直径为 16mm 的 DSI 螺旋应力筋 St135/150 组成。由于该桥拉索采用竖琴式排列,所有拉索受力一致,它们均采用统一截面。25 根受力筋被安装在 St37 的薄壁钢管中,并通过垫片固定。安装完成后,往钢管内灌浆,采用这种方法,应力筋可以永久性的防腐。

特殊的结构细节可以保证钢管只受来自于活载的应力。通过局部加厚,并在加厚地方的主梁上浇筑混凝土,这样在塔上可以避免由于转动和风荷载引起的应力集中。永久荷载引起的拉索力在应力筋的末端被传递到混凝土中,而可变荷载引起的拉索力则以剪力形式传递到混凝土中。此时混凝土的位置恰好是后张力所在的位置,这样可以大大减小斜拉索的疲劳强度。

平行钢拉索在 1984 年被用到马来西亚滨城桥[3.17],1987 年被用到佛罗里达 Dame Point 桥,如图 3.22[3.18]所示。这种类型的拉索已用到了世界的 25 座桥梁中。而如今,由于它的造价成本较高,早已在市场中消失。

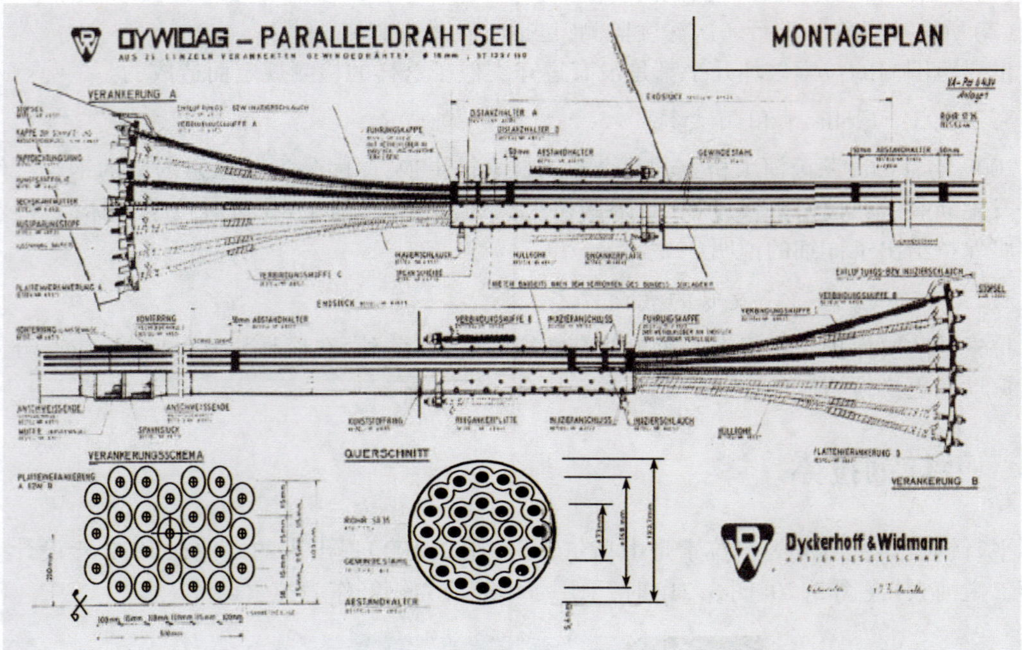

图 3.21　德国赫斯特第二主河大桥的设计

图 3.22　美国佛罗里达 Dame Point 桥

3.4　平行钢丝拉索

3.4.1　体系

平行钢丝拉索由 Leonhardt 和 Andrä(图 2.61 和图 2.62)在 1960 年间研发而成,主要是为了获得比当时占主导地位的封闭拉索更高的刚度和疲劳强度[3.19]。

平行钢丝拉索由一束直径为 7mm 或 1/4in 的金属丝组成,通常用铆钉锚固在垫板上,类似于 BBR 筋,如图 3.23 所示。第一次像 BBR 筋一样在拉索中使用平行钢丝拉索的是 1960 年在斯图加特修建的 Schillersteg 人行桥。在这个桥中，PE 管内用水泥浆进行填充，并用于防腐保护，如图 3.24 所示[2.132]。这样的拉索现在仍然用 BBR 的商标名 DINA 在使用，并主要用于人行桥。如图 3.25[3.20]所示。

图 3.23　BBR 端部

图 3.24　德国斯图加特 Schillersteg 人行桥

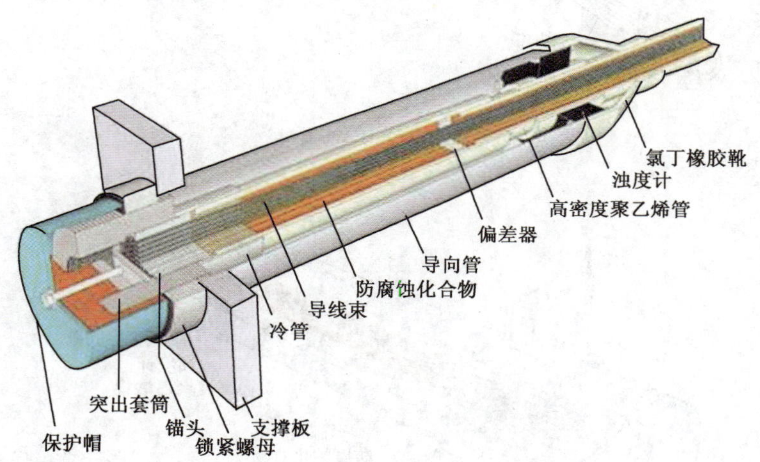

图 3.25　BBR DINA 锚固头

为进一步改善疲劳强度，HiAm 锚在许多试验中被研究，其目的是为了通过钢珠产生的侧向压力逐个锚固钢丝(图 3.26)，并让锥形铆钉内的钢丝像笤帚一样蹦出来。

图 3.26　HiAm 钢珠

钢丝被额外固定在垫板上。环氧树脂与镀锌层混合作为填充物主要是为了固定钢珠的位置，并将 PE 管连接到铆钉。在这种方式下，钢丝的微观结构并没有多大的改变，因为热铸材料和完整的 HiAm 锚的疲劳强度与自由外伸钢丝的疲劳强度非常接近。

如今瑞士的 BBR HiAm 锚广泛使用,如图 3.27 和图 3.28 所示。日本的 Shinko、韩国 CableTek 和中国的厂商均可制造,并已在世界范围内广泛运用。

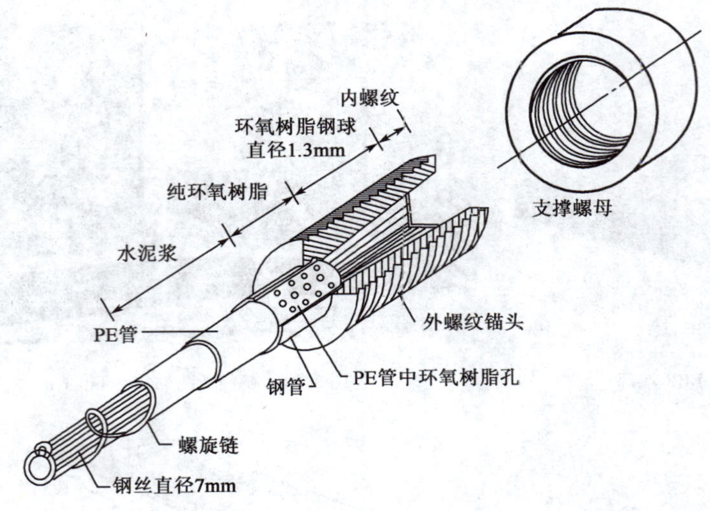

图 3.27 HiAm 锚

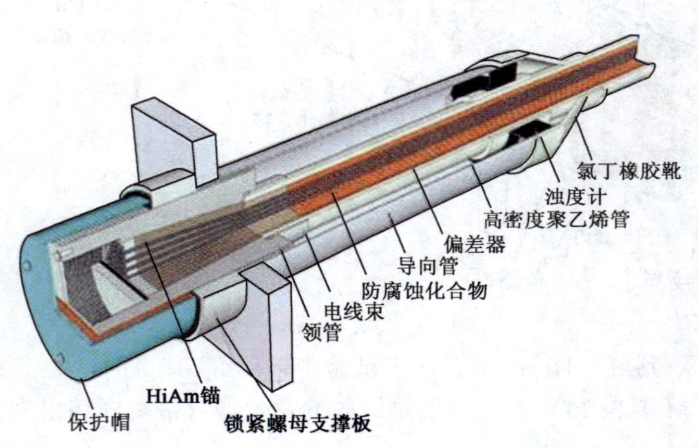

图 3.28 BBR HiAm 锚固

图 3.29 是钢丝在疲劳试验之后进行抗拉强度时破坏的分布情况。在疲劳强度 200N/mm^2 范围内,所有的钢丝都会断裂,而封闭拉索却集中在铆钉处,这充分表明了铆接处是一个薄弱点,它很有可能在热铸下引起微观结构的改变,如图 3.29a)所示。

对于疲劳强度 250N/mm^2 范围内的平行钢丝拉索,钢丝断裂的缺口沿全长分布。这意味着,HiAm 锚不会减少抗拉强度和钢丝长度方向的疲劳强度,如 3.29b)所示[3.19]。在其他试验中,HiAm 锚的铆钉被逐渐加热到 125℃,如图 3.30 所示。在这个温度下,环氧树脂变软,然后被破坏。然而,端部钢球的弹性应变有所延迟,这意味着环氧树脂在锚固钢丝中并没有起多大的作用,只是为了固定钢珠的位置[3.21]。

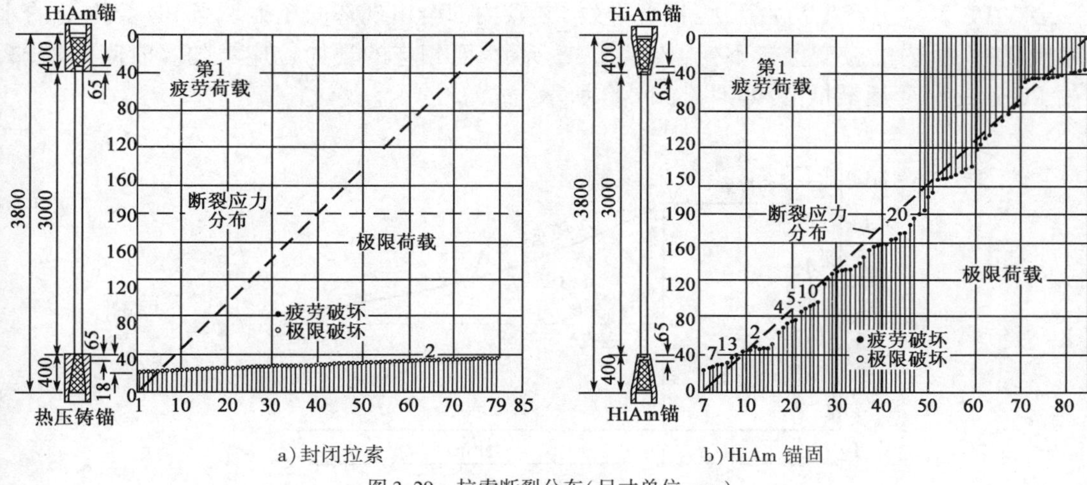

a)封闭拉索　　b)HiAm锚固

图3.29　拉索断裂分布(尺寸单位:mm)

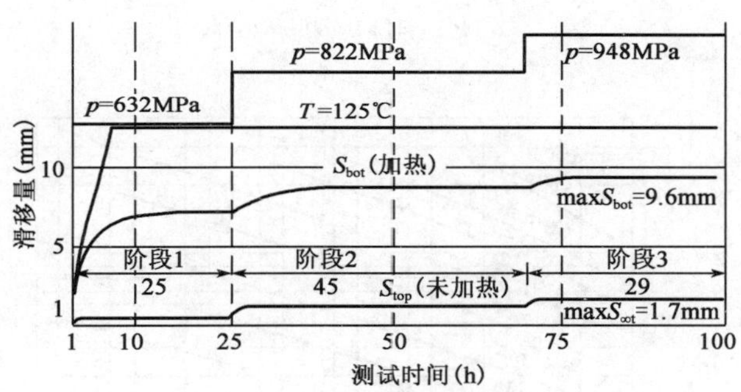

图3.30　温度引起的变化

3.4.2 防腐保护

平行钢丝拉索的防腐保护最开始采用填充水泥浆的PE管,如图3.31所示,不同颜色粘贴剂和防紫外线胶带的PE管包裹材料会有不同,如用一些弹性蜡去替换PE管内部的水泥浆等。钢丝则是通过镀锌或者用环氧树脂涂层进行防腐保护。平行钢丝拉索的规范要求见《(PTI)拉索设计和实验推荐规范》[3.22]。

3.4.2.1 聚乙烯管

1)耐久性

能抵抗紫外线的PE管,它的耐久性是通过增加2%直径小于0.1μm的粉煤灰获得的。低熔点和3.5的黏度系数能够很好地改善PE管的耐久性。PE管样本测试很早就在世界范围内展开。

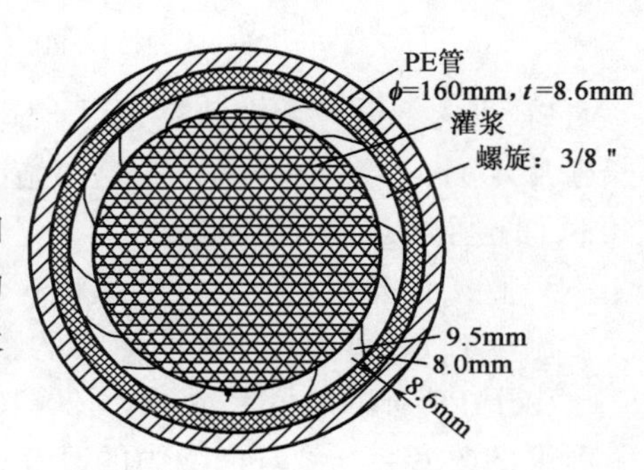

图3.31　平行钢丝拉索截面

2)爆破强度

早期应用中,PE管安装完成后,平行钢丝拉索用水泥浆填充。填充的压力和高度必须使得 PE 管在填充过程中不会发生破裂。填充完成后,水泥浆会在 PE 管壁上产生初始压力,因此导致 PE 管内部会出现环向压力。当 PE 管内部的水泥浆硬化后,管内的应变保持不变,如图 3.32 所示,而相应的环向拉应力随着时间的增加,通过 PE 管的徐变逐渐抵消,如图 3.33[3.26]所示。

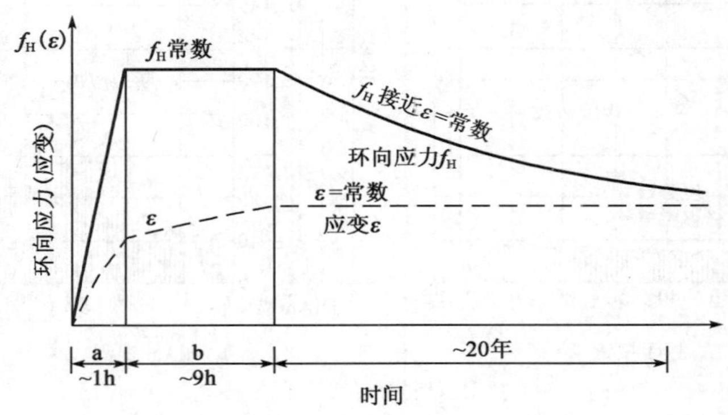

图 3.32 PE 管环向应力—应变曲线

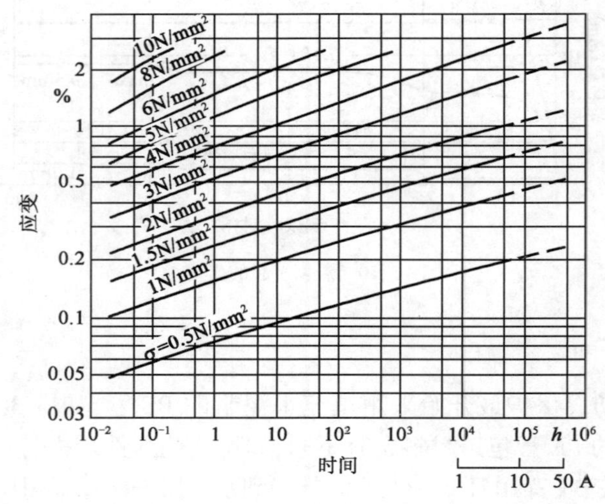

图 3.33 PE 样本 GM5010 在 20℃的应力—应变曲线

PE 管内部的应变在填充完后不应超过 1.5%。对于直径为 150mm 的 PE 管,这意味着周长会从 471mm 增加到 481mm,这在施工现场很容易控制。此外,相应的竖直浇筑高度可达到 40m,而这主要取决于内部摩擦力。

3)直接日光照射时温度的影响

温度对 PE 管使用寿命有重要的影响,如图 3.34 所示。

由于 PE 管的温度系数($\alpha_T = 2 \times 10^{-4}/℃$)比水泥浆的温度系数($\alpha_T = 2 \times 10^{-5}/℃$)大,PE 管温度的改变会导致环向应力的改变。黑色 PE 管的表面温度在直接日光照射下可达 65℃甚至更高,然而在同等条件下,白色的 PE 管最高温度却只能达到 40℃。

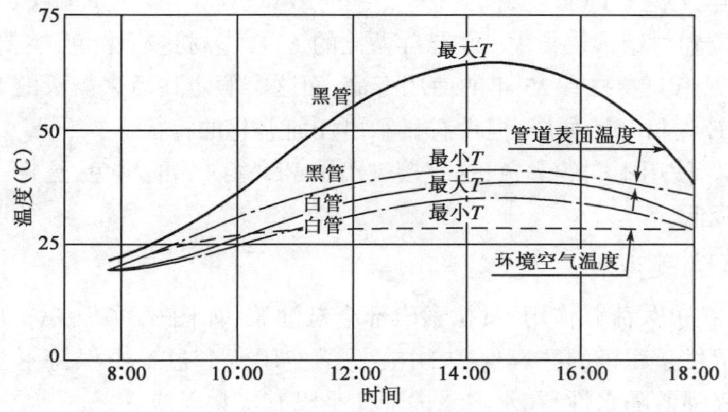

图3.34 直接日光照射下黑白PE管表面温度

4)PE管卷曲

工厂加工成型的平行钢丝拉索为了运输方便,都会将拉索卷曲。但是在施工现场的安装和灌浆过程中,平行钢丝拉索并不是卷曲的。在卷曲过程中,在PE管中由于弯曲作用产生纵向弯曲应力和由于PE管扁平化产生的横向弯曲应力,如图3.35a)和b)所示。在整个卷曲过程中,应变保持不变,但是弯曲应力会由于徐变而减少,并在钢丝展开过程中,只产生弯曲应力,尽管方向相反,但都会受到徐变影响,如图3.35c)所示。

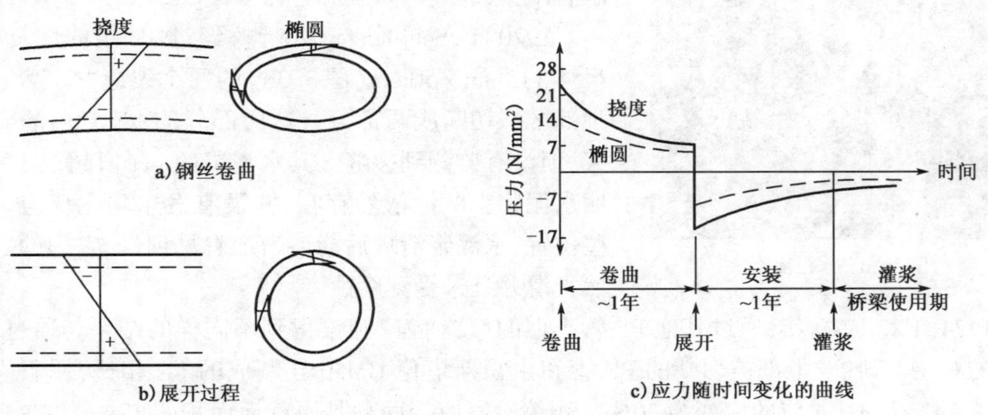

图3.35 PE管由于弯曲和椭圆变形产生的应力

PE管卷曲的详细描述见文献[3.9,3.27],推荐直径为PE管直径的18倍,并且PE管卷曲外部温度过低时需要进行加热处理。

3.4.2.2 包装

为了改善斜拉桥的外形,同时降低PE管温度,白色PE管是最佳选择。喷镀层并不能紧密地贴附在PE管上,因为化学反应在它们之间很难发生,因此自黏型附着剂被包裹在PE管表面。这些卷材要有一定的耐候性并且有很高的抗拉强度,其目的是为了提高PE管的爆破强度。

1983—1984 年开展了 PVE 卷材的抗紫外线时效试验[3.28]。在试验中,白灰色的 PVE 卷材由透明的泰德拉卷材组成,并用一种有自黏性的 PVC 卷材进行染色,主要是为了提高刚度和黏结性。并假设 PVF 卷材有 25 年的使用寿命,而这个假定在后来露天的 PE 管试验中得到证实。4 年后,PVC 卷材开始分层,但没有显示出任何恶化的特征。

PE 管外层开始使用不同的颜色,这直接突出了 PE 管内部的黑色,这样一来 PE 管的防紫外线能力可能会降低。

3.4.2.3　灌浆处理

安装完成后,在永久荷载作用下,拉索内部会被灌浆,如图 3.36 所示。由于拉索的碱性,灌浆材料给钢丝提供了积极的防腐保护,并在桥梁使用寿命过程中保持不变。由于 PE 管的高密度使其具有极强的隔水性,在水泥浆内部几乎没有炭化反应。

斜拉索需要承受 $200N/mm^2$范围内的疲劳荷载。在荷载作用下,钢丝和水泥浆之间的连接会存在的应力为 $-50 \sim 150N/mm^2$,应变为$(-250\times10^{-6})\sim(250\times10^{-6})$。通常情况下,水泥浆的极限应变为 100×10^{-6}左右,超过这一极限值意味着 PE 管内部的水泥浆将会开裂。

图 3.36　水泥灌浆

为了掌握荷载作用下裂缝宽度和分布,测试了 PE 管内 19 根直径为 7mm 的拉索。在最大荷载作用下产生的裂缝宽度小于 0.1mm,卸载后不再出现破裂,通常通过肉眼看不见,裂缝的宽度和分布如图 3.37[3.31]所示。

1970 年,Schillersteg 人行桥经过 10 年的反复试验,尺寸 115mm×50mm(图 3.38)的两个裂缝"窗"将 PE 管顶部区域切断成两部分。这两部分的 PE 管内灌满水泥浆,但没有监测到裂缝。其水泥浆的 pH 值超过 11,这表明水泥浆中碱性依然存在,并没有发生碳化反应。在有些位置,水泥浆清理后能清晰地看见钢丝,它们的表面依然光滑并且未受到腐蚀[3.32]。

1974 年和 1979 年,通过其他 PE 管类似的裂缝"窗"观察得到了同样的结果。通过 14 年不断的观测与研究,上部被切断的 PE 管和由霍斯塔伦 GM5010 制成的 PE 相比,屈服应力都达到了 $24N/mm^2$,对应的应变为 20%。颈缩阶段应变面积是原截面面积的 17%,并在应变达到 400% 时失效,图 3.39 表明,PE 管经历 13 年的内陆城市大气环境日光照射下并没有发生老化。

3.4.2.4　损坏

在卢林附近横跨密西西比河的钢斜拉桥,主跨 377m[3.33],72 根平行钢丝拉索均用填充水泥浆的 PE 管作为防腐保护。1983 年 9 月拉索安装完成。1985 年 4 月,监测到两根端锚索出现裂缝,如图 3.40 所示,在接下来的那个冬天,出现更多的裂缝。通过裂缝的调查研究表明,引起裂缝的主要原因是灌浆过程中 PE 管内出现了高达 8.9% 的应变[3.34]。

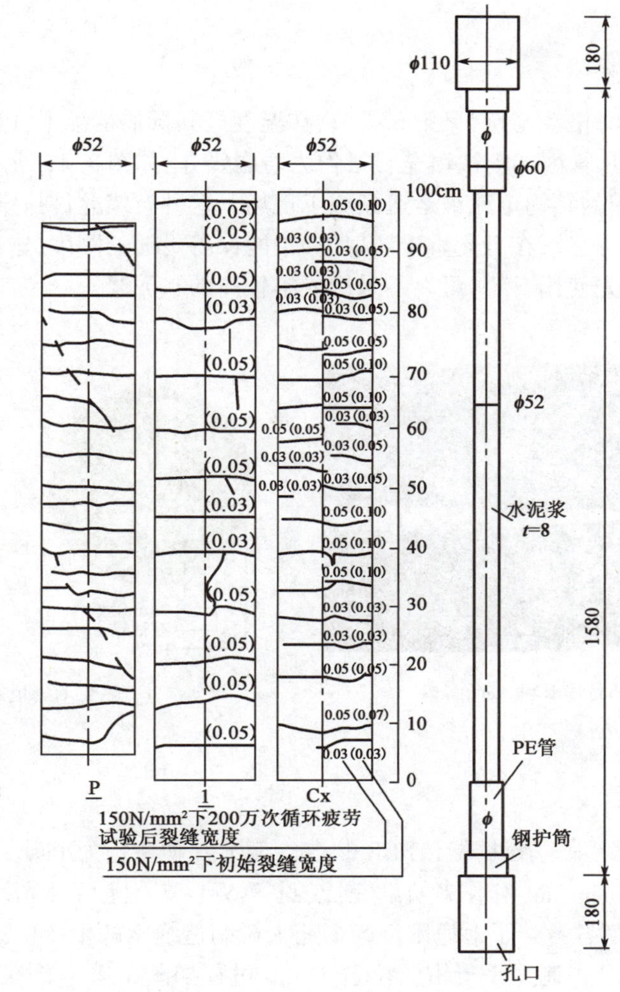

图 3.37 灌浆后加载作用下破坏形态

图 3.38 Schillersteg 拉索调查研究

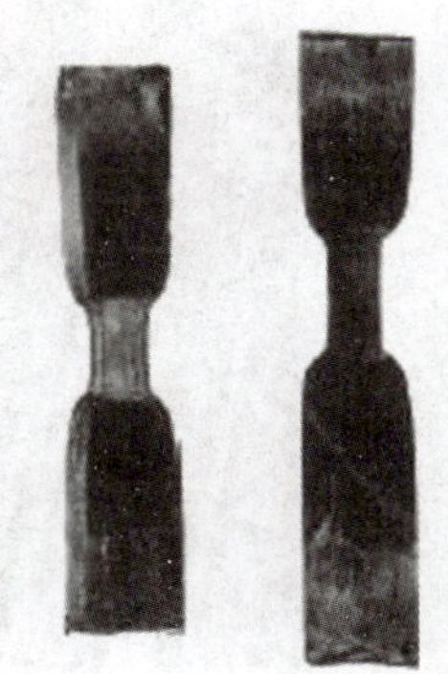

图 3.39 暴露 13 年的拉力样本

裂缝通过填充聚氨酯黏合剂可以得到修复,如果将其包裹起来,还能提高强度和泰德拉卷材的防紫外线能力。

3.4.2.5 石蜡

靠近北极圈的海格兰德桥,见第6.2节,在温度极其低的情况下,PE管内部灌水泥浆是不太可能的。因此,PE管内部则被填充石蜡作为防腐媒介,如图3.41所示。这通常在工厂加工完成,并且弯曲装配的结构单元被运送到施工现场。这种石蜡允许拉索进行卷曲或者展开,始终保有一定的弹性,此外,在日光直接照射下,仍能保持足够的刚度,这主要为了防止压力产生管道破裂。通过预先使用石蜡,可以不采用成本较高的水泥浆。

图3.40 卢林桥中PE管的断裂

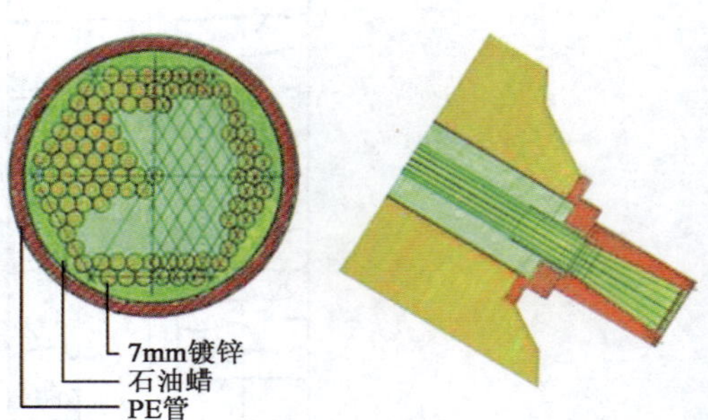

图3.41 填充的石油蜡

3.4.3 装配

平行钢丝斜拉索最初是由瑞士BBR制造。美国普勒斯顿为Pasco-Kennewick大桥制造了这种拉索,其由Reiner Saul和作者协助完成,见第6.1节。随后神光线缆也在日本制造了这种拉索。1992年,笔者考察了上海附近为杨浦大桥制造缆索的生产厂家。

日本神光线缆公司制造平行钢丝拉索的主要过程如图3.42~图3.45所示。

图3.42 端头锚

图 3.43　端头锚固定板

图 3.44　PE 管道熔接

a)

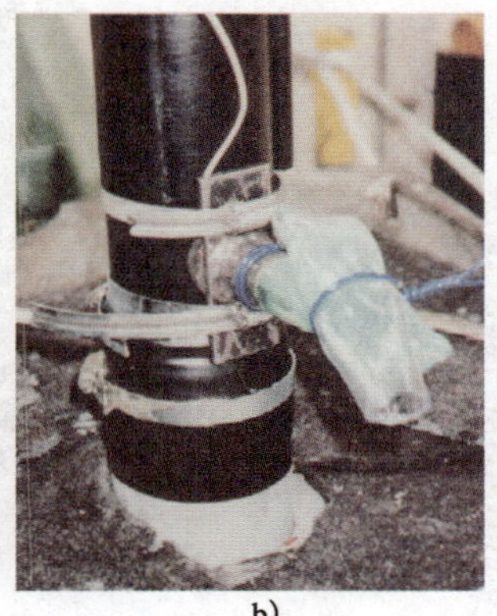

b)

图 3.45　钢球和环氧树脂填充锚头

3.5　平行钢绞线

3.5.1　概述

钢绞线由 7 股 0.6in(15.24mm)直径的钢丝组成。直径为 6.4mm 钢丝的拉伸强度为 1670N/mm^2,对直径为 5mm 的钢丝进行冷拉,使它的拉伸强度提高到 1870N/mm^2。这种钢绞线是最经济并适用于当前市场。现代平行钢绞线的其他优点如下:

(1)钢绞线在施工现场制造,运输质量较小。

(2)单个钢绞线可以单独更换。

(3)三重防护保证钢绞线不被锈蚀,同时不需要额外的水泥浆、蜡或类似的物质。

目前全球的斜拉索制造商均可制造平行钢绞线,如 BBR[3.35],DSI[3.36],弗雷西内[3.37],VSL[3.38],神光[3.25,3.28,3.31]和 CableTec[3.34],它们有相同的质量体系并不断在改进。

3.5.2 系统

平行钢绞线的结构如图3.46和图3.47所示。所有钢绞线平行放置并被紧紧地包裹,在接近锚头处将钢绞线散开,由此产生的偏差力由张力环承担。在索的端部有夹片,如图3.48[3.18]所示。夹片特意制为防滑的锯齿状。通过在钢绞线的端部增加锯齿深度,可使端部受力均匀,与端部自由的索相比疲劳强度不会降低。锯齿可切入任何的环氧树脂或镀锌涂层。

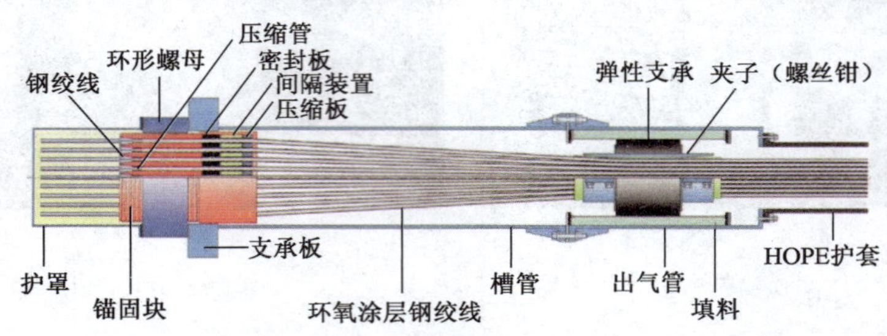

图3.46 平行钢绞线的典型正面图

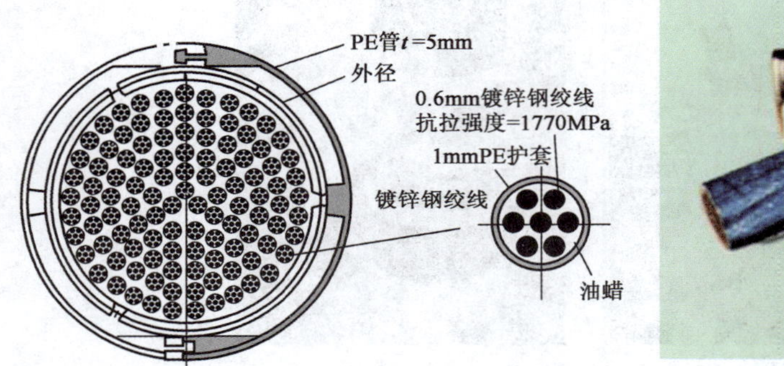

图3.47 平行钢绞线的典型侧面图

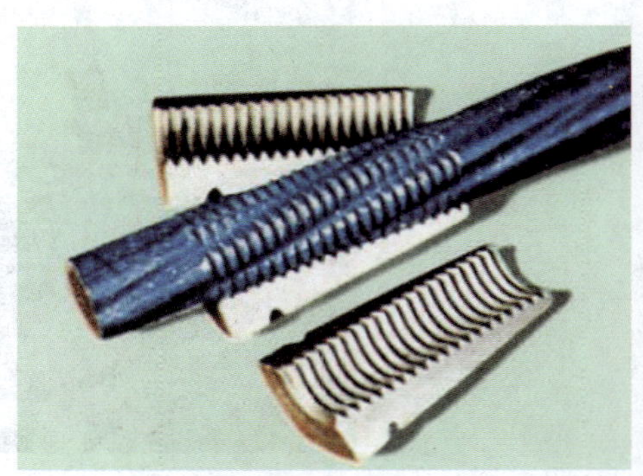

图3.48 环氧树脂楔形锚

3.5.3 防腐蚀保护

3.5.3.1 传统方法

单根钢绞线的腐蚀保护包括三个部分,如图3.49所示。

(1)将单根钢绞线镀锌或环氧树脂涂层。

(2)将钢绞线之间的孔隙填充石蜡。

(3)PE护套包裹。

所有钢绞线均需包裹PE管,如图3.49所示。有些PE管由两个半圆形安装在一起后组成,如图3.47所示。

目前,也可采用挤压彩色PE护套,如图3.50所示。也可采用PDV管代替前者,见第3.4.2节,彩色管的示例如图3.50所示。

3.5.3.2 干燥空气的利用

VSL拉索系统展示了利用干燥的空气保护拉索免于锈蚀的最新发展。如图3.51[3.39]所示。这种拉索系统包括了那些镀锌及置于 PE 管内的拉索。PE 管内拉索周围的空气湿度被干燥至低于 60%，以免拉索锈蚀[3.38]。

图 3.49 钢绞线和 PE 管

图 3.50 彩色管

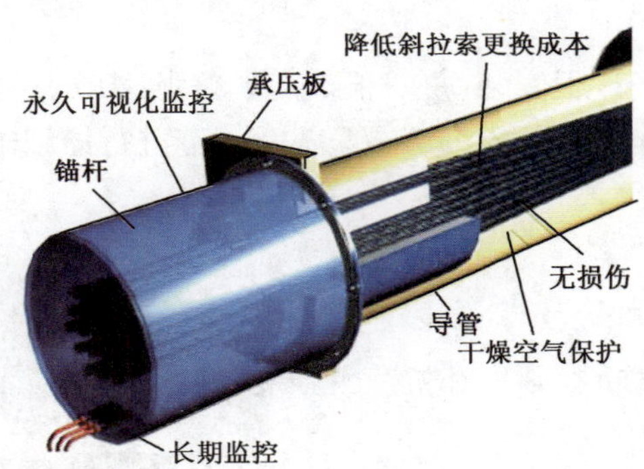

图 3.51 斜拉索锚固端干燥空气防腐蚀保护

在索塔位置处安装了供干燥空气流通的密封 PE 管，如图 3.52 所示。来自塔顶拉索锚固端轻微压力的干燥气体经 PE 管流到锚固端底部。

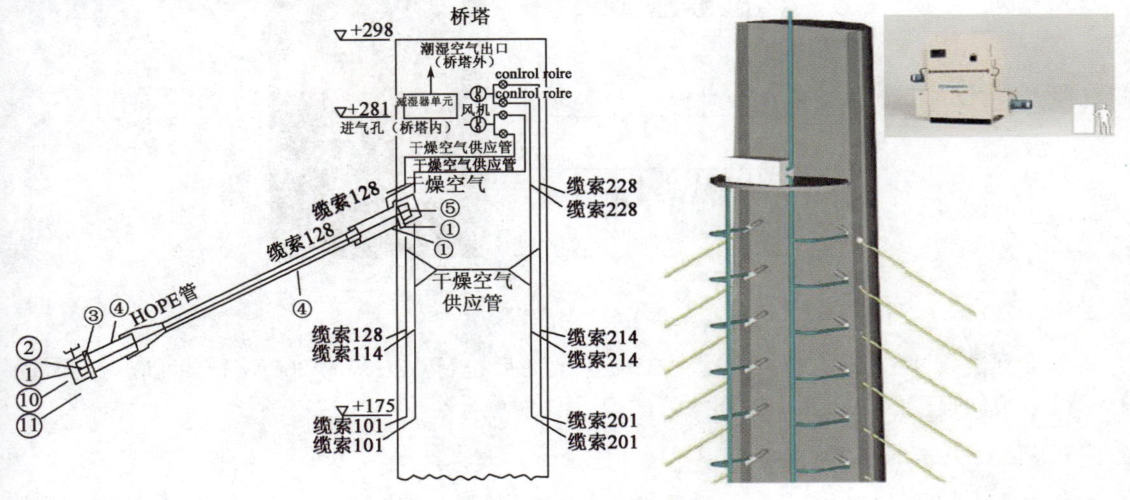

图 3.52 干燥空气供给装置(高程单位:m)

如今许多钢箱梁亦采用干燥空气进行防腐蚀,如图 3.53 所示。通过安装 PE 管可形成一个封闭的空气回路。(一些悬索桥的主缆也采用干燥空气进行防腐蚀,如日本明石大桥和苏格兰四路大桥。)

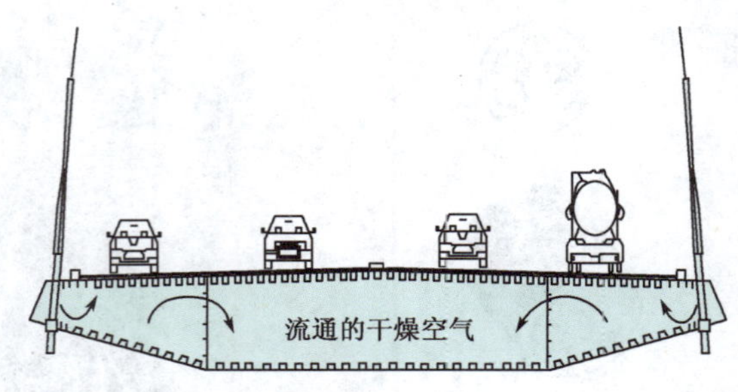

图 3.53 利用干燥空气回路对钢梁和斜拉索进行腐蚀防护

3.5.4 装配

平行钢绞线缆索在现场逐根安装,每一根都需单独张拉,工厂预制拉索的优点是单根拉索的质量轻且强度高。平行拉索的装配细节在第 3.9.4 节进行详细阐述。

3.5.5 耐久性测试

3.5.5.1 抗拉强度和抗疲劳强度

通过大型液压设备测试抗拉强度和抗疲劳强度,如图 3.54 所示。

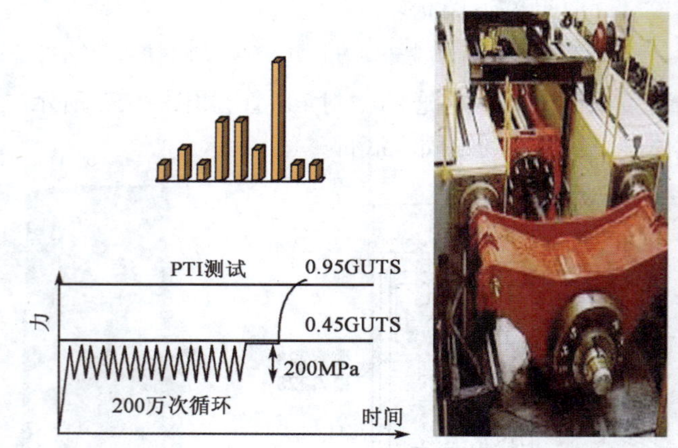

图 3.54 斜拉索测试

标准测试条件是,每一根拉索达到 95% 保证率后进行应力幅为 200N/mm^2 且应力上限为 45% 极限拉伸强度的 200 万次循环疲劳试验。

3.5.5.2 防透水性

单根拉索的防透水性是通过 1m 高的水头压力测得的,如图 3.55 所示。所有拉索防透水性按照图 3.56 进行约 6 周的测试[3.37]。

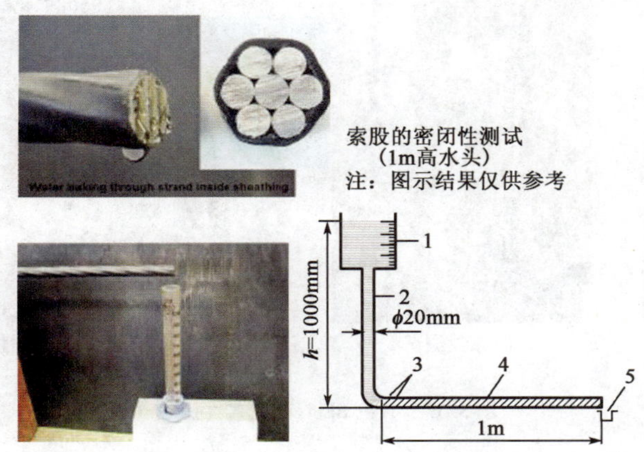

图 3.55 单根索股的水密性测试

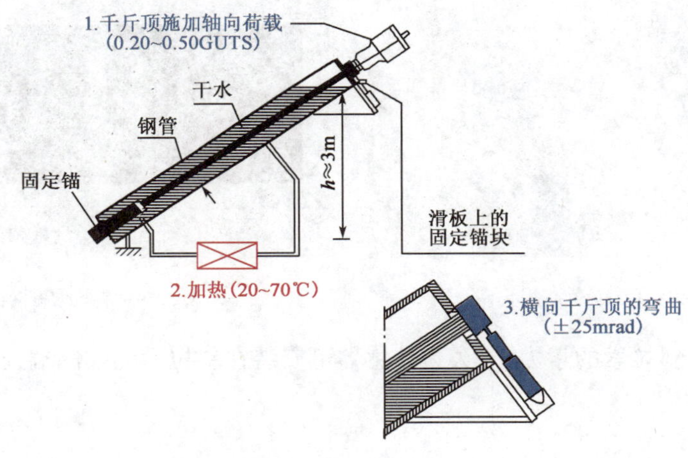

图 3.56 斜拉索整体的水密性测试

3.5.5.3 可持续性

在 3.4.2 节中讨论了黑色 PE 管的耐久性,在实际使用中用彩色聚氟乙烯将其包裹。如今的黑色 PE 管拉索可直接挤压 PE 涂层,如弯曲和张拉测试耐久性。图 3.57 的试验结果表明:紫外线辐射下的挤压 PE 涂层的抗拉强度和着色明亮程度保持不变。

3.5.6 监测

斜拉索是斜拉桥结构中最易损坏的构件。为了达到百年的使用寿命,这些斜拉索必须定期检查。除了检查斜拉索的防腐蚀保护,索力的持续监控外,斜拉索的振动也是监控的重点。图 3.58 显示的是连接到斜拉索的加速计,其信号采集及分析结果见斜拉索加速计,振动记录如图 3.59 所示。

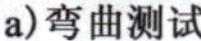

a)弯曲测试

b)张拉测试

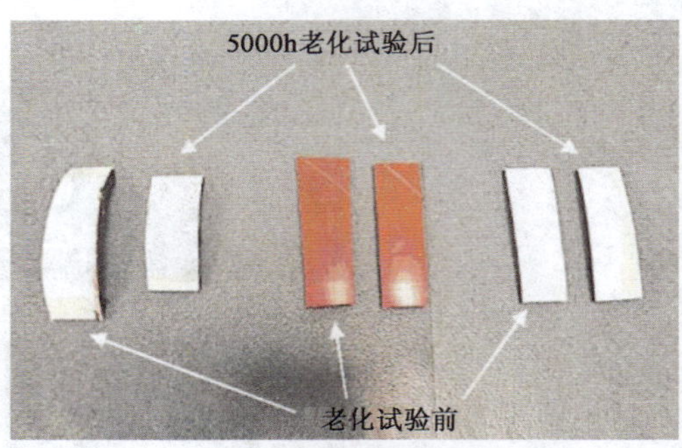

c)耐久性测试

图 3.57　有色 PE 管的耐久性试验

图 3.58　斜拉索加速计

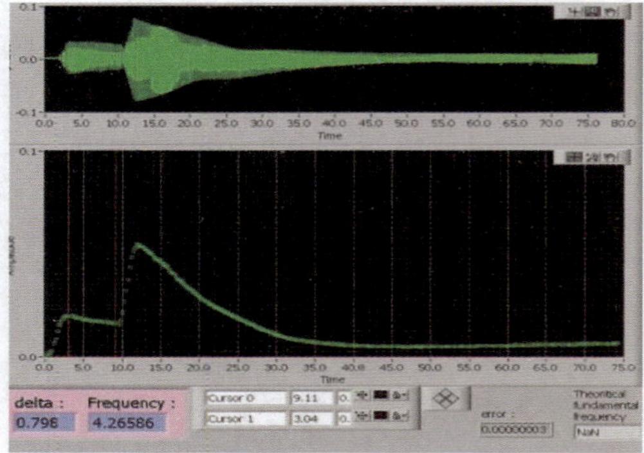

图 3.59　斜拉索振动记录

为了直接测出斜拉索的索力，永久力传感器可安装在斜拉索的锚固端处，能够检测所有变化，如图 3.60 所示。

图 3.60　加载器

桥上所有的检测数据均可通过网络储存与电脑连接，如图 3.61 所示。

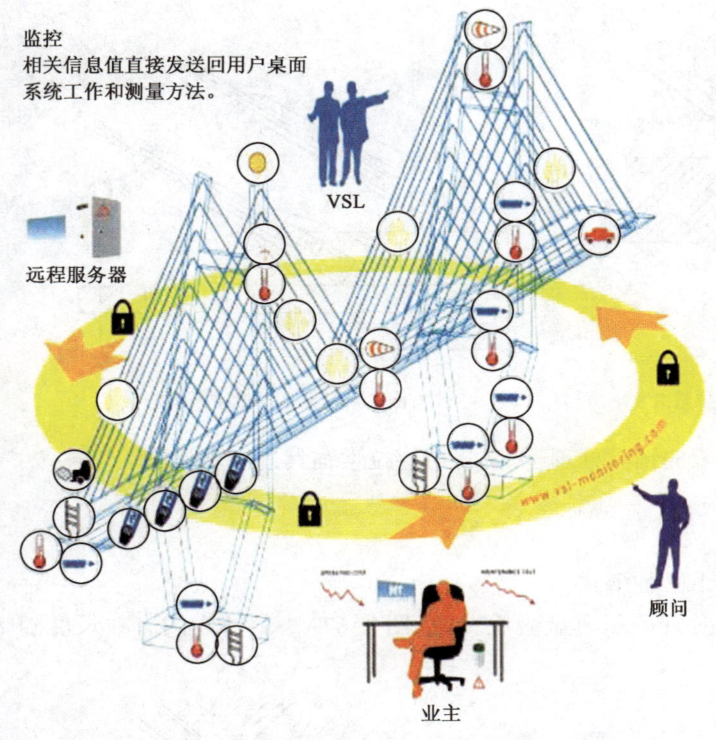

图 3.61　控制数据中央记录

3.6　斜拉索锚具

3.6.1　概述

斜拉索锚具是用来固定拉索中的索力。对于混凝土索塔和钢索塔,传统的锚具形式分别见图 3.62 和图 3.63。混凝土梁的典型斜拉索锚具如图 3.64 所示,钢梁梁体的转向锚的锚具如图 3.65 所示。

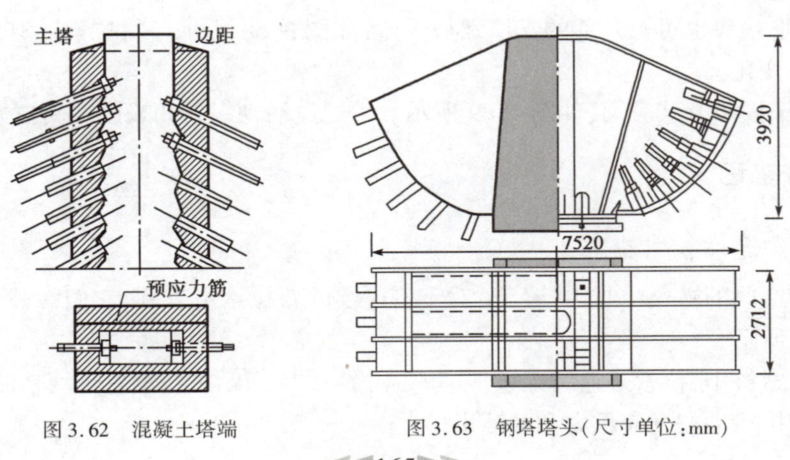

图 3.62　混凝土塔端　　　图 3.63　钢塔塔头(尺寸单位:mm)

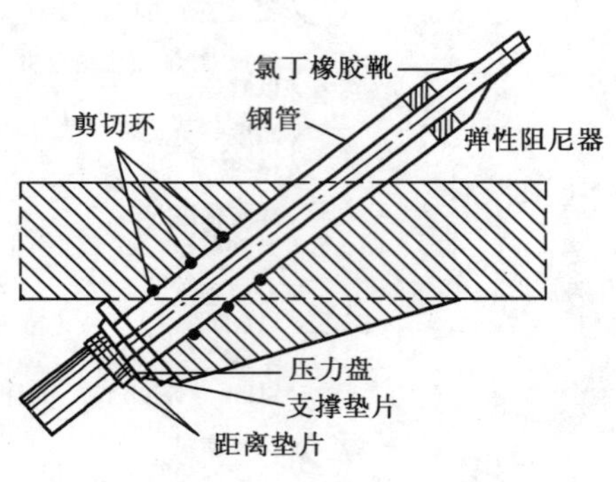

图3.64　混凝土梁的典型斜拉索锚具

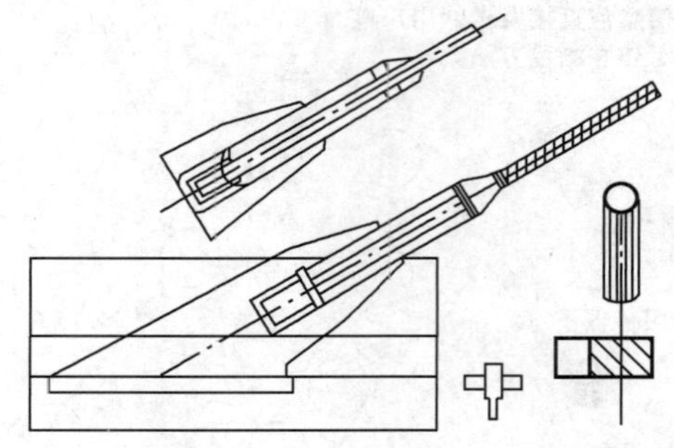

图3.65　钢梁梁体的转向锚的锚具

在1.1.5.2节中简述了斜拉索的锚具处理，下文将对斜拉索锚具进一步具体地讲述。

3.6.2　支撑锚头

斜拉索的支撑锚头主要有以下三种形式：

(1)圆柱形锚头(图3.66)由分开的压力盘垫片支撑(图3.67)。斜拉索的有效长度随垫片的数量而变化。

图3.66　圆柱形锚头

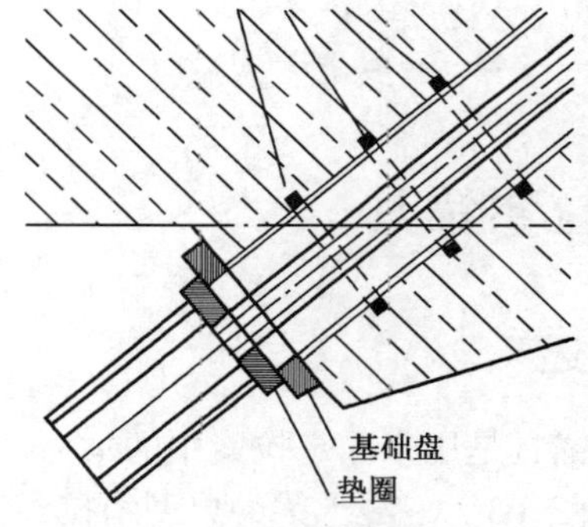

图3.67　支撑垫片

(2)圆柱形锚头也可被外部的支撑螺母固定，如图3.68所示。斜拉索的有效长度随支撑螺母的位置而变化。

(3)插销锚固敞开式套筒，如图3.69所示。可通过活动螺丝扣来改变斜拉索长度。

3.6.3　塔端锚固

3.6.3.1　连续拉索锚固

需要较小空间的鞍座(可能更经济)对于不连续的斜拉索更有利，它们常被用在细长的塔中，如图3.70所示。

早期斜拉索桥中，拉索是连续穿过索塔的，如图3.71所示。拉索置于两个凹槽中，螺栓的挤压可提供抵抗滑动的横向压力和摩擦力。

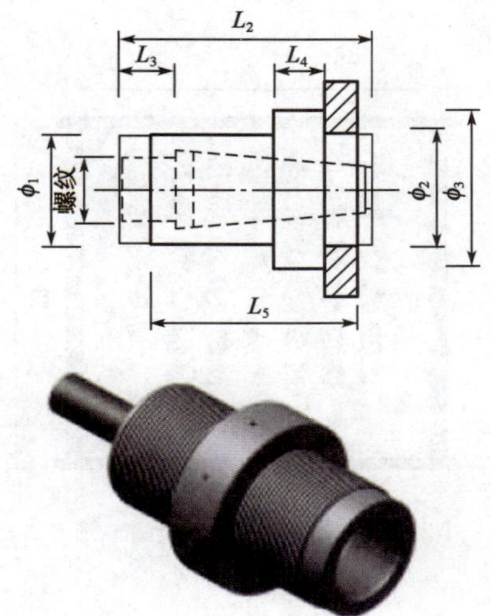

图 3.68 支撑螺母

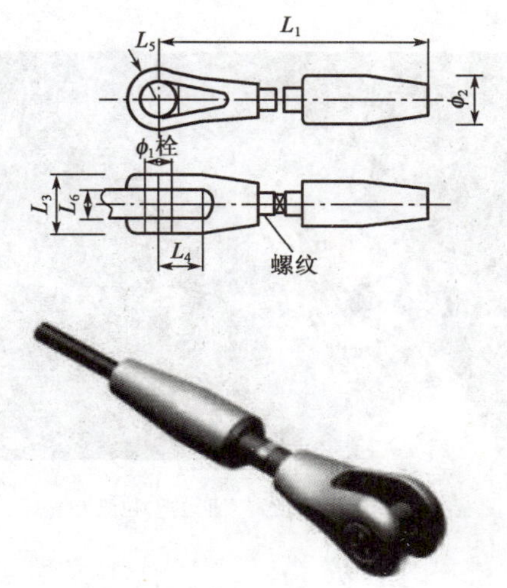

图 3.69 带螺丝的锚

图 3.70 带鞍座的中央塔(美国 C 和 D 运河 2 桥)

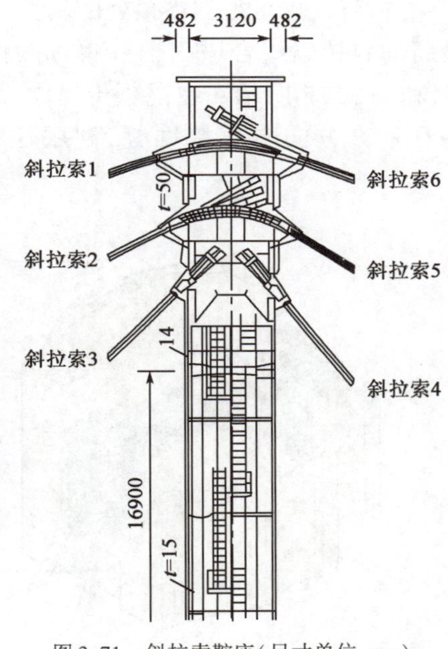

图 3.71 斜拉索鞍座(尺寸单位:mm)

对于平行钢绞线索鞍的使用,因其抗疲劳强度和可更换性的不确定性受到了长期质疑。图 3.72[3.38]展示了最新 VSL 系统的进展。

鞍座由充满水泥浆管道的矩形弯曲钢箱构成,水泥浆管道可起到防腐蚀保护作用和提供较高的摩擦力。V 形开口提供额外的摩擦力,这种开口是由额外夹紧的索股形成,如图 3.73 所示。摩擦系数可达到 0.7,从而能够承担主跨和边跨不同的索力。

系统测试显示,抗拉强度和疲劳强度没有降低。

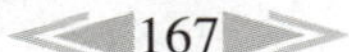

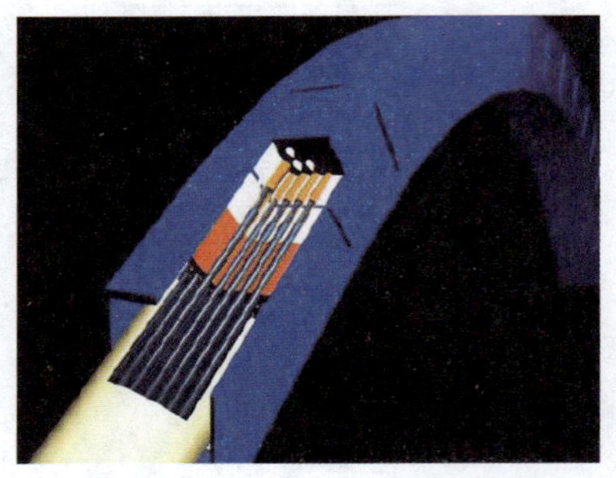

图 3.72　钢塔端部锁定索股的斜拉索和鞍座

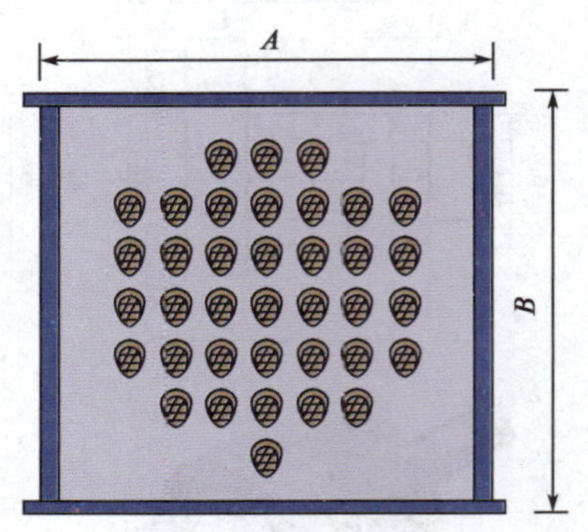

图 3.73　鞍座中央紧索股的 V 形开口

3.6.3.2　塔顶组合拉索锚具

在大多数的斜拉桥中,斜拉索锚具是被单独置于塔顶的,利用这种方法,斜拉索可被单独更换并保持平行,也可得到塔顶处的斜拉索应力。

最新的斜拉索组合锚固构件首选为内浇筑混凝土的钢锚箱。诺曼底桥的典型锚具如图 3.74和图 3.75 所示。在混凝土箱内,水平拉力构件通过前索和后索用钢系梁直接联系,钢锚箱在垂直方向上直接堆叠,利用这种方式施工时可精确地确定出每个锚具的具体位置。

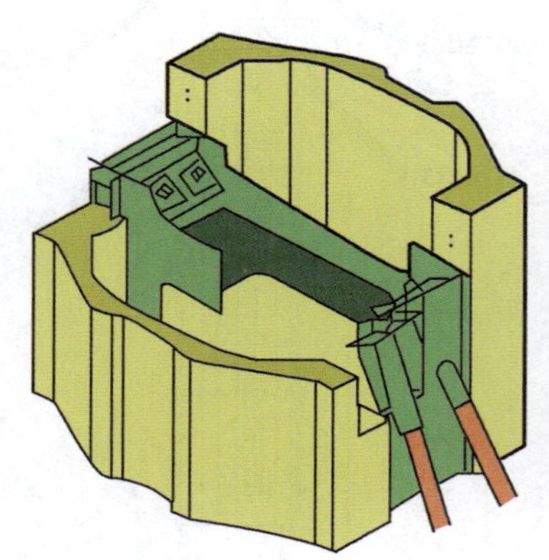

图 3.74　诺曼底大桥的复合斜拉索

图 3.75　钢锚箱制造

Rion-Antirion 桥采取了相似的索塔锚固设计,如图 3.76 所示。

3.6.3.3　斜拉索锚固在混凝土内

若斜拉索锚固在混凝土索塔箱形截面内,其前索和后索之间的张拉力由钢丝束承担。环状钢筋束如图 3.77 所示,可用拉压杆模型解释引入的力,索力的一半经由虚拟支杆直接被引入锚碇中,另一半由箍筋的径向力平衡。

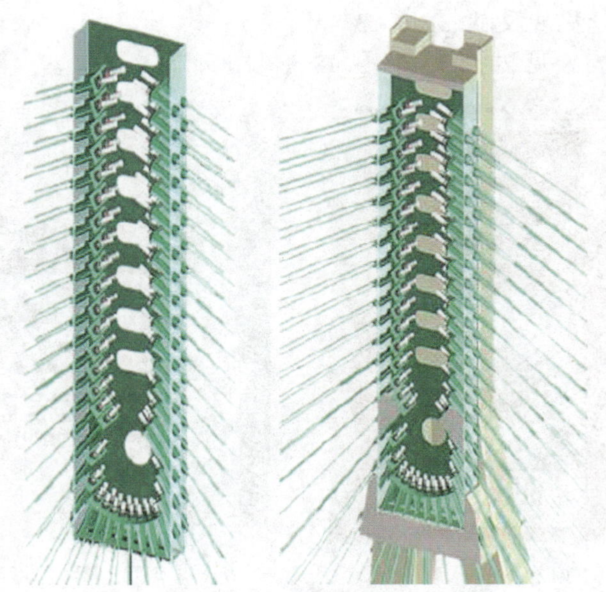

图 3.76　Rion-Antirion 桥复合斜拉索锚具

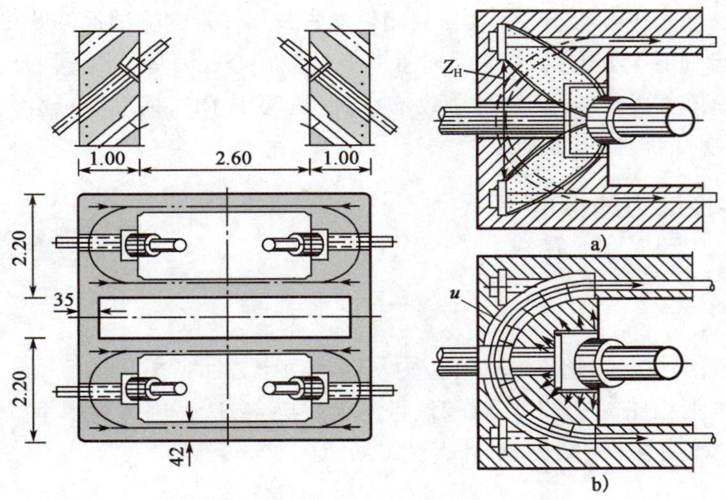

图 3.77　带筋的斜拉索锚具(尺寸单位:m)

3.7　拉索标准

3.7.1　概述

下述斜拉索尺寸的规格仅指斜拉索锚头之间自由长度,并基于多种国际标准测试而来。锚头自身尺寸可以通过三维 FEM 模型和常规检测来确定。

2000 年,德国斜拉索的规格基于容许应力,通过 200 万次疲劳试验确定。如今越来越多的国家基于极限状态,通过 10000 万次的耐疲劳应力确定。

(1)德国测试方法,见文献[3.40~3.45]。

(2)国际测试方法,见文献[3.46~3.48],见图3.78和图3.79。

图3.78 PTI推荐

图3.79 FIB公告30

德国标准DIN1073 PIN18809和欧洲标准3是基于容许应力法;德国标准DIN103、欧洲标准3和美国标准PTI是基于极限状态法。关于封闭钢丝索和斜拉索的测试报告见文献[3.49-3.51]。

作者非常感激他多年的同事莱纳·索尔博士(图2.90),编写了以下关于斜拉索标准的章节。索尔博士在钢丝索和斜拉索方面经验丰富;他是德国DIN标准委员会的成员,并且曾经担任Strelasund大桥的校核工程师。

3.7.2 基于容许应力的标准

3.7.2.1 静载的容许应力

1)封闭钢丝索

德国斜拉桥确定封闭钢丝索的容许应力从以下两个方面考虑:

(1)与单根拉索相比,屈服点相对较低且不太好确定,这是因为封闭钢丝索的应力—应变曲线依赖于时间,如图3.80、图3.81和表3.1所示。

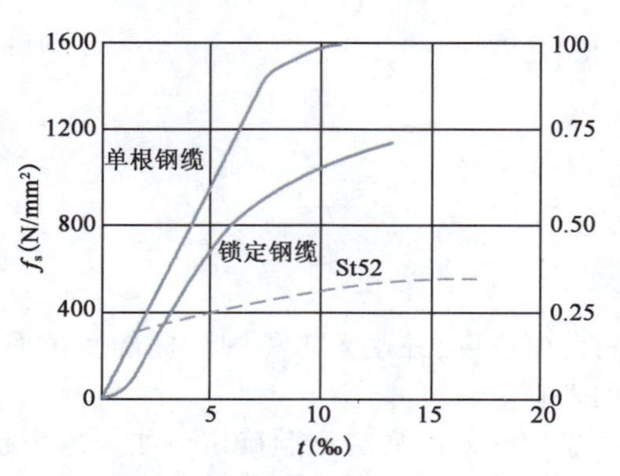

图3.80 ST52高强度钢材封闭钢丝拉索的应力-应变曲线

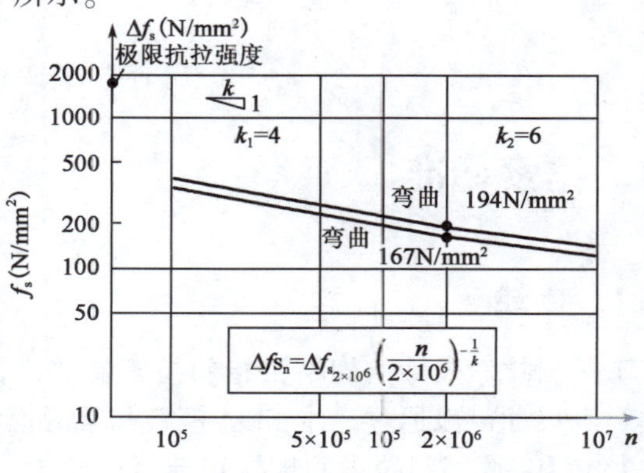

图3.81 对应于上部应力(f_0 =0.45GUTS)的Wöhler曲线[2.137]

屈服应力与抗拉强度 表3.1

项目	ST52 结构钢	钢缆/索股/斜拉索	封闭钢丝拉索
屈服应力(N/mm^2)	355	1570	865
抗拉强度(N/mm^2)	510	1770	1570
屈服应力/抗拉强度	0.70	0.89	0.55

(2)通过使用热铸锌合金 Z610 实际抗拉强度比极限抗拉强度(GUST)低约8%。

与后张拉钢束相比,容许应力确定的值相对较低。

①容许应力 $f_s = 0.42f_{GUTS}$

则

安全屈服系数 $\gamma_M = 1/0.42 = 2.38$　主力

②容许应力 $f_s = 0.46f_{GUTS}$

则

安全屈服系数 $\gamma_{Add} = 1/0.46 = 2.17$　主力+附加力

式中,GUTS 为极限抗拉强度。

这种方式通常适用于安全屈服系数,即:

$f_{屈服} = 0.55f_{GUTS}$

安全屈服系数 $\gamma_M = 2.38 \times 0.55 = 1.31$　主力

安全屈服系数 $\gamma_{Add} = 2.17 \times 0.55 = 1.20$　主力+附加力

2)平行索股斜拉索

缆索极限荷载等于各个单根钢绞线或索股的极限荷载之和,这意味着冷铸材料或楔形锚的强度没有降低,因此容许应力更高。

(1)容许应力 $f_s = 0.45f_{GUTS}$

则

安全屈服系数 $\gamma_M = 2.22$　主力

(2)容许应力 $f_s = 0.50f_{GUTS}$

则

安全屈服系数 $\gamma_{Add} = 1/0.50 = 2.00$　主力+附加力

钢绞线屈强比 1570/1770

安全屈服系数 $\gamma_M = 2.22 \times 1570/1770 = 2.11$　主力

安全屈服系数 $\gamma_M = 2.00 \times 1570/1770 = 1.77$　主力+附加力

3.7.2.2 容许疲劳范围

德国许多早期斜拉桥的封闭钢丝拉索的容许疲劳范围,在60%荷载作用下可认为 $\Delta f_s \leq 150N/mm^2$。德国 DIN18809[3.41],有效期至2003年,最新声明如下:"铁路荷载的疲劳测定范围 Δf_s 为恒载加活载全部质量的50%。以这种方式确定疲劳范围,封闭钢丝拉索经足够数量的测试被证明振幅增加到1.15时,可承受200万次疲劳荷载"。

疲劳范围在规范中没有明确规定,通常:对封闭钢丝拉索为 $\Delta f_s = 150N/mm^2$;对平行钢缆和斜拉索索股为 $\Delta f_s = 200N/mm^2$。

认为只有法向力是与疲劳强度相关的力。

3.7.2.3 更换斜拉索依据容许应力

文献[3.41]确定的荷载不是容许应力，但必须保证安全。

极限安全系数 $\gamma_{GUTS}=1.6$

安全屈服系数 $\gamma_{屈服}=1.1$

对应的容许应力分别为：

对于锁定钢缆：

容许应力 $f_s=0.50f_{GUTS}$

对于平行钢绞线和拉索：

容许应力 $f_s=0.63f_{GUTS}$

3.7.3 极限状态的标准

3.7.3.1 极限状态

假定部分安全系数如下：

(1)对于封闭钢丝拉索：

极限抗拉强度系数 $\gamma_M=1.65$

屈服系数 $\gamma_M=1.10$

(2)对于平行钢绞线和斜拉索：

极限抗拉强度系数 $\gamma_M=1.65\times0.42/0.45=1.54$

屈服系数 $\gamma_M=1.10$

3.7.3.2 疲劳概述

新的规范要求考虑轴向荷载以及斜拉索由于活载、风荷载等引起的弯曲。控制荷载和荷载周期详见 DIN FB 101,IV-4.6 节。

1)封闭钢丝拉索

无试验测试时，绳索可分为112类。DIN FB 103-II-9.3 确定的材料安全系数为1.15，因此在模拟测试中材料的疲劳强度范围是 $\Delta f_s=1.15\times112\approx130(\mathrm{N/mm^2})$。

实际拉索的测试采用 $\Delta f_s=150\mathrm{N/mm^2}$，但该强度归类到 $150/1.15=130(\mathrm{N/mm^2})$的范畴。

2)平行钢丝和钢绞线

以 Strelasund 桥的平行钢绞线斜拉索为例。

(1)容许疲劳范围

以基本应力 $f_s=797\mathrm{N/mm^2}$进行测试，疲劳强度为 $\Delta f_s=200\mathrm{N/mm^2}$，偏差角度 $\Delta\alpha=0.6=0.01\mathrm{mrad}$ 和循环次数 $n=2\times10^6$ 次。考虑由于偏离角产生的附加弯曲应力，有效疲劳强度范围为 $233\mathrm{N/mm^2}$。循环次数 n 的其他取值为：

$$\Delta f_s=\Delta f_{s_{2\times10^6}}\left(\frac{n}{2\times10^6}\right)^{-\frac{1}{k}}$$

式中，$k=6$，如图 3.80 所示。

依据 DIN FB 103-II-9.3,主要承重构件的安全系数 $\gamma_{Mf}=1.15$。力和弯矩的容许应力为:

①对于活载,当 $n=2\times10^6$ 时

$\Delta f_0/\gamma_{Mf}=233/1.15=203(N/mm^2)$。

②对于风致振动,当 $n=10^8$ 时

$$\Delta f_W/\gamma_{Mf}=233\times\left(\frac{10^8}{2\times10^6}\right)^{-1/6}\times1.15=121/1.15=105(N/mm^2)。$$

与疲劳强度相比,位于中心定位器的斜拉索的弹性支承显著降低了弯曲应力,偏离角位于锚固楔形块处,如图 3.82 所示。

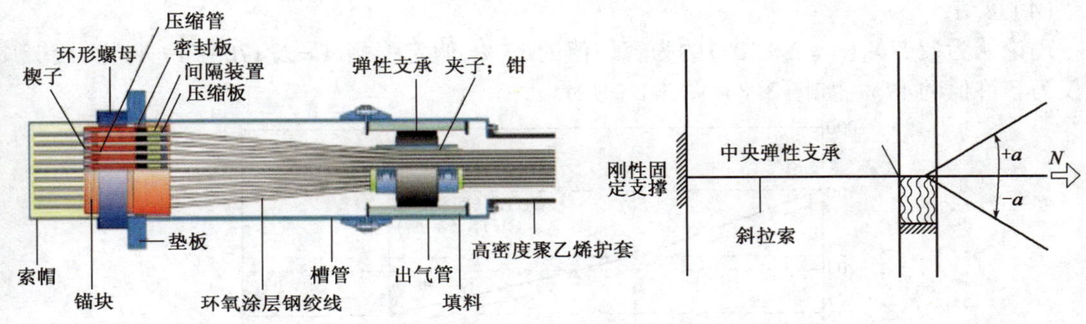

图 3.82　中央斜拉索的弹性支承

实际弯曲应力仅是刚性固定支撑的 25%,其取决于实际法向应力和中心定位器支撑刚度,如图 3.83 所示。

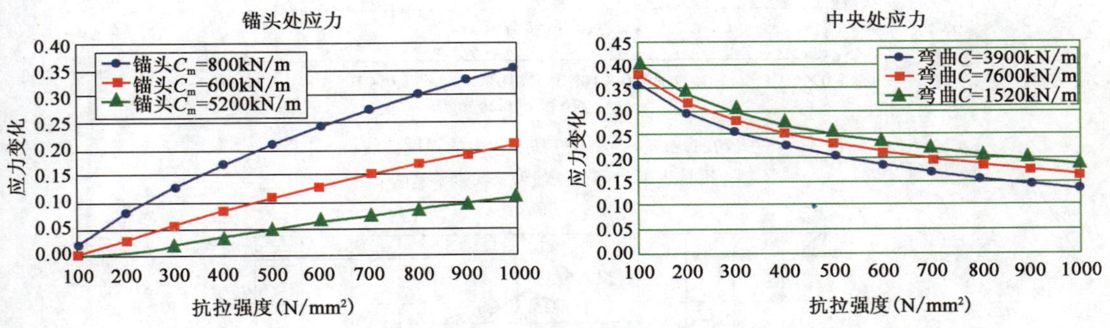

图 3.83　法向应力和刚性支撑对于拉索偏转角弯曲应力的影响

(2)活荷载引起的疲劳

依据 DIN FB 101,6.4 节中疲劳加载模式,通常疲劳范围最大可达 $\Delta N=114kN$,在梁和斜拉索的最大偏差角为 $\Delta\alpha=0.17$。考虑到自适应值 $\lambda=2.0$ 和部分安全系数 $\gamma=1.0$,得出:$\Delta f_N=45N/mm^2$。

①锚头处

$\Delta f_B=15N/mm^2$

②支撑处

$\Delta f_N=29N/mm^2$

因此,实际总疲劳应力幅为:

$\Delta f_s = 45 + 29 = 74(\text{N/mm}^2) \ll 203\text{N/mm}^2$

(3)风振疲劳

到目前为止,由风引起的振动和应变机理至今仍不能完全确定,见第3.8节。现代平行钢绞线拉索降低了对风激励的敏感性,因为安装在螺旋线外的弹性支承像减振器一样可以减少PE管的风雨激励。

基于FIB标准,研究了振幅 $A \leqslant L/1700$ 时的情况,证明最长斜拉索为10cm时,角度为:

$$\Delta\alpha = 2 \cdot \pi \cdot A/L = 3.70 \times 10^{-3}(\text{rad})$$

锚头处的弯曲应力 $\Delta f_B = 9\text{N/mm}^2$,支撑处应力为 18N/mm^2,明显小于基本疲劳强度。

(4)总结

理论认为疲劳幅($n = 2 \times 10^6$)约为容许值的35%,假定振幅 $A = L/1700(n = 10^8)$,疲劳应力仅为容许值的17%,如图3.84、图3.85所示。

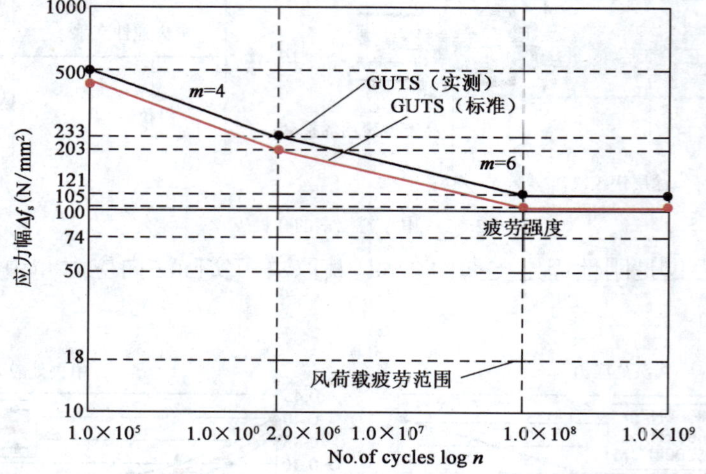

图3.84 沃勒曲线($n = 2 \times 10^6$)和耐久力的强度曲线($n = 10^8$)

注:此曲线用于平行钢绞线衰变性(美国)。

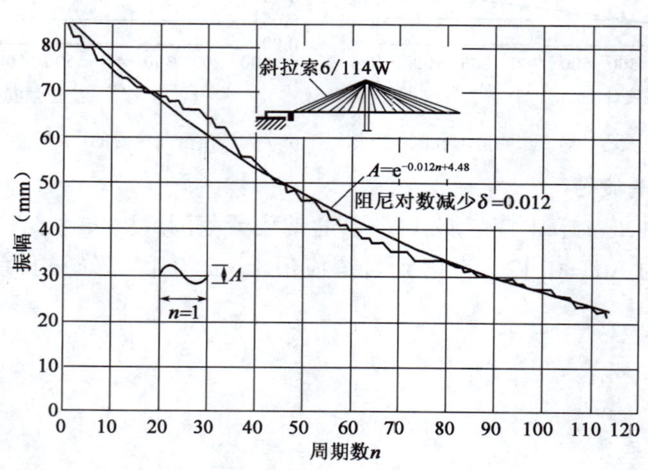

图3.85 Pasco-Kennewick桥拉索的衰变性(美国)

3.7.3.3　斜拉索更换

在正常使用条件下,增加的容许应力在应用到极限状态下需要进行部分安全系数和荷载组合系数的修正。

3.7.3.4　使用极限状态

例如考虑防腐蚀系统的正常功能,在使用极限状态时,不考虑横向弯曲应力时,平行钢绞线需要进行极限状态下的应力验算,确保结构变形引起的偏移角不超过0.3°。表3.2中给出了容许应力取值。

使用状态下容许应力　表3.2

项　目	施工阶段拉索更换	使用阶段
偏转角≤0.3°	0.55GUTS	0.45GUTS
偏转角>0.3°	0.60GUTS	0.50GUTS

3.7.4　总结

表3.3和表3.4对规范进行了简要总结。

极限状态下斜拉索的容许应力　表3.3

项　目	容　许 f_s	容　许 Δf_s	更换斜拉索
封闭钢丝拉索	0.42 β_N	150N/mm^2	0.50 β_N
平行钢绞线	0.45 β_N	200N/mm^2	0.63 β_N
平行索股			

斜拉索极限状态下的荷载系数　表3.4

项　目	抗拉强度	0.2%的屈服强度
封闭钢丝拉索	1.65	1.10
平行钢绞线	1.54	1.10
平行索股		

3.8　斜拉索动力特性

3.8.1　概述

单根索可理想化一条线,像一根预应力筋。斜拉索的实际特性为:刚度几乎全部来自于纵向预应力,这种刚度被称为几何刚度,在变形曲线的横截面上拉索横向偏移产生回缩力。

拉索很容易发生振动,主要是因为固有的结构阻尼极低。图3.85显示的是一座斜拉桥拉索振动衰减的实例:对数衰减 δ 值为0.012,有时甚至更少[1.15]。下面的数值可作为参考。

最小值:$\delta \approx 0.005 \sim 0.006$;

期望值:$\delta \approx 0.010 \sim 0.012$。

拉索的结构图如图3.85所示,阻尼比焊接钢结构阻尼低3~4倍。如前所述,低阻尼的主要原因是其几何性质是刚性的。

振动期间纵向应力保持不变,不会出现能量消散的滞后现象,例如阻尼。由于低阻尼作用,可发现许多激励振动现象,例如,风、雨引发的驰振现象不会发生在钢结构的其他部位,如主梁。敏感性的振动可进一步提高,其原因主要有以下两个方面:

(1)缆索固有频率的变化。缆索张拉力(结构加载环境)的变化造成频率在一定的范围内变化。这会产生不同的共振频率及意料之外的频率。

(2)拉索的质量较轻。如果拉索被辅助构件(如桥面板或塔)的振荡而激发,那么拉索的振幅将比基本构件的振幅显著增大,后文将进一步深入讨论。

缆索振动将弯曲应力传到锚固处是危险的。虽然理想化的斜拉索体系没有特定的定位,但是因为这一位置处存在弯曲应力,故在现实中需设置确定的位置,这将导致在锚固点产生摩擦、腐蚀和疲劳。一个极其重要的问题即轴向索力,其不利作用如图 3.86 所示。通过对比两个斜拉索在相同振动下的振幅,较高索力的斜拉索扭转更为明显,此时固定端弯矩较大。即便是小的拉索振动也会产生比较危险的弯曲弯矩,见第 4.1.6 节中图 4.26。

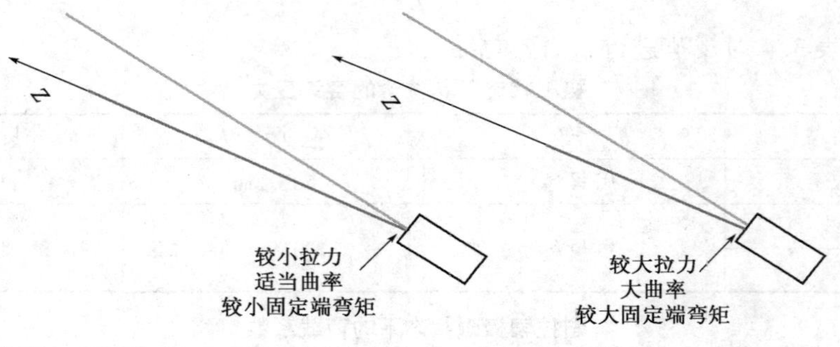

图 3.86　二阶理论的固定端弯矩

缆索的强烈振动是人们感知所不能接受的:不美观,同时会使人们不安。这是一个主要的考虑因素。

振动现象的产生是多方面的。

(1)缆索直接激振。风荷载的静态和准静态所占比例较小,共振是主要的类型。但其强度较弱,该类型的振动仍未被理想地观察到。

(2)几种类型的自振。自振导致动态不稳定。这种现象的一个特征就是,所有斜拉索会受到影响,而不是单根斜拉索。通常振幅大的振动是容易观察的。最常见的形式就是风雨导致的振动,应采取相应的措施抑制这种不稳定的振动。

(3)参数激振。比较少见的一种类型,振动仅发生在单根拉索上,其将导致大幅度的振动,也需采取相应的措施抑制其振动。

(4)耦合振动(亦称为锚振动)。斜拉索和结构构件共同振动,也就是振动从相邻的结构构件转移到斜拉索上。

(5)涡激振动。激发的次要形式,其重要性往往被高估。

随着跨径的增加,缆索动力学变得越来越重要,因为长缆索更容易产生振动。通常向专家咨询斜拉索的稳定性,但是主管工程师应该能够理解和评价专家意见。

笔者与 Imre Kovacs 教授(图 3.87)对缆索的振动问题合作研究了多年。Kovacs 教授是该领域最成功的工程师之一。笔者感谢他对本章斜拉索动力学所做的工作。

出生于1943年，贝凯什，匈牙利
1996年硕士毕业于布达佩斯大学
1973年博士毕业于斯图加特大学
1975~1991年莱昂·哈特，安德拉合作伙伴
1997年创建Dynatmik咨询公司。
所做的钢缆动力学的大桥有：
1986 Faroe 桥，匈牙利
1991 Helgeland 桥，挪威
1995 Burlinhgton 桥，美国
1996 Penang 桥，马来西亚
1996 巴达霍斯桥，西班牙
1998 Uddevalla桥，瑞典
2001 Gdansk 桥，波兰
2002 Monterrey 桥，墨西哥
2004 Stonecutters 桥，香港
2004 Ma-Chang 桥，韩国
2006 Mo Bridge 布达佩斯Mo桥，匈牙利
2008 Anzac Bridge Sidney,澳大利亚

图 3.87　Imre Kovacs 教授简介

3.8.2　基本参数

3.8.2.1　静风荷载

在后面的章节中将讲述斜拉索通过索缆护套降低振动的敏感性。但这会影响拉索的张拉荷载。

如上所述,静风荷载作用在缆索自身上并不重要。然而,它可以作为间接荷载传递到主结构构件上,如梁和塔。

斜拉索是大跨径斜拉桥设计的关键(图 3.88)。主跨 1205m 的 Great Belt 东桥采用斜拉桥方案。作用在梁上的 65% 的横向风荷载来源于斜拉索。斜拉索拉力对其动力影响贡献最大,因为拉力减小阻力,同时降低振动不稳定的敏感性。

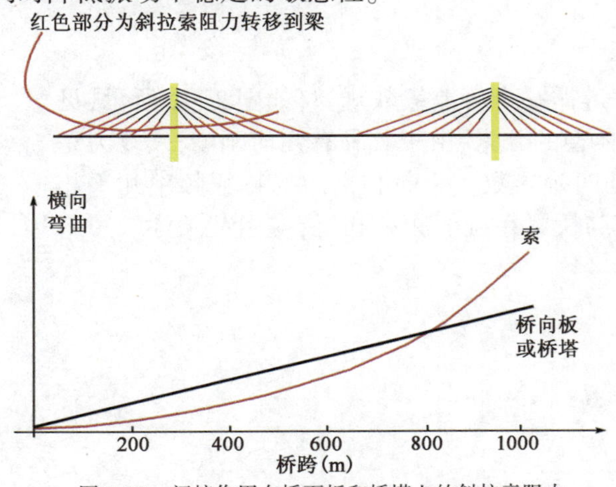

图 3.88　间接作用在桥面板和桥塔上的斜拉索阻力

经济指标是主要的技术指标，考虑经济指标，设计时减小缆索的直径。在过去的20年里，缆索的防腐性能大幅提高。防腐效果的增加，使20年前广泛应用的300mm直径的拉索现在很少使用。图3.89显示了多种减小缆索截面的方式。目前很少使用直径超过200mm的缆索。

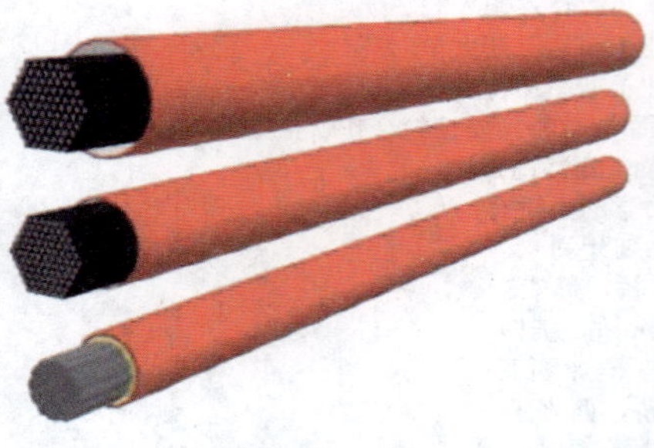

图3.89　尝试朝着更紧凑缆索配置的各种实例

图3.90显示了圆截面关于雷诺数与阻力系数的关系。雷诺数为$2\times10^5\sim5\times10^5$时，阻力急剧改变，在该范围内实际拉索亦如此。由图3.91可以看出，通过改变表面可降低这个区域内阻力，同时增加了摩擦。这些变化的现象取决于其表面的几何形状，其可在许多领域应用，例如高尔夫球的空气动力学。它可以通过以下事实来解释，纵断面的雷诺数会产生湍流边界层，这往往保持更长的时间。因此，边界层的分离点移动到背风面并可降低阻力。现代斜拉索的设计尝试最大化利用这一效果。更好的解决驰振的方法将在后面进行讨论。

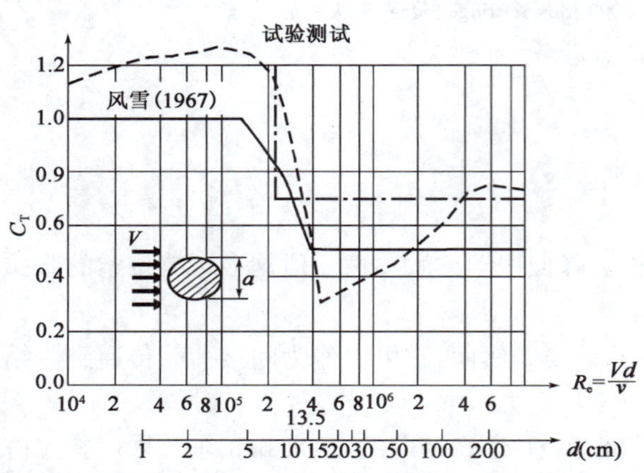

图3.90　无限长圆柱实测与规范阻力系数，与雷诺数范围关系的举例

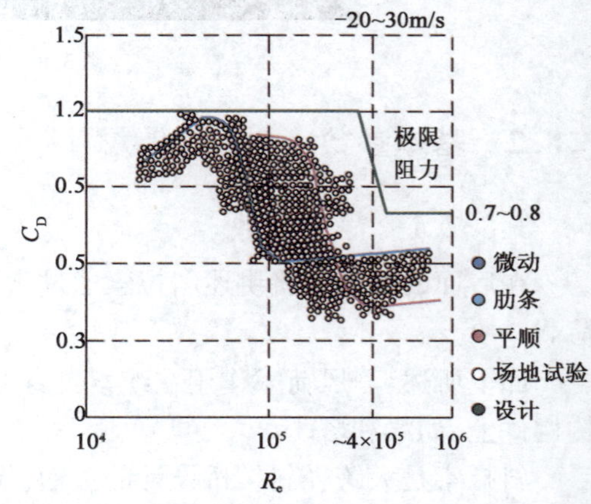

图3.91　对于不同表面形状斜拉桥测量（BBR实验室）

3.8.2.2　固有频率

斜拉索的固有频率遵循一个等差级数规律，如图3.92所示，见3.9.5.2节。这是一个典型的弦索，由于其具有几何刚度，恢复力是位移的二阶导数而不是四阶导数。竖向和横向的特征频率几乎相同。如果斜拉索的频率与桥梁系统的频率相近，应引起关注。短斜拉索没有这一问题。

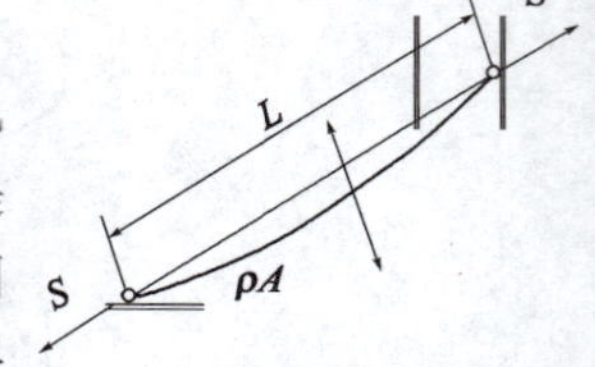

图3.92　斜拉索的边界条件和振动模式

3.8.3　动态激振

3.8.3.1　驰振振动

1）冰的驰振

这一激发原理起源于其不利的异形截面形状，如图3.93所示。

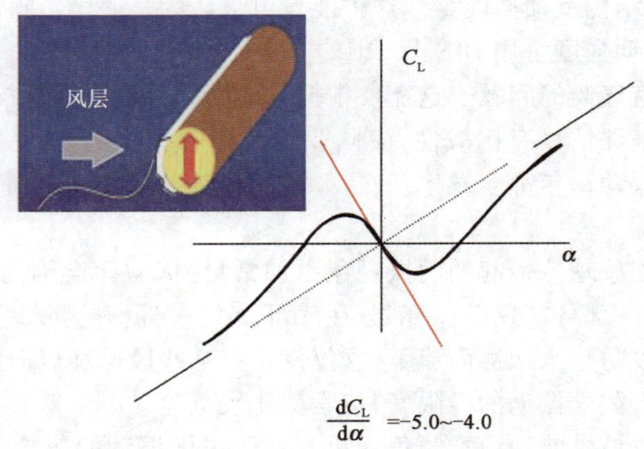

图 3.93 冰的驰振,驰振敏感性的升力梯度变化类型的改变

冰的驰振将产生动态的不稳定性,圆形截面本身比较平滑,通常情况下没有问题,除了入射流量的角度轻微偏斜(如果流体沿着斜拉索成为构件的一部分,那么截面将变为椭圆形)。圆形截面通过物质的聚集可以向有角形状转变,如果积累得足够多将导致不稳定。

冰驰振的典型例子,其带有提升力特性,如图 3.94 所示。对于临界界面 $a_G \approx -5 \sim -4$(达文波特之后),但这仅是实际拉索长度的 20% ~25%,因此一个合理的标准是 $a_G = 1.0$ 后的稳定值[3.53]。

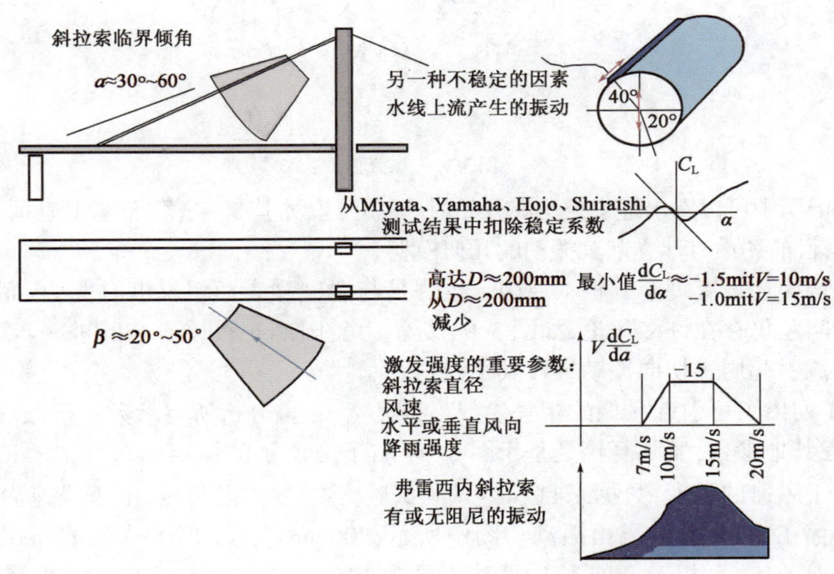

图 3.94 风雨引起的斜拉索振动

振动的激发原理可以解释为:斜拉索随机振动时,由于(水平)流动速度的矢量移动和缆索运动矢量致使速度入射流的倾斜角发生改变,当缆索向上振动时,表面入射流向下流到一个等价静态截面,其与截面旋转一致,而与逆时针旋转的水平风向相反。

从图 3.93 可以看出,角度—提升力之间的关系为负梯度,因此会产生与部分速度同方向的提升力作用,从而给结构反馈回能量。这种能量可被认为是一个负阻尼器,如果总的阻尼为负,则出现不稳定。振动强度可用 DIN[3.53] 中的方法计算。

微振动是一个适宜气候的问题。这需要根据具体情况逐步进行复核。冰采用和高风速同时发生的概率可靠度来评估具有挑战性,应同业主一同解决。例如,在德国北部,长 200m 的缆索由于风速引起微振动每年都会发生几次。风雨引起的振动比冰引起的振动更频繁。

2)风雨引起的驰振

风雨引起的驰振现象较冰引起的驰振现象更加常见,横截面会因为水流沿拉索的流动而发生变化。这种流淌,一部分在顶部,一部分在底部,会引起负升力梯度系统的不稳定。水从上面流淌是因为风可以防止水从侧面流下,这仅发生在某些风速和风向的条件下。

如果风速高于复合截面振动的极限,斜拉索就比较危险。

如图 3.95 所示,可见风向和缆索倾角 α 更容易受风雨振动的影响。事实上,所有底部流水的斜拉索都很危险。(在一段日本 Meikon Nishi 大桥振动的录像中,解释如下:①激励的剧烈性;②存在一组缆索的振动;③作用于锚索处的力非常强大。)

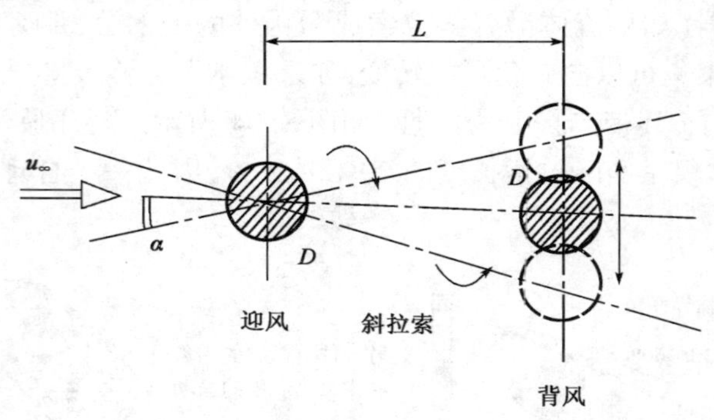

图 3.95 尾流驰振

在录像记录中可以看出缆索振动在开始时非常迅速,尤其是在第一滴雨到达时,实际上是在水线形成前,目前还没有建立起其振动的几何模型。

也可以认为还没有理解其根本原因。也许是与湿度和表面粗糙度有关,从而改变和影响流量。这个问题仍存在许多争论,如图 3.94 所示为美国 Peil 教授研究的进一步可能的影响,其中上部水流引起周边切向振动导致其不稳定。

图 3.94 列出了可引起激振的相关参数。很显然,完整分析所有参数对于振动的影响是复杂的,不考虑其他参数,实际复核是基于图 3.94 右下方所示的恒定的曲线 $V \cdot \mathrm{d}C_L/\mathrm{d}\alpha$。该图显示出相对于风速的强度,数据来自日本风洞试验[3.54-3.56]。很明显,由于风速为 20m/s 时上部水线不复存在,不会发生风雨振动。图中所示,200mm 直径的 200m 长的斜拉索振动约在 $\delta_{gall} = 0.02 \sim 0.025$,而相对于更长的缆索(图 2.105 中 Stonecutters 大桥)此值可能上升到 0.04 ~ 0.05。通过弗雷西内在实验室的试验绘制出激发强度图中振幅的衰减和无阻尼缆索的曲线。

注意,该文献提供了不同稳定性的标准,其中一些未考虑振动。例如大家所熟知的 PTI 条件[15.3] 定义的依斯柯顿数的稳定性,如下:

稳定性判据

$$S_c = m \cdot \xi/\rho \cdot D_2 \geqslant 10\mathrm{PTI}$$

临界阻尼

$$\xi = \delta/2\pi$$

现实中,任何斜拉桥的依斯柯顿数都在 2～5。在 PTI 条件下,如不考虑斜拉索的长度或斜拉索的固有频率的影响,通常假定斜拉索是不稳定的。如一个特例,利用交叉式来保证缆索稳定,则任何公式是不平衡的,这显示出了标准的局限性。

某些情况下斜拉桥保持稳定,甚至某种条件下我们希望产生不稳定振动。例如笔者在马来西亚主持建造的 Penang 桥,斜拉索用的是钢缆而不是 PE 护套拉索,就是基于这一原因。

任何无阻尼斜拉桥都会产生风雨引起的基本振动,产生的振幅大,通常为 0.5m,有时高达 2m。目前斜拉桥设计标准要求进行振动复核。

3)尾流振动

尾流驰振是振动的一个次要类型,如图 3.95 所示。当两个斜拉索被平行放置并相距很近时,后侧的缆索被强制进入不稳定的振动。Ruscheweyh[3.57] 发现间距大于 $5D$ 的缆索间不会发生这种条件现象。在斜拉桥中,只有在缆索被集结成束或做成背索的特殊条件时,会出现这种现象。

3.8.3.2 锚激励

内部共振,也称锚激励或耦合振动,桥的重要组成部分梁或塔有时也会发生锚振。如图 3.96 所示,斜拉索的频率与重量较大的桥梁构件的频率相同时,会发生锚激励振动,这种模式下,斜拉索的振幅比其相邻构件的振幅大。

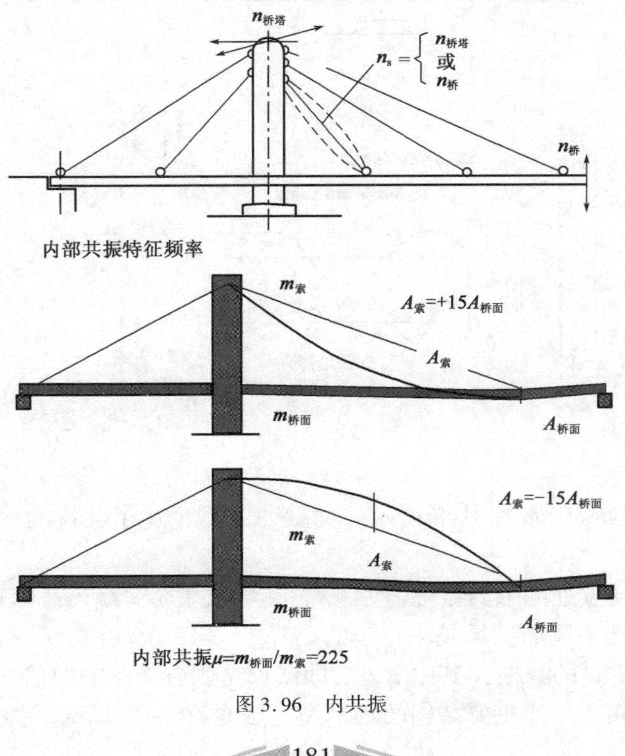

图 3.96 内共振

外部激励通常是由风引起的,通过锚固连接点直接作用于主要构件和缆索上。

内部构件能稍微降低主要构件的振动幅度,但相反的是缆索振幅非常大。这种强烈的拉索振动幅值是质量比的函数[3.58],即:

$$A_{索} \approx A_{构件} \cdot \sqrt{(m_{构件}/m_{索})}$$

对于桥面板,缆索或桥塔中,缆索的质量比可以是 200 ~ 400。即使一个单元轻微的振动也会引起缆索的剧烈振动。

内部共振不会经常发生,因为通常桥面和桥塔的最小固有频率小于索的最小频率。否则需要安装控制大振动的阻尼器。

3.8.3.3 参量谐振

参量谐振的原因是一种自然谐波参数的时间变化导致固有频率的变化。如果变化是有规律的,这时仅有实际的相关性;如果变化规律恰好是固有频率 $\eta = 2$ 的倍数时,发生参量谐振。

斜拉索对共振非常敏感,因为索力的固有振荡参数很容易随着梁或桥塔的周期振动而发生胁迫振动,如图 3.97 所示。更详细的解释可参考文献[3.58,3.59]。

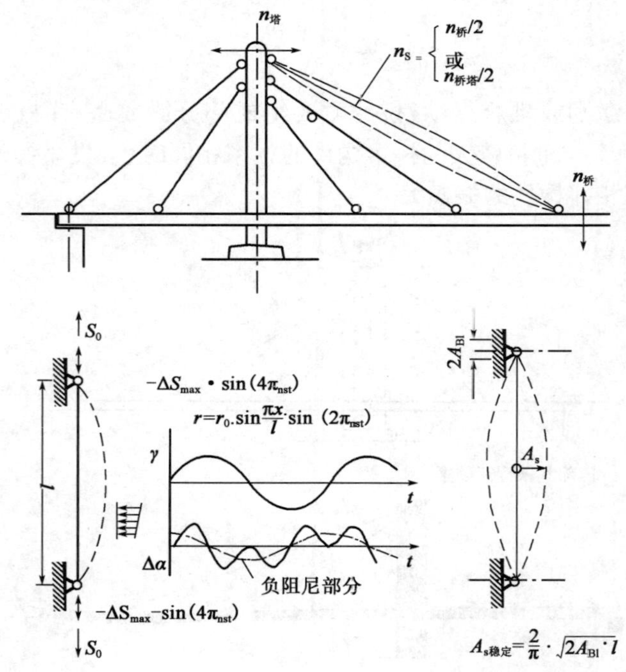

图 3.97 共振

参量谐振有许多特点,如图 3.98 所示。文献[3.59]论述了共振的可能情况(阴影区为激发峰值)。

图 3.98 给出了端点处的临界振幅值 $\xi \cdot X_0$,其导致了 $\eta = \Omega_1/\Omega$(固有频率和参数变化之间的频率比)的不稳定。阴影区域是不稳定的。

M_1 为基本且最重要的共振,(其中 $\eta = 2$,即激振是固有频率的两倍)很少在整体结构中发生,因为缆索的固有频率相比主要结构的频率高。然而,在一些局部结构中可能会出现 M_1。

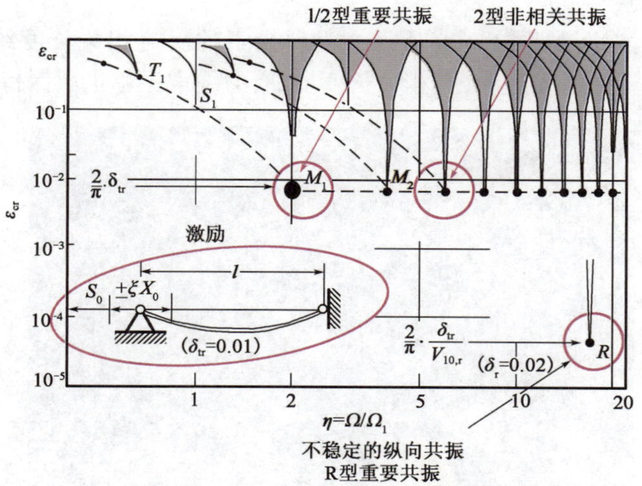

图 3.98 共振现象概述

注：情况 M_1 和 R 是重要的。

S_0-索力；X_0-在 S_0时的静态伸长率；Ω_1-第一阶固有频率；$\xi\cdot X_0\cdot\sin(\Omega\cdot t)$-端部（锚固点）位移

(1)各种施工阶段，例如起吊阶段或者悬臂时低应力阶段。

(2)在最后阶段，如果跨径比接近 0.5∶1∶0.5，边跨的背索索力非常小。

进一步的相关性 R，特别是纵向斜拉索频率可导致高频、大振幅振动。例如，对巴达霍斯桥的观察。其他共振现象没有实际相关性。

3.8.3.4 抖振

风的湍流引起抖振，如图 3.99 所示，其就像影响其他结构一样，也会影响缆索[3.60]。

因为低阻尼的存在，仅在有压力的共振元件间是相关的。振动强度仍远低于其他振动强度，无论是峰值还是疲劳因素对于缆索的设计都是很重要的。

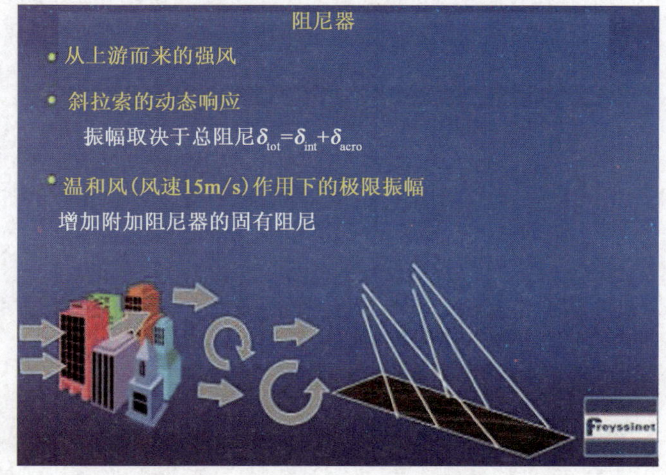

图 3.99 抖动的说明

3.8.3.5　涡激振动

对涡激振动同样如此，如图 3.100 所示。沿斜拉索的涡流相关长度约为 $6D$，甚至更小。当振动运动和旋涡运动同时发生时，其相关长度增加，但缆索振幅仍然保持低幅度。

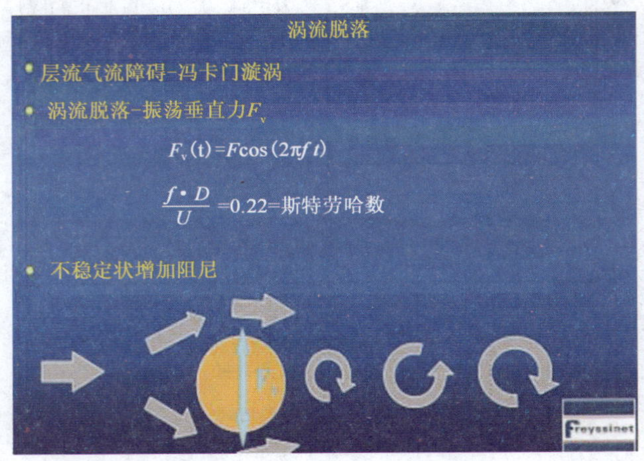

图 3.100　涡流激振说明

3.8.4　措施

采取抑制缆索振动的措施对控制风雨振动具有重要意义。设计师通常会首先考虑这个现象。当振动被控制，它需要被复核其措施是否足以抑制任何其他相关激励，这是常规需要复核的工作。

3.8.4.1　阻尼器

1）人工阻尼

控制空气动力缆索不稳定性的最好办法是提供人工阻尼，尤其是在垂直平面上。最常见的技术是将阻尼器固定到一个斜拉索锚固点附近的桥面板或桥塔上，如图 3.101 所示。

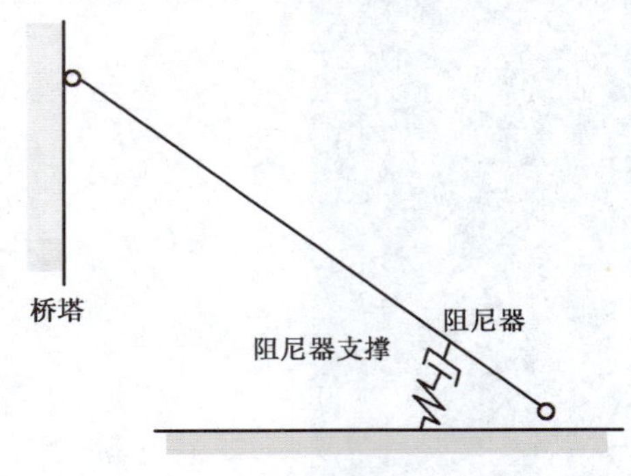

图 3.101　阻尼器的一般安置原则

理论上阻尼器也可使用调谐质量的方法，但存在美学和技术问题，迄今为止它尚未被斜拉桥采用。

风雨引起的振动发生在风速为 7～20m/s 时。阻尼器的设计风速 $v=15$m/s，如下：

$$\gamma \cdot \delta_{gall} + \delta_{eige,min} + \delta_{arti} \geqslant 0$$

式中，γ 为安全系数，通常取 2.0；γ 满载或空载时取 1.5；假定最低内部阻尼 $\delta_{eige,min} \approx 0.006$，内部阻尼期望值 $\delta_{eige,exp} \approx 0.012$。

例如，位于布达佩斯的 M_0 桥所涉及的斜拉索阻尼器如图 3.102 所示。固有频率遵循一个共同的规律，即最短斜拉索的基本频率约为1.5Hz，该背索的频率从 0.6Hz（仅自重作用下）降到 0.35Hz（边跨满载）。振动的敏感性相应的分布在负阻尼最高的背索上，阻尼值为 $\delta_{gall} \approx$

0.025(空载)和0.035,这样主跨拉索的危险性会相对小一点。但考虑内部阻尼期望值和振动要求的安全时,需要增加大量的阻尼以适应图中$\delta_{gall}=0.05$的阴影区域。

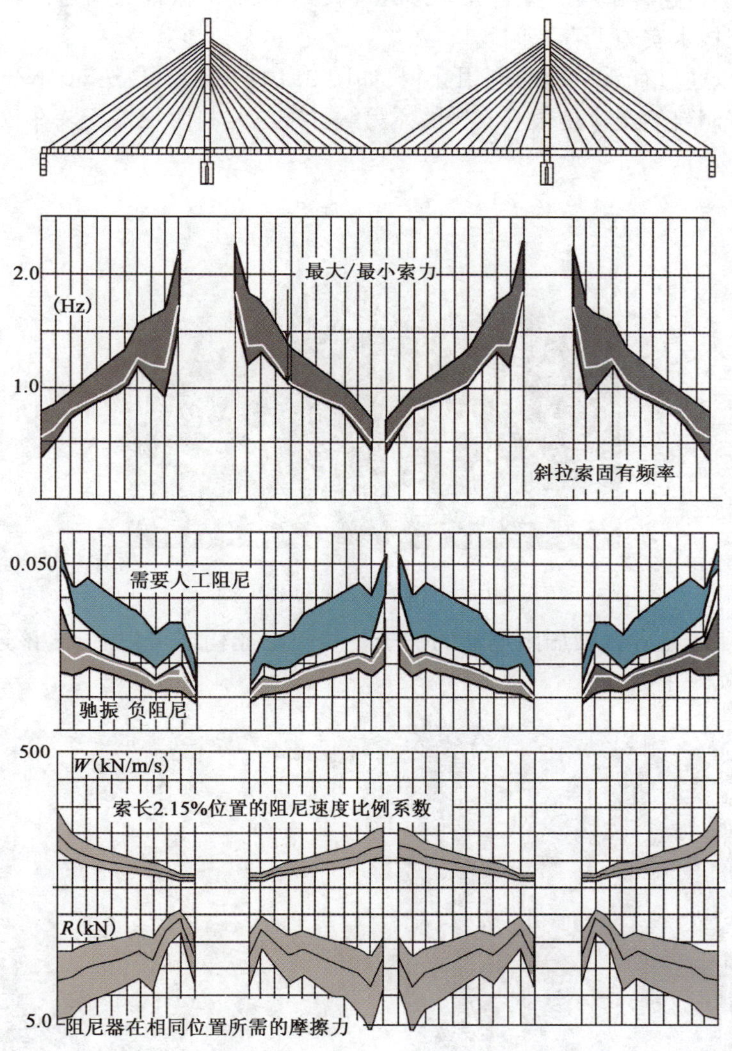

图3.102 布达佩斯M_0桥(为抑制振动所需的额外阻力)

2)离散阻尼器

离散阻尼器是具有伸缩结构或非线性摩擦阻尼器的线性阻尼元件。在这两种情况下,可达到的阻尼[3.58]从离散阻尼所得,$\delta=\pi\Delta L/L$,为最佳可实现的阻尼。

附着点和锚固点之间的最小距离要求是缆索长度的2.15%,这样可计算得出两个阻尼器(阻尼常数或摩擦力)的位置参数。

应当指出的是,拉索的振动是一种特殊的加载,这种加载在很长一段时间可能导致缆索损坏或疲劳破坏。这样我们可以采取一种措施,即最初不安装阻尼器,在采集到振动时安装阻尼器。由于其不确定性,拉索可以整体保持稳定。

3)液压阻尼器

液压阻尼器是在两个腔室之间填充有黏性液体的汽缸。其产生的反作用力几乎与活塞伸缩移动速度成比例。这种解决方案首先必须处理大约1mm小振幅的问题,这需要相当高的阻尼系数,至今仍在技术实施上存有问题。

这个问题可以通过查看早期的应用获得,如图3.103所示。高达300N/m/s常量仅使用三个阻尼器,其按照自然规律是很难安排的。另一种方法是将阻尼器安装在较高位置,如鹿特丹Erasmus桥。

图3.103　早期离散型斜拉索阻尼器

如图3.104所示是外置液压阻尼器的例子。从阻尼器构造可以看出,该连接是通过一个恰当的铰接装置实现的。

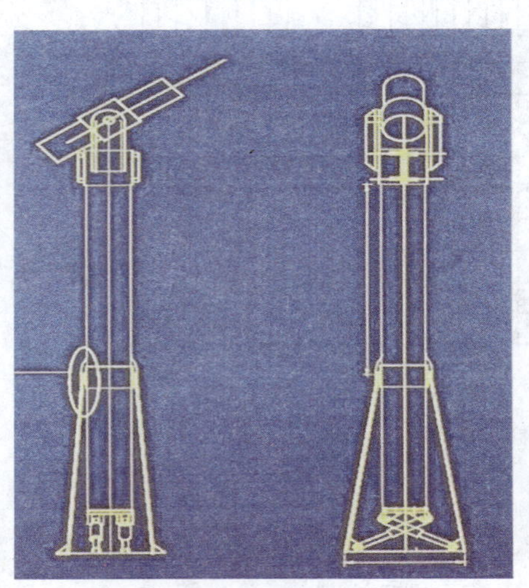

图3.104　外部配置弗雷西内阻尼器(法国ELORN桥)

更为复杂的是所谓的内置解决方案,即设置隐蔽在斜拉索内部的阻尼器,如图3.105所示。该解决方案与外置阻尼器基本相同,阻尼器的导向管必须具有足够的刚度,使得位移与桥面板同步。高密度聚乙烯单腔阻尼器如图3.105所示。IRD由放射状排列和正常伸缩系统组成。系统的气密性和适应微小的纵向位移问题仍然存在。

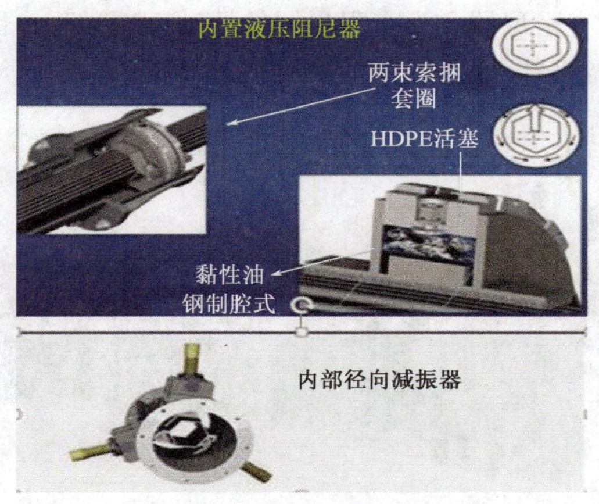

图 3.105 高密度聚乙烯单腔阻尼器

4）摩擦减振器

摩擦减振器相对来说比较新颖，其运作基于干摩擦。摩擦阻尼器对于小位移幅值是没有问题的，因为该摩擦保持恒定，有效常数对于小幅振动来说特别高。桥梁拉索所需的摩擦力在 2 ~ 6kN[3.61] 可控制的范围内。如图 3.106 所示，中窗体顶端摩擦阻尼器本质上是非线性的，即振幅关系图中黑实线。振幅应遵循驰振的原则：

（1）当 $\delta < \delta_{gal}$ 时，增长。

（2）当 $\delta > \delta_{gal}$ 时，减小。

当振幅在 P 以下，其将回到 O 点。起始振幅 A_0 通过摩擦力来调节。一个合理的取值是推荐的起始幅度 $A_0 \approx L/3000$。

对于大中型长缆索，A_0 宜取 50 ~ 100mm，是缆索直径的 1/3 ~ 1/2，这是相当小的。图 3.106 中的交点 P 的范围是 300 ~ 600mm。如果振幅超过 P，阻尼也不足以控制振动。然而，这是在理论情况下，因为这种量级的振幅不会发生在阻尼拉索上。

一些早期设计的摩擦阻尼器（图 3.12 中的 Kohlbrand 桥，图 2.168 中的伯灵顿桥及巴达霍斯桥）已不能满足今天的需求了。图 3.107 中展示的是 VSL 和 LAP 的现代发展产品，并已在一定数量的桥上安装了。前面已提到本设计在纵向位移和功能完善上存在不足。

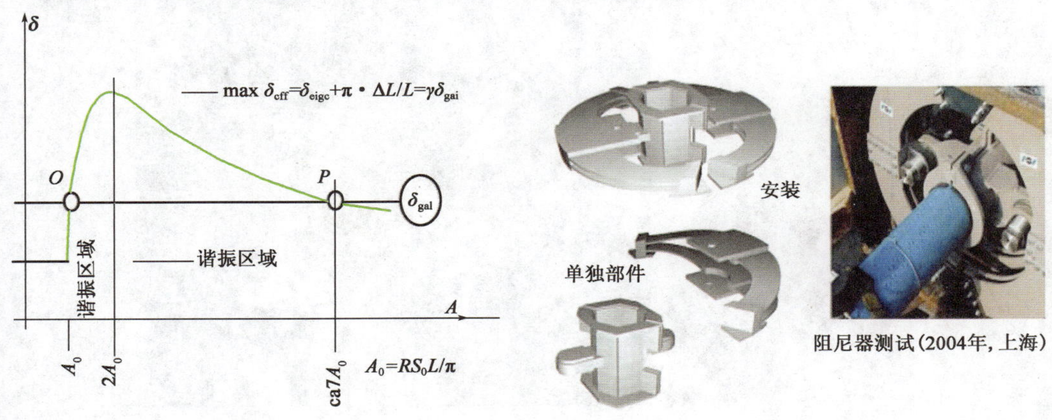

图 3.106 摩擦阻尼器工作原理

图 3.107 墨西哥 Monterrey 桥上的 VSL S 型摩擦阻尼器

图 3.108 显示了拉索有阻尼器和没有阻尼器的振动衰减过程。图 3.108b) 显示了摩擦阻尼器的典型行为,即振动幅度线性衰减,然后几乎恒定。

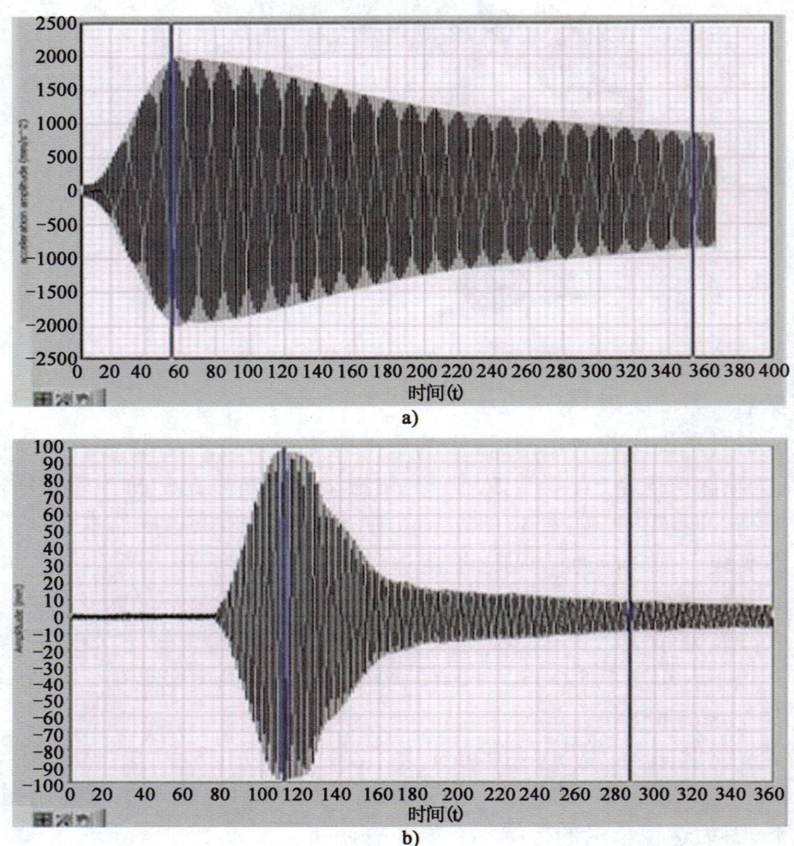

图 3.108 上海(2004 年)测试 VSL 斜拉索有或无摩擦阻尼器

摩擦阻尼器的主要优点是便于安装和更换,图 3.109 为安装示意图。

图 3.109 新莱昂桥安装摩擦阻尼器(墨西哥)

如图 3.110 所示是 BBR 的内部摩擦减振器模型：与 VSL 系统对比，其含有叶状柔性弹簧来抵抗纵向位移，设计特色是有一系列的铰接。

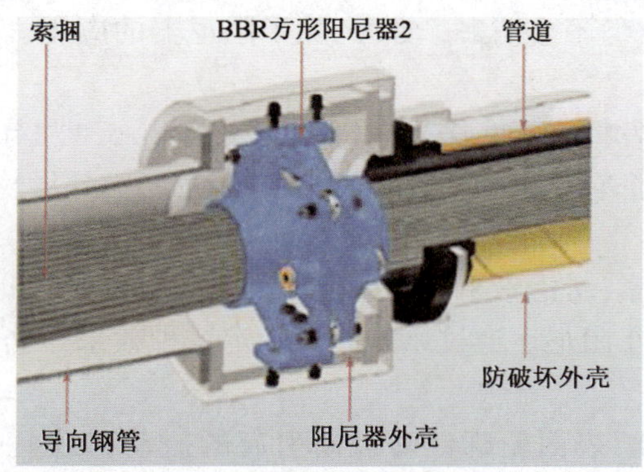

图 3.110　BBR 摩擦阻尼器

最近的发展主要集中在具有高塑性变形能力和高抗疲劳性的弹性材料上。图 3.111 对比了 HDR-Gensui（HDR 为高阻尼橡胶）阻尼器与摩擦阻尼器中力—位移的关系。由此可以看出，振动一个周期能量耗散约达 50%。阻尼效率约达摩擦阻尼器的 70%。

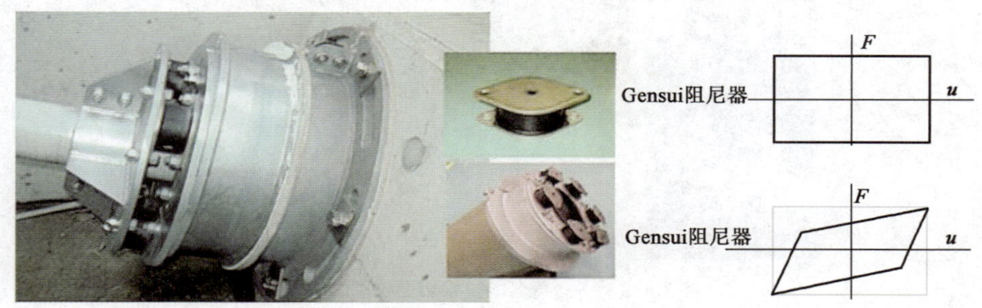

图 3.111　Gensui 阻尼器

由于部分弹性缺点，Gensui 阻尼器不能完全代替摩擦减振器。由于弹簧的影响，效率降低，需要使用一个比摩擦阻尼器效率高 50% 的 Gensui 阻尼器。Gensui 阻尼器的简单性使它易于使用。目前 VSL 在较短的拉索中常用 Gensui 阻尼器。

通过弗雷西替代橡胶制品，其可达到类似的效果，如图 3.112 所示。

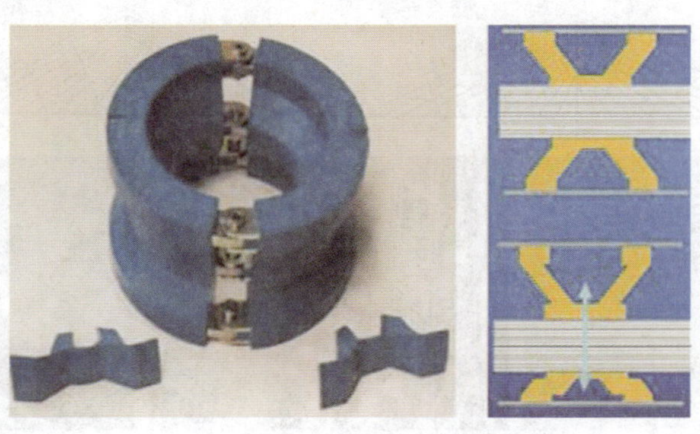

图 3.112　弗雷西内弹性阻尼器

3.8.4.2 表面轮廓

对于风雨引起的振动机制,可以通过在拉索表面应用一个特殊的图案分散临界水线的形成。形状激发机制被减弱,但不会消失。如今,除了阻尼器的应用,表面外形轮廓通常作为附加措施。

其阻尼效果难以全面发挥:例如,诺曼底桥中[3.62](第6.5.1.2节)超乎想象的低效率,远低于先前测试预期值。一个有争议的建议:如果人工阻尼考虑外形轮廓,估计所需的阻尼可以降低50%左右。

对于大跨径桥梁斜拉索,考虑索平面上的拖拽力是很重要的,如图3.89所示,在大多数情况下可通过表面轮廓来减小阻尼。通过风洞测试确定这种效果是非常重要的,如同满刻度的雷诺数[3.56]。

当然,与增加阻尼相比,表面轮廓仅对风雨引起的振动有效。一些解决方案如图3.113所示。

图3.113 一些著名的拉索表面轮廓的应用

3.8.4.3 交叉连接

交叉连接是稳定斜拉索的常用技术,如图3.114所示的法国诺曼底大桥(设附加阻尼器和表面轮廓)就使用了这种技术。交叉连接可以抑制拉索垂直振动的最低频率。虽然减小垂直于斜拉索平面的水平振动不是主要目标,但也起到降低的效果。

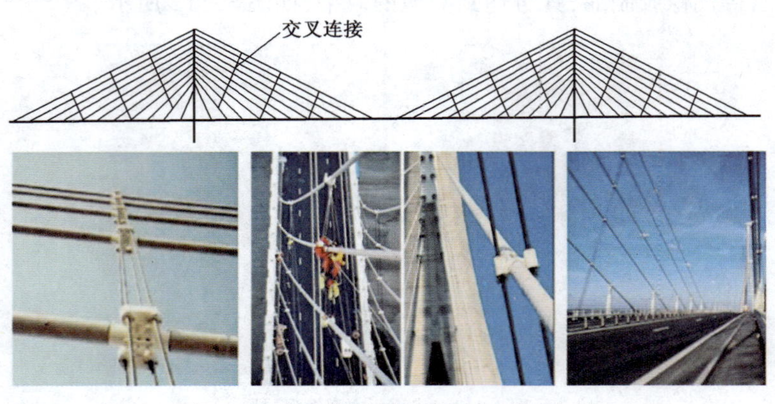

图3.114 法国诺曼底大桥中交叉连接的细节

根据驰振的特性,交叉连接的功能是引入更多的固定节点来减小缆索高阶振动的激励强度。交叉连接在结构的任何加载条件下都受拉,否则高疲劳荷载将会在交叉连接和主缆中产生。这种连接是相当有效的,但其通常会破坏桥梁美观。一般在结构建造完成之后进行安装,如图 6.129 和图 6.133 所示。

3.9 斜拉索安装

3.9.1 概述

在斜拉桥施工中一个很重要的部分就是斜拉索的安装。在第 3.2 ~3.5 节中描述的不同类型斜拉索的安装方法亦不相同。

3.9.2 封闭钢丝拉索

3.9.2.1 概述

封闭钢丝拉索是由外部 Z 形螺旋层和内部圆形钢丝组成,如图 3.115[3.2] 所示。

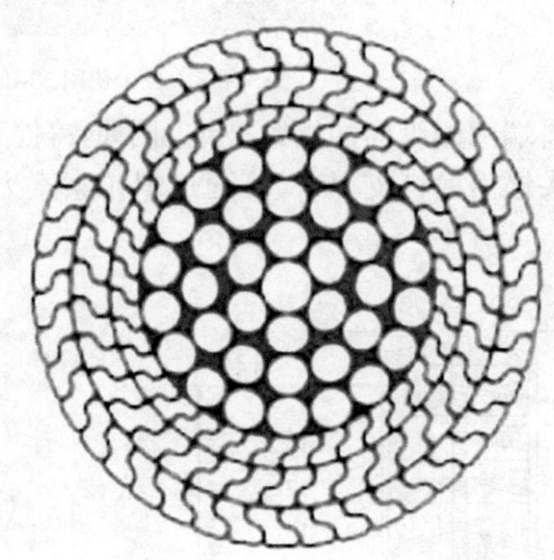

图 3.115 封闭钢丝拉索

封闭钢丝拉索完全由工厂预制,运输至现场,如图 3.116 所示。弯曲半径至少为 32 倍钢索直径。成卷的钢丝绳非常大,尺寸和重量也非常大,因此运送是主要问题。

斜拉桥的封闭钢丝拉索通过千斤顶张拉。穿过缆索的千斤顶支架支撑着千斤顶,斜拉索锚头被带有螺母的螺纹拉杆拉着且被临时固定。典型的张拉仪器如图 3.117 所示。对于永久锚固由垫片、螺母支撑或墩头共同作用。

3.9.2.2 实例

在德国 Niederwartha 附近的 Elbe 大桥(图 3.118),是应用封闭钢丝拉索斜拉桥的一个实例[2.111]。

图 3.116　成卷的封闭钢丝拉索

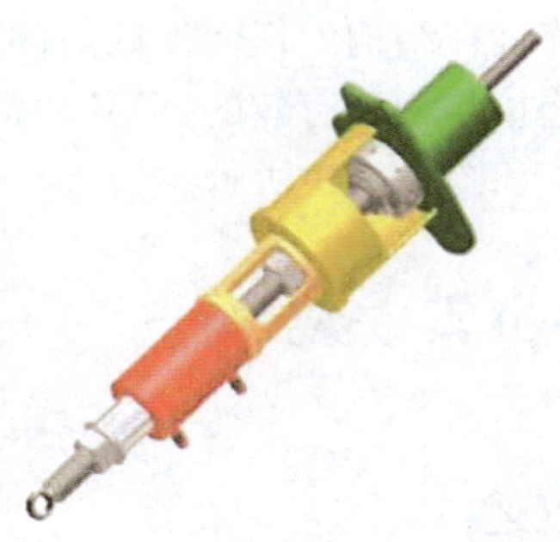

图 3.117　典型张拉仪器

图 3.118　位于德国 Niederwartha 的 Elbe 桥(施工时期)

桥塔端两侧纵向的钢索被锚固于钢铸件上,钢铸件外部浇筑混凝土,见第 3.6.3.2 节。

墩头锚由横杆支撑,横杆通过斜拉索索力引入到内箱的纵向板上,如图 3.119 和图 3.120 所示。

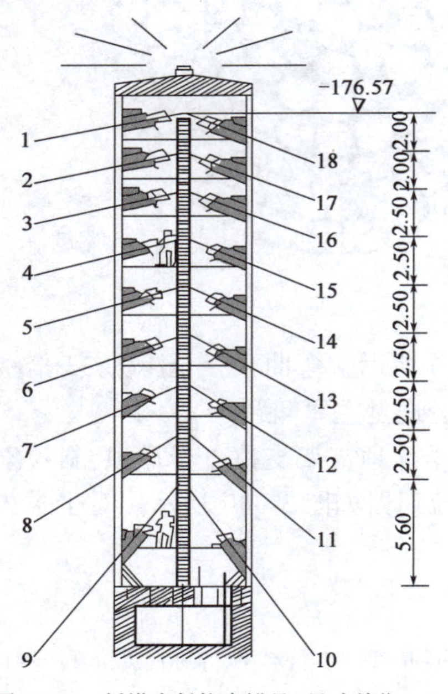

图 3.119　桥塔内斜拉索锚具(尺寸单位:m)

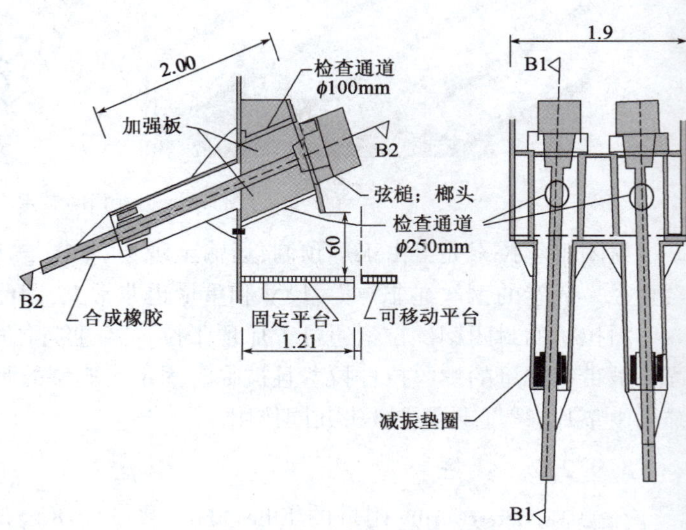

图 3.120　斜拉索锚具部分(尺寸单位:m)

梁端的活动锚固支撑螺母，在主梁腹板内穿过锚管，如图3.121和图3.122所示。图3.123展示的是桥塔内部的斜拉索锚头。

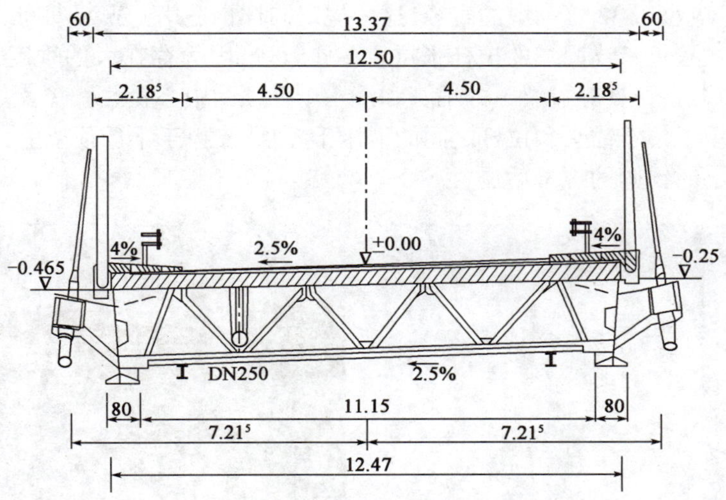

图3.121　梁处的斜拉索锚具(尺寸单位:m)

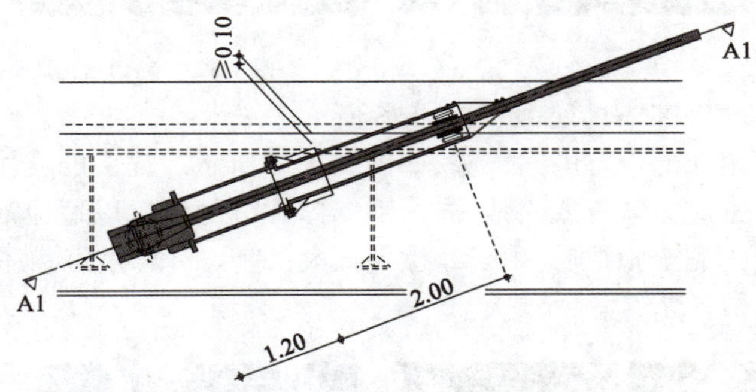

图3.122　部分斜拉索锚具(尺寸单位:m)

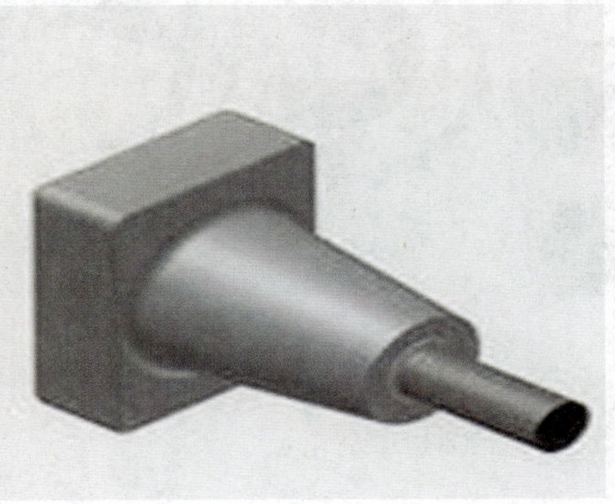

图3.123　封闭式钢索锚头

图3.124展示了一个典型缆索安装的过程。墩头被上拉至塔顶。通过运行支撑在桥面上的履带式起重机改变斜拉索的自由长度。分配梁阻止了拉索扭转,因此能打开Z钢缆之间的索,其弯曲半径不应小于32倍钢缆的直径,这一规定同样也适用于安装期间。

缆索的锚具被接近于锚固端的拉杆张拉。在此阶段,因为存在大的垂度,索力仍然较小。当足够靠近锚固端时,拉杆穿过梁下的锚头和液压千斤顶的中心孔。

图3.125显示了位于锚头和拉杆之间的液压千斤顶,支撑于千斤顶架上,其允许千斤顶在回油时使得连杆临时锚固的螺母后退。

图3.124　斜拉索安装

图3.125　将缆索锚固头拉入梁内锚固

锚头被拉至梁体的底部锚具处,如图3.126所示。

支撑螺母用来固定端部位置的索锚头,如图3.127所示。锚头的支撑螺母的位置决定了拉索的长度。为使拉索应力恢复或松弛,需调整支撑螺母的位置以适应液压千斤顶张拉拉杆时拉索应力松弛。索力完全张拉后,由于摩擦力很大,螺母难以再转动。图3.128显示一个用螺母支撑的在建拉索。

图3.126　锚头拉杆

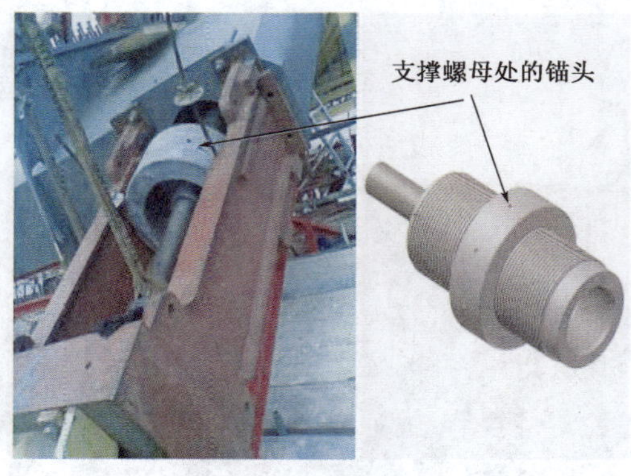

图3.127　带螺母支撑的千斤顶

3.9.3　平行斜拉索

3.9.3.1　概述

第3.4节中列出了平行斜拉索的发展。它们由直线平行的钢丝外包PE护套组成,完全

通过工厂预制，并成卷运到现场。PE 护套对受扭和安装过程中支撑较为敏感。

3.9.3.2 实例

一个安装平行斜拉索的早期例子是位于阿根廷 Zárate-Brazo Largo 大桥[1.14]。该缆索被成卷通过船运到现场，吊到梁上。为了保证斜拉索穿过塔顶时的最小半径，梁体前端设置了弯曲的导向(形如“香蕉”状)装置，如图 3.129 所示。斜拉索的自由长度由一个高架索吊管支撑，并由拉力索连接，如图 3.130 所示。

图 3.128 安装拉索

图 3.129 阿根廷 Zarate-Brazo Largo 桥斜拉索安装

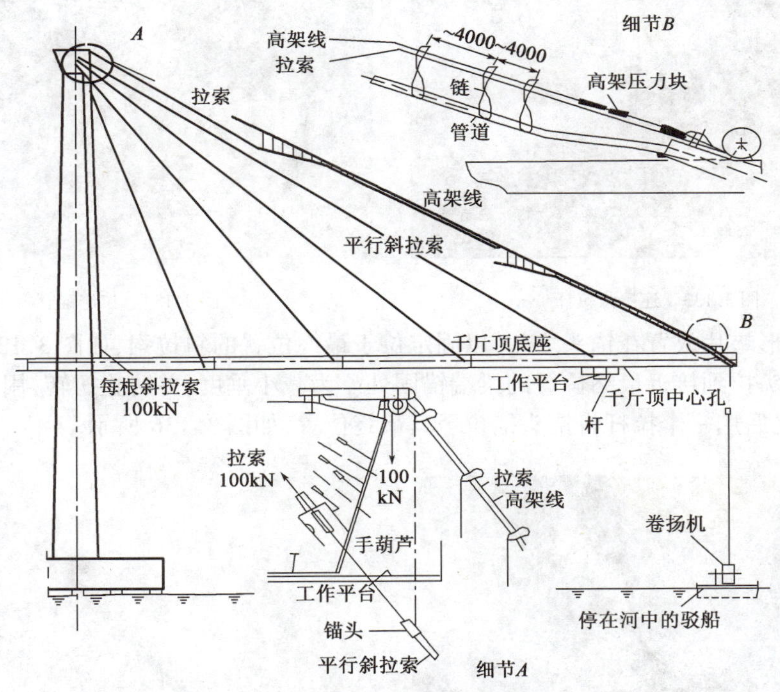

图 3.130 张拉斜拉索到塔顶

图 3.131 和图 3.132 展示了日本[3.63]安装平行斜拉索过程，将成卷的斜拉索和展开的辅助车提升到已建好的桥面板上。在斜拉索活动锚固处，拉杆被拧入斜拉索锚固处的内螺纹上，如图 3.133 所示。

图 3.131　放卷机

图 3.132　斜拉索运送辅助车

斜拉索锚固被动端用绞车或塔式起重机向上拉至塔头。有两个吊具用来支撑斜拉索,以确保有足够的弯曲半径。现代平行斜拉索用蜡填充后运到现场,它不会像以前使用的先安装后灌水泥浆的空 PE 管对扭转很敏感。锚头用绳索拉到最终位置如图 3.134 所示。

图 3.133　连接张拉杆

图 3.134　拉进锚管

两个半圆形垫片放置在锚头之间,以固定位于最终位置的斜拉索,如图 3.135 所示。

吊机将锚头拉到接近最终位置的梁端锚固处。为减小垂度,并防止扭转,用起重机和吊具支撑斜拉索,之后用一个拉杆将锚头拖拉至其最终位置,如图 3.136 所示。

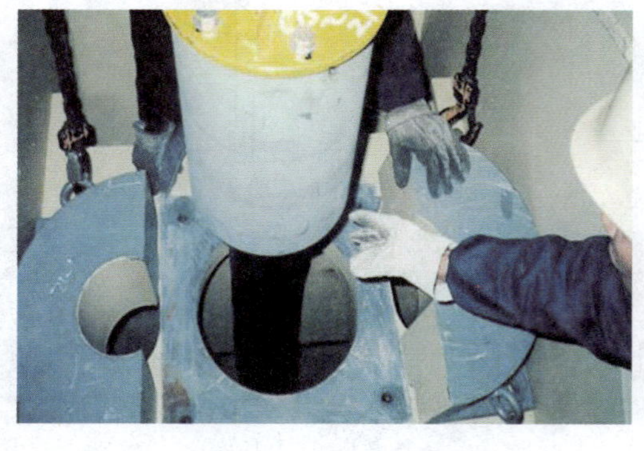

图 3.135　在梁上安装

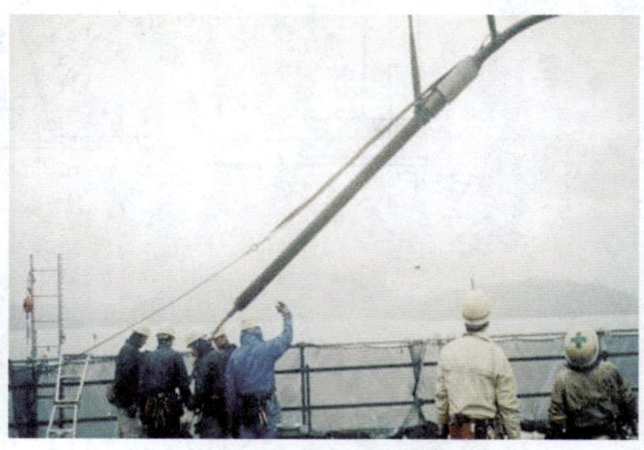

图 3.136　塔顶固定锚具

最后,锚头被液压千斤顶拉到梁底下方,由垫片固定最终位置。垫片厚度限定了斜拉索的长度。为了使拉索应力恢复或松开,连接杆和液压千斤顶将拉索锚头再次提升,根据需要可增加或减少垫片,如图 3.137 所示。由垫片支撑,安装在梁底的斜拉索最终锚固端如图 3.138 所示。

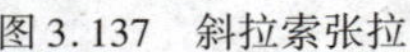

图 3.137 斜拉索张拉

图 3.138 最终的锚固端

3.9.4 平行钢绞线

3.9.4.1 概述

平行钢绞线是在 PE 管内用七根单独的钢绞线作为张拉元件。其主要优点为:钢绞线在现场组装,从而避免运输中的卷曲。这种优势随着跨径的增加而增加,同时随着运输质量的增加而增加。

完全由工厂预制的密封钢丝绳和平行钢绞线均有很好的精度和可控的几何形状。另一方面,平行钢绞线在现场通过"力"即可组装。

平行钢绞线的安装优点如下[3.28,3.35-3.37]:

(1)减少施工荷载。

(2)安装设备具有较大的可移动性。

(3)组织场地具有较大的自由性。

(4)维护和维修的便利等。

3.9.4.2 实例

1)场地建设

平行钢绞线的各个部件被分别运送到工地。成卷轴的钢绞线相比于完全在工厂预制的更小且轻,如图 3.139 所示。

较长的用于提供保护的 PE 管通过船运,并放置在已施工的桥梁梁体上,如图 3.140 所示。

为了在塔顶安装斜拉索部件,需搭建一个轻质的脚手架,如图 3.141 所示。

2)锚具安装

在最终位置处,锚头首先临时固定在桥塔和梁上,如图 3.142 所示。

图 3.139　钢绞线运输

图 3.140　PE 管的供应

图 3.141　塔顶脚手架

图 3.142　桥塔处锚头

3)组装 HDPE 护管

将桥面上的 PE 管道排成一条线,如图 3.143 所示。PE 管道横截面通过熔焊连接,如图 3.144所示。两管端部之间的加热板使 PE 彼此相互挤压、融合成一整体。融合焊缝处的强度与 PE 管强度相同,工厂预制的斜拉索也用这种方法。

图 3.143　调整桥面板上的 PE 管

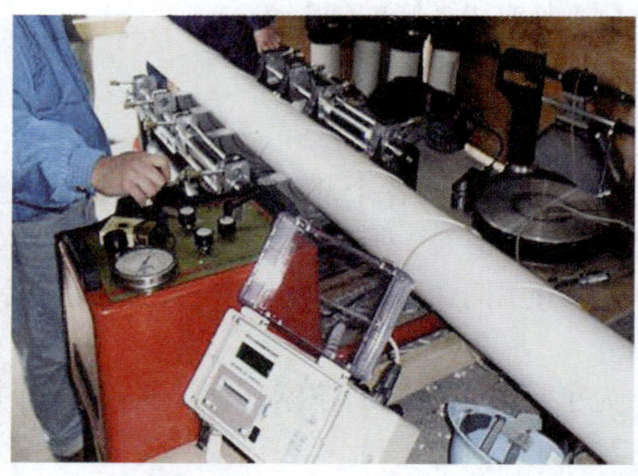

图 3.144　PE 管熔焊

4)准备和提升预留管道

对于提升缆索,套上拉力颈圈的临时锚固与 PE 管道顶端连接,如图 3.145 所示。用小架车将准备好的 PE 管移动到提升的位置处,如图 3.146 所示。

图 3.145　PE 管起吊

图 3.146　PE 管的运输

塔顶卷扬机的牵引将 PE 管顶端从架车上提升起来(图 3.147),并拉其至塔顶锚固处,如图 3.148 所示。

图 3.147　从搬运车上起吊

图 3.148　吊起

自重下有较大垂度的 PE 管悬挂在塔端部,如图 3.149 所示。安装的第一根钢绞线将 PE 管支撑,可极大地减小其垂度,见图 3.150。

图 3.149　松弛的 PE 管

图 3.150　PE 管被第一根索钢绞线支撑

5）钢绞线的安装

钢绞线的安装步骤如图 3.151 所示。为提升 PE 管和钢绞线，在塔顶需要安装一个较轻的起吊设备，如在塔顶安装简单卷扬机，如图 3.152 所示。

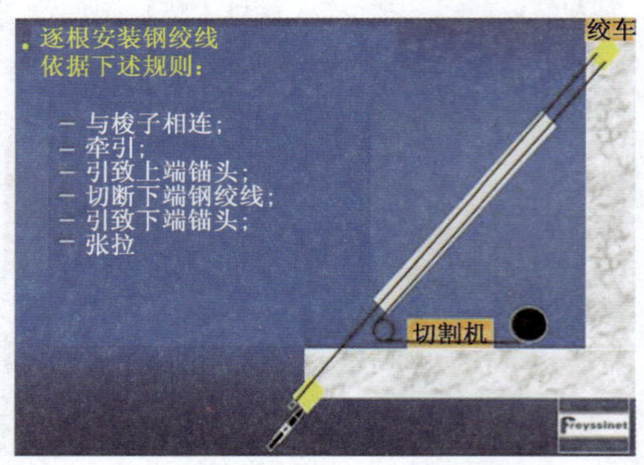

图 3.151　钢绞线安装

图 3.152　塔顶卷扬机

下面介绍钢绞线安装的各个步骤，如图 3.153 ~ 图 3.157 所示。

图 3.153　准备一根新钢绞线

图 3.154　钢绞线穿梭于卷扬机

图 3.155　钢绞线穿过预留管

图 3.156　预留管在塔处的临时联系

通过应力（不是变形）张拉索时需要考虑：塔和梁的变形、梁上的实际荷载条件（如起重机的质量和位置)和温度环境,如图 3.157 所示。

千斤顶单独张拉各根钢绞线,如图 3.158 和图 3.159 所示,这样做相比整体用千斤顶穿索更容易操作。另外,需要一个精准的应力控制系统来保证每根钢绞线具有相同的应力。

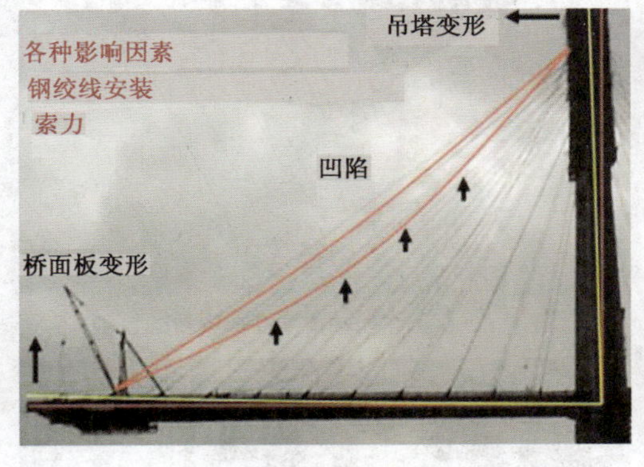

图 3.157　长斜拉索引起的变形

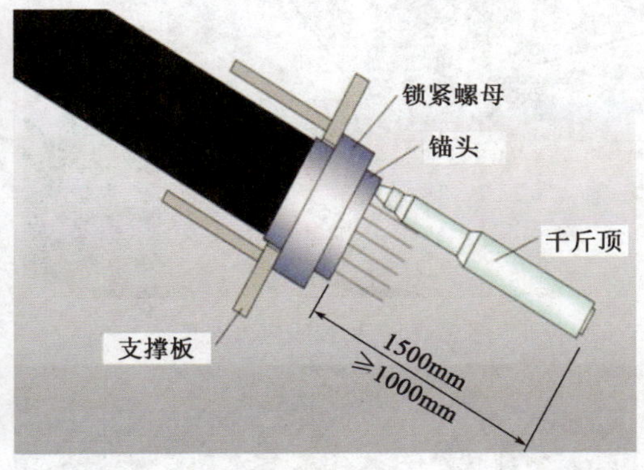

图 3.158　张拉单根钢绞线的千斤顶

这意味着第一股钢绞线需超张拉。后张拉的钢绞线会使前批张拉的力减小,直到最后一股安装完之后,所有的钢绞线都应有相同的应力。

实际上,在这一时刻新张拉的钢绞线的应力与已经安装的钢绞线具有相同的应力。换句话说,所有的钢绞线需立即安装到其最后指定的长度。但由于这些长度无法测量,可通过测量钢绞线的临时索力来逐渐实现对长度的控制。

张拉后,各钢绞线会被挤紧。为了防止桥面下端的 PE 管破坏,可采用钢管进行保护,如张拉单根钢绞线,如图 3.160 所示。

图 3.159　张拉单根钢绞线

图 3.160　防偏差和防破坏预留管

钢绞线伸出下锚点,所以所有的斜拉索可再张拉,见图 3.161。

可用一个多股千斤顶同时张拉所有的钢绞线,如图 3.162 和图 3.163 所示。

6)索力调整

张拉后,为避免任何钢绞线滑丝,可通过液压力将夹片顶到锚具里,如图 3.164 所示。

7)连接预留管道

最后,按照规定,被套筒包裹的阻尼器安装在钢管的端部,如图 3.165 所示。

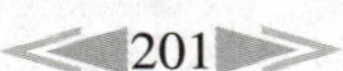

图 3.161　钢绞线应力恢复

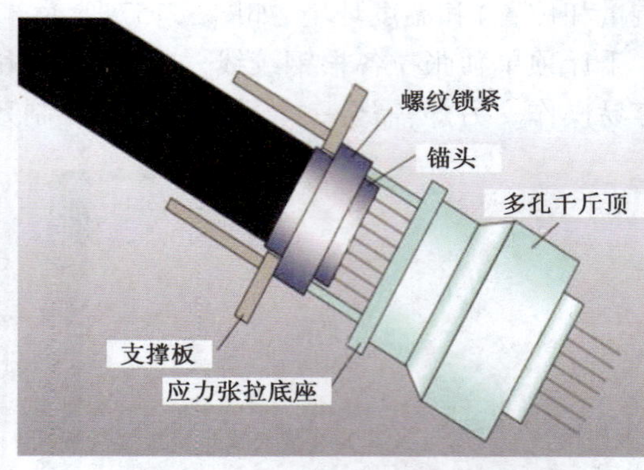

图 3.162　多孔钢绞线千斤顶张拉斜拉索

图 3.163　斜拉索张拉

图 3.164　楔形调节器

8)结束工作

在安装结束时,斜拉索锚固系统和锚头永久被内涂润滑油的锚杯保护并涂刷几层防腐蚀涂料,如图 3.166 所示。

图 3.165　防破坏管道减振器

图 3.166　防腐保护漆和锚杯

3.9.5　斜拉索计算

3.9.5.1　斜拉索变形

斜拉索变形(张拉力和垂度)对于工厂精确预制斜拉索长度和计算梁底斜拉索锚固角度

至关重要。

缆索长度 = 缆索理论锚固点间距 + 垂度的额外长度 + 垫板厚度(或支撑螺母长度) - 弹性应变 - 自重作用下的收缩徐变值

工厂预制斜拉索时,需要考虑不同垂度下的索力。由于拉力需要将拉杆拉进锚固端千斤顶内,可得出决定拉伸力的拉杆长度。

应用有效弹性模量可计算由于垂度改变造成附加力增加时索的伸长量。文献[3.3,PP,246-254]给出了斜拉索的几何形状和对应力的基本关系式。

3.9.5.2 索力测试

在桥梁施工中,须测试每一个新安装阶段的索力,并与设计理论值进行比较。

下文中介绍了三个实用的测量方法,并在 Mannheim-North 桥中应用[1.19]。

桥施工完成后采用综合控制措施的目的是计算实际索力和几何形状是否相适应。三种重要的索力控制方法如下:

(1)液压千斤顶直接测量。

(2)通过索的特征频率计算。

(3)测量斜拉索垂度。

需要最大功率的液压千斤顶将拉杆、千斤顶及千斤顶底座等重达 3t 的器具顶升到斜拉索锚固室内。直到锚头抬离支承板和压力表显示相应的力时,才认为该斜拉索被张拉了。

为了确定固有频率,减振索安装到距桥面高 2m 的斜拉索上,通过适当敲击拉索,可激发得到斜拉索的第一阶频率。用秒表测出振动 100 次的时间,则依据下面的公式可得对应的索力:

$$S = 4 \cdot L^2 \cdot {f_1}^2 \cdot \mu$$

式中:S——斜拉索索力;

L——锚具间拉索长度;

f_1——第一阶频率;

μ——线密度,$\mu = G/g$。

固定锚头及拉索的抗弯刚度 EI 对结构的影响可用下式计算:

$$s = 4 \cdot L^2 \cdot f_1^2 \cdot \mu \cdot \left(1 - \frac{2}{f_1 \cdot L^2} \cdot \sqrt{\frac{EI}{\mu}}\right)$$

式中,$EI \ll S \cdot L^2$。

用经纬仪测量斜拉索的垂度。相应的索力计算公式为:

$$S = \frac{GL^2}{8f_m}$$

式中:G——每根斜拉索的质量。

不同的方法的测量精度不同,见表 3.5。当使用液压千斤顶时,很难准确地确定锚头被顶起的时刻,精度也取决于油表读数,并需要进行标定。通过测量固有频率可得到更为精确的索力。通过近 100 次振动的测试,可得到精确的额率。测量得到的垂度不太可靠,因为在实际中很难通过测量得到精确值。

不同方法测得的斜拉索索力结果　　表3.5

斜拉索号	斜拉索索力(t)						
	理论值		实际值				
	未考虑 $S+C$	考虑 $S+C$	A	B_1	B_2	$(B_1+B_2)/2$	C
1	591	579	606	626	620	623	606
3	347	300	349	315	303	309	337
5	510	494	512	527	518	523	493
—	理论值 A:液千斤顶测量 理论值 B:固有频率法测量(B_1 假定铰接且 $J=0$ B_2 假定固接且 J 为实际值) 理论值 C:垂度测量						

各种测量值与理论值差别较小。测量值变化范围大约在5%。测量值通常高于理论值。实际斜拉索的差异是在成桥阶段施加附加荷载产生的。索力在主荷载作用下 $t=0$ 时超出1.7%认为是可以接受的。

运营后,桥梁承担20个总重1564t的大容器,相当于8.10t/m。

梁的实际测量挠度为542mm,与理论值仅差8mm。通过固有频率法测得的索力与理论值较吻合。

结果说明,在建造的最后工序中,索力和相应的几何线形达到了预期目标。

第 4 章　斜拉桥的一般设计

4.1　作用力等效

4.1.1　概述

本节主要介绍斜拉桥的荷载传递和索力分布。对于初步设计，通过估算法可得到结构的初步尺寸，用于对比不同结构体系的工程量，并可为计算机详细计算提供依据。

而且初步设计中，允许完全依靠计算进行校核，为避免计算机出现“黑匣”，其计算结果应可信无误。

为了确保作者设计的第一座斜拉桥的质量，在采用初步设计原则的基础上，同时改进了部分准则，而此时，大储存量的计算机很少被使用，仅用于基于初步设计计算的最后设计阶段。

4.1.2　几何构造体系

斜拉桥的几何尺寸由边跨与主跨比、塔高与主跨比来确定。这方面的一个重要标准是斜拉索所需的用钢量。另外，其建造总费用包括梁、塔和引桥等。通常实际情况与理想几何构造会有偏差。以下以一座典型的三跨斜拉桥来说明这些因素。

斜拉桥的基本受力模式[2.112]如图 4.1 所示。主跨荷载由前拉索传到塔端，并在锚墩处通过张拉背索将其锚固。边跨斜拉索垂直方向几乎没有任何荷载。水平斜拉索分量在梁内产生压力，且在梁内彼此相等，如图 4.2b）和 c）所示。

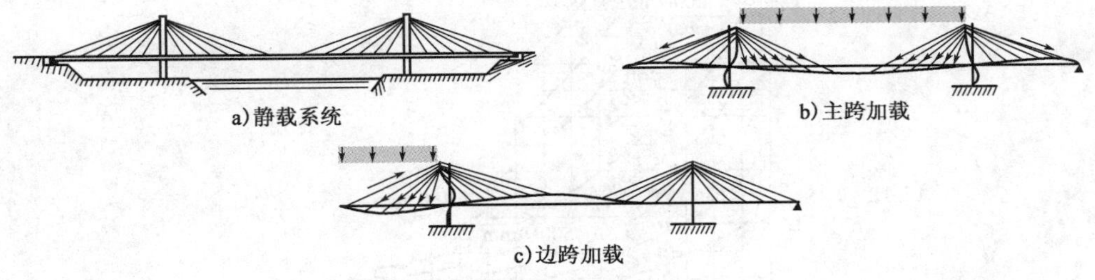

图 4.1　不同方法测得的斜拉索索力结果

边跨通过边跨缆索传力至塔顶，背索被压缩（意味着永久荷载产生的拉力减小），锚固墩受压。边跨的水平分力和边跨的背索拉力平衡，如图 4.2d）、e）所示。

背索决定了斜拉桥的刚度，并分担大量变化的荷载。

边跨和主跨的比例影响背索应力的变化，如图 4.3 所示。主跨上的活载增加了永久荷载产生的应力，而减小了边跨的应力。这些应力变化不允许超过实际的拉索允许的疲劳范围。

疲劳应力随桥跨比的增加而增加。

跨径也会影响外锚固墩垂直上拔力的大小，这些力随桥跨比的增加而减小。随着跨径比的增加，边跨活荷载在背索上产生的压应力减小了由恒载作用产生的拉应力，这显著降低了索的刚度。

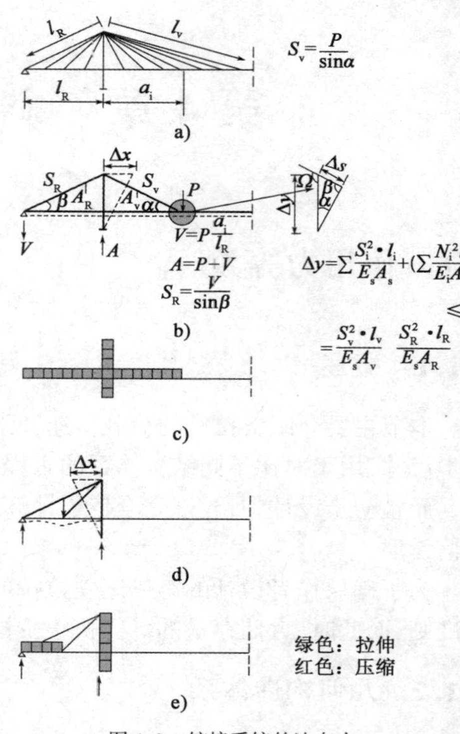

图 4.2　铰接系统的法向力

跨长比对于斜拉桥设计的经济性至关重要。图 4.3 给出上述因素和后斜拉索的应力之间的关系。纵轴为活载与恒载比，横轴为桥跨长。右边近似垂直直线是假定索的最小刚度 $E_{eff}=180000\text{N/mm}^2$ 所对应的索力张拉值，左边是 40% 活载、疲劳应力范围 $\Delta_{fS}=200\text{N/mm}^2$ 占主要作用。图中曲线是跨径比。

公路混凝土桥梁恒载与活载之间的比值通常约为 0.25。对一个主跨为 400m 的典型桥梁，相应的主桥边跨与主跨比 $l_1:l=0.4$，给了相同索用钢量所需最大的斜拉索荷载和疲劳范围。

铁路钢桥活载与恒载的比值高达 0.6，相同应力条件下边跨与主跨比 $l_1:l=0.3$。

图 4.3 表明，在相同最优应力时，钢桥边跨与主跨之比小于混凝土桥梁的边跨与主跨比。

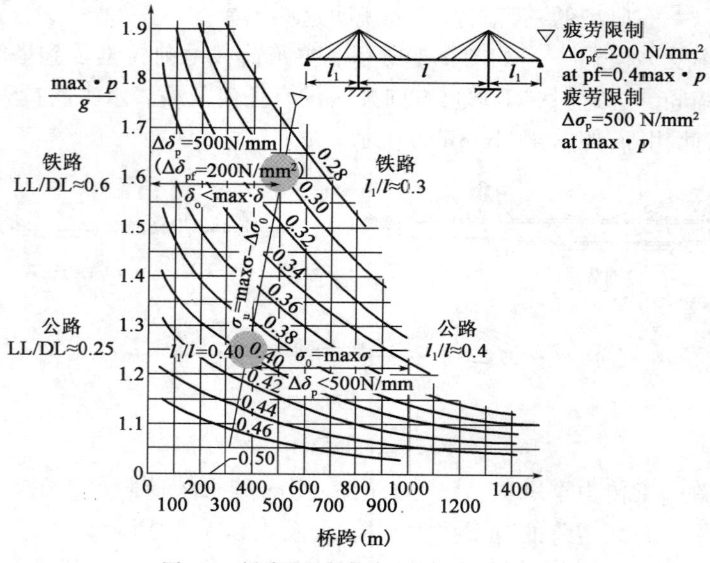

图 4.3　桥跨比和斜拉索应力之间的关系

桥面上的桥塔高度比也影响斜拉索的用钢量。图 4.4 表示桥塔最佳高度，同时考虑建塔所需的成本，是主跨长度的 1/6 ~ 1/5[1.3]。

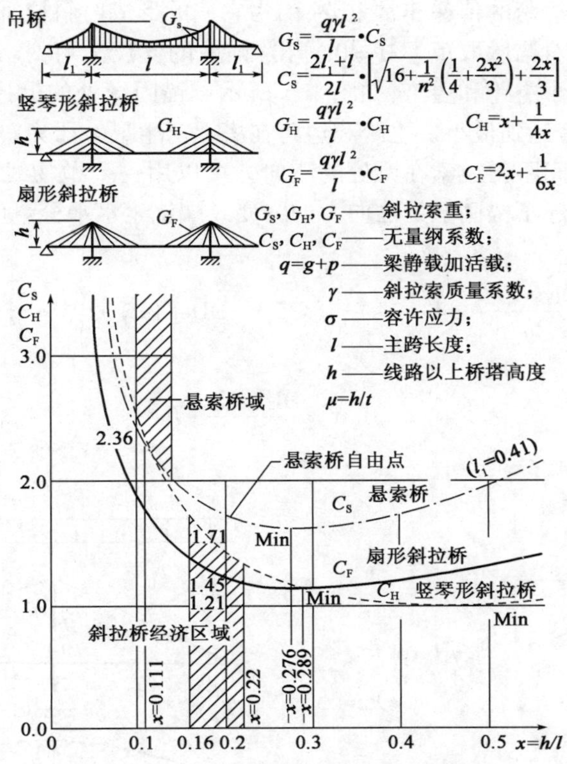

图 4.4　桥面以上桥塔高度和钢缆总量最佳配比

图 4.3 给出了确定斜拉索所需总费用的近似公式。在桥梁初步设计时有助于对比不同桥型的成本。

4.1.3　铰接系统的法向力

细长梁斜拉桥的变形特征是由斜拉索的长度控制的。梁和塔的影响比较小，其在总变形的 5% 范围内。

几何条件和法向力分布的一般计算公式如图 4.2 所示。

通过采用大尺寸主梁和主塔，法向力可承担大量的斜拉桥荷载。梁和塔的弯矩主要是由约束引起的，不需要荷载平衡。

对于铰接系统来说，可以近似地估计法向力的大小，而在该系统中假设主梁由梁上的锚固点形成铰接，而主塔在底部形成铰接，如图 4.2a) 所示。这可建立静力平衡体系，这一体系与实际法向力和变形比较接近。

如前所述，主跨活载通过前拉索传递到端锚索，如图 4.2b) 所示，索的拉力传递到锚固点或墩处，上拔力传递到基础上，如图 4.2c) 所示。

边跨荷载通过相应的斜拉索传到塔顶，利用背索将压力传到锚固墩，如图 4.2d) 所示。由于拉索无法受压，可以认为恒载作用产生的端锚索拉力的减小造成连接处产生压力。所以在连接处产生的压力可以认为是由恒载作用下产生的端锚索拉力减小。按线性计算时，拉索压时缩短，拉时伸长。图 4.2e) 给出了相应的法向应力：塔受压、梁受拉。

了解荷载在主跨和边跨的传递非常重要,因为它们的形成对斜拉桥的承载能力很重要。

在塔处的支反力可对锚墩取矩 $\sum M = 0$ 算出;锚墩的支反力可对塔底取矩 $\sum M = 0$ 算出。铰接系统的控制应力位于主跨和边跨,如图 4.5 所示。锚固墩处的上拔力和端锚索的拉力在主跨达到最大,而在边跨达到最小。主跨和边跨在塔上产生最大压力。

对于均布荷载和小间距斜拉索在梁处的法向力可以用一个抛物线近似拟合,如图 4.6 所示。斜拉索水平分量引起了锚固墩处法向力的突变。端锚索水平分量使锚固墩处的法向力发生改变,则:

$$N = \frac{\mathrm{DL} + \mathrm{LL}}{2h} \cdot (l^2 - x^2) = 1.25 \cdot (\mathrm{DD} + \mathrm{LL}) \cdot \left(1 - \frac{x^2}{l^2}\right) \cdot l$$

当桥塔满载时

$$x = 0, N = \frac{\mathrm{DL} + \mathrm{LL}}{2h} \cdot l^2$$

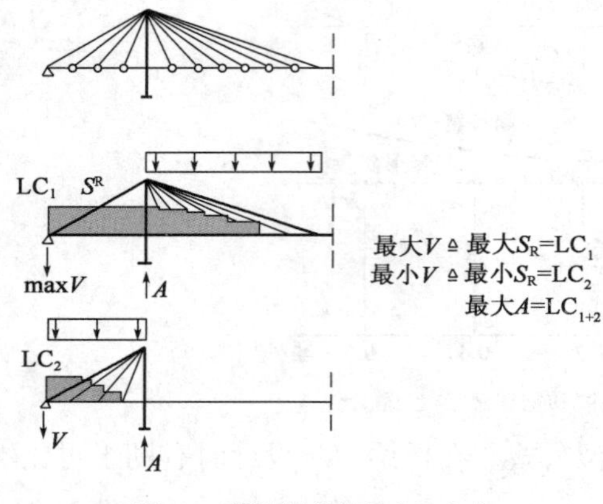

图 4.5　塔和梁处的最大法向力

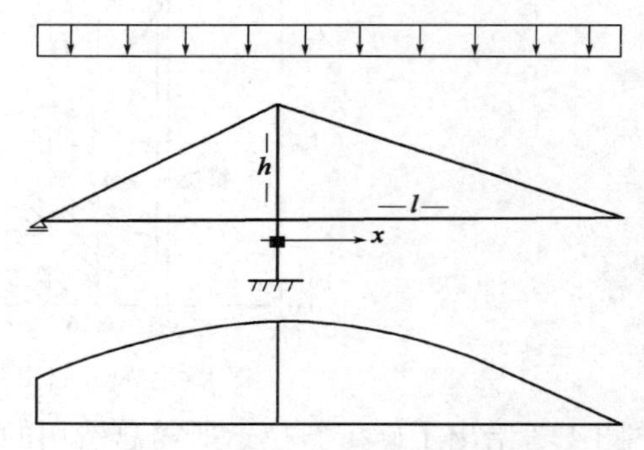

图 4.6　梁法向力的近似处理

4.1.4　活载作用在弹性地基上

近似计算梁弯矩时,实际抗弯刚度可从结构体系中分离出来。

4.1.4.1　弹性地基梁[4.1]

斜拉索与梁体的联结可近似认为是弹性与支承,如图 4.7a)所示。第一步,斜拉索被弹簧所取代,如图 4.7b)所示;第二步,弹簧连续分布在弹性支承上,如图 4.7c)所示。

弹性地基上梁的主要特性是弹性长度 L,它与主梁刚度和弹性的比值的 1/4 次方成正比,如图 4.7 所示。

弯曲系数 c 由竖向挠度确定,同时与铰接体系上单位荷载作用下的拉索间距有关。集中作用力 P 作用下,支承于弹性地基上的主梁弯矩为 $M_{\mathrm{P}} = 1/4PL$ 。如图 4.8a)所示。均布荷载的弯矩为 $M^{\mathrm{UDL}} = 0.161pL^2$,如图 4.8b)所示。用这些公式可近似确定出沿梁长度方向的控制应力。

弹性地基梁的弯矩影响线与计算的实际桥梁体系影响线较为吻合,如图 4.9[1.3] 所示。越是细长梁,吻合性越好,而对于双层桥面板的刚性梁,则吻合较差。

混凝土斜拉桥的典型荷载作用力如图 4.10[1.15] 所示。活荷载作用下,弯矩和法向力的弯矩包络图如图 4.10f)所示。弯矩的影响范围可按照规范进行计算。相应的有效长度 l 由荷载确定。

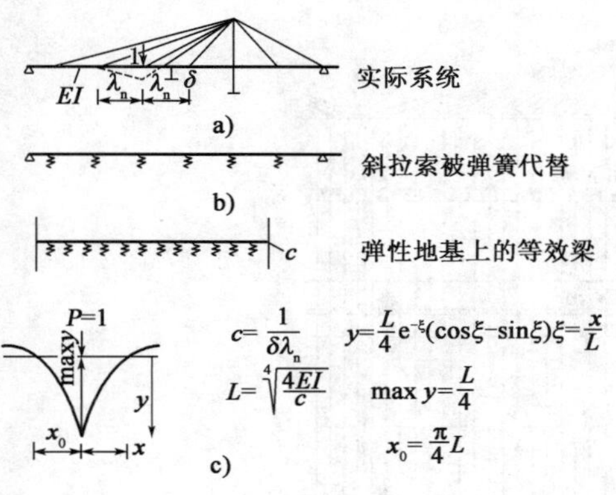

图 4.7 弹性地基梁上的弯矩

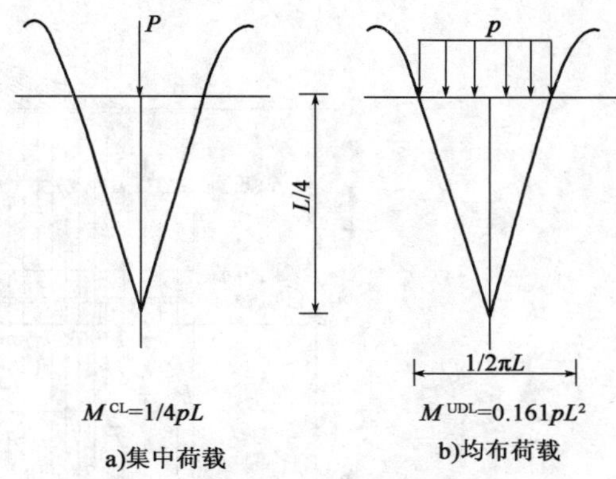

图 4.8 弯矩

(1)对于锚固支撑的刚性梁,可近似确定出永久荷载的影响长度为索距长。但是,这也是有争议的,永久荷载是作用在弹性体上的荷载和减小的索力两者叠加而成,两者有各自的影响长度。对于长期影响因素(恒载、减小的索力)可确定出一种折中的作用力,但对于永久作用下的短期影响长度对应的应力无法确定。

(2)弹性地基梁的活载有效长度为 $\pi/2L$,如图 4.9 所示。

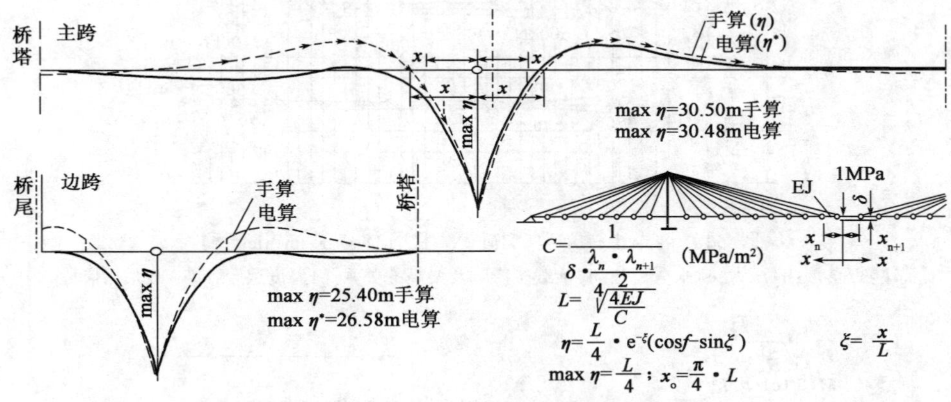

图 4.9 弹性地基梁和实际桥的弯矩影响线对比

永久荷载的弯矩一般比活荷载弯矩小得多,如图 4.10b)和图 4.10f)所示。经过一定长度力的传递以后,法向力的影响宽度通常布在梁上全截面面积上。

对于给定荷载下的桥梁结构,为了了解斜拉桥内部工作机理,需掌握梁高与应力的关系。图 4.11 展示了一个只由顶板、底板和下弦杆组成的理想截面,在瞬间加载时产生的弯曲应力与梁面积不直接成比例,仅与梁高有关:$f=\frac{\text{const}}{A}$。第一次看这个结果非常令人费解。一个事实可以说明这一原因,瞬时荷载产生的弯矩仅取决于曲率这一主要控制因素。对于给定的刚性稳定系统,梁高越高,曲率半径越大,刚性则越大。

实心横截面的弯曲应力与梁高的 1/2 次方成正比[4.57],即:

$$f=\frac{\text{const}}{\sqrt{h}}$$

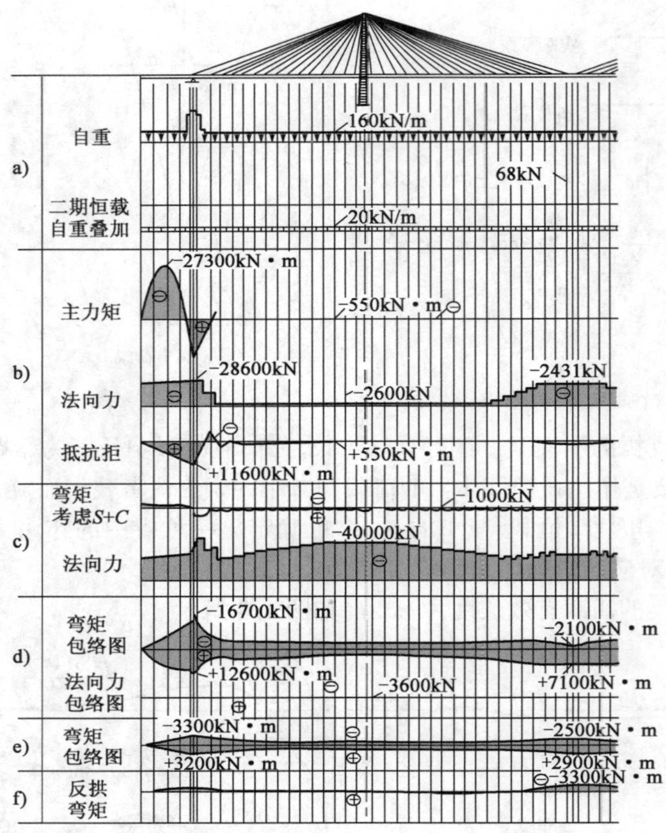

图 4.10 混凝土斜拉桥典型荷载作用力(Pasco-Kennewick 桥)

注：a) 自重；b) 压力；c) 永久荷载；d) 活载＋影响及梁高的关系；e) 温度组合；f) $S+C$ 最后阶段

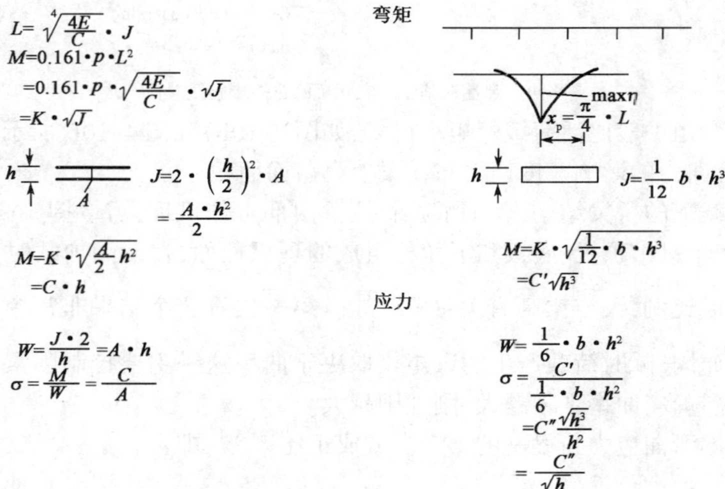

图 4.11 梁的弯曲应力与梁的面积

4.1.4.2　屈曲——非线性理论

为保证安全,避免屈曲,需确定细长梁的下限。为避免屈曲,在弹性地基梁端施加约束,如图4.12所示。恒定的弹性支承和法向力是一种近似假定。

但是,对于实际斜拉桥,弹性支承和法向力随塔高增加。

研究这个问题的 Man-Chung Tang[4.3] 认为,决定整体屈曲的控制位置在桥塔附近,这意味着靠近主塔处主梁的弹性支承和法向力在整个主梁中具有代表性。

对于 Pasco-Kennewick 桥[1.15],如图4.12所示。桥梁全长的弹性支承和存在法向力时,屈曲安全系数为8.4~13.2,如图4.12a)、b)所示。Man-Chung Tang 认为接近于桥塔处,总体屈曲安全系数精确值为12.7,如图4.12c)所示。

屈曲安全系数对桥梁设计不是很重要,其具有理论价值,但弯矩非线性增加(P-δ 效应,二阶理论)对桥梁设计非常重要。可以从局部屈曲安全系数近似地算出对应的一阶屈曲安全系数。例如图4.13所示[1.15]的混凝土斜拉桥非线性弯矩增加9%。早期设计师给出了这个近似的计算方法。

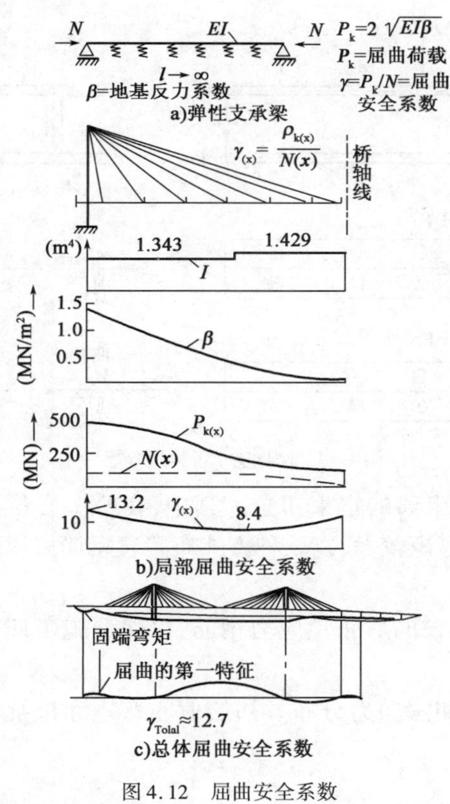

图4.12　屈曲安全系数

$$M^{\mathrm{II}}=\frac{M^{\mathrm{I}}}{1-\frac{N_i}{P_k}}\quad\frac{M^{\mathrm{I}}}{1-\frac{1}{\gamma_i}}$$

M^{II} -第二阶段非线性弯矩;

M^{I} -第一阶段性弯矩;

N_i-在位置i的法向力;

P_k-实际系统的屈曲荷载

最大N_i=38MN　P_k=480MN

$$M^{\mathrm{II}}=M^{\mathrm{I}}\cdot\frac{1}{1-\frac{38}{480}}=1.09M^{\mathrm{I}}$$

图4.13　弯矩非线性增加

4.1.5　刚性支承的永久荷载

4.1.5.1　自重

通过永久荷载作用下梁、索刚性支承处作用力的初步计算,可确定刚性支承连续梁的弯矩,索力可由支承反力确定。

刚性支承的连续梁弯矩确定通常以混凝土梁最后施工阶段为准,因为此时弯矩不产生徐变,如图4.14所示,并参阅第5.3节。

对于钢主梁,依据最后施工阶段活载和永久荷载作用下的弯矩来获得最小的用钢量。因为正的活载弯矩起主要作用,同时选择永久荷载作用下的负弯矩进行计算。

由于组合梁的混凝土板存在徐变,因此刚性支承梁锚固点处弯矩取近似值。在跨中,索对梁产生的压力最小,组合梁形成弧形,在受压桥面板上产生正弯矩,亦如梁横截面的上弦杆,部分弧形弯矩随徐变而消失。

对于刚性支承系统,永久荷载引起实际结构产生弯矩和法向力,如图4.10d)所示。

4.1.5.2 后张法

混凝土斜拉桥主梁的后张拉力引起的弯矩非常复杂。如果使用平直的钢束,其通常适用于距离较小的斜拉索,梁的偏心抵抗弯矩和约束弯矩可互相平衡,这样只有一个轴心压力。

其原因是,偏心位置的钢束作用产生的任何曲率由刚性支承来抵消,因此会产生约束弯矩,正如曲率产生的弯矩一样,如图4.15和图4.10c)所示。

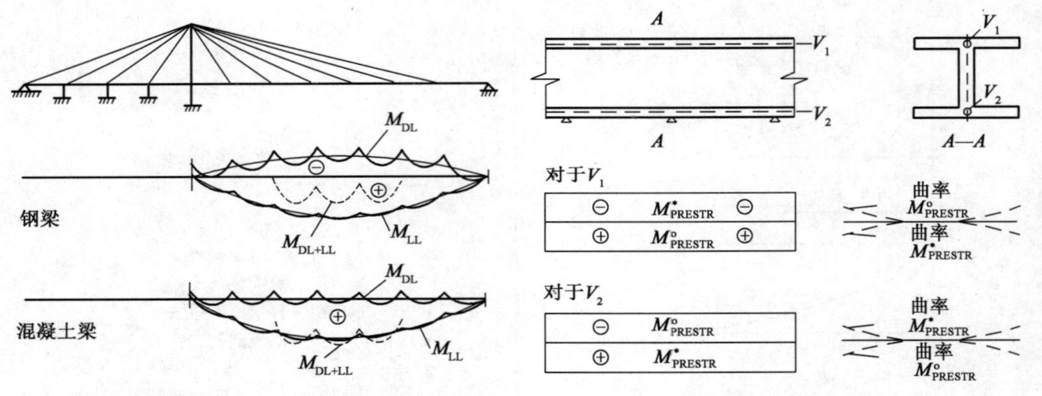

图4.14 钢架和混凝土梁永久荷载作用下弯矩的确定　　图4.15 刚性支承下梁的弯矩

如图4.16所示是Helgeland桥[2.80],现浇混凝土梁的钢束布置。其中,在桥中心位置和邻近的锚固墩位置处由斜拉索产生的法向力很小,弯矩较大,以某种方式布置直钢筋束以弥补拉索损失的法向力。

预制混凝土梁,如帕斯科—肯纳威克桥,需要通长的后张预应力钢筋,以保证施工期建筑物受压而成为整体。

如图4.10所示给出了由于后张拉产生的弯矩和法向力分布。初始偏心弯矩和抵抗次弯矩互相平衡,仅有后张法向力。

4.1.5.3 收缩徐变

混凝土梁受力时,产生收缩徐变。

(1)选择弯矩不等效于刚性基础梁。

(2)收缩徐变引起主梁的缩短,导致主梁下挠,相应的弹性力矩导致斜拉索倾斜,它本身受到徐变弯矩的作用。

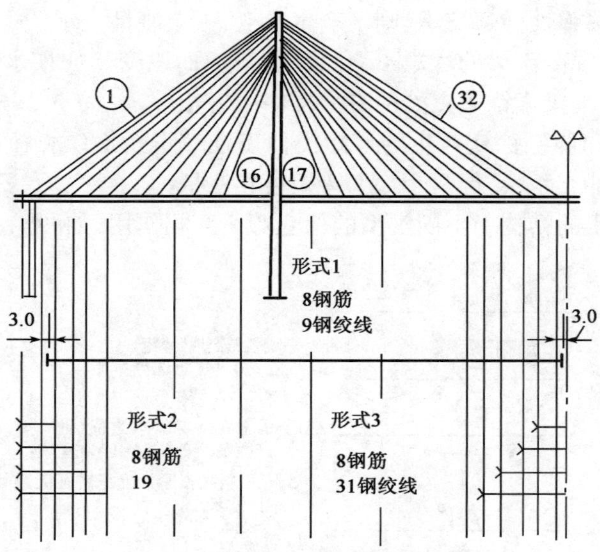

图 4.16　纵向后张拉混凝土梁

徐变弯矩来自于刚性支承连续混凝土梁，可自由确定其弯矩，在体系方向上会产生徐变变形，由于现浇主梁模板的移除，弯矩变化与徐变值和时间有关。

时间徐变弯矩可取不同值，即：

(1)突然的桥墩基础沉降。

(2)缓慢的桥墩变化。

在典型的两跨混凝土梁刚性桥墩中可见这一现象，如图 4.17 所示[1.15]。

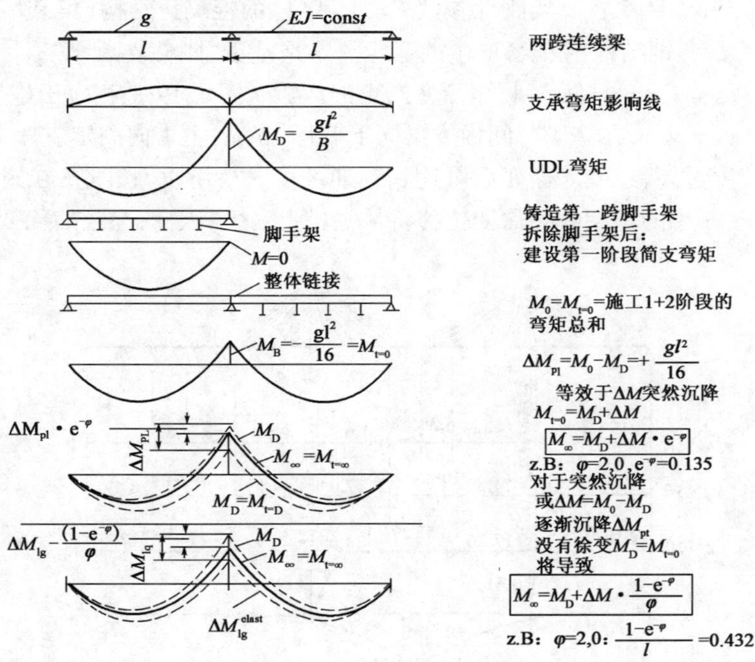

图 4.17　对于刚性支撑梁突然沉降或逐渐沉降的徐变弯矩

如果一个混凝土梁弹性弹簧支承，则不产生徐变，一个刚性支承梁也不产生徐变弯矩。

这意味着，斜拉桥混凝土梁的弯矩不会因徐变弯矩而改变。如果永久作用下索力竖向分量被确定，其与刚性支承梁索锚固点处的支承反作用力相等。

主梁(和混凝土塔)收缩徐变产生的弯矩类似于连续梁桥墩缓慢沉降产生的弯矩。理论上实际弯矩不同于刚性支承梁，但两个徐变弯矩可相互抵消。

只有在一根斜拉索的结构中不同类型的徐变弯矩互相作用，如图 4.18 所示。

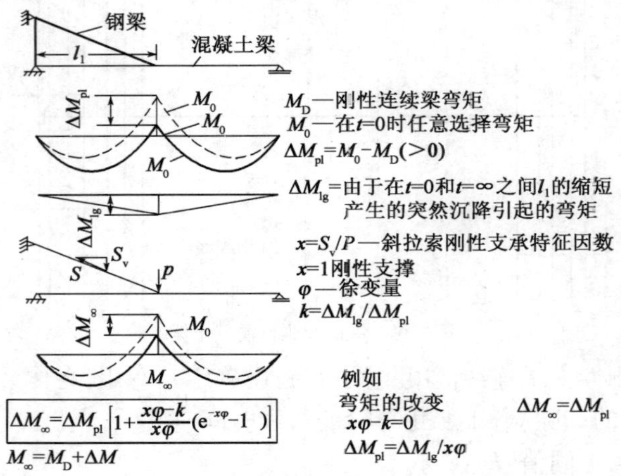

图 4.18　对于斜拉桥突然或逐渐沉降引起的徐变弯矩

如果收缩引起梁和塔的缩短被忽略，则仅有徐变产生的法向力，那么对于我们了解以下问题是非常有利的，由于徐变的发生主梁弯矩不变，假如在安装阶段的末期确定了主梁的运营弯矩，该弯矩值就等于弹性体系在真实刚性参数 E_C、A_C 和 I_C 的混凝土结构(梁和塔)和刚度无穷大 $E_S \cdot A_S=\infty$ 的无徐变钢结构(拉索)产生的弯矩。这是基于"刚性支承梁"。

图 4.10e)是 Pasco-Kennewick 桥收缩徐变产生的弯矩。图 4.19 是相应于施工结束($t=1$)和收缩徐变发生后($t=\infty$)，在这段时间内主梁向下变形 15cm，主塔向固定支座方向倾斜。施工结束后主梁的坡度过高，经收缩徐变后可达到预期坡度。桥塔垂直建造，在施工结束时，主塔将由端锚索牵引，一半的预期收缩徐变位移将从主塔上消失，因此，在收缩徐变发生时，其位于垂直位置。

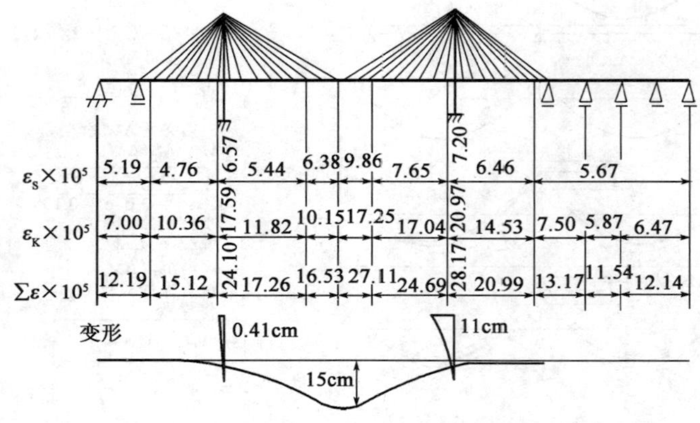

图 4.19　Pasco-Kennewick 桥的收缩和徐变变形

混凝土桥面板在收缩徐变作用下，组合梁的作用力也会发生改变。如果确定了横截面特性，其中混凝土板被替换为钢板，其厚度减少因子 $n_{有效}=E_S/E_{C有效}$，混凝土特性的时间依赖性可通过简单调整 n 值实现，如图 4.20 所示。

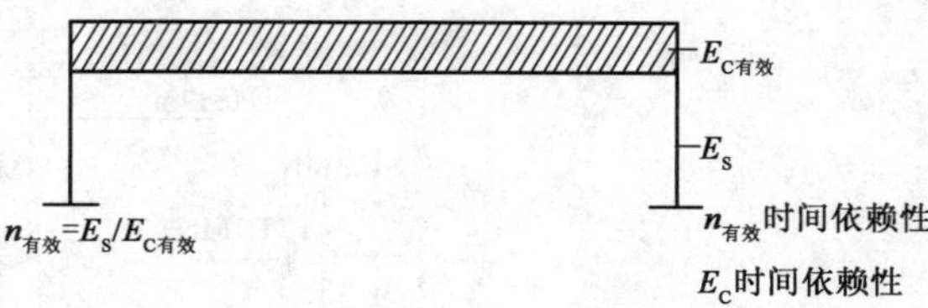

图 4.20　复合截面的收缩徐变

对于短期加载（活载）可采用 $n_{有效}=6\sim7$；对于永久荷载，有效值取决于混凝土的加载龄期；对于现场浇筑的混凝土有效值大约为 10，考虑收缩和徐变后约为 20。

对于预应力混凝土，很难提前确定有效值，如 Sunshine Skyway 桥[2.104]，预制板假定一年安装就位，n 值估计为 9，收缩徐变后为 11。

主梁的抗弯刚度近似通过特性有效值 $n_{有效}$进行估算。

4.1.6　塔

4.1.6.1　纵向

塔的初始设计：塔是一个竖直悬臂梁平衡体系，底端固定，另一端连接拉索。静定塔系统如图 4.21 所示。塔顶的挠度主要由于端锚索长度改变引起，从而导致塔上弯矩呈线性分布，并在固定端达到最大值。

在 Klöppel、Esslinger 和 Kollmeyer 已发表的刊物中[4.4]，利用如图 4.22 所示体系解决了常规的非线性效应（二阶理论）问题。很显然，如果将竖直拉索分量看成荷载的话，非线性塔的弯矩会发生很大的改变，固端弯矩会减少，然而塔下部 1/3 处的弯矩会随着弯曲刚度的减小而增大。

对于刚度较大的主塔，如图 4.22 所示，非线性效应很小，随着刚度的降低，固端弯矩在逐渐减小，变化到 0 处甚至会改变符号，只有小部分的刚度能有效到达钢塔的刚度，如高强度的 Duisburg-Neuenkamp 钢桥，N-A-XTRA70。

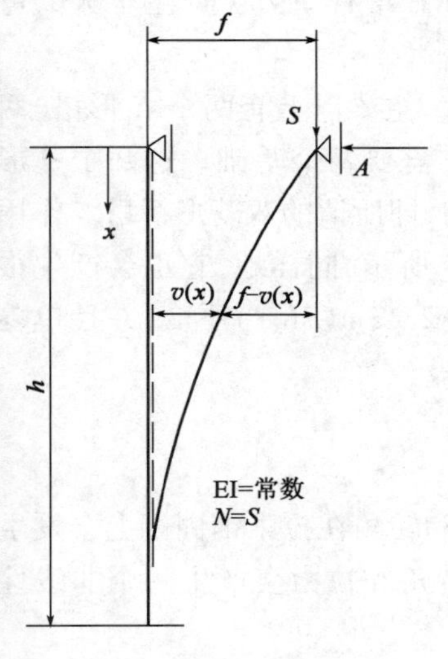

图 4.21　静定塔系统

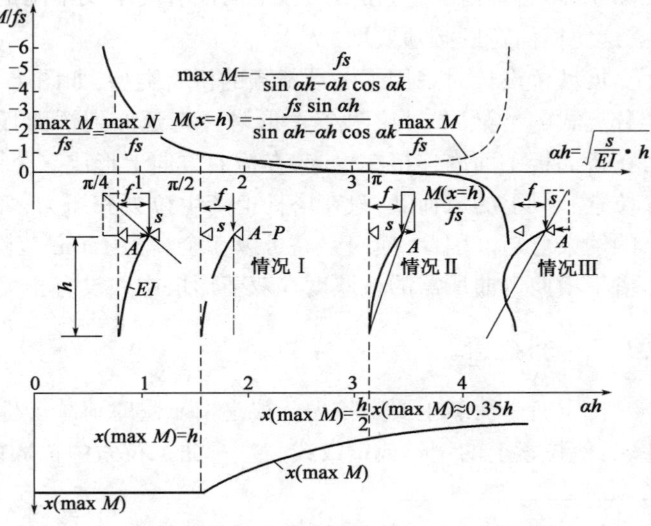

图 4.22　主塔弯矩 M 和主塔的刚度 EI 之间的关系

混凝土桥塔的刚度相对较低，如 Pasco-Kenewick 桥，如图 4.23 所示。即便是在这个例子中，非线性的固端弯矩能降低大约 16%[1.15]。

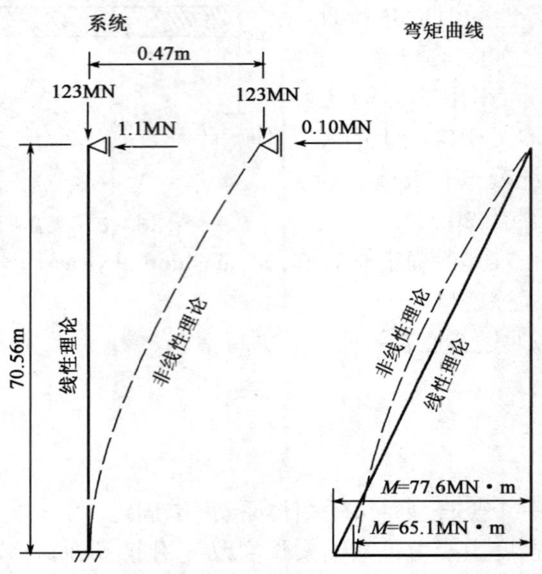

图 4.23　线性和非线性理论下 Pasco-Kenewick 桥的主塔弯矩

4.1.6.2　横向

对于有竖直柱的塔而言，横向弯矩可以按照文献[4.11]的方法考虑塔顶挠度进行计算。横向拉索的回缩反应也被看作为塔的一种弹性支承。

对于直立的 A 形塔，风荷载作用下梁的横向弯矩仍然很小，这是因为倾斜的塔柱可以承受荷载产生的拉力和压力，而弯矩主要通过约束来承受。直立 A 形塔的塔柱水位平面上宽度很宽，主梁高于水位以上，这对航运很不利。这种情况下，塔柱会将主梁连接起来，形成菱形，在图 4.24 这种情况下，在桥面板下面没有支承及中间的系梁，而在塔柱下方会产生很大的弯矩，这使横向宽度必须要增加[1.17]。

贝城桥设计时采用了一种新颖的桥塔类型，如图 4.25 所示。主梁以上有两个 A 形塔，两个分离式的主梁，并且这两个 A 形塔一直延伸到桥面板，因此它需要两个基础。这两个菱形塔在桥面板平面内连接在一起，在横向方向上形成一个桁架结构，即所谓的双菱形桥塔。作用在拉索和梁上的风荷载，只在塔柱上产生拉力和压力，如图 4.25 所示，同样地，它也会产生很小的约束弯矩。因此，横向梁高可以在全高为 130m 范围内保持 2.13m(7ft❶)不变，并且单菱形塔下横向弯曲所需的板厚度在双菱形塔中并没有相关的要求。

4.1.7　斜拉索

拉索所受荷载主要是拉力。梁上由于瞬时荷载产生的挠度和转角在拉索锚固端上会发生扭转，使拉索上的钢丝或钢绞线发生弯曲。拉索中锚固端上的转角和拉力会产生一个非线性

❶　1ft = 0.3048m。

效应(二阶理论),按照这个理论,钢绞线的弯曲半径会大大减小,而弯曲应力却不断增大。在拉力作用下,锚固端转动引起的弯矩增加,如图 4.26[4.5] 所示。

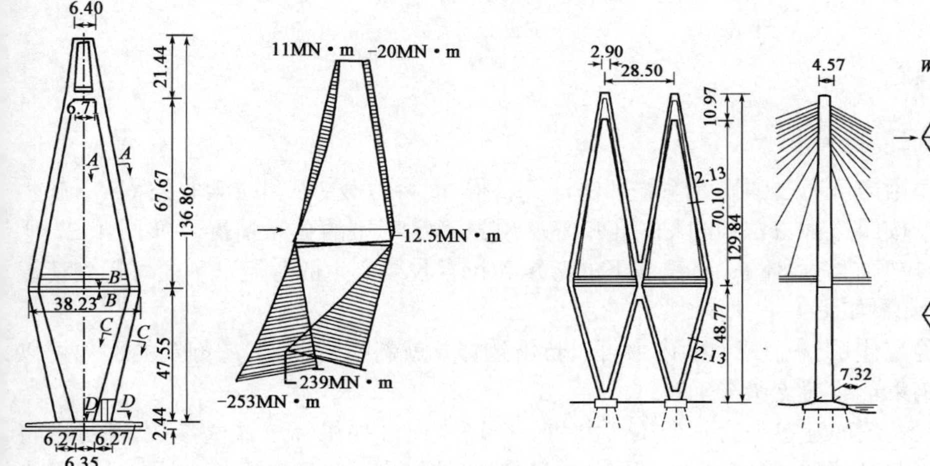

图 4.24　菱形塔横向弯矩(尺寸单位:m)　　图 4.25　双菱形塔中横向拉索和系梁之间的作用(尺寸单位:m)

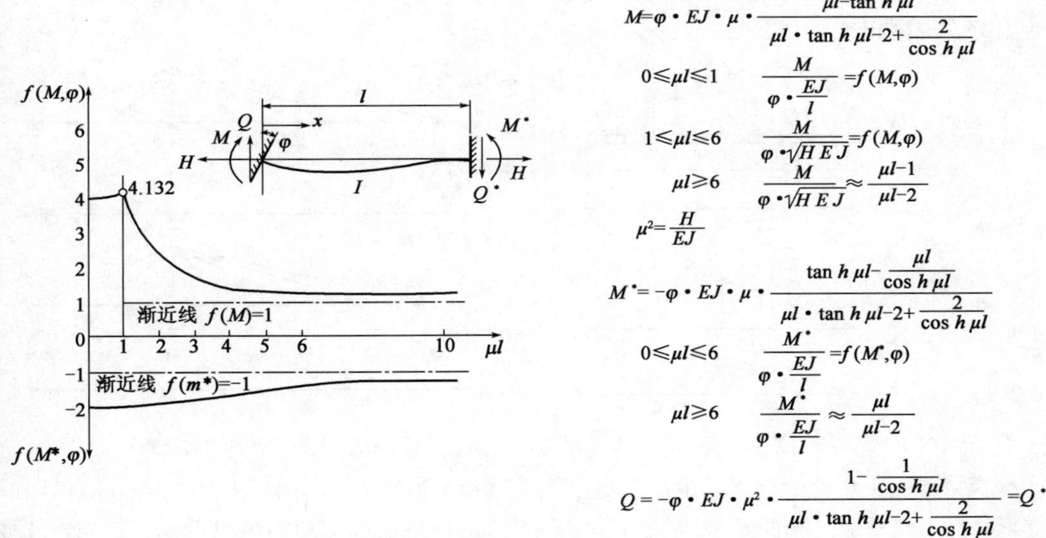

图 4.26　受拉构件在锚固端转动下产生的非线性固端弯矩

拉索弯矩的增加量取决于弯曲刚度,这对于单一后张拉的拉索尤为敏感。如果假设整个拉索的弯曲刚度是每根钢丝或者钢绞线弯曲刚度之和,那么单个钢丝或者钢绞线敏感性相对较弱。对于封闭式拉索,荷载作用下会产生横向收缩,并在外部 Z 形金属丝之间存在剪切摩擦力,因此它的真实刚度取决于每个独立金属丝的总和和单个金属丝的直径。对于平行钢丝拉索,假设单个钢丝并不共同作用产生横向压力,那么整个拉索的刚度等于每个钢丝刚度之和。而对于平行钢绞线拉索,通常假定一根钢绞线由七根金属丝共同作用,因此每根钢绞线刚度相同,且总的拉索刚度等于每根钢绞线刚度之和。

4.2 实际体系的作用力

4.2.1 永久荷载

4.2.1.1 概述

永久荷载的作用力可通过弹性体系叠加法计算获得,即将恒载 DL 和拉索收缩 CS 下产生的弯矩进行叠加。按照这种方法,可以在梁和塔上预先确定弯矩的分布情况。如图 4.27 所示,对于只有一根拉索的简化体系,将恒载下的弯矩和拉索收缩产生的弯矩求和便可得到荷载作用下的理想弯矩值,如图 4.14 所示。

对于 n 次超静定体系,n 个截面的内力可以自由选择。就斜拉桥而言,超静定的次数可以通过释放主梁的约束形成简支梁来确定。

如图 4.28 所示,超静定参数为六个拉索力和一个塔支座。如果释放这些参数,都可以将其变成两端均为静定结构的梁,释放的支承力,在超静定结构中看作 X_i,对应的七个边界条件 X_{oi} 当然也可以自由选择。之所以这样选,主要为了方便让未知量 X_i 和边界条件 X_{oi} 一一对应。拉索 1~4 和拉索 6 上锚固点处主梁弯矩与塔 5 处桥墩的沉降位移相呼应,同时端锚索 7 的收缩量也和塔的固端弯矩相关。

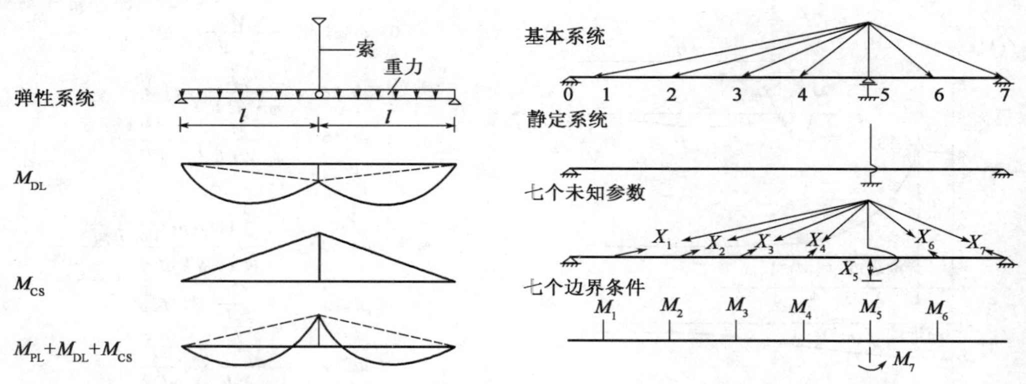

图 4.27 永久荷载阶段两类荷载的叠加

图 4.28 超静定条件和边界条件

永久荷载作用下主梁的理想弯矩在混凝土梁的选择上有很大的作用,因为拉索锚固点处和塔支座支承处都可以看成是刚性支承,如图 4.14 所示。此外,塔的固端弯矩可以看作零。当然,梁的竖直挠度和塔顶部位移也可以看作零(这一观点是不准确的,因为倾斜主梁的法向力会减小)。

4.2.1.2 混凝土斜拉桥

关于混凝土斜拉桥,我们选择德国曼海姆的内卡河中心桥(图 4.29)进行研究[4.7]。

从结构看,它主要由均匀徐变材料(混凝土)组成,与其他结构体系相比,永久荷载作用下弯矩不会随着时间改变而改变。如主梁在脚手架搭设过程中产生的弯矩[4.7],更多详细内容见 4.1.5.3 节。为了减少主梁所需材料的用量,永久荷载作用下的弯矩包络图要降低,这意味着在收缩和徐变前后,活载是被叠加到特定永久荷载上产生的弯矩中,而不是叠加到不同的永久荷载弯矩中。

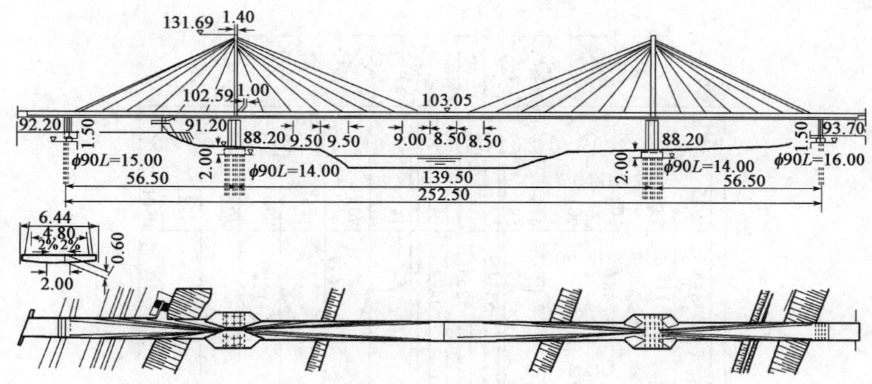

图4.29　内卡河中心桥的钢塔和混凝土梁(尺寸单位:m;高程单位:m)

内卡河中心桥的塔和拉索由非徐变材料钢材组成,而梁由发生徐变的混凝土材料组成。活载作用下,97%的变形是由拉索伸长和塔收缩造成的,而3%的变形由梁的缩短引起。这些值表明竖直梁的变形由非徐变的钢材决定,而混凝土梁的弯矩分配几乎不受徐变的影响,因此它和梁上锚固点近似刚性支承处的弯矩值一样,更多细节见第4.1.5.3节。而弯矩的分配则由施加在弹性体系上的恒载和由于拉索收缩引起的荷载共同决定。

由徐变引起弯矩的改变在混凝土斜拉桥中是可以完全避免的。因为弯矩的耗散是在刚性和弹性支承梁之间,但是只有3%不是刚性支承。

为了简化拉索收缩引起的荷载,内卡河中心桥上永久荷载产生的弯矩均由刚性支承抵消,这样锚固点梁端的挠度变为零,并且在梁上和拉索上产生的作用力也是有利的,如图4.30所示。永久荷载作用下梁的徐变弯矩实际上可以忽略不计。图4.30a)~d)显示了在有和没有拉索收缩时产生的弯矩和拉索力,同样还显示了无拉索收缩下的挠度和正应力分布。

正是由于钢塔不会产生徐变,永久荷载作用下产生的弯矩则被看作选择材料多少的依据。

(1)弹性体系恒载作用下产生的弯矩和拉索力。

(2)包括拉索收缩在内的永久荷载下产生的弯矩和拉索力(相当于刚性支承梁下产生的弯矩)。

(3)无拉索收缩恒载作用下梁的挠度。

(4)永久荷载作用下梁的正应力。

拉索收缩引起的作用力的改变通常发生在塔周围的主梁上。在这些区域内,拉索收缩不会对主塔支座产生荷载,而恒载更多的则是通过拉索传递到塔上,力的重分布如图4.31所示。

关于波萨达斯的恩卡娜森桥,如图4.32所示,它体现了恒载作用在弹性体系下产生的弯矩,同时还体现了拉索收缩产生的弯矩值和与永久荷载叠加后对应的弯矩。弹性体系上最大的负弯矩出现在塔附近,这表明主梁并不是由主塔基础支承而是由全桥范围内的连续支承,因此在主塔基础处并没有支承反力。这样的桥塔同样是由混凝土材料建成,荷载和拉索收缩下主塔产生的弯矩也是按这种方法确定,并相互间保持平衡,其与梁的弯矩确定相类似。计算实例见4.5.2节和4.5.7节。

4.2.1.3　钢斜拉桥

由于钢桥不会产生徐变,其永久荷载作用下的弯矩是所有瞬时荷载的叠加,所需材料也最省。恒载作用下的钢桥弯矩计算实例见4.5.3节。

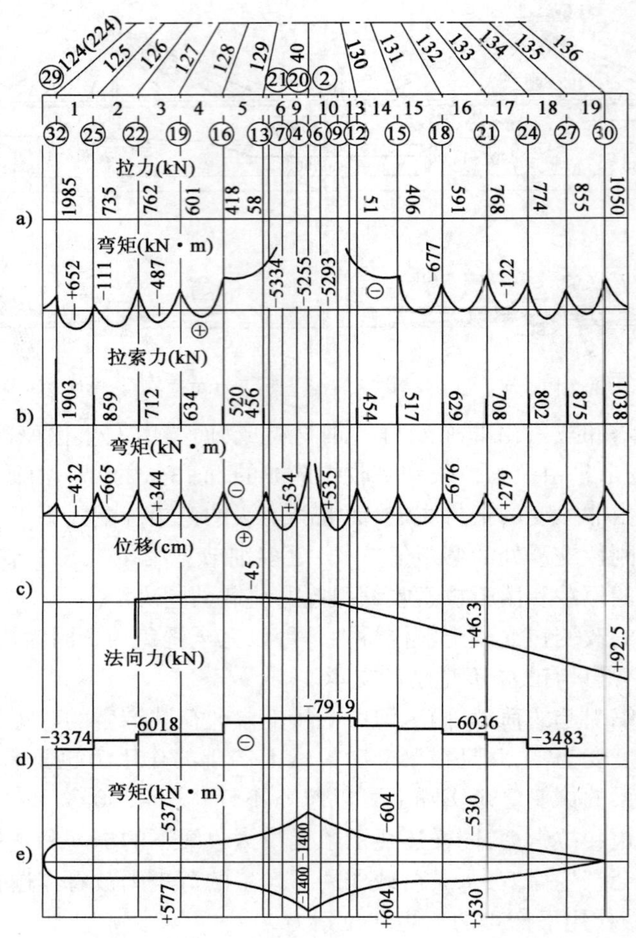

图 4.30　弯矩、轴力和梁变形的关系

图 4.33 显示了莱茵河上曼海姆—路德维希港钢桥主跨上永久荷载与弯矩之间的关系[1.19]。恒载和索缩短合计产生的弯矩将影响永久恒载的总弯矩。在这种情况下，应计入索缩短产生的弯矩。将活载弯矩和其他短期荷载弯矩进行叠加，则可以得到材料的最少用量。

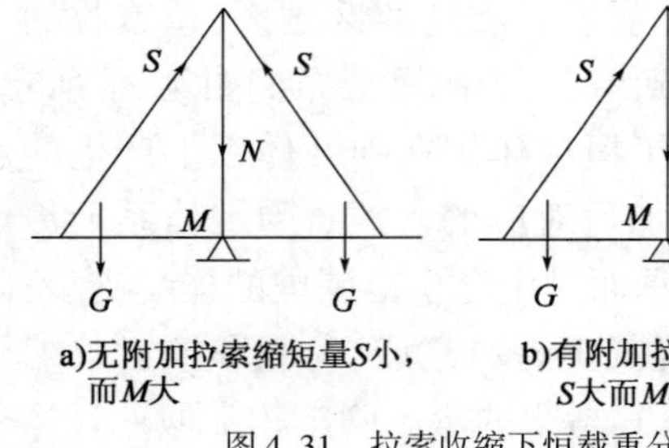

图 4.31　拉索收缩下恒载重分布

文献[2.71]中给出了佛莱埃莱茵河钢桥上主跨的弯矩。图 4.34 给出了单向弯矩、弹性体系上恒载与拉索收缩叠加后的弯矩包络图和活载弯矩图。

为了确定拉索的收缩量，需要考虑以下几个因素：

(1)14 号桥台竖直支座的移动和图 4.34d)中点画线给出了 7 根拉索缩短和伸长时产生的运营弯矩。这些都是由于拉索收缩产生的弯矩，刚好能平衡弹性体系上永久荷载产生的弯矩。

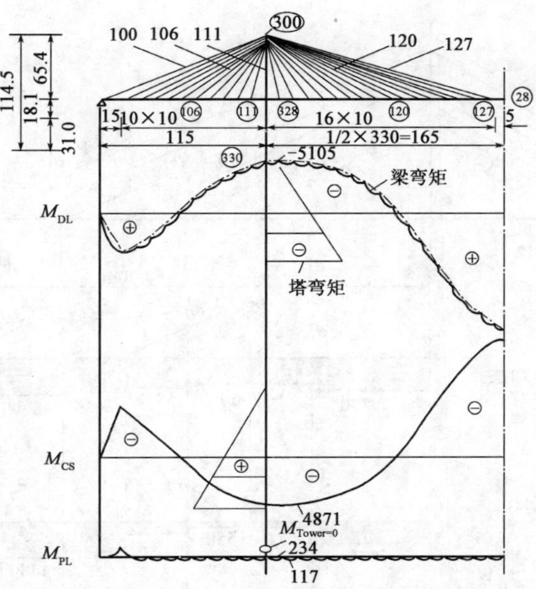

图 4.32　梁和塔在弹性体系中的恒载和索力永久荷载的叠加(尺寸单位:m)

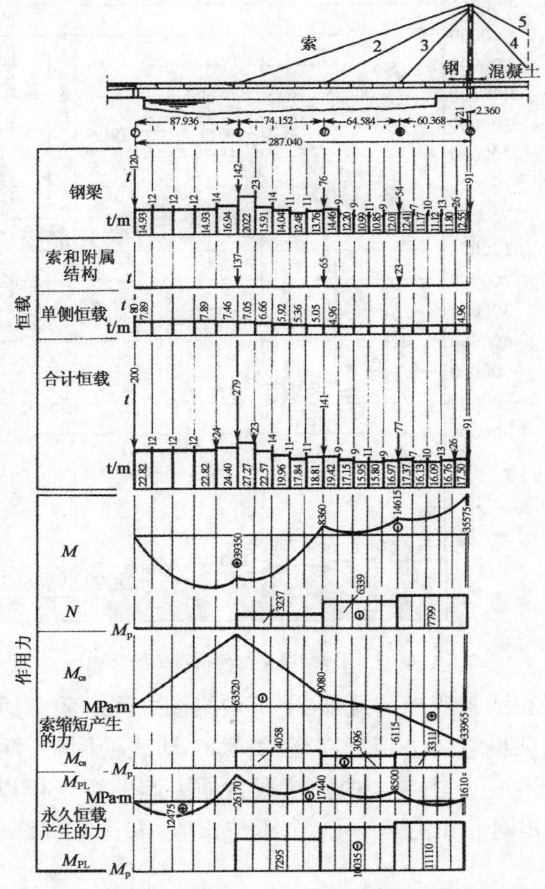

图 4.33　恒载，弹性系统时态下，索力和永久荷载的瞬时应变

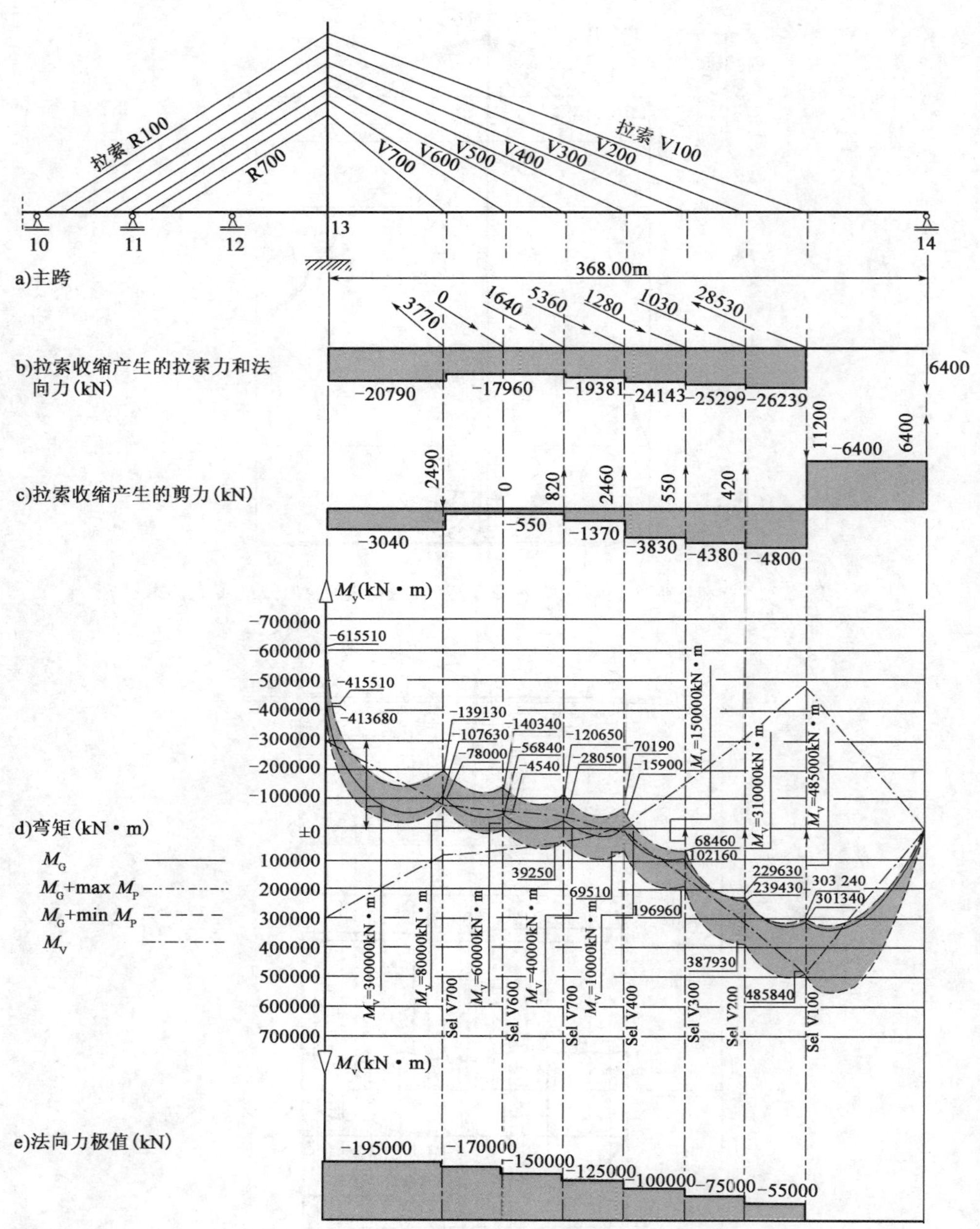

图 4.34 德国佛莱埃莱茵河桥弯矩的叠加

(2)恒载产生的弯矩和活载弯矩的叠加,上下包络图之间的阴影面积可以确定梁的尺寸。

(3)拉索收缩量由活载包络图决定。在塔的第 13 轴线处附近,活载负弯矩占主导;然而在桥台附近,轴线 14 处正弯矩占主导。由于拉索收缩引起的弯矩可以分为两个部分,即正弯矩和负弯矩,但它们大小相同。在主跨中心,由于拉索收缩,则在翼缘的顶部和底部产生相同的应力。

(4)拉索收缩导致拉索力的改变。由于塔支座处没有荷载,拉索面积需要增加。梁上正应力和剪应力的影响相对较小。

结果表明,通过选取14轴线上合理的桥墩沉降位移和V100～V700拉索上合适的拉索收缩量,可以确定出主跨在永久荷载作用下的弯矩。主跨跨径是桥梁造价的决定性因素。因此,通过主跨梁的尺寸和材料使用数量达到最优值的方式来选取支座反力和七个拉索力是比较有利的。再通过加工厂对梁的起拱设计,确保在竣工阶段,当主梁达到预期坡度时获得目标弯矩。

两类荷载即弹性体系上的恒载和拉索收缩引起的荷载,组成了永久荷载,但在施工现场,它们并不独立存在,在极限状态设计下,这两类荷载都会有荷载分项系数。

4.2.1.4　桥塔

拉索的收缩在桥塔中也会被用到。它们通过端锚索刚性地锚固在混凝土梁上。永久荷载作用下塔的弯矩主要用于优化和选择合适的拉索收缩量,基本的方法在图4.35简化的塔中可以看到。

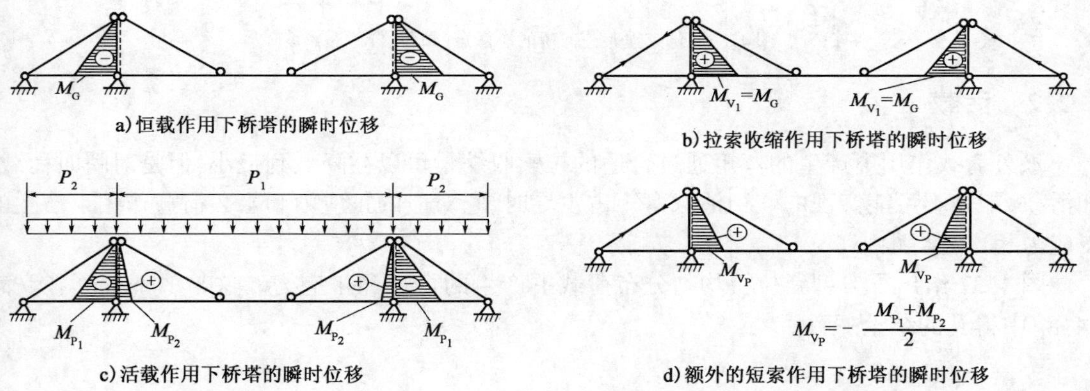

图4.35　塔弯矩的确定

(1)弹性体系上,恒载产生固端弯矩M_G[图4.35a)],它可以由拉索收缩产生的V_G抵消掉[图4.35b)],这样塔上部承受永久荷载产生的任意弯矩。

(2)主跨活载P_1,产生固端弯矩M_{P_1},边跨活载P_2产生弯矩M_{P_2}[图4.35c)],通常$M_{P_1} \gg M_{P_2}$。

(3)然后引入附加拉索收缩量V_P[图4.35d)],在小荷载方向上产生固端弯矩1/2(M_{P_1} + M_{P_2})。

以上弯矩的选择可以使钢塔所需材料最小。由于徐变的影响,混凝土塔上产生的弯矩会大大减小。拉索收缩量V_G与图4.35b)中一致,它能将永久荷载产生的弯矩降低到0,但是需要引入不同的活载弯矩值。

图4.35中这种方法用在了佛莱埃杜塞尔多夫桥的混凝土塔上,见图4.36。在前拉索V100～V700中选取合适拉索力后,端锚索力也从R100～R700选取,这样塔在永久荷载作用下不会产生弯矩,但不同的活载弯矩依然存在。

永久荷载下弯矩的自由选择是设计师为达到经济性的一个工具。很显然,这需要每一座桥中有详细的调查研究,同时要考虑到特殊的静力体系和横截面。数学理论在这类优化问题中并不是很有效。这是因为斜拉桥是一个复杂的超静定结构,为了获得最经济的解决方案,需要对拉索收缩量进行不同尺寸的组合。

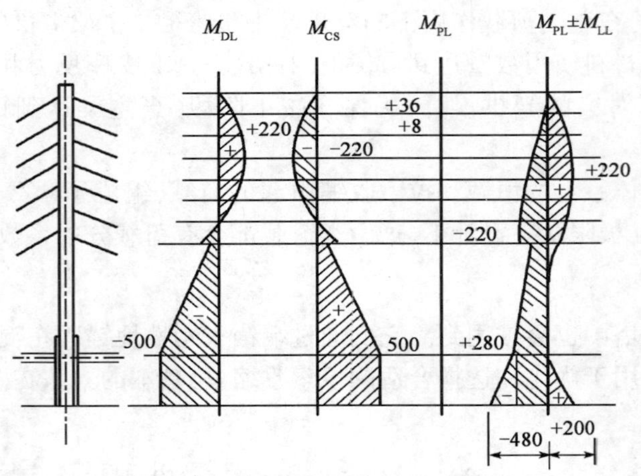

图 4.36　佛莱埃莱茵河桥的塔弯矩(单位:kN · m)

4.2.2　活载

永久荷载作用下产生的弯矩通过合适的拉索收缩量可以被降低到最小,但是对瞬时荷载,如活载,却是不可能实现的。当活载弯矩占主导时,它对应的正应力和永久荷载作用下产生的正应力相比显得很小。

图 4.37 给出了典型斜拉桥均匀分布荷载下产生的弯矩和正应力。这与 Homberg 在文献[4.8]中得到的结论一致。

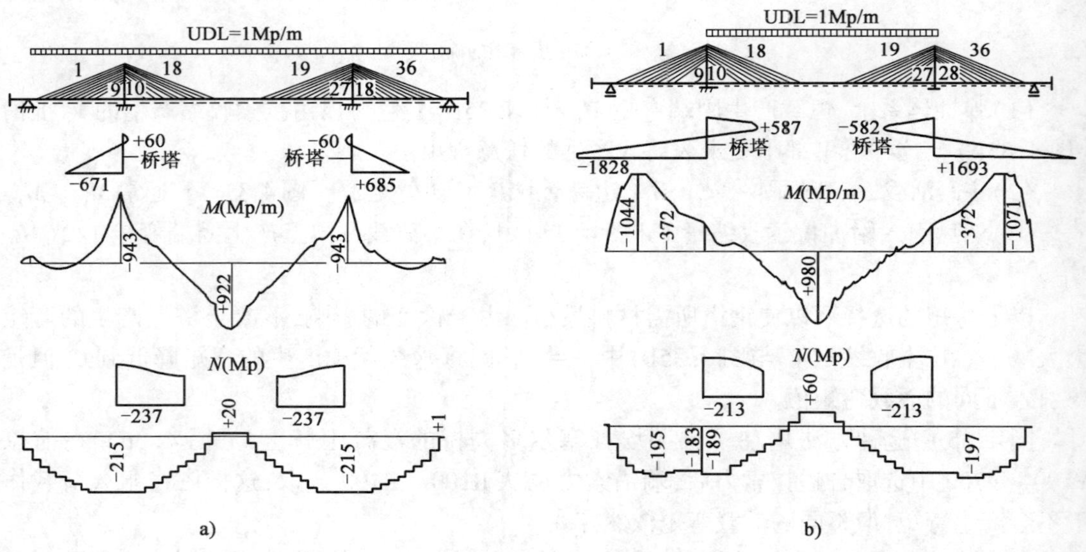

图　4.37

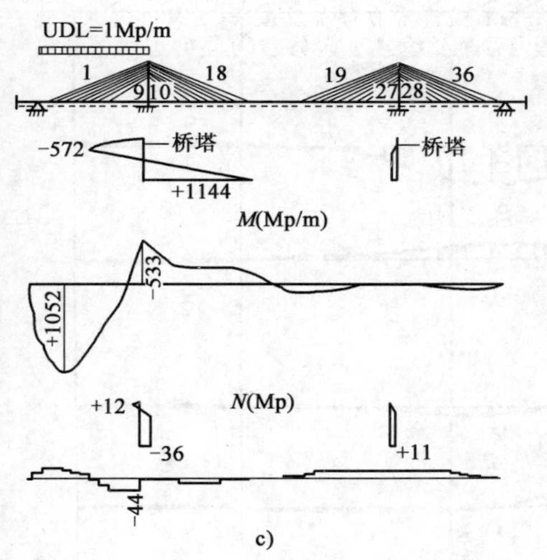

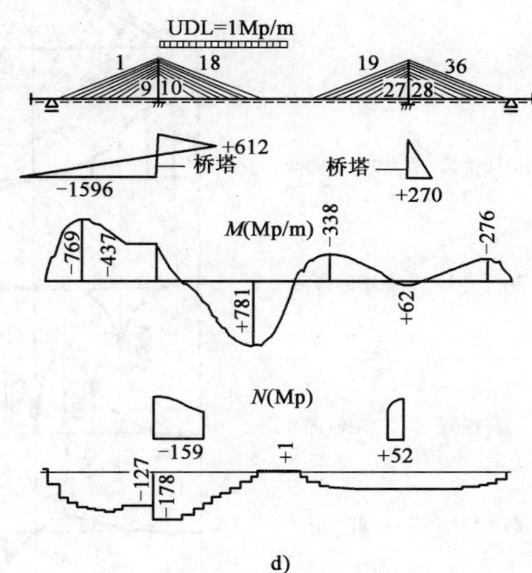

图 4.37　不同 UDL 作用下弯矩和轴力的分布

活载通常由均布荷载 UDL 和集中荷载 CL 组成，在给定的横截面上，如果按照影响线布置，它们会产生最大的弯矩，如图 4.38 所示[4.7]。

关于不同体系的斜拉桥的影响线，Homberg 在文献[4.9]中有详细的介绍。

在图 4.39 中，初始设计方法给出了典型斜拉桥在活载作用下的包络图。

最大的活载弯矩值在靠近锚固墩的边跨上，因为弹性支承梁在该处变成了刚性支承。如果塔处的梁由轴向支座支承，则会出现一个负弯矩的极值，这在由拉索支承的梁中是不存在的。对于混凝土梁，该区域对应的应力可以由主梁较大的法向力来提供。对于钢梁，只需要小部分附加受压材料。另一方面，支座的成本相较支承主梁的斜拉索通过迂回路径从塔顶传递到地基所需的附加成本要低。Homberg 甚至把它看成是经济型目的的“窗口”。

4.2.3　凸点弯矩

如果荷载作用下同时产生弯矩 M 和轴向力 N，又假设两者影响线不同时，那么在顶部和底部边缘处，极限应力状态的控制并不明确。

通常情况下，关联荷载组合最大/最小 M 和对应的 N 产生较小的应力，而非关联荷载组合最大/最小 M 和最大/最小 N 可能更安全但是不太经济。因此主导性荷载并不是简单地由 M 和 N 的影响线决定，而是由应力影响线决定。它们可以由所谓的“凸点弯矩”M_K 计算。在表 4.1 中，常规的凸点弯矩定义在 Roik 的《钢结构教程》中被用到[3.3]。

活载弯矩和恒载轴向力控制着斜拉桥的主梁截面，且应力影响线非常靠近活载弯矩影响线，在混凝土梁中尤为准确，但钢梁自重较轻，在这个问题上更为敏感。

在它的底端，情况截然不同，如图 4.40 所示，弯矩影响线和轴力影响线截然不同，并且活载作用下产生的轴力更需要仔细考虑，因为跨径方向的荷载是占主导地位的。

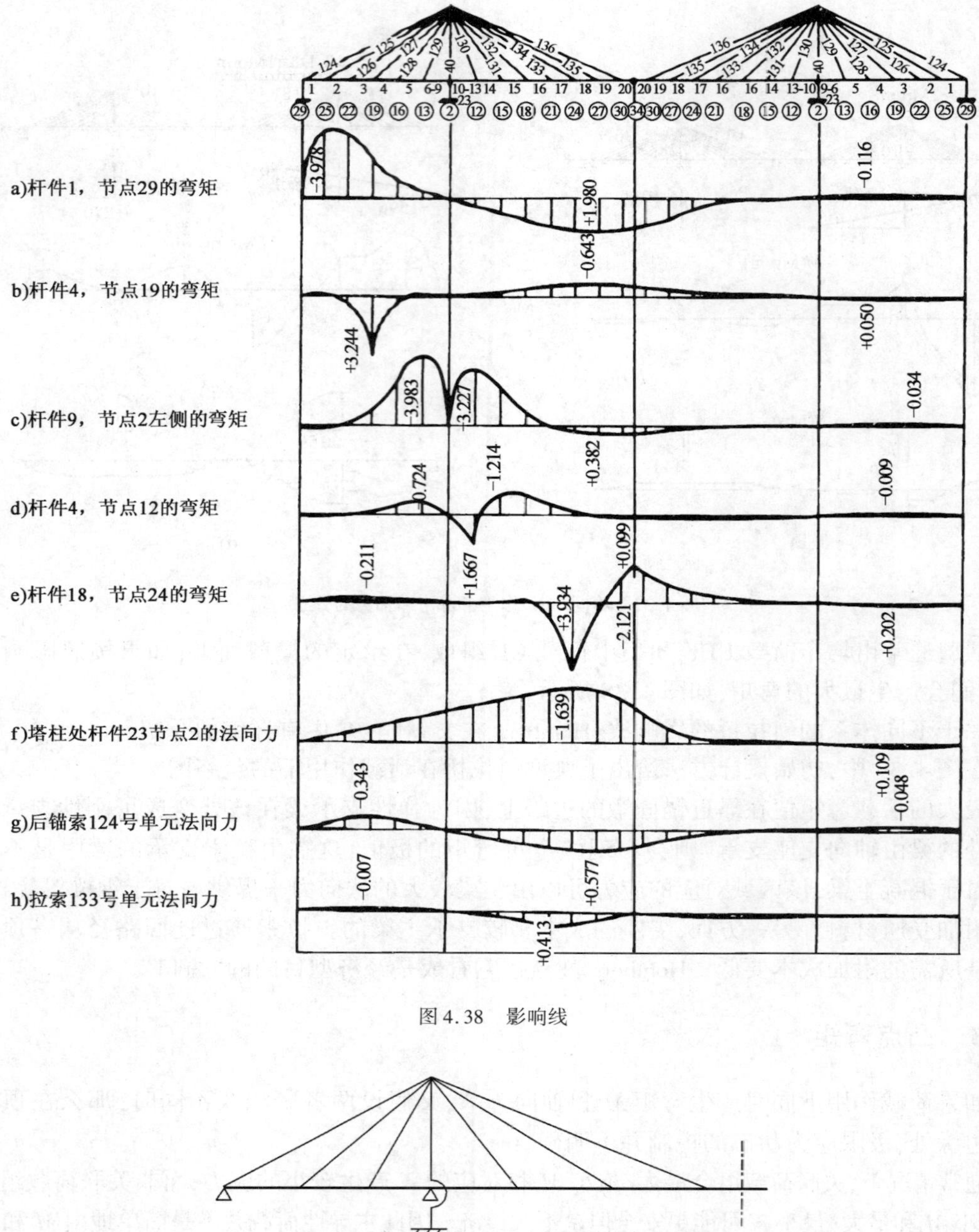

a)杆件1，节点29的弯矩
b)杆件4，节点19的弯矩
c)杆件9，节点2左侧的弯矩
d)杆件4，节点12的弯矩
e)杆件18，节点24的弯矩
f)塔柱处杆件23节点2的法向力
g)后锚索124号单元法向力
h)拉索133号单元法向力

图 4.38　影响线

l₁
l
0.6
1.1
1.3
0.4
1.0
l₁/4
塔处无垂直支承

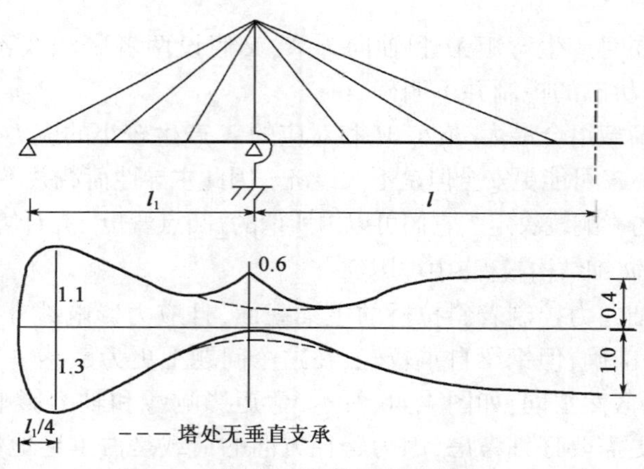

图 4.39　典型活载包络图(尺寸单位：m)

凸点弯矩的应用在内卡河中心桥中尤为突出[4.7]。对于钢塔底端，凸点弯矩影响线可以通过计算机计算出来。此外，控制荷载也被使用到。对于混凝土塔，弯矩影响线和凸点弯矩很接近，因此凸点的影响线可以忽略，而控制荷载组合最大 M 和对应的 N 或者最大 N 与对应的 M 都被用到，如图 4.41 所示。

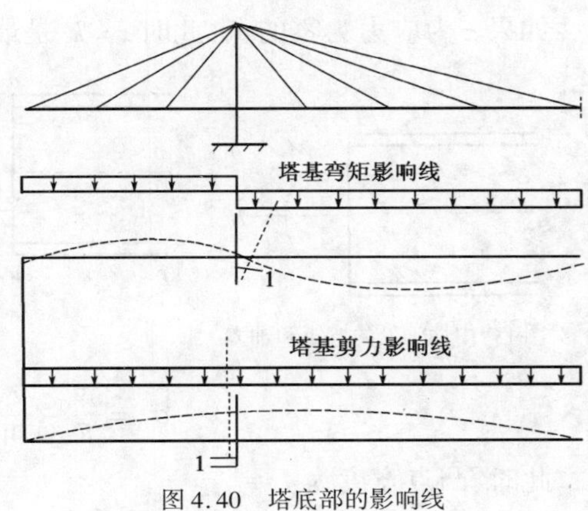

图 4.40　塔底部的影响线

在弯矩 M 和轴力 N 作用下产生的应力 σ 可以表示为：

$$\sigma_0 = \frac{N}{F} - \frac{M}{W_0}$$

$$\sigma_u = \frac{N}{F} + \frac{M}{W_u}$$

式中，W 为截面模量；W_0 和 W_u 均为正值。

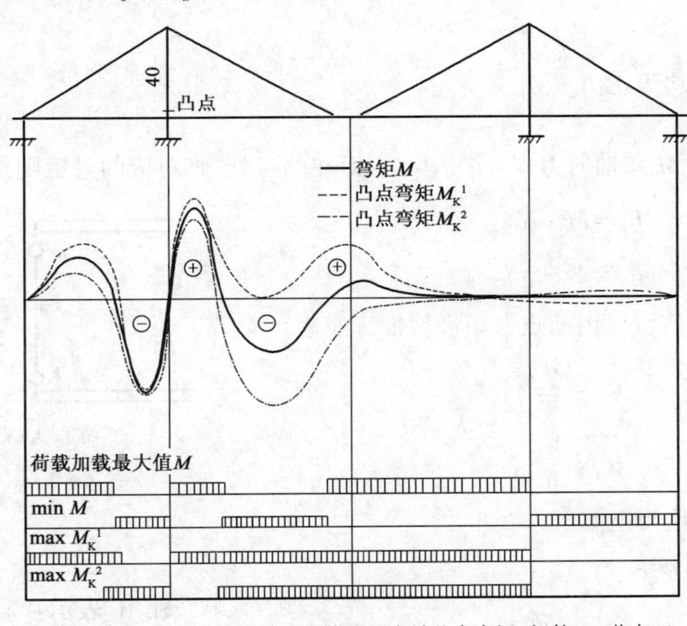

图 4.41　弯矩的控制荷载长度和塔梁固定端凸点弯矩（杆件 40，节点 2）

对于应力计算尤其是疲劳计算，需要明确加载位置，使在弯矩和在轴力作用下边缘位置处总的应力最大，即求出弯曲应力和轴向应力之和。这样会用到凸点弯矩值和影响线的值。

1）凸点

假设横截面施加有偏心轴向力 N，距轴心臂长为 z，则应力变成：

$$\sigma_N = \frac{N}{F}$$

$$\sigma_M = \frac{Nz}{W} = \frac{M}{W}$$

如果 z 为应力为零的点，此时 $z=k_u$ 是最小的凸点宽度和最小凸点。

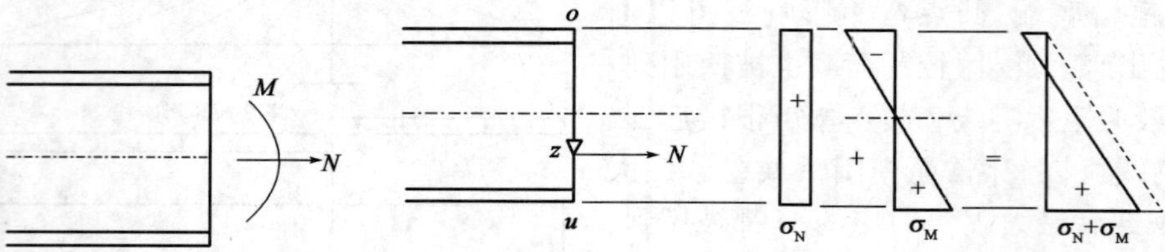

图 1　中性轴处的弯矩和轴力　　　　图 2　K2 应力分布

$$\sigma_0=\frac{N}{F}-\frac{N\cdot z}{W_0}=\frac{N}{F}-\frac{N\cdot k_u}{W_0}\neq 0$$

此时，凸点宽度为：

$$k_u=\frac{W_0}{F}$$

$$k_0=\frac{W_u}{F}$$

以此类推

式中，W_0 和 W_u 均为正值。

2）凸点弯矩

假如截面弯矩 M 和轴向力 N 不在中心上而在凸点处，则对应的弯矩则是凸点弯矩。

$$M_{ko}=M+N\,k_0$$

$$M_{ku}=M-N\,k_0$$

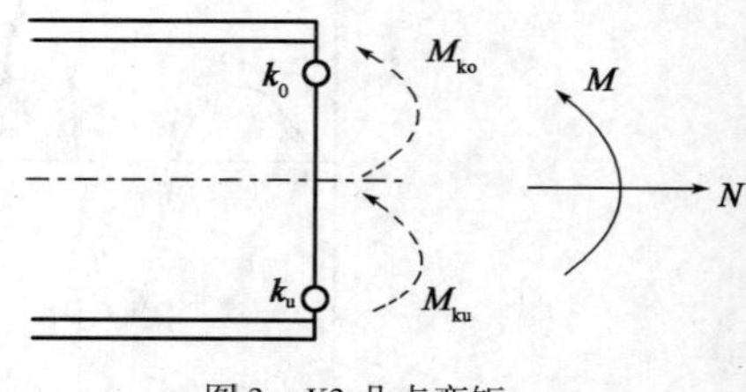

图 3　K3 凸点弯矩

边缘应力的极值可以由凸点弯矩极值推算而来：

$$\sigma_u=\frac{M_{ko}}{W_u}$$

$$\sigma_o=\frac{M_{ku}}{W_o}$$

式中，W_0 和 W_u 均为正值。

3）凸点弯矩影响线

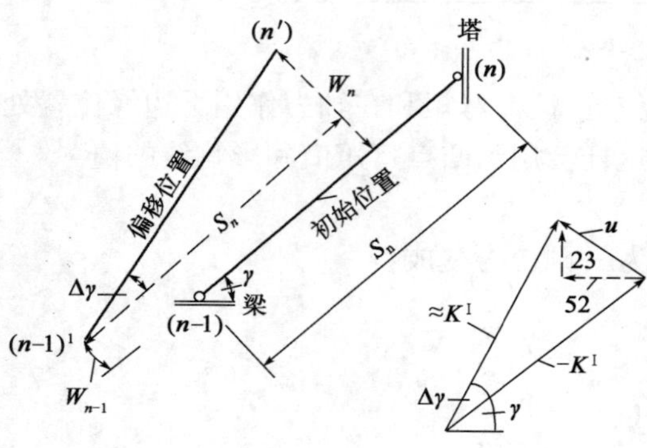

图 4.42　拉索倾角的非线性改变

弯矩影响线用 IL 表示：

$$\mathrm{IL}"M_k"=\mathrm{IL}"M"+k_0\mathrm{IL}''N''$$

$$\mathrm{IL}"M_{ku}"=\mathrm{IL}"M"+k_u\mathrm{IL}''N''$$

4.2.4　非线性理论(二阶理论)

如图 4.42 所示，由于活载变形的存在，压力使梁的弯矩增加。因此，两个影响线相互对立[1.19]。由于荷载作用下，梁挠度的存在，轴力会不断地变化，因此梁弯矩也会不断增加。同时，梁上卸荷过程中，随着拉索倾角的增加，弯矩

会减小。

由于拉索倾角的改变产生的释放效应,非线性弯矩的增量会减少。

非线性弯矩的增量取决于系统刚度,也就是拉索刚度和梁的弯曲刚度。

传统来讲,作用力的非线性增量Δs^{II}可以通过线性方法计算出来,即通过反复迭代求作用力Δs^{I}的偏导,迭代增量$\Delta_i s^{\mathrm{I}}$可以看成是几何数列参量,通过几何数列求和可以从第一个增量$\Delta_i s^{\mathrm{I}}$开始求得,如图 4.43 所示。

现代计算机计算弯矩非线性增量主要由系统荷载决定,如恒载,拉索收缩荷载和在梁节点上占主导作用的活载,如图 4.44 所示。

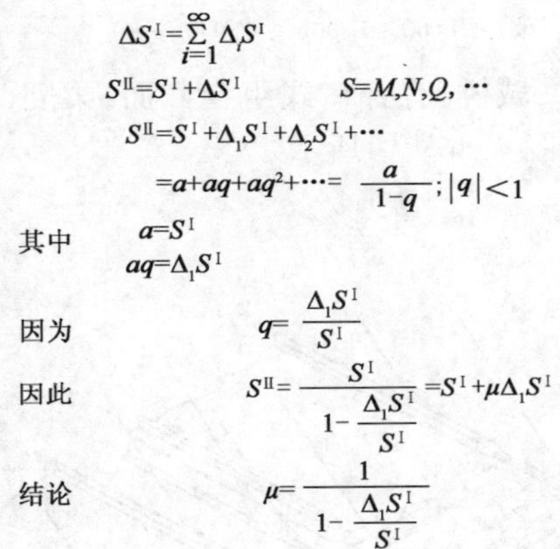

图 4.43　非线性增量的几何迭代公式

节点：1　6　11　16　22

$\max M_{K2}$	$\min M_{K3}$	工况
控制位置		
1…6	—	①
6…15	14…18	②
15…19	9…14	③
19…22	—	④
—	18…22	⑤

图 4.44　非线性活载弯矩的控制荷载组合

莱茵河上的几座桥非线性凸点弯矩的增量可达到线性增量的 2% ~5%,如图 4.45 所示。它们对应的主梁长细比达到 1:60(曼海姆)和 1:80(奥贝卡塞尔)。

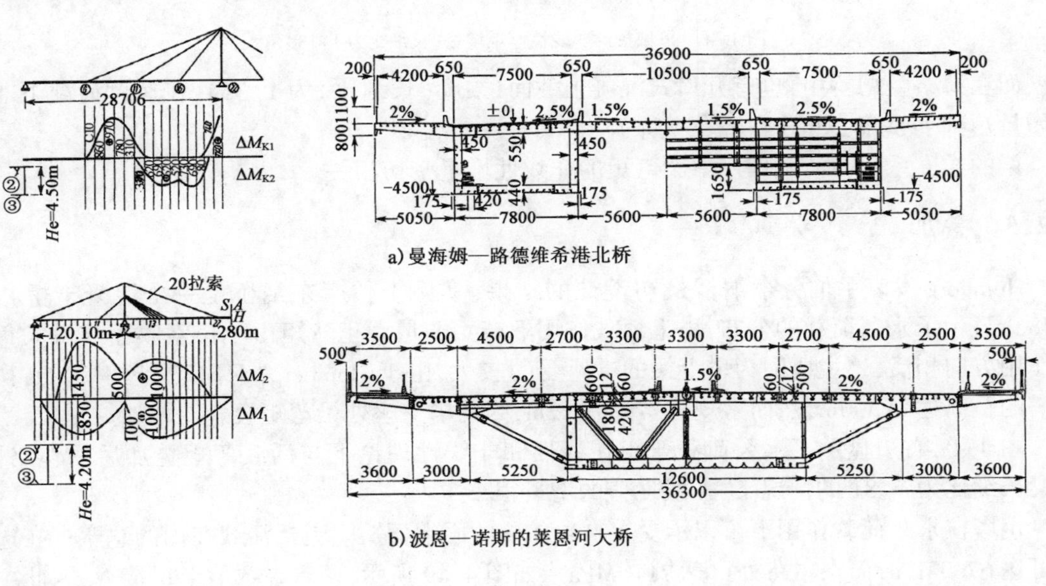

图　4.45

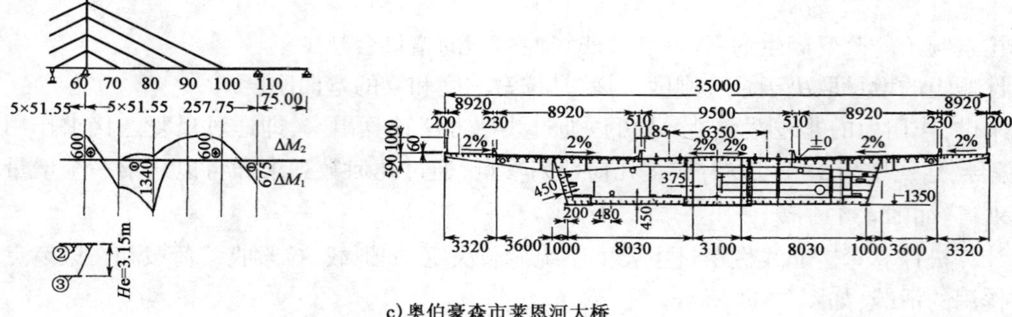

c)奥伯豪森市莱恩河大桥

图4.45　莱茵河桥上非线性凸点弯矩(长细比分别为1:60～1:80,尺寸单位:mm)

所有莱茵河上的桥都有相同的钢箱梁。对于贝城桥,有开口式组合截面,柔度(长细比)为1:180,运营荷载下,非线性增量可达到20%,如图4.46[1.17]所示。

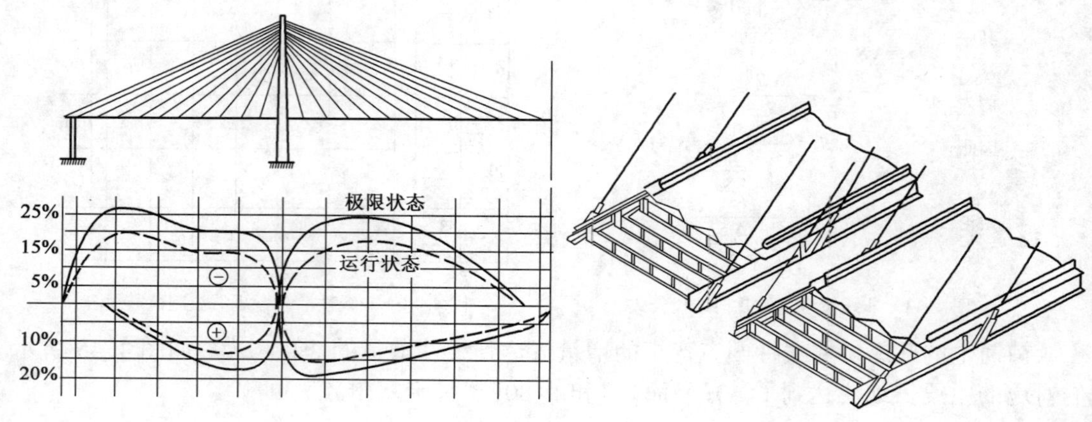

图4.46　贝城桥的非线性弯矩增量(长细比为1:180)

而在海格兰德桥中,也有开口式混凝土截面,柔度(长细比)为1:354,在运营荷载下非线性增量达到了30%,如图4.47[2.80]所示。

梁的柔度系数与活载作用下梁弯矩的非线性增量密切相关。

4.2.5　叠加

Homberg发表了伯劳东纳桥最初设计的结果(实际上伯劳东纳桥是一个混凝土桥),图4.48a)显示了永久荷载的分布,塔上恒载作用下产生的最大正弯矩由于拉索收缩与最大负弯矩作用方向相反,这主要因为塔上梁的支座受力较大,由于Homberg“窗口”原理引起的,拉索到塔的距离达到300m,然而常规拉索只有12m,因此塔支座处梁弯矩会急剧增加。

图4.48右边显示了永久荷载弯矩在线性和非线性理论下与活载弯矩叠加后的包络图。在梁长细比为1:81的情况下,非线性值的增量很小。

钢塔在永久荷载作用下可以承受+1140MPa的固端弯矩。包括活载在内的总弯矩在边跨处可达6700MPa,而在主跨处可达7110MPa。如图4.49所示,两者在数值上很接近,因此主塔可以进行对称布置。

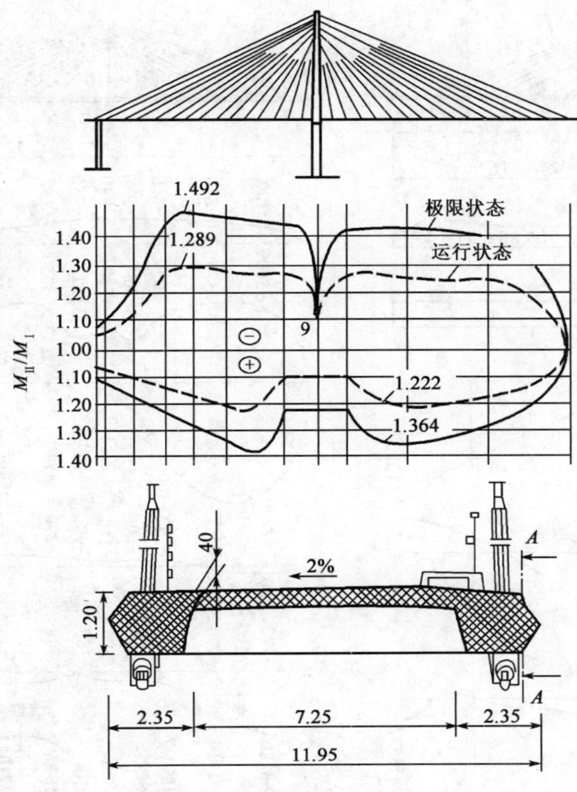

图 4.47　海格兰德桥非线性弯矩增量(长细比为 1∶354)

4.2.6　温度

为了确定温度改变对桥梁结构内力的影响,桥梁结构必须考虑非线性增量,它的大小取决于施工现场的气候条件和材料。一般而言,钢材通常比混凝土更能适应气候变化。

就混合梁而言(主跨为钢梁,边跨为混凝土梁),曼海姆—路德维希港桥的钢塔,假设与平均温度 10℃进行对比,设想温度工况如图 4.50[1.19]所示,那么它产生的弯矩包络图如图 4.51 所示。

而美国西北部的帕斯科—肯那威克桥的混凝土梁,考虑如图 4.52 所示温度荷载工况[1.15],在这些温度荷载工况下,形成弯矩包络图,如图 4.10e)所示。

4.2.7　固有频率

斜拉桥的主跨可认为是简单的支承梁,其一阶弯曲固有频率可以近似地计算得到[4.10,4.11]。

$$f_b = \frac{1}{2\pi} \cdot \sqrt{\frac{K_B}{m}} = \frac{0.58}{\sqrt{\delta}}$$

式中,K_B为弹簧刚度;δ 为跨中恒载下的挠度。

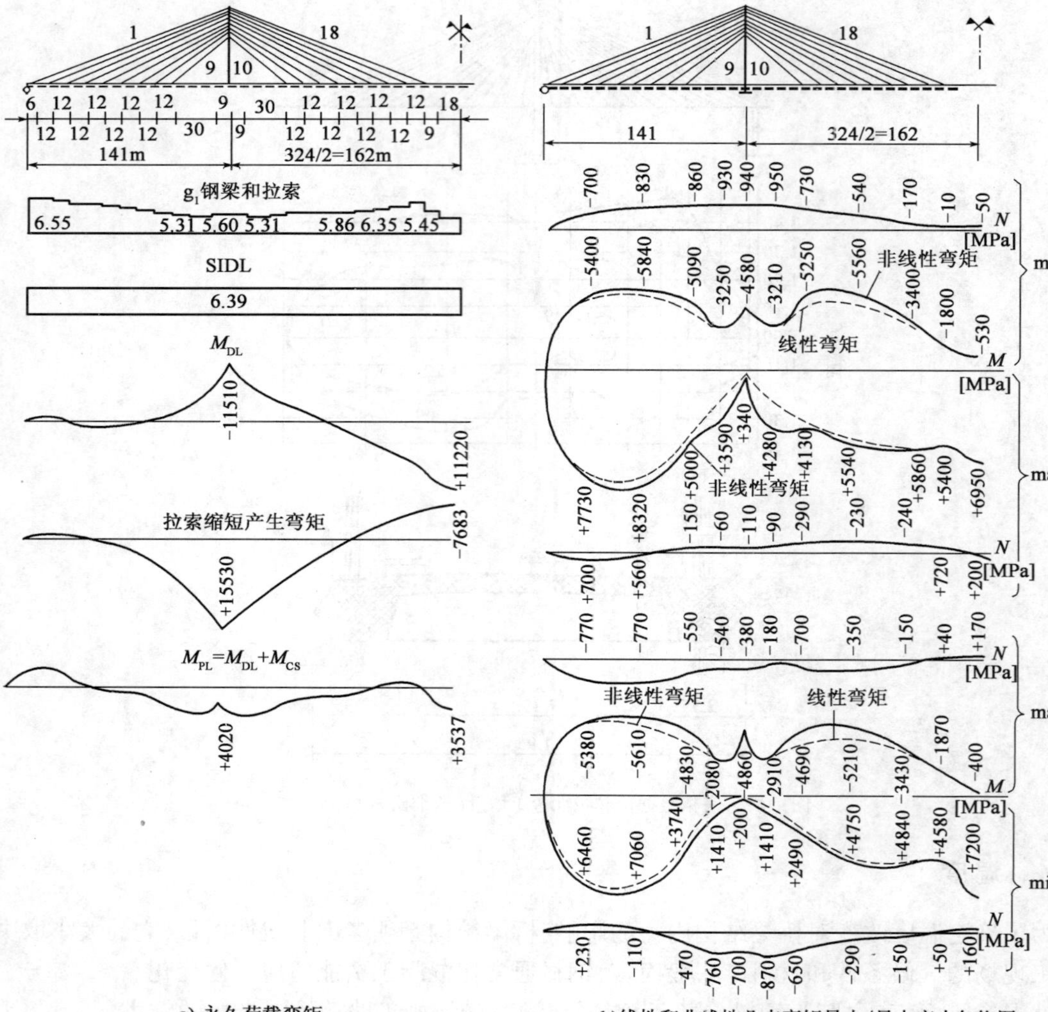

a) 永久荷载弯矩

b)线性和非线性凸点弯矩最小/最大应力包络图

图 4.48　伯劳东纳桥的钢梁弯矩和正应力(长细比 1:81,尺寸单位:m)

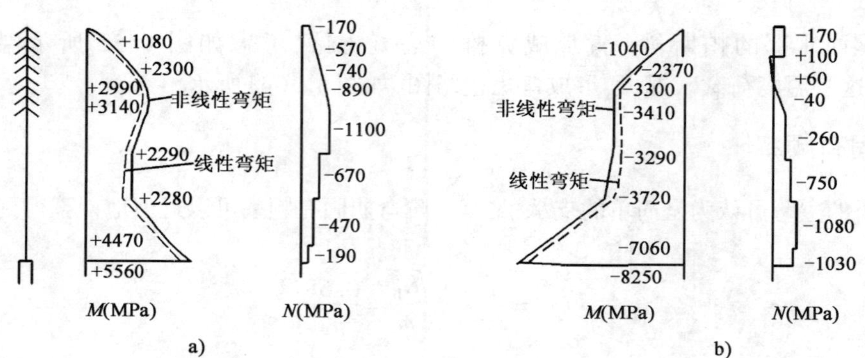

图 4.49　线性和非线性塔弯矩包络图

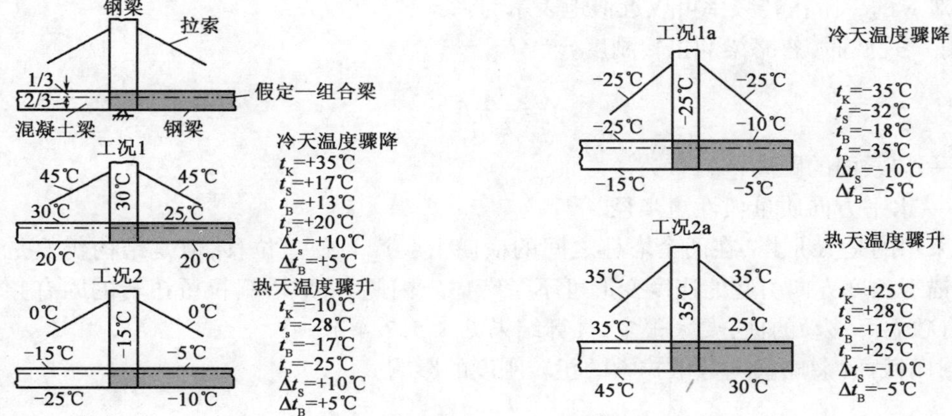

图4.50　曼海姆—路德维希港中混合梁和钢梁的温度荷载工况

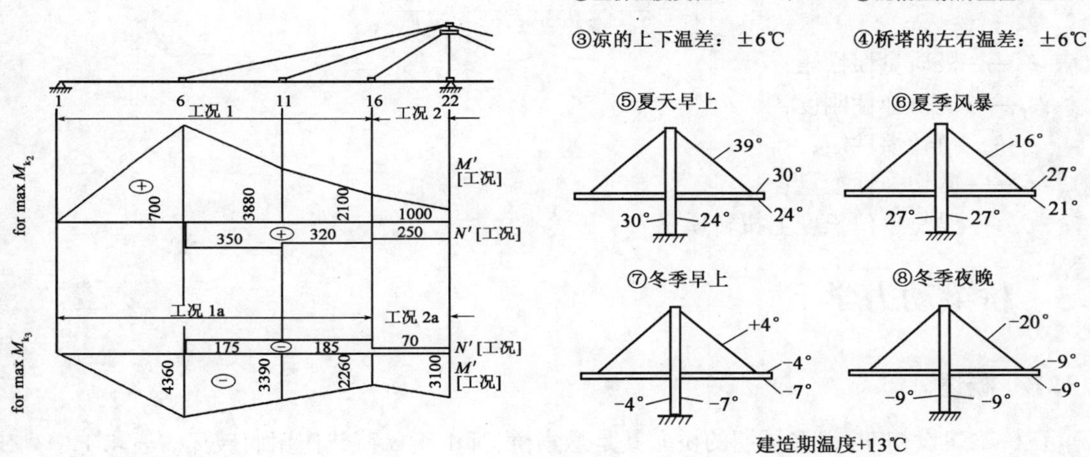

图4.51　温度荷载作用下钢梁上的力

图4.52　帕斯科—肯那威克桥混凝土梁的温度荷载工况

关于主跨跨中挠度的计算，必须施加恒载，其分布在一阶模态沿跨径的局部方向上，如图4.53所示。

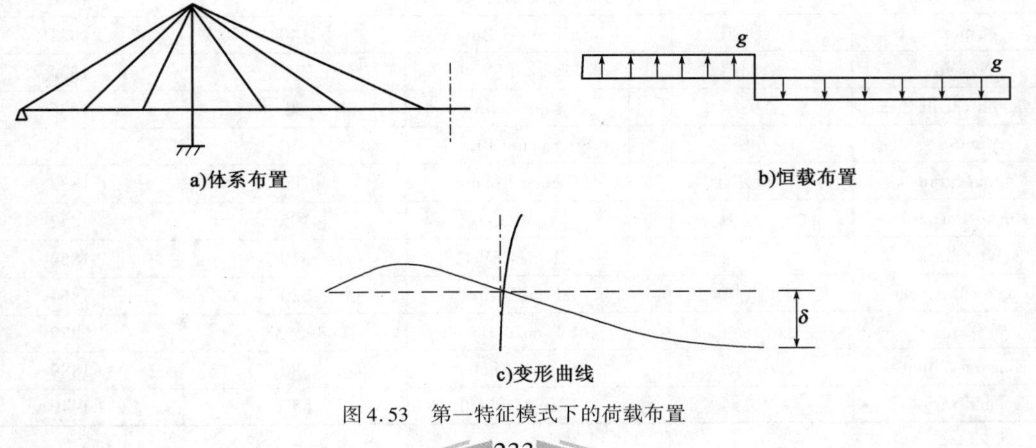

图4.53　第一特征模式下的荷载布置

主跨对应的一阶扭转频率可以近似地表示为：

(1)开口式截面(忽略梁的扭转刚度)

$$f_{t}=\frac{b_{s}}{2\,l_{iy}}f_{b}$$

式中：b_s——拉索面的距离；

l_{iy}——水平方向质量惯性矩半径。

如果采用的是A形塔，在两个塔柱之间的横向上会产生独立位移，但是结构仍然是静定的。由端锚索长度方向引起的挠度变形可不予考虑。因此，A形塔斜拉桥扭转的固有频率比H形塔(有独立可移动的柱)要大很多，计算结果见4.5.7.4节。

(2)封闭截面(忽略横向分散拉索的扭转刚度的影响)

$$\vartheta=m\cdot\frac{I_{P}}{A}=m\cdot i_{p}^{2}$$

$$f_{T}=\frac{1}{2\pi}\cdot\sqrt{\frac{K_{T}}{\vartheta}}=\frac{1}{2L}\sqrt{\frac{G\,I_{T}}{\vartheta}}$$

式中：i_P——极质量惯性矩；

K_T——抗扭弹性刚度；

I_T——扭转惯性矩；

G——剪切弹性模量；

ϑ——梁每单位长度上扭转质量。

4.3　桥梁动力学

4.3.1　概述

在桥梁建设初期，很多早期的桥尤其是悬索桥，都由于风荷载作用而破坏。表4.1中列出了自1818年以来一些比较有名的桥在风荷载作用下倒塌的实例[2.7.1]。

风效应作用下摧毁的桥　　表4.1

桥　名	地　点	设 计 者	跨径(m)	倒塌时间(年)
Dryburgh Abbey	英格兰	John 和 William Smith	80	1818
Union	英国	Sir Samuel Brown	140	1821
Nassau	德国	Lossen 和 Wolf	75	1834
Brighton Chain Pier	英国	sir samuel Brown	80	1836
Montrose	苏格兰	Sir Samuel Brown	130	1838
Menai Straits	威尔士	Thomas Telford	180	1839
Rocke-Berriard	法国	Le Blanc	195	1852
Wheeling	美国	Charles Ellet	310	1854
Niagara-Lewiston	美国	Edward Serrell	320	1864
Tay	苏格兰	Sir Thomas Bouch	85×38	1879
Niagara-Clifton	美国	Samuel Keefer	380	1889
Tacoma Narrows	美国	Leon Moisseiff	850	1940

曾经很长一段时间内,各种动力反应现象的本质并没有得到很好的研究。约翰·罗布林是这方面的第一代工程师,他认为悬索桥沿拉索方向的刚度能够增加桥梁的空气动力稳定性[2.1.2]。

1940 年,随着塔科马桥在风荷载效应下被摧毁,风荷载效应才引起了很大的反响。这座桥自从通车后,即便是在低风速作用下,亦表现出较强的风致振动。因此,该桥交由华盛顿大学进行监测,倒塌过程被一个摄影师记录下来,后来拍成电影。图 4.54 只截取了电影里面的一些片段。

图 4.54　美国塔科马大桥倒塌

由于这座桥的倒塌,风致振动开始在华盛顿大学由 Frederick B. F. 带头进行深入的研究[4.12]。早前,Theodore T. 通过数学方法在飞机机翼中解决了颤振问题[4.13]。这些结果被 Froedrich B. F. [2.137]用到了桥梁上,他曾经给出了一个解析方案[4.14]。实际中,桥梁工程师尝试着用数值模拟方法解决,并试图证实这个数学理论,如 David S. [4.15],但是最终都失败了。

由于地势的原因不需要较大跨径的桥梁,因此风致振动问题在德国并未取得很大的进展。1939 年,莱昂·哈特设计了当时欧洲最大的跨越罗登基兴河的悬索桥,主跨 478m。当时,他按1:50的横截面比例设计了一个模型,并进行了风洞试验。然而他只测出了空气动力系数[4.16]。1960 年中期,哥廷根大学的库尔特·科佩尔对桥的风激励现象有了进一步的研究[2.137]。他的研究成果于 1967 年在科佩尔和梯勒的论文里发表[4.17]。文章指出他们通过理想的平面图表法解决了空气动力颤振稳定性问题。他们给出了换算系数,主要用于实际截面的颤振预测并纠偏。这样的试验测试方法直到今天仍然适用。

后来,进一步的风致振动分析方法被提出,尤其是艾伦·达文波特第一个提出频谱法[4.18],罗伯特·斯坎伦[4.19]引进了气动导数作为新的参数。他们的方法直到今天仍被广泛地使用。如今,桥梁在各种动力激励下的反应通过复杂的计算机模拟被广泛应用[4.20]。

桥梁横截面的空气动力的特征如今主要通过数值流体模拟而获得。然而,对于非标准截面,则是通过对局部模型进行风洞试验,确定输入参数并进行计算机分析。此外,为了测试整桥模型(40m 长的模型尺寸),大型风洞实验室已被建成,如丹麦的跨越广阔地带的悬索桥($L=1624$m)和日本的明石海峡桥($L=1991$m)。然而,大量试验中,数据的有效性受到质疑,主要是由于模型的尺寸比例太小,甚至根本无法满足模拟定律,如空气的黏滞性等。而试验得出的结果都是基于对整座桥的分析,而风洞试验只是针对局部模型。

作为设计工作的一部分,作者在美国设计的桥中和很多空气动力学专家都有过合作。

(1)在帕斯科—肯那威克桥中和Bob W.合作[4.21]。

(2)在日照桥中和艾伦·达文波特合作[4.22]。

(3)在贝城跨越休斯敦航运桥中和罗伯特·斯坎伦合作[4.23]。

在其他斜拉桥中,作者和Ing. I. K.博士(图3.87)合作过。Ing. I. K.博士在结构动力学方面有着广泛经验的工程师之一。他在下列斜拉桥中有有过深入的研究:

(1)1989年,挪威Helgeland桥。

(2)1991年,丹麦Storebelt桥。

(3)1993年,瑞典Hoga Kusten桥。

(4)1997年,瑞典Sunningesund桥。

(5)2000年,法国Millau桥。

(6)2001年,中国香港昂船洲大桥。

(7)2002年,Second Panama桥。

(8)2002年,韩国Geo Geum桥。

(9)2003年,越南Thuan Phuoc桥。

(10)2003年,匈牙利M0-Ring Budapest North-East桥。

(11)2005年,德国—法国-科尔—斯特拉斯堡桥。

(12)2007年,挪威Brandanger桥。

(13)2008年,匈牙利Szeged M43桥。

作者对Ing. I. K博士能够编写结构动力学这一部分内容表示非常感激。

4.3.2 风效应

图4.55是慕尼黑TU大学教授Christian Petersen绘出的关于风效应的综述,这些因素之间的相互关系也被公众接受。自然风作用下的荷载模型,最初只有速度和滞点压力剖面或者阶梯形断面,最近几年变得越来越复杂。这种发展主要由结构不断增加的比例和长细比而造成,然而这可以降低结构自身固有频率,进一步增加结构对风效应的敏感性。这就需要对结构模型进行不断的优化和深入的分析,尤其是动力反应分析。

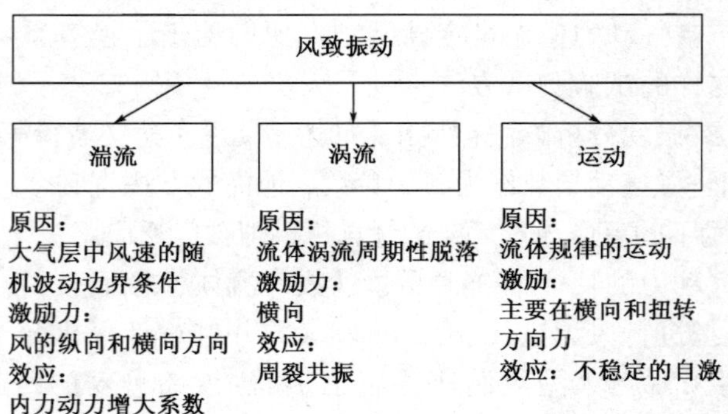

图4.55 重要的风效应一览

关于图4.55的定义:湍流是风速随机变化的现象。湍流效应的振动只能通过统计学的方法进行描述。涡致振动主要是涡流从结构主体脱落而形成,而这种脱落本身取决于结构和流体之间的关系。运动效应主要是由流体和结构主体之间运动的一种反馈。运动效应可以和静力二阶效应相对比，这是运动的不安定性最重要的特征。

这三种激励机理可以同时出现，甚至相互增强。正是由于风效应的非严格性特征，以至于它们随着结构自身频率的减小而得到增强。

4.3.3　风廓线、紊流和紊流振动

4.3.3.1　风的相关参数

图4.56以斜拉桥为例给出了一些重要的概念。

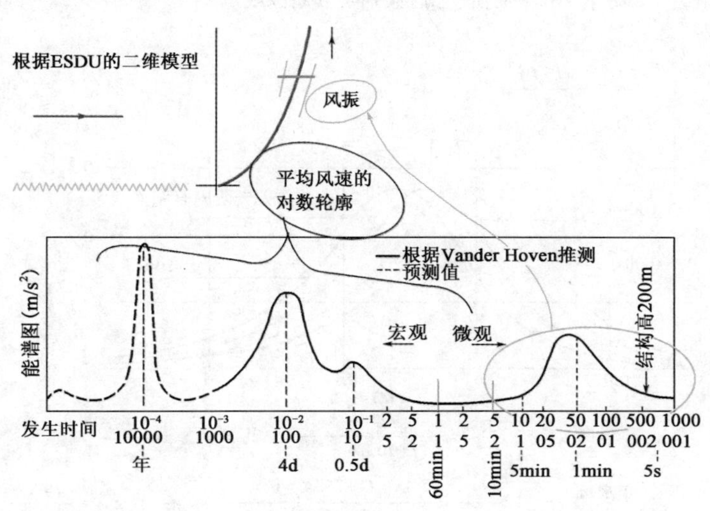

图4.56　2D风模型和对应谱图

风激励下的安全标准要求结构在使用寿命期（通常为100年）内有足够抵抗风荷载的能力。这需要通过截面内力参数——安全系数来保证。

在一定的时间范围内需要进行极限状态设计下的设计校核，在欧洲通常是10min，在这10min内，最高风速（百年一遇）被施加在结构上，并保证结构有充足的时间发生共振。10min内的风速可由以下几部分组成：

(1)时间恒定时，广义变量平均风速。

(2)时间和空间变量紊流部分的叠加。

地球表面粗糙引起v_m轮廓线和紊流。v_m将渐近线和风的梯度线汇聚在一起，而这两个参数与气候条件息息相关。在所谓的边界层（靠近地表面），紊流系数都会由于局部粗糙不均匀而受到影响。

v_m服从对数或者指数分布[4.19]，其均是从统计分析演变而来。通常定义v_m为离地面10m高位置处的值，同时海拔高度系数与粗糙程度有关。紊流通常根据能力谱或者能量谱密度来描述，这个谱是傅里叶函数在时间上的理想积分形式。紊流流量取决于海拔高度，并用紊流强度或者用5s内的阵风速度来描述。

在德国，关于风的数据随处可得，还可以通过长期的风速测量获得，但在其他国家未必通用。

在DIN1055-4[4.25]规范中，风的特性以标准轮廓线或者混合轮廓线给出：标准轮廓线中，

上游粗糙程度是常数，并用粗糙类别进行描述；在混合轮廓线中，还考虑上游各种人造的或者不利的粗糙情况。

此外，DIN 提供了顺风湍流成分的理想化的能量谱。但是斜拉桥的能量谱并不全，它们同样需要竖直方向和水平方向分量的能力谱，这在斜拉桥文献综述中可以找到。

斜拉桥紊流谱中使用频率最高的是 ESDU 文件[4.26,4.27]。在这个文件里，有很多与斜拉桥项目类似的文件。能量谱如图 4.57 所示，以这种方式排列能够清晰地看到同样的谱形图，然后根据地表粗糙比例和海拔高度按一定的比例确定积分长度。很显然，激励因子会降低高阶频率。确切的风的定义要求在斜拉桥上能够确定风的效应。

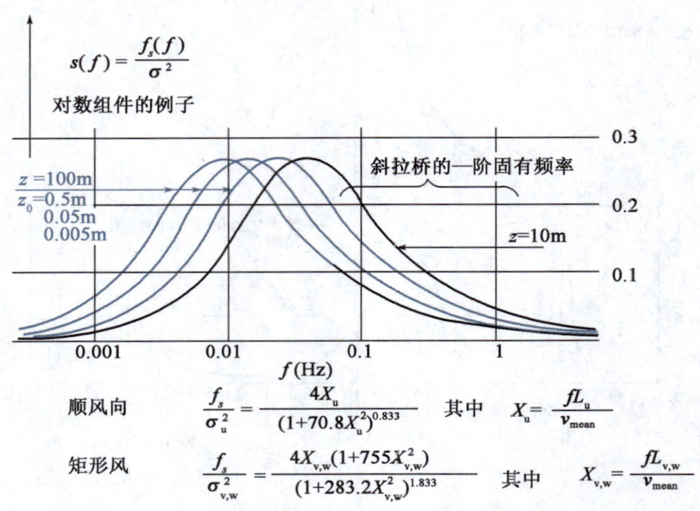

图 4.57　卡尔曼紊流

比较全面的风的定义如下：

$v_m(z)$为平均风速。

σ_u、σ_v、σ_w为风速散点分量。

$$\sigma = I \cdot v_m$$

式中：I——强度；

u、v、w——纵向、侧向和竖直方向分量；

L_u、L_v、L_w——积分长度，即紊流谱的比例参数。

阵风风速（持续 5s）和阵风持续时间（L_u/v_m）有很明确的关系，图 4.58 中其比值为 4。

在科尔—斯特拉斯堡人行桥[2.225]，与高度相关的风参数如图 4.59 所示。

纵向紊流可以用两种方式定义：一是紊流分量σ_{lon}，二是通过 5s 阵风速度v_{5s}。这两个参数之间可以相互转换，当然其他参数也很重要。

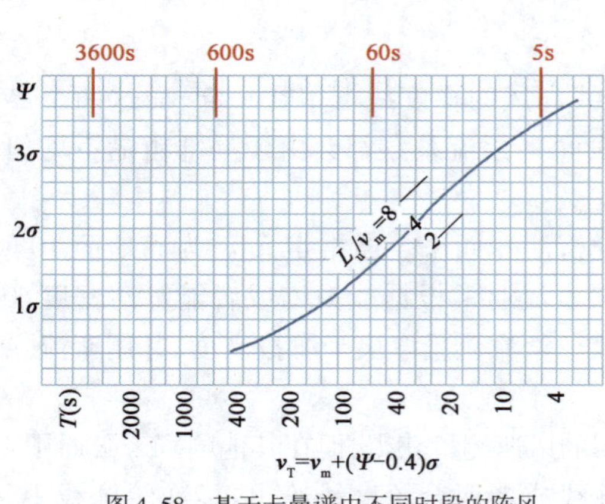

图 4.58　基于卡曼谱中不同时段的阵风

通过不同方法在 $z=10\text{m}$ 时得到的 v_m 图如图 4.59 所示。通常，在很多项目中，局部风廓线都是根据有限的测量方法得到。科尔—斯特拉斯堡桥是一个很好的例子。在这个桥中，用到 20 种测量方法，所测数值不足且值偏低，很明显这种设计主要是考虑了经济性。

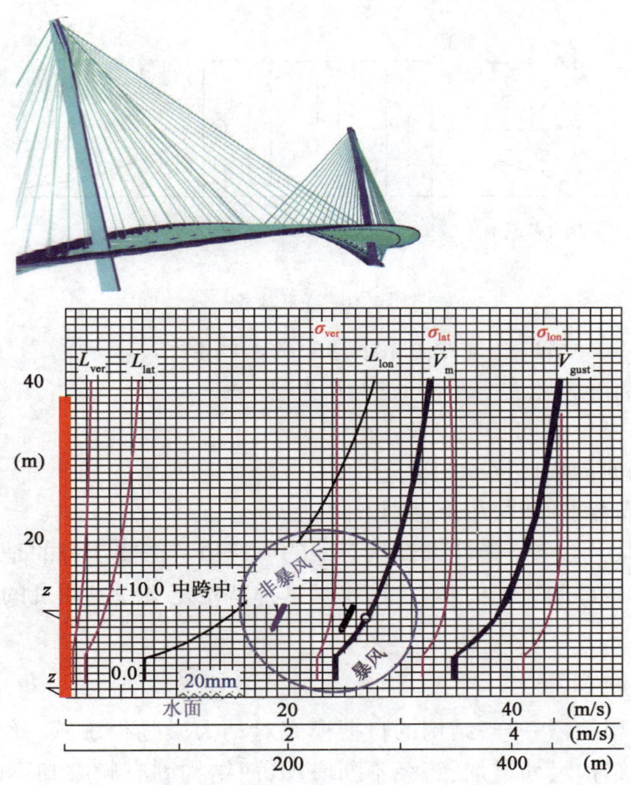

图 4.59　科尔—斯特拉斯堡人行桥中假定风速和紊流

基于有限测量方法得到的风荷载特性并不准确。v_m 一开始被设计为 19m/s，相当于 DIN 规范值的 75%。在毁灭性的暴风雨来临之前，这项工作更应该用更多的方法进行测量，当然这会导致统计数据的不断修正，但相比之下，v_m 会有所提高。DIN 的数值主要由统计数据分析而来，因此可反复利用，这使得较少的数值很难有提升空间。类似于这样去定义风速的方法在其他桥中也被实施，如 Metsovo 桥和 Phuan-Thuoc 桥。工程师们热衷于这类数据的处理，因此设计参数的定义和数据处理密切相关。

关于风的定义必须是一致的、连贯的且符合逻辑性的。独立参数间的关系并不是任意的，而是在一定范围内有一定联系。如 v_{gust} 与 v_m 之间的关系，并不适用于粗糙的地表。很显然，这是不合理的（如 Mecca 关于风的定义：$\frac{v_{gus}}{v_m}=\frac{21.5}{15.3}=1.40$，这个值和给定的实际粗糙度 0.05 ~ 1.02相比太大）。工程师需要意识到局部工况和测量值之间的偏差，并在有必要的情况下进行修正。

一致性通常不是单独地去定义紊流场中风的瞬时速度值和另一点速度值的关联性。一致性是一种随机特性，可以通过两个测量值之间的相关性来确定[4.29]。这种相关性取决于地表粗糙程度和海拔高度,而这两个参数容易获得。

一致性定义了阵风的空间维数。它会随着频率的增加而降低。卡尔曼在大气层中定义了渐近值,如图4.60所示。

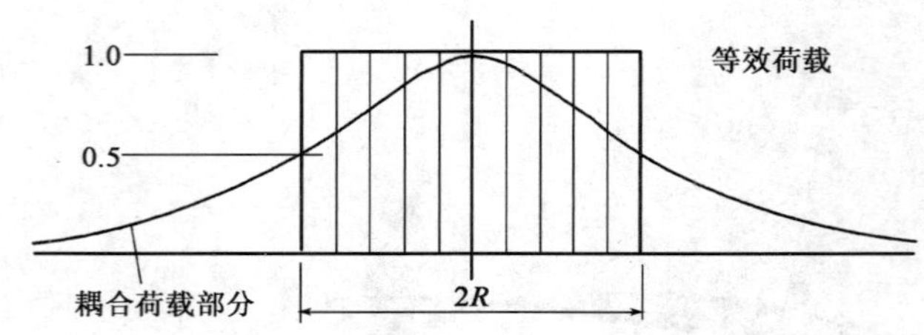

图4.60 关联荷载

对于给定的频率,紊流分量(大小和相位)会随着转移到另一个点上而逐渐降低,这可以用渐近宽度为$2R$倍的阵风宽度表示。其中,R为:

$R \approx 0.11 \cdot v_m/f$,一半纵向长度的紊流分量;

$R \approx 0.17 \cdot v_m/f$,侧向和竖向紊流分量。

朝向地表、地球或者水面时,R会急剧下降。

DIN1055-4[4.25]规定了空气弹性失稳状态下的风速值。需要注意的是,失稳振动的初始速度是建筑物自身尺寸和自振频率的函数,这也是这种特定定义受到质疑的原因,这在桥梁中表现尤为突出。

4.3.3.2 结构自振频率

斜拉桥和其他类型的桥一样,结构的自振模态对动力激励很敏感。结构的低自振频率往往敏感性较高。随着结构尺寸增加,跨径不断增加,而结构固有频率却不断降低,因此大跨径桥更应该注意结构的自振。

不同自振模态下结构频率的比值对斜拉桥而言也很重要,比较典型的例子是f_T/f_B(扭转频率和竖直弯曲频率比),它是颤振敏感性非常重要的参数。此外,还有一个很少被人注意的参数:结构单元频率与附着拉索的频率比值,这主要与结构内部共振相关,如间接共振(1∶1)和参量共振(2∶1)等。

图4.61中讲述了一个典型的双H形塔的斜拉桥。它的特色在于横截面是钢筋混凝土截面,侧向自身固有频率大约0.3Hz,这个频率很低,因此在侧向风作用下很敏感。敏感性很大程度上取决于桥面板的固有频率f_{dec}和桥塔的固有频率f_{pyl}。当它们非常靠近时,反而对风激励并没有太大影响。

通常情况下,垂直模式和扭转模式主要由拉索轴向刚度确定,而桥面板刚度的重要性相对弱一些。垂直模式对阵风导致的响应较为敏感。有时,它们会形成一系列接近的频率,在同等跨径下,频率范围在0.2~0.25Hz。就颤振而言,扭转频率及其与垂直频率的比值是非常有意义的。

古典桥的外形结构,频率比值和半拉索面间距与回转半径之间的比值(通常为1.5~1.7)很接近,见第4.2.7节。

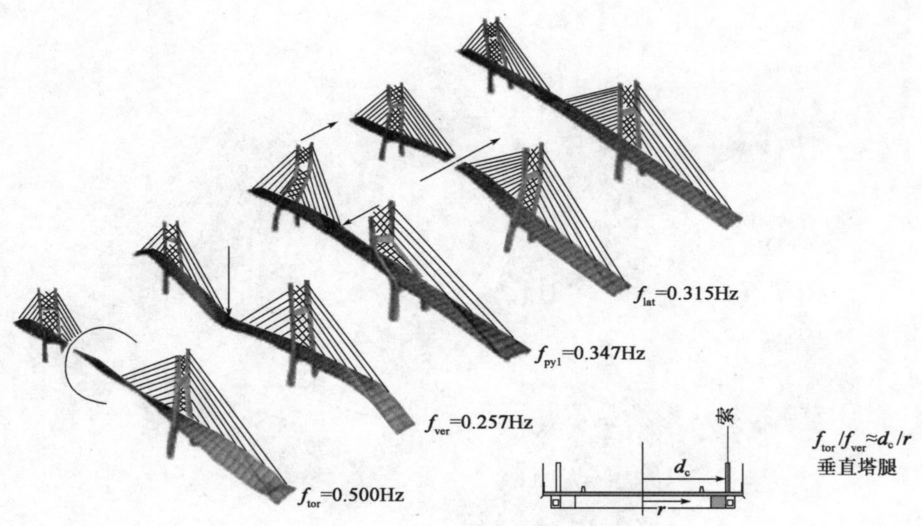

图4.61 H形桥塔和开口式截面

结构阻尼几乎也都是随机的，但对设计而言却很重要。关于阻尼值的假定，在EC[4.25,4.28]、DIN[4.29,4.30]规范里都有明确的要求。它由所使用的材料确定，且所取的值通常比过去所用的值要低。其对数递减量(一个振动周期内振幅的减小量)如下：

钢筋混凝土

$$\delta = 0.04 + \cdots$$

钢

$$\delta = 0.02 + \cdots$$

垂直桥面板

$$\delta = 0.02$$

在一些模态中阻尼很强，也称为安全弹性阻尼，这对风效应尤其是设计很重要。

设计主桥时，稳定性的标准具有决定性作用，这里用A形桥塔加以说明，如图4.62所示。

(1)抗扭刚度，也可以是频率比值，会随着拉索固定末端沿纵向方向发生运动而增加。

(2)沿桥轴向上不同的弯曲和扭转模式之间会发生耦合。

从功能的角度出发，通常使用一个中央缆索面而不是在主梁上设两个缆索面。动力反应对两个缆索面极为不利，因为通过拉索体系损失的抗扭刚度需要从其他结构单元来提供，而这个结构单元往往是(箱形)主梁。

拉索自身对激励也很敏感，见第3.8节，且很容易出现问题，主要是由于：

(1)自身阻尼较低。

(2)荷载工况下固有频率变化很大。

(3)长度越长，自身固有频率越低，拉索就越危险。

图4.63描述了M_0桥拉索振动时的情况，尤其是跨径比为0.5~10.5时，端锚索在一些荷载工况下应力会大大降低：如固有频率很小(<0.37Hz)或者发生参数共振时[4.31]。

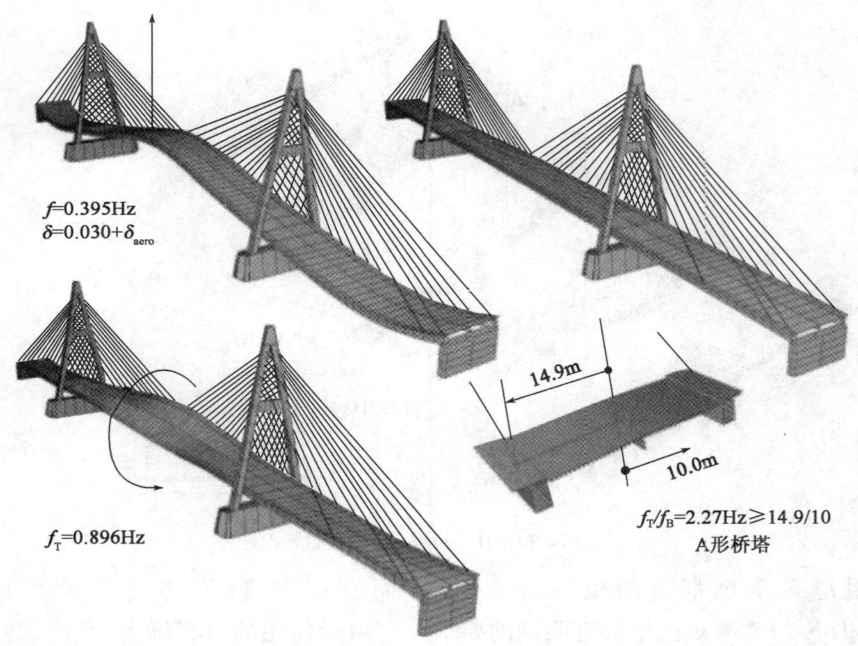

图 4.62　A 形桥塔的斜拉桥

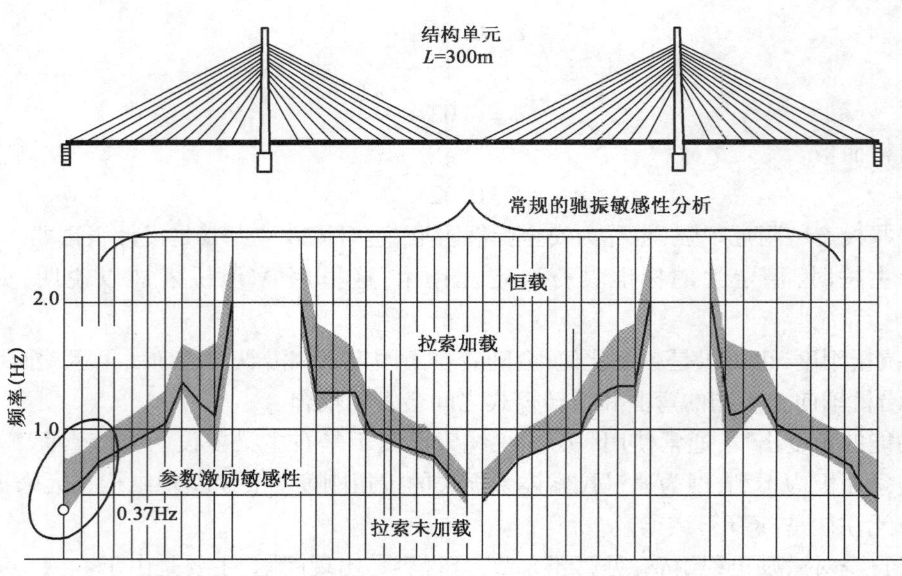

图 4.63　拉索频率

斜拉索经常会发生内部共振，这主要是由拉索和主体结构频率一致造成的。从经验来看，最危险的激励是由于涡流激励引起的桥面或者桥塔共振。

拉索的高频模态形成一个对数系列，$f_n = f_1 \cdot n$。模态越高，产生的问题越少，因为高模态产生的问题很难观察到，或者问题仅是由二次效应引起的。

4.3.3.3　紊流激励下的截面内力

紊流激励对截面内力计算至关重要。作用在结构上的力主要是静压力和气动系数共同作用的结果。这两部分均随着时间发生变化,因此导致了动力激励。

图4.64把气动系数描述为流体攻角的一个函数[4.35]。在风洞试验中,如果按 $M=1/75\sim1/20$ 的比例,可以将其测量出来。试验通常在层流或者小紊流区中进行,这是因为层流中的稳定特性很容易被观察到。而在小紊流区,风洞中的紊流只有实际紊流强度的50%,因为在风洞试验中,只有高频的紊流分量才能正确地显示出来。能量谱渐近线中,频率越高越接近实际。

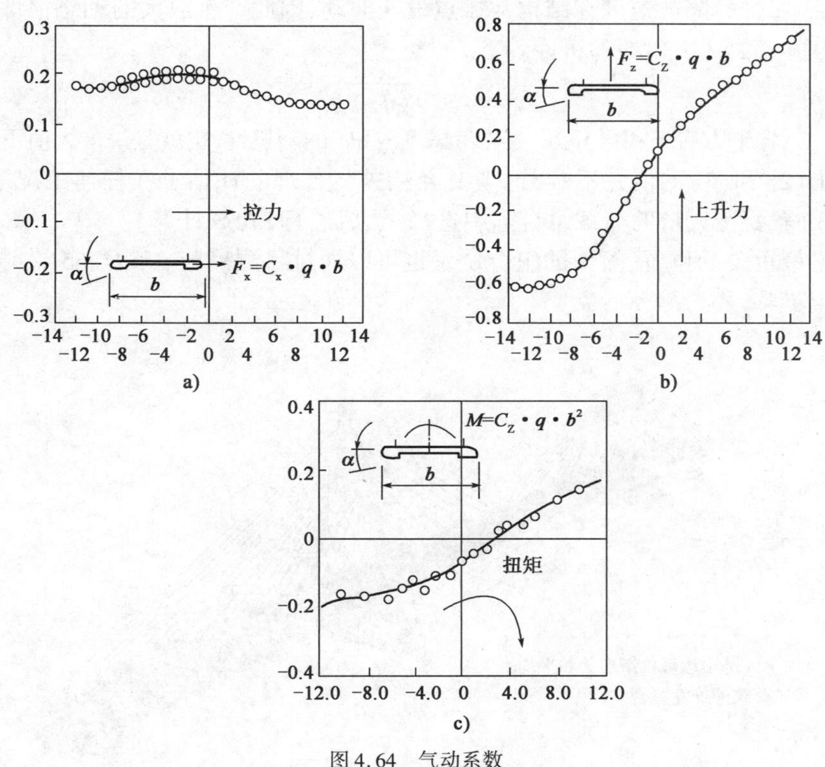

图4.64　气动系数

低紊流区的气动系数比非紊流区的气动系数要小,并会表现出一定的梯度。

在图4.32和图4.33中,压力方向上如果速度出现波动,则激励开始出现,同时驻点压力发生改变。同样还可能导致桥面板和桥塔上出现侧向激励力,或者在垂直方向上出现激励分布现象。

对于桥面板,如果竖直方向上出现紊流,随着倾斜角和升力系数开始波动,它对攻角的波动起到很大的作用。波动越强烈,则升力系数斜率越陡。梁高较小的桥面板及其敏感。同时,紊流还会产生扭转激励,但在实际中并没有多大的意义。

在斜拉桥中,桥面板的振动很重要,尤其是当竖直激励占主导作用时。

当然,这也是一种警告,尽管它起到的作用比其他活载还要大,但这种效应往往会被低估。甚至英国规范、德国规范中都没有正确的处理竖直方向的紊流分量。

竖直方向的激励对桥面板而言也很关键，因为隐藏的或者是被忽略的效应都应该尽可能的被考虑。这种激励产生的重要效应为空气弹性阻尼，它甚至可以和移动效应有着同等的重要性，而最重要的效应是能够降低与地表方向的一致性。

通常情况下，尤其是在早期设计阶段，可以近似地用等价力计算，这主要是为了估算截面内力。假设需要分析 10min 内的激励时效，则需要考虑如下因素进行设计：

(1)风荷载类与风形系数和驻点压力之间的关系：$q_0(z)=0.5\rho\cdot V_m^2(z)$。

(2)时间或者空间相关的风速波动q_q是准静态部分。这个可以解释为作用在结构上没有固有振动模态的动力风荷载(相当于没有质量的结构)，在q_q谱中，低频部分占主导。

(3)最后，q_r共振部分，速度在结构共振点发送波动，因此产生放大的动态惯性力。

因此，考虑到(2)和(3)的随机性：

$$q=q_0+\sqrt{(q_q^2+q_r^2)}$$

对(2)和(3)先平方后求和再开方，主要考虑到q_q和q_r的随机性，也就是说最大值不会同时发生。

想要求出(2)和(3)的值并不难，这需要经验进行合理的评估。在任何工况下，控制荷载组合(2)和(3)需要在大量的荷载组合当中选择，然后进行 SRSS 计算。

作为结果最重要的位置，极值的组合位置也可以通过目测确定。图 4.65 说明了中跨上横向弯矩的确定步骤。

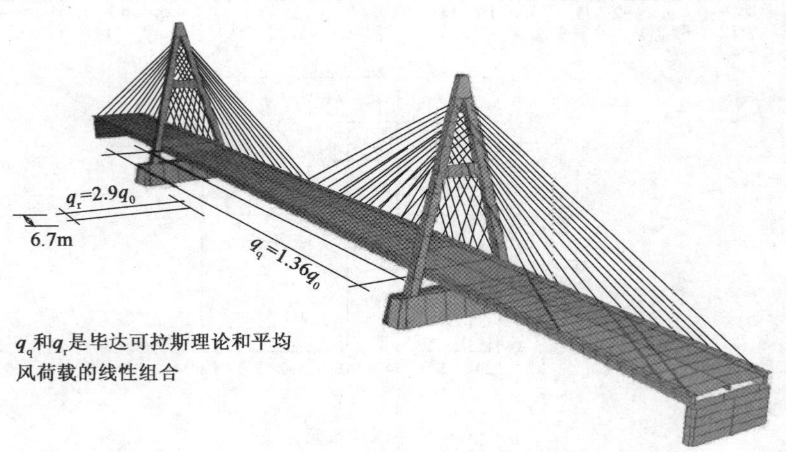

图 4.65　静力荷载作用下跨中横向弯矩的计算案例

在(2)中，从统计学经验角度来看，固定准静态荷载的加载长度是跨长的 0.75 倍。由于在整个跨径上作用的荷载是一样的，因此选择加载的长度越短，施工安全性越高。对于 Budapest 桥(图 4.65)，对应的阵风持续时长：

$$z=25\text{m}$$

$$V_m=28\text{m/s}\rightarrow t_{bo}\approx 0.5L/0.22\,V_m\approx 24(\text{s})$$

从风持续时间和驻点压力的算法来看，阵风的驻点压力为：

$$q_q\approx 1.36\,q_0$$

在(3)中，横向模态下，共振频率$f_{lat}=0.96\text{Hz}$，卡尔曼谱中纵坐标在 $z=25\text{m}$ 处，可以从图

4.57 的方程中找到：

$$s(f_{\mathrm{lat}})=0.032$$

然后假设结构阻尼 $\delta=0.04$，同样的驻点压力和共振荷载长度可计算为：

$$q_{\mathrm{r}}=\pi\cdot 3.0\cdot\sqrt{s(f)/2\delta}=2.99(\text{沿长度方向})$$

$$2R=0.22\,v_{\mathrm{m}}/f_{\mathrm{lat}}=6.7\mathrm{m}$$

如图 4.65 所示，其他荷载分量也可以按类似方法计算。

当然，这些计算方法可以进一步地改善，如改善关联值，主要为了考虑空气弹性阻尼或者更多模态。但是并没有提及具体的计算，所以文献综述仍然有很大的空间。

对于给定的截面，所有考虑的同一个荷载都是采用统一的计算方法、在同一个风向进行计算，并只在一个水平和一个竖直方向的准静态分量中起作用，同时在所有共振分量中都能起到作用，这主要由于它们处在不同的频率域内，除非频率非常接近。所以选择的 q_{q} 和 q_{r} 都是通过 SRSS 计算，最后再加上 q_0。

严格来讲，对于共振分量，荷载并不进行求和而是进行模态分布。但是差异不大，当然竣工阶段桥的竖直弯曲除外。这里包括模态振型（可能不止一个模态）作用的计算，因为等效荷载的叠加会过高地估计结构的承载能力。

为了确定横截面的内力，几种风洞试验方案已被提出，这些方案至今仍然在使用。尽管它们不一定有说服力，但考虑完整性，这里会提及一些。

1）达文波特法

达文波特提出对节段模型进行紊流试验，比例尺 $M=1:80\sim1:70$，弹性支承，有三个自由度，要根据模拟要求，正确反映质量、刚度和阻尼。

风洞中的紊流可以通过网格栅形成，且风的特性需要根据试验测得，并与理论值相比较进行修正。在风洞试验中，当风速持续增加时需要测出模型的（最大、最小）位移。因此，位移可以通过模态放大系数转化为实际位移和对应的截面内力。

这样试验得到的结果不一定准确，因为测量所需的一些参数（如测量时效、模型长度相关性、需要考虑缓慢紊流分量不存在的情况）的定义并不准确，且测量结果比较分散，如图 4.66 所示。这会导致使用者采用的是最不利值，而不是平均值或期望值，因此设计结果偏大。

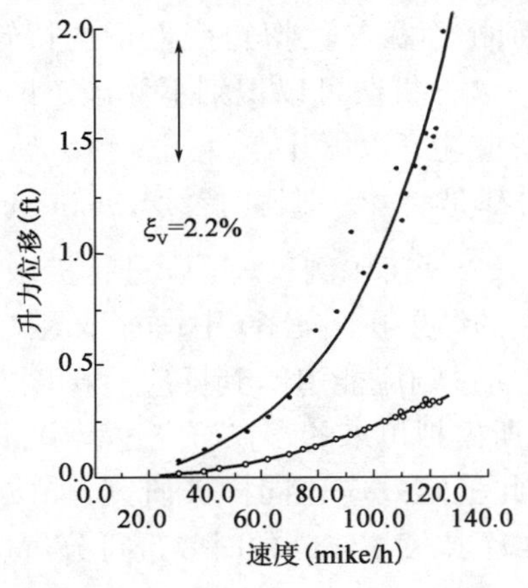

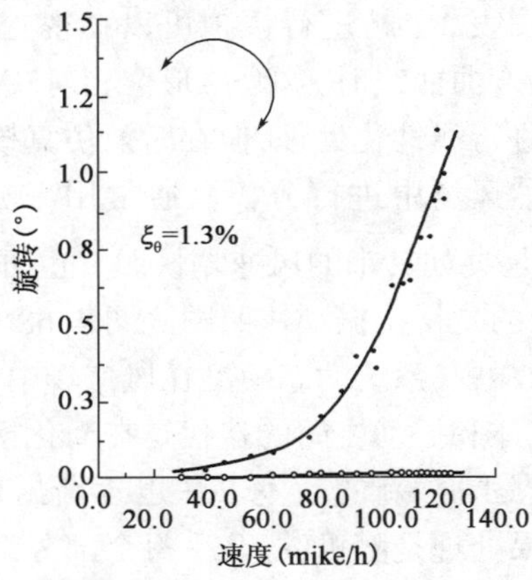

图 4.66　紊流中节段模型的振幅测量

2)全桥模型测量[4.22]

比例尺 $M=1:200\sim1:150$,成本非常高并且耗时大,此外结构固有频率需要有正确的输入并能准确地模拟全桥模型,尤其针对三维模型,这一点很难做到。紊流边界层的流量在风洞试验中通过人造粗糙表面进行模拟。紊流特性如频谱图等需要通过测量不断地更正。

风速的持续增加在这个方法中也被用到,位移能够通过测量并转化为模型放大系数。整个模拟步骤和方法相比,并不十分准确。如今大跨径斜拉桥的设计校核主要采用频谱法和时效模拟法进行理论分析和数值模拟。

3)频谱法

自动完整的频谱法是可行的。但是计算机软件有时候并不完全成熟,甚至也会出现差错。如节点—节点阵风外形优化原理要求在准静态作用下计算,然后再进行共振部分计算。然而,可能出于安全考虑,空气动力阻尼被降低了。

4)时效仿真模拟法

通过时效进行计算,在很大程度上应该是最可靠的计算方法,因为它考虑了力参数的非线性特征[4.32],这也是唯一一个考虑分离效应的方法,在亨廷顿东桥(图 4.67)中就发现过这种效应。

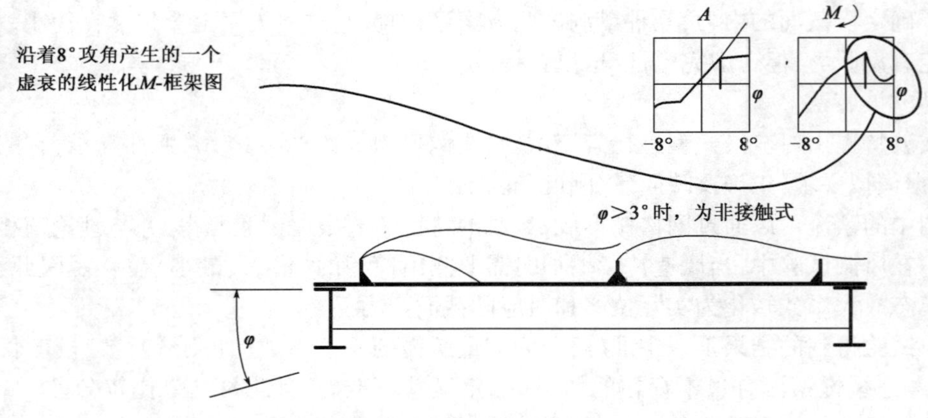

图 4.67　气动导数下的截面

用线性图表 $M(\varphi)$ 进行模拟可以在视觉上识别桥面板在大扭矩变形下的扭转失效。然而,当考虑到弯曲曲线时,这个情形会相对较好。频谱分析法可以识别不易确定的失效现象,因为它需要进行线性化处理,但在时效仿真模拟中,应注意以下几点:

要在自然风场中进行分析。通常用来分析的都是百年一遇且持续 10min 的风[4.34],图 4.68 显示的是突如其来的风速场快照。也可通过一个风速比例尺 $P_f=\sqrt{r}$ 进行极限状态分析,图 4.69 显示的是桥梁振动快照图。图 4.68 中潜在的结果在图 4.69 中均有显示。

在图 4.69 中,系统动态模型在风速场中模拟,通过响应能追踪到反应。在该方法研发的初级阶段,流体和振动之间的迭代是在简化模型中所模拟出来的。在研究过程中,每一步都被看作一种静态工况,新的衍生方法也逐渐出现,因此稳定效应也同样被研究,如图 4.70 中所示。试验结果处理是随机的,几乎每个部分都由 11 个持续 10min 的时效进行分析。而预期的倒塌则由完整的内力截面图推导而来。

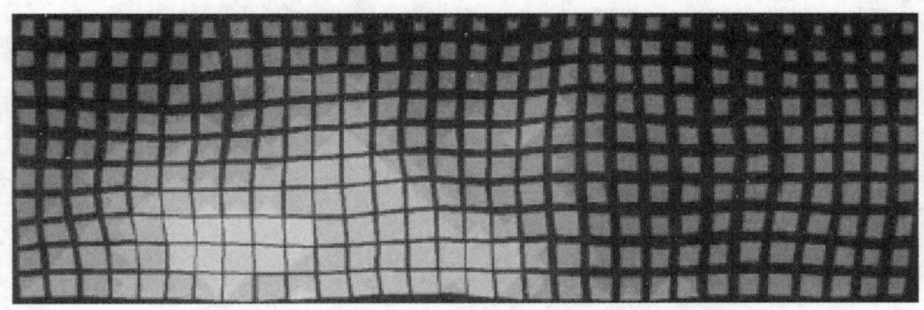

图4.68 海格兰德桥800m×250m区域内捕捉图

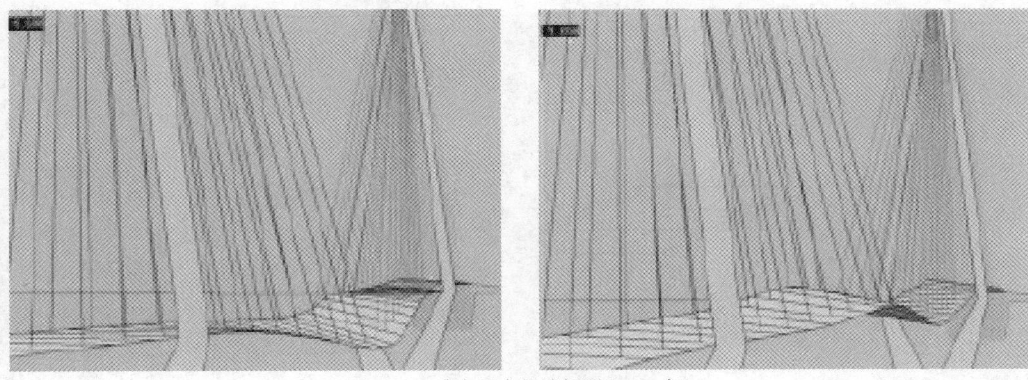

图4.69 动力反应的捕捉图(1989年)

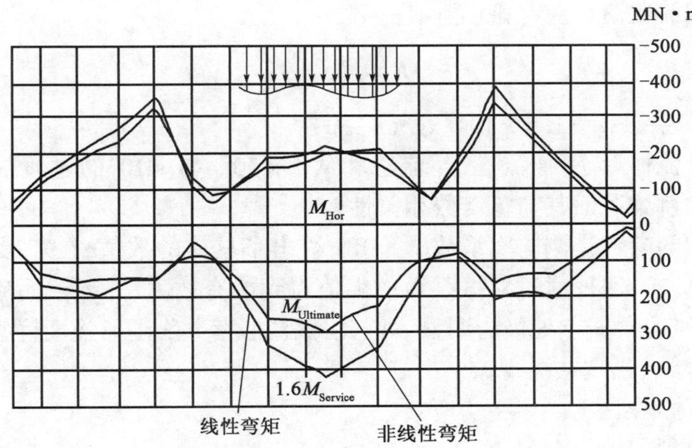

图4.70 非线性模拟的设计弯矩

对于海格兰德桥[4.35],可以计算得到任何形式的材料非线性行为和截面内力间相互作用,如M_{lat}、M_{ve}、M_{tor},此时拉索轴向力在桥塔处对桥面板产生很大的水平抵抗力,因此跨径范围内的钢筋和刚度均受到限制。

4.3.4 涡致振动

当桥面板、桥塔或拉索横截面受到横向流体冲击时,边界层的分离会产生涡流。液体交替脱落并被带入下端,同时激励产生结构的动态特性,这就是所谓的卡曼涡流。它主要是在流体方向上引起周期性的激励力。

图4.71显示的是涡流过程中的几何状态:圆形截面 $S_t = 0.2$(S_t 是斯特哈罗系数),而变截面 $St = 0.07 \sim 0.12$。涡流只会沿梁上部延伸,也就是说相关的涡流只有 $6d$ 长,这样能够再次施加时效激励。

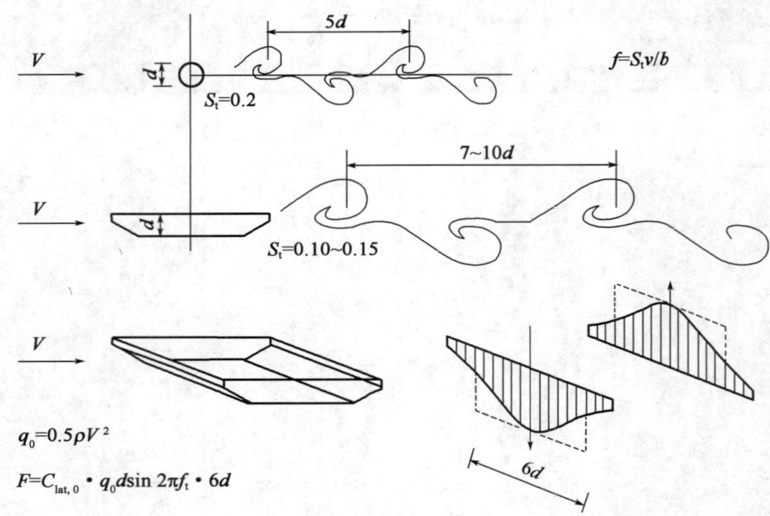

图4.71 卡马蹄涡几何形状和激励力

圆形截面的涡流脱落反应与雷诺数有关。

$$R_e = d \cdot \frac{V}{\nu}$$

式中,ν 为黏滞系数,$\nu = 1.5 \times 10^{-5}\text{kg}/(\text{s} \cdot \text{m})$。

雷诺数有三个流体形态:亚流态、超流态和从 $5 \times 10^5 \sim 5 \times 10^6$ 的过渡临界流态。相比之下,不规则截面,如桥梁截面其与雷诺数相关性较小。

一个鲜为人知的参数是侧向力系数 C_{lat},DIN 给出了具体的数值,在矩形截面中 $C_{lat} = 1.1$,薄壁型截面 $C_{lat} = 2.3$。这种通过共振系数放大值得到的有效力,并导致涡流共振是一个很危险的现象,尤其在风速共振点处极为明显。因此,涡流脱落共振通常需要注意以下内容:

(1)实际中会不会出现共振现象?

(2)$C_{lat,0}$ 实际值是多少?

(3)涡流脱落的周期是多长?

(4)自身激励存在的可能性有多大?

(5)振动可能被阻尼平衡吗?

在计算机分析激励效应时,引起衰减的因素很多,因此以上几点更应该认真对待。

(1)如果对应的风速过大,完整的共振通常是不可能出现的。DIN1055 限制了校核范围:强风速作用下,50 年一遇的风为 ±25%。而持续周期的缩短会降低激励,这意味着涡流激励并未完全发挥。当然,同等风速作用下,没有涡流激励的情形也需要考虑到。

(2)侧向力系数的规范值偏大。说明这个值只在有限的入射角范围内适用,因此这种效应的研究是有利的。

以矩形截面为例,DIN 给出的值为 1.1,角度范围为0°±5°和90°±5°。因此,产生两个问题:

问题 1:风有没有可能沿这个方向作用? 桥面板的情况并不是这样,如果风只在水平方向作用时,风向和临界入射角会重合吗?

问题 2:临界入射角适用于振动平面吗?

从这些问题出发,通过风洞试验来获得侧向力系数对风向的依赖程度是可靠的。

因此,进行风洞试验时,必须反复试验(不同比例尺下产生的雷诺效应以及二维模型的长度效应)。

(3)紊流中低频部分会调整散脱落频率,这很有可能导致涡流频率迅速下降(因为自振结构会从共振中连续退出)。作为桥塔上的一个实例,Teresina 桥(图 4.72)最大值大约为 75%,其中有效值占整个共振放大系数的 45%,这对人的舒适度和疲劳知觉而言很重要。

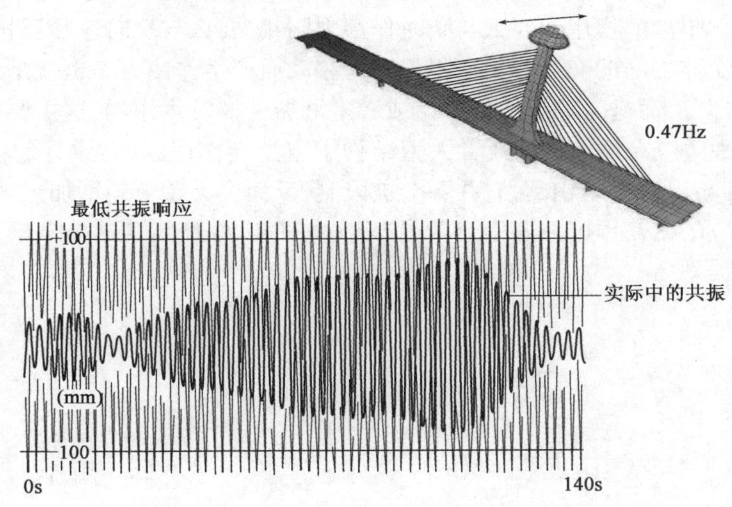

图 4.72 塔的涡流脱落共振(假定理想的共振随频率发生变化)

(4)在高共振振幅区域内,复杂的内部交互效应在振动和涡流脱落之间是同时发生的,所以不会发生频率调制。

根据 DIN,自锁规范值近似等效为放大系数:10% 的 H 形截面不会发生自锁,60% H 形截面会将相干长度加倍,而这种方法实际上并不安全。Bublitz Göttingen 通过圆柱形截面试验得出系数低于 1% 的 H 形截面,振动和涡流脱落也会同步发生。同样地,我们也观察到临界同步现象的实例。1982 年,纽伦堡桥中试验结果让人很意外,毫无疑问地需要再次进行试验,而这一次,重心主要在于雷诺数效应上。

(5)人工阻尼是最直接的办法,但是需要注意它的适用性和可行性。这是一种典型的观望策略:设计附加阻尼,先测量和观察,然后再在必要情况下安装阻尼。

这里必须要考虑如下两个方面的因素:①涡流脱落激励通常是不利的,如我们设计的温哥华金耳桥,如图 A33 所示(见附录)。在这个桥中,观望策略却是一种明智的做法。②频率共振激励也可以通过有效加速度≤0.1g 来表示。

涡流脱落对桥面板和桥塔引起的激励有时会间接的引起拉索振动,这和所谓的动态体系内部共振相矛盾。这个问题在拉索振动部分会详细说明。如昂船洲大桥,桥塔上的阻尼主要是为了避免可能出现的拉索振动,见第2.2.6节,类似的问题在海参崴金角桥中也出现过,如图A37所示(见附录)。

很显然,H形塔或者A形塔的固有刚度比单一塔或V形塔要大,因此对内部共振敏感性低。

4.3.5 自身激励和其他移动激励效应

4.3.5.1 背景知识

在弹性结构的振动中,单一构件如桥面板、桥塔、拉索等会根据流体的变动而发生位置的改变。而这种改变会产生附加作用力,我们把这种运动定义为特征运动,这也是桥梁工作者们研究的主要课题。附加的作用力要么与瞬时作用力同相,要么与瞬时速度反相。

结构主体和流体之间的交互作用会仅仅因为移动而产生作用力。也就是说实际流体会成为振动结构的一部分,而这时的流体像弹簧或者阻尼器一样发生作用,这主要取决于附加力的相位角[4.32]。这种效应在柔性结构或者大型结构中起主导作用,并对设计起控制性作用。然而,结构的振幅却与涡致振动相反,它并不会被限制,反而会无约束地增加。

特征流体响应的交互作用在这里会重点提到,如图4.73所示。这个术语在现今的大跨径桥梁项目中都会提到。

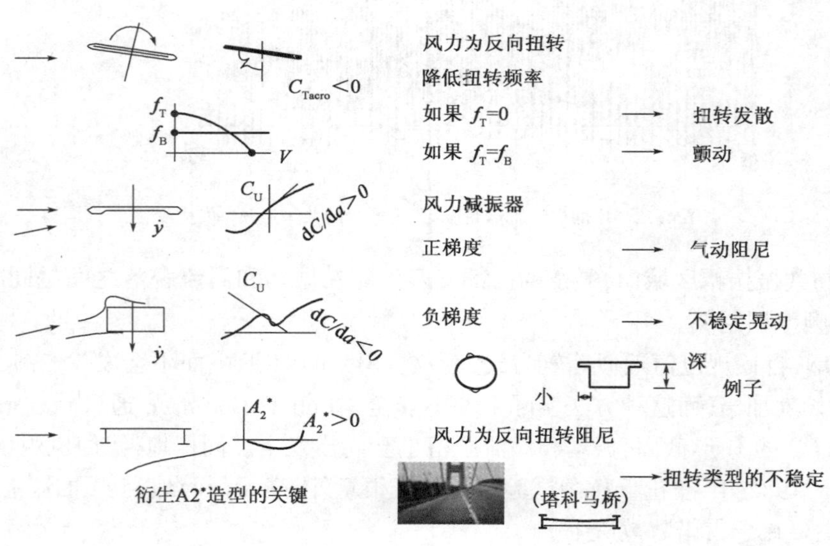

图4.73 运动共振视图

作用在梁上的扭矩,由于流体的作用,与入射角成正比。扭曲梁的扭矩会进一步增加,这时流体则像负方向的扭转弹簧一样发生作用。对应的弹簧常量与流速平方成正比,也就是说负刚度随着速度增加而增加,甚至超过结构刚度。这种现象称为扭转分叉现象,它对应的风速v_{div}是分叉速度的临界值。这种现象实际是一种静力不安定性,因为系统总的扭转刚度和固有

频率 f_T 都变成了0。

斜拉桥桥面板的扭转频率比垂直弯曲频率要大。当风速增加时,有效的扭转刚度会降低,在达到临界分叉状态时,也就是临界风速时,固有频率 f_T 和 f_B 会发生耦合作用。这些频率一致的模态耦合发生振动。对于变截面,如常规的大跨径桥面板,临界颤振风速 C_{VF} 无论大小,均会在该点出现。

空气弹性阻尼现象可按如下进行解释:设想流体入射角绕截面顺时针转动,空气动力经常(不总是)在同一个方向发生改变。如果假定结构在垂直于流体运动方向上遭受横向特征振动,相对(有效)的流转量可以通过向量求和进行计算,而在相反运动方向,则会产生附加流体阻力。阻力与流体流速成正比,也被称为空气弹性阻尼。空气弹性阻尼比结构阻尼值要大,并在细长结构中起到很重要的作用。

当然,也有一些特例存在:不规则的截面会产生气动力,并且入射角与流体回转方向相反。入射角的改变会引起流体类型的改变,并与边界层的分离和附着有关。这就是所谓的驰振失稳现象、弯曲驰振现象或者极限状态下驰振分离现象。该现象在升力系数中可以看到:曲线会单调上升且局部斜率为负值,也就是说在这个区域出现负空气动力阻尼。这只是简单描述了Den-Hartog 型驰振的敏感性。这种状态下产生的不稳定性很关键,也就是说负阻尼上升的斜率越陡,负阻尼增量越大。且这个力本身会随着风速的增加而增加,在驰振临界风速出现不稳定时,负空气弹性阻尼会超过结构自身阻尼。这个简化模型不难理解,此外它还对结构的主要特征进行了估计。

之前提到在三角形、矩形、多边形和半圆截面或在特定的入射角范围内会发生的失稳升力效应。拉索横截面具有较高的技术要求,立体轮廓根据河流进行调整,见第 3.8.3.1节。其他比较常见的截面为箱形截面。

在空气弹性扭转阻尼中也存在类似的现象,但这部分作用很小,且没有多大实际意义。对于给定入射角,扭转驰振也有可能发生,这将流体分层激励联系起来,并在桥轴线外侧的箱型梁边缘上产生很大的作用。

这种现象很难通过可靠度进行描述,因此对于空气动力的来源需要进一步的研究。

如今大跨径桥的空气动力稳定性分析和所谓的斯坎伦气动导数密切相关:它们认为外加的气动力作用在结构主体如桥面板上,在流体作用下会发生振动[4.19]。对于只有两个自由度的桥面板,气动力可以通过8 个图表进行描述。斯坎伦气动导数取决于截面几何形状而不是几何特征。如今它可以通过试验准确的测得,如图4.74 所示,详见第4.3.7.2 节。

这里未有提及理论知识。图4.74 给出的方程表达了两个常规独立的运动:$h(t)$ 竖直振动和 $a(t)$ 扭转振动,通过叠加进行耦合,得到流体作用下产生的力(这说明单一的垂直运动会引起扭转方向的空气弹性扭转力,反之亦然)。H_1^*/H_4^* 和 A_1^*/A_4^* 都是 K 的函数,或者所谓的递减风速 U_{red}。对于大的 U_{red} 或者低频的运动,这些问题都是静定的,并且瞬时风力对应于静态风力。

这种风速的渐进效应可以通过低流速得到修正,因为截面的面积部分是阴影的并且已经通过流量修正过。减少的速度是个无量纲的风速,因此它要在一个振动周期内穿过桥面宽度。也可以认为投影到流体内的波长和截面宽度之间有一定的几何关系。

在八个空气动力起源学说中,以下参数具有很重要的意义:H_1^* 是垂直方向引起的升力,与弯曲驰振类型有关，从静定情况来看，结构比较可靠。A_2^* 是扭转振动引起的扭矩，直接和扭转驰振相关。或者曲线上的零点很关键，只能通过动力测试来确定，这在后面的例子中会有详细说明。

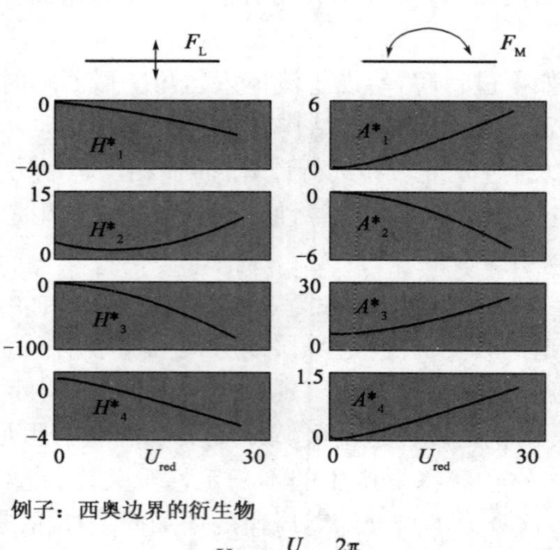

$$U_{red}=\frac{U}{f^*B}=\frac{2\pi}{K}$$

$$F_L=\frac{1}{2}\rho U^2B^*\left[KH_1^*(K)\frac{\dot{h}}{U}+KH_2^*(K)\frac{B\dot{\alpha}}{U}+K^2H_3^*(K)\alpha+K^2H_4^*(K)\frac{h}{B}\right]$$

$$F_M=\frac{1}{2}\rho U^2B^2\left[KA_1^*(K)\frac{\dot{h}}{U}+KA_2^*(K)\frac{B\dot{\alpha}}{U}+K^2A_3^*(K)\alpha+K^2A_4^*(K)\frac{h}{B}\right]$$

图 4.74　斯坎伦提出的气动导数

相互激励的原理见图 4.75，与静定压力下系统加载类似（如欧拉杆），它存在一个稳定临界条件（相当于轴心力作用下的杆件）和二阶放大效应（相当于杆件受偏心压力），因此工程师需要解决以下两类问题：

（1）需要确保一定的安全系数，不会发生动力分叉平衡，也就是说要避免呈指数增长的不稳定振动。

（2）要充分考虑极限稳定下负空气弹性阻尼响应的不利反应。

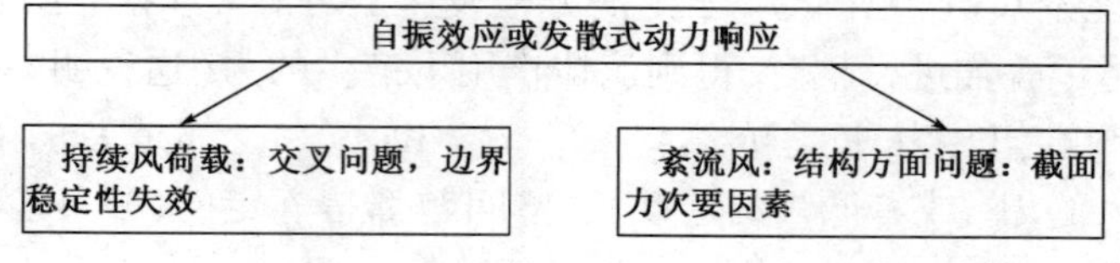

图 4.75　结构自身激励行为特征

第一个任务主要是为了与实际风速 n 对比，现场采用的是模型临界风速 V_{div} 或者系统模型导数 V_{GG} 或 V_{CF} 的安全系数来表示。安全系数 $\sqrt{r}$ 中 r 至少为 1.5，那么实际风速用多少比较合适呢？

与静力分支平衡相比,失效并不是突然发生的:临界风速需要作用超过一定的时间,内力和位移才能达到破坏性水平。因此,试验中风速持续了很长一段时间,但是风速比5s内阵风速度要小。

假定风速既不是规范规定的也不是权威专家提供的,得到的结果分歧很大。EC 和 DIN 的标准,就我们看来偏向于安全。但 BD49/01 设计使用手册,却偏向于不安全。我们按照持续 30 ~ 50 个振动周期(阵风临界模式)进行设计,这意味着持续 30 ~ 50 个振动周期内产生的不稳定性被接受,但是 EC、DIN 并不要求能持续 600s 或者更长的振动周期。对于桥面板,倾斜方向上流体的作用比水平方向上流体作用更关键,但倾斜方向上阵风持续周期内对应的速度较低,在如图 4.76 所示简化模式中:稳定边界层是入射角的函数(绿色);临界风速和入射角也相关(红色),建议将两条曲线进行对比。

4.3.3.3 节中介绍了不稳定状态的二级效应。用近似方程可以对桥面板设计进行修正。如今,时效软件分析包,如 SOFiSTiK 可以通过求导进行分析,所求的结果已经将非线性、不同高度上截面的内力显示出来。当然如果求导的结果可以利用,那么二阶效应也计算出来。后面会用实例来描述二阶效应的敏感性。

4.3.5.2 弯曲驰振实例分析

前面提及的驰振失稳的特点是:截面升力曲线中,入射角作用下产生负斜率。关于驰振失稳现象,最重要的是驰振敏感性的参数表达式,即:

$$a_{\mathrm{G}} = -\frac{\mathrm{d}C_{\mathrm{L}}}{\mathrm{d}\alpha}$$

式中:d——垂直于风向上的截面尺寸。

正是因为它的重要性,风雨驰振对拉索的激励效应,如图 4.77 所示,将在 3.8.3.1 节中讲到。

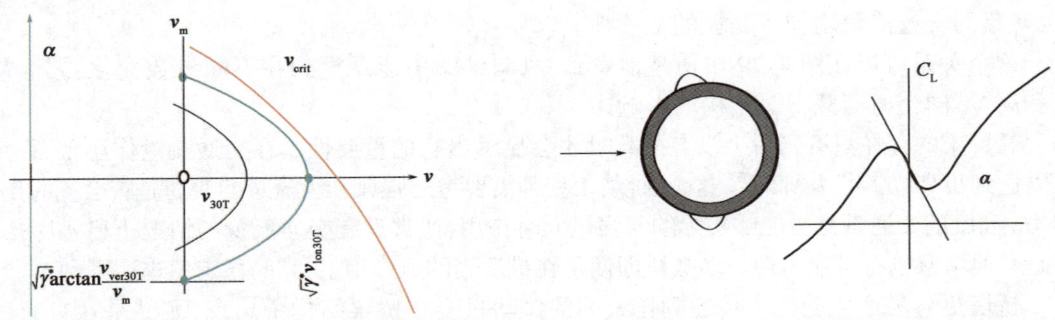

图 4.76 桥面板实际和实验所需的临界风速对比

图 4.77 风—雨导致的拉索驰振

图 4.78 中的桥是驰振的一个实例,它是一个狭长的公路桥,截面较窄,梁高较大,这些尺寸对驰振都有很高的敏感性。

未加载时桥的基本弯曲频率 $f_{\mathrm{B}}=0.5\mathrm{Hz}$。假定水平风作用下,风型系数稳定极限值:

$$\mathrm{eff}v_{\mathrm{CG}}=\sqrt{\gamma}\,v_{60\mathrm{s}}=\sqrt{1.5}\times 33.1=40.6(\mathrm{m/s})$$

式中,$a=0°$。

图 4.78 为与 α 完全相关的准则。

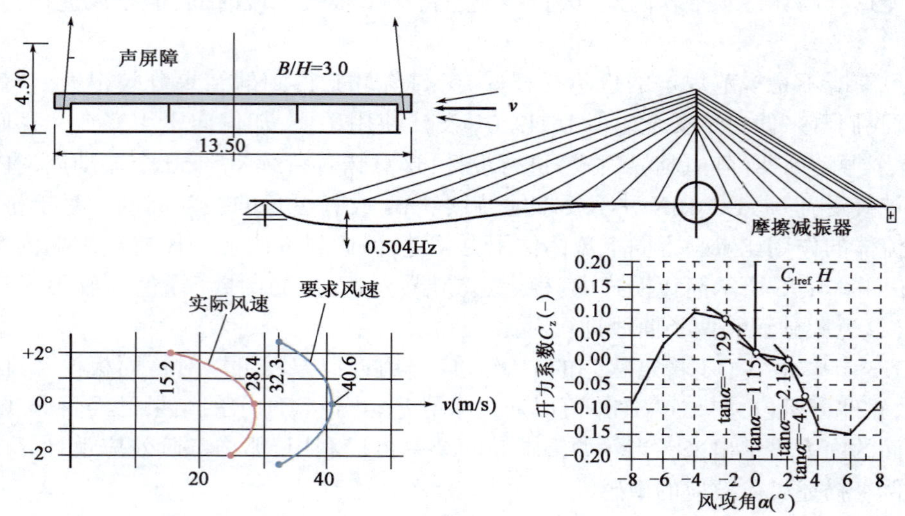

图 4.78 第一弯曲模态下的驰振激励(尺寸单位:m)

气动升力系数是在风洞试验中获得的,它表明流体的路径很关键,在结构体系中,假定阻尼 $\delta_{eig}=0.03\times$ 结构阻尼,这不足以保证系统的稳定性,在 2°入射角处,驰振出现,对应的风速为:

$$v_{CG}\approx 15.2\text{m/s}\ll \sim 35\text{m/s}$$

稳定性图表中红线表示初始风速低于标准值。这当然是不可能的,因此需要安装阻尼器,将风速增大两倍。

细长截面,无论封闭与否或是采用悬臂支承的箱形梁,主要倾向于弯曲驰振。值得注意的是,密集的交通流量增加了驰振的敏感性。

这个关系可以在图 4.79 中清楚地看到,风洞试验中能观察到在不同参数变化、翼缘悬臂长和高、不同交通荷载下对结构的影响。

悬臂梁的存在只有当桥上没有荷载时才会显示出它的重要性。在交通流量作用下,稳定值可以达到很高(a_G 可达到5)。这个时候,工程师需要考虑强风和大流量的交通是否会同时出现,即 4m 高度的交通带是否能够实际的与强风同时作用,通常没有交通流量的情况下已被考虑过,但是交通堵塞也有可能出现。多数桥即使是在最适当的风作用下,它的稳定值也达不到5。

桥塔更容易产生驰振。传递到拉索面的振动只会在桥梁结构中出现,尤其是在只有一个拉索面和一个类似于塔的桥塔中。这样的桥塔在施工阶段和竣工阶段是不稳定的。图 4.80 显示的是第二巴拿马桥在风洞试验中取得的成果。在图 5.17 中,尽管使用了光滑的几何外形,稳定值在 5°~6°入射角范围内也能达到一个很高的值(>5)。更多大量的研究表明:在百年一遇的风作用下,产生的阻尼依然为正值。

最后,我们注意到 DIN1055-4[4.25] 中关于矩形截面对驰振的敏感性值是不准确的,也是不安全的,不幸的是,德国标准和其他国际标准一直错误地使用了很多年。所给的案例中,由规范提出的值和 Försching 等在常规试验中所测得的值相互矛盾(图 4.81)。

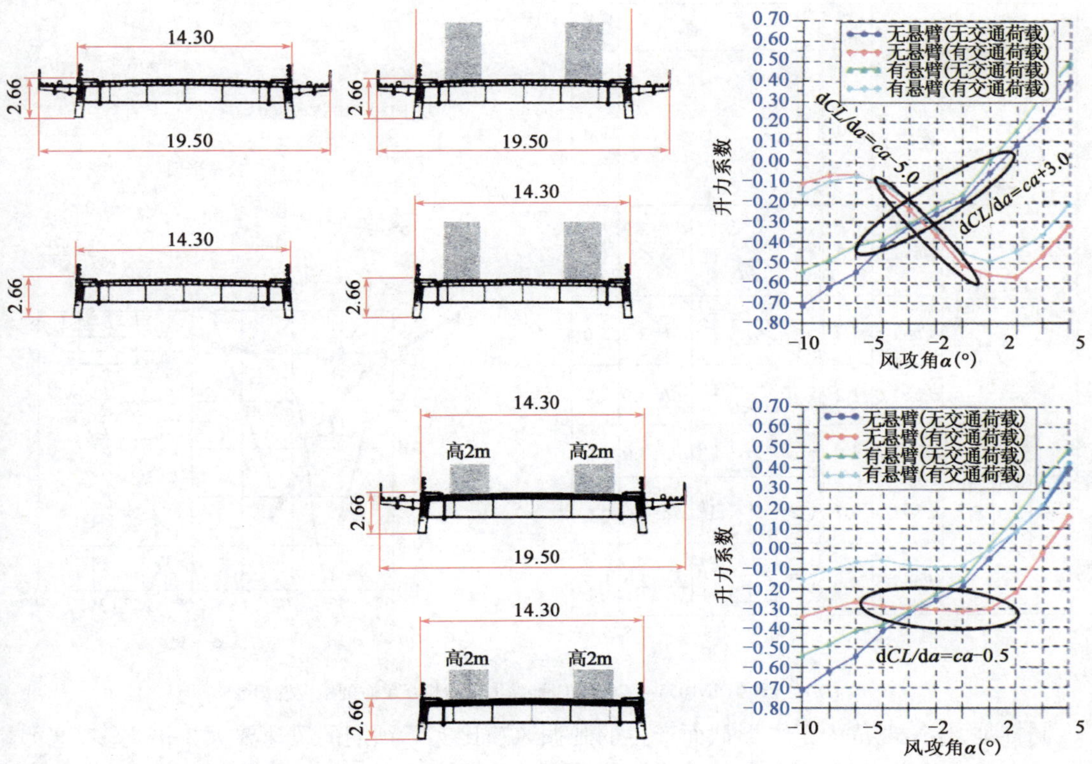

图4.79 升力系数与参数、悬臂梁长度和交通道宽度之间的关系(尺寸单位:m)

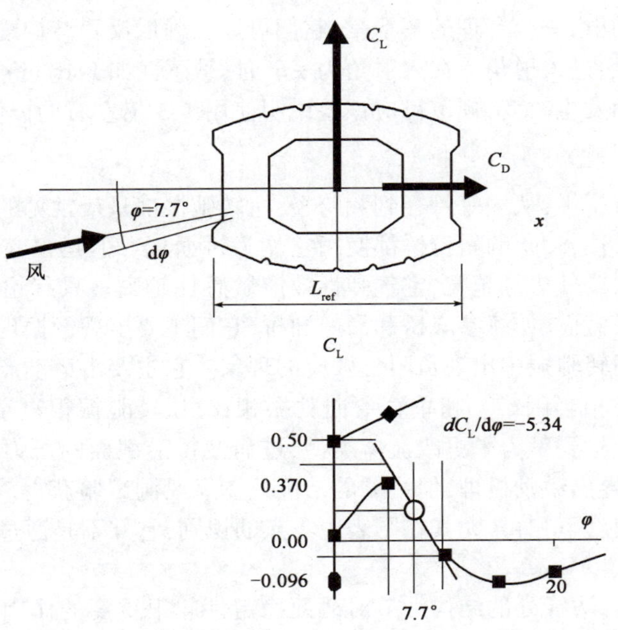

图4.80 第二巴拿马桥桥塔截面的升力行为风洞试验

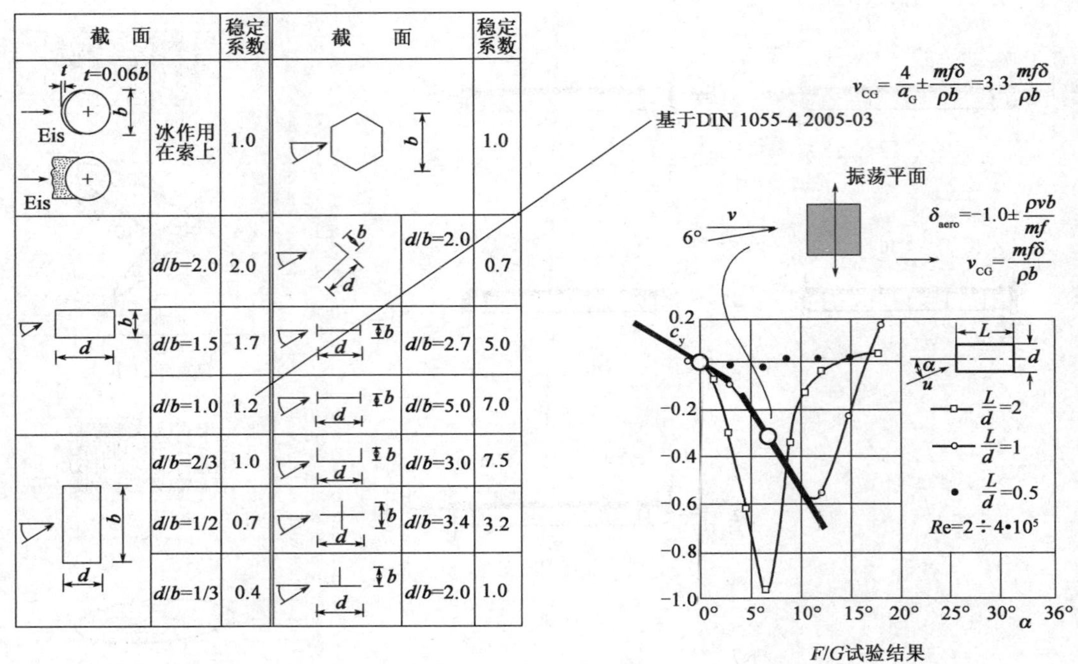

图 4.81　根据 DIN1055-4:2005-03 推导出来的相互矛盾的稳定性参数

同样地,DIN 规范中正方形截面产生的驰振风速比实际预期的风速要大 3 倍之多,这可能会对稳定性产生致命的判断,甚至会极大地降低安全性。并且所有关于矩形截面表格里面的值都是错误的。

针对这些错误的值,一个合理的解释是:它们可以正确地反映结构边缘处出现的结果。然而,这个地方有必要引进入射角。在入射角为 ±6°时,敏感性如 Försching 图所示,要高出 2 ~ 3 倍,因此,如果入射角发生改变,规范里应该要说明使用了 3 倍左右的极值。

4.3.5.3　扭转驰振实例分析

在斜拉桥和悬索桥中,从中等跨径到大跨径,扭转驰振都是最常见的失稳类型。由于正交桥面板极强的静定特性,80% 的斜拉桥都使用它作为桥面板。但是正交桥面板很容易发生扭转驰振。梁高度越大或外边缘越宽,空气弹性效应敏感性越高。只有超大跨径的桥会根据空气动力特性来设置梁截面,如海参崴桥和昂船洲桥,它们主要出现颤振现象。

扭转失衡即在扭转驰振中出现负阻尼效应的现象。它主要由运动产生的风力导致。想要具体地识别激励机理相当困难。和垂直弯曲驰振相比,扭转驰振很复杂并且很难进行分析。振动截面的不断修正主要是为了更改流体类型,进而使得沿截面的压力分布变得复杂。从流体类型分布,可以推导出激励机理,但可靠的结论只能靠风洞试验获得。在早期设计阶段,A_2^* 导数需要在不同的速度下测得,尤其在图表中零点的识别,它并不是通过观察阻尼变成负值时所测得的值。

毫无疑问,梁上部边缘处的结构细节对截面稳定性起很重要的作用。如图 4.82 所示,在汀九桥中,非常详细地描述了桥面板边缘如何对截面稳定性产生影响。达文波特提出了空气弹性设计法。香港是一个台风区,因此对稳定性要求更为严格。

多数桥的梁边缘几何外形都是通过 2D 节段模型按 0.5m 尺寸比例进行试验。试验结果如图 4.82 所示。临界风速在 61 ~82m/s 间变化。单从数值上看,很难推导出一个合理的解释,也无法说明是何种几何外形有利以及为什么有利等问题(也就是说哪一类截面更稳定或者更不稳定)。

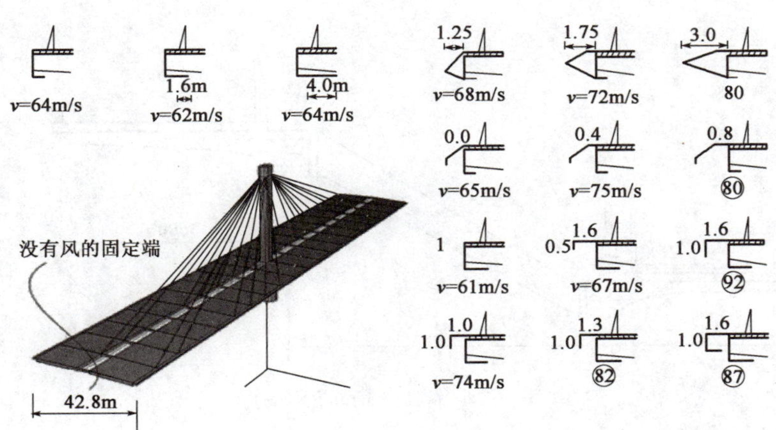

图 4.82　香港汀九桥不同通风口概念下的稳定边界

总地说来,通过增加桥面板的宽度来改善稳定性可能更有利。但是除了这种方法外,并没有明确的变化趋势。在类似设计中,如按 67 ~92m/s 的速度设计,试验得到的结果还会出现相互矛盾的现象。

图 4.83 是 2005 为国际园林展精心设计的科尔—斯特拉斯堡桥[4.38,4.39]。主跨 183m,这个桥的结构设计非常复杂,并且属于细长结构。从技术角度而言,尽管风速很小,也会产生危险。

图 4.83　科尔—斯特拉斯堡和科尔莱茵河人行桥

按照计划,这座桥有两个独立的人行通道。结构框架如下:南侧主梁是水平的,北侧主梁为一个垂直拱,通过一个轻型桁架体系在侧向进行连接。跨中为连接两个桥面板的平台。这种布局采用了整体梁布置,并沿桥长方向根据空气动力特性不断改变。

只考虑桥尺寸时,桥的固有频率相当低。梁的外形这样布置时,扭转失稳占主导,因此扭转频率极为重要。

由于截面的不断变化,3 个节段模型的空气弹性风洞试验在德国亚琛工业大学试验(图 4.84)中心进行:①中心截面;②1/4 跨处截面;③靠近陆地的截面。三个截面都有两个桥面板区域。(②+③)高度不同,相互之间都是敞口式截面。正是由于这种截面布局导致了截面的扭转失稳。

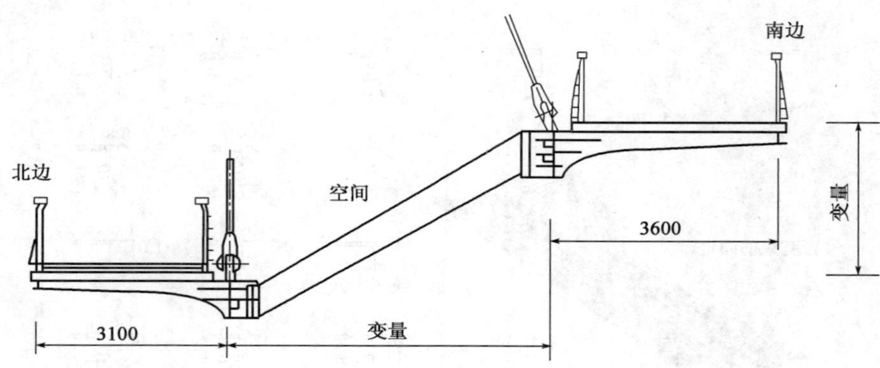

图 4.84 截面(尺寸单位:mm)

风力则被看作谐波激励试验下设备的一种响应,然后通过将力信号分解到速度作用平面和平面外进行分析。在 $\Delta v_{red}=0.25$ 阶段,试验被反复进行。图 4.85 描绘了计算机模拟中心截面得到的图形。

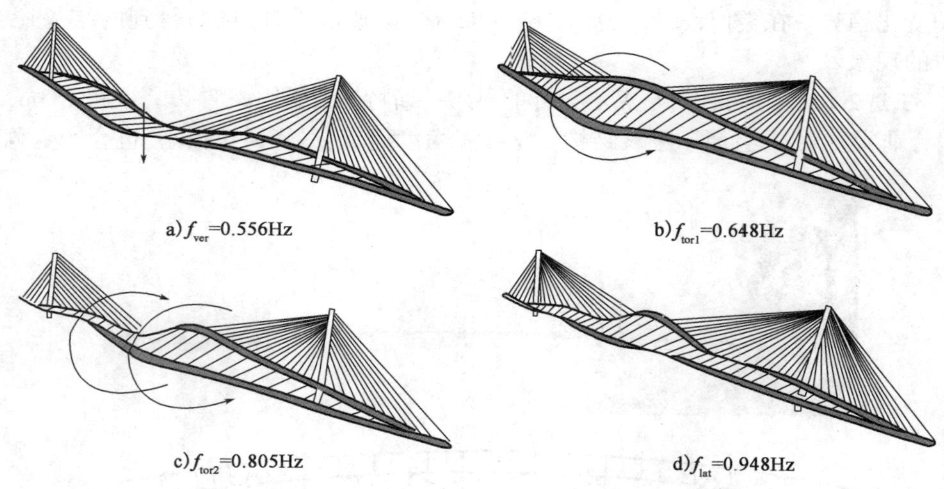

图 4.85 风特性:振动模态

A_2^* 导数曲线需要特别注意,因为它和桥面板及梁上游流体波长之间的距离有关。当流体尾流撞击下游桥面板时,失稳便开始。而 A_2^* 导数在上游却不断地被修正(负扭转阻尼方向上)。在 1/4 跨径截面上,这种效应在图表中的位置处小范围内发生变化。这可以在所有其他导数中识别得到,但在 A_2^* 导数中,它只代表一个临界问题。

为了确定扭转失稳下的初始风速,通过导数和恒定分速的时效分析可以推导出。同样的结论是:阻尼响应在低风速时会发生,它随着风速的增加会变成负阻尼响应。

如此而来的气动导数阻尼，如图 4.86 所示：第一扭转模态在 13m/s 时成为临界值（在空气弹性激励下，将超过结构阻尼），第二扭转模态在 19m/s 时成为临界值。

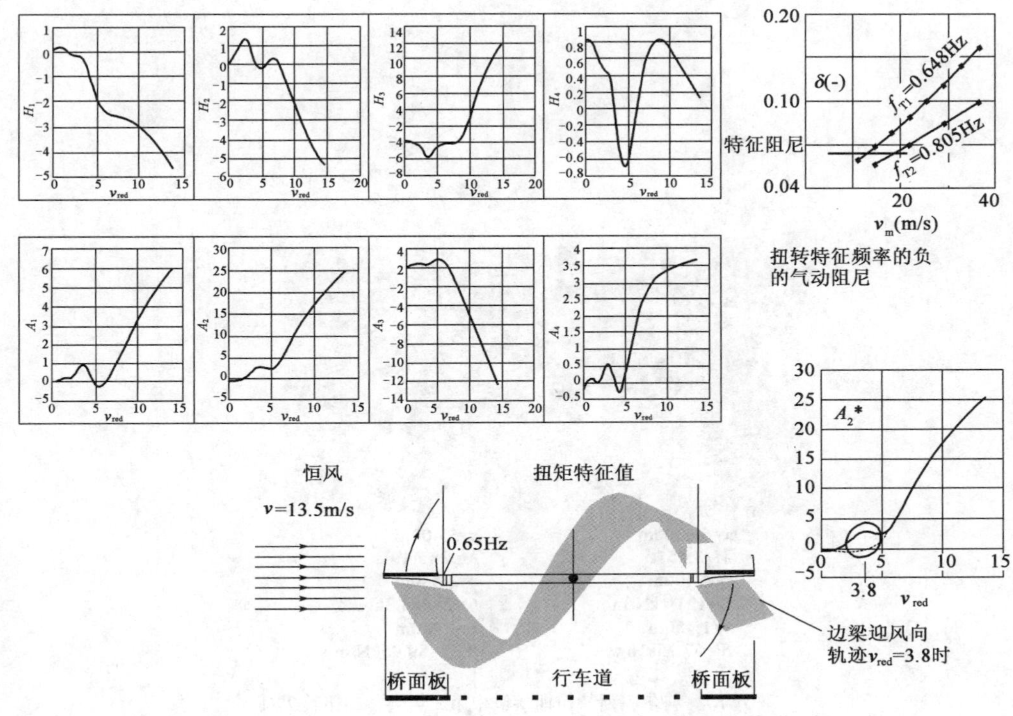

图 4.86　气动导数，稳定性校核

为了确保扭转平衡，质量调谐阻尼器（TMD）被研发出来。它是由质量块、弹簧和阻尼组成的体系。优化后的 TMD 如图 4.87 所示。TMD 主要是为了调谐结构固有频率。在两个阻尼模态下需要安装两对阻尼器。技术上看，这个方案风险很大，因为重达 19t 的 TMD 被安装在如此的高度上，并由一个细长结构来承载。

TMD 使得系统变得复杂，因为 TMD 很容易损坏且有很强的敏感性（对定位、弹簧失效、维护过程或温度黏滞型等引起的疲劳和破坏很敏感），因此需要进行大量的时效分析。如图 4.88所示，描述了其中一种 TMD 的实例：风速为 50 年一遇，TMD 在桥上被卡住了，因此固定到了桥上，同时另外一个 TMD 降低了 10%，而这部分的安全系数均为 1.1。

4.3.5.4　颤振

严格来说，可能出现颤振都是翼形截面（$L \gg h$、光滑、向上弯曲的截面）的不稳定现象。在这类截面上，流体附着在结构表面，翼形截面不容易产生弯曲或扭转驰振，结构的失效也只有在竖直和扭转模态下（f_B和f_T耦合时）发生。

在颤振中，竖直弯曲会产生应力，进而激励扭转振动，扭转振动同样会加剧竖直振动。流体会让两种响应之间发生耦合，并相互激励。Forsching[4.40] 认为振动失稳现象和海豚游泳运动相类似，如图 4.89 所示。

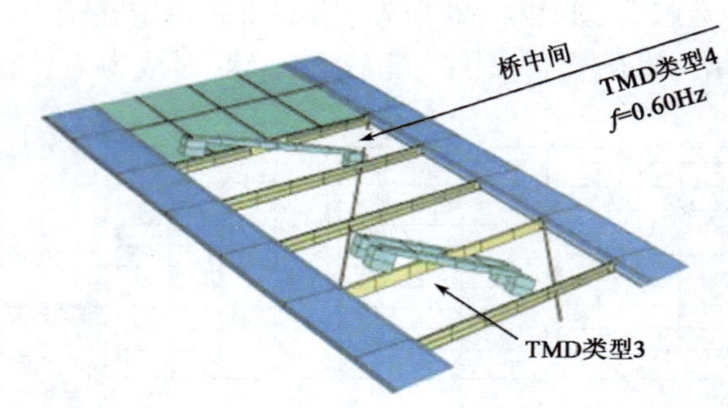

x=6.6000m	x=5.400m
M=3.451t	M=2×5.491t
x=4.400m	x=2.830m
C=121.1kN/m	C=2×484.3kN/m
x=1.480m	x=1.480m
W=67.75kN/m/s	W=2×89.95kN/m/s

图 4.87　科尔—斯特拉斯堡桥中第 3、4 类型的扭转 TMD

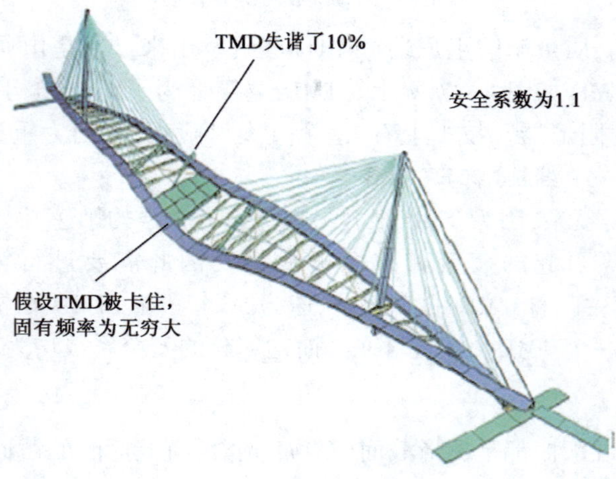

图 4.88　偶然荷载工况下弹簧失效，TMD 失效

两个初始固有频率不同的激励相互耦合是非常危险的。它们会通过流体产生的负弹性刚度效应朝彼此移动，并且这个运动过程发生在垂直和扭转响应交替中。这会导致两个振动的振幅 A_B 和 A_T 成比例按对数增加。

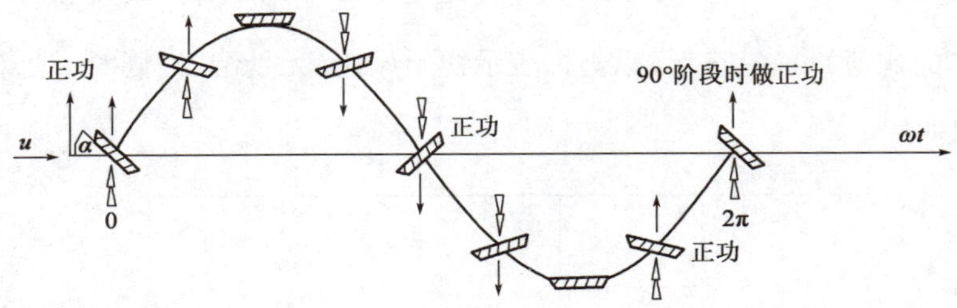

图 4.89 继 Försching 后的激励机制和空气动力的能量效应

由于流体在截面上产生的弹性激励引起的两个模态的耦合作用称为颤振。因此,颤振实际上是常见空气弹性失效模态,其边界层是前述提及的两种驰振机理。(严格来讲,两种驰振机理的运动分量的轻微混合也会发生在驰振失稳中,但这是一种准静态,没有多大的实际意义。)

事实上,桥梁截面很少使用翼形截面,因为翼形截面的结构功能并未得到优化并且成本很高。但是细长的梯形截面能满足空气弹性稳定,尤其是如果截面边缘是圆形,那么会有很高的空气效率。这种桥面板截面常在大跨径桥中被使用,尤其是在台风或者飓风区。

在诺曼底桥中,主跨采用了薄型闭口箱形截面,主要是保证 856m 跨径所需的扭转刚度。边跨的混凝土截面也同样被设计为箱形截面,如图 4.90 和图 4.91 所示,见第 6.5 节。

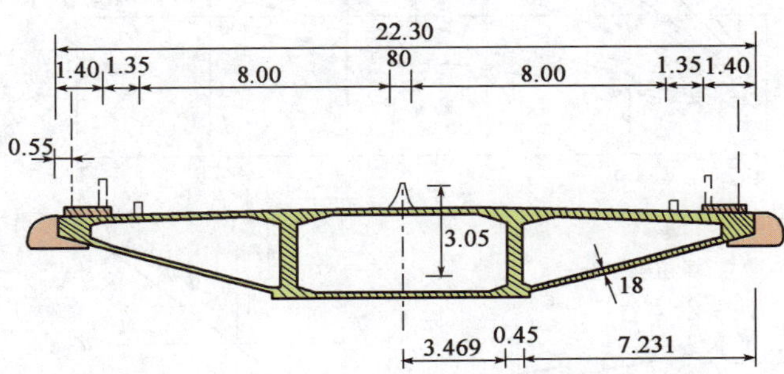

图 4.90 边跨混凝土截面(尺寸单位:m)

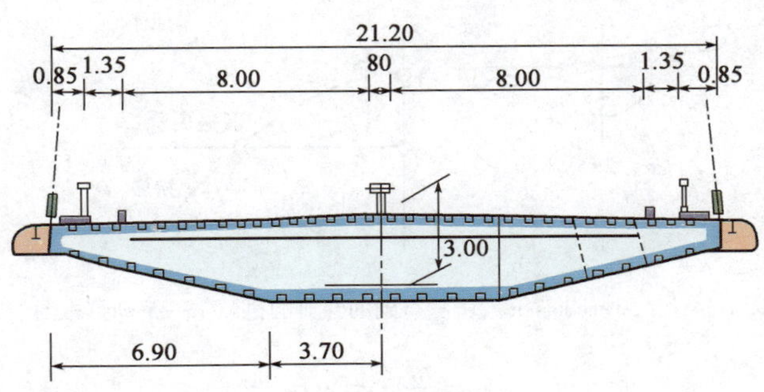

图 4.91 主跨钢截面(尺寸单位:m)

直到最近几年,桥梁设计中空气弹性稳定性才开始进行手算,图 4.92 是众所周知的科佩尔—蒂勒颤振图。常规桥梁截面解决空气弹性稳定的近似方法主要是将截面划分为无限多片薄壁截面。Theodorsen,Kussner 和 Bleich[4.13,4.14]通过解析法对划分后的薄板进行了计算:横坐标用(固有频率的比值)$\varepsilon=\frac{f_T}{f_B}$表示,纵坐标表示初始风速(无量纲)。同时,他们定义了两个参数,得到了两组曲线。

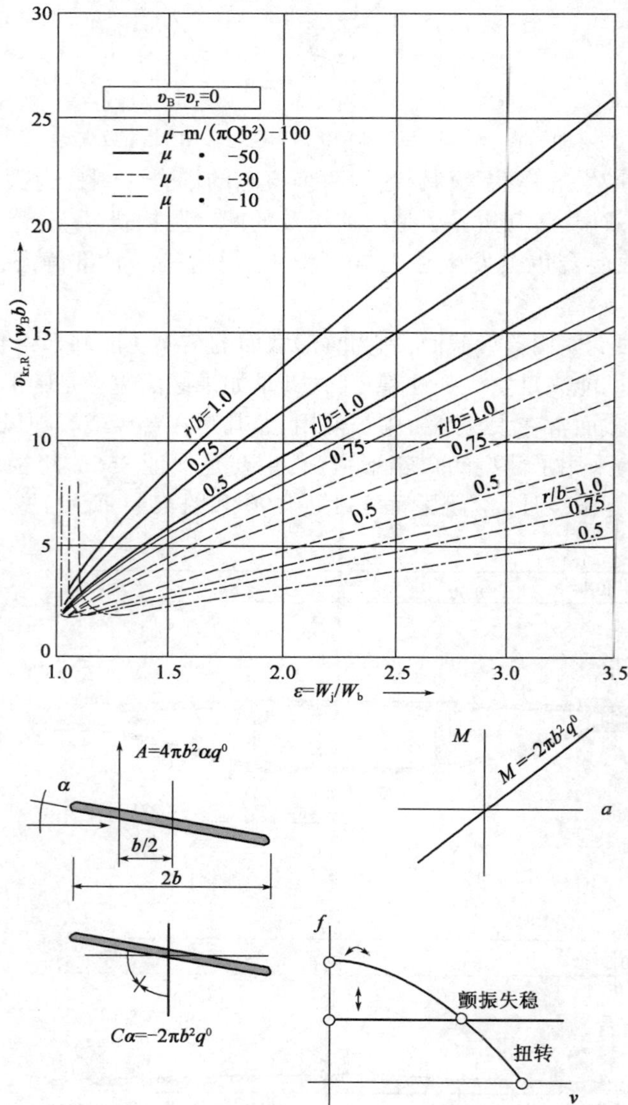

图 4.92　Theodorsen 解析法得到的经典的科佩尔—蒂勒颤振图

$$\mu=\frac{m}{\rho}\cdot\pi\cdot b^2$$

式中,质量比率分别为 100、50、30、10。

$$\frac{r}{b}$$

式中：r——回转半径，取1.0、0.75、0.5。

在这两个参数之间，参数值需要改变两次，复杂图表的使用需要进行反复计算，上述提到的参数可用于确定平面初始风速v_{cro}。

只适用于理想化截面的主要图表，配合一系列的附加图表给出了缩减系数$\eta(\varepsilon)$。不同类型截面形状系数（包括有边梁、竖直和倾斜肋板的箱梁，有不同高宽比的梁和有不同拉索截面等）都可以通过风洞实验来确定。通过计算得到的实际初始风速：

$$v_{cr} \approx \eta(\varepsilon) \cdot v_{cro}\left(\varepsilon, \frac{r}{b}, m\right)$$

式中：$\varepsilon = \dfrac{f_T}{f_B}$。

这些图表表达的是简化的频率耦合现象，如上所说（竖直和扭转）两种激励开始进行耦合然后出现颤振。这主要是空气弹性在向下运动中产生的扭矩引起负扭转刚度而出现偏转引起的。随着风速不断增加，在扭转频率发散时遇到竖直频率的过程中，在这个点处有一个潜在的耦合运动。也就是在这出现了理想截面的颤振边界层。通过手算也能确认这一点。而这个简化的模型是赛尔伯格和其他闭合形式解的基础。

$$v_{cr} = \eta \cdot 2\pi \cdot b \cdot f_B\left[1 + \left(\frac{f_T}{f_B} - 0.5\right)\sqrt{\frac{0.72m \cdot r}{\pi\rho b^3}}\right]$$

式中：η——平面板之间的换算系数[4.17]；

b——桥面板宽；

m——主梁质量，$m = \dfrac{G}{g}$；

r——回转半径，$r = \sqrt{\dfrac{I_x + I_y}{A}}$；

ρ——空气密度，$\rho = 1.225\text{kg/m}^3$；

f_B——一阶弯曲频率；

f_T——一阶扭转频率；

ε——频率比值，$\varepsilon = \dfrac{f_T}{f_B}$。

方程的应用见4.5.7.4节 。

一直以来，科佩尔—蒂勒方案中唯一的不足在于驰振临界截面有时很难找到。科佩尔—蒂勒虽然给出了换算系数的具体值，但是这个值相对较小，因为它也是从实验模型的随机阻尼中推导而来的。在这个实例中，所有的系数都偏小。因此，通过其他途径研究高截面和有边梁的截面是很有必要的。

相比之下，这个方法对各种截面形状下空气动力的研究是比较准确的，在一些实例中，我们对测量值进行反算，都能得到令人满意的结果。科佩尔—蒂勒方法在一般案例中取得了很大的成功。它是一种假设性方法，即便是它的衍生方法，直到今天仍然适用。

图4.93中介绍了一种新的方法，这种方法考虑了弯曲和扭转模态共同作用下的影响[4.20]（ISALB′92）。假如模态形式沿主梁方向是仿射的或者至少是接近仿射的，那么这两种模态可

以完全耦合。在这种情况下产生的模态截然不同,颤振边界层变得更高甚至消失。蒂勒曾经指出这种情况存在的可能性。现代斜拉桥通常为 A 形塔而不是 H 形塔,但是无论何时,这个可能性都是有的。

和 H 形塔相比,A 形塔会产生各种不同类型的模态。因此增加了它的稳定极限,这可以通过图 4.93 计算出来。

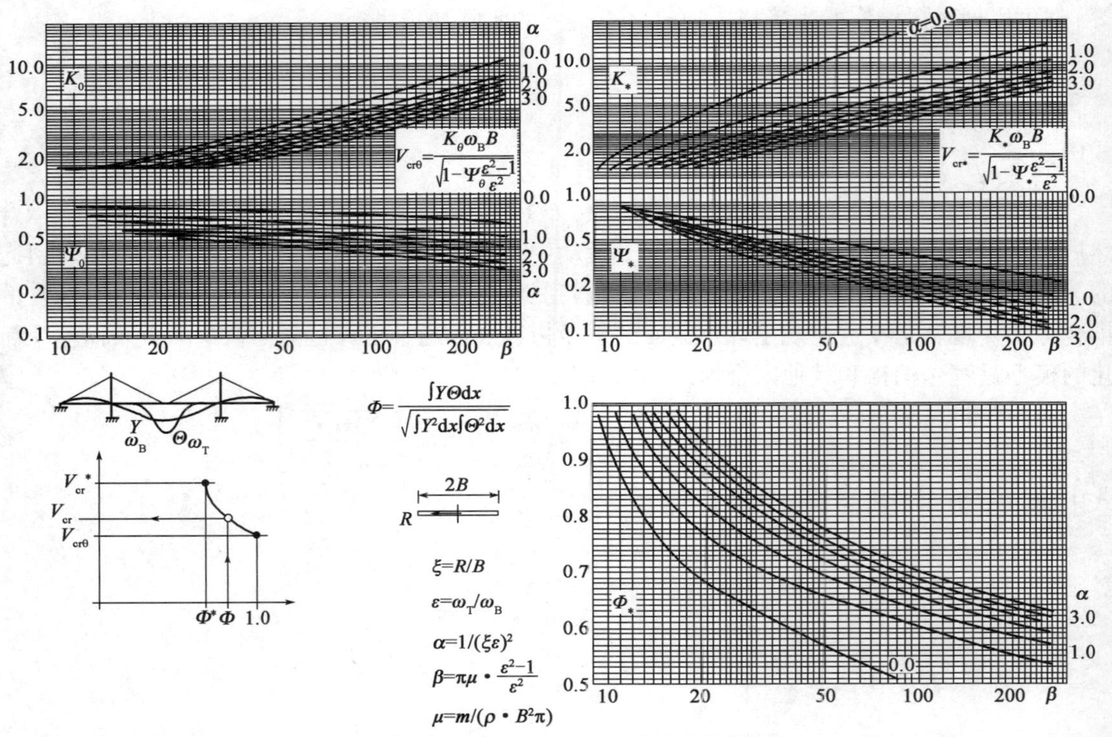

图 4.93　非仿射模态形式的稳定性图表

为了描述亲和关联度,图 4.93 中定义了一个关联系数,$\phi\leq1.0$。对于 H 形塔 $\phi\approx1.0$;A 形塔为 0.8 ~0.9。

不同形状的索塔,其模态失稳激励随着 ϕ 降低,同时其余部分主要负责其他更高阶的模态,通常可以忽略。

图表失稳只在极值ϕ^*以上出现,对应的风速为v_{cr}^*。真实极限风速对应的 ϕ 可以通过抛物线内插法进行估算。

方案步骤的优化主要在大跨径桥中使用:当桥塔顶部质量很大但变形较大时,塔可能和梁一起振动。此时,塔可以看成梁的一部分,然而科佩尔—蒂勒程序只单一的考虑到桥面板对动力特性的影响,这会导致 2D 振荡器的刚度偏向保守。这对使用者而言并不明显,而偏差倾向于安全,因此在实际工程中,并不会按照这样进行设计。

科佩尔—蒂勒程序只有在塔无质量时才会得到更正。在其他实例中,客户可通过调整程序体系,使桥塔质量消失。这可以通过计算相同桥面板质量和惯性来实现,并保持频率不变[4.20]。因此,调整后的系统才会在科佩尔—蒂勒程序中近似使用。

在使用过程中,会出现相应的警告:有可能颤振限值太小,它会把系统稳定性误认为是单一驰振的临界值。此时,系统可能会显示出足够的纯颤振稳定性,但会将整体稳定性的临界条件降低,如韩国仁川桥,如图 4.94 所示。

$$f_B = 0.16\text{Hz}, f_T = 0.30\text{Hz}, V_{cr} = 74\text{m/s}$$

通过程序得到的扭转稳定极限风速$v_{cr} \approx 35\text{m/s}$。这主要是由于设计按静定结构考虑,而这个结论却不尽如人意。

经过几何外形调整后的截面得到的纯扭转稳定极值为 76m/s。然而,蒂勒方法中理想截面的耦合共振却低于 100m/s,这引起了广大的关注。实例中,通常期望弯曲振动能够降低 35m/s,也可以用 Dunkerley 近似方法估算实际稳定的临界值。为了确保稳定性,扭转频率要增加到 0.38Hz。

未来的模拟仿真可能是这样的:图 4.94 是 2D 模型模拟涡流离子得到的瞬间图像,这使稳定性极值有合理的准确性。从经验来看,这类流体仿真模拟并不完全可靠。

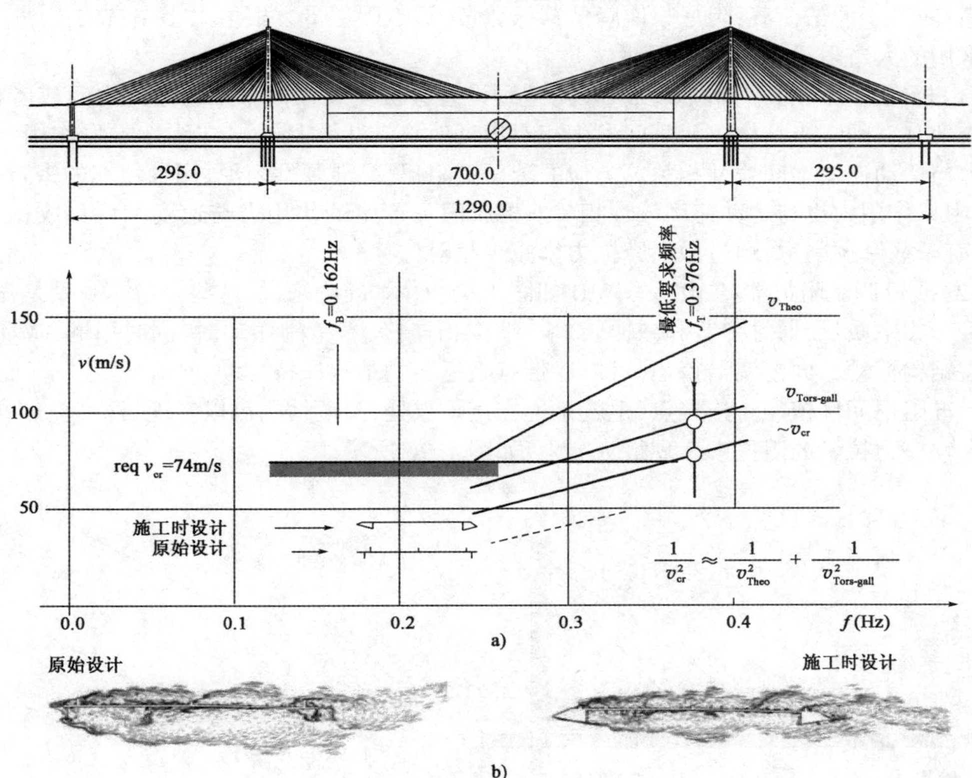

图 4.94　韩国仁川桥(尺寸单位:m)

研究小截面效应,可考虑设计一个通风口、防风盾或者类似的物体。同时在实施设计过程中,希望更多的风洞试验能够填补研究的不足。

(1)同等速度区内的驰振和经典颤振稳定性。

(2)涡流离子法模拟。

4.3.6　阻尼措施

前面已提到一些阻尼器的应用,如拉索阻尼器和桥面板抗驰振阻尼器等。

正如前面所说,结构阻尼源于结构使用的材料,桥梁结构常用的材料通常阻尼值很低:弹性范围内,振动的对数衰减率 $\delta=0.02$(纯焊接钢结构),$\delta=0.04$(钢筋混凝土结构或后张拉预应力混凝土结构)。但结构的总体阻尼水平可通过采用适当的阻尼措施提高 10 倍,其主要作用是能够稳定其他桥梁动力系统,并减少截面上动力响应。因为空气弹性特性在不断地变化,阻尼措施的有效性受到诸多因素影响,只能粗略估算。对于弯曲型驰振,其包括风雨导致的拉索驰振,阻尼会随着初始驰振风速的增加呈线性增加,也就是说,阻尼作用的效果明显。只有小部分阻尼需要保持稳定性。但是对于扭转型驰振,情况会复杂一些,当自身阻尼水平较低时,增加的阻尼在结构中的作用是弱线性的。由于空气弹性扭转激励机制自身是非线性的,实际上阻尼对提高系统的稳定性是非常有效的。但如果仅仅为了防止颤振,则阻尼并不是很有效。当然也不能因此而不增加阻尼器,因为它通常是唯一的改善手段。它们的有效性会单纯地通过风力引起激励而发生改变。对于涡致振动,内力和位移与施加的阻尼值间接成正比关系,因此有效性也很高;而对于冲击荷载,阻尼只能降低共振分量,贡献阻尼平方根值大小左右的作用。

常用的人造阻尼器有以下两种:

(1)标准阻尼元件。如图 4.95 所示,这种设备会被安装在两个结构单元之间或者在结构单元与地基之间。当结构单元之间发生相对运动时会产生作用力。在线性阻尼作用下,这个作用力与运动速度之间线性相关。类似的液压型阻尼、黏滞弹性阻尼、用油填充的密封的阻尼罐,其阻尼作用力也与运动速度线性相关。橡胶阻尼产生的作用力与速度和位移成正比。此外,还有一些摩擦阻尼,通过激活摩擦力来减少相对位移。

(2)质量调制阻尼器(TMD)。TMD 如图 4.95 所示,准确来说,这些设备本身就是振荡器,它有一个集中质量,通过弹簧和减振装置与结构相连接,当结构振动时,同时引起 TMD 振动。如果在结构振动方向上调谐得当,可以让带有阻尼器的结构保持不动。

标准阻尼元件依赖于连接点,也就是说在接入点处,阻尼结构可以实现目标模态。这种有效性在预应力拉索的阻尼中表现最为突出,如图 4.96 所示。

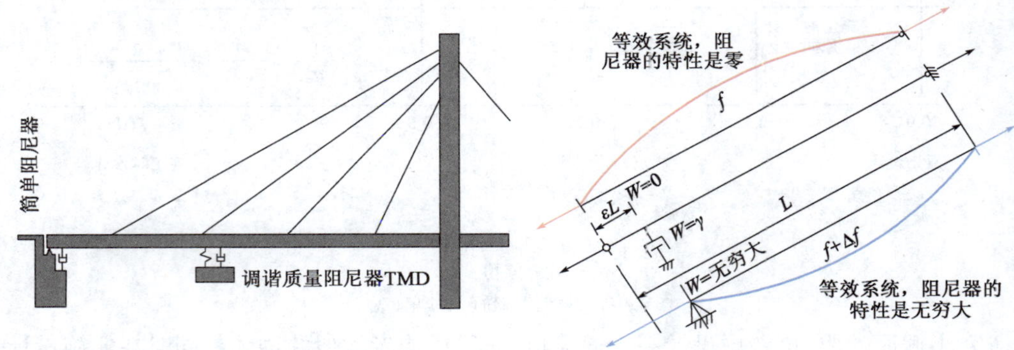

图 4.95　阻尼重要性

图 4.96　拉索最可能的阻尼方式

图中出现两种极限状态,通过对比可以看出阻尼器的有效性:(红线 $W=0$)未添加阻尼的结构;(蓝线,$W=\infty$)添加了无限多阻尼器。或者增加了结构的固有频率,$\Delta_f=\varepsilon\cdot f$,最优阻尼值在这两个极值之间,理论上可行的人造阻尼器在给定的点可以表达为:

$$\mathrm{opt}\delta=\pi\cdot\frac{\Delta f}{f}$$

这是理论上调优后达到的阻尼值。

阻尼器对应的阻尼常数可以通过有限元软件计算获得。图 4.96 给出了一个在任意系统中都可以估算标准阻尼有效性的图表,它与红蓝两个系统中频率差值成正比。如图 4.97 和图 4.98 所示为已在实际工程实例中使用的标准阻尼元件。基尔—霍恩人行桥位于 Kiel 海港入口处,为了方便乘客进行航运,1d 中需要多次开启拉索。如图 4.97 所示,主跨桥面板由三个梁单元组成,用可倾斜的拉杆体系进行移动和控制。在开启时,桥面板像折叠一样收缩。在使用过程中,临界振动模态也会出现极度扭曲的形状。因此,如果在铰接处安装可以旋转的阻尼器,那么弯曲形态可以被有效地阻尼掉。

阻尼力传递可以通过表面涂层或者两块不锈钢板来实现。这两种形式均是通过预压的弹簧面板来实现阻尼作用的。阻尼系统按照这样设计,能让桥梁结构在振动过程中不断连接和断开。

更进一步的例子是越南的 Nhattan 桥,如图 4.98 所示,多跨斜拉桥桥面板总长 1500m,纵梁在纵向上可以移动,这主要是为了防止桥面板与桥塔之间产生约束效应。纵向模态的频率为 0.24Hz,阻尼系统必须能够限制地震激励下纵向方向的运动不至于过大。这样布局的滞后效应在 F-w 图中可以看到:纵向位移可以减少 55%。

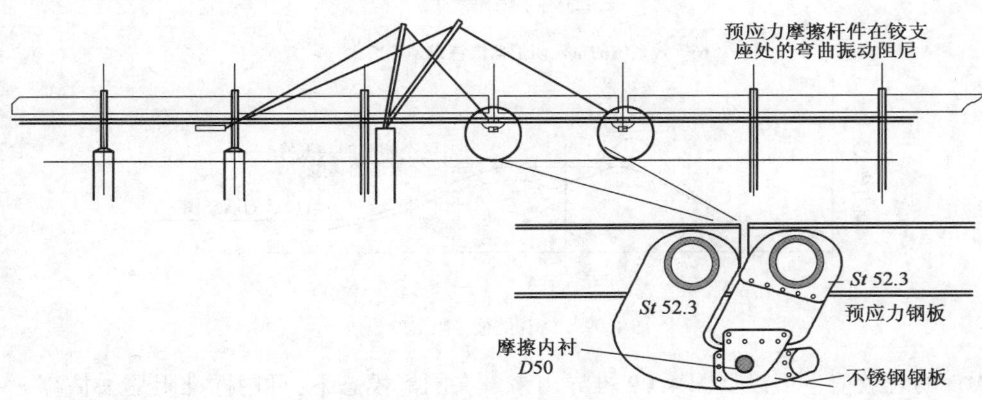

图 4.97　德国基尔—霍恩人行桥

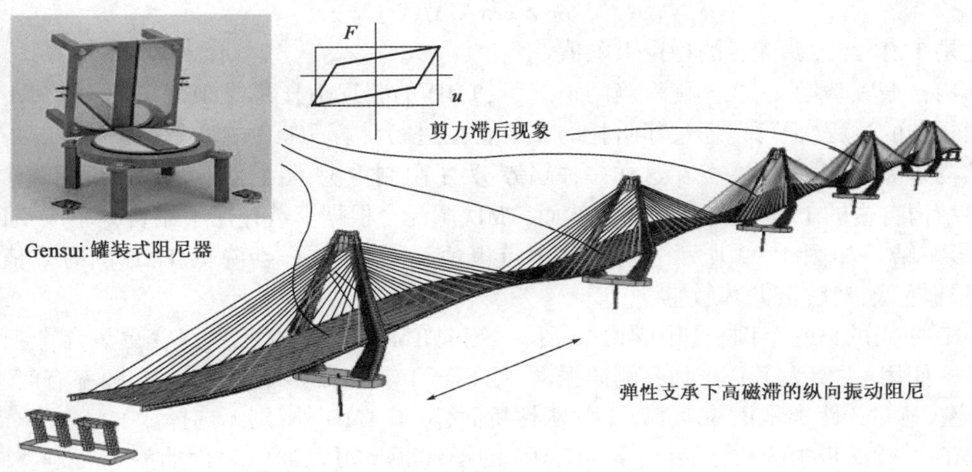

图 4.98　越南的 Nhattan 桥

在标准阻尼元件的灵活性不足时（如地面无支撑或者无有效结构单元连接时）可考虑使用TMD。TMD阻尼器比标准阻尼元件更复杂且要求更高，但同时也更有效。TMD最大有效值一般是在最大模态形状下产生。TMD中，最重要的部件是质量块，通常是针对结构质量的5%，如图4.99所示。如果选5%的质量且参数经过优化后，能达到的预期阻尼 $\delta = 0.30 \sim 0.35$。

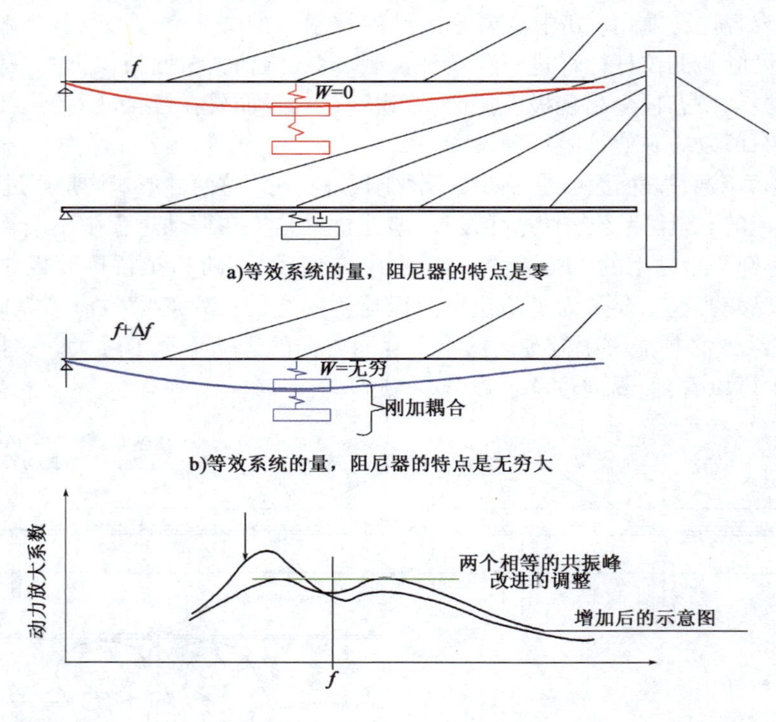

图4.99　TMD的最佳阻尼的预估

TMD的有效值也可以从图4.99推导出来。在同等模态下，可用标准阻尼去估算TMD的有效值。因此得到的阻尼值为：

$$\mathrm{opt}\delta = \pi \cdot \Delta f / f$$

这是TMD经过调优后的理论上限值。

结构自振频率增加，在调优得当的情况下，TMD的阻尼值比标准阻尼值要大。TMD的调优是很复杂的过程，但可以通过邓哈托的成果直接进行计算，TMD的质量（静态质量）主要是协助结构解决问题。因此，存在这样一种趋势：为了限制重量，阻尼器质量应尽可能地小，理论上需要结构自重的1% ~2%就足够。然而，TMD调优会根据荷载作用下结构频率改变而发生变化，影响结果如图4.99所示。这时共振点极值会增加，这样会降低TMD的有效值，因为TMD质量越低，对解谐尤其敏感。

TMD应用的另一个例子如图4.100所示，侧向TMD在米约高架桥（变更设计）悬臂法施工阶段中使用，主要为了防止临界侧向振动，见6.6.1节。临界侧向模态中，频率有时会降到0.2Hz左右；对于距离地面300m以上的刚性桥面，除了TMD外，别无选择。

TMD在桥面板中的数据显示：侧向TMD的摆动频率可以通过表面曲率进行调整。这种桥面板表面是一个薄壁、有弹性的钢构件，它的半径可以通过支承形式进行调节，通过摩擦获得的阻尼力也是可以调整的，很可惜的是，桥变更后的设计方案并没有被采用。桥塔和桥面板内部共振问题在大跨径斜拉桥中是非常典型的，尤其是在施工阶段，桥和拉索的频率会经常与悬臂梁端频率相一致。

昂船洲大桥，第2.2.6节和第5.1.3.3节发现圆柱形塔更容易发生涡振振动，振幅可以高达10～12cm。连接到塔顶部的拉索，在共振作用下的振幅可达好几米。标准的阻尼器主要用于防止风—雨振动，而不是用于解决共振激励问题。即便是强大的拉索，阻尼方法也很难解决这个问题。塔顶的TMD，如图4.100所示，能将塔振动下的振幅减小1～2cm。对于拉索而言，如果标准阻尼只是为了解决驰振问题，那么TMD主要解决的是共振问题，这在大跨径桥中经常发生。有时，像昂船洲大桥一样，TMD也会被忽略而未安装，后来又不得不采取补救措施。

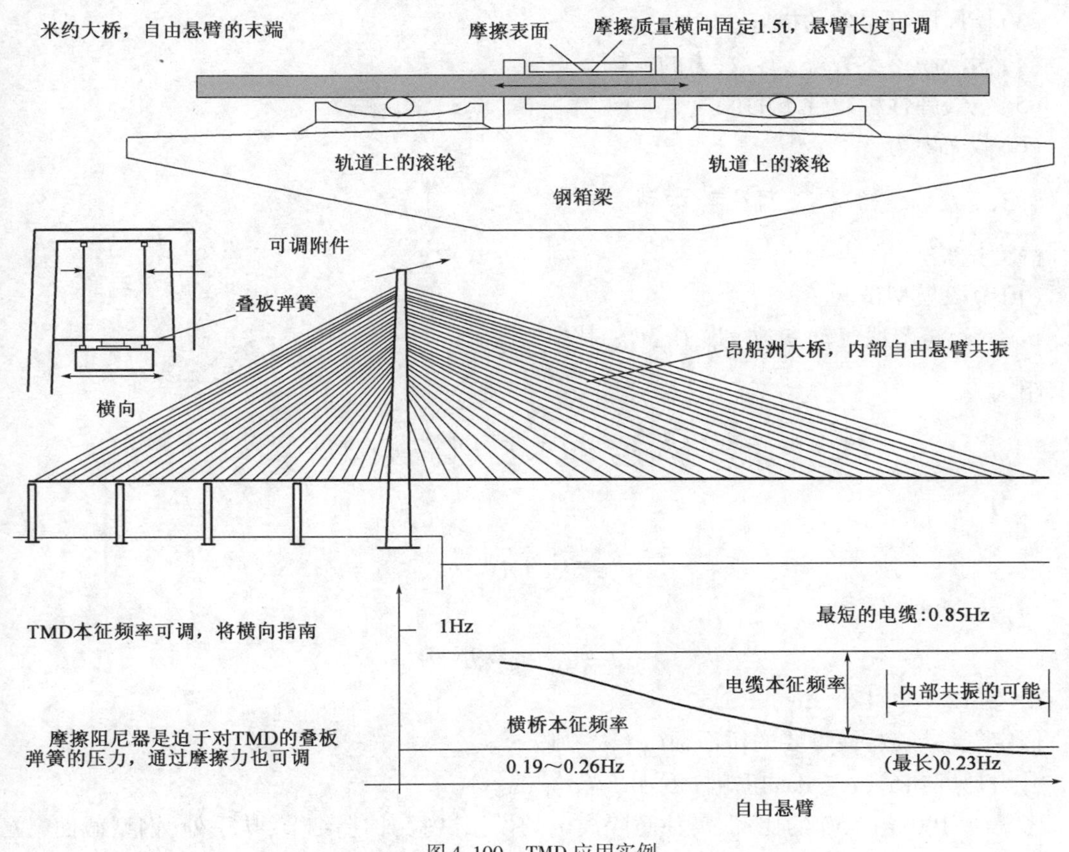

图4.100　TMD应用实例

4.3.7　风洞试验

4.3.7.1　概述

在大跨径桥梁设计中，风洞试验是最重要的工具。一些有名的机构、大学和私人企业拥有长达40m的风洞试验室，比较有名的如下（仅列出部分）：

（1）德国：亚琛/路什科威，小风洞试验机构如：威克。

（2）欧洲：福斯（丹麦的海事局前身），伦敦组成的实验室，英国BMT流体力学实验室，意大利米兰理工大学,法国的 CSTB 南斯。

(3)世界范围内:BLWTL,达文波特,加拿大安大略省伦敦市,科罗拉多大学;中国同济大学;东京,腾野,明石风洞试验室。

这些机构主要根据工程师提供的信息,按当时工艺水平进行试验。试验参数要尽可能地准确,因为在规范或者其他文件中并没有规定风洞试验的结果,如在英国和越南,只有一些指导性文件。工程师事先需要做充足的准备,布设足够的测量仪器,这样才能在有限资金的投入下最大化地获得有效信息。常规的风洞试验会得到以下信息:

(1)截面空气动力系数(阻力,升力和桥面板弯矩)。

(2)独立塔上的风力(通常以支座反力来表示,这个支座反力在后续的计算中会用上)。

(3)挡风屏可采取的措施。

(4)涡流脱落参数(St 参数,力的振幅)。

(5)空气弹性稳定性下的风速。

(6)截面内力。

4.3.7.2 重要的风洞试验类型

静力试验

(1)节段模型试验

试验参数:节段气动参数,C_D,C_L,C_M,其中

阻力

$$F_D = C_D \cdot q \cdot H \text{ 或 } F_D = C_D \cdot q \cdot B$$

升力

$$F_L = C_L \cdot q \cdot B$$

扭矩

$$M = C_M \cdot q \cdot B^2$$

$\alpha = -12° \sim +12°, \Delta\alpha = 1°$或$2°$

假定气动导数:最重要的桥面板$C_D(\alpha)$,则:

升力梯度:$dC_L(\alpha)/da$;扭矩梯度:$dC_M(\alpha)/da$。

考虑 1∶100 ~ 1∶50 的比例,需注意隔离区的模拟试验(构造细节,扶手处,钢型截面,拉索锚固等)。

此外,雷诺数对空气动力特征的影响也需要考虑。不规则截面或多或少与雷诺数相关。如果主体结构是圆形、椭圆或相对光滑的形状甚至是管状截面和环形截面,问题也会出现。表面压力的分布会再次与气动导数相关,尤其是阻力。

在风洞试验中,通过 n 次量纲法得到的雷诺数通常是错误的,因此产生的气动导数也是错误的。

在测试气动导数时,模型是刚性连接的,而所测的只是支座处的力。全桥模型会随着攻角进行旋转测量。但是这个力是恒定不变的,因此要使用平均时间。

如图 4.101 所示，风洞试验可在光滑的或者低紊流区进行。入射流的紊乱会对流体形态进行不断修正（即隔离区位置会发生改变），进而导致不同的气动导数。最重要的是紊乱会导致升力梯度下降。

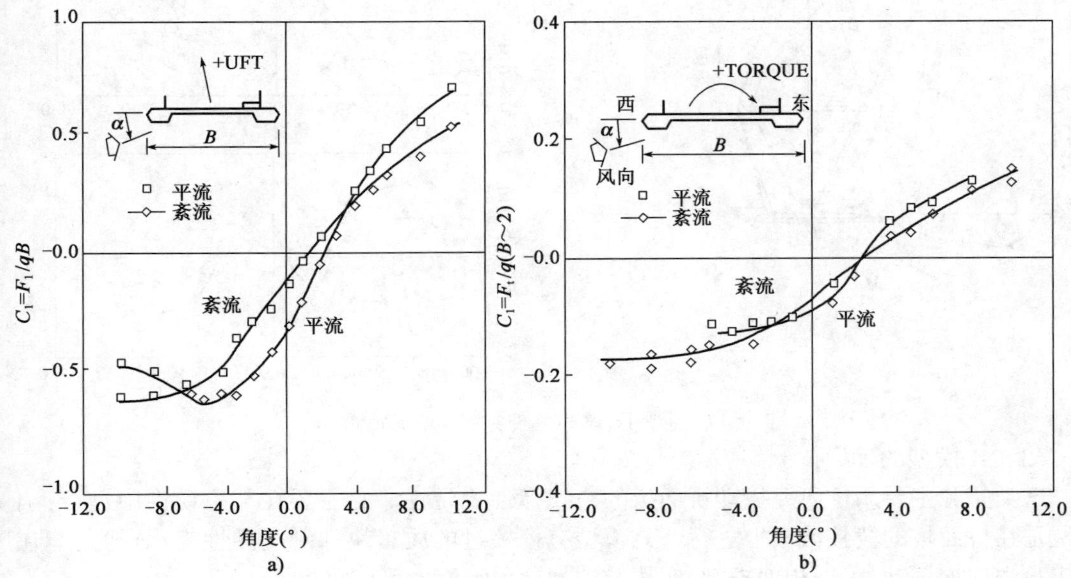

图 4.101　光滑和紊流区用达文波特测得的海格兰德桥升力和弯矩系数

光滑区典型的力系数是不利的（高的阻力、升力和升力梯度），而空气的弹性稳定也主要发生在光滑区内。

紊流条件下所测的系数更接近实际值，因此在设计中显得更经济。在风洞试验中，紊流主要通过一个或多个网格栅获得。如果测量结果与紊流水平有很大的敏感性，则紊流需要认真地检查。对于一个合理的模型，风洞中紊流强度应是实际强度的 50%，这主要因为低频紊流在风洞试验中由于风洞墙的空间局限性而无法产生。

有时候在风洞试验结果解释过程中会出现错误，因为所测得的力的值是风洞坐标系统的值，如图 4.79 所示。这些值需要转化到截面坐标系统中，然后用于分析计算。在风洞试验中，需要正确地模拟拉索锚固。它有时会使截面几何外形在长度上增大 10%，因此显得格外重要。

在应用风洞试验成果时，通常得到的参数（C_D为常数，C_L、C_M是 α 的函数）按线性关系进行变化。而之前提到的升力梯度的符号，则与驰振敏感性有关。

（2）独立塔的三维结构试验

这个试验通常在所谓的风洞边界层中进行，其目的是为了捕捉到紊流风速分布图，其中风廓线则是用附着到风洞板上游试验区的障碍物来模拟。

通常模拟试验在网格栅中进行。假定测量这些系数特定的结构，则可测得支座反力，这些系数在入射角范围内会进行反算，如图 4.102 所示。附加的测压孔被使用，在沿结构方向上所测得的压力变化非常大，因此它的应用遭到质疑。

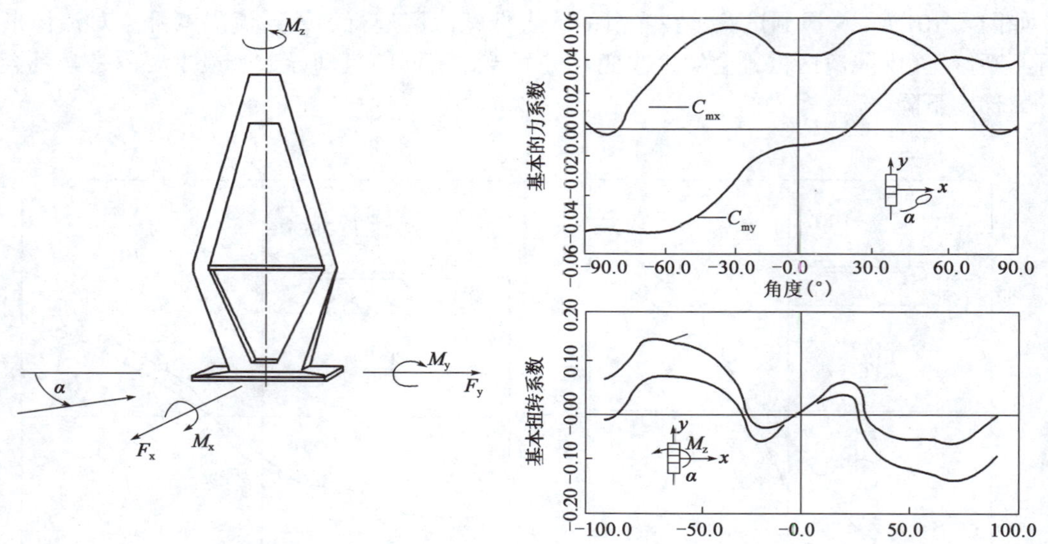

图 4.102 日照高架桥主塔的风洞测试和结果显示

(3)2D 模型的动力试验

这类实验主要用于研究振动桥面板的空气弹性稳定性。它主要在节段模型中进行,确切来说是在桥面板的棱柱截面上进行。该模型有校核过的质量块和刚度弹性支承,因此能在风洞实验中施加振动,根据相似准则,实体结构的动力特性也可以算出。

模型由两个或三个自由度(升力、弯矩、有时候还有阻力方向)。如图 4.103 所示,图中体现的是两个自由度,阻力方向固定。如图 4.104 所示,该模型有三个自由度,由弹簧和阻尼器控制。

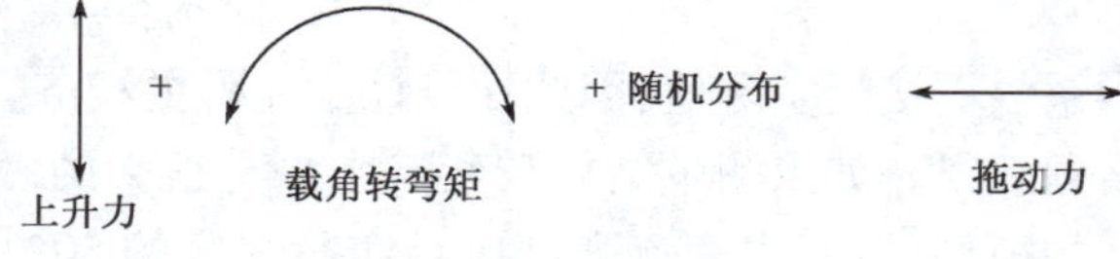

图 4.103 主动自由度

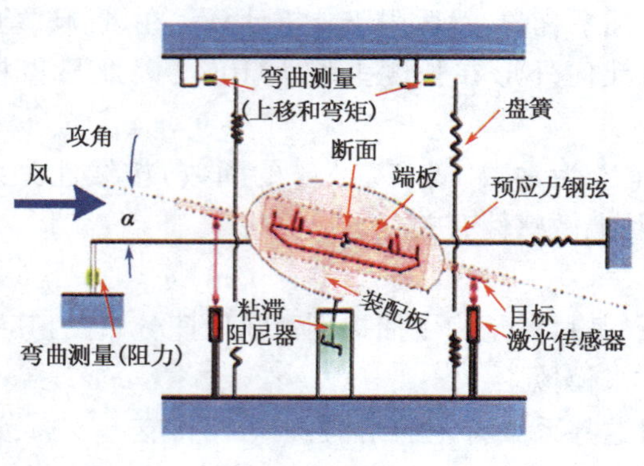

管道墙(图中未示)位于端板与装配板之间从风洞内向外看

图 4.104 Audubon 桥节段模型风洞试验

模型比例通常为1∶100～1∶50，模型太小，实验结果通常不可靠，因为隔离区并不能准确地重复出现。

图4.105体现的是一个二维模型，其模型准则是：流体内部振动主体的几何代表值需准确。最好表达式为：速度递减量$V_{red}=V/f\cdot B$（波长与桥面板宽度的比值）要与节段模型一致，或与全桥模型一致。

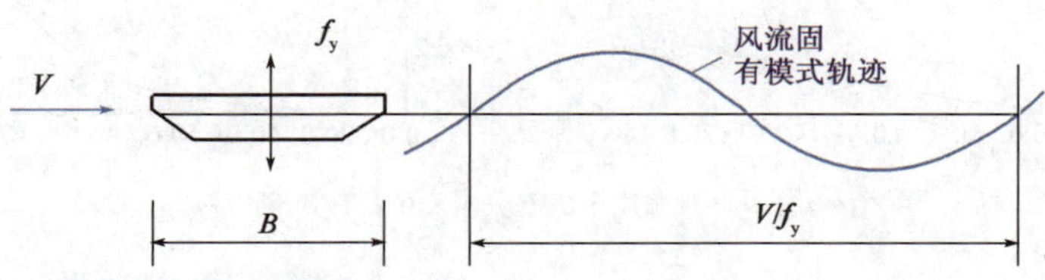

图4.105　模型定律（减小的风速$V_{red}=V/f\cdot B$一致）

在颤振测试中，对一个自由振动模型在风流体内部的动力特性进行了测试：以较小的增量施加流体速度，并且在每个节段模型都轻轻地手动调整位移，以测量扭转和垂直振动的衰减规律。在这样的测试中，通常采用平滑的流动和非常低的阻尼，以保证有一个清晰稳定的边界。测试的角度变化是$\alpha=-6°\sim6°$，$\Delta\alpha=2°$。

在图4.106中显示了一个弯曲和扭转模态的漩涡脱落共振以及气动弹性稳定性极限的特征响应。从图中可以获得振动的风速以及斯特劳哈尔数，并且得到升力系数的近似值。

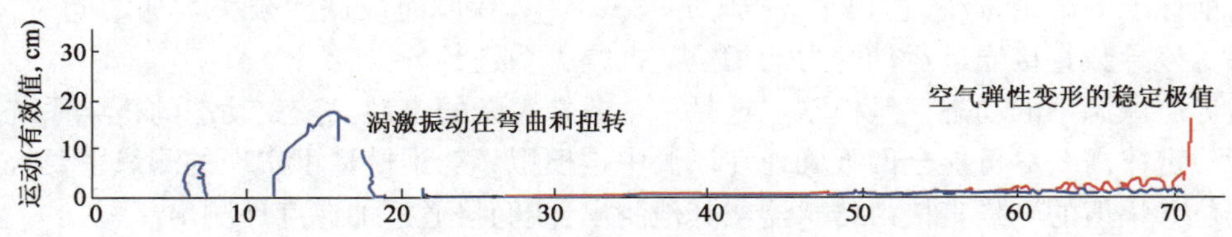

图4.106　富美桥，在风洞中的模型振荡

测试结果为确定整个结构的三维响应行为奠定基础，但它与实际结构响应特性也并不完全相同，因为需要考虑一系列的如结构间连接或模型形状对三维响应的影响。

通过进行衰减特性、振幅和相位关系的测试，可以得到更多的信息，阻尼系数也可通过频率和衰减常数获得。首先在只有一个自由度的情况下进行测试是有用的，因为这样简化了分析。斯坎伦仍然通过这种方法分析测试。但是所获得的信息不是很准确，也没有完成，因为仅测试了稳定极限，而对分析整体结构的响应衍生需要得到超越稳定极限。

图4.107显示，达文波特提出从二维模型下的湍流计算动力反应。湍流是由网格组成的，并且必须通过其频谱进行精确验证。这里有更多的不确定性，例如缺失的低频率湍流分量，所以还需要进行基于一定连贯性的修正。因此，该方法不是非常准确，往往导致尺寸过大。

风洞中再现湍流的现象，见图4.108。如前所述，低频分量的丢失需在之后的分析中进行单独核算。

在系数和衍生方面，最重要的是检查在渐近区域中的复制是否正确（系统共振区域），应通过附加验证测量。

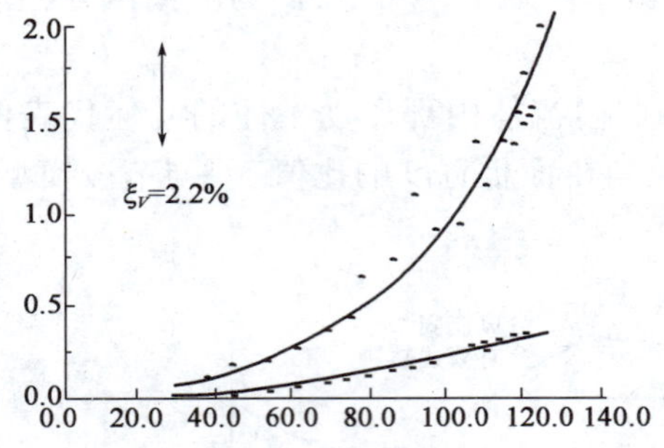

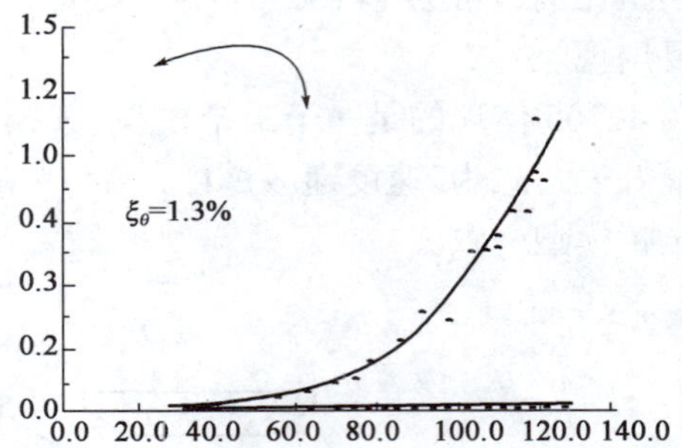

图 4.107　对湍流中的部分模型的幅度测量举例

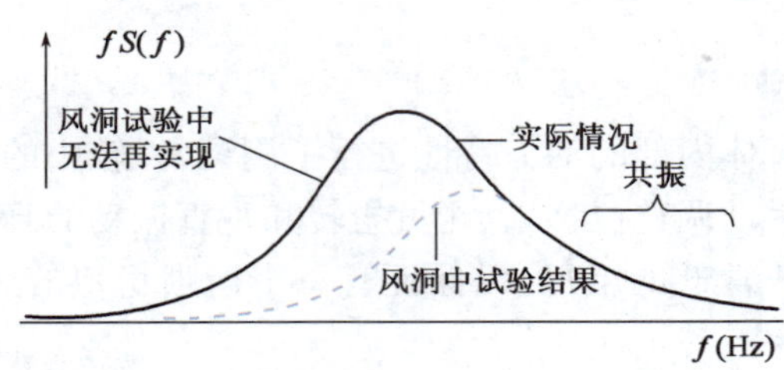

图 4.108　50% 湍流的测试：低频成分缺失

图 4.109　金穗大桥（温哥华）RWDI 风洞制作完整的模型

现通过一种安全且更准确的方法来确定该导数，即在二维截面模型中测量简谐激振力。作为当前标准的确定方法，它是非常敏感的。试验中，在风速或振动频率增加的同时，测量支座反力。该导数直接通过运动与力的相位与振幅关系进行分析。

边界层风洞中的动态三维模型。这是一个非常复杂的模型：静态/动态的桥梁系统以及可能的相似定律需要尽可能全面准确地在风洞中被模拟。三维模型可实现的测量主要有：

①位移幅值的测量直接由传感器或其他测出，或间接通过加速度计测出。

②应力（曲率）的测量由应变计获得。

但这些模型得出的结论是不准确的，对于不稳定性的研究，这些模型还不够精确。

通常在边界层风洞中进行测试，上面的注释适用于所需的光谱精度，而不准确的光谱可以引起大的误差。

相似定律只能部分满足：

①雷诺数不满足，但也没有在该段模型试验中取得。

②柯西数不满足。

③经过长时间的讨论，按最重要的要求精确建模其与弗劳德相似，通常是满足、可接受的。

校准相关的模态参数是特别具有挑战性和代价非常巨大，且通常只达到相近的精度。为了调整模型的频率需要在模型中使用非常轻的材料，这样可以微调附加质量。

一个具有代表性的完整模型测试通常需要在美国、加拿大和其他美洲国家的主要桥梁上进行。由于成本较高且存在缺点，这个方法在欧洲并不流行。典型的模型缩尺比例为 1∶200 ~ 1∶150。一个特殊的例子：明石海峡大桥，选择了一个相对大的模型（缩尺比例1∶100），同时还新建了一个 42m 宽的通道。

随着数值模型的不断改善，试验的重点将进一步转向建模和衍生测量。

4.3.8　地震

地震荷载主要通过地面的横向振动进行动态的支座激励，这会产生惯性效应，因此，在结构中就会产生惯性力和时间依附位移，如斜拉桥。由于地震荷载等级的大小，几何变形通常假定为塑性的，这与风荷载设计及其他动力响应具有明显的差别。地震荷载下的斜拉桥处理方式类似于其他桥梁或建筑物，因此以下只进行一些一般性的论述，其符合许多类似的国际和国家规格。抗震设计的设计不应违反以下一般原则：

(1)规律性、对称性、简洁，这样可以沿较短路径抵抗受力和且不出现偏载。

(2)尽量避免耦合模式。

(3)特别注意细节设计（碰撞或损失的轴向支持）。

(4)某些破坏机制的设计，例如在相同位置处形成塑性铰。

设计应满足两个主要要求：

(1)地震发生后，应有剩余承载能力。

(2)对于强度较低的地震等级，损坏的程度应限定在一个特定的水平，该水平可由构件与构件之间的关系来确定。

这些要求被定义在极限状态或可维护性类型的极限状态。在极限状态下，塑性变形在一定程度上是允许的，这是通过一个由所提供的塑性，即弹性变形的比例确定的行为因素。适用性条件主要是指通过变形限制。

对地震设计，加速度 a_g 等于水平地面加速度设计值，这是岩石表面作为基准地面的最大横向加速度。通常情况下，地面加速度的大小随土质条件的变化而变化。土质条件通过土壤结构和阻尼性能的过滤效应也决定了地震动时间历程的谱特性。如图 4.110 所示，将复杂的地震行为简化为弹性反应谱，用它来表达地震的时间—历程，通过一系列临界阻尼 $\xi=0.05$ 的单自由度振动体系获得最大加速度响应的反应谱。

通常情况下，竖向地震分量是不显著的，也可以表示为反应谱。斜拉桥的振动周期，如其他大跨径桥梁，是相当长的（低频率）。为此，反应谱的双曲线衰减部分是非常重要的，如图 4.111 所示，某个地区的反应谱衰减速度高度依赖于土质条件。

如图 4.111 所示，从彼得森的书中可知，软弱土的响应特性对长周期振动的响应不太有利，这反映在所有的设计规范中，尽管有时会有一定的差异。在进行重要的桥梁基础设计时，需要较多的假设，即使是在世界各地的土质性质是可类比的。这一事实也导致了在过去往往造成结构的过度设计。

有许多进一步的定义和规定，例如刚度、阻尼、考虑人工阻尼及结构简化等，这些规定均可在设计规范或多数大型桥梁的项目具体设计文件中找到。这个假设在世界范围内是相似的，可以从相关的设计规范可以看出。

地震作用下的截面力通常是在结构线性基础上计算得到的，同时假设结构体系保持弹性。设计校核是基于所谓的设计谱进行的，通过系数来考虑塑性特性。分析和设计校核通常采用多模态反应谱方法，该方法是将激励和响应分解成模态分量，使用概率论来叠加模态贡献。这种方法在非线性系统的模态分析有时是无法使用的，它仅适用于线性系统。

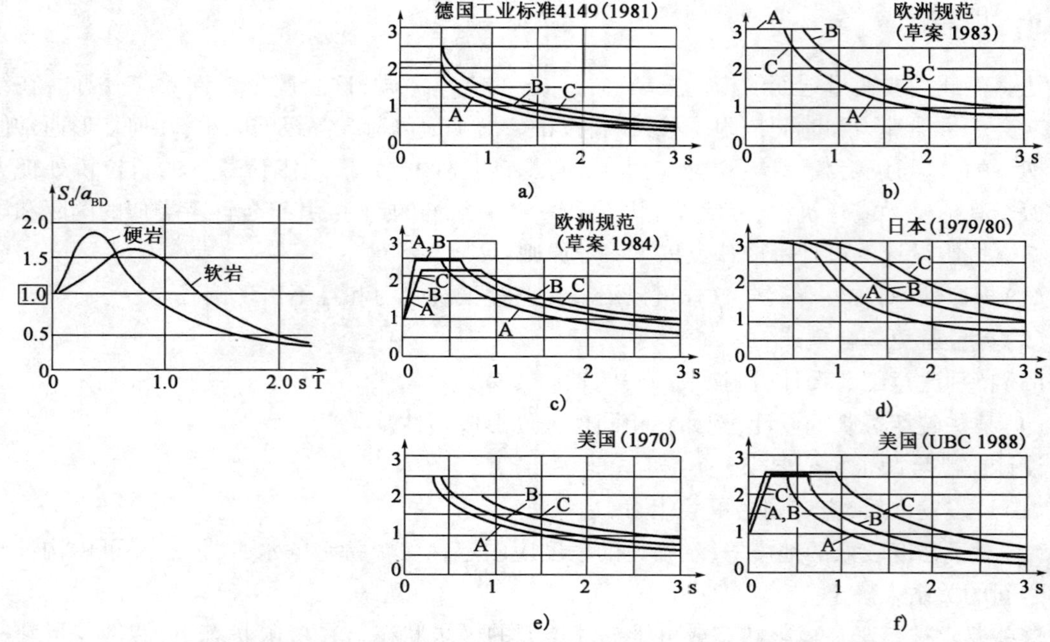

图 4.110　不同的处理方法中反应谱的形状取决于一段长时间范围内土质状况

A-硬岩;B-软岩;C-松岩

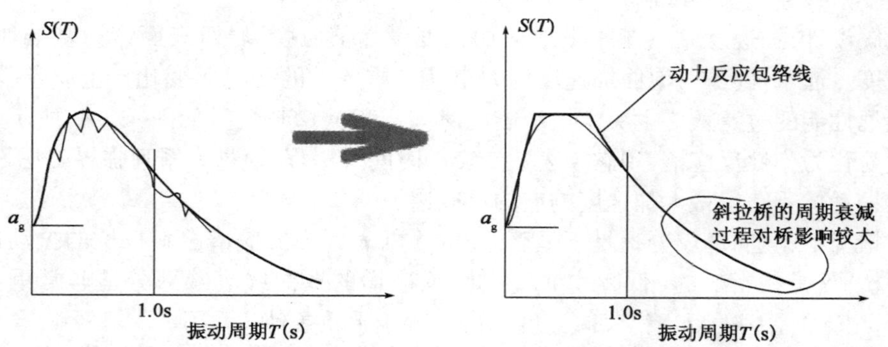

图 4.111　阻尼比 $\xi=0.05$ 的参考单自由度振荡器的振动周期

同时,由于设计谱的使用,非线性响应被弱化了,即使给定输入地震动下的塑性变形量(其实际上并不知道),需对其响应和延展性行评估。

正确的分析方法应该为非线性时程分析,虽然其更复杂和苛刻,但每个构件的力—变形行为是明确的。然而,使用这种方法,需要得到一系列人工地震动,这就需要一个具体的数值方法。

地震输入通常也会激发高频率模态,不像风荷载那样。在模型中每个方向上总的参与质量比例的最小限值通常是 80% ~95%,其间接地确定要考虑模态数量。对于较重的构件,例如重力式基础,本规则通常是不能满足的,因为高质量的参与主要集中在非常高的模态中。如韩国的 Geum 大桥,如图 4.112 所示:较重的沉箱基础占了全桥质量的 75%。基础支撑在岩石上,并且也有横向的支持,这使得它的倾覆模态频率达到 10 ~20Hz。因此,临界质量的模态贡献数量约为250阶,这使计算复杂并且不准确,因为主要是包含大量的不相关模态。在这种情况下,进行两阶段分析是明智的:在第一阶段,基础作为具有六个自由度的刚性元件且地震动输入为线性的。这个简单的模型为基础本身提供设计依据。通过假定无质量的基础来计算上部结构截面的内力。荷载仍然支撑在基础上,然后通过 SRSS 方式叠加到第一阶段上。

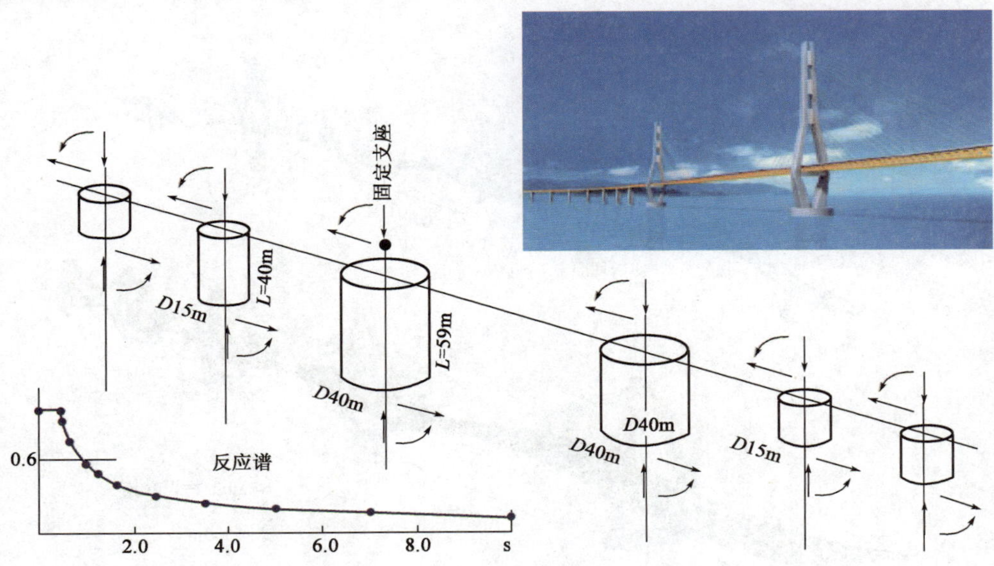

图 4.112 纵向地震的情况下韩国仁川主桥的沉箱基础

建筑物抗震性能的主要区别是,应考虑单个地基之间潜在不同的激励。大桥结构具有较大的纵向延伸,使得激励波在不同时间点到达地基。这导致了传播方向上相位的变化,通常降低了结构的需求。另一方面,由于土壤层和岩石构造的局部差异,基础以下部分会产生相干性。

同步加速时程只能期望直接在地震的震中地区出现;在这种罕见的情况下,垂直的横波会同时到达表面。然而,在大多数情况下,现场与震中的水平距离将导致地震波沿着结构随着时间的推移以倾斜的方向到达表面,如图 4.113 所示。入射和反射波的叠加,产生了所谓的洛夫波,以介于 P 波和 S 波间的速度沿表面传播,速度为 500 ~ 1000m/s。同时瑞利波会产生破坏性振动,作为次波其由单一结构表面引起。它们的速度等于横波,是速度最慢的波。

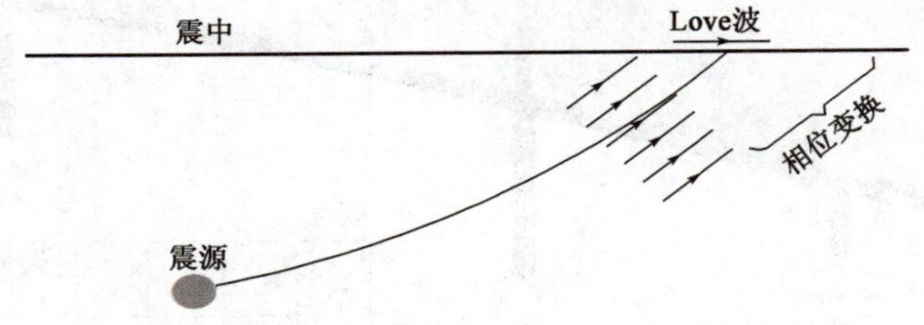

图 4.113 Love 波的起源

相位的变化以及相干性是同样重要的,往往会降低激励。不幸的是,即使对于均质土质条件,很少有合适的方法来评价相干性。这属于接近表面地震波传播方面的知识。在我国台湾与巴拿马地区实地测量得到一个粗略的估计值:

$$\mathrm{coh}\approx\exp(0.1\cdot\omega\cdot x/V_s)$$

式中：V_s——洛夫波波速。

对于越南1500m长的Nhattan桥来说，如图4.114b)所示，经过相位变化和相干性的衰减，采用了主梁纵向力的折减系数0.8。出于同样的原因，bukhang桥采用折减系数为0.75，如图4.114a)所示。

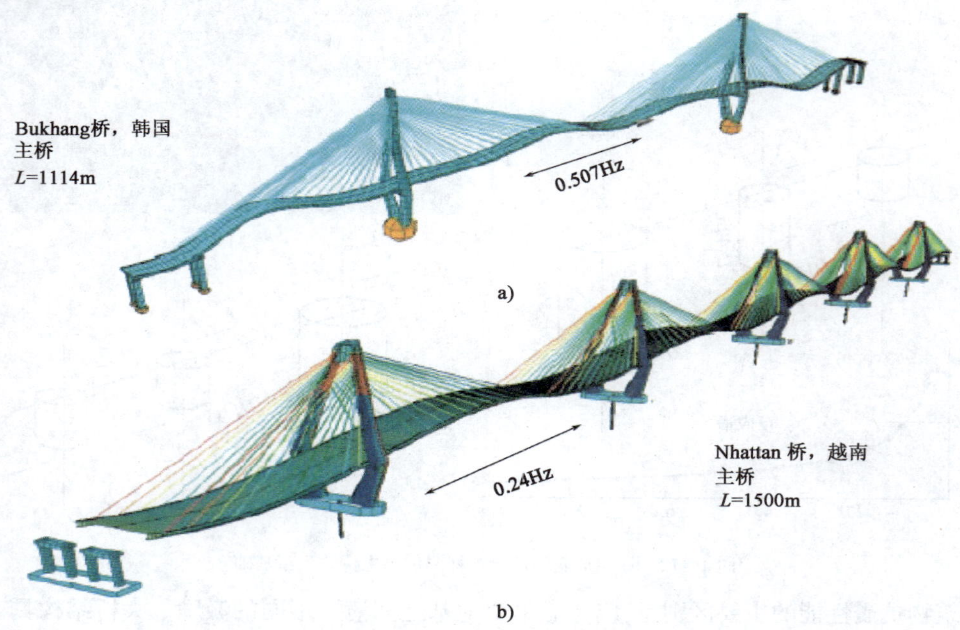

图4.114 纵向激励的震例

特别是对于大跨斜拉桥而言，不同桥墩之间土质特性的变化可能导致不同的激励。如图4.115所示为1052m长的巴拿马大桥，详见第5.1.3节；沿桥轴线基础之间存在软硬土质的交替变化。

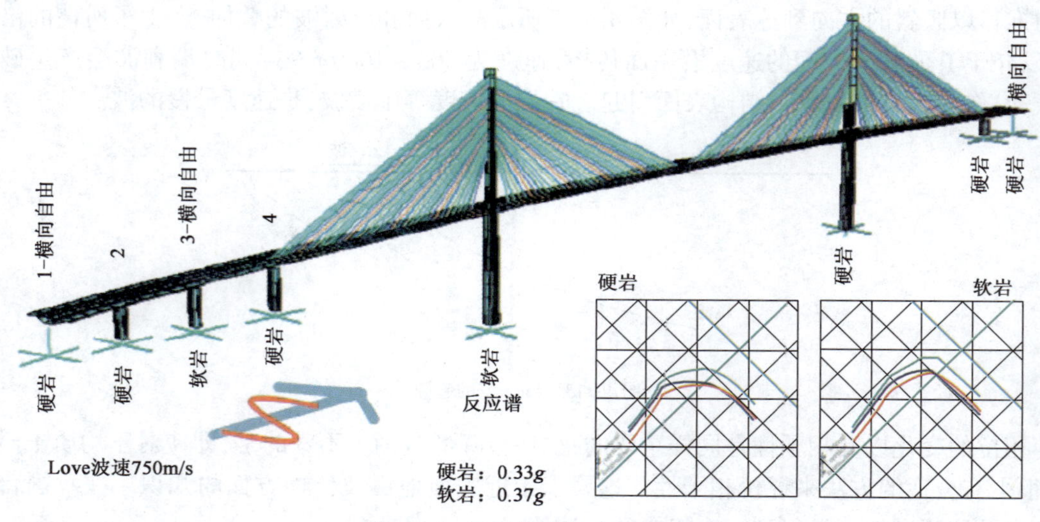

图4.115 巴拿马大桥（$L=1052$m）

软土地基是岩石之上沙土沉积的结果,高频率的表面振动可能会以相反的相位到达这些区域。这可能是导致侧向振动下不必要的横向变形,也会导致上部结构产生较大约束力,特别是在1~4号桥墩。因此,在1~3号桥墩顶部安装自由滑动的支座。由于非同步的激励作用会在其他点上产生不确定的作用效果。模态分析中的非线性、相移和相干衰减不能被很好地考虑在内。由此,在巴拿马大桥的分析中使用了复杂的时间历程分析方法,详细地考虑了刚性和软弱土质下的响应谱的振幅,并选择了一组近似分布的相位差,如图4.116所示。基于此,还创建了一系列的时间历程曲线。

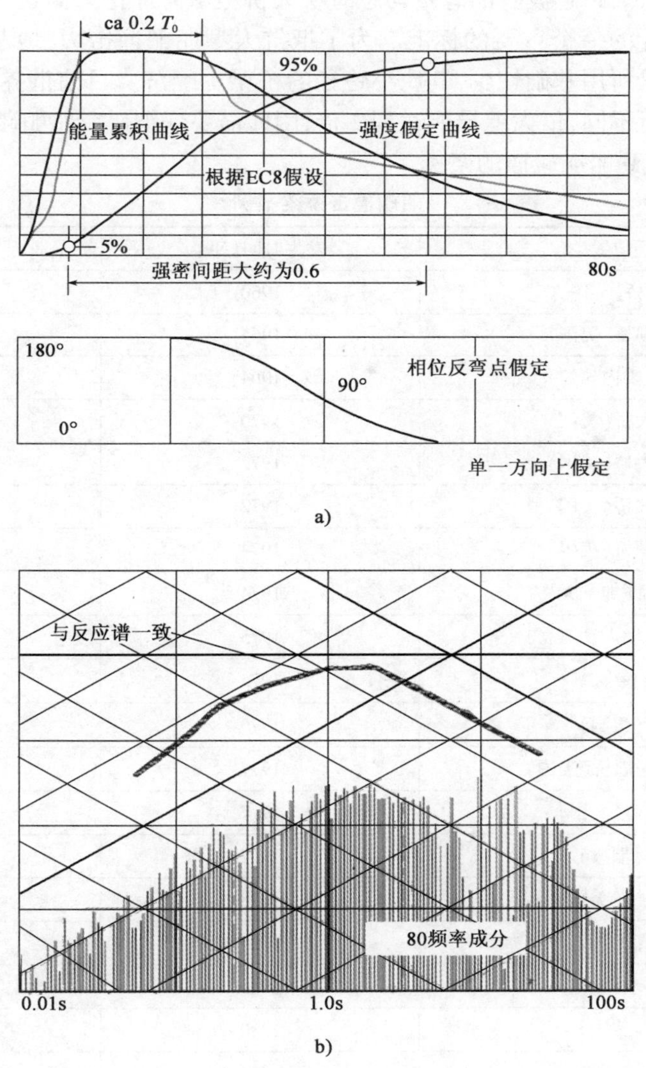

图4.116 巴拿马大桥人工地震输入

为了进行分析,耗能构件(基础和主塔)的刚度被定义为双线性关系。此外,还较为逼真地模拟了支座。地震分析的另一个例子是立翁桥,见第6.6.2节。

4.4 桥梁防船撞保护

4.4.1 前言

对于大型船舶来往的重要水域上的桥梁,船舶与桥墩的碰撞是很危险的。在此情况下,大跨径的斜拉桥是一个合适的解决方案,但其主塔桥墩仍需要进行保护以防止船舶碰撞。

船撞冲击力很大。跨越波罗的海费马恩海峡大桥主墩防船撞力高达800MN。因此,船舶碰撞成为斜拉桥设计的一个重要的标准。为了抵抗大型船舶撞击力,地基可能也需要加强。由于更大跨径的桥梁所用基础较少,其比小跨径的桥梁更经济。目前世界范围的规范对于船舶撞击力的规定有所不同,最大差异能达到2倍,因此需要仔细研究船舶碰撞的局部条件。表4.2中列出了桥梁遭到船舶碰撞的案例。

船舶撞击桥梁案例　　表4.2

桥的地理位置	发生时间(年)	死亡人数(人)
塞文河铁路桥(英国)	1960	5
庞恰特雷恩湖桥(美国)	1964	6
马拉开波桥(委内瑞拉)	1964	0
切萨皮克湾大桥(美国)	1970	0
加拉赫悉尼大桥(美国)	1972	10
切萨皮克湾大桥(美国)	1972	0
庞恰特雷恩湖桥(美国)	1974	3
韦兰运河大桥(加拿大)	1974	0
塔斯曼大桥(澳大利亚)	1975	15
菲沙桥(加拿大)	1975	0
工业大桥(美国)	1976	1
哈里森本杰明纪念桥(美国)	1977	0
联合大道大桥(美国)	1977	0
汀斯塔桥(瑞典)	1977	0
贝里克铁路桥(美国)	1978	0
第二海峡铁路桥(不列颠哥伦比亚省,加拿大)	1979	0
雪恩桥(瑞典)	1980	8
阳光大道(美国)	1980	35
洛林管桥(法国)	1982	7
汉尼拔的铁路桥(美国)	1982	0
圣淘沙空中缆车(中国)	1983	7
伏尔加河铁路大桥(俄罗斯)	1983	176

续上表

桥的地理位置	发生时间(年)	死亡人数(人)
庞恰特雷恩湖桥(美国)(第三件重大事件)	1984	0
圣路易斯大桥(加拿大)	1985	0
邦纳大桥(美国)	1990	0
托斯特大桥(瑞典)	1990	0
汉堡海港大桥(德国)	1991	0
克莱本大道大桥(美国)	1993	1
CSX 公司/美国铁路公司的铁路桥梁(美国)	1993	47

不仅是主墩,边跨的桥墩也可能受到船舶撞击,如图 4.117 所示。

图 4.117　本杰明哈里森桥梁(美国,1977)

船舶碰撞的概率是航道距离的函数,在国家规范中给出了该函数。

1980 年,笔者不得不为已经完成的位于阿根廷跨越 Paraná 河的 Zárate-Brazo Largo 桥设计船撞保护措施。在对当时的桥梁状态进行调查时发现,对于桥梁结构防船撞击很少有系统的研究,规范中几乎没有相应的建议。因此,笔者不得不自行调查研究。

船舶碰撞与桥梁碰撞最重要的是确定这些力的影响大小及进行相应的结构设计。在下文中,笔者概述了其从事 25 年多的处理与船舶碰撞的桥梁保护的经验。对桥墩保护不同类型的结构设计实例,大多是由笔者的公司和合作公司设计的。

4.4.2　碰撞力

在 1980 年,对碰撞力唯一的理论研究是由米诺尔斯基提出的[4.41],他深入研究了两船之间头部撞击的表面力的行为。图 4.118 显示了两船变形体积与能量吸收之间的线性关系。然

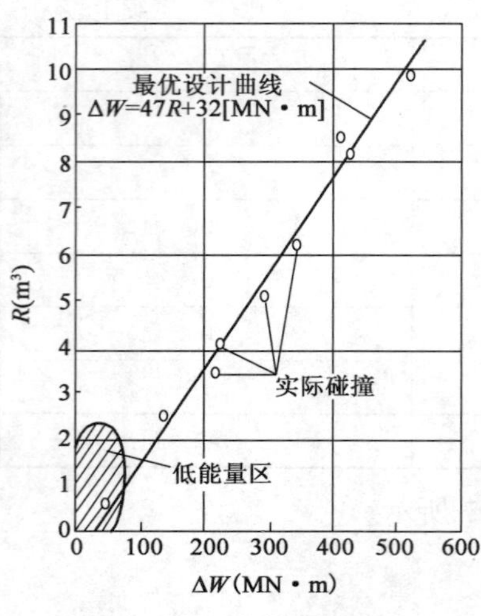

图 4.118　Minorsky 碰撞能量

而,这种冲击力的确定仅对于船舶之间的撞击是有效的。

对于桥墩的保护,如图 4.119 和图 4.120 所示,船的头部撞击刚性墙的实例是非常必要的。为此,在 Gerhard Woisin 的指导下,德国对船撞试验进行了评估,如图 4.121 所示[4.42]。Woisin 发现动态冲击力与时间之间的关系如图4.122所示,即在开始的 0.1 ~0.2s 增量之间的碰撞力达到最大,其值是 2 倍的平均碰撞力。

从 Woisin 的测试结果,笔者得出结论:来自一个主要船舶对刚性墙的撞击测试所得出的等效静力冲击力与船的恒载吨位(DWT)成平方根比例关系,如图 4.123 所示。然而,这种关系中冲击力具有离散性,在相同的船舶恒载作用下碰撞力还与船体结构和撞击速度有关。因此作者提出了一个冲击力的公式,其变化范围为 ±50%。

$$P = 0.88\sqrt{\mathrm{DWT}} \pm 50\%$$

式中:P——等效平均冲击荷载(MN,斯文森,1981 年[4.43])。

图 4.119　船相撞(新港桥,RI,美国)

图 4.120　损坏的桥墩(新港桥,RI,美国)

图 4.121　Knott 关于冲击力与船舶大小之间的关系

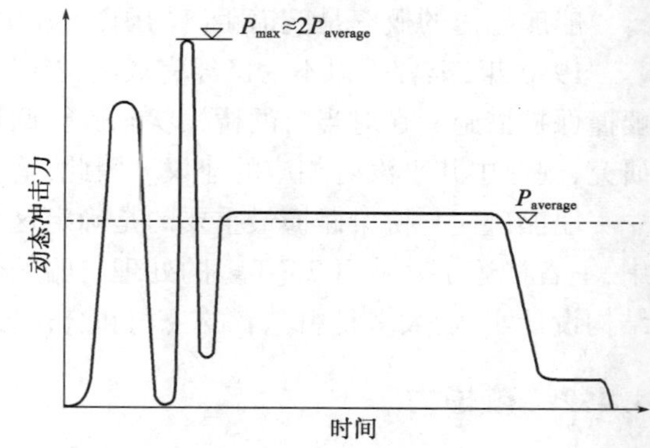

图 4.122　Woisin 关于动态冲击力和时间变化关系

此公式于1981年由作者在德国提出[4.43]，于1982年在IABSE中作了修订[4.44]，1983年在哥本哈举行的IABSE研讨会论文集中收录该公式[4.45]。

1980年，在美国佛罗里达西海岸，一艘货轮与横跨坦帕湾的日照高架桥未受保护的桥墩发生碰撞，导致其400m主梁掉进水中，38人死亡，见第3.5节。由于这一悲剧的发生，在美国联邦公路调查局的指导下，相关人员开展了研究，并形成了一部为船撞作用下结构评估使用的桥梁工程设计规范。在对公路桥梁船舶碰撞的设计指导规范与说明[4.46]方面的努力，在1991年达到高潮。主要研究者是Michael A Knott，研究工作由AASHTO特别委员会进行指导（笔者也是该委员会的一员）。诺特简化了由Woisin的冲击试验而来的斯文森关系中±50%的范围值，如图4.123所示，利用70%分位点下平均船舶撞击力来评价桥梁的响应。如图4.124所示，70%分位点使得斯文森关系式中的系数由0.88增大到0.98。

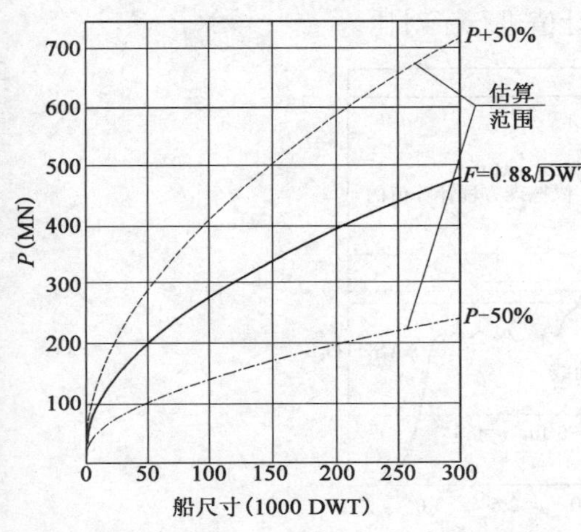

图4.123　Svensson关于等量静态冲击力与船舶大小的对比

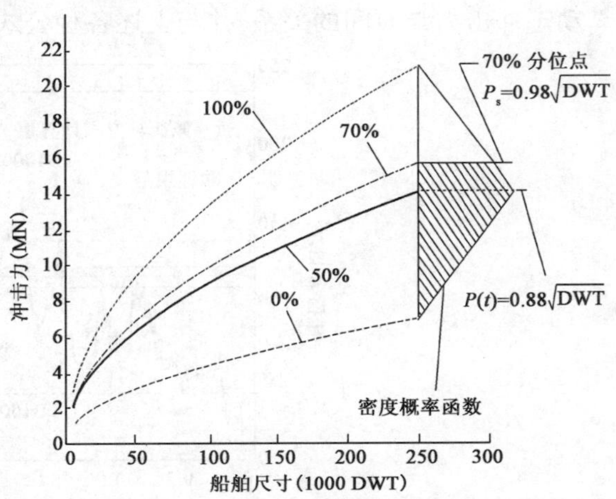

图4.124　Knott关于冲击力与船舶的大小之间关系

AASHTO规范使用的关系（图4.125[4.46]）为：

$$F=1.11\times0.88\sqrt{\text{DWT}}\cdot\frac{v}{8}=0.122\cdot\sqrt{\text{DWT}}\cdot v$$

式中：F——等效平均冲击荷载（MN）；

v——船舶碰撞速度（m/s）。

最大冲击力的确定（如2倍平均力）如图4.122所示，不推荐使用AASHTO规范，因为它在撞击开始时的时间延迟的假设过于简单，这对大多数结构是不适用的。尽管平均冲击力随着时间的推移变化，然而，增加到70%分位水平上是保守的。

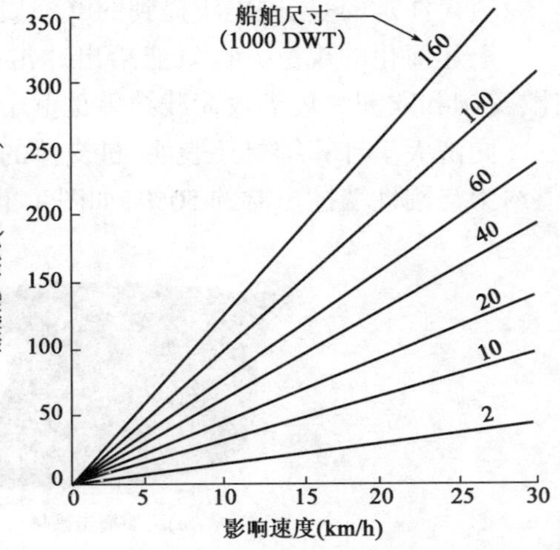

图4.125　Knott撞击力

后来出现了确定冲击力的其他公式。原欧洲规范1的2.7中，设计撞击力由以下公式估算：

$$F=\sqrt{Kmv}\text{（欧洲规范）}$$

式中：K——等效刚度；

m——冲击质量；

v——冲击速度。

旧欧洲规范中方程计算结果稍高于 AASHTO 规范中方程计算出的结果，如 Knott 撞击力。

1993 年，佩德森教授给出了一个经验公式，通过数值计算，给出的计算公式结果为 AASHTO 公式[4.47]中计算冲击力的 2 倍。

1993 年，国际桥梁与结构工程协会（协会）出版了一本关于船撞桥[4.48]最新报告。该工作组是由拉森于 1997 年组建的，作者也是其中一员。

最近，高度复杂的船舶碰撞有限元数值模通过主从表面的相互作用来模拟船舶与桥墩之间的碰撞，由同济大学（中国上海）完成[4.49]。

同济大学（图 4.126）给出了一个 50000DWT 散货船与刚性墙相撞的典型例子，得到了计算动态冲击力与时间的关系，并与上述各种公式估计值进行了对比。

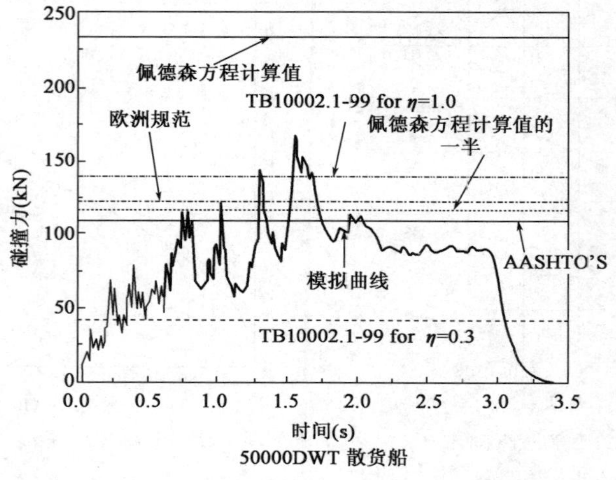

图 4.126　冲击力与时间变化关系（同济大学）

值得注意的是，这里所提到的欧洲规范是旧版本，目前欧洲规范使用的是佩德森公式。

上述简化的规范方程只能给出冲击荷载的粗略估计。与同济大学的计算冲击力结果相比，美国和欧洲法规等效荷载结果是偏于安全的，而佩德森方程计算值是这些值的 2 倍。

同济大学计算结果还表明，桩支撑的弹性地基上的碰撞（图 4.127）所产生的撞击力的峰值约为与刚性墙撞击时的 50%，如图 4.128 所示。

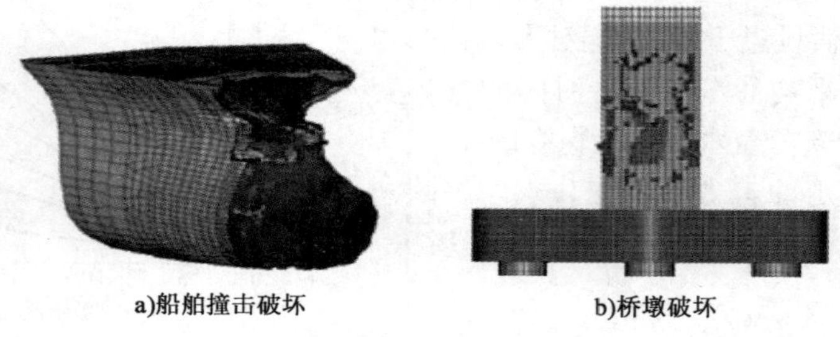

图 4.127　同济大学的有限元建模

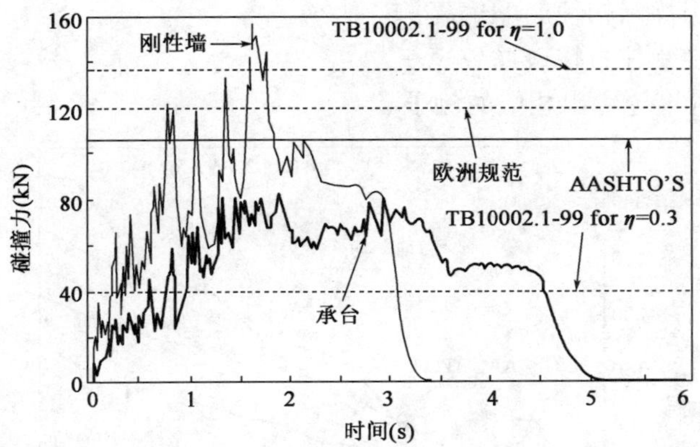

图 4.128 同济大学统计的支撑在刚性和弹性桩上的撞击力变化

关于如何确定船舶碰撞桥墩的冲击力的问题始终没有得到解决。如果用作用在桥墩上的等效静力荷载进行简化,那么应当使用什么值:绝对峰值,局部平均峰值或总体平均值,如图4.129所示。比较这些不同的峰值,由同济大学、AASHTO和欧洲规范等效静荷载计算结果如图4.130所示。值得注意的是,AASHTO公式使用总体平均值,如图4.122所示。此外,不同船体的结构类型意味着单一的方程可以近似计算出冲击荷载。一个公式很难覆盖所有类型,在图4.123中所示的冲击力的50%变化量仍然是真实可靠的。

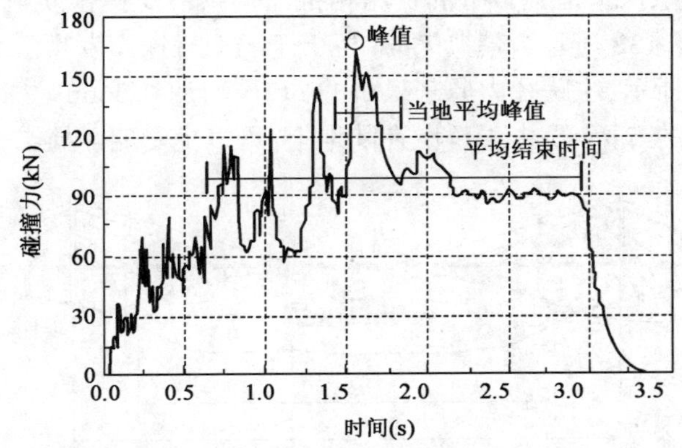

图 4.129 同济大学关于等量负荷在不同时期的变化的概述

今天最好的计算冲击力的方法是使用动态有限元数值模拟,与上面列出的同济大学采用的方法相类似,同时考虑船体结构设计以及碰撞结构的结构细节。

此外,在桥墩和桩上的内力和应力,在整个碰撞过程中都应该进行研究,并从控制设计应力来确定等效静力荷载。

4.4.3 保护结构

4.4.3.1 概述

为保护桥梁和其他结构免受船舶撞击,可能措施有以下几种:

(1)设置在无法触及的海岸上。

(2)用人工岛或引导结构使船舶偏离。

(3)使桥墩能够经受住直接碰撞。

接下来,将对每种措施给出相应的例子。

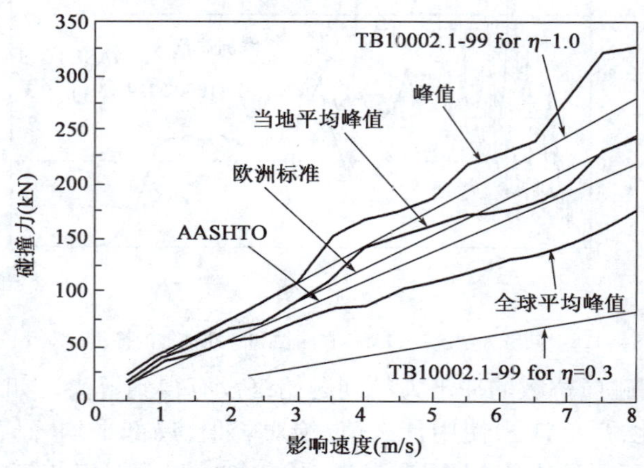

图 4.130　同济大学关于等量负荷的比较

4.4.3.2　无法触及

保护桥墩免受船舶撞击的最好方法是将桥墩设置在船舶无法触及的陆地上。跨径增加产生的额外费用可以由桥墩保护措施节省的费用相抵消。拱桥受撞击实例说明,拱本身也必须要免受船舶撞击,如图 4.132 所示为瑞典 Tjörn 桥由于船舶碰撞而发生倒塌。新 Tjörn 斜拉桥,如图 4.131 和图 4.133 所示,主跨径由原来拱桥的 217m 增加到 366m,主跨范围内最小的航运净空为 45.3m[4.50]。新的 Tjörn 桥由于桥墩在陆地上,可以免受船舶撞击。

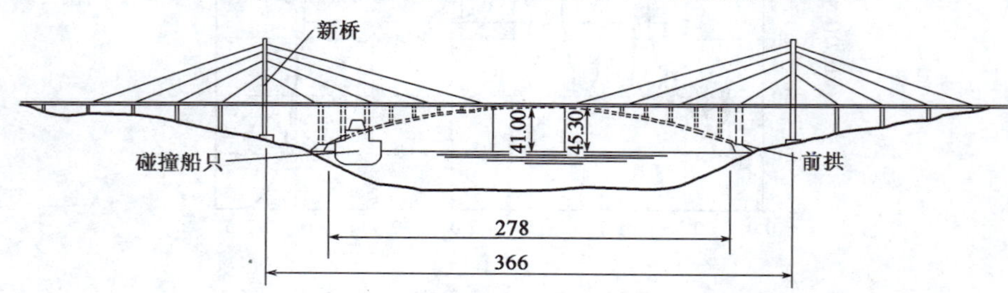

图 4.131　瑞典新老 Tjörn 桥(尺寸单位:m)

图 4.132　旧 Tjörn 桥,船舶撞击

图 4.133　新 Tjörn 桥,瑞典

巴拿马运河是世界上最繁忙的人工河道，如图4.134所示。当不得不建造一座与运河相交的桥梁时，所有的设计条件均需保证其不能以任何方式阻碍船舶交通。最终两个桥墩被安全地放置在陆地上，具有安全的水平净空，主跨长度为420m。不管是当前还是将来，航运净空可以满足最大船舶通过。

为了将这两个主塔的基础安全设置在河岸上，中国上海的杨浦大桥横跨黄浦江，主跨为602m创造了当时的世界纪录，如图4.135和图4.136[4.51]所示。

图4.134　第二巴拿马运河大桥

图4.135　中国上海杨浦大桥

香港的昂船洲大桥的两座主塔设置在岸上，创造了一个新的纪录，主跨跨径为1017m，如图4.137[4.52]所示。桩基位于靠近水的位置，如图4.138所示，由海堤保护。如果一艘船撞击海堤前面的基础，由于船体的弓形外形将在桩施加横向压力。侧向荷载的数量与分布如图4.139所示。在英国朴茨茅斯港，一个高度140m的观景塔被直接建立在海滨上，如图4.140所示，但其不能完全排除泊船意外的撞击。因而考虑了各种场景，包括对失控的航母和失控的渡船等处理方法的考虑，有诸多措施用于防止船的船头撞击到塔腿[4.53]。

图4.136　杨浦大桥的基础

图4.137　香港昂船州大桥，LAP设计二等奖

新月形的混凝土护板设计通过阻尼元件连接到主塔的桩顶上，如图4.141和图4.142所示。通过船体的弹塑性变形、防护体系的破坏及阻尼元件的变形来吸收主要的撞击能量以吸收该船的船体塑性变形。主塔基础的设计也应能够承受碰撞所产生冲击力。

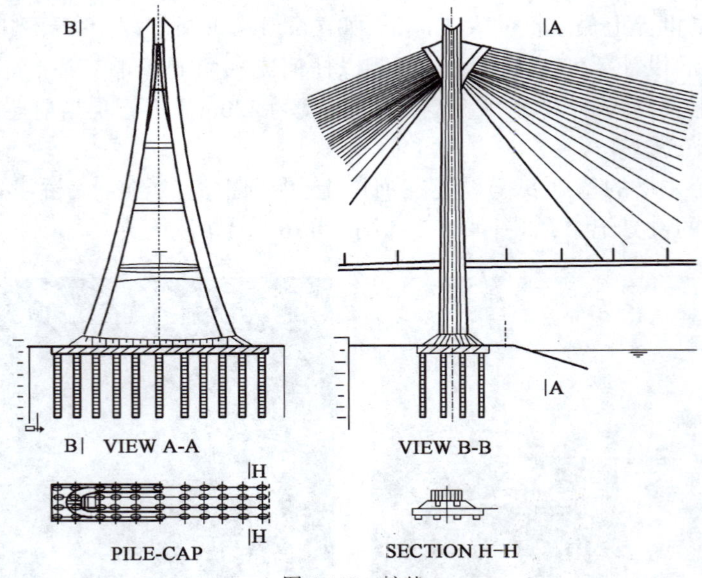

图 4.138　桩基

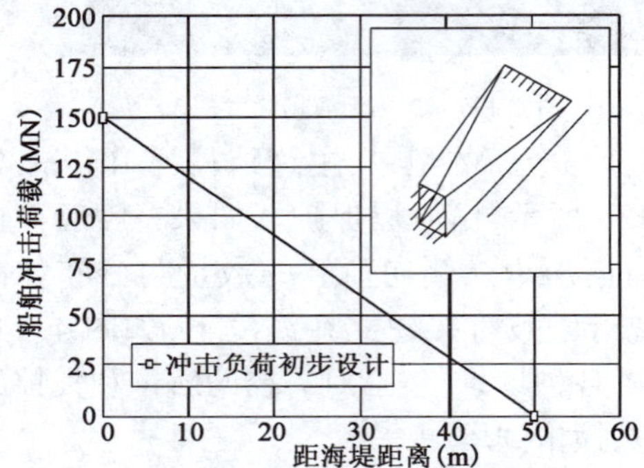

图 4.139　昂船州大桥对装侧碰撞压力

图 4.140　英国朴次茅斯塔

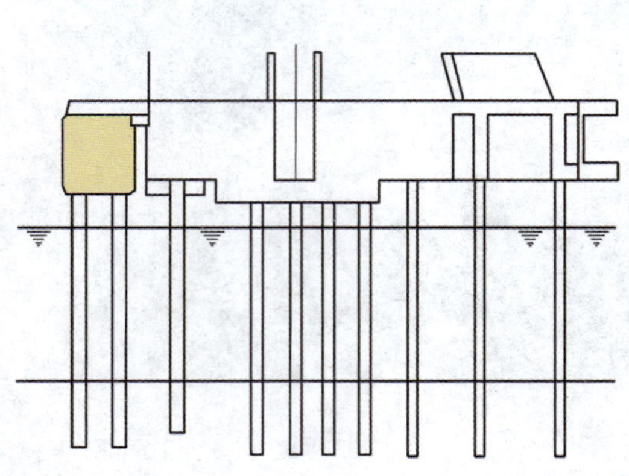

图 4.141　英国朴茨茅斯塔的地基海拔

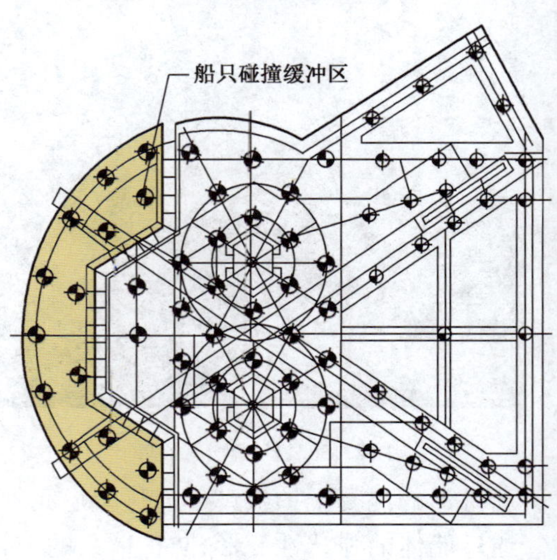

图 4.142　英国朴茨茅斯塔的地基

4.4.3.3　人工岛

如果水域太宽,在不借助桥墩的情况下穿越通航水域,应该研究采用人工岛。人工岛的优点是,能提供高度的安全性能,可以使船舶缓慢停止,从而限制了船体撞击的损坏。如果提供适当的防腐蚀措施,这些岛屿实际上是可以维护的,碰撞后只需要轻微的附加填充。但其使用通常是有限制条件的,即不能减少水域横截面流量,但会增加水流速度。

对于穿越美国得克萨斯州贝敦休斯敦航道而言,为其中一个塔的基础建立人工岛,且需要放置在浅水位置处,如图 4.143[1.17] 所示。香港汲水门大桥存在类似的情况:一个塔在岸上,另一个在浅水区,此处的人工岛需要满足 25m 最小通航距离,用于船只通过,如图 4.144 所示。

图 4.143　穿越美国得克萨斯州的休斯敦船运航道

图 4.144　中国香港汲水门大桥

4.4.3.4　导向结构

导向结构设计,以引导一艘船离开桥墩或桥梁上部结构。该设计通常用来避免正面碰撞,但其仅仅是防止小型或中型船只的侧面撞击。

王储拱桥横跨了德国柏林市中心的施德雷河,如图 4.145 所示。为了防止船舶撞击两岸附近的拱支撑,两侧安装了钢板导向。值得注意的是,导流板钢材的数量大于桥梁本身的用钢量。如果增大跨径使得桥墩设置在陆地上,并使用一个浅滩,恒定的梁高完全可以避免船舶撞击,其可能是更经济的。

图 4.145　德国柏林王储拱桥

德国基希海姆附近的内卡河大桥的上部结构不得不被替换,因为无法满足当前的交通通行量[4.54]。因此,新的钢桁架梁平行地在现有桥墩旁的辅助墩上进行顶推,如图 4.146 所示。为了保护这些辅助墩,安装了船舶碰撞导向结构。

挡板支撑是充满砾石的钢管,支撑在下层的岩石上。侧向冲击能量通过钢管的塑性变形来抵消。需要考虑挡板结构的大变形,因此将它们放置在距辅助墩 10m 远的地方。这使得航道宽度从 40m 减小到 20m。承担上部结构的固定墩采用了防撞设计,如图 4.147所示。为此,它们通过后张拉固定到下面的岩石上,由 20cm 厚的混凝土墩来提供张拉力。

图 4.146 施工期间的德国希基海姆内卡河大桥

图 4.147 竣工的德国希基海姆内卡河大桥

4.4.3.5 自我保护结构

前面所提到的阿根廷 Zárate-Brazo Largo 桥,中心墩能够承受一个载质量 25000t 的船舶碰撞,如图 4.148[4.43] 所示。由于极端水深,采用保护岛屿是不可行的。大桥建成时,桥墩不能抵抗撞击作用,由于其不良的地质条件,需要由高达 80m 长的桩来进行支撑。

图 4.148 阿根廷 Zárate-Brazo Largo Bridge

因此,笔者提出了独立的圆形混凝土豚状基础,建立在 70m 长桩支撑的三角形平台上顶部,可以承受撞击或用来引导船只远离桥墩,如图 4.149 所示。

然而,由于经济原因,管理单位决定安装浮动保护构件,如图 4.150 所示。这种浮动保护的最大风险在于它们的脆弱性,即很容易被挤到水面以下,船只从上部直接穿过,如图 4.151 所示。此外,所有的锚固装置都受到严重的腐蚀且腐蚀程度很难检查确定。

由于船舶碰撞的日照高架桥坍塌,如图 4.152 所示,在 2.2 节中已提及。新的阳光高架桥桥墩防护系统利用海豚形构造和岛屿相结合的方法,如图 4.153[4.55] 所示。海豚形构造由 18m

直径的钢板桩和混凝土桩帽组成,如图4.154所示。海豚构造被设计成能承受23000t荷载或87000t的船体碰撞。构造吸船舶撞击能量的主要能力来自钢板桩与混凝土桩帽的组合,以及各构件之间的连接。一次重大撞击以后,海豚构造遭到构件毁坏,也可以将其进行替换。

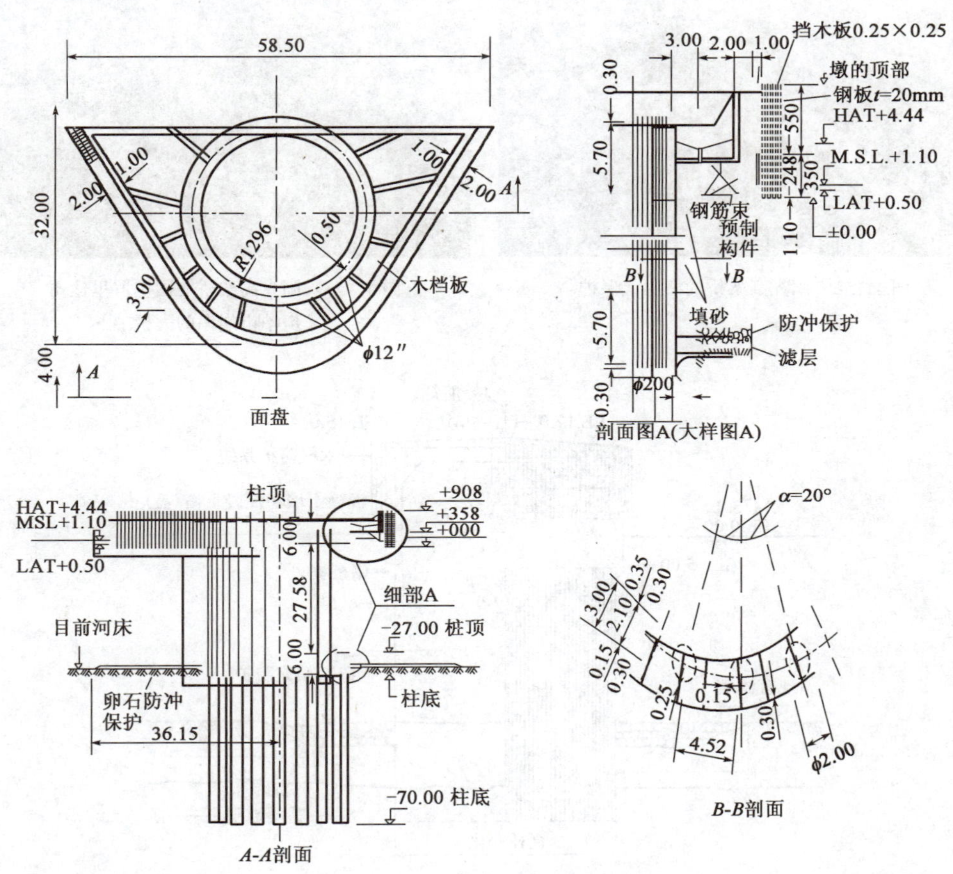

图4.149　Zárate-Brazo Largo Bridge 提议的保护方案

图4.150　Zárate-Brazo Largo Bridge，浮力保护

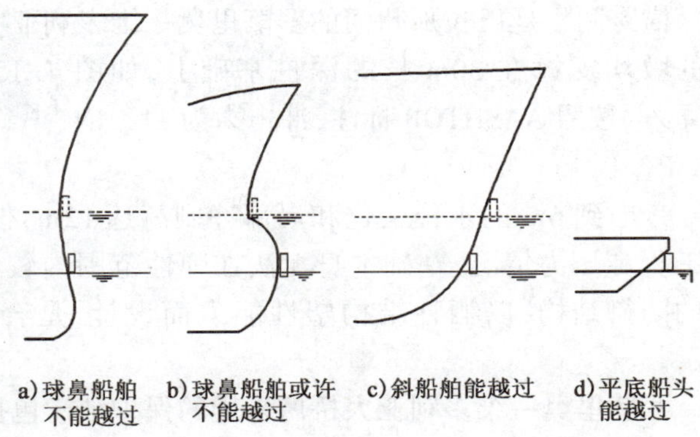

图4.151　超过浮力保护的风险

图 4.152 阳光高架桥的海豚式保护

图 4.153 阳光高架桥美国佛罗里达州坦帕市崩塌的大桥

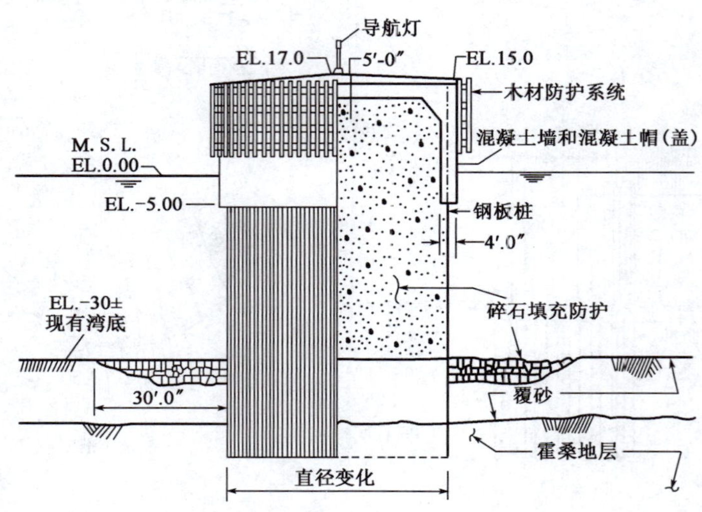

图 4.154 Sunshine Skyway 桥系船柱细节

横跨阿根廷巴拉那州河的罗萨里奥—维多利亚大桥由主跨 350m 的斜拉桥构成[2.85]。所有的墩均支撑在 30m 长的深桩基础上，如图 4.155 所示。控制船舶撞击 43000t，速度为 4.6m/s，按照 AASHTOB 标注，冲击力为 118MN[4.46]（美国规范中，用佩德森公式计算，结果为 228MN [4.47]）。

考虑到 6m 的水位变化和局部冲刷高达 12m，桩总的自由长度可达 42m，由于特殊的岩土工程和压力情况，基础本身无法在弹性范围内较经济的设计用以承受较大的冲击力。独立的防御结构，以牺牲结构塑性能力而设计，是合适的解决方案，如图 4.156 和图 4.157 所示。

罗萨里奥—维多利亚大桥所采用的保护结构包括一个混凝土平台支撑在直径为 2m 的钢管桩上，同时与桥梁基础的净距为 17.50m，以此来允许高塑性铰的大变形，罗萨里奥—维多利亚大桥如图 4.157 所示。钢管混凝土桩的塑性转动能力测试，如图 4.158 所示。

图4.155 阿根廷罗萨里奥—维多利亚大桥海豚方案细节

众所周知,桥梁的主跨和边跨应同时进行防船撞保护,如图4.117所示。

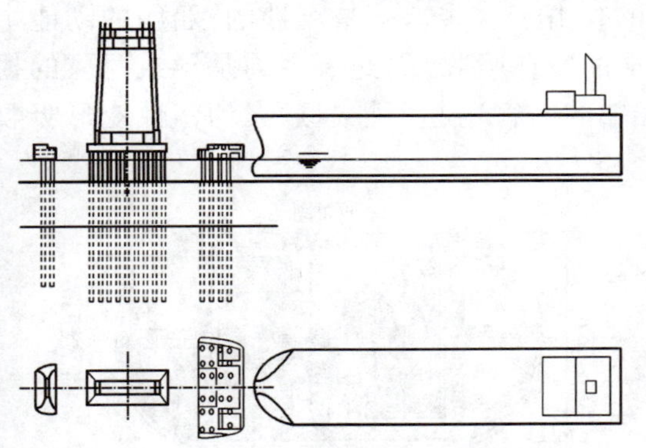

图4.156 罗萨里奥—维多利亚大桥独立防护

图4.157 罗萨里奥—维多利亚大桥防护建设

在德国凯尔和法国斯特拉斯堡之间,横跨莱茵河的斜拉钢结构组合式人行桥这方面的经验可以参考,如图4.159[2.135]所示。

图4.158 罗萨里奥—维多利亚大桥桩基检测

图4.159 莱茵河桥,边跨防护

莱茵河桥可以通过主墩自身来承受船舶碰撞的冲击力。然而,由于桥的一部分上部结构与河岸相连接,边跨需要独立结构来承受船舶碰撞。出于这一目的,在上游设置了支撑于三个桩上独立碰撞保护构件,如图4.160所示。下游混凝土填充钢管被认为其可以满足要求。

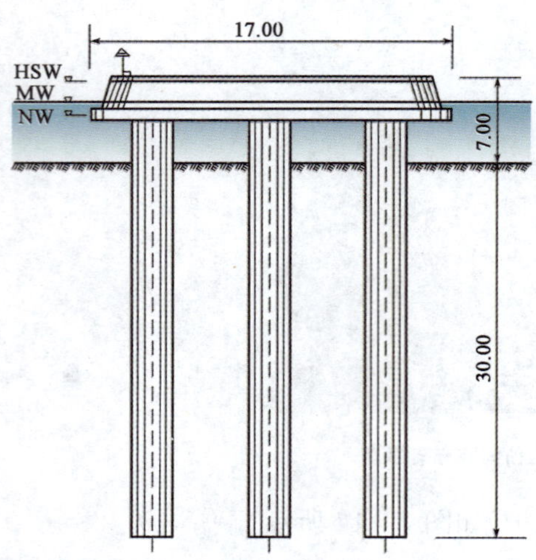

图4.160　Kehl市的莱茵河桥上游保护（尺寸单位：m）

如图4.161所示[2.124]是两座公铁两用的组合式斜拉桥，主跨300m，跨越奥里诺科河，目前正在委内瑞拉建设中。桥墩由支撑在合理布置的桩上的混凝土梁保护，如图4.162所示。

4.4.3.6　强墩

另一种保护深水桥墩不受船舶撞击而破坏的方法就是采用足够牢固的桥墩，以此用来抵抗撞击力，当然桥墩上来自桥梁结构质量的竖向荷载在基础进行水平冲击力设计也需要考虑在内。特别对于修建在坚硬岩石上的基础不需要太深时，这种构造比起对于桥梁结构自重没有任何用处的结构保护构件是更经济的。由于这些基础是刚性的，船舶的动能主要被船舶的船体吸收，因此更多的是导致船体的损坏，对船舶的损害比起牺牲通过大的塑性变形吸收撞击能量的独立保护构件来说是更有益的。

图4.161　第二奥里诺科河桥，委内瑞拉

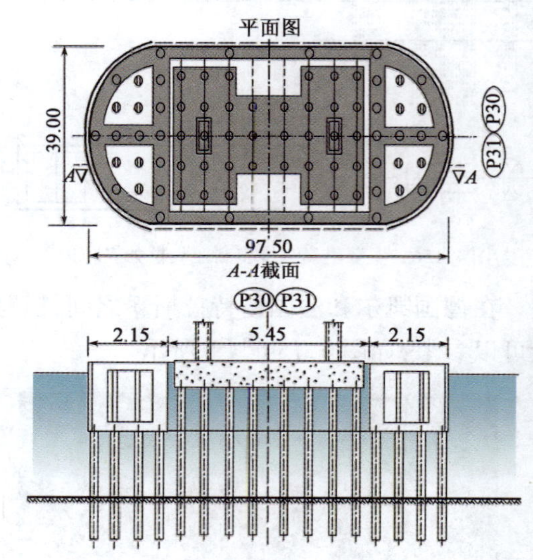

图4.162　第二奥里诺科河桥独立桥墩保护（尺寸单位：m）

1981年美国罗得岛的新港悬索桥，被满载45000t货物的油轮撞击。船首被缩短了约3.5m，如图4.119所示，但桥墩仅遭受到浅层损坏，如图4.120所示。其H形钢桩基础也足够牢固，可以防止桥墩的任何永久位移。

在伊斯坦布尔，土耳其的加拉塔桥，是一个跨径为80m、宽42m的活动式桥。由四个可开启的正交异性桥面板组成，如图4.163所示。在加拉塔桥墩的设计中，两个相互矛盾的要求必须满足：船舶撞击时必须有足够的刚度；地震时，桥墩需有足够的柔度。这两个要求最终通过空心混凝土桥墩底部的喇叭角实现,喇叭角支承在32m长的桩上,如图4.164所示。桥墩设计为可承受40MN力的正面碰撞。

两种主要的控制方案见图4.165,当然,当船只撞上桥梁的防护铁板时,其难以抵抗船只的撞击。

(1)除了在中央形成塑性铰以外,在桥墩支座一定距离也会形成塑性铰。

(2)两个铰之间钢板的缺失。

这两种情况并没有导致另一个钢板受损或后方配重臂发生破坏,因此被认为是可以接受的局部损坏。

挪威吉兰德大桥塔的基础包括实心矩形墩,其高达32m,支撑在坚硬的岩石上,如图4.166和图4.167[2.80]所示。设计冲击力为54MN。

瑞典乌德瓦拉斜拉桥,主跨414m,如图4.166所示。北侧塔可以建立在岛上,船只无法触及;南侧的塔被建立在高水位洪水平面的桩上,如图4.168所示。其暴露的基础在船舶行驶的方向上防撞击能力为70MN,在垂直方向上的撞击能力为35MN,如图4.169所示。

图4.163 加拉塔大桥(土耳其)的伊斯坦布尔

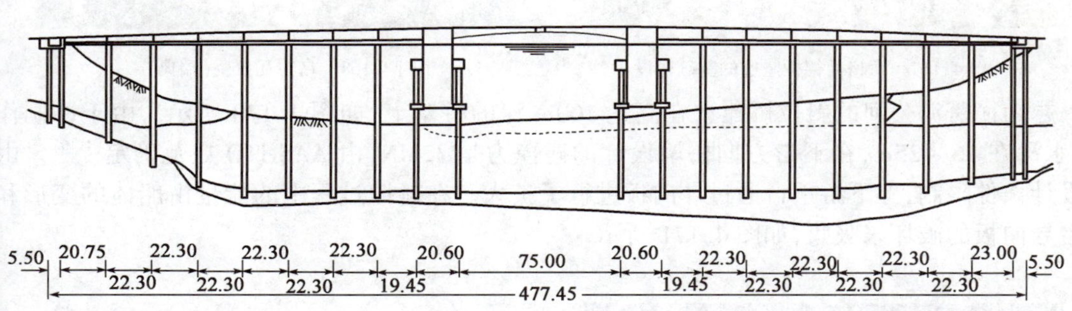

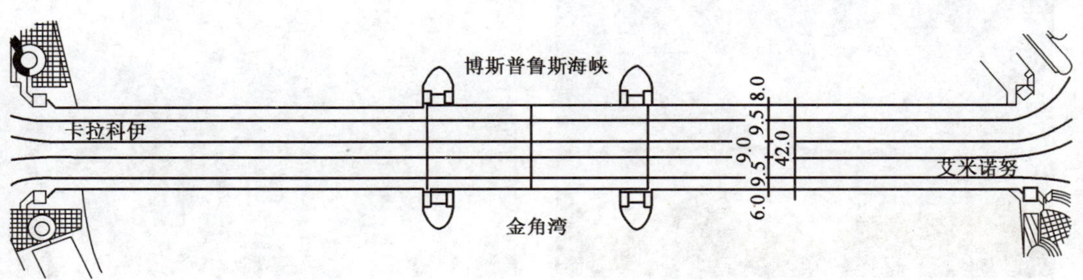

图4.164 加拉塔大桥(尺寸单位:m)

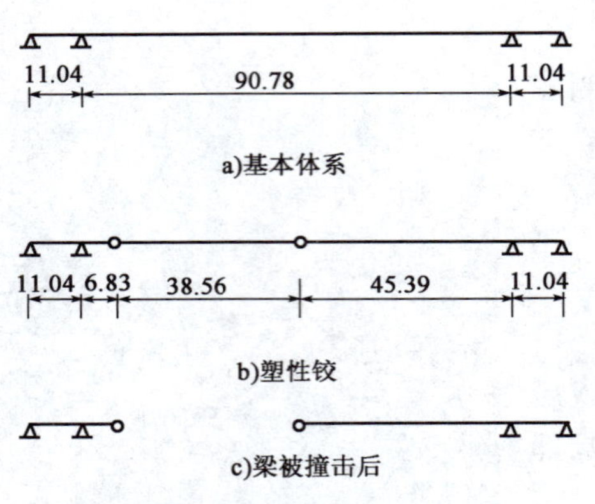

图 4.165　加拉塔大桥(尺寸单位:m)

图 4.166　海格兰德桥(挪威)

图 4.167　海格兰德桥坚实的基础建设

图 4.168　乌德瓦拉桥(瑞典)

越南横跨湄公河的斜拉桥建立在高达 100m 深的桩基上,如图 4.170 所示。由于冲刷作用,水深在 16～25m,在下游方向桥墩设计的碰撞力是 32MN,由 AASHTO 规范确定[4.46]。由于设计条件限制,上下游承台通过导向板进行了扩大。在碰撞过程中的能量由船体的变形和承台导向板的破坏来吸收,如图 4.171 所示。

图 4.169　乌德瓦拉桥正面图

图 4.170　越南媚川桥

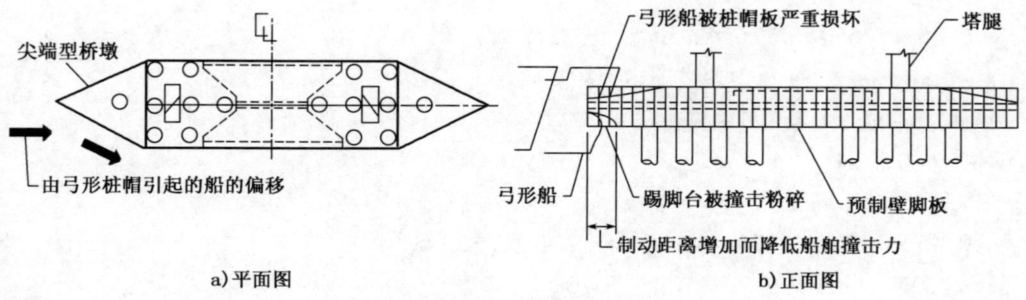

图4.171　媚川桥桥墩的保护

碰撞能量的剩余部分由桩的弹性变形吸收。在设计规定中考虑了加强基础以承受将来较大船只的撞击,这使得下游抗撞击设计力可能达到39MN。

4.5　初步设计计算

4.5.1　概述

斜拉桥受力分析和初步计算,已经在4.1节和4.2节介绍。最重要的研究结果如下:

(1)铰接系统法向力的确定。

(2)主梁和主塔永久荷载作用下弯矩较容易确定。对于混凝土主梁,由于徐变作用,只有运行弯矩不会因徐变的变化而变化,因此对拉索锚点处支撑的主梁弯矩的确定是比较有利的。对于钢主梁,考虑活载作用产生的弯矩,其自重产生的弯矩应尽可能小。

(3)主梁的活载弯矩可近似为主梁作用在弹性地基上。

(4)弯矩的非线性增加可以借助主梁整体弯曲安全性的方法来确定。

(5)通过 Klöppel-Thiele 方法,空气动力稳定性可近似为颤振。所需的频率可以从主梁恒载作用下的挠度计算得到。

用这些近似的设计计算,可进行所有斜拉桥初步尺寸设计或单独计算校核。精确的计算机计算不应产生重大偏差。

4.5.2　典型的混凝土斜拉桥

4.5.2.1　体系和加载

一个总长度243m的对称斜拉桥,如图4.172所示。主梁为实心的双T梁截面,两侧安装斜拉索,如图4.173所示,其体系的受力明确。

设计参数如下:

1)拉索

(1)平行钢丝索

规格 $\phi 7\text{mm}$, $A = 38.48\text{mm}^2$

弹性模量 $E = 2 \times 10^5 \text{N/mm}^2$

钢材 1470/1670 (f_y/GUTS)

$f_s = 0.45 \times 1.650 = 752(N/mm^2)$，见 3.7.4 节，表 3.3

$\Delta f_s = 200N/mm^2$，见 3.7.4 节，表 3.3

(2)平行钢绞线(也可选用)

钢材 1660/1860

$E = 1.9 \times 10^5 N/mm^2$

$f_s = 0.45 \times 1.860 = 837N/mm^2$，见 3.7.4 节，表 3.3

$\Delta f_s = 200N/mm^2$，见 3.7.4 节，表 3.3

钢绞线 $\phi 15mm$：$A_S = 150\ mm^2$

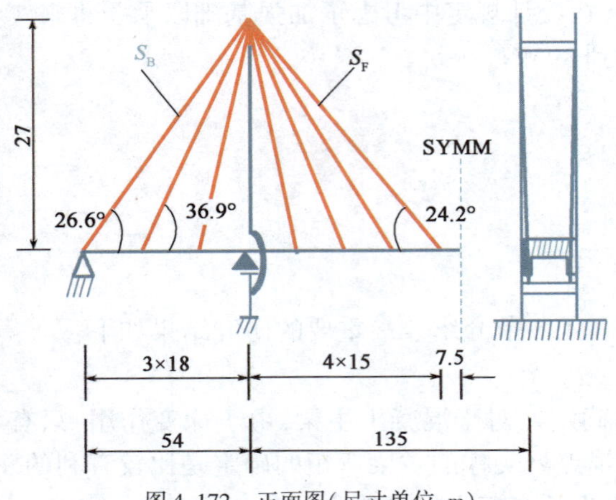

图 4.172　正面图(尺寸单位：m)

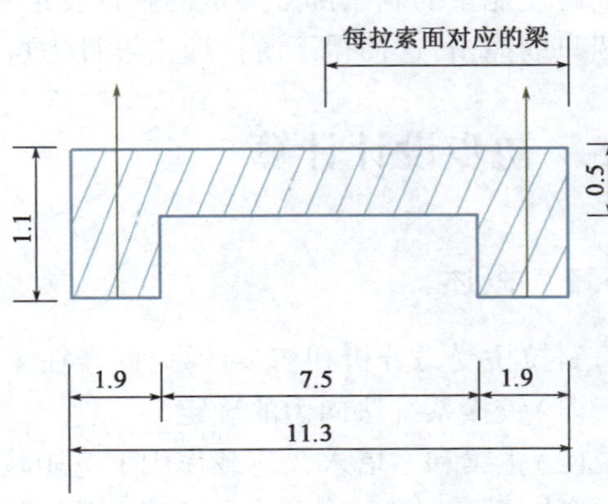

图 4.173　横截面(尺寸单位：m)

2)梁

(1)混凝土 B 45

$E_C = 37.0MN/m^2$

中心受压 $f_C = 11.5 \times 10^6 N/m^2$

边缘压力 $f_C = -17.0 \times 10^6 N/m^2$

$A_C = 3.99\ m^2/CP$，CP 为索面

垂直惯性矩 $I_V = 0.341\ m^4/CP$

$S_T = -0.83\ m^3/CP$，S 为截面模量

$S_B = +0.49\ m^3/CP$

(2)恒载

恒载(DL)，包括上部施加的恒载(SIDL)：DL = 128kN/m，CP

(3)活荷载(LL)

①均布荷载：UDL = 11.5kN/m³/CP

②集中荷载 CL：CL = 375kN/CP

4.5.2.2　铰接系统的法向力

1)拉索法向力

(1)斜拉索

(2)端锚索 S_B

①永久荷载

如图4.174所示:只有DL、D两部分直接传到端锚索。

$$\sum M_{Tower}=0 \rightarrow R=22.5\times128\times\frac{56.25}{54}$$

$$=3000(\text{kN})\text{锚固力}$$

$$S_B=\frac{R}{\sin26.6^\circ}=\frac{3000}{\sin26.6^\circ}$$

$$=6700(\text{kN})\text{后拉索力}$$

②活载

$$\begin{cases}\max R=67.5\times11.5\times\frac{67.5/2}{54}+375\times\frac{60}{54}\\ \quad =902(\text{kN})\text{拉力}\\ \min R=-54.5\times11.5\times\frac{27}{54}-375\times\frac{36}{54}\\ \quad =-563(\text{kN})\text{压力}\end{cases}$$

$$\begin{cases}\max S_B=902\times\frac{1}{\sin26.6^\circ}=2014(\text{kN})\\ \min S_B=-1253(\text{kN})\end{cases}$$

(3)平行钢丝拉索

①拉索规定

$$\text{DL}+\max,\text{LL}$$

$$A_S=\frac{6700+2014}{752}\times10^3=11587(\text{mm}^2)$$

②活载作用下的疲劳规定

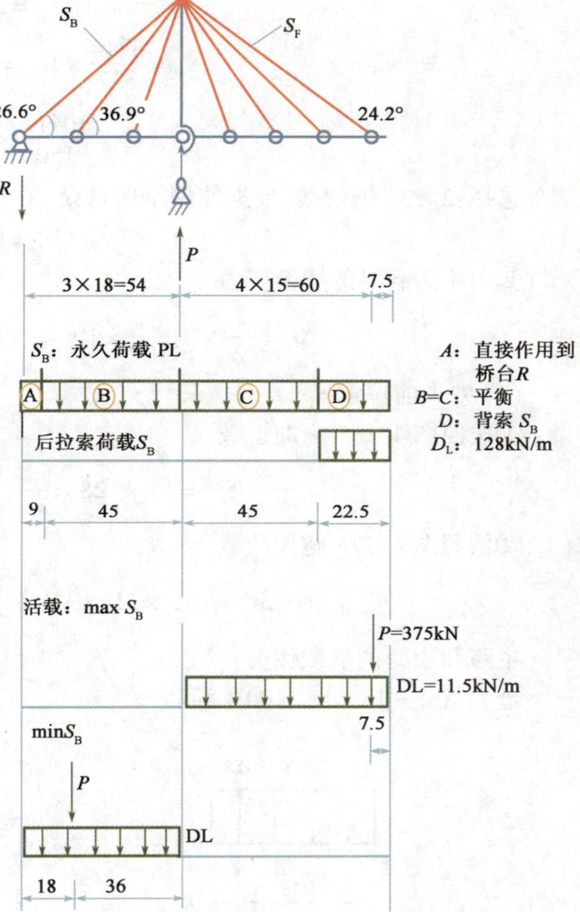

图4.174 端锚索的荷载布置(尺寸单位:m)

$$\Delta S_B=|\min S^{LL}+\max S^{LL}|$$

$$A_S=\frac{2014+1253}{200}\times10^3$$

$$=16335(\text{mm}^2)\text{全部活载}\rightarrow\text{换算}$$

$$n=\frac{16335}{38.48}=425(\text{丝})$$

选择:2 × 217 丝(使用六边形的钢丝布置 $n_i=6x+1$)。

$$A_S=16700\ \text{mm}^2$$

注意:根据相应的规范,不是满布活载时采用 Δf_S,如只有50%活载布置。

(4)平行钢绞线

①端锚索 S_B

$$\max S_B = 8714\text{kN}$$

$$\max\Delta S_B = 3267\text{kN}$$

$$A_B = \frac{8714}{837} \times 10^3 = 10411(\text{mm}^2)$$

$$d_n = \frac{10411}{150} \times 10^3 = 69$$

选择:2 ×37 钢绞线,根据使用手册目录(3.35 ~3.38)

$$A_S = 74 \times 150 = 11100(\text{mm}^2)$$

②50% 活载时的疲劳应力

$$\Delta f_S = \frac{1}{2} \times \frac{3267}{11100} \times 10^3 = 147(\text{N/mm}^2) < 200\text{N/mm}^2$$

(5)中央前拉索 S_F

①按照图 4.175 施加恒载

$$S^{DL} = 15 \times 128 = \frac{1}{\sin 24.2°} = 4684(\text{kN})$$

②依照图 4.176 施加活载

$$\max S^{LL} = (15 \times 11.5 + 375) \times \frac{1}{\sin 24.2°} = 1336(\text{kN})$$

主跨和边跨的活载疲劳:

最大 $\Delta S_F = 1336\text{kN}$,100% 活载

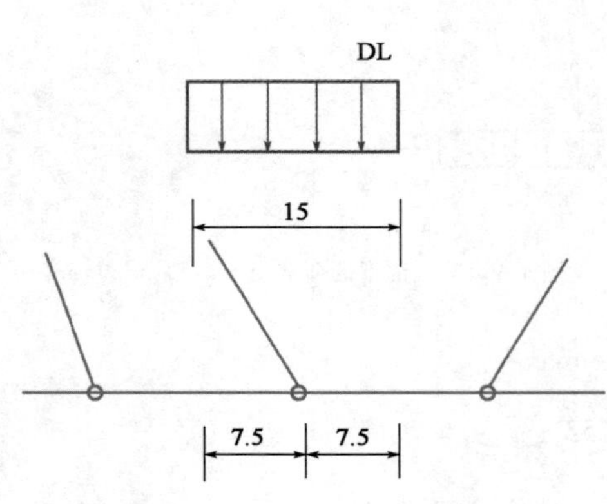

图 4.175　恒载(尺寸单位:m)

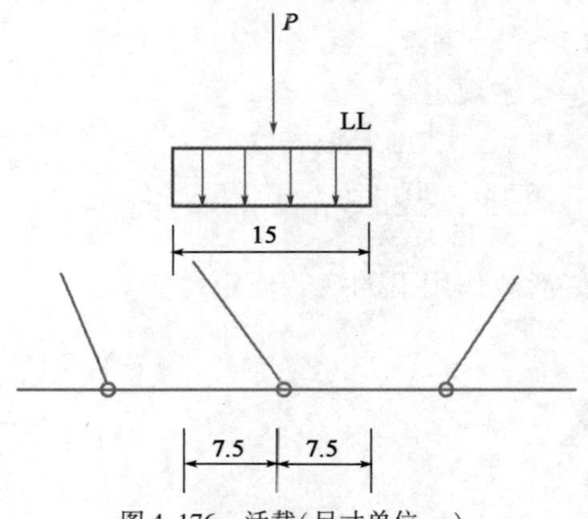

图 4.176　活载(尺寸单位:m)

③钢绞线规格

$A_S = 7192\text{N/mm}^2$

选择:$n = 48\phi 0.62''$

实际面积 $A_S = 7200\text{mm}^2$

实际应力 $\Delta f_S = \frac{1}{2} \times \frac{1336}{2700} \times 10^3 = 93(\text{N/mm}^2)$,50% 活载

④另外，钢丝规格

$\max S_F = 6020\text{kN}$

$n = \dfrac{6020 \times 10^3}{752 \times 38.48} = 209$（$\phi$7mm 钢丝）

选择依据：$n_i = 6x + 1$

选择：$n = 211$（ϕ7mm 钢丝），$A_S = 819\ \text{mm}^2$

注意：每个拉索的集中载荷加载需保证安全。根据拉索刚度与主梁刚度之间的关系，集中荷载分布在几个拉索上。在跨中只有约25%可能直接传给拉索，但主塔处主梁的支撑刚度较大，50%可能会直接传给拉索。附加效应的详细设计时需要适当增加百分比，如拉索的弯曲效应。

$$\Delta f_S = \frac{1336 \times 10^3}{8119} = 164\text{N/mm}^2 < 200\text{N/mm}^2，100\%\text{活载}$$

2）主梁法向力

近似按照图4.177，如图4.6所示。

$$\text{DL} + \text{LL} = 128 + 11.5 = 139.5(\text{kN/m})$$

$$N_{\text{Tower}} = \frac{\text{DL} + \text{LL}}{2h} \cdot l^2 = \frac{139.5 \times 67.5^2}{2 \times 27} = 11770(\text{kN/CP})$$

集中荷载按照图4.178。

$$N^{\text{CL}} = P \cdot \frac{1}{\tan\alpha} = 375 \times \frac{1}{\tan 24.2°} = 834(\text{kN/CP})$$

$$\min N_{\text{Tower}} = 11770 + 834 = 12604(\text{kN/CP})$$

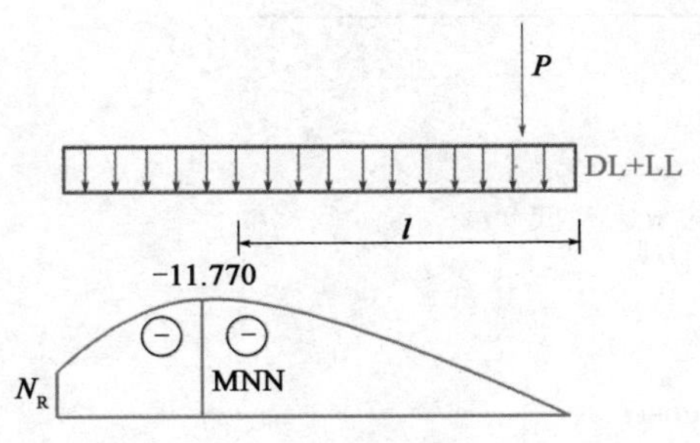

图4.177　UDL作用下的法向力

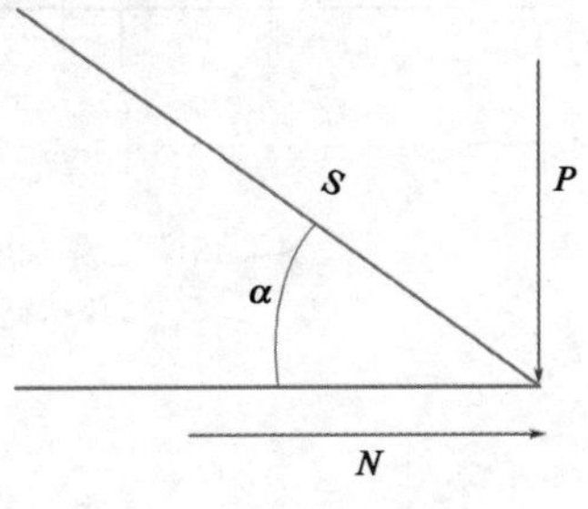

图4.178　CL作用下法向力

3）主塔上的法向力

恒载加活载（UDL + CL），如图4.179所示。

$$\sum M_R = 0$$

$$N_{\text{Tower}} = (128 + 11.5) \times 121.5 \times \frac{121.5/2}{54} + 375 \times \frac{114}{54}$$

$$= 19860(\text{kN/CP})$$

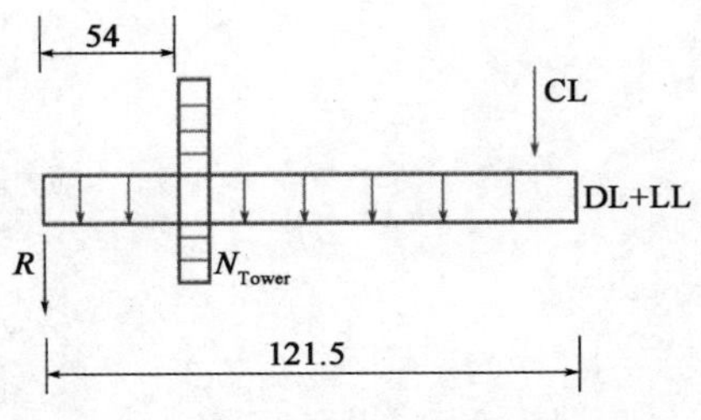

图4.179　主塔法向力（尺寸单位：m）

4.5.2.3 弯矩

1)梁

(1)刚性支承梁

对于 DL,如图 4.180 所示。

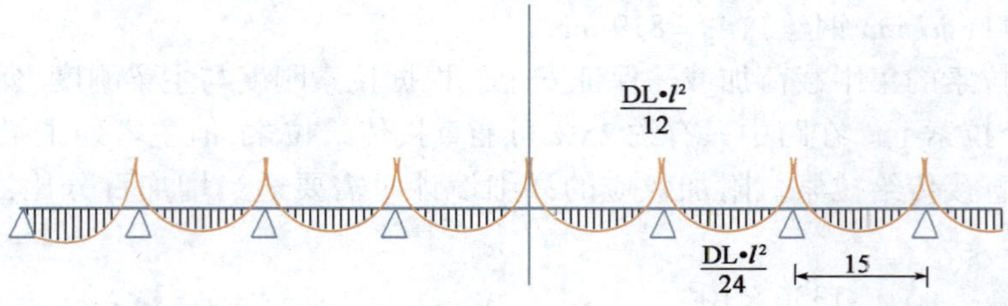

图 4.180 刚性支撑梁的恒载弯矩(尺寸单位:m)

(2)主跨正弯矩

$$\max M_{\text{rigid}}^{\text{DL}} = \frac{\text{DL} \cdot l^2}{24} = \frac{128 \times 15^2}{24} = 1200(\text{kN} \cdot \text{m})$$

(3)活载下主梁弯矩

弹性长度 L 的确定,如图 4.181 所示。

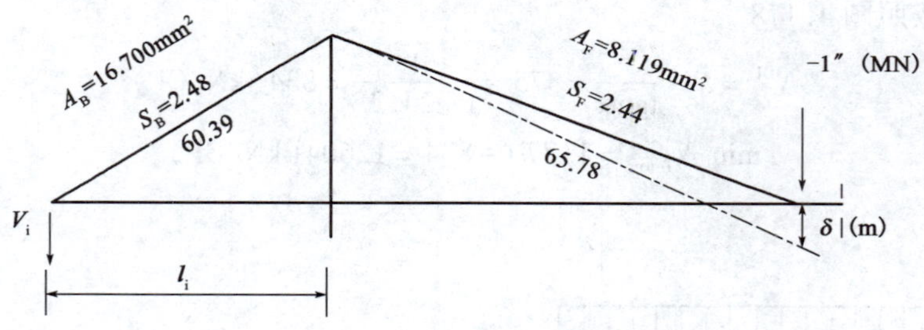

图 4.181 主梁挠度的参数计算(尺寸单位:m)

拉索长度

$$s_i = \frac{l_i}{\cos\alpha}$$

拉索索力

$$S_i = \frac{V_i}{\sin\alpha}$$

$$S_{\text{B}} = \frac{60}{54} \times \frac{1}{\sin 26.6°} = 2.48(\text{MN})$$

$$S_{\text{F}} = \frac{1}{\sin 24.2°} = 2.44(\text{MN})$$

$$\delta = \sum N_i^2 \cdot \frac{l_i}{E \cdot A}$$

$$\delta = 2.44^2 \times \frac{65.78 \times 10^6}{2 \times 10^5 \times 8\,119} + 2.48^2 \times \frac{60.39 \times 10^6}{2 \times 10^5 \times 16700} = 0.24 + 0.12$$

$$= 0.352 \times 10^{-6}(\mathrm{m/N})$$

弹性支撑 $c = \frac{1}{\lambda_n \cdot \delta} = \frac{1}{15 \times 0.352} = 1.89 \times 10^5(\mathrm{N/m^2})$

弹性长度 $L = \sqrt[4]{\frac{4E_B \cdot I_B}{c}} = \sqrt[4]{\frac{4 \times 37 \times 10^3 \times 0.341}{0.189}} = 22.73(\mathrm{m})$

$$\begin{aligned} M^{LL} &= 0.161p \cdot L^2 + 1/4P \cdot L \\ &= 0.161 \times 11.5 \times 22.73^2 + 1/4 \times 375 \times 22.73 \\ &= 957 + 2131 = 3088(\mathrm{kN \cdot m/CP}) \end{aligned}$$

应力峰值：

①主塔处的最小压力 N

$$\min f_C = \frac{12604}{3.99} = 3.16(\mathrm{MN/m^2}) < 11.5(\mathrm{MN/m^2}) \quad \text{中心压力}$$

②桥梁中心处最大弯矩 M

$$f_C = \frac{Mg + p}{S}(S\text{为截面模量})$$

$$f_C = \frac{1200 + 3087}{\begin{matrix}-0.83\\+0.49\end{matrix}}$$

$$f_C = \begin{matrix}-5.2\mathrm{MN/m^2}\\+8.7\mathrm{MN/m^2}\end{matrix}$$

中央预应力大于抗拉应力。

由 $f_{C,\mathrm{prestr}} = -9\mathrm{MN/m^2}$，可知：

$$\Sigma f_C = \begin{matrix}-14.2\mathrm{MN/m^2} < -17.0\\+0.3\mathrm{MN/m^2} < 0\end{matrix}$$

2）主塔屈曲弯矩

最大的主塔端部挠度依据图 4.182 计算。

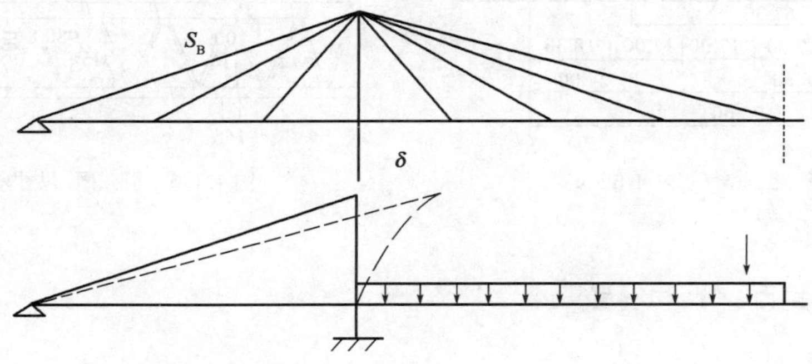

图 4.182 塔端的挠度

由端锚索伸长量估算塔端挠度δ，如图 4.183 所示。

$$\delta = S_1 \cdot S_2 \cdot \frac{l_i}{E \cdot A} S_i = \max S^{LL}$$

$$= 2014 \times 1118 \times \frac{60.39}{2 \times 10^3 \times 16700} = 0.04(\mathrm{m})$$

由挠度δ计算主塔弯矩，如图 4.184 所示。

$$M_{\mathrm{FLX}} = \delta \cdot \frac{3E \cdot I}{l^2}$$

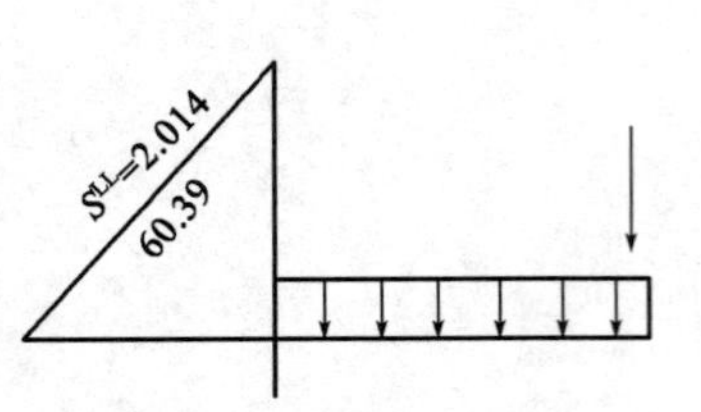

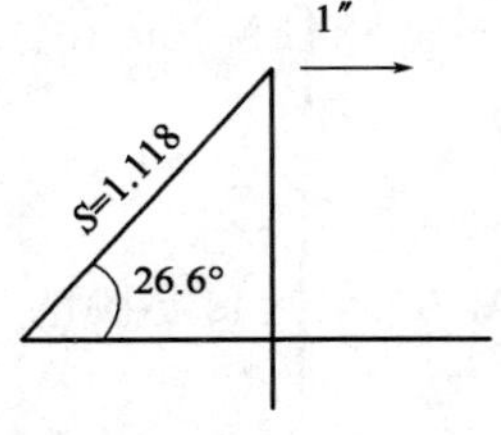

图 4.183　计算塔端挠度

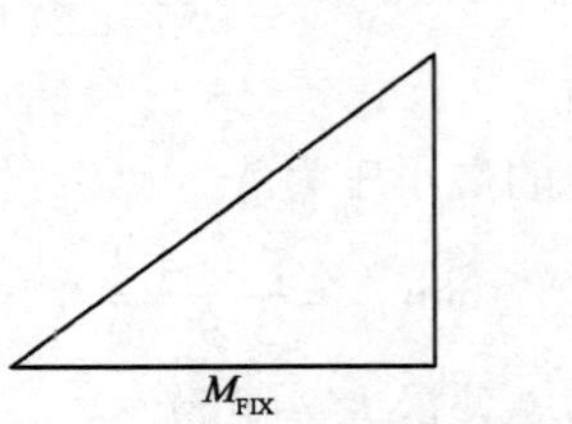

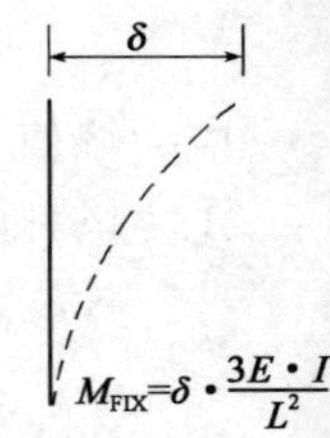

图 4.184　由塔端变形δ得到弯矩

4.5.3　典型钢斜拉桥

4.5.3.1　概述

斜拉桥的钢梁恒载弯矩不能以混凝土主梁的方式进行初步设计，因为其恒载弯矩可能会与这一刚性支撑梁有偏差，设计是使得所需主梁材料数量最少。为确定该弯矩，正的活载弯矩和负的活载弯矩是同等重要的。对于弹性地基上的主梁来说，负的活载弯矩不能准确地确定。

接下来介绍主要的计算步骤。以斯图加特的人行天桥 Schillersteg 为例，如图 4.185 和图 4.186 所示。采用 Leonhardt 和 Andrä 出版中[5.40]的基本假设。

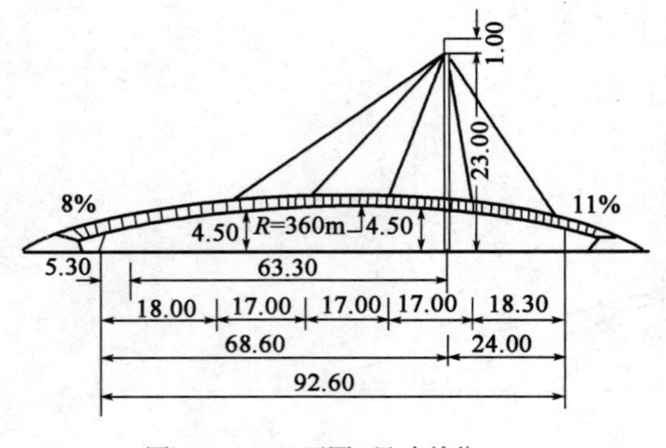

图 4.185　正面图(尺寸单位:m)

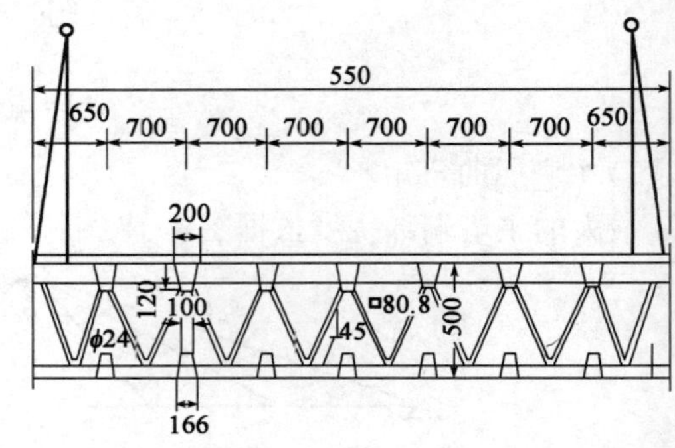

图 4.186　横截面(尺寸单位:m)

4.5.3.2　体系

4.5.3.3　截面特性和荷载

(1)梁

$$f_s = 140\mathrm{N/mm^2}(\text{包括安全屈曲})$$

(2)主跨

$$I_{eff}=2100\text{m}^2\ \text{mm}^2/\text{CP}\quad 考虑有效宽度$$

$$S_{top,eff}=-9020\text{m mm}^2/\text{CP}$$

$$S_{bot,eff}=+7950\text{m mm}^2/\text{CP}$$

4.5.3.4 主梁活载弯矩

通过顺向加载的弹性体系,以此来获得活载作用下的包络线,如图4.187所示。

结合该方法,由单跨加载得到的活载弯矩,则可以得到拉索支撑条件下主跨最大正弯矩和最大负弯矩包络线,如图4.188所示。

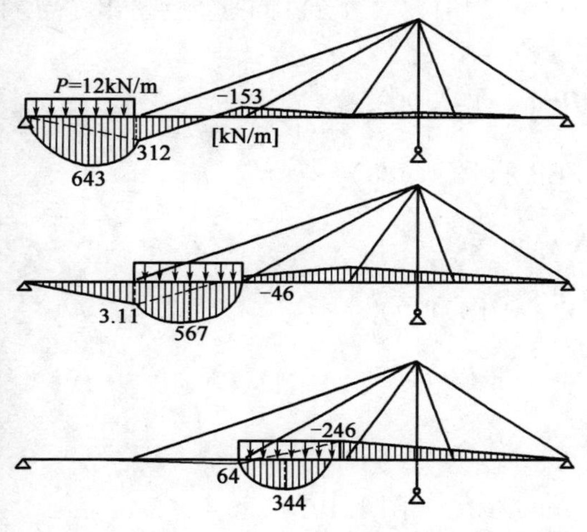

图4.187 顺向活载弯矩

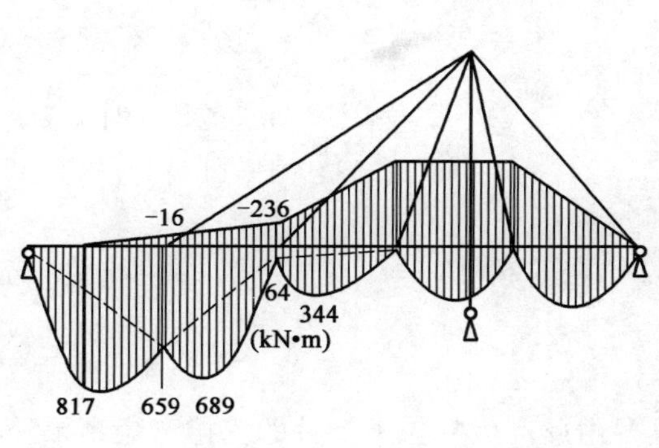

图4.188 最大/最小弯矩叠加得到活载弯矩包络线

4.5.3.5 主梁容许弯矩

主梁容许弯矩是由容许应力和弹性模量算出,如图4.189所示。

作为一个简化的允许应力和截面模量减少了25%,包括局部弯曲应力和法向力压力。

4.5.3.6 铰接体系的恒载弯矩

铰接体系恒载弯矩的第一步,如图4.189所示。

通过叠加活载弯矩包络线(图4.188)与恒载弯矩包络线(图4.190),拉索缩短引起的约束弯矩可以通过该方式确定,这些弯矩的总和仍然小于容许弯矩,如图4.189所示。

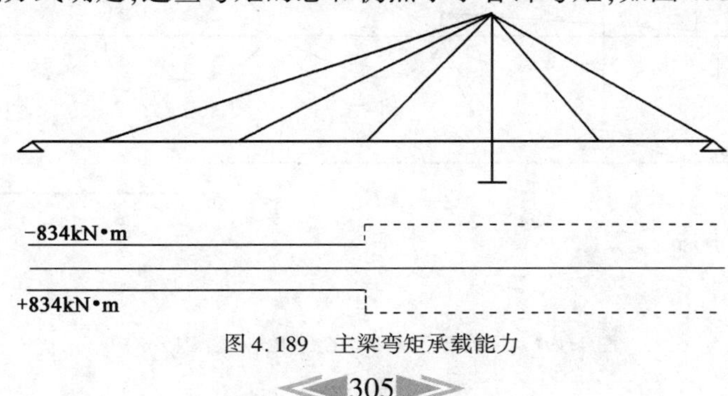

图4.189 主梁弯矩承载能力

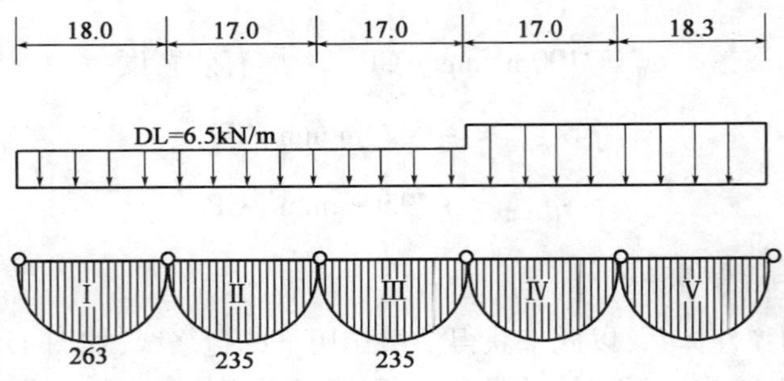

图 4.190 铰接系统的恒载弯矩(尺寸单位:m)

恒载弯矩包络线叠加到活载弯矩包络线上见图 4.191。在 1 跨中正弯矩超出了允许限值:

$$M_{\mathrm{I}}^{\mathrm{DL}} = 263(\mathrm{kN \cdot m})/\mathrm{CP} \quad (\text{图 } 4.190)$$

$$\max M_{\mathrm{I}}^{\mathrm{LL}} = 817(\mathrm{kN \cdot m})/\mathrm{CP} \quad (\text{图 } 4.188)$$

$$\sum M_{\mathrm{I}} = 1080(\mathrm{kN \cdot m})/\mathrm{CP}$$

$$M_1 = 834(\mathrm{kN \cdot m})/\mathrm{CP} \quad (\text{图 } 4.189)$$

$$\Delta M_1 = -246(\mathrm{kN \cdot m})/\mathrm{CP}$$

由此产生的拉索 1 处的支撑弯矩结果:

$$M_1^{\mathrm{DL}} = -2 \cdot 246 = -492(\mathrm{kN \cdot m})/\mathrm{CP} \quad (\text{图 } 4.191)$$

$$\min M_1^{\mathrm{LL}} = -16(\mathrm{kN \cdot m})/\mathrm{CP} \quad (\text{图 } 4.188)$$

$$\sum M_1 = -508(\mathrm{kN \cdot m})/\mathrm{CP} < M_1 = -834\mathrm{kN \cdot m}$$

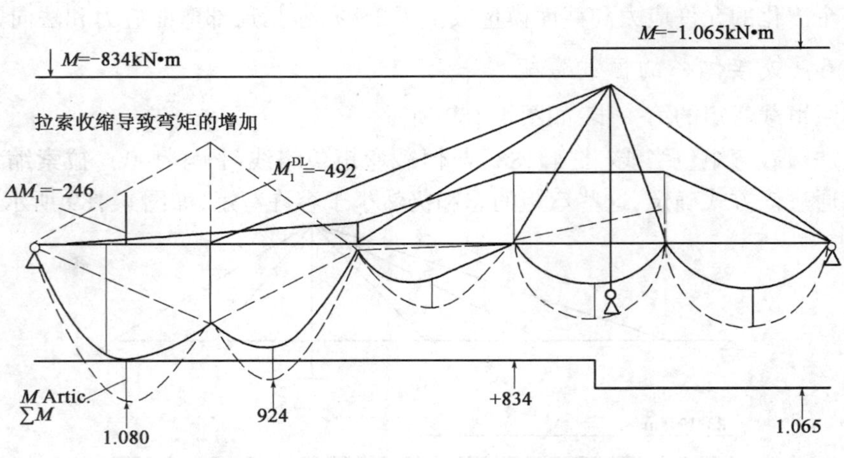

图 4.191 恒载与活载弯矩的叠加(单位:kN · m)

在1号拉索处的支撑弯矩总和 $-508\text{kN}\cdot\text{m}$ 小于容许弯矩 $-434\text{kN}\cdot\text{m}$，通过拉索的缩短来平衡。

图4.191显示所选截面在弯矩作用下没有充分利用。支撑弯矩将会通过顶底部翼缘的屈曲应力相等的方式确定。最后选定的永久荷载(恒载及拉索缩短)作用下的屈曲弯矩，见图4.192。

恒载和活载弯矩叠加后的包络线，如图4.193所示。主梁长度范围内，主梁控制弯矩的大小值相等。因此，对于沿梁高度上恒定的法向应力具有足够的储备。

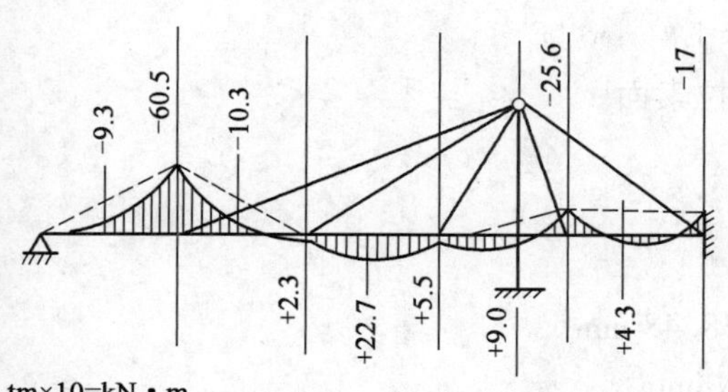

图4.192 永久荷载弯矩(尺寸单位:tm)

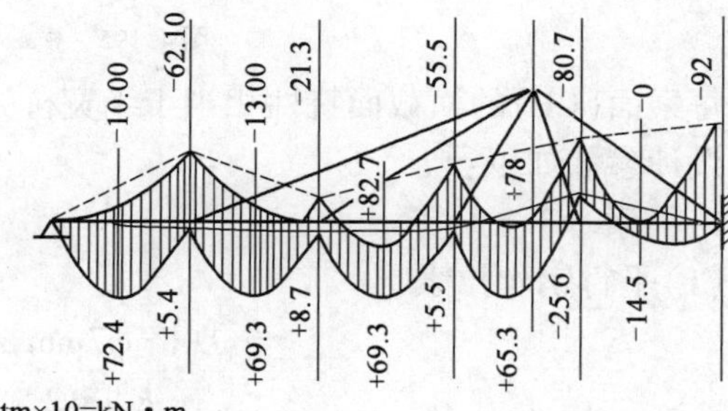

图4.193 恒载和活载的弯矩包络线(尺寸单位:tm)

这样确定的支撑弯矩可以作为恒载作用下拉索伸缩的计算机详细计算的条件。相应的变形通过负号叠加到所需的梯度值，从而得到工厂预制线形。

确定钢桥恒载作用下的使用阶段弯矩的另一些例子见4.2.1.3节的曼海姆路德维希港桥(图4.33)、莱茵河大桥(图4.34)、伯劳东纳大桥(图4.48)。

所有这些道路桥梁的横截面均是顶部翼缘为正交异性板。这些顶部翼缘的承载能力比底部翼缘的承载能力更大，用于确定出恒载作用下的负弯矩。

4.5.4 边跨支撑于桥墩上的斜拉桥

4.5.4.1 体系和荷载

边跨直接支撑在桥墩上的三跨斜拉桥如图4.194所示。主跨荷载由端锚索连接的受压锚固墩的锚固来平衡。

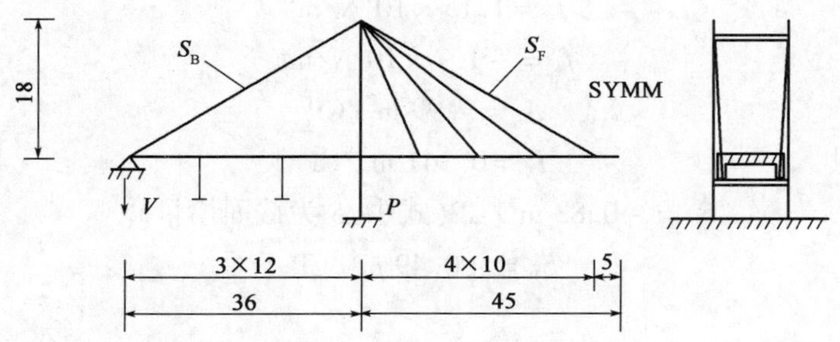

图4.194 正面图(尺寸单位:m)

桥梁主梁为实心双T梁截面，两侧锚固斜拉索，如图4.195所示。

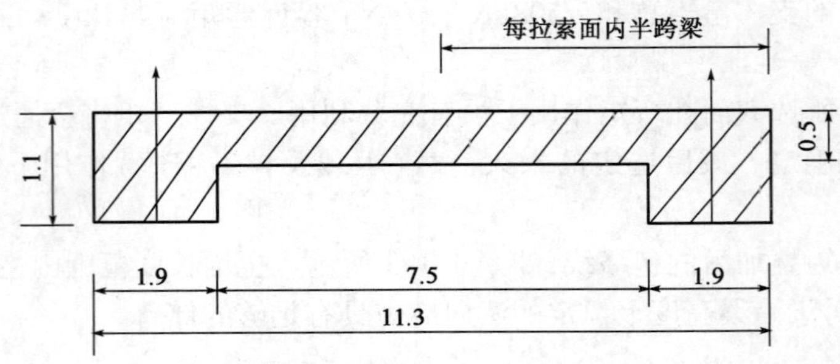

图4.195　横截面(尺寸单位:m)

每索面(CP)的横截面特性相当于半宽桥一个拉索面。

设计参数如下:

1)拉索

(1)平行钢丝拉索

$$规格\ \phi7\text{mm}, A = 38.48\ \text{mm}^2$$

$$E_{\text{eff}} = 2\times10^5\text{N/mm}^2$$

$$钢材\ 1470/1670(f_y/\text{GUTS})$$

$$f_s = 0.45\times1650 = 752(\text{N/mm}^2),见 3.7.4 节,表 3.3$$

$$\Delta f_s = 200\text{N/mm}^2,见 3.7.4 节,表 3.3$$

(2)封闭钢丝拉索(也可选用)

$$\text{GUTS}\quad 1570\text{N/mm}^2$$

$$E_{\text{eff}} = 1.7\times10^5\text{N/mm}^2$$

$$f_s = 0.42\times1\,570 = 659(\text{N/mm}^2),见 3.7.4 节,表 3.3$$

$$\Delta f_s = 150\text{N/mm}^2,见 3.7.4 节,表 3.3$$

从使用手册目录中选择拉索直径,例如 BRIDON[3.2]。

2)梁

(1)混凝土 B45

$$E_C = 3.7\times10^{10}\text{N/m}^2$$

中心受压　$f_C = 1.15\times10^7\text{N/m}^2$

边缘受压　$f_C = -1.7\times10^7\text{N/m}^2$

$$A_C = 3.99\ \text{m}^2/\text{CP}$$

垂直转动惯量　$I_V = 0.341\ \text{m}^4/\text{CP}$

$$S_T = -0.83\ \text{m}^3/\text{CP}(式中,S 为截面模量)$$

$$S_B = +0.49\ \text{m}^4/\text{CP}$$

(2)恒载

恒载 DL,包括上部附加恒载 SIDL:

$$\text{DL} = 128\text{kN/m},\ \text{CP}$$

(3)活载 LL

均匀分布荷载：　　　　　　UDL = 11.5kN/m³/CP

集中负荷：　　　　　　　　CL：CL = 375kN/CP

4.5.4.2　铰接系统的拉索力

1）端锚索 SB

$$\alpha_F = \arctan\frac{18}{40} = 24.22(°)$$

$$\alpha_B = \arctan\frac{18}{36} = 26.56(°)$$

（1）恒载

恒载（图 4.196）：

$$V^{DL} = 45 \times 128 \times \frac{22.5}{36} = 3600(\text{kN})$$

$$S^{DL} = \frac{3600}{\sin 26.56°} = 8051(\text{kN})$$

（2）活载

活载（图 4.197）：

$$V_B = (45 \times 11.5 \times 22.5 + 375 \times 40) \times \frac{1}{36} = 740(\text{kN})$$

$$S_B = \frac{740}{\sin 26.56°} = 1654(\text{kN})$$

$$\max\ S_B = 8051 + 1654 = 9705(\text{kN})$$

钢绞线规格：

$$\text{req'd}A_s = \frac{9705}{752} \times 10^3 = 12907(\text{mm}^2)$$

$$\text{req'd}\ n = \frac{12907}{38.5} = 335(\phi 7\text{mm 钢丝})$$

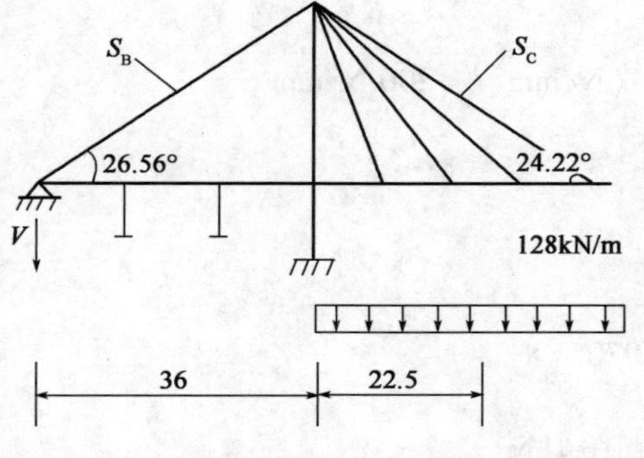

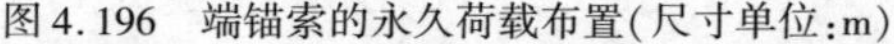

图 4.196　端锚索的永久荷载布置（尺寸单位：m）

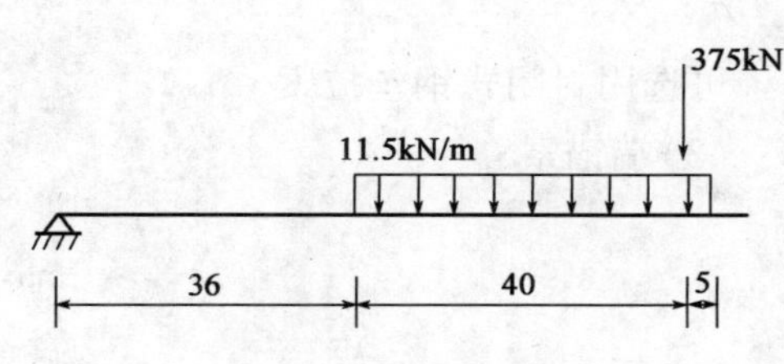

图 4.197　活荷载的永久荷载布置（尺寸单位：m）

最大钢绞线平行钢丝拉索如图 4.222 所示，共计 325 根钢丝。因此选择两个 169 根钢丝的拉索。

$$A_s = 13006\ \text{mm}^2/\text{CP}$$

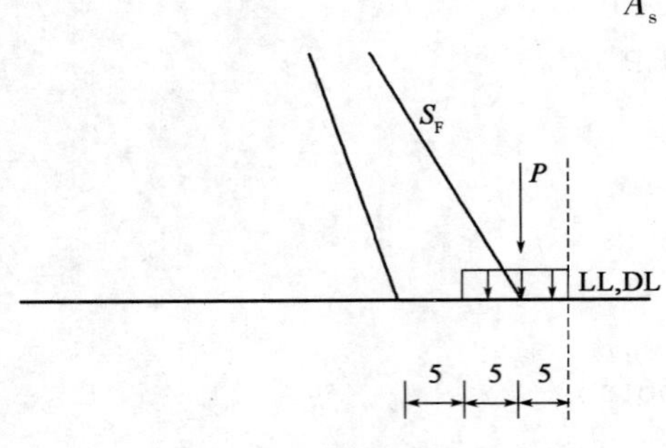

图 4.198　恒载和活载

2）前拉索 S_F

（1）恒载

恒载（图 4.198）：

$$S_F = 10 \times 128 \times \frac{1}{\sin 24.22°} = 3120(\text{kN})$$

（2）活载

活载（图 4.198）：

$$S_F = (10 \times 11.5 + 375) \times \frac{1}{\sin 24.22°} = 1194(\text{kN})$$

（假设铰接系统满布集中荷载，见 4.5.2.2 节的注意事项。）

（3）平行钢丝拉索的规格：

$$\max S_F = 4314\text{kN}$$

$$n = \frac{4314 \times 10^3}{752 \times 38.5} = 149(\phi 7\text{mm 钢丝})$$

$$n = 6x + 1$$

$$n = 151$$

$$A_s = 5813\text{mm}^2/\text{CP}$$

3）疲劳应力

50% 活荷载

（1）对于前拉索 S_F：

$$\Delta f_s = \frac{1/2 \cdot S^{LL}}{A_s} = \frac{1/2 \times 1194 \times 10^3}{5810} = 103(\text{N/mm}^2) < 200\ \text{N/mm}^2$$

（2）对于端锚索 S_B：

$$\Delta f_s = \frac{1/2 \times 1654 \times 10^3}{13006} = 64(\text{N/mm}^2) < 200\ \text{N/mm}^2$$

可选用封闭式钢丝拉索

（3）端锚索 S_B：

$$\max S_B = 9705\text{kN}$$

$$\max \Delta S_B = 1654\text{kN}$$

$$A_s = \frac{9705}{659} \times 10^3 = 14727(\text{mm}^2)$$

选择:两个拉索 ϕ105mm,按照 BRIDON 目录[3.2]

$$A_s = 2 \times 7710 = 15420(\mathrm{mm}^2)$$

疲劳应力为:

$$\Delta f_s = \frac{1/2 \times 1654 \times 10^3}{15420} = 54(\mathrm{N/mm}^2) < 150(\mathrm{N/mm}^2)$$

(4)前拉索 S_F

$$\max S_F = 4314\mathrm{kN}$$

$$\max \Delta S_F = 1194\mathrm{kN}$$

$$A_s = \frac{4\,314}{659} \times 10^3 = 6546(\mathrm{mm}^2)$$

选择:一根拉索 105 [3.2],则

$$A_s = 7710\ \mathrm{mm}^2$$

疲劳应力为:

$$\Delta f_s = \frac{1/2 \times 1194 \times 10^3}{7710} = 77(\mathrm{N/mm}^2) < 150(\mathrm{N/mm}^2)$$

4.5.4.3 主梁弯矩

1)刚性支承梁

作用于刚性支撑体系上的恒载,如图 4.199 所示。

$$g = 128\mathrm{kN/CP}$$

$$\frac{q \cdot l^2}{12} = \begin{cases} -1066\mathrm{kN \cdot m/CP}(\text{主跨}) \\ -1536\mathrm{kN \cdot m/CP}(\text{边跨}) \end{cases}$$

2)弹性地基上活荷载

活荷载作用于弹性支承体系上,如图 4.200 所示。

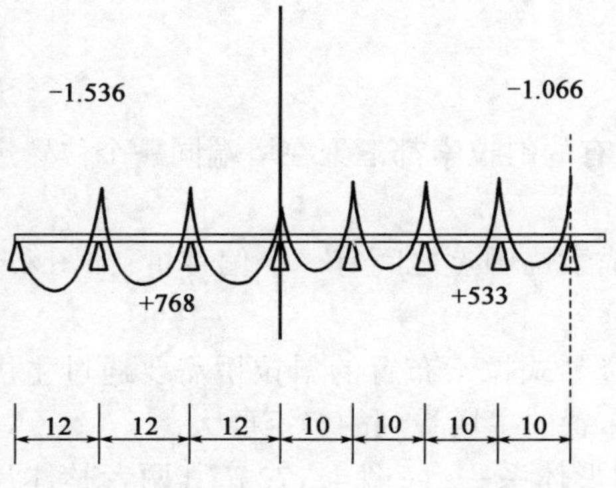

图 4.199 刚性支撑梁的恒载弯矩(尺寸单位:m)

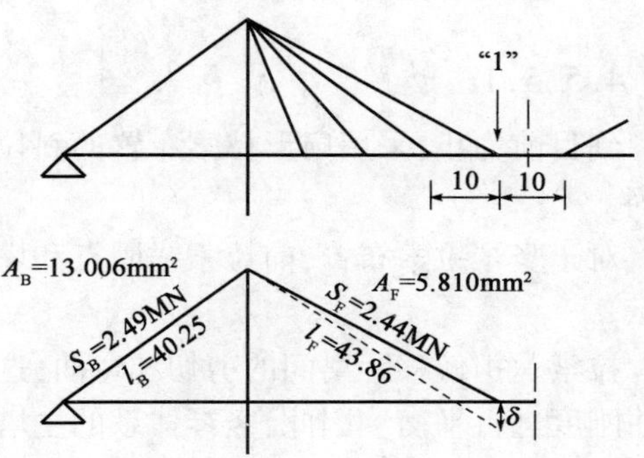

图 4.200 参数弹性梁的挠度的计算长度(尺寸单位:m)

$$\delta = \sum S^2 \cdot \frac{1}{E \cdot A} \quad E\text{ 为平钢丝拉索弹性模量}$$

$$\delta = 2.49^2 \times \frac{40.25}{2 \times 10^5 \times 13006 \times 10^{-6}} + 2.44^2 \times \frac{43.86}{2 \times 10^5 \times 5810 \times 10^{-6}}$$

$$= 0.096 + 0.2246 = 3.2 \times 10^{-7}(\text{m/N})$$

弹性基础：

$$c = \frac{1}{\delta \cdot \lambda_N} = \frac{1}{0.30 \times 10} = 3.1 \times 10^5(\text{N/m}^2)$$

弹性长度为：

$$L = \sqrt[4]{\frac{4 \cdot E_B \cdot I_B}{c}} = \sqrt[4]{\frac{4 \times 37 \times 10^3 \times 0.341}{0.31}} = 20.09(\text{m})$$，其中 E、I 为梁的弹模惯性矩

活载弯矩为：

$$M = 0.161 \cdot p \cdot L^2 + \frac{1}{4} \cdot P \cdot L = 0.161 \times 11.5 \times 20.09^2 + \frac{1}{4} \times 375 \times 20.09$$

$$= 747 + 1883 = 2630(\text{kN} \cdot \text{m/CP})$$

应力校核

$$f = \frac{M}{S}$$

$$M = +533 + 2630 = 3163(\text{kN} \cdot \text{m/CP})$$

$$f = 3163/\begin{cases} -0.83 \\ +0.49 \end{cases} = \begin{cases} -3.8\text{MN/m}^2 \\ +6.5\text{MN/m}^2 \end{cases}$$

确定中心预应力

$$\sum f = \begin{cases} -10.8 & < 17 \\ -0.5 & < 0 \end{cases} \text{MN/m}^2$$

4.5.5 竖琴式拉索的布置

4.5.5.1 边跨

到目前为止，采用扇形拉索布置的斜拉桥，其所有的斜拉索都汇聚在塔端同一个位置进行锚固。

对于竖琴拉索布置，前拉索锚固点和塔端处端锚索锚固点之间有一个偏移量，如图 4.201 所示。

拉索承担偏移距离间的剪切和弯曲，这意味着竖琴式拉索布置的斜拉桥需要通过主塔的弯曲刚度进行平衡。因此，竖琴体系的主塔比扇形布置的主塔受到的弯矩要大。

竖琴式体系力在其内部的传递（图 4.202）与扇形体系一致（图 4.172），其两者整体尺寸是相同的。

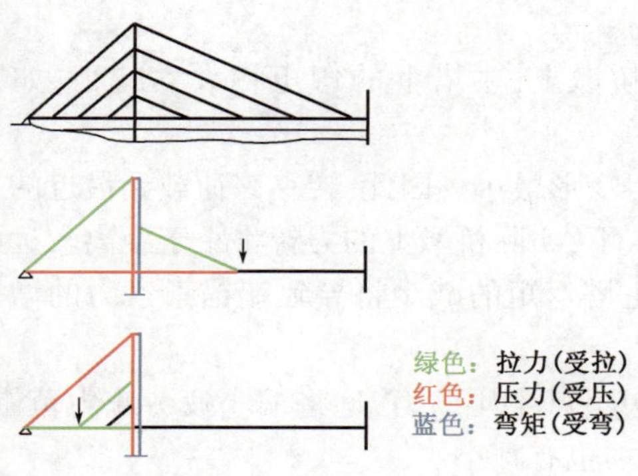

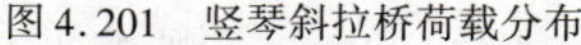

图 4.201 竖琴斜拉桥荷载分布

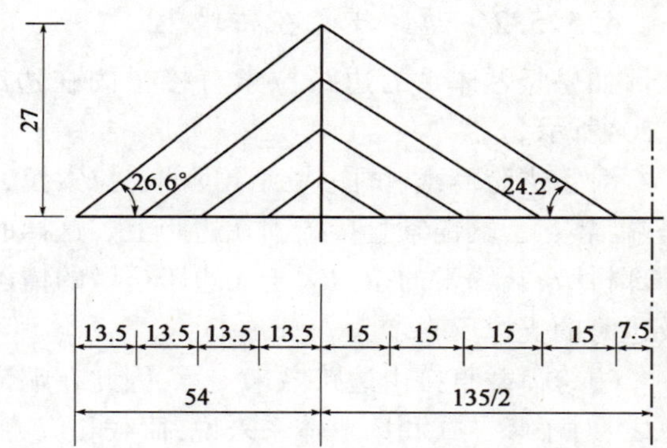

图 4.202 竖琴式体系正面图(尺寸单位:m)

对相同荷载作用下端锚索内索力的研究,如图 4.174 所示。很明显,两个体系的支反力是相同的,包括受压桥墩上的反力。因此,端锚索索力相同。然而,内部拉索索力是不同的,因为竖琴布置的内部拉索较扇形布置的拉索平缓。力的分布如图 4.203 所示。

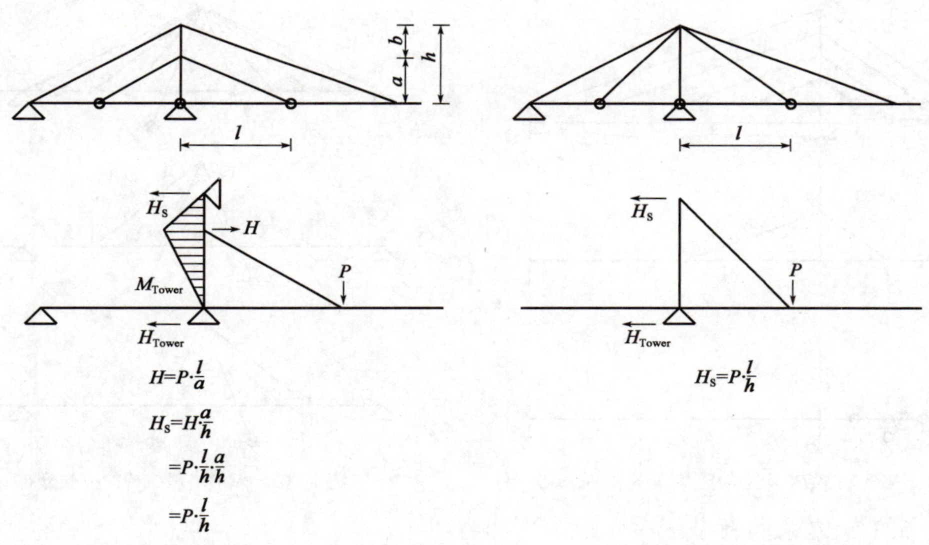

图 4.203 对比竖琴体系和扇形体系拉索力的分布

平缓的竖琴体系产生的拉索水平分量传到主塔基础的部分较扇形体系的要大。由于两种体系下端锚索的倾斜角度相同,因此端锚索中的索力的大小相同。

两个体系的比较如下:

(1)端锚索索力相同,其他拉索内的索力,竖琴式的要更大。

(2)在竖琴体系中,梁和塔的法向力更大。

(3)竖琴式的拉索分布,主塔和基础需要承受拉索传递的力而发生屈曲。

(4)梁弯矩是近似相等的,因为竖琴式拉索较小的弹性支撑由梁的较大截面进行补偿。

公认的结果:外观优美的竖琴式斜拉桥,其斜拉索和主塔材料用量更大。

4.5.5.2 边跨支承在桥墩上

如果竖琴体系的边跨拉索直接锚固在边跨的桥墩上,主塔上的弯矩将大大减小,如图4.204所示。

对于主跨荷载,试图找到合理的前拉索拉力使得变形最小。因此,转移该荷载到最近的主塔端锚索上,端锚索直接锚固在边跨上。这样的方式下,实际桥墩上的力臂将小于距离较远的外部桥墩,端锚索的拉力大于无边跨桥墩的情况。主塔弯矩的减小将导致端锚索索力的增加及边跨的支撑反力增大。

边跨荷载直接由边跨墩来支承,因此在端锚索中不产生压缩力,这将缩小疲劳应力范围。总之,对于竖琴式和扇形体系来说,荷载和应力有增加也有减小。

4.5.6 纵向 A 形塔形式的斜拉桥

在纵向上采用刚性 A 形塔形式的斜拉桥,其荷载传递从根本上是不同的,如图 4.205 所示。每根拉索的张力被转移到塔端,然后通过塔腿的拉或压直接传递到基础上。这种主塔形式的斜拉桥具有相同的主跨和边跨。

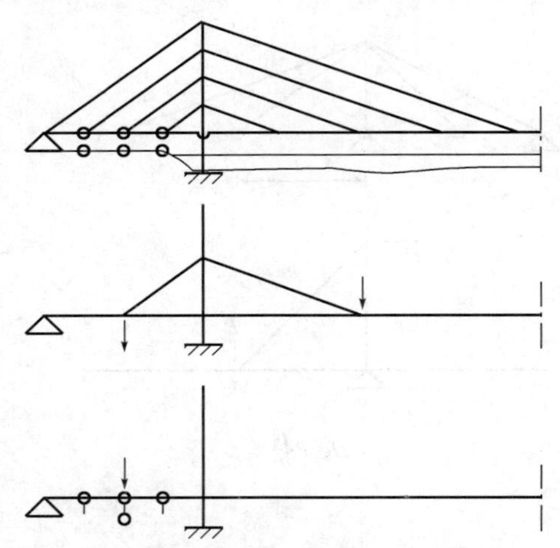

图 4.204 边跨支撑与桥墩上的竖琴式体系的荷载分布

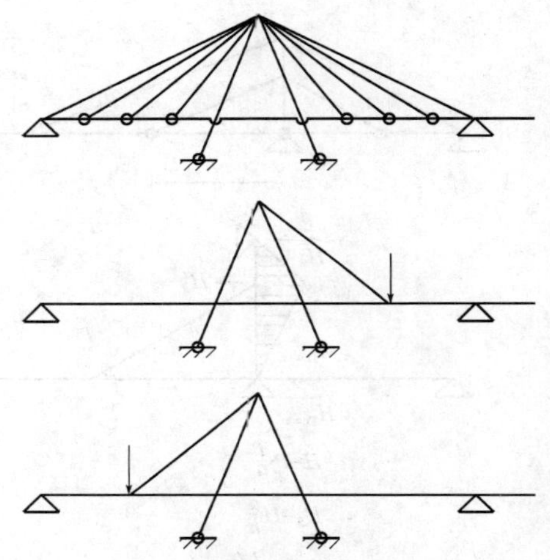

图 4.205 A 形塔斜拉桥的荷载分布

4.5.6.1 体系和荷载

考虑 A 形塔结构形式的斜拉桥体系,如图 4.206 所示,荷载从两个悬臂梁传递到主塔,通过主塔传递到基础。梁的截面如图 4.207 所示。认为下塔柱无重量且刚度无限大。

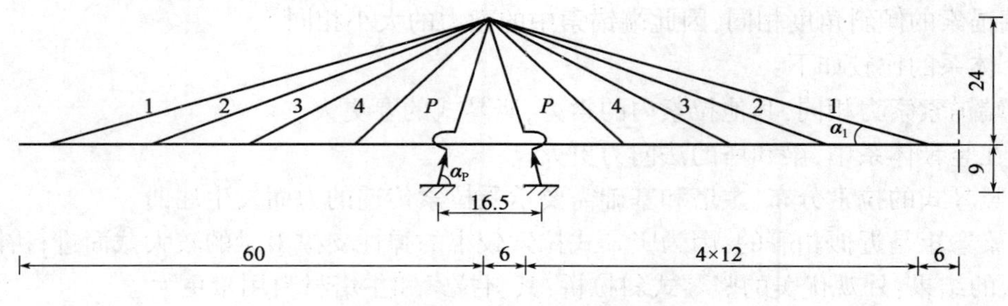

图 4.206 立面图(尺寸单位:m)

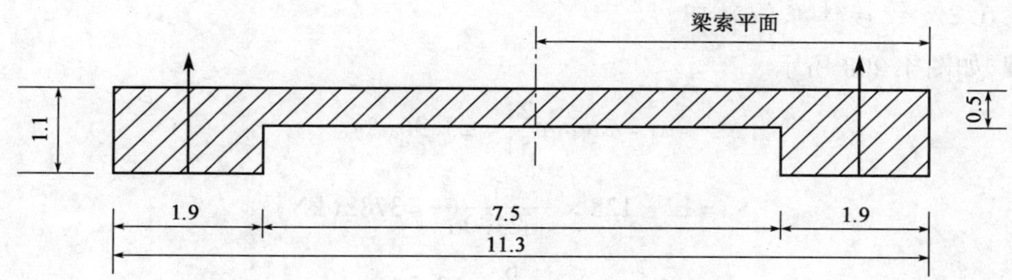

图 4.207　横截面图(尺寸单位:m)

设计参数如下:

(1)拉索

平行钢绞线拉索:

$$\phi 15\text{mm}, A = 150\text{mm}^2$$

$$E_{\text{eff}} = 1.9 \times 10^5 \text{N/mm}^2$$

钢材 1660/1860(f_y/GUTS)

$$f_s = 0.45 \times 1860 = 837(\text{N/mm}^2)\text{, 见 3.7.4 节, 表 3.3}$$

$$\Delta f_s = 200\text{N/mm}^2\text{, 见 3.7.4 节, 表 3.3}$$

(2)主梁

混凝土 B45

$$E_C = 37000\text{MN/m}^2$$

中心受压:

$$f_C = 11.5\text{MN/m}^2$$

边缘受压:

$$f_C = -17.0\text{MN/m}^2$$

$$A_C = 3.99\text{m}^2/\text{CP}$$

垂直转动惯量:

$$I_V = 0.341\text{m}^4/\text{CP}$$

$$S_T = -0.83\text{m}^3/\text{CP}\text{ ,其中 } S \text{ 为截面模量}$$

$$S_B = +0.49\text{m}^3/\text{CP}$$

(3)恒载

恒载 DL,包括上部附加恒载 SIDL:

$$\text{DL} = 128\text{kN/m, CP}$$

(4)活载 LL

均匀分布荷载:

$$\text{UDL} = 11.5\text{kN/m}^3/\text{CP}$$

集中荷载:

$$\text{CL} = 375\text{kN/CP}$$

4.5.6.2　铰接体系的轴向力

恒载,如图 4.208 所示。

$$\alpha_1 = \arctan\frac{24}{54} = 23.96(^\circ)$$

$$S_1 = 12 \times 128 \times \frac{1}{\sin 23.96^\circ} = 3782(\text{kN})$$

$$\alpha_P = \arctan\frac{6}{33} = 10.3(^\circ)$$

$$P = -60 \times 128 \times \frac{1}{\cos 10.3^\circ} = -7805(\text{kN})$$

满跨活载作用下产生的轴向力,如图 4.209 所示。

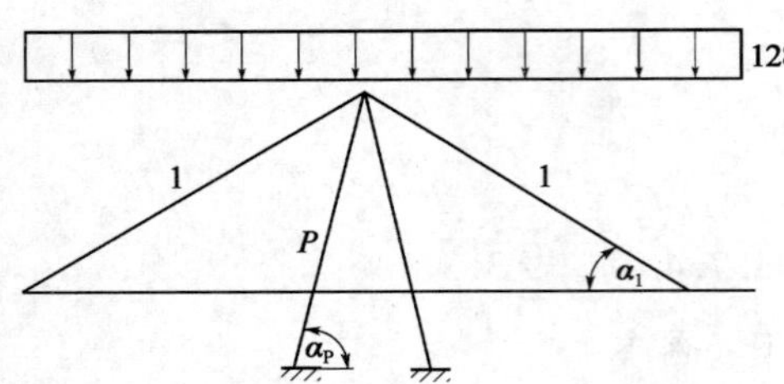

图 4.208　恒载布置

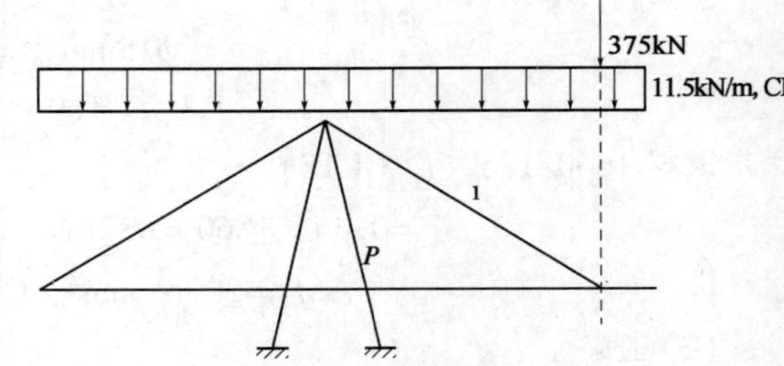

图 4.209　满跨活载作用下的体系

$$\max\ S_1 = (12 \times 11.5 + 375) \times \frac{1}{\sin 23.96^\circ} = 1263(\text{kN})$$

$$P = \left(-60 \times 11.5 - 375 \times 54 \times \frac{1}{16.5}\right) \times \frac{1}{\cos\alpha} = -1949(\text{kN})$$

一侧活载作用下的主塔,如图 4.210 所示。

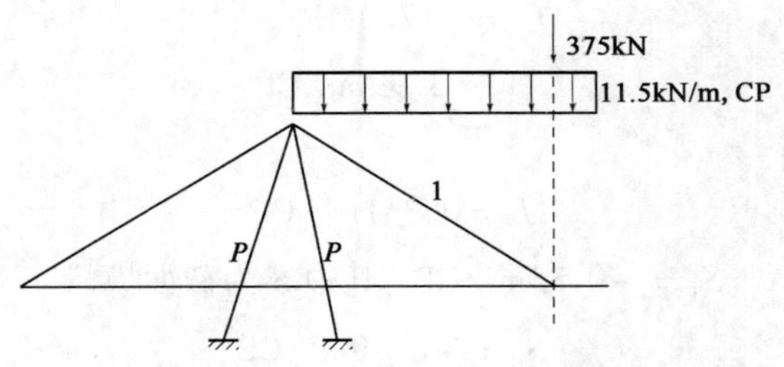

图 4.210　一侧活载作用下的体系

$$P = \pm(1/2 \times 6^2 \times 11.5 + 375 \times 54) \times \frac{1}{16.5 \times \cos 10.3^\circ} = \pm 2522(\text{kN})$$

主塔上的最大/最小力轴向力 N 分别为:

$$\min\ N = -7805 - 2522 = -10327(\text{kN/CP})$$

$$\max\ N = -7805 + 2522 = -5283(\text{kN/CP}) < 0$$

4.5.6.3　拉索规格

$$\max\ S_1 = 3782 + 1263 = 5045(\text{kN})$$

钢绞线数量为：

$$n=\frac{5045}{837\times150}\times10^{3}=40.2$$

选择 $n=41$ 束，则：

$$\Delta f=\frac{0.51263}{41\times150}\times10^{3}=102.7(\mathrm{N/mm^{2}})<200\mathrm{N/mm^{2}}$$

4.5.6.4　主梁弯矩

恒载，如图 4.211 所示。

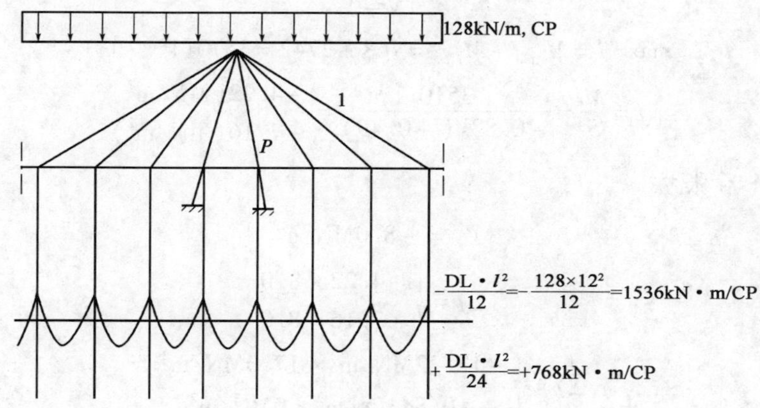

图 4.211　刚性支撑体系上的活载弯矩

弹性支承梁上的活载，如图 4.212 所示。

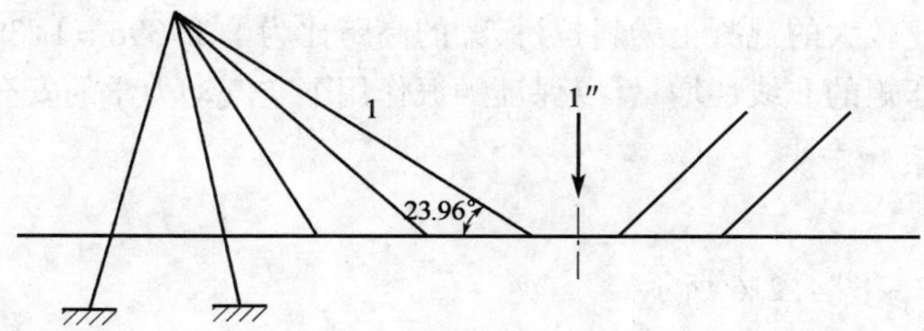

图 4.212　弹性支撑弯矩计算

$$S_{1}=\frac{1}{\sin\alpha}=2.46$$

$$A_{1}=41\times150=6150(\mathrm{mm^{2}})$$

$$l_{1}=\frac{54}{\cos\alpha}=59.09$$

$$\delta=S_{1}^{2}\cdot\frac{l_{1}}{E\cdot A_{1}}=2.46^{2}\times\frac{59.09\times10^{6}}{1.9\times10^{5}\times6150}=0.306(\mathrm{m})$$

$$c=\frac{1}{12\times0.306}=0.272$$

$$L=\sqrt[4]{\frac{4\times 37\times 10^3\times 0.341}{0.272}}=20.75(\text{m})$$

$$\begin{aligned}M_{\text{V}}^{\text{elast}}&=0.161\cdot p\cdot L^2+\frac{1}{4}\cdot P\cdot L\\&=0.161\times 11.5\times 20.75^2+\frac{1}{4}\times 375\times 20.75\\&=797+1945\\&=2742(\text{kN}\cdot\text{m/CP})\end{aligned}$$

应力校核

$$N\cong 0$$

$$\max M=M_{\text{rigid}}+M_{\text{elast}}=768+2742=3510(\text{kN}\cdot\text{m})$$

$$f=\frac{M}{S}=\frac{3510}{-0.83/(+0.49)}=\begin{matrix}-4.22(\text{MN/m}^2)\\+7.16(\text{MN/m}^2)\end{matrix}$$

4.5.6.5　后张拉

$$V_{\infty}=-8.0\text{MN/m}^2$$

$$\Sigma f=\begin{cases}-4.22-8.0\\+7.16-8.0\end{cases}$$

$$\Sigma f=\begin{cases}-12.22\text{MN/m}^2<17.0\text{MN/m}^2\\-0.84\text{MN/m}^2<0\text{MN/m}^2\end{cases}$$

4.5.7　细长混凝土斜拉桥

假定主梁长细比较大的混凝土梁斜拉桥，梁的高跨比为1.1∶396＝1∶360。可以估算活载弯矩的非线性增量，以保证颤振作用下空气动力学的安全性。

4.5.7.1　体系和荷载

1)体系

体系如图4.213～图4.216所示。

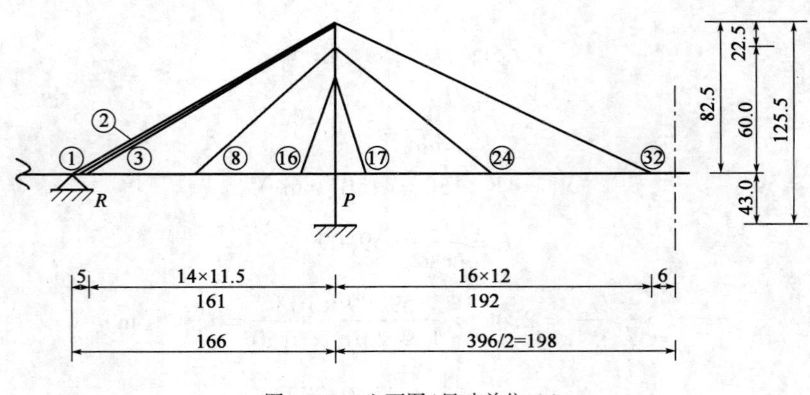

图4.213　立面图(尺寸单位:m)

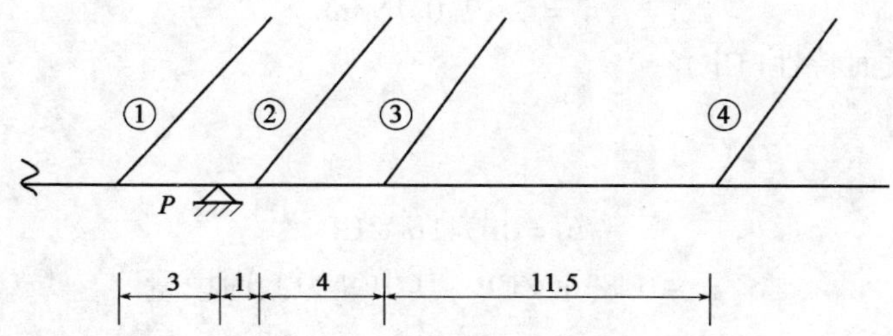

图 4.214　锚固墩处的拉索锚固(尺寸单位:m)

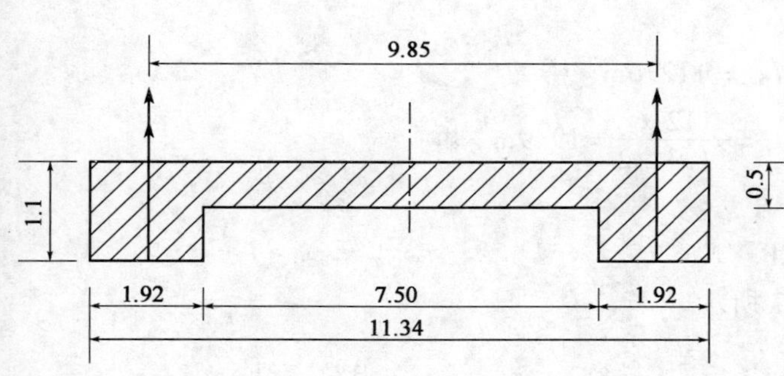

图 4.215　简化横截面(尺寸单位:m)

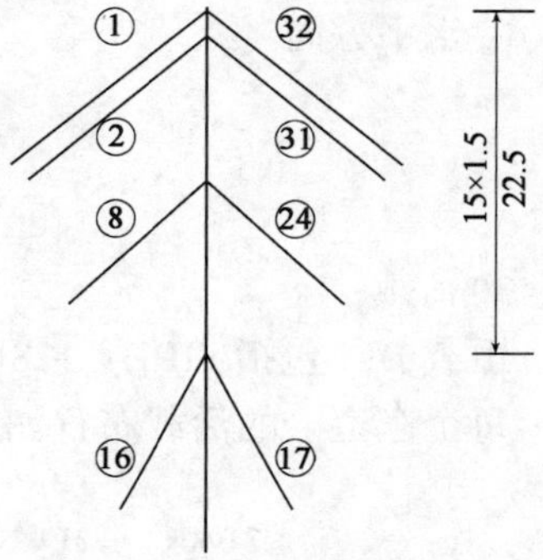

图 4.216　塔端拉索锚固(尺寸单位:m)

尺寸校核如下:

(1)跨径长度

实际$\frac{l_1}{l}=\frac{166}{396}=0.42$,符合要求,如图 4.2 所示。

(2)主塔高度

实际 $k=\frac{h}{l}=\frac{82.5}{396}=0.21$,符合要求,如图 4.3 所示。

2)截面特性

(1)平行钢丝拉索:

St = 1470/1670

$E_{eff}=2\times10^5\text{N/mm}^2$

容许应力　　　　$f_s=0.45\times1670=752(\text{N/mm}^2)$

容许应力幅　　　　$\Delta f_s=200\text{N/mm}^2$

钢丝 ϕ7mm,$A_s=38.48\text{mm}^2$

(2)主梁

混凝土 B45

$$E_B=37000\text{MN/m}^2$$

中心受压:

容许应力　　　　$f_C=11.5\text{MN/m}^2$

边缘受压:

容许应力 $f_C = -17.0\text{MN/m}^2$

(3)每索面的截面特性(CP)

①垂直方向

主梁垂直惯量

$$I_V = 0.341\text{m}^4/\text{CP}$$

$$S_T = -0.83\text{m}^3/\text{CP}\text{ ,其中 }S\text{ 为截面模量}$$

$$S_B = +0.49\text{m}^3/\text{CP}$$

$$A = 3.99\text{m}^2/\text{CP}$$

②水平方向

$$I_{Hor} = 112.6\text{m}^4/\text{桥}$$

$$S_{Hor} = \frac{I}{b/2} = \frac{112.6}{11.34/2} = 19.9\text{m}^3/\text{桥}$$

3)荷载

恒载 DL(包括 SIDL):128kN/m/CP。

每个车道上的活载布置如图 4.217 所示。

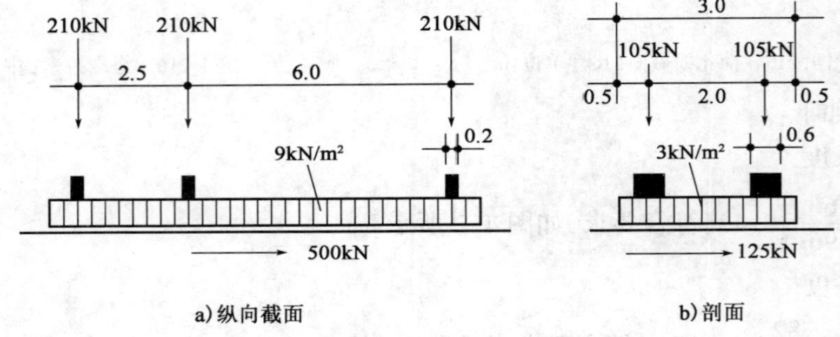

图 4.217 每车道活载布置(尺寸单位:m)

车道尽可能地靠近两侧布置(图 4.218),分布到拉索面支撑的主梁上,忽略主梁扭转刚度,影响系数为 1。

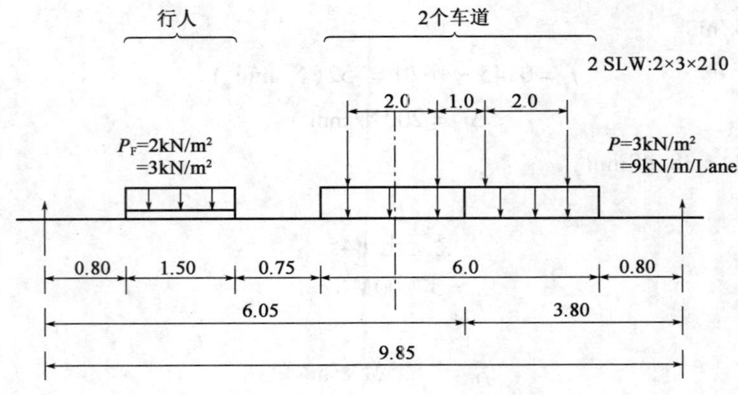

图 4.218 横向活载分布(尺寸单位:m)

2 个行车道

$$\eta = 6.05/9.85 = 0.61$$

人行道

$$\eta = 1.55/9.85 = 0.16$$

均布荷载

$$P = 2 \times 9 \times 0.61 + 0.16 \times 3 = 11.5(\text{kN/m}),\text{CP}$$

车辆荷载

$$P = 2 \times 630 \times 0.61 = 774(\text{kN/CP})$$
$$\cong 3\text{ 轴重,每个轴重 }258(\text{kN/CP})$$

活载求和:

$$\text{均布荷载(UDL)} = 11.5\text{kN/m},\text{CP}$$
$$\text{卡车荷载} = 3 \times 258 = 774(\text{kN/CP})$$

偏心系数:

$$\text{均布荷载(UDL)} = \frac{11.5}{1/2 \times (3 + 2 \times 9)} = 1.095$$

$$\text{卡车荷载} = \frac{3 \times 258}{1/2 \times 2 \times 3 \times 210} = 1.23$$

4.5.7.2　斜拉索

1)端锚索

(1)支承反力

①恒载。

控制恒载分布如图 4.219 所示,则:

$$V^{\text{DL}} = 42.75 \times 128 \times \frac{176.63}{166} = 5822(\text{kN/CP})$$

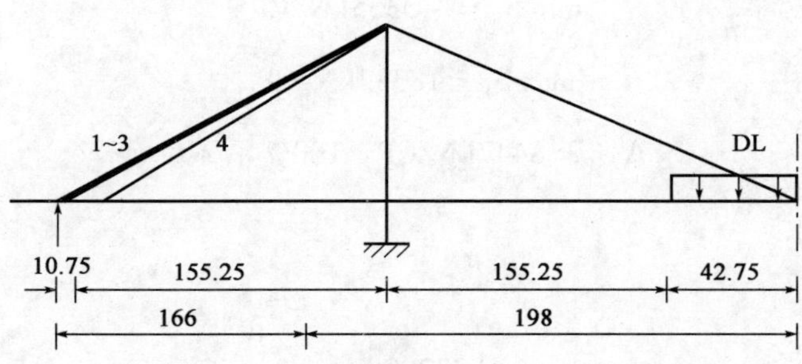

图 4.219　控制恒载分布(尺寸单位:m)

②活载

控制活载分布如图 4.220 所示,则:

$$\max V^{\text{P}} = \frac{1}{2} \times \frac{198^2}{166} + 774 \times \frac{192}{166} = 1\ 358 + 895 = 2253(\text{kN/CP})$$

$$\max\ V^{\text{CL}} = \frac{1}{2} \times 166 \times 11.5 + \frac{2}{3} \times 774 = 955 + 516 = 1470(\text{kN/CP})$$

式中：CL——卡车的集中荷载。

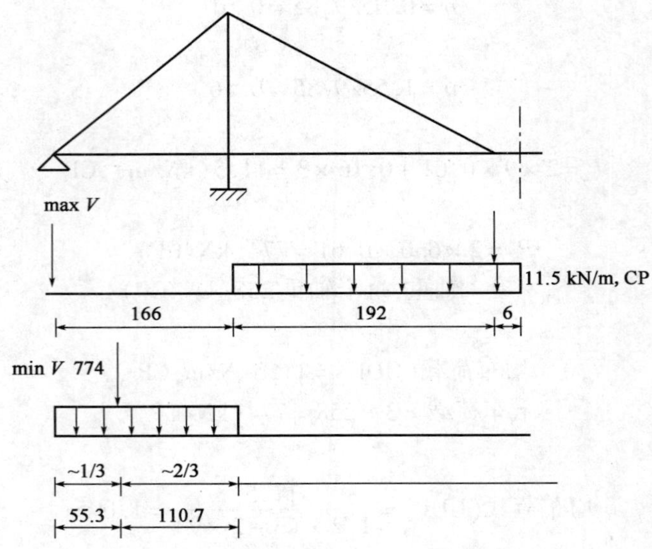

图 4.220　控制活载分布（尺寸单位：m）

（2）斜拉索

$$\alpha_2 = \arctan\frac{81}{165} = 26.15(°)\ (2\ 号索)$$

1 ~ 3 号端锚索分别为：

$$S_R^g = 13210\text{kN/CP}$$

$$\max S_R^P = 5112\text{kN/CP}$$

$$\min S_R^P = -3335\text{kN/CP}$$

$$\max S_R = 18332\text{kN/CP}$$

$$\Delta S_R = 8447\text{kN/CP}\quad 100\%\ 活载$$

（3）规格

根据 $\max S_R$ 有：

$$n = \frac{18322000}{752 \times 38.48} = 633$$

选择 S_1、S_2、S_3 号索为：$n = 3 \times 211$，则

$$n = 633, \phi 7\text{mm}$$

$$A_S = 24538\ \text{mm}^2$$

50% 活载下的疲劳应力幅为：

$$\Delta f = \frac{1/2 \times 8447}{633 \times 38.48} = 173(\mathrm{N/mm^2}) < 200\mathrm{N/mm^2}$$

2)前斜拉索

计算前斜拉索索力的活载分布如图 4.221 所示。

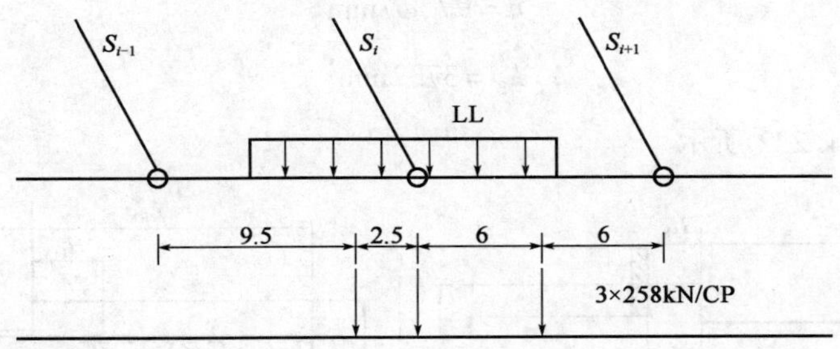

图 4.221 活载分布(尺寸单位:m)

$$\max V_i^{\mathrm{II}} = a_i \cdot \mathrm{UDL} + \eta \cdot \mathrm{CL}$$

$$\eta = \left(1 + \frac{9.5}{12} + 6/12\right) \times \frac{258}{3 \times 258} = 0.76$$

$$\max V_i = 12 \times 139.5 + 0.76 \times 774 = 2262(\mathrm{kN/CP})$$

$$\max S_i = V_i \cdot \frac{1}{\sin\alpha}$$

$$n = \frac{\max\ S_i}{752 \times 38.48 \times 10^{-3}}$$

(1)桥梁中心处的 32 号斜拉索

$$\alpha_2 = \arctan\frac{82.5}{192} = 23.25°$$

$$\max S = 6743\mathrm{kN}$$

$$n = 235, \phi 7\mathrm{mm}$$

$$A_{\mathrm{S}} = 9043\mathrm{mm^2}$$

(2)1/4 点处的 24 号拉索

$$\alpha_2 = \arctan\frac{70.5}{96} = 36.3°$$

$$\max S = 4496\mathrm{kN}$$

$$n = 157, \phi 7\mathrm{mm}$$

$$A_{\mathrm{S}} = 6041\ \mathrm{mm^2}$$

(3)主塔上的 17 号拉索

$$\alpha_2 = \arctan\frac{60}{12} = 78.7°$$

$$\max S = 2714\text{kN}$$

$$n = 97, \phi 7\text{mm}$$

$$A_S = 3732\text{mm}^2$$

拉索尺寸如图 4.222 所示。

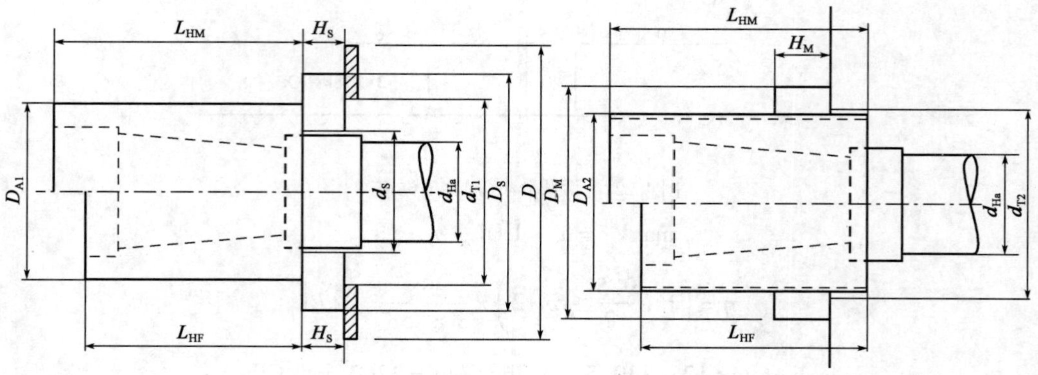

拉索规格*)	D**)	d_{Ha}	D_{A1}	D_S	d_S	H_S	d_{T1}	L_{HM}	L_{HF}	D_{A2}	D_M	H_M	d_{T2}
19		75	125	165	100	35	140	230	230	135	175	45	150
31		90	145	190	115	40	160	270	255	155	200	55	170
61		110	190	250	135	55	205	340	310	195	255	75	210
91	400	125	220	295	150	65	235	390	350	225	295	90	240
121	450	140	245	330	165	75	260	445	390	250	325	100	265
151	500	160	275	370	185	85	290	490	425	275	360	110	290
187	550	160	295	400	185	90	315	535	460	305	395	125	325
211	600	180	320	430	205	95	340	570	485	320	415	135	340
241	650	180	330	450	205	105	350	600	510	340	445	140	360
253		180	335	455	205	105	355	615	525	350	460	145	370
277		200	355	485	225	110	375	645	545	365	480	150	385
295		200	365	500	225	115	385	660	555	375	495	155	395
313		200	370	510	225	120	390	675	565	385	505	160	405
325		200	375	515	225	120	395	705	595	395	515	165	415

注:尺寸单位为 mm。

*)基于 7mm 直径的钢丝,极限承载能力:1670N/mm²。

**)聚乙烯护套类型为聚丙烯纤维 GM 5010 T2,系列 4。

图 4.222　拉索尺寸

拉索直径见表 4.3。

拉索直径 表 4.3

索　　号	PE 管直径(mm)	索　　号	PE 管直径(mm)
1～3	180	8,24	160
16,17	140	32	180

拉索规格如图 4.223 所示。

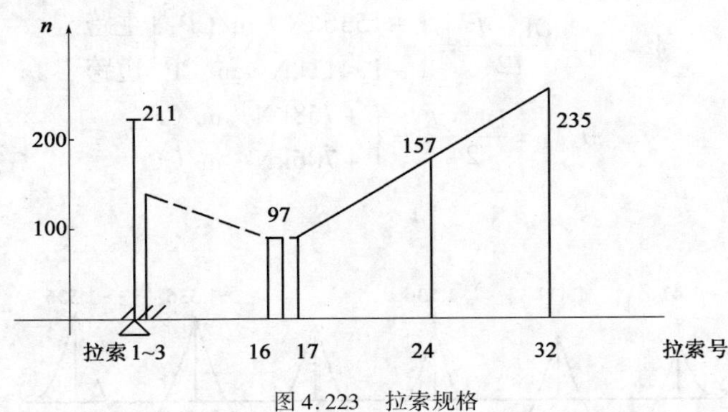

图 4.223　拉索规格

3)总用钢量的近似确定

图 4.3 给出了总钢用量近似计算公式。使用图 4.3 中的术语,可以得到总钢量,如下所述。

$$q = g + p = 128 + 11.5 = 139.5\text{kN/mm}^2(\text{均布恒载} + \text{活载})$$

只有 1/3 的集中荷载直接作用到每个拉索上。

$$\Delta q = 1/3 \times 774 \times 1/12 = 21.5\text{kN/m}, \text{CP}(\text{增加 }15\%)$$

因此有效的总均布荷载是:

$$\bar{q} = 139.5 + 21.5 = 161\text{kN/m}, \text{CP}$$

$$V = 0.785\text{kg/cm}^2$$

$$\sigma = 752\text{N/mm}^2$$

$$l = 396\text{m}$$

$$h = 82.5\text{m}$$

$$k = 0.21$$

$$C_P = 2k + \frac{1}{6k} = 1.21 \quad (\text{图 } 4.3)$$

扇形布置所需钢数量:

$$G_P = \frac{\bar{q} \cdot \gamma \cdot r^2}{633 \times 1.189} \cdot C_P \cdot 2 = \frac{161 \times 0.785 \times 395^2}{752} \times 10 \times 1.21 \times 2 = 638(\text{t})(\text{全桥})$$

全桥面积:

$$A = (2 \times 166 + 396) \times 11.34 = 8256(\text{m}^2)$$

每根拉索的单位质量:

$$g = 77.3\text{kg/m}^2$$

4.5.7.3 主梁弯矩

1)刚性支承梁

恒载集度为:

$$g = 128\text{kN/m,CP}$$

弯矩(图4.224)为:

$$M_{支承处} = \frac{\text{DL} \cdot l^2}{12} = \begin{cases} -1536\text{kN} \cdot \text{m/CP} & 主跨 \\ -1.411\text{kN} \cdot \text{m/CP} & 边跨 \end{cases}$$

$$M_{跨中} = \frac{\text{DL} \cdot l^2}{24} = \begin{cases} +768\text{kN} \cdot \text{m/CP} \\ +706\text{kN} \cdot \text{m/CP} \end{cases}$$

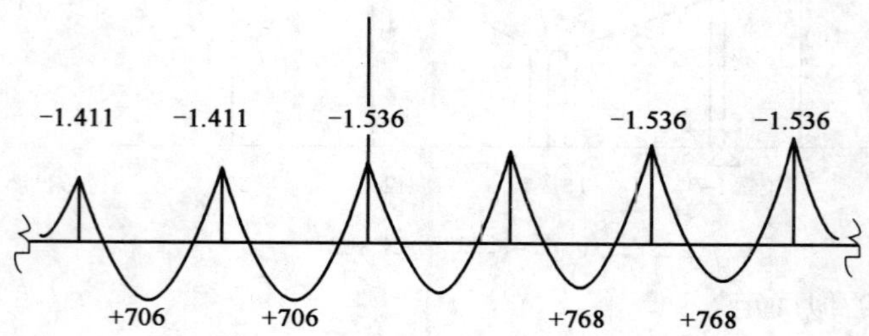

图4.224 在锚固点处刚性支承梁上的弯矩(尺寸单位:m)

满布荷载作用下主塔上的轴向力,如图4.6所示。

$$h = 82.5 - 1/3 \times 22.5 = 75.0$$

$$N_{塔} = -\frac{g+p}{2 \cdot h} \cdot l^2 = -\frac{139.5}{2.75} \times 198^2 = -36460(\text{kN/CP})$$

端锚索中的轴向力见2.1.2节。

$$S_{1-3} = 13210 + 5112 - 3335 = 14987(\text{kN/CP})$$

$$N_{1-3} = S_{1-3} \cdot \cos\alpha_2 = -13452(\text{kN/CP})$$

满布荷载作用下的主梁轴向力如图4.225所示。

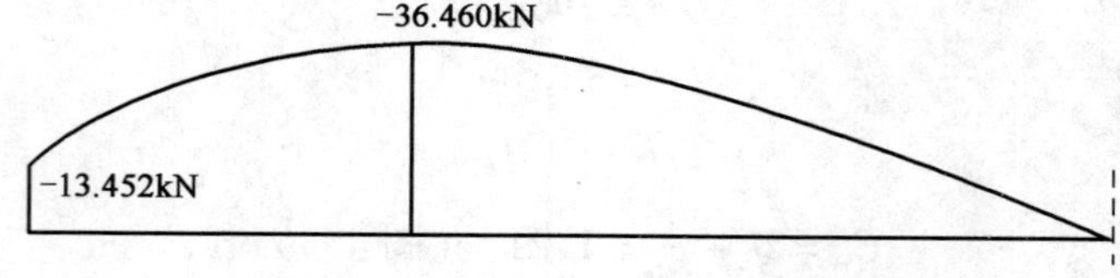

图4.225 满布荷载作用下的主梁轴向力

2)弹性地基上的主梁

变形如图4.226所示。

$$\sigma = \sum S_i^2 \cdot \frac{l_i}{E_i \cdot A_i}$$

塔根处:

$$\sigma = 0.164^2 \times \frac{183.8 \times 10}{2.0 \times 24\ 358} + 1.02^2 \times \frac{61.2 \times 10}{2.0 \times 3723} = 0.001 + 0.086 = 0.087(\mathrm{m/MN})$$

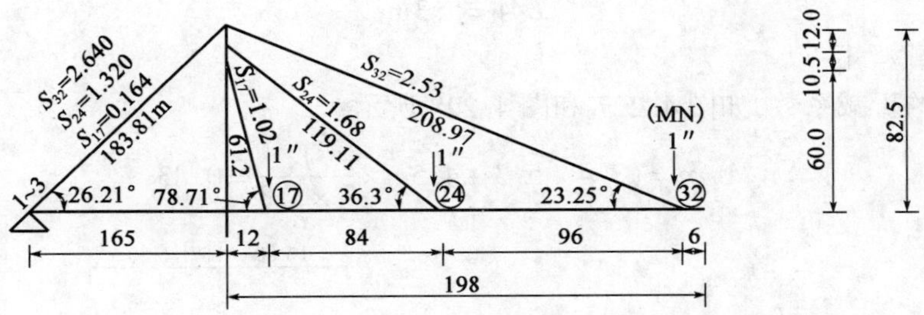

图 4.226 变形计算的设计参数(尺寸单位:m)

1/4 点处:

$$\delta = 0.320^2 \times \frac{183.8 \times 10}{2.0 \times 24358} + 1.68^2 \times \frac{119.11 \times 10}{2.0 \times 6\ 041} = 0.066 + 0.278 = 0.344(\mathrm{m/MN})$$

桥梁中心处:

$$\delta = 0.640^2 \times \frac{183.8 \times 10}{2.0 \times 24358} + 2.53^2 \times \frac{208.97 \times 10}{2.0 \times 9043} = 0.263 + 0.740 = 1.003(\mathrm{m/MN})$$

对于弹性支承有:

$$c = \frac{1}{\delta \cdot \lambda_i} \quad (\text{对于主跨有 } \lambda_i = 12\mathrm{m})$$

在塔根处

$$c = \frac{1}{0.087 \times 12} = 0.958$$

在 1/4 点处

$$c = \frac{1}{0.344 \times 12} = 0.242$$

在桥梁中心处

$$c = \frac{1}{1.003 \times 12} = 0.083$$

弹性长度为:

$$L = \sqrt[4]{\frac{4E_{\mathrm{B}} \cdot I_{\mathrm{B}}}{c}} = \left(\frac{4 \times 37 \times 10^3 \times 0.341}{c}\right)^{1/4} = \frac{14.99}{\sqrt[4]{c}}$$

塔根处 $L = 15.15\mathrm{m}$

1/4 点处: $L = 21.37\mathrm{m}$

桥梁中心处: $L = 27.92\mathrm{m}$

活载弯矩为:

均布荷载(UDL)

$$M^{\mathrm{P}} = 0.161 \cdot p \cdot L^2 = 0.161 \times 11.5 \times L^2 = 1.852L^2$$

1/4 点处

$$L = 21.34\mathrm{m}$$

$$\frac{\pi}{2} \cdot L = 33.6\mathrm{m}$$

$$L/4 = 5.3\mathrm{m}$$

3)卡车荷载弯矩

卡车荷载的折减系数,如图 4.227 和图 4.228 所示。

$$\text{i. M. } \eta = (3.4 + 5.3 + 4.5) \times \frac{1}{3 \times 5.3} = 0.83$$

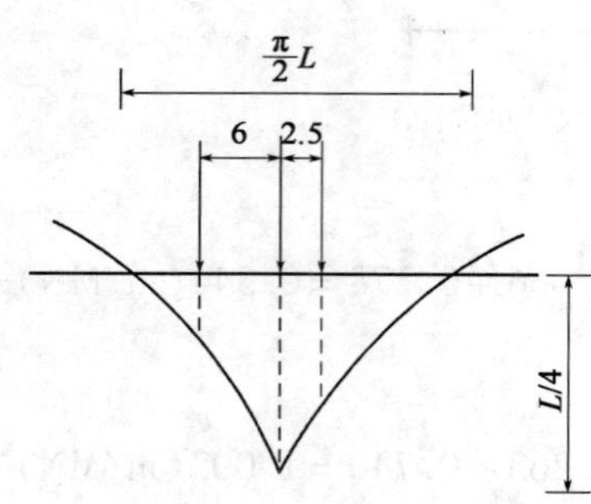

图 4.227 卡车荷载(尺寸单位:m)

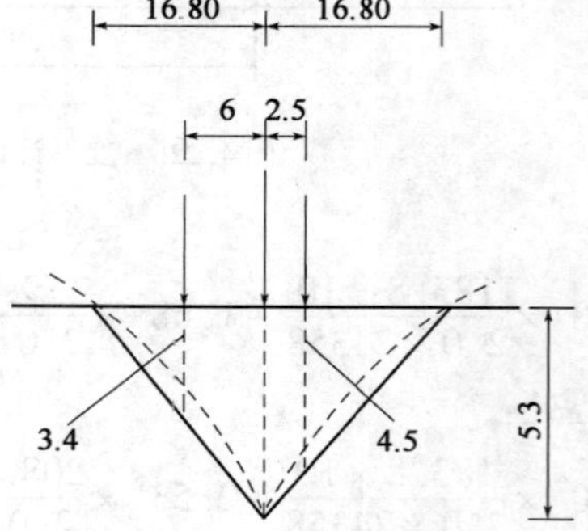

图 4.228 卡车荷载的近似影响线(尺寸单位:m)

因此卡车荷载引起的弯矩为:

$$M_{\mathrm{EL}}^{\mathrm{SLW}} \approx 0.83 \cdot P \cdot \frac{L}{4} \approx 0.83 \times 774 \times \frac{L}{4} = 161L$$

$$M_{\mathrm{EL}} = 1.852L^2 + 161L$$

1/4 点处

$$M_{\mathrm{EL}} = 845.77 + 3441 = 4286.77[(\mathrm{kN \cdot m})/\mathrm{CP}]$$

桥梁中心处

$$M_{\mathrm{EL}} = 1443.68 + 4495 = 5938.68[(\mathrm{kN \cdot m})/\mathrm{CP}]$$

4)非线性弯矩增量(二阶理论)

非线性弯矩增量近似通过能够抵抗主梁屈曲安全性的方法确定,如图 4.13 所示。

(1)抵抗屈曲的安全性

$$\gamma = \frac{P_{\mathrm{K}i}}{N}$$

$$P_{\mathrm{K}i} = 2 \cdot \sqrt{(E \cdot I \cdot c)}$$

(c 为塔根处弹性支承梁)

$$P_{\mathrm{K}i} = 2 \times \sqrt{37 \times 10^3 \times 2 \times 0.341 \times 0.958} = 311(\mathrm{MN})$$

$$\gamma = \frac{311}{36.46} = 8.53$$

(2)非线性弯矩增量(图 4.229)

$$\frac{M^{\mathrm{II}}}{M} = \eta = \frac{1}{1 - 1/\gamma}$$

$$\eta = \frac{1}{1 - 1/8.53} = 1.13$$

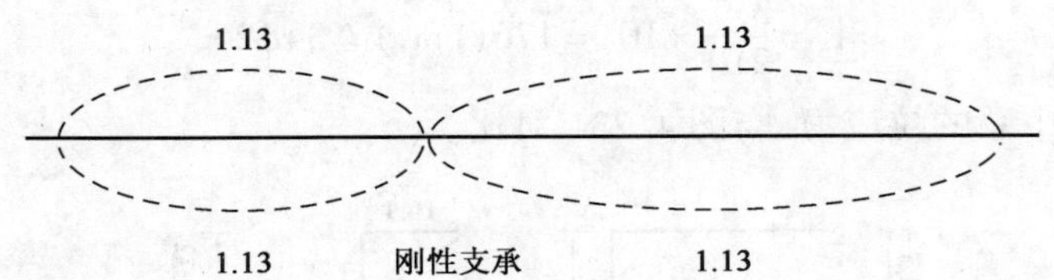

图 4.229 非线性弯矩增量

海格兰德桥上在使用状态下的非线性弯矩增量近似采用增大系数 1.29,如图 4.47 所示。

5)弯矩叠加

$$\sum M = (M_{刚性} + M_{弹性}) \cdot \eta$$

桥梁中心处

$$\eta \cong 1$$

$$\sum \max M = +768 + 5939 = 6707(\text{kN} \cdot \text{m/CP})$$

1/4 点处

$$\eta \cong 1.13$$

$$\sum \max M = (768 + 4286) \times 1.13 = 5711(\text{kN} \cdot \text{m/CP})$$

近似活载弯矩包络线如图 4.230 所示。

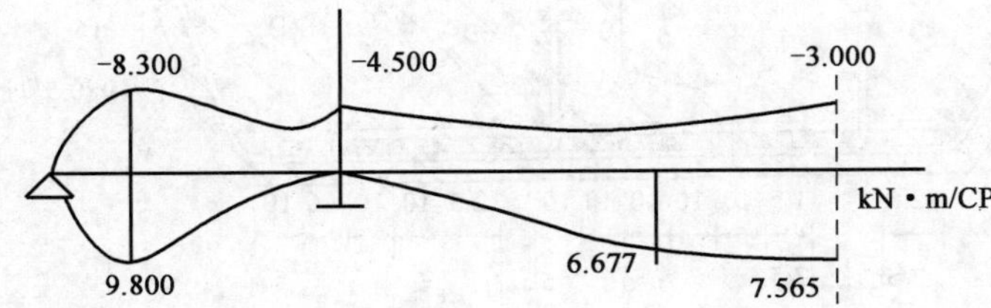

图 4.230 近似活载弯矩包络线,见图 4.39

6)应力校核

$$f = \frac{M}{S} + \frac{N}{A}$$

桥梁中心处

$$\begin{matrix}\min\\\max\end{matrix} f = \frac{6707}{\begin{matrix}-0.83\\+0.49\end{matrix}} \quad N \cong 0$$

$$\begin{matrix}\min\\\max\end{matrix} f = \frac{-8.1}{+13.7} \ \text{MN/m}^2$$

桥跨中心处的后张拉

$$V_{\infty} = -5\text{MN/m}^2$$

$$\sum f = \frac{-8.1 - 5.0 = -13.1(\text{MN/m}^2) > -17\text{MN/m}^2}{+13.7 - 5.0 = +8.7(\text{MN/m}^2)}$$

钢筋的拉应力

$$T = 1/2 \times 8.7 \times 0.44 \times 1.92 = 3.7(\mathrm{MN})$$

$$A_{\mathrm{S}} = \frac{3.7}{210} \times 10^4 = 176(\mathrm{cm}^2) \triangleq 34\phi25$$

式中：T——混凝土中总的拉应力，与图 4.231 对比。

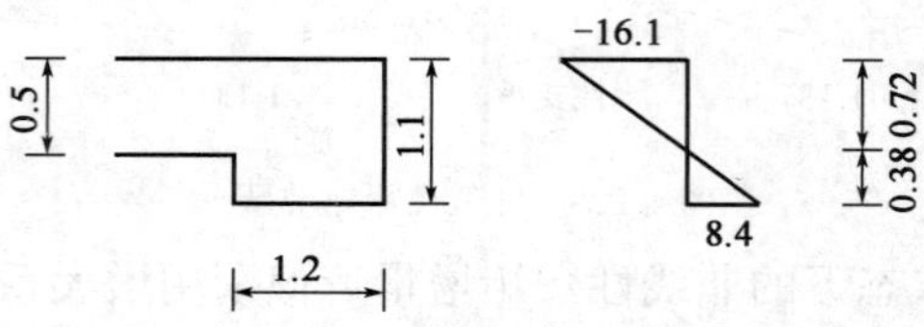

图 4.231 钢筋混凝土的拉应力(尺寸单位：m)

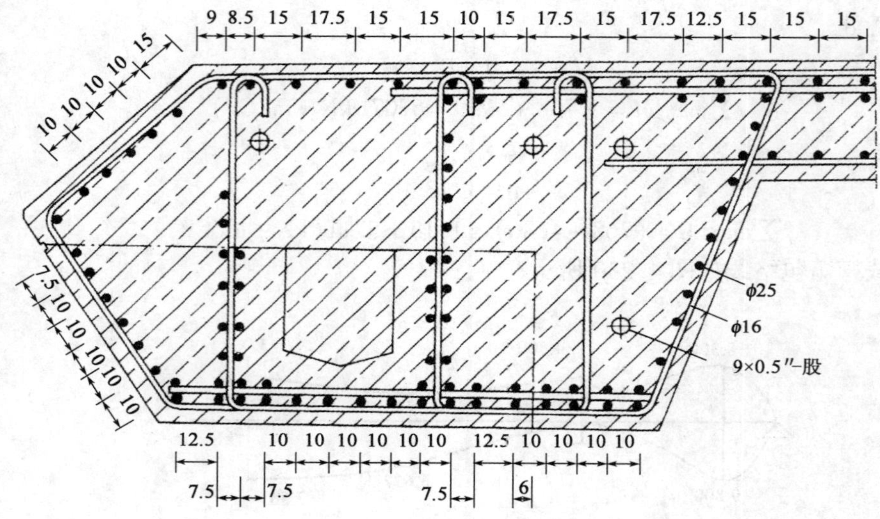

图 4.232 主梁边缘的钢筋布置(尺寸单位：m)

7)横风荷载

(1)风速为：

$$v = 70\mathrm{m/s}，没有车辆荷载$$

(2)风压为：

$$q = \frac{v^2}{1600} \times 3.1(\mathrm{kN/m^2})$$

(3)主梁

主梁上的风，阻力系数取决于主梁高度 h(图 4.233)。

$$C_{\mathrm{H}} \approx 1.0 \quad 考虑铁路通行$$

$$h \approx 1.16 + 0.26 = 1.42(\mathrm{m})$$

$$w = 3.1 \times 1.0 \times 1.42 = 4.4(\mathrm{kN/m})$$

(4)拉索上的风

半跨梁和塔上：

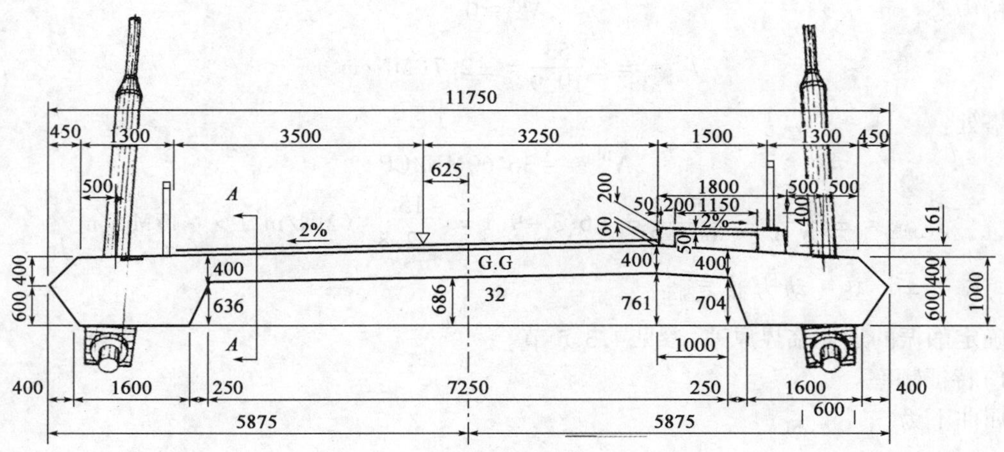

图 4.233 主梁横截面(尺寸单位:mm)

索 ϕ 0.14 + 0.18m(表 4.3)

$C_w = 0.7$,见图 3.90 和图 3.91

32 号拉索

$$w_c = C_w \cdot q \cdot \phi \cdot 1/2 \cdot l$$

$$= 0.7 \times 3.1 \times 0.18 \times 1/2 \times 209 \times 2 \text{(风作用在两个索平面上)}$$

$$= 81.6(\text{kN/12m}) = 6.8\text{kN/m}$$

17 号拉索

$$w_c = 0.7 \times 3.1 \times 0.14 \times 1/2 \times 61.2 \times 2 = 18.5(\text{kN/12m}) = 1.5\text{kN/m}$$

平均值

$$w_c \cong 1.5 + (6.8 - 1.5) \times 0.6 = 4.7(\text{kN/m}),\text{常量}$$

$$\sum w = 4.4 + 4.7 = 9.1(\text{kN/m})$$

(5)作用力

①全桥宽度(图 4.234):

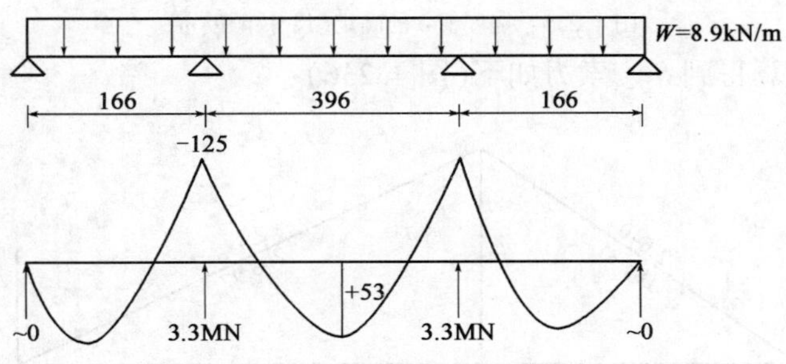

图 4.234 横风荷载下主梁上的荷载和弯矩(尺寸单位:m)

$$M_{\text{塔}} \approx -1/2 \times 9.1 \times 166^2 = -125(\text{MN} \cdot \text{m/桥})$$

$$M_{\text{主跨}} = -125 + 1/8 \times 396^2 \times 9.1 \times 10^{-3} = +53(\text{MN} \cdot \text{m/桥})$$

②无荷载作用下由风荷载引起的主梁应力:

桥中心：

$$N^{DL} \cong 0$$

$$f_{c,横向} = \pm\frac{53}{19.9} = \pm 2.7(\mathrm{MN/m^2})$$

塔处：

$$N^{DL} \approx -36460\mathrm{MN/CP}$$

$$f_{c,横向} = \pm\frac{125}{19.9} - \frac{36.5 \cdot 2}{3.99 \cdot 2} = \pm 6.3 - 9.1 = \begin{matrix} -15.4 \\ -2.8 \end{matrix} \quad (\mathrm{MN/m^2}) > -17\mathrm{MN/m^2}$$

4.5.7.4　空气动力稳定性

确定颤振的近似临界风速，参见4.3.5节。

1)特征频率

屈曲下为：

$$f_b = \frac{1}{2\pi} \cdot \sqrt{\frac{K_B}{m}} = \frac{0.58}{\sqrt{\delta}}，见 4.2.7 节$$

式中：K_B——屈曲下的弹性常数；

δ——恒载作用下桥梁中心处的挠度（图4.235）。

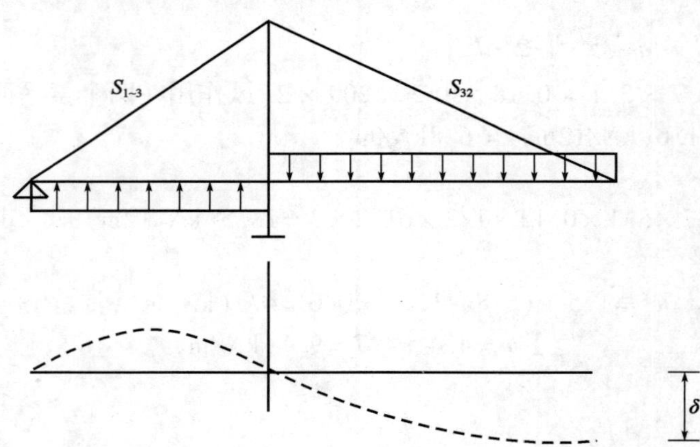

图4.235　挠度值δ的确定（尺寸单位：m）

由4.5.7.2节计算得到$S_{1\sim3}$索力如下（图4.236）：

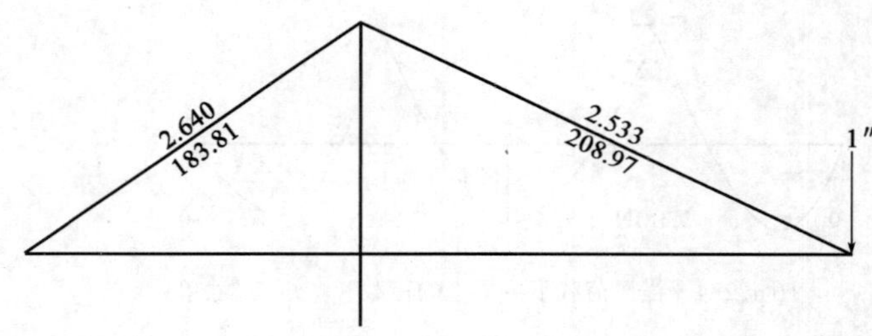

图4.236　计算参数

$$V_{1\sim3} = (1358 + 955) \times \frac{128}{11.5} = 25744(\mathrm{kN/CP})$$

$$S_{1\sim3}=58413\text{kN/CP}$$

$$S_{32}=12\times128\times\frac{1}{\sin 23.25°}=3891(\text{kN/CP})$$

$$\delta=2.64\times58.413\times\frac{183.81\times10}{2.0\times24358}+2533\times3891\times\frac{208.97\times10}{2.0\times9043}=5.81+1.14=6.95(\text{kN/CP})$$

$$f_B=\frac{0.58}{\sqrt{6.95}}=0.22(1/\text{s 或 Hz})$$

扭转频率为：

$$f_T=\frac{b_s}{2i_y}\cdot f_B$$

式中：b_s——索平面之间的距离；

i_y——水平惯性半径，$i_y=\sqrt{\frac{I_y}{A}}=\sqrt{\frac{112.6}{2\times3.99}}=3.76(\text{m})$。

$$f_T=\frac{9.85}{2\times3.82}\times0.22=0.29(\text{Hz})$$

$\varepsilon=\frac{f_T}{f_B}=1.32\ll2$，H 形桥塔不满足要求。

这种扭转频率的计算方法对于垂直索平面是有效的。因为 A 形桥塔两侧柱顶端的自由变位受到约束，塔顶的扭曲变形牢牢地控制在原处，因此，A 形桥塔的扭转频率将按图 4.238 所示的规律明显地增大。

如果忽略拉索对主跨挠曲变形的影响，扭转频率的计算如下：

$$\bar{\delta}=1.14\text{m}$$

$$\bar{f_B}=\frac{0.58}{\sqrt{1.14}}=0.54(\text{Hz})$$

$$\bar{f_T}=\frac{9.85}{2\times3.76}=0.71(\text{Hz})$$

$\varepsilon=\frac{0.71}{0.22}=3.2\gg2$，A 形桥塔可能满足要求。

2）临界风速

对于颤振而引起的临界风速，按照 Klöppel/Thiele 的方法计算是合理的，详见第 5.4 节。

对于整个桥梁：

$$v_{CRT}=\eta\cdot2\pi\cdot b\cdot f_B\left[1+\left(\frac{f_T}{f_B}-0.5\right)\cdot\sqrt{\frac{0.72m\cdot r}{\pi\cdot\rho\cdot b^3}}\right]$$

式中：η——折减系数；

b——梁的全宽，$b=11.75\text{m}$；

m——梁的自重，$m=\frac{G}{g}=\frac{2\times128}{9.81}=26100(\text{kg/m})$；

r——惯性半径，$r=\sqrt{\frac{I_x+I_y}{\text{A}}}=\sqrt{\frac{2\times0.341+112.6}{2\times3.99}}=3.76(\text{m})$；

ρ——空气比重,$\rho = 1.225\text{kg/m}^3$;

f_B——弯曲固有频率,$f_B = 0.22\text{Hz}$;

f_T——弯曲固有频率,$\bar{f}_T = 0.71\text{Hz}$;

ε——频率系数,$\varepsilon = \bar{f}_T / f_B = 3.2$。

由上式可得:

$$v_{CRT} = \eta \times 2\pi \times 11.75 \times 0.22 \times \left[1 + \left(\frac{0.71}{0.22} - 0.5\right) \times \sqrt{\frac{0.72 \times 26.1 \times 3.76}{\pi \times 1225 \times 10^{-3} \times 11.75^3}}\right]$$

$$v_{CRT} = \eta \times 16.2 \times (1 + 2.73 \times 3.36) = \eta \cdot 165\text{m/s}$$

折减系数取值见图 4.237。

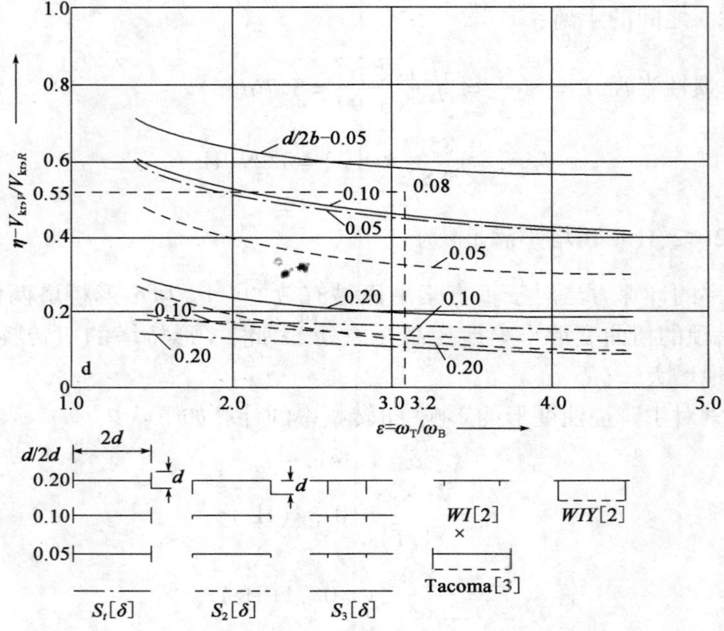

图 4.237　试验测得的机翼各横断面所对应的折减系数

此处 $\varepsilon = 3.2$,$d/2b = 1:12 \approx 0.08 : \eta \approx 0.55$

综上可得实际临界风速为:

$$v_{CRT} = 0.55 \times 165 = 91\text{m/s}$$

颤振安全系数为:

$$V = \frac{91}{52} = 1.75, \text{合理}$$

4.5.7.5　桥塔

1)体系和截面特性

此桥塔形状为菱形且为混凝土箱形截面,如图 4.238 所示。

2)恒载

梁的自重如图 4.239 所示。

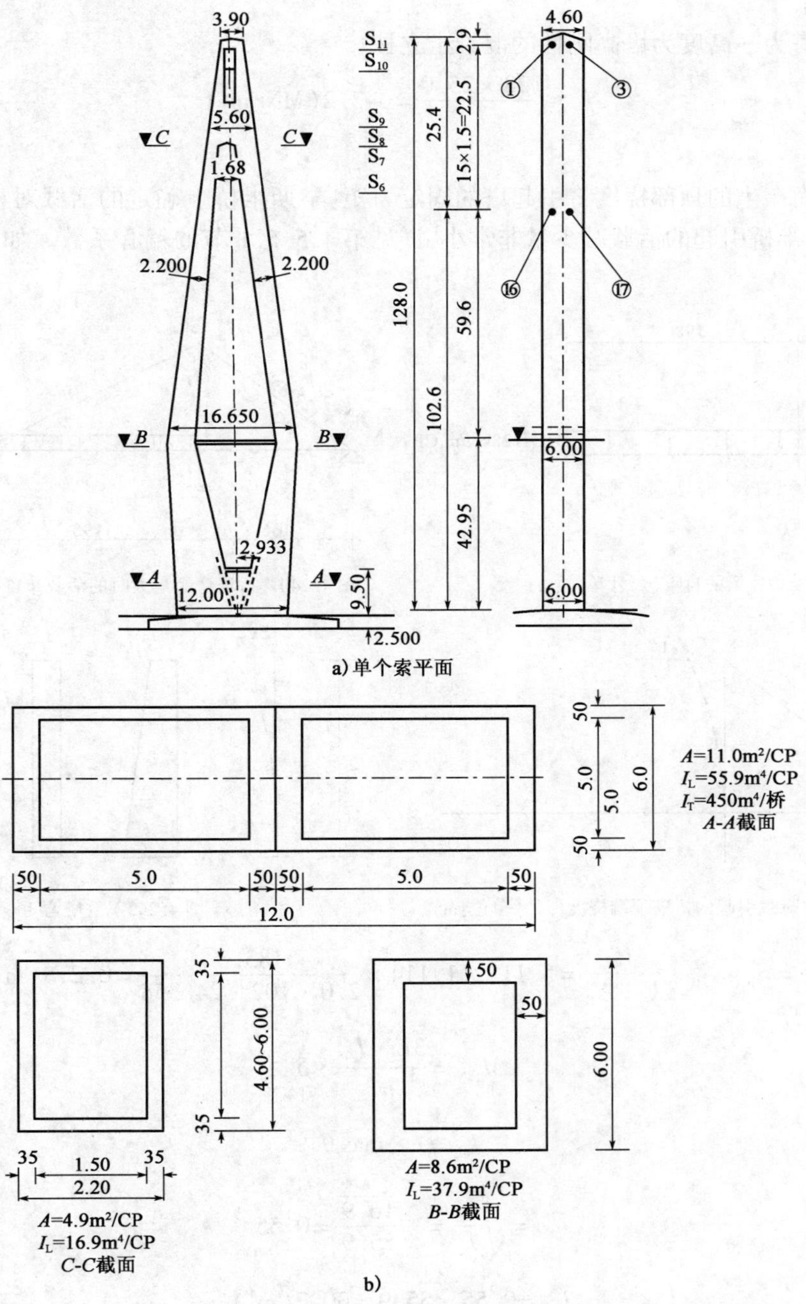

图 4.238　桥塔尺寸(尺寸单位:m)

(1)梁

$$\max P^{\mathrm{DL}} = \frac{1}{166} \times 128 \times \frac{1}{2} \times 364^2 = 51.1(\mathrm{MN/CP})$$

$$M^{\mathrm{DL}} = 0$$

(2)桥塔

假定桥塔为一高度为塔高刚性的混凝土立柱。

$$f_c^N \approx \frac{128 \times 25.0}{l} = -3.2(\mathrm{MN/m^2})$$

3)活载

因活载而产生的顶部挠度将引起塔的固定力矩:早期半桥上确定的活载对桥塔两半均适用,因为另一半桥引起的活载减少量非常小,详见第4.5.5.1节的偏心系数。如图4.239~图4.242所示。

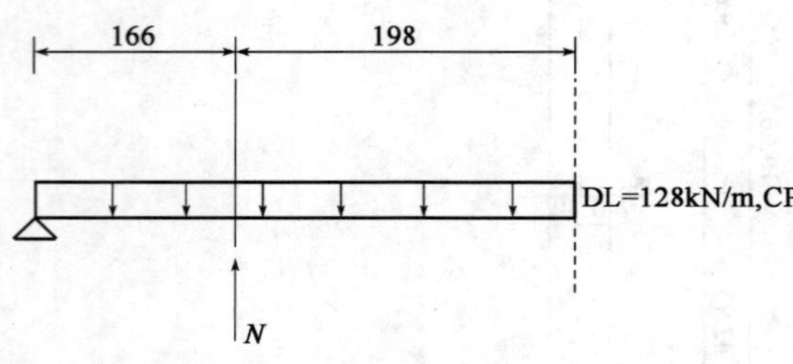

图4.239　梁的自重(尺寸单位:m)

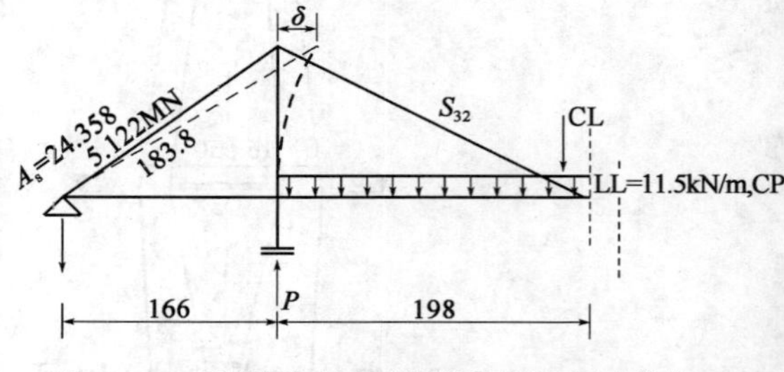

图4.240　桥塔弯矩最大时的活载布置(尺寸单位:m)

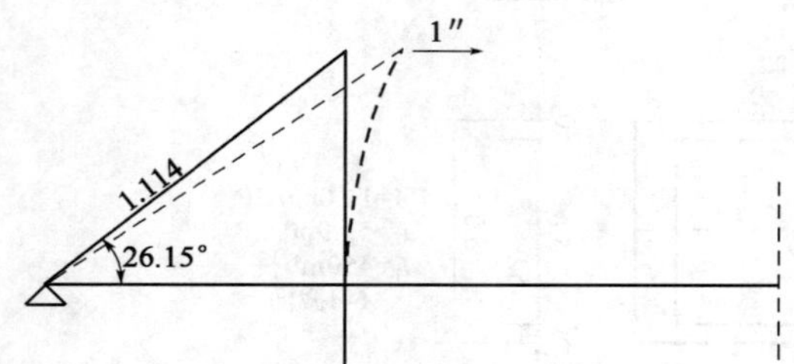

图4.241　单位荷载引起的桥塔顶端挠度(尺寸单位:m)

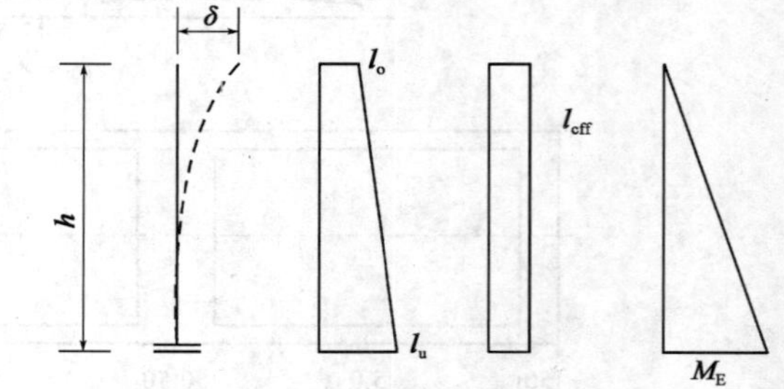

图4.242　桥塔弯矩

$$\delta = S_B^F \cdot S_B^1 \cdot \frac{l_R}{\mathrm{E} \cdot \mathrm{A_R}} = 5.112 \times 1.114 \times \frac{183.8}{2.0 \cdot 102 \cdot 24.358} = 0.215(\mathrm{m})$$

$$M_{FIX} = \frac{3E \cdot I_{eff}}{h^2} \cdot \delta$$

$$I_{eff} \cong c \cdot \max I$$

$$c = \sqrt{\frac{I_o}{I_u}} = \sqrt{\frac{16.9}{55.9}} = 0.55$$

$$I_{eff} = 0.55 \times 55.9 = 30.7(\mathrm{m^4})$$

$$M_{FIX} = \frac{3 \times 37 \times 10^3 \times 30.7}{125.52} \times 0.215 = 46.5(\mathrm{MN/CP})$$

活载引起的轴向力

$$\sum M_V = 0$$

$$N^{LL}=\frac{1}{166}\times(198\times11.5\times265+774\times358)=5.3(\mathrm{MN/CP})$$

桥塔横向刚度与拉索刚度之比

桥塔为：

$$H=\frac{46.5}{125.5}=0.37(\mathrm{MN/CP})$$

拉索为：

$$H=S_{\mathrm{H}}=5.112\times\cos 26.15°=4.589(\mathrm{MN/CP})$$

$$\frac{H_{塔}}{S_{\mathrm{H}}}=\frac{0.37}{4.589}=8.1\%$$

桥塔横向刚度仅为拉索体系的8.1%。由此可见，将此体系看作铰接是合理的。

4）横向风力

梁为：

$W=3.3\mathrm{MN}$，详见图4.243。

塔顶风荷载和梁相同，为：

$$W\approx4.7\times(166+198)=1.7(\mathrm{MN})$$

风直接作用在桥塔上，为：

$$c_{\mathrm{W}}\approx2.0$$

顶部为：

$$w_{\mathrm{o}}\approx3.1\cdot4.6\cdot2.0=28.5(\mathrm{kN/m})$$

底部为：

$$w_{\mathrm{u}}\approx3.1\cdot6.0\cdot2.0=37.2(\mathrm{kN/m})$$

横向风力在单个桥塔上产生的弯矩为：

$$\mathrm{M}=1.7\times120+3.3\times42.95+(1/2\times28.5+1/3\times8.7)\times128^2\times10^{-3}$$
$$=204.0+141.7+281.0=626.7(\mathrm{MN\cdot m/塔})$$

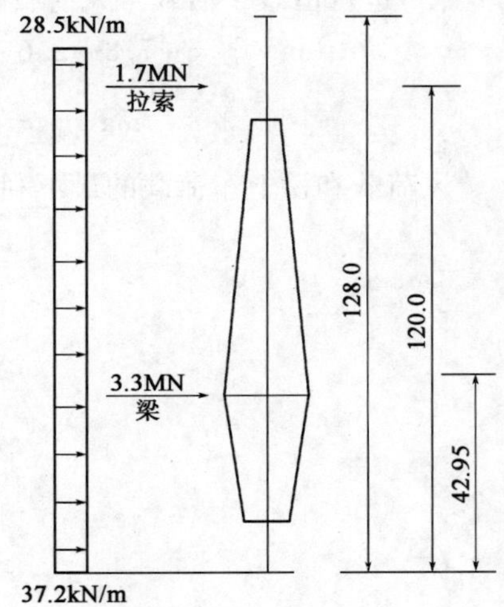

图4.243　桥塔上的横向风力（尺寸单位：m）

按照规范DIN 1055，假定背风桥塔立柱没有受到风力。所受风力通常具有一较小的斜交角度，所以桥塔弯矩将增大30%，即

$$M=815\mathrm{MN\cdot m/塔}$$

5）应力检验

（1）基础

$$A=11.0\mathrm{m^2/CP}$$

$$I_L = 55.9\text{m}^4/\text{CP}$$

$$S_L = \frac{55.9}{3} = 18.63\text{m}^4$$

$$I_T = 450\text{m}^4/\text{桥}$$

$$S_T = 75\text{m}^3/\text{桥}$$

(2)恒载

$$f_C = -\frac{51.1}{11.0} - 3.2 = -7.8\text{MN/m}^2$$

(3)活载

$$f_C = \pm\frac{38.5}{18.63} - \frac{5.3}{11.0} = \pm 2.1 - 0.5 = \begin{matrix}+1.6\\-2.6\end{matrix}\text{MN/m}^2$$

(4)横向风力

$$f_C = \pm\frac{815}{75} = \pm 10.9\text{MN/m}^2$$

(5)进行恒载+活载+风荷载的最不利荷载组合

$\min f_C = -7.8 - 2.6 - 10.9 = -21.3\text{MN/m}^2$,角隅应力到边缘应力

$$\max f_C = -7.8 + 1.6 - 10.9 = +4.7\text{MN/m}^2$$

风荷载和桥上车荷载的最不利荷载组合产生的应力也是满足要求的。

第 5 章　斜拉桥的施工

5.1　工程案例

5.1.1　概述

相比其他桥梁结构,斜拉桥的施工较为合理,因为施工过程中的自由悬臂体系可以自平衡,如图 5.1 所示。

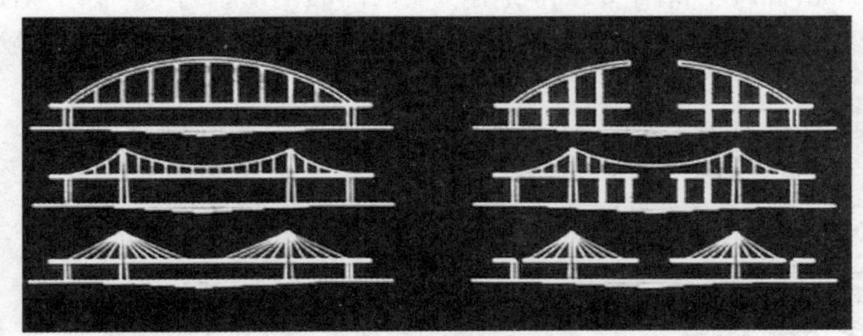

图 5.1　架设体系的比较

上承式或下承式拱桥的主拱施工通常需要辅助墩支撑。不过在河流的通航河道上架设辅助墩进行桥梁施工时,势必会影响通航,这对商业航运是难以接受的。如果主拱不能在辅助墩上进行施工,就需要用昂贵的辅助桥塔和拉索进行锚固。但是在拱桥建设过程中,需要包括临时锚固在内的临时措施使其更有效地达到最终体系。在大跨径桥梁中,斜拉桥比拱桥更经济。而自锚式吊桥必须在脚手架上架设。

第 5 章将对各种材料构成的桥塔和梁的施工过程进行系统的分类。斜拉索的安装在第 3.9 节已单独分析过。

5.1.2　桥塔施工

5.1.2.1　钢桥塔

斯特拉松德桥有两个支撑在混凝土桥墩上的钢桥塔,其施工过程将在 6.3 节介绍。

5.1.2.2　混凝土桥塔

混凝土桥塔通常采用现场浇筑。跨越上阿尔根山谷的大桥就是一个典型的例子,如图 2.214 [2.127] 所示。

A 形桥塔在其自由长度部分采用的是箱形截面,采用爬模施工,如图 5.2 所示。为保证固定嵌入式构件的安全,采用滑模施工显得尤为合理。以减小由于采用倾斜临时支撑而产生的弯矩，如图5.3所示。

图5.2 自由悬臂端

图5.3 临时支撑

5.1.2.3 组合桥塔

组合桥塔通常由混凝土桥塔支柱和桥塔顶端内部的钢锚箱组成。其中钢锚箱通过与周围混凝土的共同作用将水平索力和竖直弯矩传递到桥塔支柱。易北河大桥就是一个典型的例子[2.111]。

A形桥塔的下部由混凝土构成，为了简化缆索锚具和减小其尺寸，在桥塔顶端内部装有钢锚箱，如图5.4和图5.5所示。

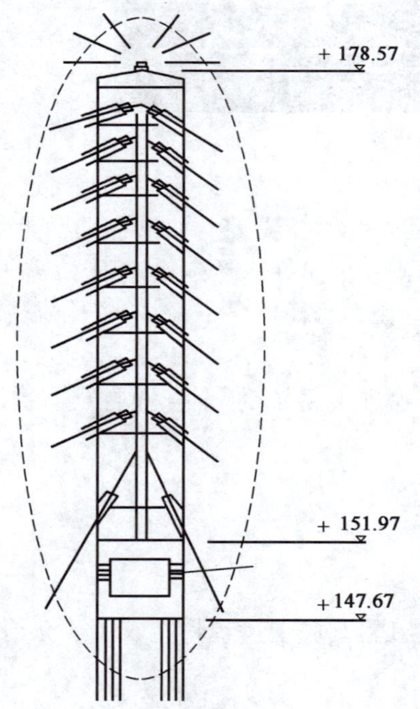

图5.4 混合桥塔顶端（高程单位：m）

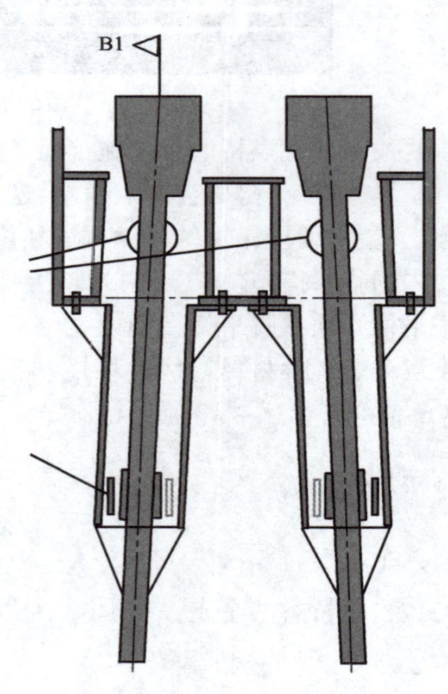

图5.5 缆索锚具

在地面以上50m处实现桥塔支柱到桥塔顶部的过渡。上部宽度由3.5m减小至顶端的3m，其内部由3.3m×1.9m的钢箱组成，外层浇筑厚度为0.7m的混凝土，由传力杆和剪力钉来实现其共同受力。内部钢锚箱支承在加劲肋上，如图5.6所示。

图 5.6 钢锚箱

桥塔立柱施工完成后，通过塔吊来安装钢锚箱，如图 5.7 所示。随后在钢锚箱外层浇筑混凝土以实现共同作用，如图 5.8 所示。

图 5.7 吊装钢锚箱

图 5.8 桥塔顶部模板施工

图 5.9 为“耳”形混凝土与钢箱梁上剪力钉连接的钢筋。

5.1.3 主梁的施工

5.1.3.1 概述[1.19]

主梁的施工一般从辅助墩上开始。主跨主梁通过自由悬臂法施工，然后将悬臂梁与引桥跨的主梁连接。只要桥墩两侧悬臂的重量近似平衡，即可采用自由悬臂法施工。采用这种方法施工时，对于独塔斜拉桥，其桥塔是对称轴。如果没有通过跨径比来保证这种对称性，相邻跨桥墩必须固定或配重，以提供平衡荷载。若对独塔斜拉桥镜像，则可形成一连续、对称且

图 5.9 钢箱梁与“耳”形混凝土连接的钢筋

主跨为单悬臂长度2倍的双塔斜拉桥。对于不能使用临时墩架桥的宽水面或山谷,采用悬臂法可实现桥梁的施工,这是节约成本的一个决定性因素,因为在河流中修建临时墩时,必须采取措施来抵挡高水位、船舶冲击和冰压力。深谷中架桥时则需要修建成本更高的临时高墩。这些大型的临时结构无疑会大幅增加造价。因此,对于大跨径桥梁,采用悬臂施工是最经济的施工方法。

如果桥塔位于深水处,在脚手架上进行边跨施工时成本将会非常昂贵,而对桥塔两侧主梁采用悬臂施工时,在经济上则显得更为合理。

一个经济合理的施工方法就是将施工构件和所需的辅助结构减少至最少。

桥梁设计应遵循成桥结构在施工中不增加额外加强结构的设计方法,并且尽可能地避免使用临时桥墩和辅助缆索。

在施工初期必须决定是否使用挂篮或浮式起重机。但浮式起重机不能装载重型施工设备,也不允许重型预拼装构件的安装。另外,浮式起重机的使用势必对航运造成较大的限制,而且依赖于施工时的水位,这些因素将导致工期延误。因此,首选能在已完成施工的主梁上移动挂篮法施工,往往这也是比较经济的方案。

5.1.3.2 *混凝土梁*

混凝土梁施工一般有现场浇筑或预拼装两种方法。通常采用悬臂法施工,也可采用顶推法或转体法。

1)自由悬臂法

悬臂施工过程中,梁体具有足够的强度,仅靠永久斜拉索便可平衡,或采用临时锚固。

(1)预制构件

预制梁段的优点是可在人为控制的条件下浇筑和养护,不受不利天气影响,其缺点是构件重量太大会导致安装困难以及接缝的处理困难。

帕斯科—肯纳威克桥预制梁段的建造将在第6.1.2节介绍,东敦王顿大桥预制梁段的建造将在第6.1.3节介绍。

图5.10展示的是跨越阿根廷巴拉那州河的波萨达斯—恩卡纳西翁大桥,采用现浇接头进行预制梁段的架设。

预制梁段通过驳船浮运到指定地点,再由起重机吊装到已安装梁段处,在两端进行对称起吊,如图5.11和图5.12所示。起重机固定在桥塔的临时支撑上。

吊装完毕后,新梁段在距离已安装梁段0.3m处与之对齐。现浇接头通过焊接钢筋来连接,并在外层浇筑早强混凝土。为了使太阳辐射引起的温度梯度达到最小,一般在夜晚浇筑。

按这种方式安装的梁段,可以在桥塔附近平衡,构件固定在主跨前端,如图5.13所示。因此,桥塔到锚固墩只需要一个临时锚固,且避免了跨越主跨到另一桥塔的第二个临时锚固。每月可施工6~8块梁段。

(2)现浇混凝土

①采用辅助缆索

图5.14[2.134]展示的是位于曼海姆跨越内卡河的人行桥——内卡中央大桥。主梁采用自由悬臂节段法施工,如图5.15所示。

在永久斜拉索安装前,为了避免新节段施工导致已施工梁段超载,挂篮往往用临时缆索锚固在桥塔顶部，如图 5.16 所示。每个新节段临时缆索的调整耗费大量时间，且桥梁跨中处的临时缆索必须单独设计以承受最大拉力。

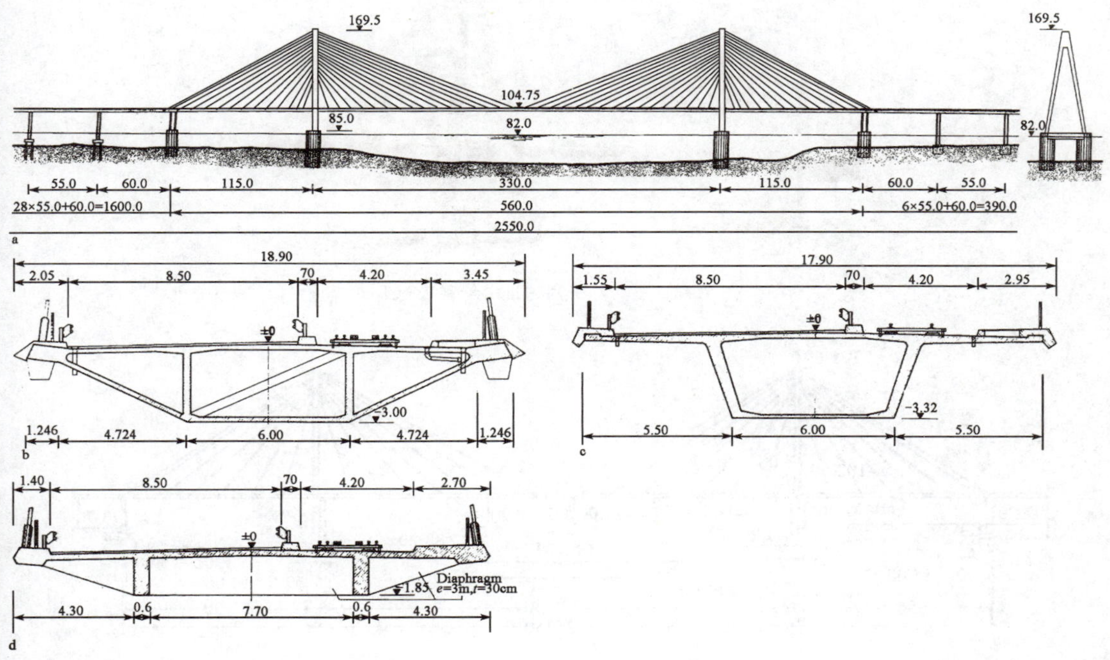

图 5.10 波萨达斯—恩卡纳西翁大桥的总体布局(尺寸单位:m)

图 5.11 第一个节段的吊装

图 5.12 自由悬臂法施工

图 5.13　主跨非平衡的自由悬臂法施工

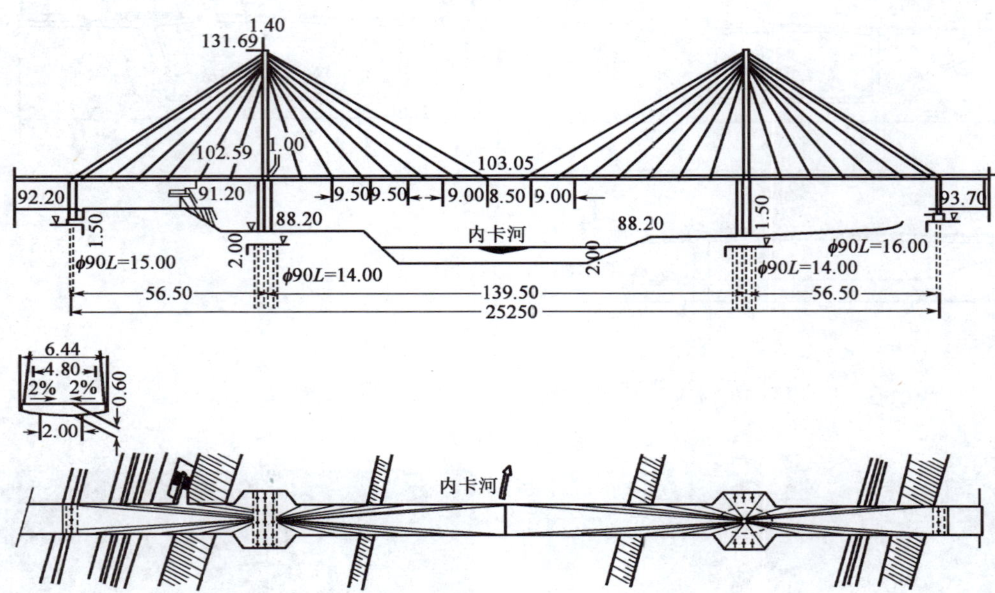

图 5.14　内卡中央大桥的总体布局(尺寸单位:m)

图 5.15　采用临时缆索进行自由悬臂施工

图 5.16　挂篮中的临时缆索

②采用永久斜拉索

为了克服临时缆索的缺点,挪威海尔格兰大桥[2.80]采用永久斜拉索支撑 12m 长的可移动支架,详见第 6.2.2.3 节。

③不采用临时支撑

巴拿马运河二桥为一座中央单索面斜拉桥,全桥总长 1052m,主跨 420m。主梁宽度 34.1m,采用单室箱梁,通航净空 80m,如图 5.17[2.83]所示。

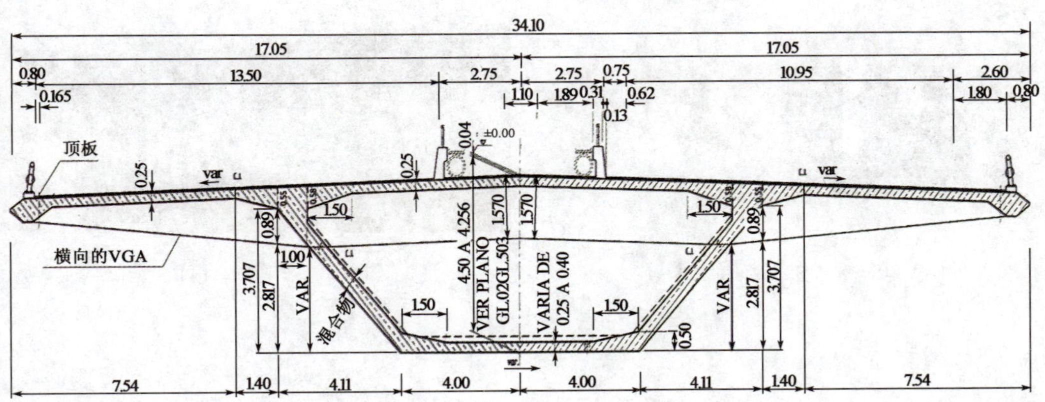

图 5.17　巴拿马运河二桥(尺寸单位:m)

每周施工 6m 长的梁段,这种进度只能依靠在梁下移动的挂篮来实现,且要保证挂篮在工作时畅行无阻,如图 5.18 和图 5.19 所示。桥塔处两侧主梁的初始节段通常在主跨和边跨侧的挂篮上对称进行。

高度为 4.5m 、长度为 6m 的悬臂箱形节段,不需要辅助支撑,因为节段长与缆索间距大致相等。如图 5.20 和图 5.21 所示。图 5.22 是在赖纳索尔博士(左数第二个)领导下来自 LAP 的几个同事。

④采用临时拉索

建在法兰克福市跨越美茵河的 Flößer 桥,其主梁是现场浇筑,在悬臂施工时通过临时支撑来平衡。在最后阶段,梁体靠一对前支索和后支索来支撑,如图 5.23[2.92]所示。

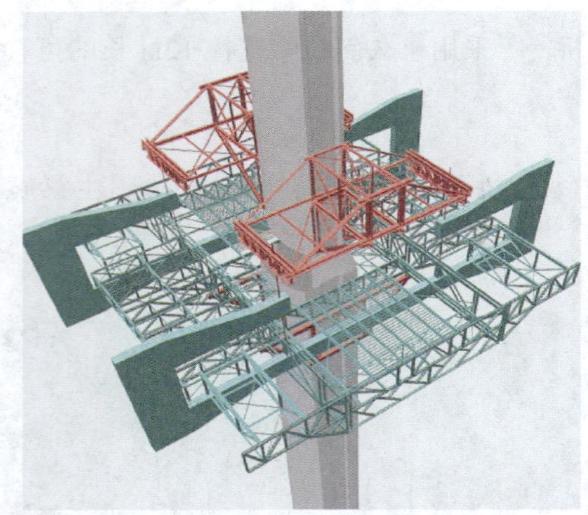

图5.18　共轭挂篮立体视图

图5.19　挂篮的安装

图5.20　无临时支撑的自由悬臂

图5.21　平衡的自由悬臂

图5.22　施工完成的巴拿马运河二桥和LAP团队

此桥悬臂施工时需要临时支撑原因如下：

①桥墩和永久拉索的距离过长，约50m。

②梁体高度太小，仅为2.2m。

a)Flößer桥

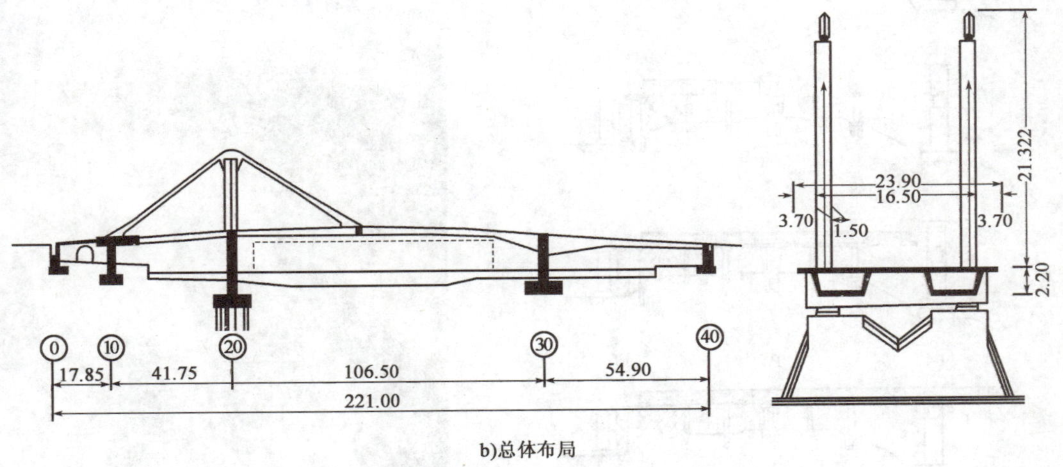

b)总体布局

图 5.23　Flößer 桥以及总体布局(尺寸单位:m)

③美茵河上无法架设临时桥墩。

悬臂系统的总体布置如图 5.24[5.1] 所示。

移动挂篮的锚固构造,通过与主梁固定来实现;支架与主梁的锚固构造,通过拉杆连接来实现。

桥塔和悬臂梁之间设置临时斜拉索(可调节),挂篮可通过此临时斜拉索。

对辅助桥塔上的预制构件进行竖向后张拉。

图 5.25 描述的是合龙段施工,此时端锚索的支架已经安装完成。

2)顶推法

位于中国香港连接大屿山岛的汲水门大桥,其边跨通过主梁在永久墩和临时墩上的顶推法施工而成[2.107]。每一节段长 18.3m,如图 5.26 和图 5.27 所示。为了实现顶推法施工,位于主梁下方的横梁必须在主梁达到最终位置后进行二次浇筑。每一边跨通常分两部分顶推施工，防止其质量和尺寸超过目前经验所能控制的范围。所以钢导梁必须根据顶推过程中的荷载进行尺寸设计，如图 5.28 所示，尤其对于较大的支承反力以及与之相对应的弯矩。

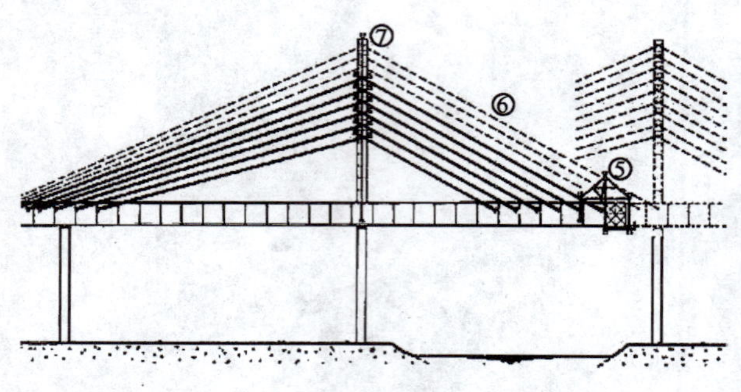

图 5.24　自由悬臂体系

图 5.25　自由悬臂段的末端(合龙段)

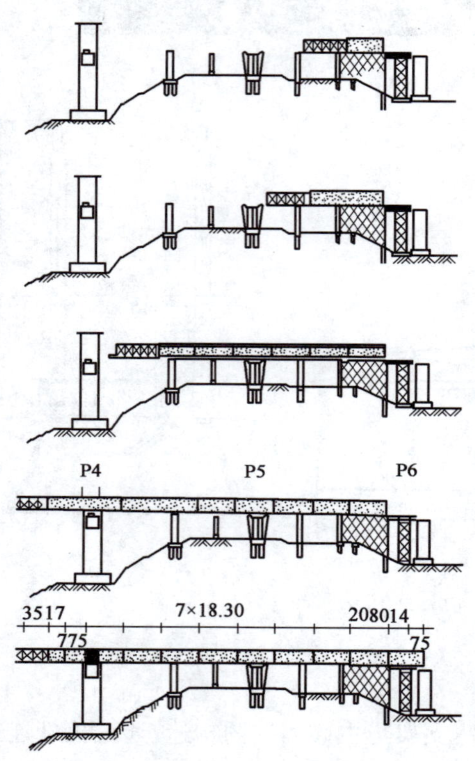

图 5.26　汲水门大桥顶推法示意图(尺寸单位:m)

图 5.27　边跨顶推

3)转体法

位于比利时跨越默兹河的本汉明斜拉桥，其主跨为 168m，且只有一个桥塔，如图 5.29 所示[5.2]。该桥桥塔 93.5m 高，A 形主塔在主梁下方由横系梁连成整体，然后在独立基础上旋转。主梁支承在桥塔塔腿之间的横梁上，如图 5.30 所示。箱形梁依靠中央单索面来支撑，缆索拉力横向分布到由倾斜联系钢材组成的网状骨架上，如图 5.31 所示。

图 5.28　导梁

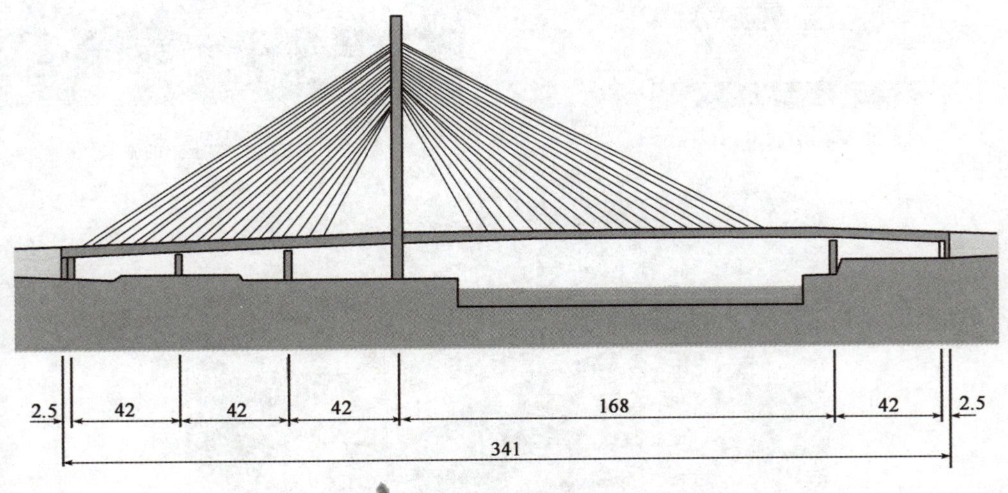

图 5.29　比利时本汉明桥立面图(尺寸单位:m)

主梁在岸边采用脚手架法施工,与河流平行,如图 5.32 所示。

随后整个桥梁旋转 70°,两相邻梁段采用现场浇筑混凝土连接,如图 5.33 所示。

图 5.33 所示的旋转装置由两部分组成,分别为上面可移动部分和下面固定部分,如图 5.34和 5.35 所示。下半部分直径为 4.5m,且牢固地固定在石灰岩上。在它的顶部,一个十字交叉形状的滑动部件上,聚四氟乙烯包裹的橡胶在光滑不锈钢上滑动,摩擦系数由刚开始的 5% 减小至转动时的 2%,相当于减小了 200~800t 的摩擦力。通过两侧放射状布置的液压千斤顶来提供旋转牵引力,每个千斤顶油柱上升 20cm,梁端大约旋转 6m。

在施工最后阶段,用竖直千斤顶将滑动装置移除,并在接缝处密实灌浆。

跨越水域或复杂地形时往往需要进行大跨度桥梁的施工,而悬臂浇筑法是目前世界范围内使用最广泛的大跨度桥梁施工方法。为了减小横向风力并考虑到美观性,通常使梁体厚度最小,挂篮必须依靠缆索来支撑。为避免每个新节段施工时临时缆索安装的重复,海尔格兰大桥将永久缆索作为挂篮的临时支撑,详见第 6.2.2.3 节。

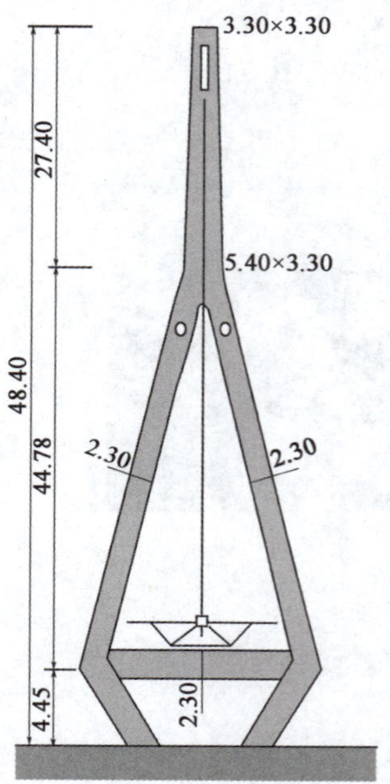

图 5.30　桥塔(尺寸单位:m)

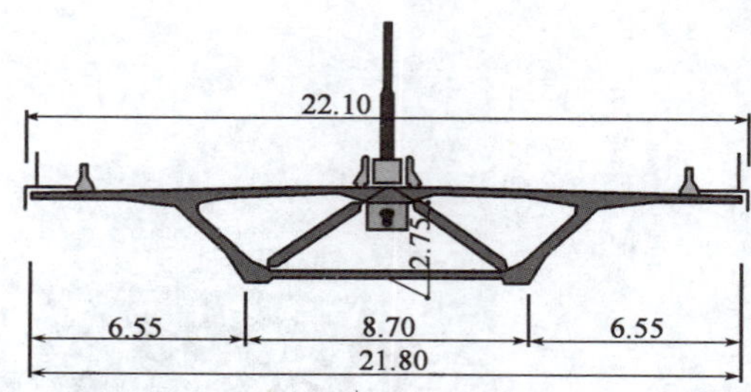

图 5.31　梁的横截面(尺寸单位:m)

图 5.32　支架上梁的施工

图 5.33　已完成桥梁的转体

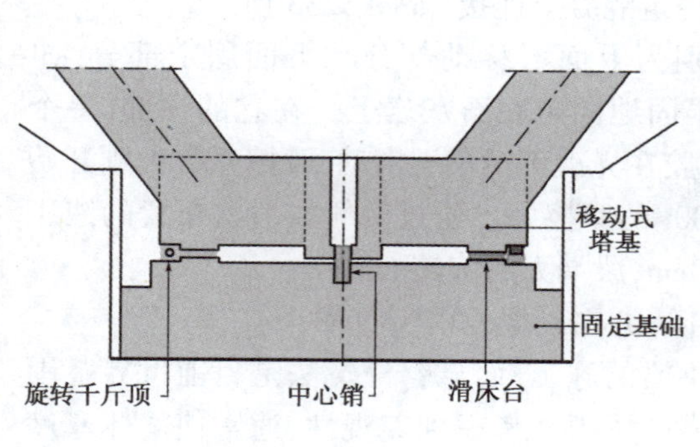

图 5.34　桥塔底部的转动装置立面图

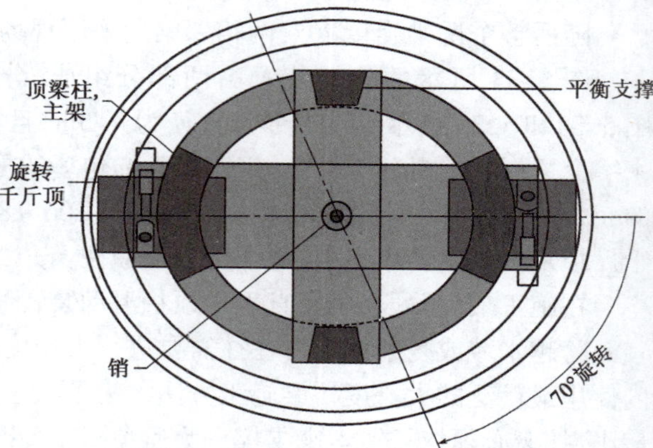

图 5.35　桥塔底部的转动装置平面图

以上列述了常用的施工方法。

莱茵河弗莱埃桥的施工方法如图5.36[2.51]所示，先在顺桥向通过可移动支架施工，如图5.37所示。在常规部分采用两段顶推法，另外在端锚索锚固处也采用了顶推法。

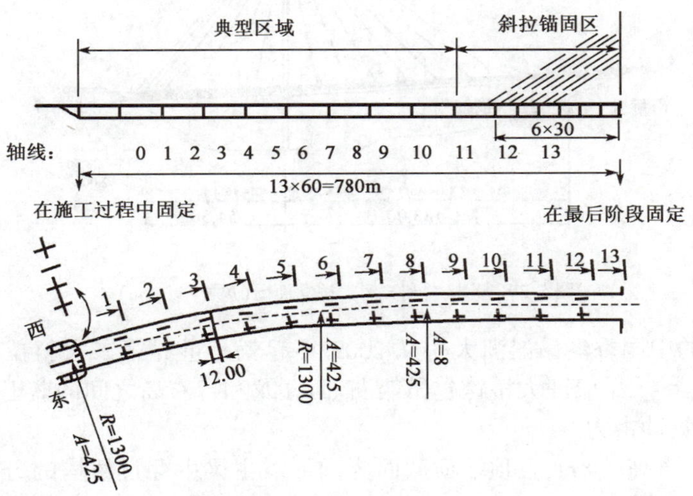

图5.36　德国弗莱埃桥的施工方法(尺寸单位：)

在靠近桥塔的端索锚固处，梁在临时墩上现浇，其初期荷载和其他墩相平衡。

端锚索的安装和主跨自由悬臂的施工平行进行，可以成功消除临时墩上的荷载。支承反力由液压千斤顶来控制，必要时还需调整反力预定值。在斜拉索全部安装完成，且将所有恒载组合后加载，临时墩就可以移除。缆索锚具构造图如图5.38所示。

图5.37　在可移动支架上施工

图5.38　缆索锚具构造图

苏格兰利文湖大桥如图5.39所示，采用了斜拉桥不常用的施工方法——梁全部在固定支架上浇筑完成。

该桥桥塔和主梁同时施工[2.82]，脚手架耗材40000m^3，和顶推法相比显得更经济，如图5.40所示。

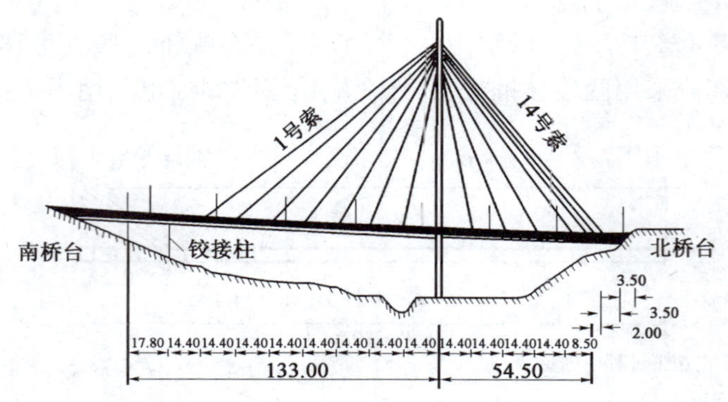

图 5.39　苏格兰利文河大桥立面图(尺寸单位:m)

主跨 1018m 的中国香港昂船洲大桥从 2009 年起就是世界第二大斜拉桥,其即将成为香港的一座新地标[1.22]。昂船洲大桥跨越昂船洲、西九龙和青衣岛之间的蓝巴勒海峡,且地处市中心,有强大的视觉冲击力。

昂船洲大桥桥塔高 298m,且顶端横截面为圆形。主梁由穿过桥塔的分离式双箱梁构成,如图 5.41 所示。两箱梁由横梁连接在一起,形成梁格。边跨混凝土连续主梁跨度达 70m。主跨钢梁伸入边跨混凝土梁 50m,从而使主跨和边跨连接成一个整体。

图 5.40　脚手架

图 5.41　昂船洲大桥——支架现浇的混凝土边跨

昂船洲大桥的特点是由混凝土施工而成的边跨跨度非常小——289m,仅为主跨的 28%,作用效果相当于钢主跨的平衡重。边跨分别进行了纵向和横向预应力张拉。因为墩梁固结、缆索整体后张拉锚固,所以边跨几何构造较复杂,如图 5.42 所示。每侧桩承台的混凝土用量达到 $22000m^3$。

高度达 4m 的多室箱形梁,每跨通过 3 片箱形横梁连在一起,壁厚 0.5m,如图 5.43 所示。横梁肋板相当于主梁的横隔梁,梁的倾斜式底板更加符合空气动力学原理。后支索和横向预应力筋锚固在梁外部实体边缘(体外张拉)。

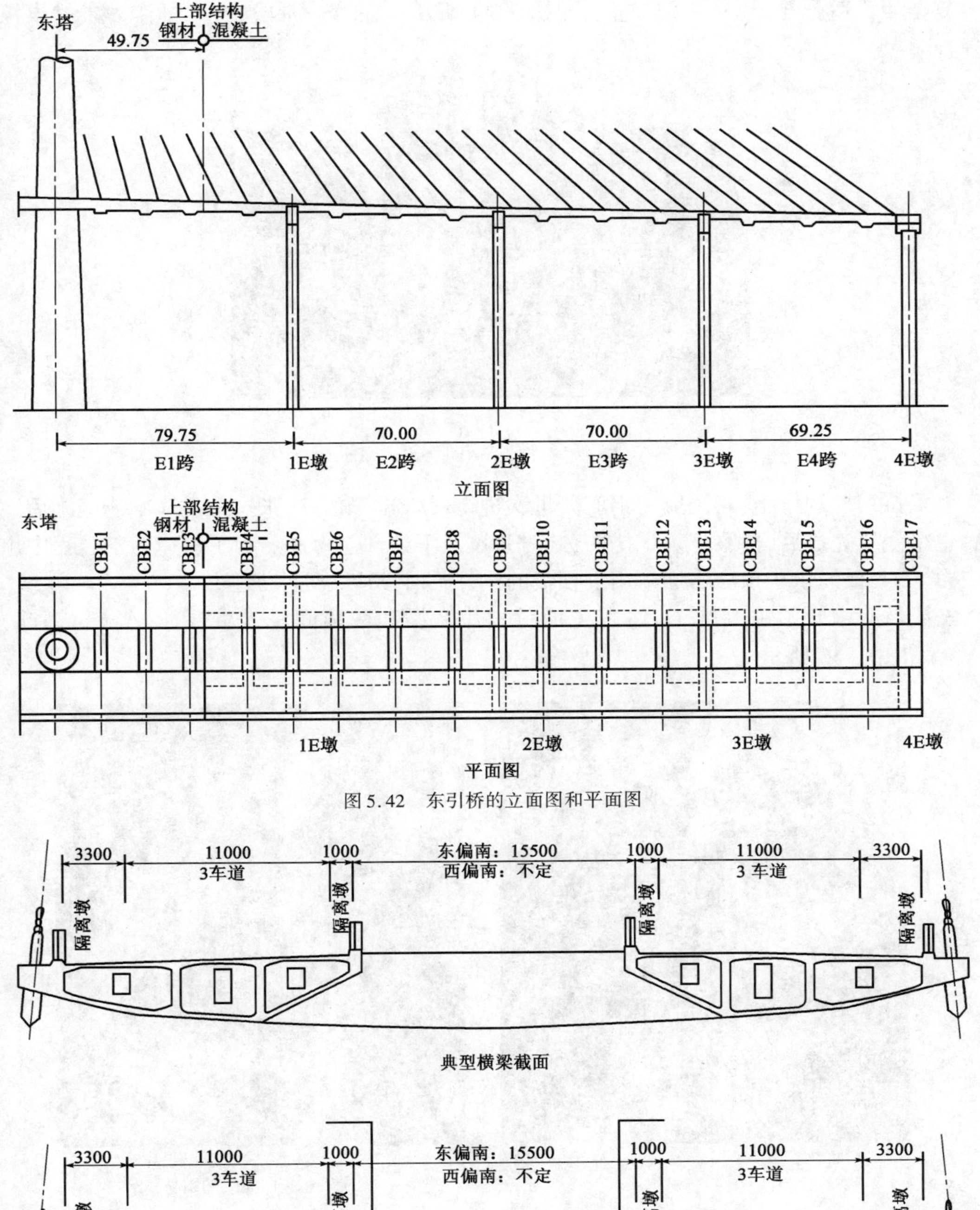

图5.42 东引桥的立面图和平面图

图5.43 横梁和横隔梁的截面尺寸(尺寸单位：m)

复杂梁段适合在固定支架上现浇，如图 5.44 所示。在第一阶段，横梁可作为主梁模板的支撑。

图 5.44　支架的安装

为了持续控制弯矩，对预应力钢筋分批次进行后张拉，第一次张拉是在横梁连接之后。在随后主梁浇筑完成后，横梁将发生挠曲，此时张拉余下的预应力筋。为了避免施工过程中出现拉应力，下底板的永久预应力筋须用上顶板的体外临时预应力筋来加强。

一般从跨中开始主梁施工，然后在最后一片横梁和墩顶间浇筑混凝土来密封钢筋，如图 5.45和图 5.46 所示。

图 5.45　模板

图 5.46　已完工的引桥

5.1.3.3　钢梁

自由悬臂法是主跨钢梁最常用的施工方法，也是斜拉桥的主要优点之一。钢制梁段一般长 10 ~ 20m，和斜拉索距离大致相等，全部采用预拼装。先将梁段浮运到指定位置，或放置在已安装好的梁段上，然后通过已安装梁段上的起重机或浮吊来进行吊装。最后再将钢梁节段对齐和焊接。

1)自由悬臂法施工

昂船洲大桥钢主梁由分离式双箱梁构成,双箱梁每隔18m设置一道横梁进行连接。第一个钢节段穿过桥塔,由卷扬机起吊并固定在桥塔上,如图5.47所示。钢梁一般很少外伸至相邻混凝土节段中,此处采用这种方法是为了减少复杂横梁节段的施工。更常见的做法是将混凝土梁外伸至主跨中,例如诺曼底大桥,详见第6.5节。

主跨随后的梁段用端部的起重机从水中吊装,如图5.48所示。每18m长的双室节段大约重500t。焊接过后,可以立即安装相应的斜拉索,每个双室节段的安装大约需要11d。

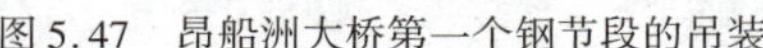
图5.47　昂船洲大桥第一个钢节段的吊装

图5.48　钢梁的悬臂施工

位于末端主梁下方的浮舟,通过GPS动态定位系统和计算机控制的锚固系统来确定其精确位置,如图5.49所示。最后的合龙段按照实际几何尺寸进行调整,如图5.50所示。

图5.49　双室钢梁节段的吊装

图5.50　合龙段

在中国上海长江上游大约100km处的苏通长江大桥,与其他主跨为钢结构的大型桥梁相比,其保持着主跨长1088m的世界纪录。如图5.51所示为梁段的浮运,然后在安装完成的梁体上用起重机进行吊装(图5.52所示),并进行对齐和焊接[1.21]。图5.53展示的是在端部用临时桁架进行最后合龙段的定位和铺设。

图 5.51　中国苏通大桥——梁节段的浮运

图 5.52　合龙段的吊装

2)顶推法

法国南部跨越塔恩河谷的米约大桥,其梁体是在每个桥墩后面逐节预拼装后,再顶推施工。施工最后阶段的第一个桥墩是用来支撑顶推过程中的导梁,如图 5.54[2.123] 所示。米约大桥的施工将在第 6.6.2 节详细介绍。

图 5.53　合龙段的拼装

图 5.54　法国米约大桥——钢梁的顶推

3)横移法施工

卡塞尔莱茵大桥是杜塞尔多夫市中心繁忙道路系统的重要组成部分。为了避免新桥的施工影响城市主干道的行车,新桥施工沿着旧桥进行,建成后再横向移动 47.5m,如图 5.55 和图 5.56[2.45] 所示。

图 5.55　德国杜塞尔多夫卡塞尔莱茵大桥的起始位置

图 5.56　杜塞尔多夫卡塞尔莱茵大桥的最终位置

滑动轨道支承在旧桥墩和新桥墩的连接结构上,如图5.57所示。

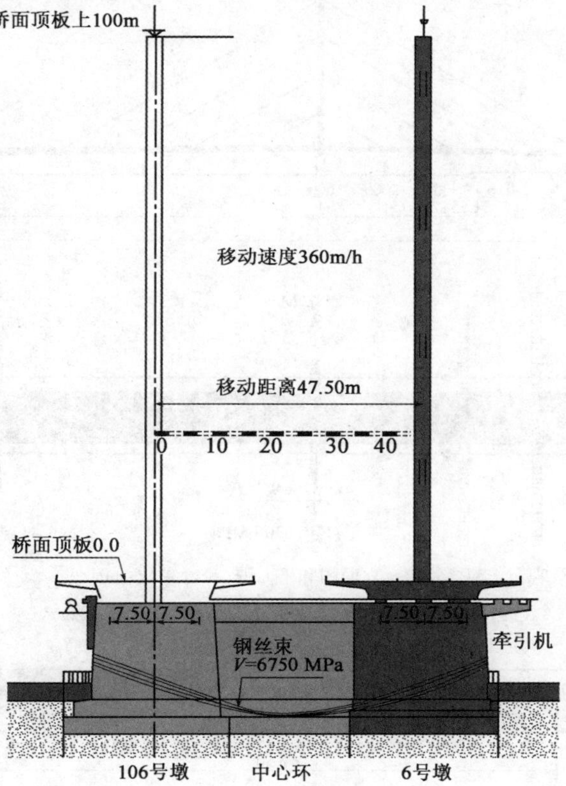

图5.57 横向移动(尺寸单位:m)

卡塞尔莱茵大桥的主跨和每侧257m长的边跨在立面上呈对称布置,如图5.58所示。在横移法施工中张拉缆索时,桥墩和梁体是分离的,也就意味着全桥10300t的质量全部集中在桥塔处。横向拉力为37.5MN。

此桥在4个滑动轨道上移动:2个设置在杜塞尔多夫侧桥台上,1个设置在卡塞尔侧桥台上,4个滑动轨道均由润滑抛光不锈钢组成,如图5.59所示。

第4个主滑道位于桥塔下方的中心墩上。此处支座由3个新型支撑组成,其中中央支座直径为3m,是当时的最大规格,如图5.60所示。

在支座下方是一个连续的70m长、3.2m宽和18mm厚的高强钢板,通过抬升桥梁38mm将其嵌入。滑板为聚四氟乙烯板。

每个牵引装置有2个液压式穿心千斤顶,共4个。在横移过程中,对拉杆施压,如图5.61所示。主要牵引装置设置在桥塔上,因为此处有最大的摩擦力,次要牵引装置设置在桥台上。

5.1.3.4 组合梁

组合梁是将现浇或预拼装的混凝土桥面板支承在钢梁格上。

1)悬臂法施工

悬臂施工中通常在缆索锚具间逐节进行钢梁吊装,随后安装混凝土桥面板。钢梁的施工不能先于混凝土桥面板,否则很难确定由混凝土收缩和徐变引起的作用力。在某些特殊情况,

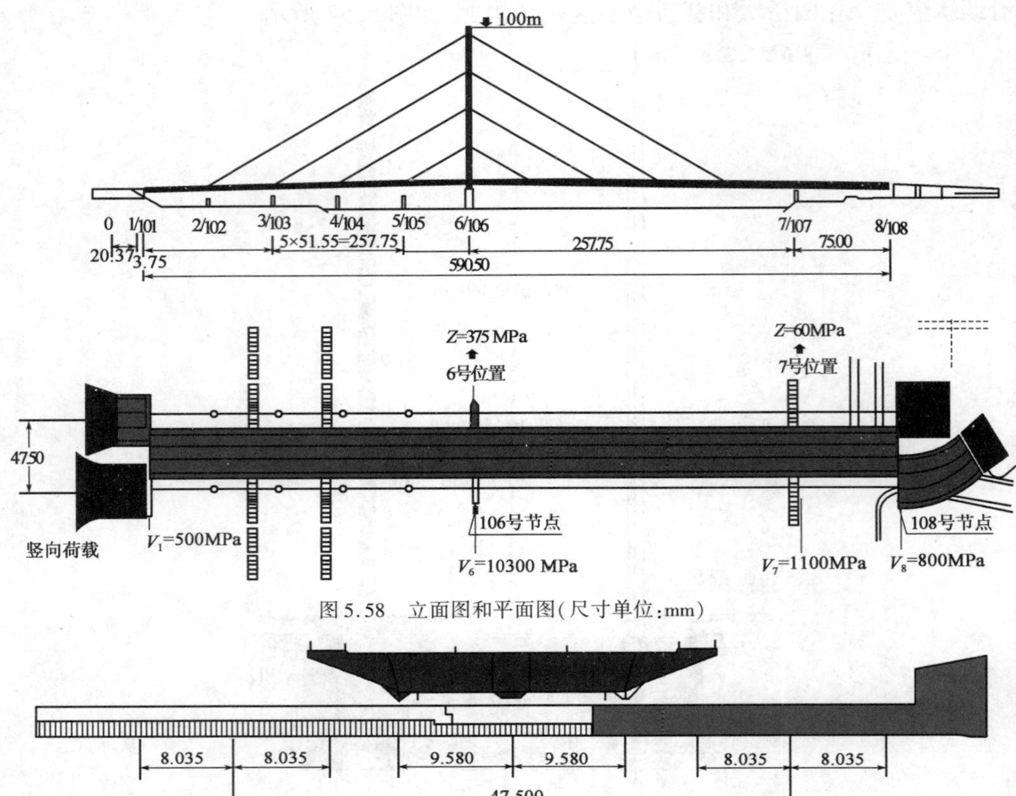

图 5.58　立面图和平面图(尺寸单位:mm)

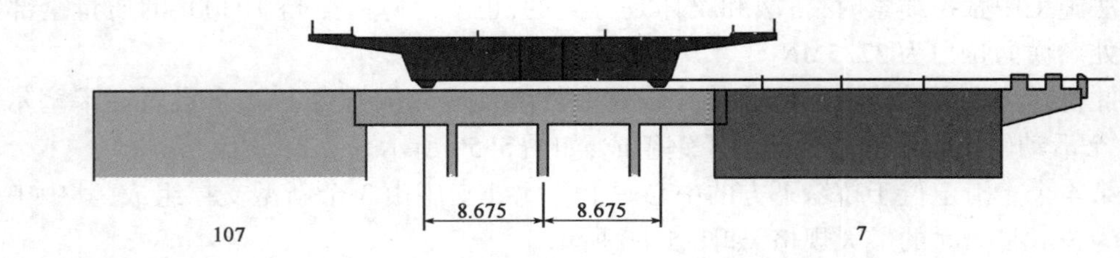

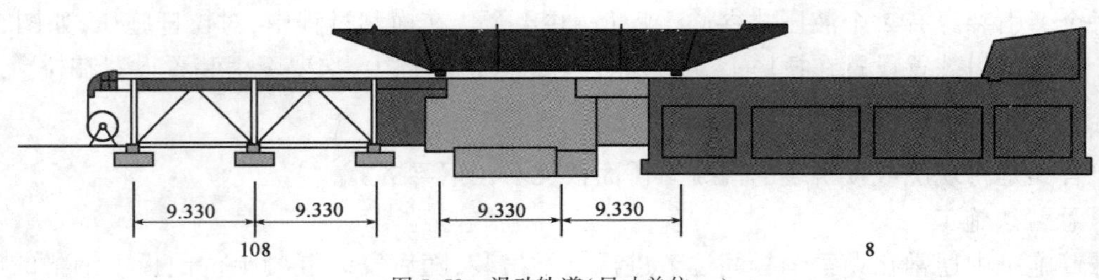

图 5.59　滑动轨道(尺寸单位:m)

由钢梁和混凝土桥面板组成的完整节段的吊装质量高达500t,和预制梁段大致相同。

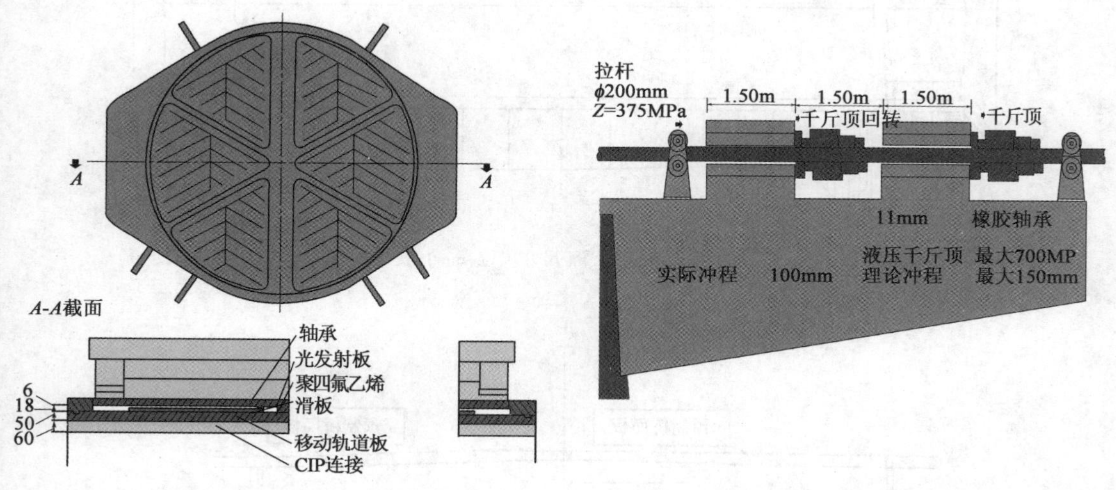

图5.60　移动轴承(尺寸单位:mm)

图5.61　横向移动的牵引装置

(1)预制桥面板

预制桥面板有利于加快施工进度和降低安装时的后期收缩和徐变值。缺点之一就是预制板的接缝,在永久荷载作用下容易出现双向受压的情况。

位于得克萨斯休斯敦的贝城大桥有两个独立的、不连接的组合梁,每个组合梁由板梁制成钢梁格和支承在顶部的预制桥面板组成。该组合梁的施工将在第6.4.2.3[1.17]节详细介绍。

如图5.62所示的上海杨浦大桥,则选择了一种特殊的施工方法为梁中心的纵向接头提供附加的横向压力[2.105]。

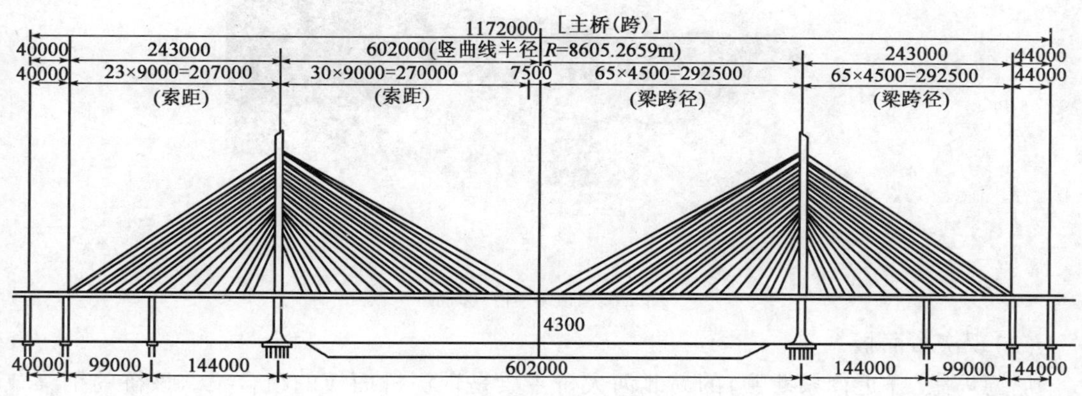

图5.62　中国上海杨浦大桥立面图(尺寸单位:mm)

在浇筑中间接头之前,借助吊杆柱将横梁往上推,如图5.63~图5.65所示。养护完成后,撤掉吊杆柱,当用顶部的法兰盘支撑横梁时,将会在接头处产生附加压力。

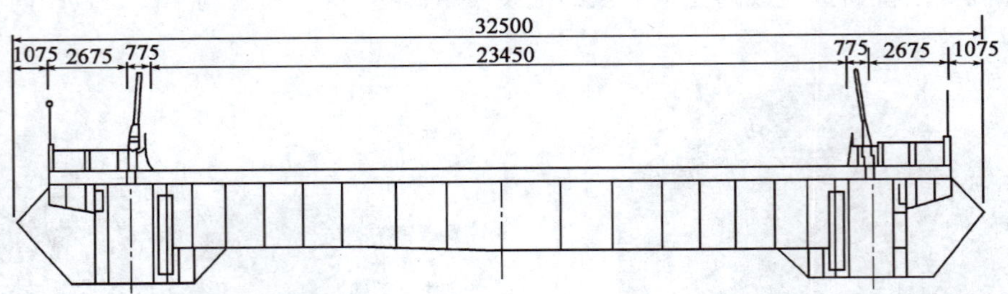

图 5.63　横梁(尺寸单位:mm)

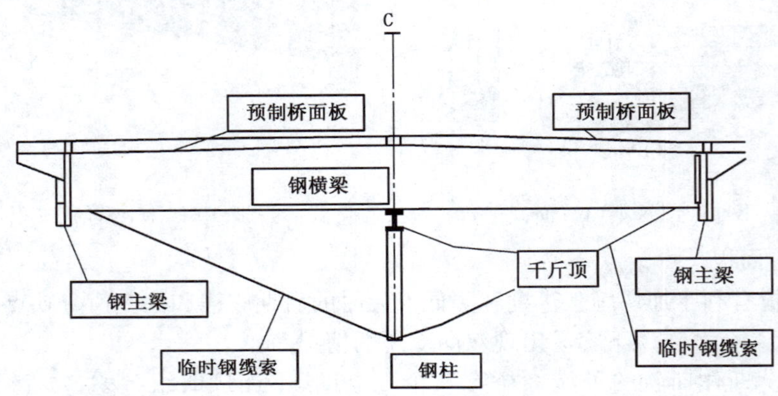

图 5.64　有临时吊杆柱的横梁

图 5.65　顶端梁格(仰视图)

(2)现浇桥面板

尼德玛撒(靠近德累斯顿)的易北河大桥主梁是现浇桥面板的组合梁。该桥的钢梁节段通过驳船运输,如图 5.66[2.111] 所示。

起重机将梁节段吊起,如图 5.67 所示,再焊接到已施工完成的梁体上,如图 5.68 所示。

用于桥面板施工的支架如图 5.69 所示,钢筋布置如图 5.70 所示,桥面板的浇筑如图 5.71所示。

图 5.66　驳船运输

图 5.67　从驳船上起吊

图 5.68　新节段的拼接

图 5.69　用于桥面板施工的支架

图 5.70　钢筋布置

图 5.71　桥面板的浇筑

(3)节段整体吊装

希腊的里翁大桥作为一个特例，其 12m 长的组合梁节段连同桥面板一起安装[2.122]，该节段重约 270t，采用浮式起重机吊装，如图 5.72 所示。类似于贝城大桥，钢腹板采用高强螺栓连接，桥面板接头处采用搭接钢筋和低收缩性混凝土。里翁大桥的施工将在第 6.6.2 节详细介绍。

中国香港的汲水门大桥横截面为双层复合式，其腹部采用钢制肋板和钢桁架，上下翼缘由混凝土浇筑而成，如图 5.73[2.107]所示。

图 5.72　希腊的里翁大桥——整体节段的吊装

图 5.73　中国香港的汲水门大桥——双层桥面

移动架上的液压式千斤顶将驳船运来的自由悬臂段主梁节段逐节吊装。较大的主梁节段高为 7.5m，重约 500t，可以不用任何辅助锚固措施进行吊装，如图 5.74 和图 5.75 所示。

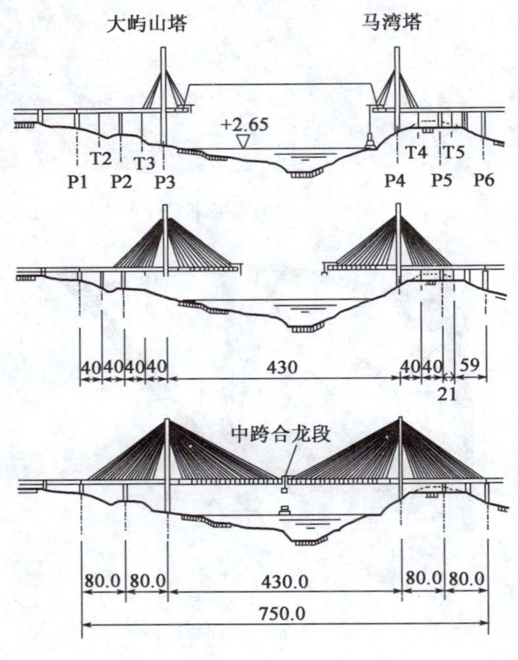

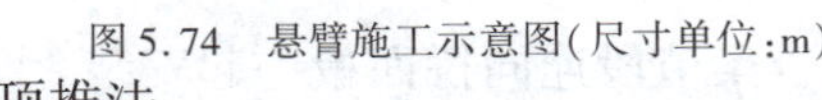

图 5.74　悬臂施工示意图(尺寸单位:m)

图 5.75　整体式双桥面梁节段的吊装

2) 顶推法

芬兰的海诺拉大桥的组合梁横截面为开口式，采用混凝土独塔构造，其钢绞线缆索呈竖琴形排列，如图 5.76[2.106] 所示。

钢梁从两侧桥台向跨中顶推，当跨越较大的跨度时需设置临时墩，如图 5.77 和图 5.78 所示。分节段浇筑桥面板后，再安装斜拉索，最后拆除临时墩，如图 5.79 所示。

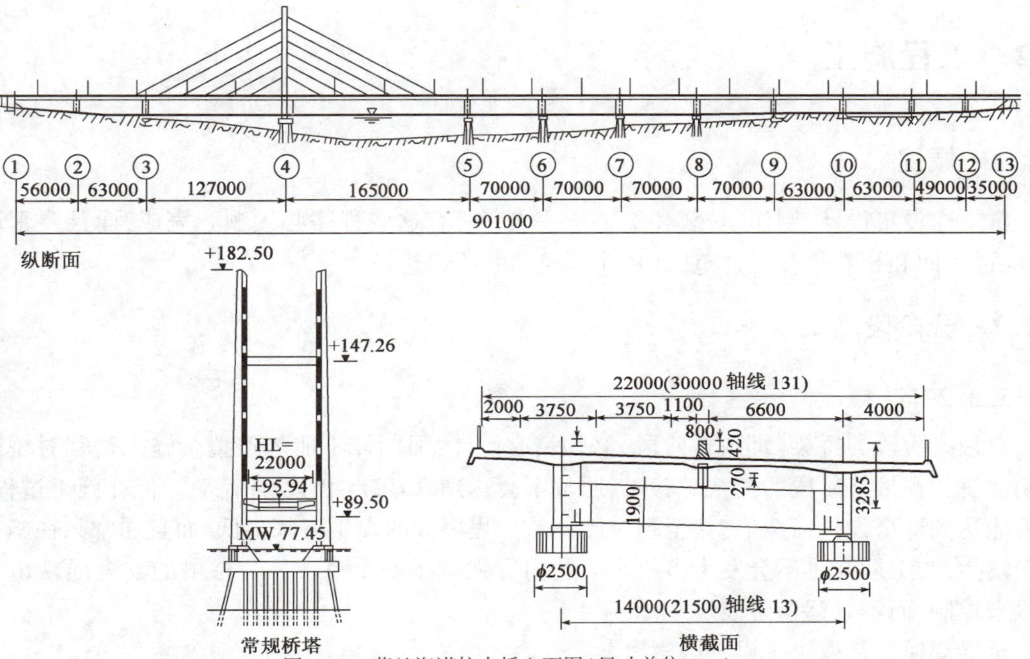

图 5.76　芬兰海诺拉大桥立面图(尺寸单位:mm)

图 5.77　钢桁梁的顶推

图 5.78　顶推后的钢梁

图 5.79　桥面板的现浇

5.2 工程施工

5.2.1 概述

桥梁建设集设计、制作、安装和施工于一体。所有这些程序必须顺利完成,而且要密切合作,保证时间和预算均在设计范围内,才是成功的桥梁建设[2.37]。

5.2.2 分阶段施工

5.2.2.1 概述

对最终阶段的桥梁(即成桥阶段)必须精心设计,但同样不能忽略整个施工过程对桥梁的影响。桥梁在最终阶段的荷载试验时,通常不会达到其基准期的设计荷载。但在施工过程中,有可能达到这个设计荷载值,甚至超过此值。工程事故的发生概率很低,而且通常只在施工过程中发生,竣工后几乎不会发生事故。上述内容强调了一个事实——桥梁的安全通常由施工阶段来控制,而不是运营阶段。

桥梁规模通常取决于以下因素[2.71,2.36]:

(1)首先根据运营阶段来拟定初步尺寸,再根据施工阶段来拟定。

(2)首选择造价低的施工方法。在施工过程中,应充分利用桥梁自身的承载力。

(3)施工过程中因局部加强而产生的费用应同那些可以避免采用局部加强的不同施工方法相互比较。

斜拉桥的最大优点是靠缆索的法向力来克服大跨度,尤其在主跨的施工过程中,其优势更加明显。如果地形允许,边跨和桥塔的施工均可以在脚手架上进行。(桥塔和自由悬臂同时施工虽然可以节省时间,但会造成二者之间过多的依赖,也会增加危险的高空作业,所以应该尽量避免。)

主跨采用自由悬臂法架设,应根据预张力或预定长度进行斜拉索的安装,从而减小悬臂梁的弯矩。对桥塔施加一定的约束,同样可以减小其弯矩。

斜拉索锚固点的距离取决于梁段自由悬臂的长度。已安装好的梁段,靠斜拉索进行弹性支承。在斜拉索安装前,新节段的施工势必会产生一定大小的负弯矩,对正弯矩起到卸载的作用。

梁体和斜拉索的应力在施工阶段和竣工阶段大致相同。每一施工阶段梁体和斜拉索的承载力必须仔细检查,对于锚固在塔上的斜拉索更是如此。

只有综合计算不同体系下的全部应力,才能确保任意施工阶段的安全。

在桥梁施工结束后,将所有恒载进行组合并加载,其倾斜度应符合道路的设计要求。当不满足要求时,可二次张拉斜拉索来进行调整。相应的弯矩偏差不得超过竣工阶段所给定的限值。此外,二次张拉的成本非常高。(一些顶尖的工程师也认为没有必要进行二次张拉。)

为保证桥梁的正常使用,不仅要有足够的承载力,而且要满足每一施工阶段的变形要求。从某一给定的施工阶段起,下一节段的悬臂施工和相应的斜拉索安装将会形成一个新的安装阶段,其作用力和变形与之前均不相同。

应准确确定下列值:

(1)新的梁段应与已安装梁段对齐,从而使其顶端高程与理论值相同。

(2)根据预张力(或预定长度)来安装新的斜拉索,使其顶端高程与理论值相同。

如果现场的每个施工步骤都按要求严格执行,那么整个桥梁就可以达到预期的承载力和几何形状。

单个施工阶段的计算可以从已知的“最后阶段”(成桥阶段)开始,然后向后倒装桥梁。将所有荷载和变形按相反值加载到成桥阶段上。在倒装过程中,所有作用力肯定为零。

5.2.2.2 从 $t=\infty$ 到 $t=1$ 倒拆桥梁

在永久荷载和收缩徐变已发生的最后阶段($t=\infty$ 时已发生收缩徐变),其计算已在第4章介绍过。为了完成倒拆的第一步,首先要移除附加荷载,$t=\infty$ 和 $t=1$ 范围内的收缩徐变要采用其相反值,然后加载到最后阶段,如图5.80~图5.82[1.19]所示。

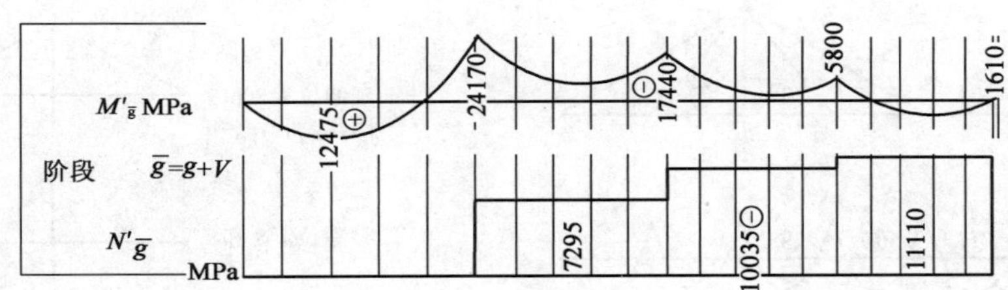

图5.80 初始体系($t=\infty$)

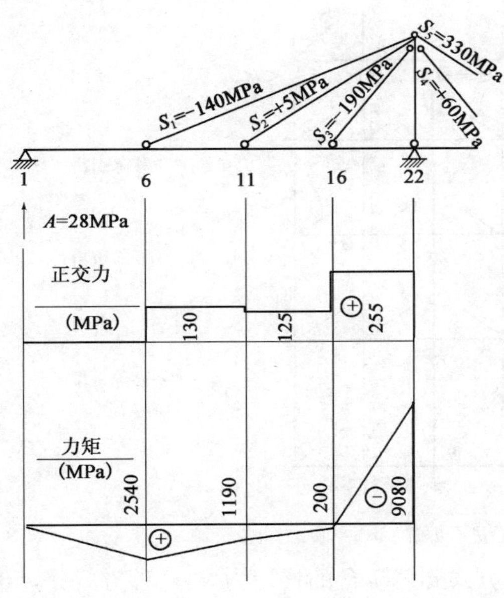

图5.81 移除收缩徐变

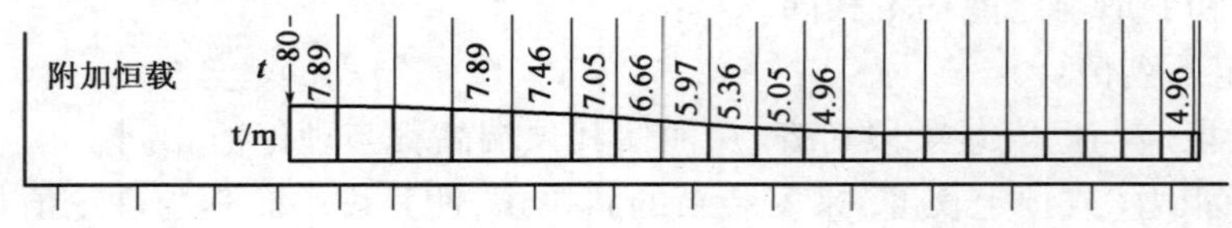

图 5.82　移除附加荷载(1t = 10kN)

在现场桥梁施工结束时,完成对缆索应力、梁体几何尺寸以及斜拉索二次张拉(最好不采用)的检查,这一阶段必须做详细记录。

5.2.2.3　桥梁的倒装

1)采用浮吊

(1)单塔系统

采用浮吊施工,主梁上的荷载最少,也是最简单的施工方法。图 5.83 和图 5.84 给出了所需的各个步骤和倒装过程中对应的荷载。

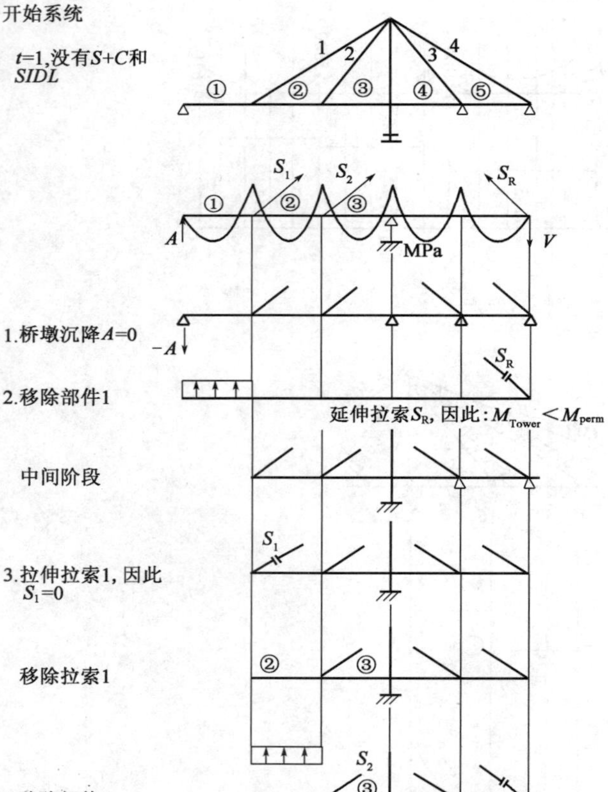

开始系统
t=1,没有$S+C$和$SIDL$
1　2　3　4
①　②　③　④　⑤
S_1　S_2　S_R
①　②　③
A　MPa　V
1.桥墩沉降A=0
$-A$
S_R
2.移除部件1
延伸拉索S_R,因此:$M_{Tower}<M_{perm}$
中间阶段
S_1
3.拉伸拉索1,因此S_1=0
②　③
移除拉索1
S_2
③
4.移除部件2
移除拉索S_R

图 5.83　开始进行拆解

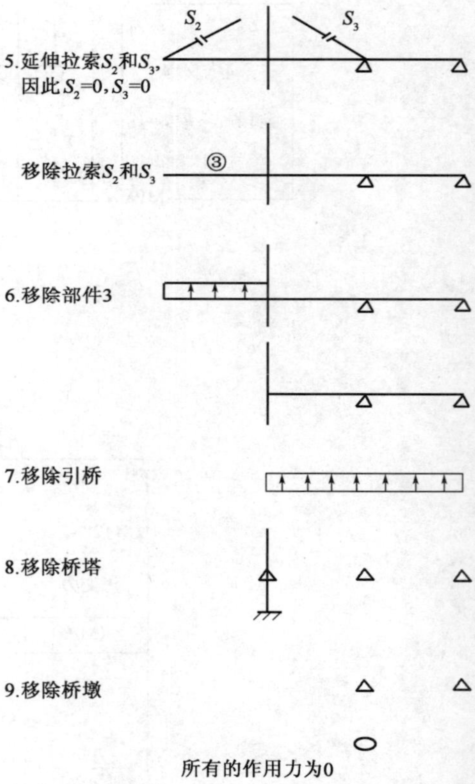

S_2　S_3
5.延伸拉索S_2和S_3,因此S_2=0,S_3=0
移除拉索S_2和S_3　③
6.移除部件3
7.移除引桥
8.移除桥塔
9.移除桥墩
所有的作用力为0

图 5.84　拆解完成

①通过"桥墩沉降"的方式卸载桥台的作用力 A,这种方式是能够达到作用力 A 为零的情况。从静态系统中移除作用力 A。

②移除悬臂单元部件 1 自重,使得 M、N、V 变为零。从静态系统中移除部件 1,检查此时是否有桥塔处的弯矩小于永久荷载的弯矩,否则调整拉索 S_B(适用于所有的施工阶段)。

③调整缆索 1,使 $S_1=0$,移除缆索 1。

④移除自重悬臂端部件 2 以及缆索 S_2。

⑤调整缆索 2 和 3 并且移除。

⑥移除部件 3。

⑦移除引桥部分。

⑧移除桥塔部分。

⑨移除桥墩。

所有在移除结构要素中产生的作用力都必须为零,并且所有的变形都应与实际相符合作为一个重要的检验。

(2)对称体系

在对称体系中可以通过调整使得对称中心两侧的 M、N、V 为零。

所需要的调整步骤示意如图 5.85 所示。

①移除中心构件上的恒载。

②放张中心构件左右两侧的 3 根缆索,使得连接点处的 M、N、V 为零。

③打开节点。

④移除中心构件。

下面的拆分步骤与单桥塔系统类似。

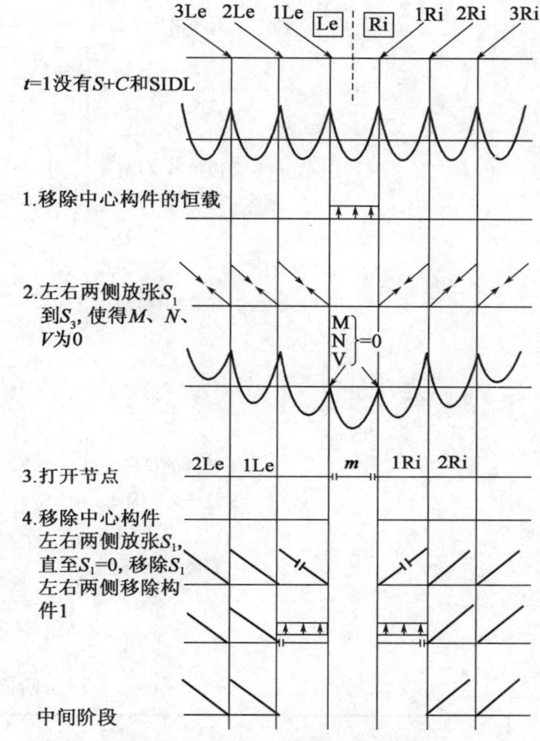

图 5.85 浮吊施工的对称体系拆解

2)采用起重机

如果起重机被用在倒装过程中,它从最初到使用过程中的移动再到最终的移离,都是在梁上进行的。

单塔体系倒装的步骤和计算如图 5.86 所示。

①移除支撑以后,起重机的自重作用在主梁上。

②吊杆支撑构件 1,从梁上移除构件 1 的自重,支撑构件的力矩通过双吊杆支座作用于桥梁上,同时从吊杆上拆下一对力即构件 1 的重力(只有吊杆的自重保留在梁上)。

③从静态系统中去除构件 1。

④把吊杆移到下一个构件后面(从旧的位置去除吊杆的自重并且把它移到新的位置)。

⑤拉伸并且移除缆索 S_1。

最后,在端锚索施工计算结束时:

①从构件上移除吊杆。

②移除最后一个缆索和梁构件。

③在弯矩、轴力、剪力均为零的条件下再一次移除桥梁上的构件。

5.2.2.4 气动稳定性

所有施工阶段的空气动力稳定性也必须给出。图 5.86 中给出一个实例[2.60]。颤振风速见表5.1。

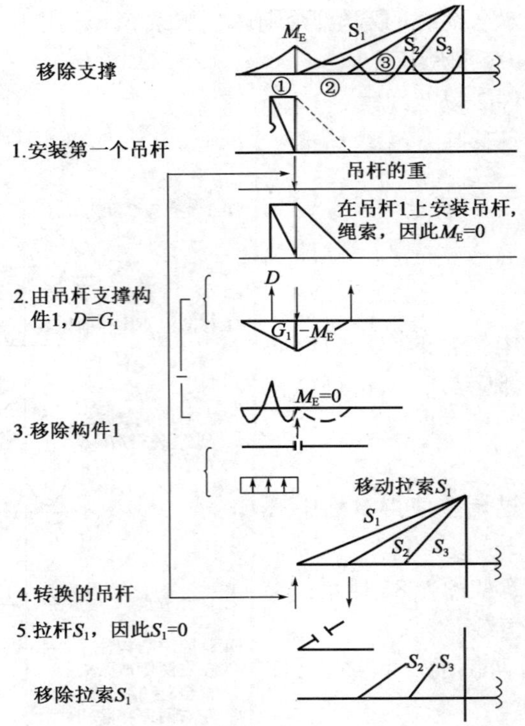

图5.86　吊机施工的体系拆解

施工阶段的颤振风速　　表5.1

施工阶段	14 3 8	12 2 9	12 约束 2 9	11 2 9	5 12
颤振风速	50	41	47	33	59

5.2.3　工程建设实例

位于曼海姆市北的莱茵河大桥的建设和施工已在 Erwin Volke 和 Carl-Heinz Rademacher 的综合出版物[1.19]中给出了详细论述，在此作为参考。

5.2.3.1　正装施工

现场的施工顺序如图5.87所示，描述如下：建造的基本理念就是自由悬臂横跨河流而不影响到船舶通行。招标文件允许在河里使用辅助墩，初步施工调查表明，自由悬臂不是唯一可行的，但更经济。在河流中的桥墩设计应考虑与船舶碰撞的情况，这使得辅助墩造价昂贵。由于梁上的缆索距离布置适中（1970年该桥梁正在设计中），自由悬臂法施工更适合起重机在梁上移动。

引桥的基础完成后，借助靠近主塔附近的辅助墩，通过移动吊机进行钢梁构件的安装。在钢主梁构件安装完成以后在其上设置钢筋和后张拉钢筋，在钢梁上浇筑混凝土。

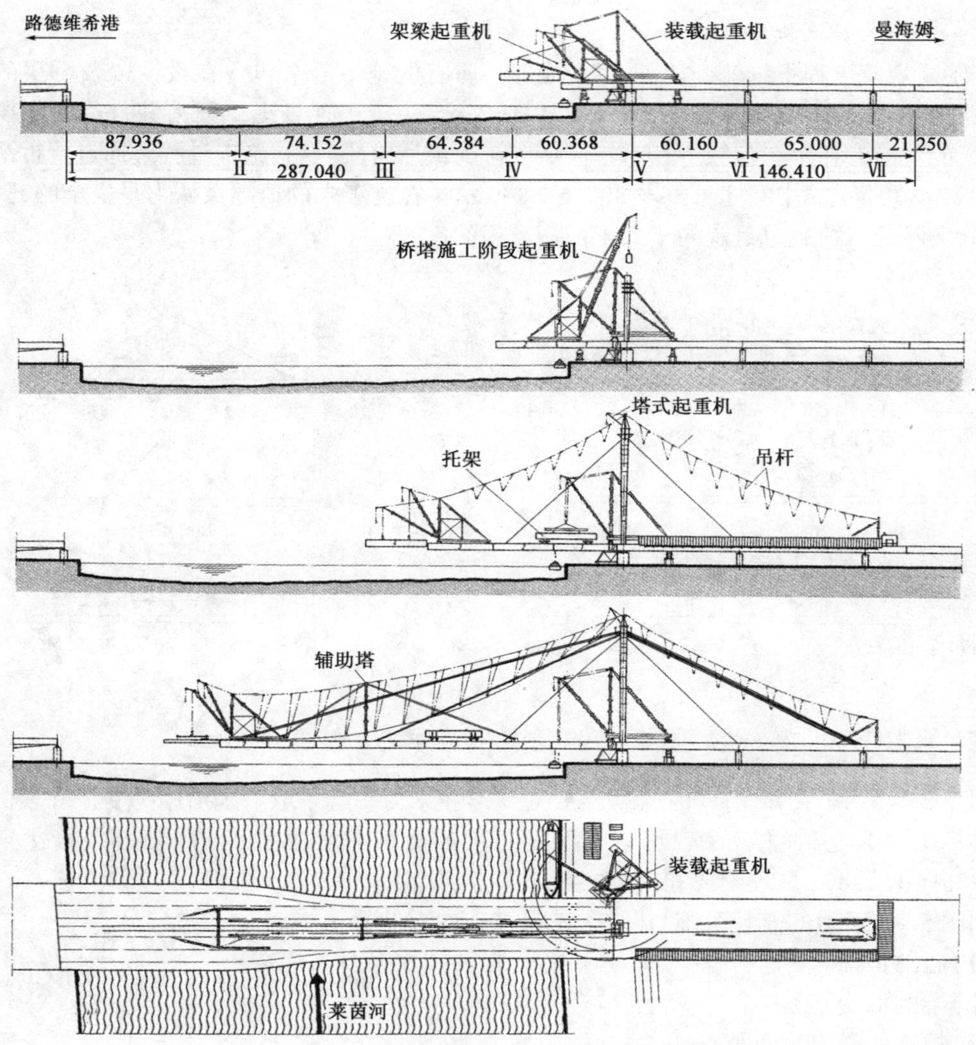

图 5.87　德国曼海姆市北莱茵河大桥施工顺序(尺寸单位:m)

然后跨越河道的钢主梁开始施工,码头一侧的辅助墩上重量高达 1600t。

第一跨是通过水路运输或通过靠近主塔上的特殊起吊设备进行起吊,安装到已完成的初始节段上。在彻底对齐之后,与起始梁端之间形成扭转夹角。在混凝土引桥中,扭转必须考虑到引桥中未发生的收缩和徐变($S+C$)。

在 1 号索位置处安装为后续施工的加载起重机。如果按照常规的悬臂施工方法,会造成停靠在悬臂位置处的运梁船舶与正常通行的船舶发生航行冲突。因此,1 号索的起重机可以将后续悬臂拼装的梁段提升到主梁上的运梁车上,然后运到梁的端部进行拼装。

为了增大桥梁施工距离,必须在 1 号拉索上支撑一个辅助墩,如图 5.87 所示。每个辅助索拉紧至 200t 以尽量减少悬臂弯矩。节段 7 安装完成后移除辅助墩。

最后的 9、10 跨的截面采用分块式建造法,以免超载。悬臂施工中起初梁的两部分钢箱梁截面在达到第一个桥墩时形成了一个完整的截面。

5.2.3.2 工程施工

施工规划及工程很早就开始了,以便能够将所有的施工需求包含在设计以及桥梁的尺寸中。所有的施工阶段都必须仔细计算以便保证安全,为施工现场提供索力并且为施工控制提供塔、梁的变形。在永久荷载下且 $t=\infty$,从成桥的最后阶段开始,施工过程是通过倒拆法进行的,如图 5.80 所示。中间施工阶段如图 5.88 所示。在施工中的荷载被认为是安全的,因为经验表明,实际施工荷载总是趋向于大于最初设想的。

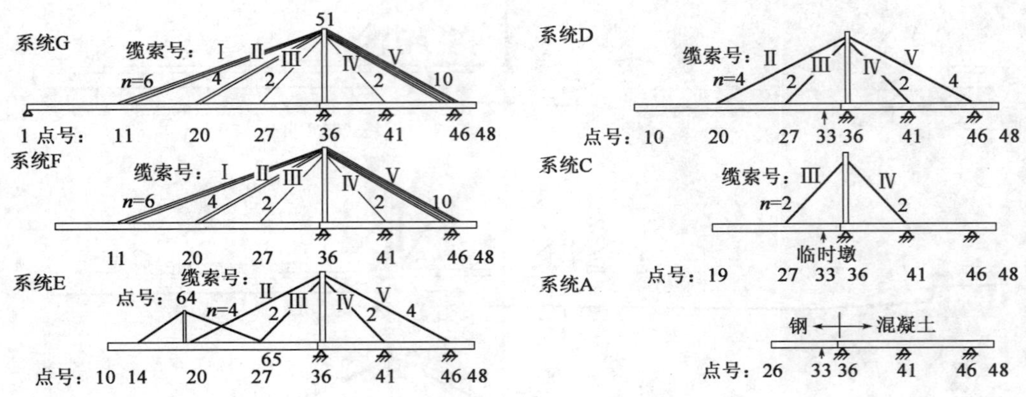

图 5.88 桥梁中间阶段静态系统的分解过程

图 5.89 显示了在每个施工阶段,需要对变形和索力一起采取特别措施。变形和索力作为控制目标是因为它们可以在现场进行测量。梁的变形是相当大的,在梁的尖端达到向下 2.35m 和向上 1.85m。理论值和现场实测值非常吻合。

如图 5.89 所示的安装系统与图 5.88 相符合。给出了:

(1)施工步骤。

(2)梁的形变。

(3)拉索的受力与间距。

提供的力矩仅供参考,其不是现场实测值。

5.2.3.3 施工手册

在现场采取的施工办法归纳为所谓的"施工手册"。

对于每一个施工阶段而言,理论上桥的变形和受力已给出。索力是因为它们特殊的重要性可以直接测量。只有梁的实际几何形状和塔、索力足够一致时,才能进行施工。图 5.89 是典型的施工手册。

现场实际施工阶段见图 5.90 ~ 图 5.93。

最后,成桥如图 5.94 所示,可认为是施工过程及施工现场的最后一步。

5.2.3.4 控制测量

现场每个施工阶段的力与变形都应控制在与施工手册上的理论值相一致。

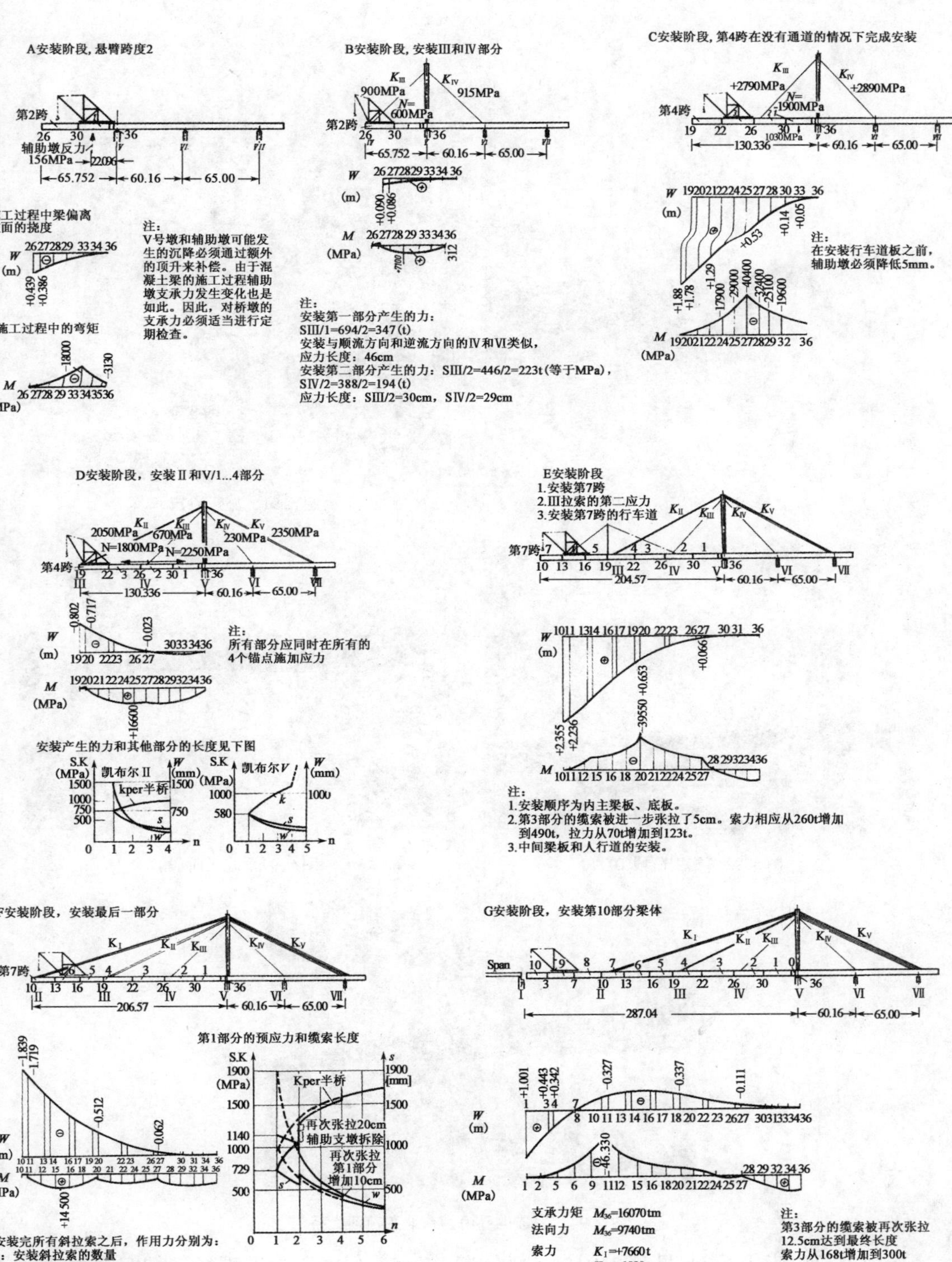

图5.89　施工手册(尺寸单位：m)

图 5.90　施工阶段 B

图 5.91　施工阶段 C

图 5.92　施工阶段 D

图 5.93　施工阶段 G

图 5.94　完成的曼海姆市北莱茵河大桥

作用力仅由索力控制,见第 3.9.5.2 部分(弯矩和剪切力不能在现场进行实际测量)。所有作用力的全部变化可以根据实际负载和索力确定。可能出现的偏差可以通过拉紧或放松斜拉索进行修正。

5.2.4　辅助斜拉索设计

对于那些迄今为止已经被考虑到的单塔斜拉桥，桥塔通常由端锚索锚固到引桥构造上。如果主塔两侧自由悬臂必须同时施工，例如为了避免在边跨设置昂贵的辅助桥墩，这时可能有必要与辅助斜拉索配合使用来稳定主塔，特别是当预制混凝土梁构件引起桥塔的较大偏心矩时。

5.2.4.1　桥塔的对称辅助斜拉索

我们以帕斯科—肯纳威克桥为例，如图5.95和图5.96所示[1.15]。主塔不能够承载270t的偏心质量，因此将主塔向后固定到边跨的压重桥墩上，向前固定到对面主塔的基础上，如图5.95和图5.96所示。图5.96中前方微红色的拉索为固定在对面主塔上的辅助拉索。

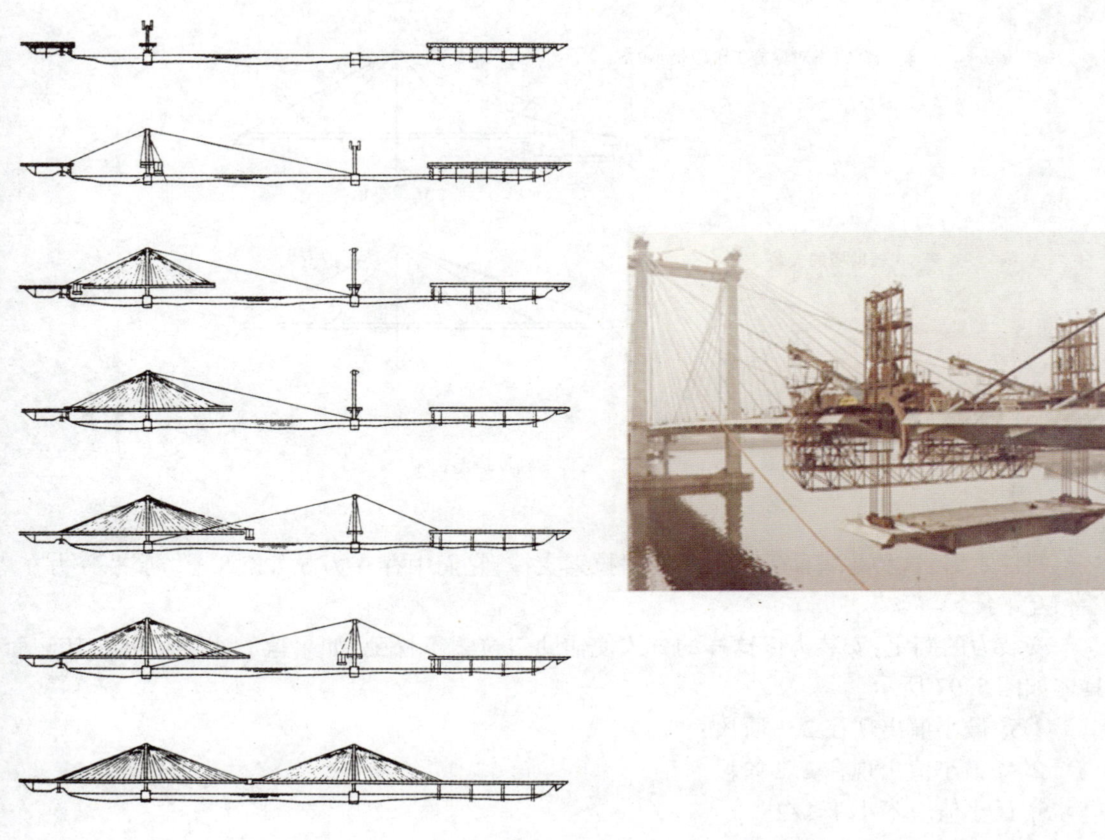

图5.95　主塔两侧的辅助斜拉索

图5.96　美国肯纳威克的全预制件吊装桥

这种辅助斜拉索价格昂贵，而且，这些横跨河流到对面桥塔的辅助斜拉索可能会遇到船只通行。因此应尽量避免使用这种辅助斜拉索。

如果使用了辅助斜拉索，其受力就不能被直接引入后续的计算中，因为其在施工结束后仍然存在。这些辅助斜拉索的索力在前面的计算已被引入，为了调整其大小，并找出在现场拆除斜拉索时的索力，当它们在实际拆除时，这些力被引入到后续的计算中，图 5.97 表明该体系必须进行研究。

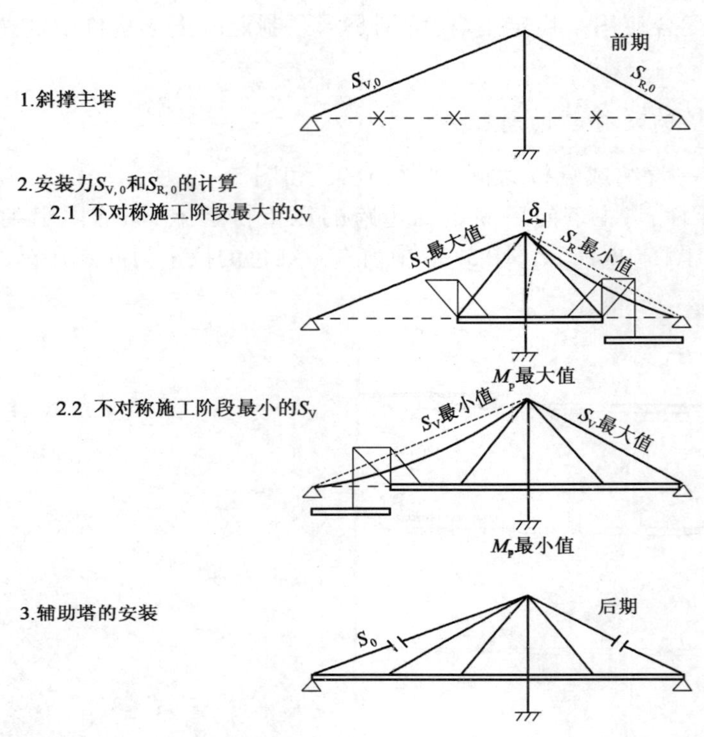

图 5.97 对称的辅助塔斜拉索

(1)正装计算

斜撑主塔：这种桥塔前后都由辅助斜拉索支撑，它们中存在力 $S_{V,0}$ 和 $S_{R,0}$。水平分力在塔端相互平衡。

安装力的确定：安装力以这样的方式使辅助斜拉索不松弛，如果偏心主梁构件在其侧面，具体如图 5.97 所示。

①S_F 最小值出现在 2.1 阶段；

②S_B 最小值出现在 2.2 阶段。

S_F 最小值应不小于 $1/2S_{F,0}$。

另一方面，如果偏心主梁构件被放置在另一侧，每一根拉索将达到最大值：

①S_F 最大值出现在 2.1 阶段；

②S_B 最大值出现在 2.2 阶段。

在所有的施工阶段桥塔的力矩要求不能超过允许值。在进行几何尺寸计算时，由于索力容易发生变化。有效弹性模量必须考虑在内，见第 1.1.2.2 节。

(2)倒装计算

安装辅助斜拉索:当进行倒拆计算时,安装辅助索,应按照正装计算得到的力进行施加。倒装计算结束时的索力 $S_{F,0}$ 和 $S_{B,0}$ 的选择必须和正装计算一致。

5.2.4.2　主塔的单侧辅助斜拉索

如果要避免采用辅助前拉索,主塔必须安装辅助端锚索,该方法用于波萨达斯恩卡纳西翁桥,如图 5.98 和图 5.99 所示[1.24]。

图 5.98　安装第一个预制构件

图 5.99　非对称自由悬臂施工

预制构件在主跨和边跨之间交替起吊,但不对称的阶段总是在主跨侧。永久性的端锚索在施工期间作为锚固措施,其与最后阶段的受力相比较小。

在平衡状况下索力和刚度用来保证偏心构件的稳定以及确定最小索力,其不平衡索力会引起桥塔的弯曲。如果出现主塔无法承载全部恒载的情况,端拉索力可能需要按偏心情况进行调整。

确定端锚索索力的过程如图 5.100 所示。

(1)正装计算

体系 1:最小压力下的主塔弯矩是可以接受的:最小弯矩值至少应为最大弯矩值的一半。

体系 5:最后阶段预制构件的吊装过程中索力最大。

(2)倒装计算

端锚索的“安装”由正装计算结束时所得到的力进行控制。

5.2.4.3　梁的辅助索

为了保证已完成体系对偶然荷载的抵抗能力,例如抵抗飓风的能力,主梁可能固定在塔的基础上,如图 5.101 所示[1.17]。纵向和横向的固定是为了减少纵向和扭转梁的振动。在这种情况时,由于组合梁是由较轻的构件组成的,在偏心荷载作用下产生的弯矩仅由主塔承担。

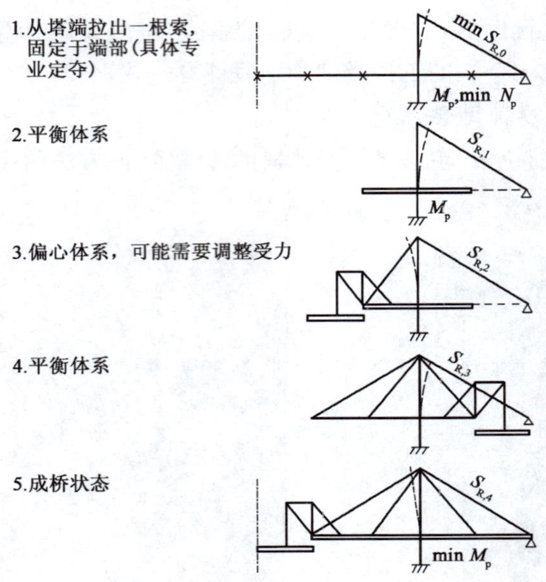

图 5.100　一侧辅助桥塔支撑的施工过程

图 5.101　贝城桥用于抵抗飓风而进行的主梁固定

5.2.4.4　无辅助索的梁

如果要避免采用辅助索，即使是很重的梁单元，也可以从中间部位开始进行半节段的安装。在所有构件的下一步施工过程中，无论是主跨或边跨，这些构件仅有一半长度是偏心的，如图 5.102 所示。

在此控制情况下，构件的长度可以以这样的方式变化，边跨合龙之前，边跨和主跨梁段的长度相差达一半，如图 5.103 所示。这就要求边跨与主跨的构件长度有以下不同：

$$na_s - na_v = 1/2a_v$$

$$\rightarrow a_s = a_v\left(\frac{1}{2n}+1\right)$$

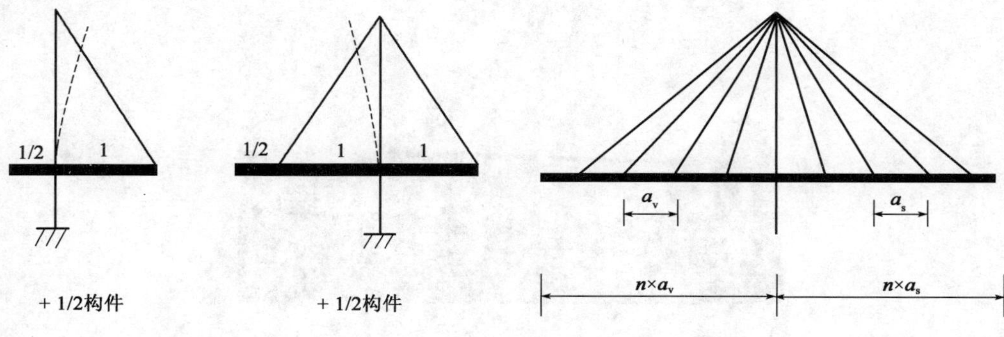

图5.102 1/2 构件的施工

图5.103 边跨合龙前1/2 构件的施工

5.2.5 辅助系杆的移动

在起吊、安装或浇筑过程中，新的梁单元在已经建成的梁端产生一个负弯矩。对于较轻的钢主梁而言，该弯矩通常由头两根已经锚固好的拉索形式的力偶来平衡，并且相对应的弯矩可由梁本身承担。

如果在起吊过程中，梁不能承担该部分力矩，那么挂篮和吊机必须固定到主塔上，以便使梁的弯矩充分减小，如图5.104所示。

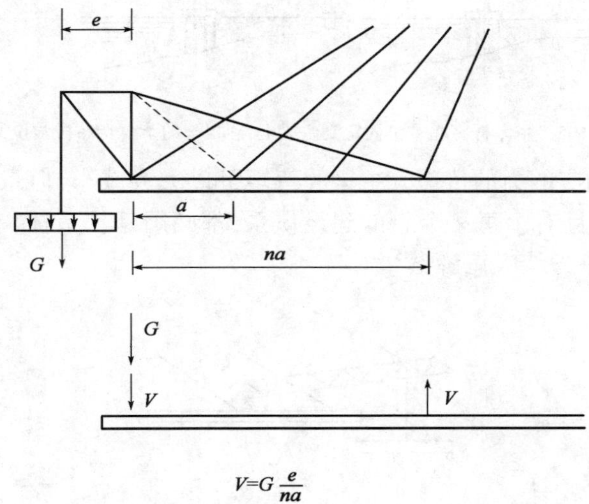

图5.104 起重机由系杆与主梁连接

除了新的构件重量，起重机的重量也作用于梁的前端。通过将起重机的后系距离从 a 延长至 na，可以大大向后分散总重量。

以萨拉特布拉索拉戈桥钢梁施工为例，如图5.105所示。

对于自重较大的混凝土主梁，对预制构件或CIP形式的起吊机需要通过系杆固定到主梁上。

当新梁段的全部重量都作用在上面时，挂篮可以锚固到主塔上，通过这种方式主梁前端的力将会减小。主梁的很大一部分由系杆支撑，剩余部分的重量由第二根拉索来承担，该处主梁是不敏感的。

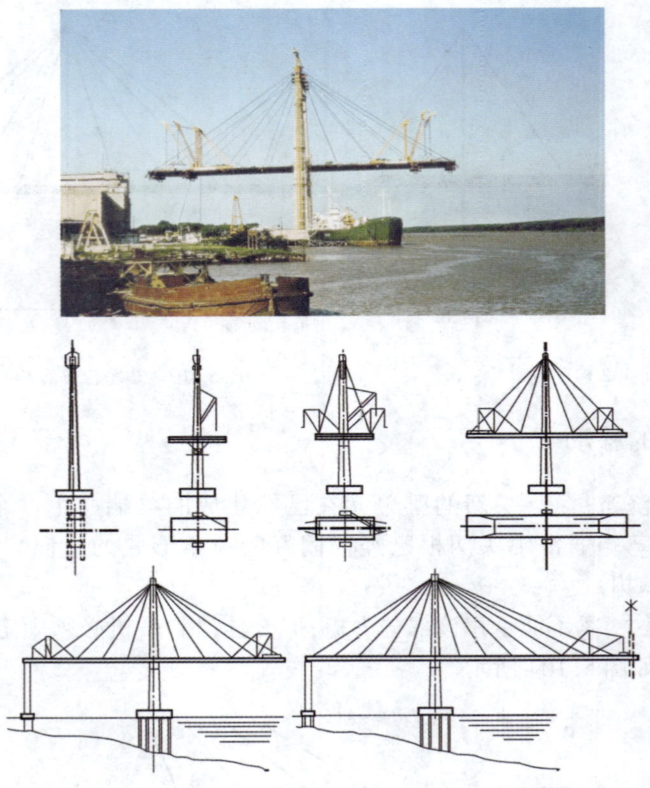

图 5.105　由系杆将起重机固定到主梁上，阿根廷的萨拉特布拉索拉戈桥

图 5.106 显示了相应的力的传递。主梁的弯矩可以大大减小，但系杆重要的水平分量不得不被转移到梁上，并且对于每一个新的建设体系，都必须延长系杆。这种方法的例子如图 5.107 所示，其是帕斯科肯纳威克桥[1.15]。

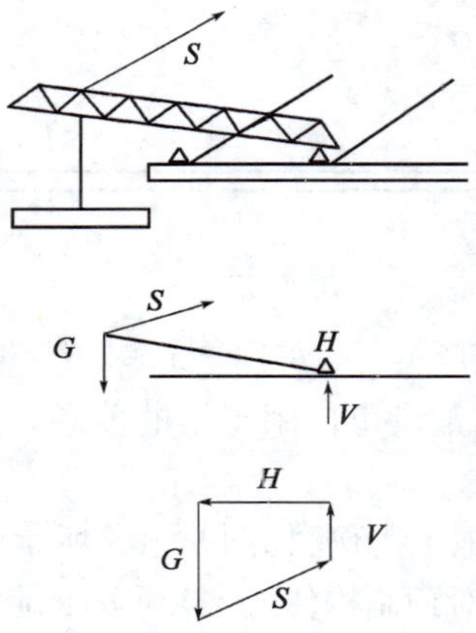

图 5.106　固定到主塔上的挂篮

从图 5.96 中可以看到，前端桥塔显著的位置处有一辅助支撑，同时作为移动时的系杆。

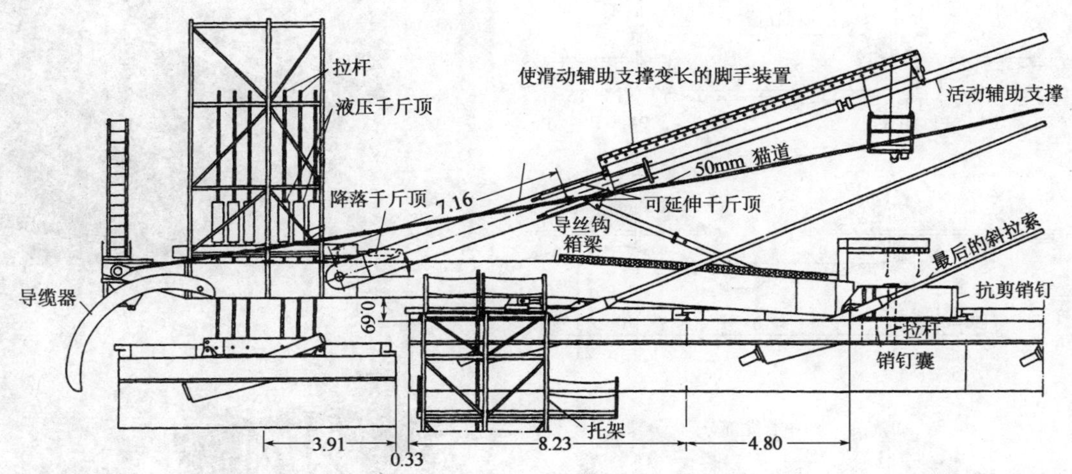

图5.107　帕斯科肯纳威克桥上固定到主塔上的挂篮(尺寸单位:m)

CIP 主梁的挂篮模板可以锚固在桥塔处,如曼海姆内卡中心的人行桥,如图 5.15 所示[2.134]。

如果主梁具有很大的抗弯能力,即使其没有支撑,也可以承受更大的重力。力的传递如图 5.108 所示。在这种情况下,全部的自重作用在第一和第二个拉索之间的桥面上。

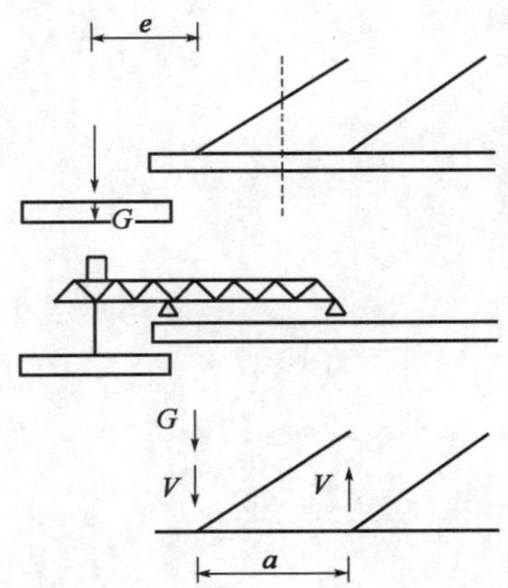

图5.108　没有辅助支撑下起吊过程中的荷载

例如汲水门大桥,它有一个高约 7.5m 的双层桥面,如图 5.109 所示[2.107]。允许起吊整个组合梁段,包括其顶部和底部的混凝土板,总质量约 500t。

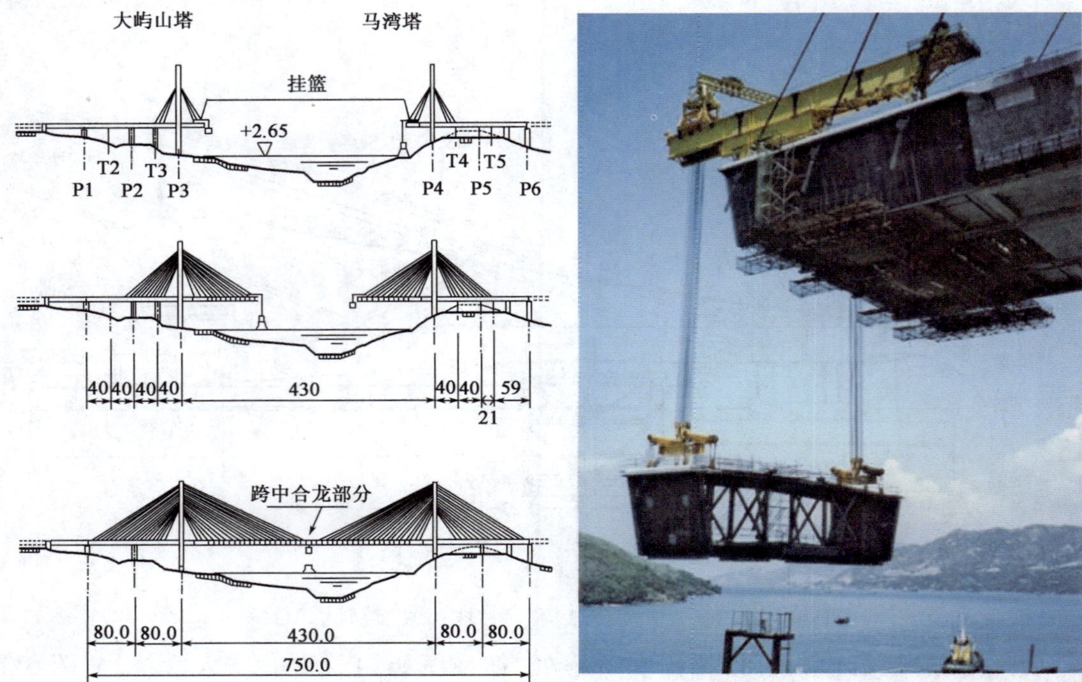

图 5.109　在没有辅助系杆支撑下整个主梁截面的起吊，主梁重 500t（尺寸单位：m；高程单位：m）

第 6 章　典型斜拉桥实例

6.1　预制混凝土梁斜拉桥

6.1.1　概述

预制梁的斜拉桥在建造中并不常用，其首先应用在美国帕斯科—肯纳威克桥和东亨廷顿桥中，分别于 1978 年和 1985 年完工。

6.1.2　帕斯科—肯纳威克桥

6.1.2.1　总体布局

帕斯科—肯纳威克桥是作者在 1973—1978 年间独自设计的第一座斜拉桥，见附录。他从这项设计中所总结出的成果见文献[1.15]。

在华盛顿州帕斯科和肯纳威克之间横跨哥伦比亚河的公路桥梁，替代了建于 1921 年的钢桁架桥，如图 6.1 所示。这条河宽 732m，水位高 21m。由于这条河是由一个大坝系统进行调节的，所以水流流速和水位变化都很小。所需的航行净空为 15m。

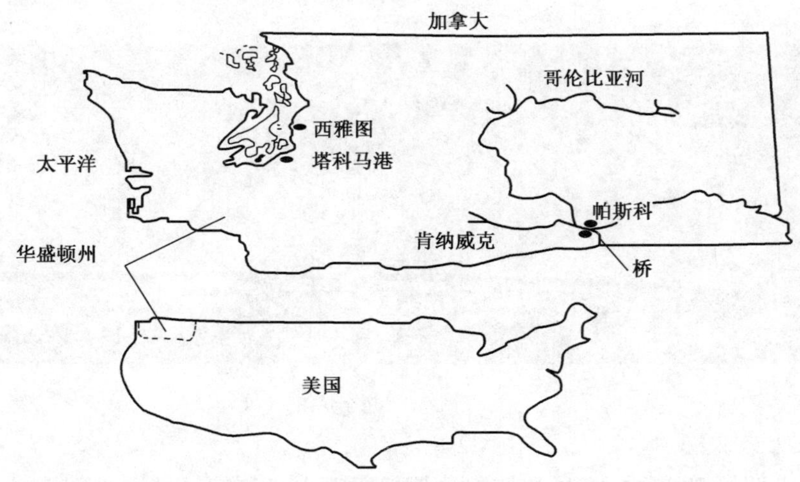

图 6.1　帕斯科—肯纳威克桥的位置

地质包括非常坚硬的黏土层，厚度为 25 ~ 30m，上面覆盖沙子和砾石层。在黏土下面是以固体玄武岩形式存在的基岩。

扇形布置的斜拉索要求拉索用钢量最少，在梁中产生很大的压力，这对混凝土是有利的，

并且能减少塔身的弯曲。

高强度钢的平行缆索结合其高弹性模量,允许产生很大的应力,提供了一个很大的刚度,这将会在主梁中产生有利的弯矩。主梁上较小的拉索间距使得拉索尺寸可以较小,简化了锚固,减少永久荷载产生的主梁弯矩,简化了施工,提高了气动稳定性。

在整个桥长范围内,包括引桥,梁的连续性能够防止活载作用下梁的扭曲,并且可减少道路接头数量,提高驾驶的舒适性。为了避免由于桥塔的刚性支撑所产生的较大的负弯矩,塔梁是通过缆索弹性支撑的。

通过将双索面锚固在桥梁的外部,可以采用无底板的开口弱扭转截面,从而简化了主梁的制造和施工。有了这个缆索布置,道路板作用在横向上的纵梁翼缘上,因此受到恒载和活载产生的压力。梁的高度主要取决于横梁,可以很小。相应的受风面积和引桥的梯度是逐渐减少的。通过选择合适的引桥跨长、桥梁梁体的高度和形状,就可以在全桥范围内保持恒定。较强的边纵梁在纵向均匀分布索力,并允许主、次跨横梁的形状相同。

在紧密布置的横梁间的纵向道路板跨度内受到拉索的压力,同车辆荷载引起的拉力进行叠加。

桥梁预制构件的预制过程能够实现良好的质量控制和快速安装。较高的拉索锚固应力施加在达到龄期的混凝土预制构件上,其余的收缩徐变很小。

除了这些技术上的考虑,建造一座美观的桥梁的想法也同样重要。为了达到美观的目的,桥梁所有构件之间的比例平衡是非常重要的,包括一个关于整座桥梁的长度、塔和桥墩的清晰轮廓。

桥主梁采用较大的细长比1∶140,其增加了视觉感,后面的梁高是通过倾斜腹板降低的,如图6.4所示。大量细长的白色拉索给人一种触及天空的感觉,并创建了一个面纱的印象,如图6.2所示。

图6.2　桥全景图

1)整体体系

该座桥由两侧引桥和中间的三跨对称斜拉桥组成,两索面共144根拉索支撑,如图6.3所示。拉索在钢结构塔端上有紧密的衔接,梁在桥的全长上形状是不变的。在纵向,它是固定在1号桥墩上的。在1、3、4、6、9轴处在横向通过支座固定,端锚索的抗拔力转移到基础上。

(1)横截面

梁横截面包括两个外三角箱形截和由横梁支撑的公路桥面板,如图6.4所示。箱梁的形状是通过风洞试验中确定的,见文献[6.1]概述。沿着桥梁中心处的纵向截面如图6.5所示。

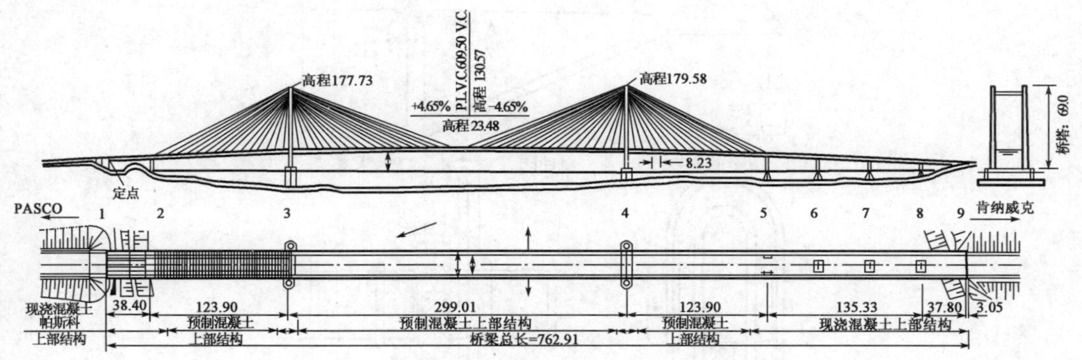

图6.3 概况(尺寸单位:m)

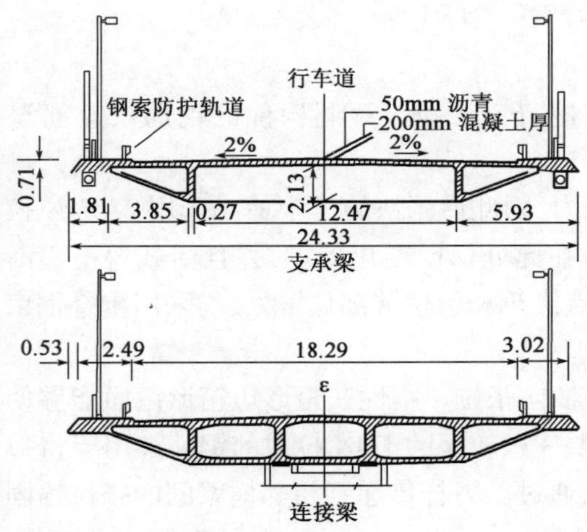

图6.4 横截面(尺寸单位:m)

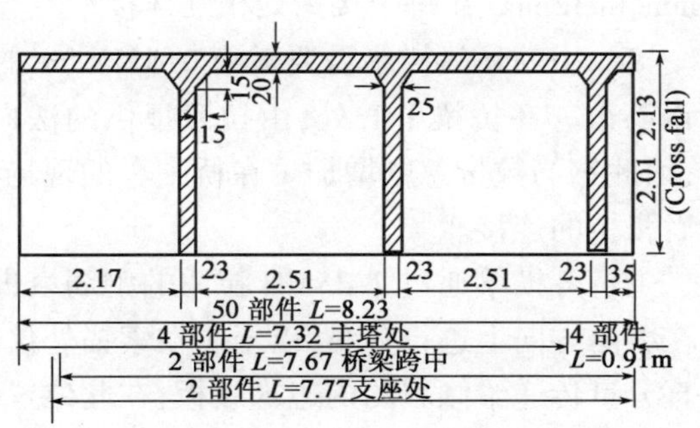

图6.5 沿桥中心纵向截面(尺寸单位:m)

引桥的主梁具有相同的外部形状,具有一个底板和两个内部纵梁,为了减少墩的横向宽度在下面设置了支座,仅有横梁支撑在桥墩上。在中跨处,桥面板由横梁支撑。

在压型锚固墩处,主梁为9.5m高的实心截面,以此来抵抗抗拔力及承受由三个中央端锚索在横向和纵向产生较大的弯矩。

(2)预制构件

8.23m长的预制构件,与拉索锚固的距离相同,其整个横截面宽度为24.3m。为了达到所要求的节点的完美安装的目的,预制构件的隔板不设置成受剪隔板,因为剪切力始终小于总压力的5%。

将4个51mm直径的钢销放入钢板孔内,主要是为了方便预制构件的连接和临时安装过程中抵抗剪力,如图6.6所示。路面的钢筋通过焊接加长。一些附加的后张拉较为经济。

为了减少桥面板局部车轮荷载的弯矩,节点被放置在横梁的1/4处。

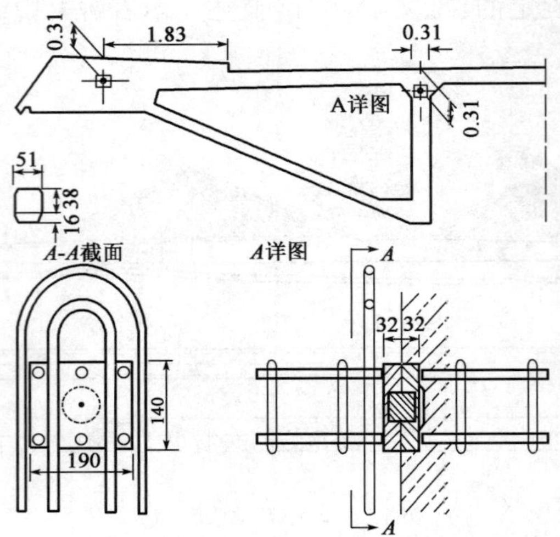

图6.6 在预制接头套筒上的钢销(尺寸单位:mm)

(3)后张法

引桥桥跨通过24根2.5MN拉力的钢筋束进行后张拉。预制构件的钢筋束直筋至少26mm和32mm,在每个接头处相互连接。

接头中的环氧树脂需要最小0.5MN/m^{2}的压力,因此后张法施工中最小选用2.6MN拉力的钢筋束。在桥梁中心处,由拉索提供的法向力在此处梯度变化到零,并且活载弯矩逐渐增加,因此钢筋数量急剧增加。在桥中心的现场节点浇筑和引桥端部位置处,均采用重叠钢束进行后张拉的连接。

主桥各横梁通过2.25MN拉力的钢筋束进行横向张拉。刚性三角形边箱形截面能够使索力在纵向方向上进行分布,以至于在索锚处仅需要3根较短的1MN拉力的钢筋束用于将拉索垂直分量传递给倾斜的内边缘腹板,在此位置处,通过压力杆传递到相邻横梁间的张拉锚固位置上进行分散,如图6.7所示。

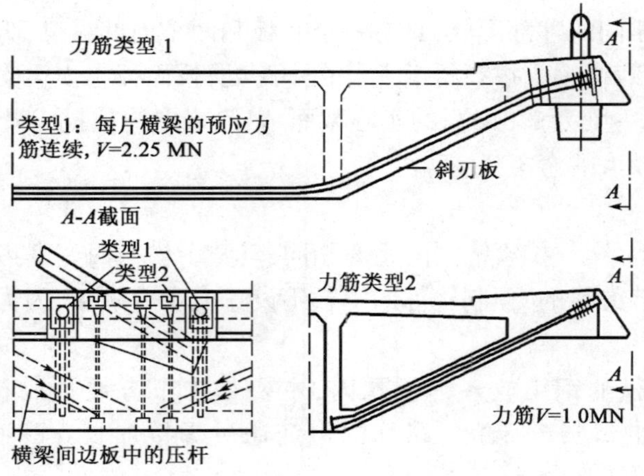

图6.7 主桥横向张拉

(4)斜拉索和锚头

斜拉索的拉力由直径6.35mm的平行钢丝承担,按照ASTM A421标注,拉索强度等级为1450/1650。钢丝束外包PE护套,3钢丝束通过螺旋形紧密有序地进行排列,如图6.8所示。黑色的PE管材被白色的耐紫外线PVF包裹。

钢丝束锚固与强度为380/580N/mm^{2}的钢锚头连接,通过螺帽将其固定在垫板上,如图6.9所示。钢丝和锚头之间的锚固力主要由所谓的调幅锚的夹持效应来承担,调幅锚的工作原理是通过小钢球填充钢束和内锥之间的空隙进行调幅的。锌粉配合环氧树脂的填充用以保护钢球。

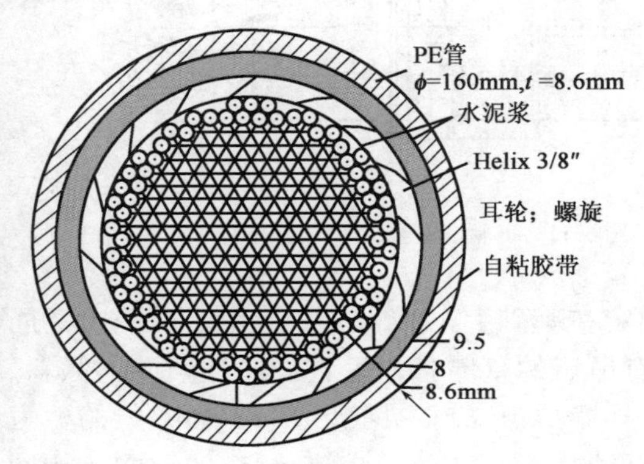

图6.8　283根钢束的缆索横截面

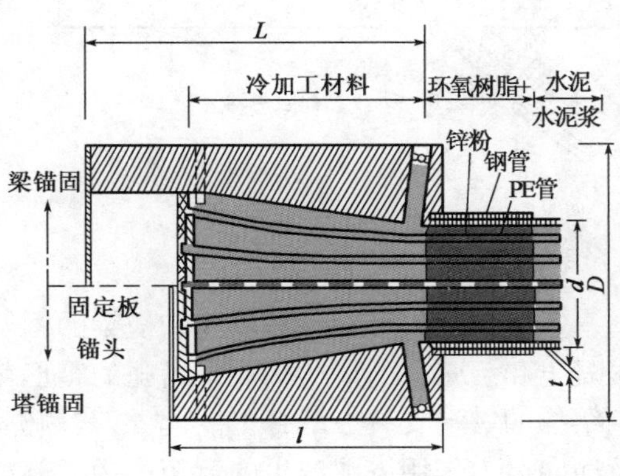

图6.9　锚头纵剖面

在内部调幅铸件与自由拉索长度水泥注浆之间的过渡段用锌粉和环氧树脂填充。这种冷铸锚的详细描述见3.4节。

锚头端部的短钢管提供了密闭性、抗拉性及PE管抵抗锚头端部混合压力的作用。

(5)拉索锚固

上部结构中,斜拉索锚固在外边梁上,如图6.10所示。部分索力传递到与其接触的混凝土上,其余的传递到钢管,由钢管处焊接剪力环传递给混凝土。该分布取决于支承面积和混凝土与钢之间的刚度比的变化。

在混凝土中,斜拉索力的水平分量作为法向力扩散到整个梁截面上,而垂直分量则在倾斜的横向筋中传递,如图6.7所示。在钢管上方端部处,氯丁橡胶环中心斜拉索与钢管。

在钢管端部的外侧,氯丁橡胶防护罩密封钢管,以防止水的侵入。将防护罩连接到钢管,斜拉索由不锈钢系带固定。下部钢板上的一个孔作为排水孔,以防止上部密封圈失效或凝结水的出现。

斜拉索单独锚固在钢制的塔端位置,如图6.11所示。较大的索力需要较厚钢板,单个钢塔端重达63t。

为了接近理想的拉索扇形布置,具有一个共同的交点,斜拉索锚固在三个平行的直立面上。

2)拉索试验

为了证明所需索锚固端的力学特性,用83根2.54m长的样本钢束进行2次试验,见文献[6.2]。疲劳试验、拉伸试验以及滑移结果表明在室温和80℃时相一致。

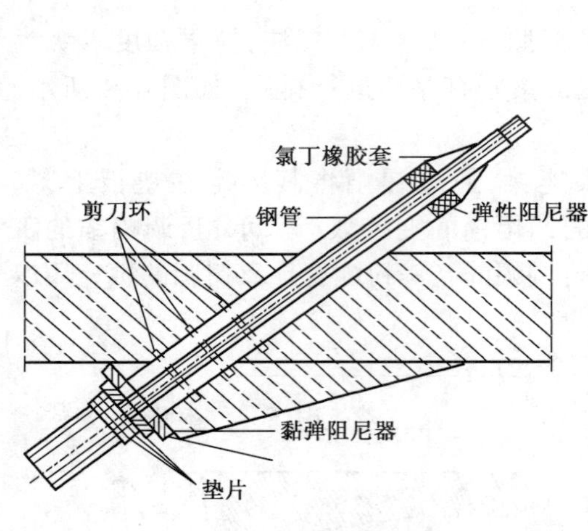

图 6.10　梁的缆索锚固

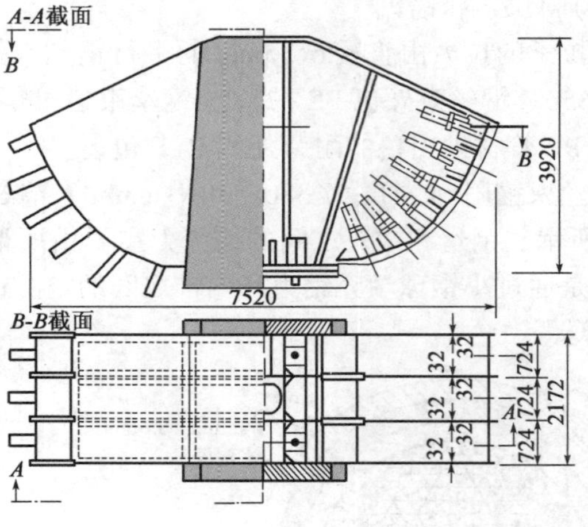

图 6.11　钢制塔端(尺寸单位:mm)

(1)主塔

主塔设计为带有垂直塔腿和横梁的框架,且固定在基础上,如图 6.12 所示。塔腿由钢筋混凝土和后张拉的横梁构成。塔腿的箱形截面具有恒定的壁厚且在垂直方向逐渐向上倾斜。钢结构的塔端安装在塔腿上。此外,其两侧混凝土耳墙承担来自主跨和边跨不同缆索的剪力及横向风力作用塔腿产生的弯矩。为了避免斜拉索的偏离,各塔头轴线与相应的索面有相同的横向倾角。

(2)支座

美国生产的能承受水平和竖向荷载的橡胶支座与世界范围内的其他支座性能是相似的。

对于可能的中等烈度地震中,桥梁的安全性而言,支座不是固定的,但主梁仍然能够抵抗地面的水平震动,这种方式避免了地震加速度的惯性力,见文献[6.3]。为达到这个目的,桥墩处的纵向支座和在塔的横向支座,安装了失效连接,当实际地震力比假设的大时会产生失效,如图 6.13 所示。所有方向上,主梁和桥墩之间的自由移动被限制在 25cm 内。

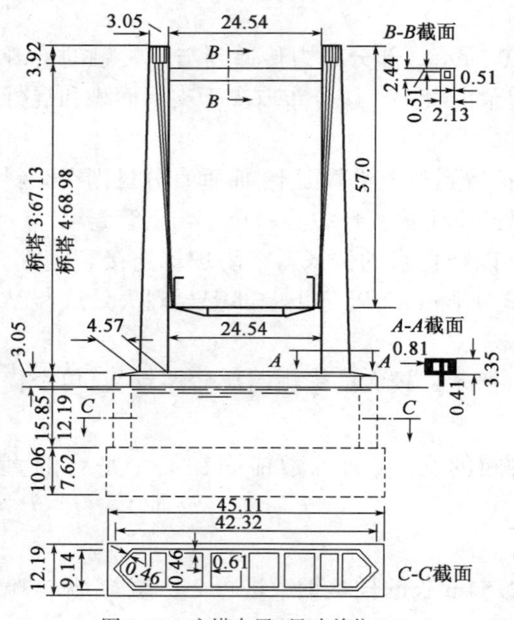

图 6.12　主塔布置(尺寸单位:m)

主梁和桥墩之间仅在纵向上存在 25cm 的自由滑动,这一限制对于防止剪切摆动幅度和尽可能保护路面接头是必要的。

(3)拉力摆

由于斜拉桥的锚固墩处会产生上拔力,同时上部结构会出现纵向移动,因此,可布置拉力摆。拉力摆由 157 根平行钢丝索组成,如图 6.14 所示。钢丝索通过这种方式固定在主梁上,即使在运行荷载作用下,支座也不会出现上拔力。

球形支座上的自由旋转锚头,可以防止锚头入口处缆索的扭结,如图 6.15所示。由于拉力的非线性效应,球面上摩擦力的弯矩会在拉索上产生较大的附加弯曲应力,如图 4.26 所示,高强度的钢管及其中心的纵向铰链能够确保锚头的转动,如图 6.14 所示。

为了避免由主梁运动引起钢管伸缩,从而造成支座压力的迅速增大,在运营荷载作用下主梁的移动限值是 21cm(在地震时为 25cm)。这些钢管在反弯中心点处设置一个纵向接头。

上部结构锚固区域有限的高度要求使用支撑螺帽来锚固,如图 6.15 所示。

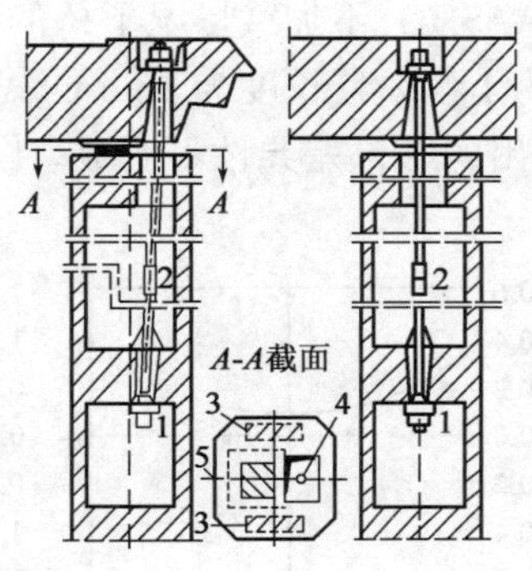

图 6.14　摆的布置

1-球面轴承;2-反向挠曲点;3-施工中的附加轴;4-摆;5-横梁梁轴

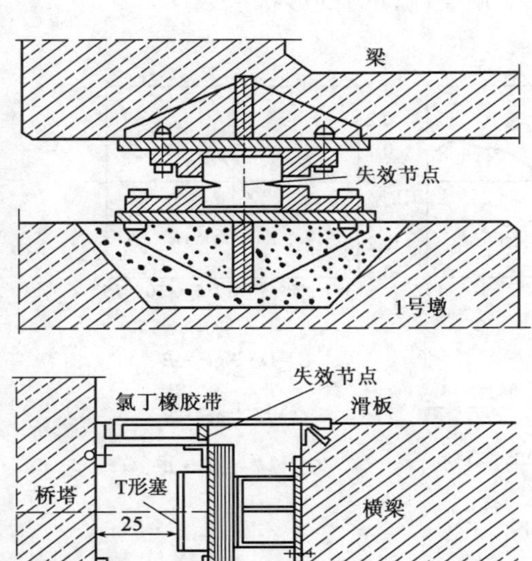

图 6.13　带失效节点的桥墩上的纵向支座和桥塔上的横向支座(尺寸单位:mm)

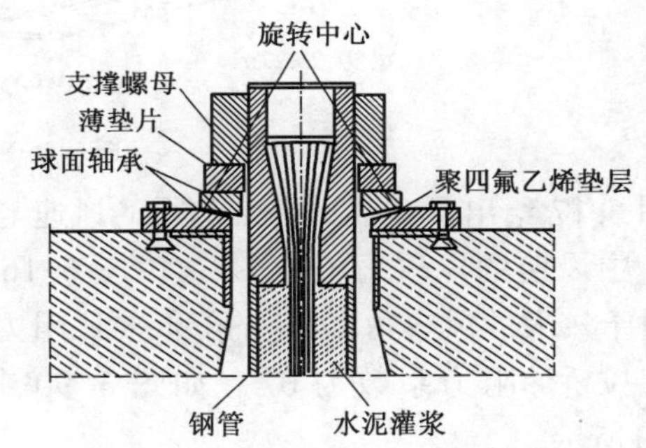

图 6.15　顶部和底部的旋转摆锚

3)设计计算

设计计算按照第 4 章所提出的原则,采用我们修正的程序进行各种静态和动态的计算,由 111 个节点和 180 个杆件平面框架确定最后阶段的作用力。所有斜拉索采用的有效弹性模量为 $2\times10^5\mathrm{N/mm}^2$,由于活载作用下索的垂度效应可以忽略不计,因此该值保持不变。

计算未开裂截面主梁和主塔的混凝土刚度时,需要考虑钢筋的作用。局部的主梁弯矩通过整体体系作用力下的梁格法来计算,边箱梁被位于剪切中心的刚性构件代替。

通过对塔的三维体系研究,可以获得斜拉索的索力和整体结构的纵向变形,不考虑导致塔腿发生扭转的荷载。对于空间局部问题,索力在塔端纵向钢板中分布可以通过有限元的手段进行考虑。

附录中提到了在1976年由于计算机计算能力的限制而造成的一些困难，并且在图4.10中给出了整体结构的作用荷载。

(1)地震

桥梁的整体纵向振动周期大约为0.5s。但是，地震力的剪切很快就会使得支座连接失效，如图6.13所示，则振动周期提高到12s，这使得体系对地震的快速移动几乎不太敏感。

(2)静风荷载

依据AASHO，不加载情况下桥的设计风速假定为160km/h。对于静态阻力系数的确定，采用比例为1:38.4、长度为18m的截面模型进行风洞试验[6.1]。对五种不同的框架结构进行研究，但得出的结果差异性不明显。图6.16给出了影响空气动力的形状系数。

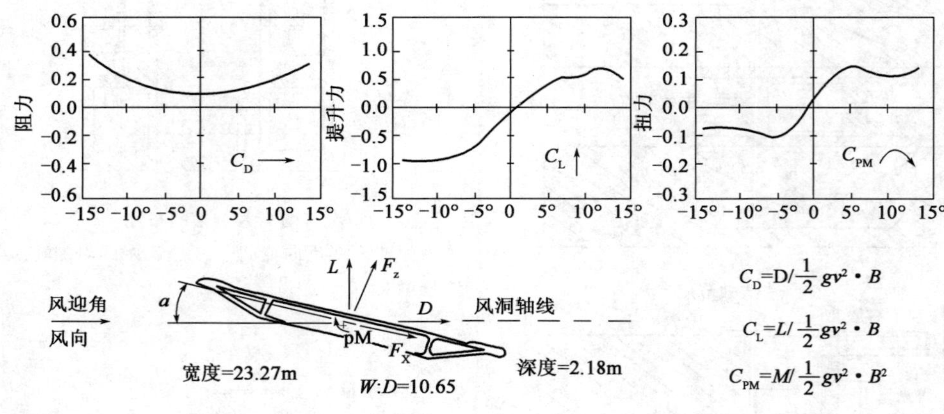

图6.16 气动外形因子

图6.17给出了在赛文桥上测得的风速与风攻角的相关性，并在其他桥梁上得到了验证。在设计中风速的风攻角可达±2°，由图6.16得到的相应的阻力系数为1.17，它还与梁高有关。对于较大的风攻角，风速的降低要比阻力系数的增大更明显。

斜拉桥的阻力系数为0.7，如图3.90、图3.91所示；而矮塔腿阻力系数则是2.0，如图4.81所示。

(3)空气动力稳定性

图6.1显示了地处条件恶劣的塔克马海峡大桥，对其气动稳定性进行了深入研究，采用与静风特性研究时相同截面的模型进行动态特性研究。研究发现，任何类型的风振动仅发生在假定风谱(图6.18)之外。

试验结果与按照Kloppel/Thiele[4.17]计算的振动结果相比，得到风攻角为4°的旋转桨的形状换算系数约为0.6，如图4.237所示，这与前面相同截面的试验结果相符合。

6.1.2.2 工程施工

建设工程施工按照5.2节所述各步骤逐步进行。

考虑收缩徐变后梁的最终设计截面形状，梁体预制构件的截面形式按以下因素确定：

(1)所有预制构件要比最终长度长3mm，主要按弹性变形、收缩和徐变使构件缩短长度的一半进行考虑。

(2)所有现浇接头应在最后浇筑。

(3)收缩徐变后的坡度必须达到理论值。

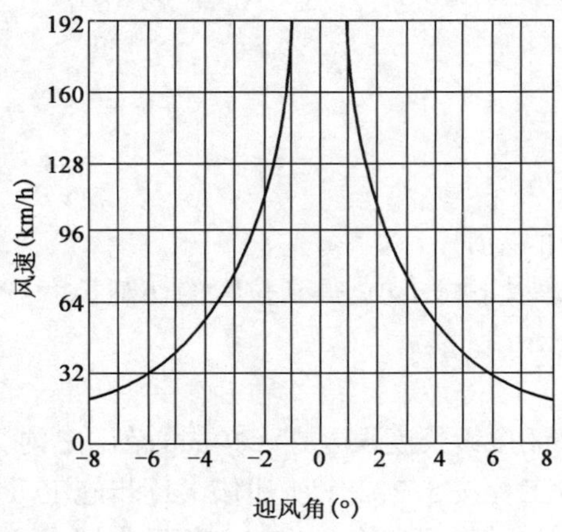

图6.17　风速和迎风角的相关性

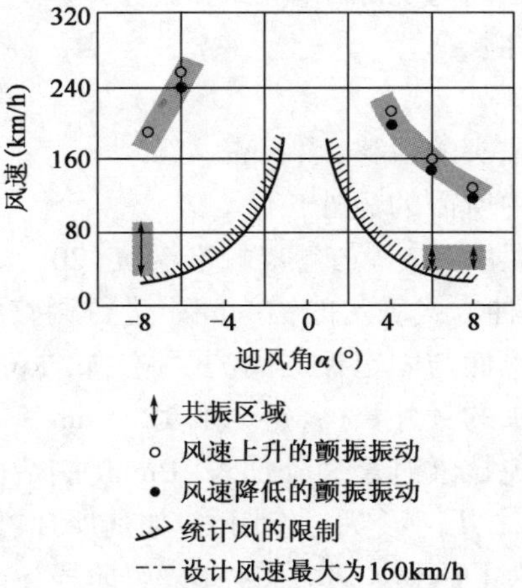

图6.18　动态风洞试验结果

对于拉索锚点坐标的确定,应当考虑以下因素:

(1)由于弹性变形、收缩徐变使四个关键点的变化造成中间施工阶段固定点的变化,如图6.19、图6.20所示。

(2)弹性变形、收缩和徐变造成预制构件的长度变化。

(3)构件之间最终接头的厚度,考虑到喷砂,取3mm(而实际测得的最终厚度仅有0.6mm)。

(4)施工过程中的温度假定为13°,估计构件浇筑时的温度并考虑桥梁的几何形状。

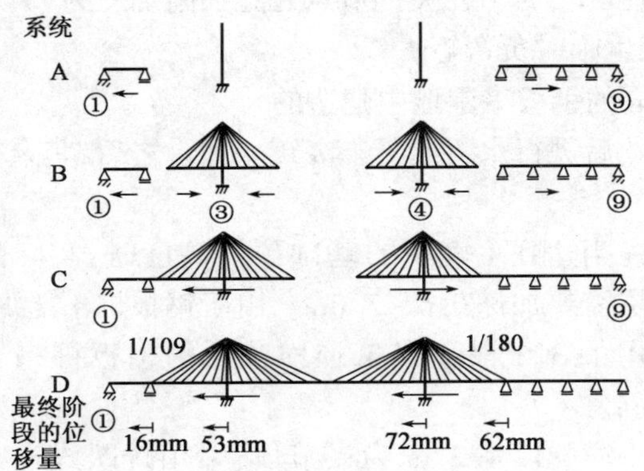

图6.19　施工过程中固定点的变化

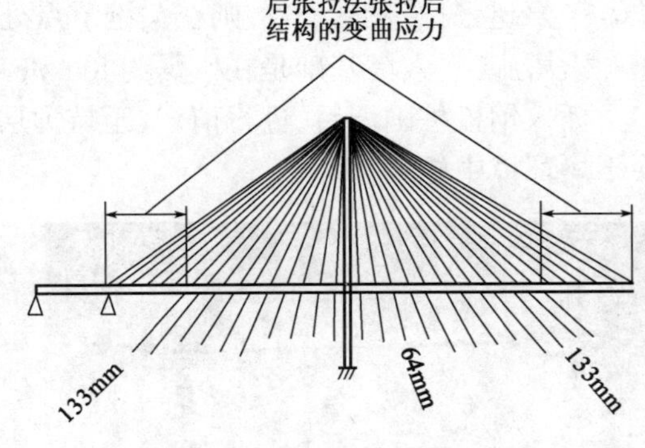

图6.20　在安装时斜拉索的超张拉

由于钢材与混凝土温度膨胀系数相近,预制构件的长度不受浇筑时环境温度的影响,边跨和主跨的合龙温度是通过塔端千斤顶调节斜拉索,使得主梁达到规定的位置,该位置对应于最后阶段的位置。在这种方式下,合龙段的温度并不会影响桥梁最终的几何形状。

主塔:位于塔顶斜拉索锚点的位置应为考虑收缩徐变后最后阶段的位置。出于这种目的,塔端分别浇筑44mm高的第一层和4mm高的第二层。假定墩的沉降为13mm,为了补偿主跨、边跨在恒载作用下索力的不同,建造塔端时向边跨侧偏转0.066°(0.046°)。

拉索长度:拉索的制造长度按拉索在梁体及塔身处锚点的坐标计算,并加上以下修正项:

(1)理论距离与实际距离之间的差异(垫片加上支撑板的厚度),如图6.10所示。

(2)弹性伸长率。

(3)垂度。

(4)两个锚头的滑移,取5mm。

(5)施工中所需的额外长度。

(6)建筑温度(13°)与卷尺校准温度(20°)之间的差别。

对于用这种方式确定的锚头间距进行调整,考虑以下修正项,得到拉索的切割长度:

(1)支撑平面与固定板之间的距离,如图6.9所示。

(2)索端头的额外长度,每个取12.5mm。

(3)为避免拉索过短额外加长10mm(制造商保证拉索长度误差在±10mm范围之内)。

施工过程中几何形状与作用力:如前所述,建设工程按5.2.2.1所述依次逐步施工。作用力与之类似,为了达到$t=1$时的"通车"阶段,在$t=\infty$时收缩和徐变后加以相反作用力。然后除去叠加的恒载以达到$t=0$时"中心闭合"阶段。

通过计算移动荷载位于中间铰接点来拆分桥梁,截断后张预应力,铰接处的6根拉索变短,这样,中心铰接点两侧的作用力变为零。之后,将梁拆分,取一半梁体进行分析,计入收缩、徐变和施工机具的作用,如图5.85所示。

两个边跨节点的拆解与中心点相同。在工程施工的最后,垂直直塔保持原有高度。在拆除过程中,应用几何控制。在最后阶段,主要条件是满足的,因此所有作用荷载变为零。

整体拆分之后,可计算一些典型的中间重复施工环节和研究对应的应力。必须采取特殊措施来减弱预制构件间接头产生的拉力,这些拉应力是由预制构件在提升时由于横向支撑的偏心作用在梁上产生弯矩而产生的。在施工过程中,为了在关键节点处施加附加压力,大多数拉索需要超张拉(图6.20),则在关键节点处产生临时负弯矩。

索塔施工:索塔基础是在水深为8m和15m的钢板桩围堰中建造的。

插入钢板桩围堰后,进行清淤,至持力层,然后进行水下混凝土浇筑。抽水之后,其余基础在干燥环境中施工。

图6.21　塔腿浇筑

当达到主塔4的基础预期高度时,实际的持力层需要加深0.6~3.0m。由于钢板桩不能加长,采用了316根带双T形横截面的钢板桩来支撑基础。

塔腿以4.27m为一节段,采用跳跃式逐节浇筑,如图6.21所示。

钢制塔端由日本建造。长达21mm的牛腿焊缝缓解了拉索锚固处的应力。为了保持运输重量小,每个塔头被分成重为21t的三部分,各部分之间用高强螺栓连接,如图6.22所示。

如图6.23所示了已安装完毕的塔和索，其上已浇筑了外部呈“耳”形的混凝土。

图6.22　安装前的塔头

图6.23　塔头

预制构件的制造：现场浇筑的梁一般采用满堂式脚手架，逐节段浇筑和张拉预应力筋。在悬臂端未合龙之前，在合适的位置架辅助墩，以调节主梁内力。

塔上主梁的初始节段采用脚手架现场浇筑，如图6.24所示。对于隔板，常采用短的预制构件，它可以作为塔两侧第一块构件浇筑的双面平台。

预制构件是在桥位附近的岸上分节段在钢模板中现浇的，如图6.25所示。采用对称浇筑，常将脱模剂喷涂到接头上，以使脱膜容易并改善接头表面的平整度。

图6.24　起始块

图6.25　钢模板

图6.26显示了对称浇筑过程，构件终凝后，将其前移，作为下一构件的隔板。每一独立的牛腿用以抵抗斜拉索的锚固力，常采用三维可调的形式。已完成构件要非常精确地对准，因为结构的几何形状和所受作用力取决于构件之间精确的结合。

采用空气压缩的方式将混凝土与钢材分离开，蒸汽养护和脱模后，预制构件将被门式起吊机吊起，如图6.27所示，以进行下一阶段的浇筑操作，最终预制构件被运送到储存区，并在储存区浇水养护2周。安装横向预应力筋并采用后张法进行张拉，之后，预制构件由斜拉索的轴线所在边梁来支撑。在此之前，它们仅搁置在中间纵梁的下方。

主梁的安装：采用大型预制构件的条件是全部梁体需位于能够浮起270t构件的深水上。最初计划用它来同时提升塔两侧对称的构件，为了防止一个构件倒塌引起连续倒塌，在塔的两侧应有对称构件。最后用背索临时支撑塔身,正如前索作为临时拉索锚固在最平缓位置和其他塔基础位置之间,如图 6.28 所示。

图 6.26　浇筑

图 6.27　门式起重机

这些临时支撑具有可使预制构件在半个周期内交替安装的优势,施工人员可以同样交替地完成在河岸处的连接工作。因为背撑比前撑更坚固,河岸边的构件在对称施工阶段后可向前移动一个节段。

在主跨最后的预制块吊装之前,应当先拆除支撑拉索的前辅助拉索,以便安装最后的拉索留出空间。这是可能的,因为在陆地一侧的主梁与引桥进行了连接,因此可保证每个塔的安全。

通过一个明确的安装路径,每月可施工 12 段构件,相当于每月 100m 左右。

主跨不平衡预制构件在梁内产生较大的水平压力,其支撑在主塔轴线上的横向后张托梁上,如图 6.29 所示。

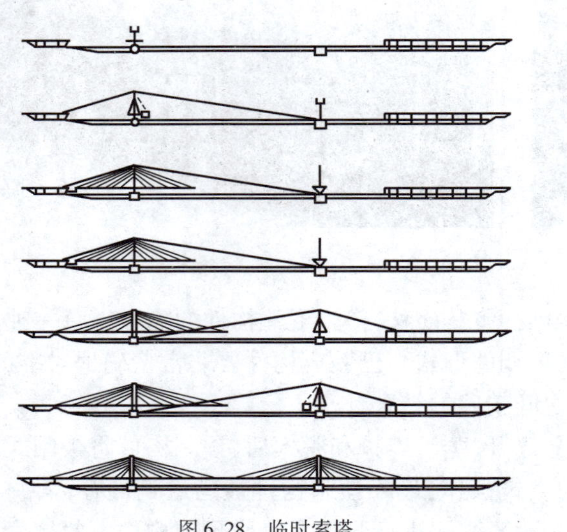

图 6.28　临时索塔

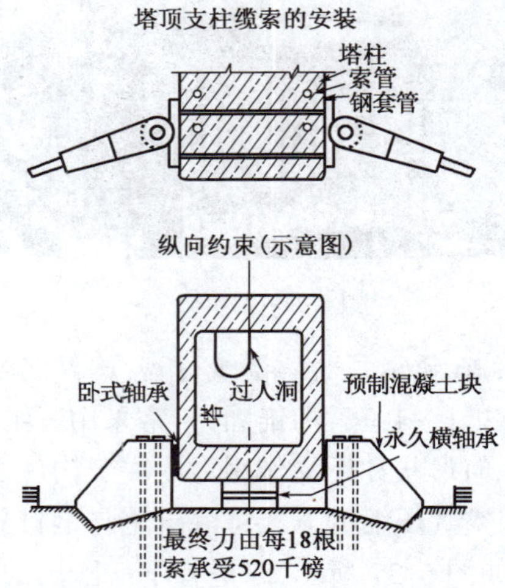

图 6.29　顶部:挂篮系杆在塔端的连接;
底部:塔端的水平梁约束

如图 6.30 所示为一个位于塔左上方索锚固位置临时前锚固索,一根支撑挂篮的斜拉索位于主塔横梁的左侧,且第一根永久斜拉索锚固在塔端。将预制构件通过浮运的方式运到现场

(图 6.31),并用抬升设备将其架到已安装梁上(图 6.32)。

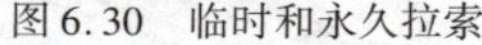

图 6.30　临时和永久拉索

图 6.31　水上运输

图 6.32　预制构件的起重

合龙之前,将上述接头用环氧树脂涂抹密实,如图 6.33 所示。将均匀分布的预应力筋插入管道,并用套管连接。将一些钢筋穿过结点,与伸出两侧套筒的钢筋进行焊接。(这些钢筋的焊接是较为繁琐的,且在后来的桥梁上不再使用,用预应力钢筋来代替。)

将新的预制构件安装就位,然后张拉预应力筋。如图 6.34 所示,施加 0.5N/mm^2 的均布荷载,以确保接缝紧密结合、环氧树脂硬化。

图 6.33　环氧树脂和预应力钢筋连接

图 6.34　预应力钢筋的后张法

起吊机:从先前计划采用美国建筑施工中整套的板式起重设备到最后采用浮吊起重设备,如图 6.35、图 6.36 所示。拉杆式液压千斤顶支撑前主梁上的运送设备纵向移动,主梁是由塔柱上的两根直索拉着,如图 6.30 所示。如果没有这些已架立的拉索,之前安装的斜拉索和已经安装的主梁会在起吊其他构件的过程中超荷。预制构件的重量通过拉紧的拉索传递给塔头,并将压应力通过机具传递到主梁,剪力通过牛腿传递到梁内。已架立的拉索的水平分量传递到梁体,且梁体内的压应力通过塔上的临时牛腿传递到基础上,如图 6.29 所示。这些临时牛腿一直参与受力,直到边跨合龙。

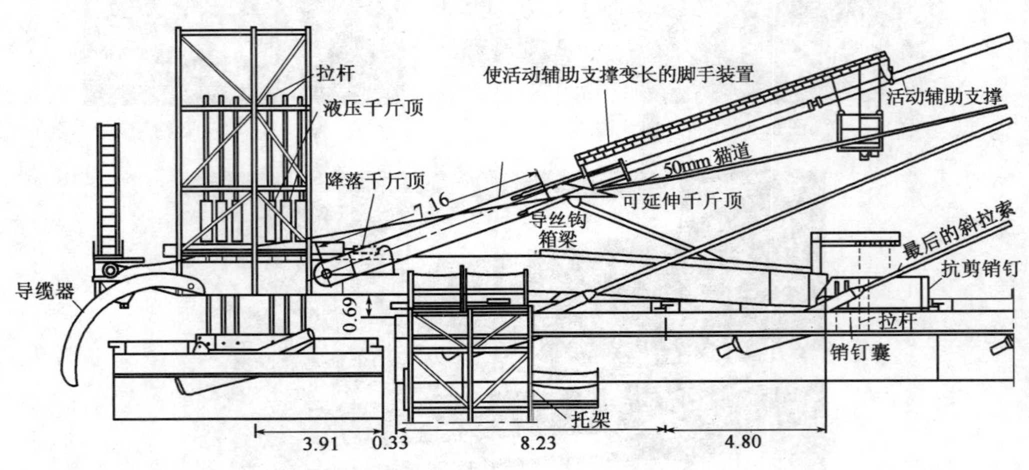

图 6.35　起吊机的总体布置(尺寸单位:m)

在拉索安装的最后阶段,通过千斤顶张拉斜拉索和千斤顶回油使预制构件的重量通过架设拉索逐步传递到最终的拉索上。限制每一施工步骤的标准是,起重设备倾斜角度的变化限制在 ±1°之内。

为了前移起吊机,将架设拉索从插孔脱离并通过增加拉索长度来伸长。起重设备通过在轨道与推动机机架之间的千斤顶前移。在新的位置上,剪切牛腿被锚固在梁段上。最后,重新张拉斜拉索,使其避免由主梁前端支撑。

预制构件被悬挂在拉杆上并“同时”(设备倾斜变化的标准差为 ±1°)受压,之后,预制构件达到其最终水平位置,将其转移到节点合龙的重型滚轴上,并与起重设备联合使用。

合龙:自由悬臂端从塔内侧向两侧施工,如图 6.37 所示;通过现浇边跨进行合龙,如图 6.38所示;最后预制构件的抬升如图 6.39 所示。

采用现浇混凝土进行边跨和中跨合龙,吊架挂在顶部,被拉紧的撑竿穿过合龙段,像夹板一样固定在两侧,以保证在浇筑合龙段混凝土时,尽可能减小两梁之间的相对运动,如图 6.40、图 6.41 所示。在夜晚低温时浇筑合龙段,在黎明时进行张拉。

拉索安装:工厂预制用 PE 管包裹的平行钢丝成卷运到现场,如图 6.42 所示。

拉绳将斜拉索抬起,其可被移动的支架支撑如图 6.43 所示。在主塔端部的前方,通过吊架调整锚固端的位置,使其能够顺利到达最终的锚固点位置,即塔端锚固位置。

由于 PE 管低温变脆,转轮被放置在浮体上的隔间内,加热输送到现场过程中,加热浮体中的空气。然后将 PE 管分别类似“香蕉”式地被拉起,以确保最小弯曲半径,如图 6.44 所示。

图 6.36　预制构件安装就位

图 6.37　悬臂段开始施工

图 6.38　边跨合龙

图 6.39　最后节段的吊装

图 6.40　夹板固定的中心节点

图 6.41　吊机主梁横跨中心节点

为了在抬升期间限制 PE 管的曲率，其由吊架支撑，吊架支撑与一根拉绳相连，可在卷轴上滑动，如图 6.45、图 6.46 所示。

图 6.47 显示了钢结构塔顶内的索锚头。梁端的锚头由梁下的托臂支撑，其顺着预埋钢管穿到锚固位置，如图 6.48、图 6.49 所示。

图 6.42　卷轴上的斜拉索

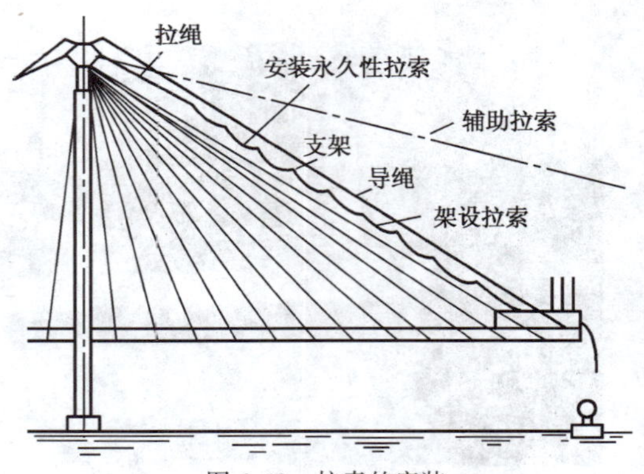

图 6.43　拉索的安装

图 6.44　开始安装斜拉索

图 6.45　吊装过程中的拉索支撑

图 6.46　高架悬挂

图 6.47　塔头内的拉索锚固端

图 6.48　梁下的拉索锚固

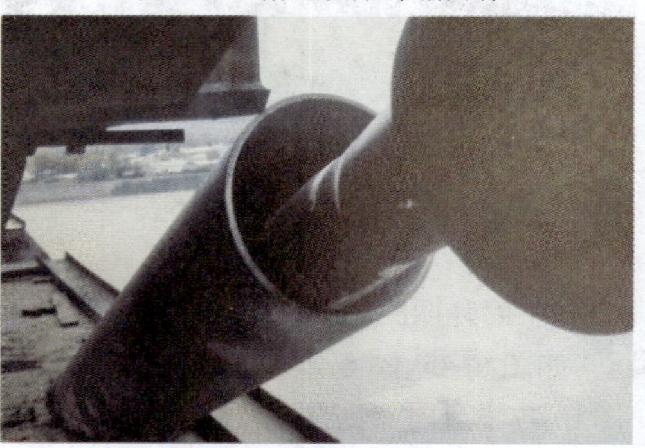

图 6.49　嵌入梁内的钢管

通过调整悬挂线的垂度,下方的锚固头被牵引到预埋钢管上方,由 10MN 穿心式千斤顶的拉杆拉入钢管内。千斤顶通过梁下的托架支撑(图 6.39),千斤顶也可以用于安装环氧树脂和后张预应力钢筋。

穿心式千斤顶拉锚头的前端通过垫片来固定其位置。放松托架后,拉回到安装的下一个缆索位置处。

为了在第二节点背部产生压力,大多数拉索安装时的长度要长于最终阶段所需的长度,如图 6.20 所示。当下一节段主梁节段安装后,再将拉索张拉到最终施工阶段的长度。

安装后,在 PE 管道内灌浆以防止腐蚀,如图 6.50 所示。通过竖直管来保证塔端的灌浆压力,如图 6.51 所示。其中,竖管内的水泥浆会被浪费。

图 6.50　PE 套管注浆

图 6.51　塔端竖直管

水泥浆的水灰比为 0.38,并含有 1% 的膨胀剂。同样的设备亦可用来进行后张拉孔道灌浆。

分三个步骤进行拉索灌浆:

(1)在锚头前方以下 2m 处。

(2)灌至上锚头下方,在这一阶段,圆形 PE 管套箍加强了混凝土的硬化。

(3)补浆后,上锚头前段那一部分可通过竖管来补灌浆。

PE 管道的最大环向应力约为 $9N/mm^2$,所以灌浆过程中会增加聚乙烯管爆裂的风险,最后可达 1.4 倍,与 4.2.1 节进行对比。

为了控制灌浆,在 PE 管上方开一个窗口,如图 6.52 所示。同时在 PE 管关键位置进行缓慢注浆。

为了涂色,黑色 PE 管道外用白色绷带包裹,如图 6.53 所示。白绷带可改善桥的外观,如图 6.54 ~ 图 6.58 所示。

几何控制施工:

一座大型桥梁,从预制构件到车间制造缆索,都有其预定的几何长度(对应建造中的受力情况)。在施工过程中进行力和变形控制,即使所有的重量、长度、收缩和徐变都符合假设要求,桥梁的几何形状和内部的力也必将产生微小变化,所以,要正确选定施工方法和施工步骤(收缩和徐变效应部分地依赖于施工顺序)。各构件的理论几何尺寸与最后成桥阶段预期几何尺寸存在偏差,因此,各个构件必须制作得尽可能准确或使其在允许偏差范围内。每个施工阶段的控制测量结果应与理论值进行比较。下面列出了一些结果：

图6.52　PE管的控制窗口

图6.53　对PE套管进行包装

图6.54　已包裹完成的PE套管

图6.55　纵向视图

图6.56　部分侧视图

力的测量：每一个预制件的重量是通过驳船吃水深度来精确测量。平均而言，结果比假定的重3%。测量质量偏差作为额外荷载，再在最后阶段通过计算机系统进行计算分析。通过调整锚头垫片厚度来调整缆索长度。因此，在最后的建造阶段，新的索力及几何尺寸满足要求。

图 6.57 总体景观

图 6.58 大桥夜景

安装索时,通过标定千斤顶和特征频率测试进行索力确定,见 3.9.5 节。实际和理论值之间的允许误差见 5.2.3.4 节。因此,在施工结束后不需再调索力。

几何控制:通过确定螺柱和预制件间距来测量接头的厚度。在浇筑后,平均距离仅有 0.6mm,这意味着在接头中的环氧层的附加厚度几乎等于水泥和分离剂的厚度,其可通过喷砂消除掉。应相应的调整垫片厚度。建造初期,梁的理论变形与实际变形一致,但建造后,梁的实际变形比理论值大,中跨合龙段可达 17mm。这种几何偏差与理论假设偏差近似。

(1) AASHTO 规定混凝土梁的弹性模量为 35000MN/m^2,但平均 28d 抗压强度为 51.3MN/m^2。由于使用了高质量碎石集料,弹性模量可达 3900MN/m^2。

(2)假定空气湿度为 90%,混凝土的收缩和徐变小于假定值。

(3)由于采用高强度混凝土和矮基础,索塔压缩只有假定值的 2/3。

桥中心的坡度产生的变化为:

高强混凝土弹性变形:1.4cm;

较小的收缩量:5.9cm;

较小的徐变量:8.1cm;

塔身变形和桥墩沉降:2.0cm;

总计:17.4cm。

通过最终安装拉索考虑几何偏差,在目前只有在接缝闭合之前消除梁端的角度偏差。否则,梁会稍微偏高。梁轴线的水平偏差在较小范围内(-0.4~2cm)。

6.1.2.3 成桥

图6.55和图6.58显示了已建成的帕斯科肯纳威克桥。由于其造型美观、独特,在美国赢得了很多重要的奖项,包括“总统奖”。

相关信息包括:

委托人:美国联邦公路管理局华盛顿特区沃尔特博士;华盛顿州公路处斯图尔特。

设计与监控:阿尔维德·格兰特和奥林匹亚、莱昂哈特、安德拉和合作人德国斯图加特。

建设单位:彼得凯威特有限公司,温哥华,华盛顿,马丁凯利。

缆索制造商:普瑞森公司,圣安东尼奥,得克萨斯州。

风洞试验:国家航空公司,渥太华,加拿大拉比·沃德洛。

拉索测试:得克萨斯州,得克萨斯大学,工程系,奥斯汀与约翰教授。

6.1.3 东亨廷顿大桥

6.1.3.1 总体设计

该桥横跨位于俄亥俄州和西弗吉尼亚州之间的俄亥俄河,如图6.59所示,主跨274m,采用单塔体系,该结构体系相当于主跨约为466m的双塔结构体系,其保持着那个时代的一个建造记录。这座桥的混凝土比选方案是在钢结构设计完成和主要基础已经建后才进行的。主要基础已经完成了,如图6.60所示。

图6.59 大桥位置

图6.60 已完成的钢结构方案的桥墩

为了能够改用混凝土设计方案,采用了钢横梁,预制梁采用高强B56混凝土,塔身采用B42混凝土,如图6.61所示。

1981年申报的混凝土主梁的设计方案,比正交异性钢桥面的钢结构设计方案要节约29%。

6.1.3.2 施工

1)引桥

西弗吉尼亚州一侧的引桥为悬臂结构,如图6.62所示,这是为了使主跨的部分荷载通过梁的弯曲直接传递给引桥，而不是传递给拉索和塔身使墩柱受压，因为那样造价会更高。

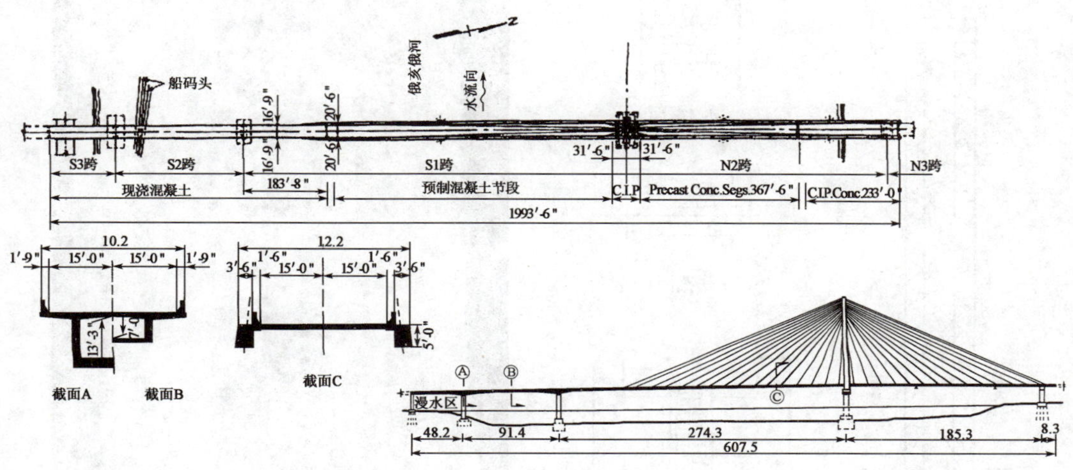

图6.61　总体布局(尺寸单位:m)

图6.62　引桥的自由悬臂端

2)塔身施工

斜拉索在塔顶重叠连接，如图6.63所示。在压力下，主跨和边跨直接连接并使拉索受拉。在设计阶段，借助模型来确定拉索锚固、塔的检查梯及平台的几何形状，如图6.64所示。

在每个混凝土浇筑步骤，预先进行主塔塔端的钢筋绑扎，如图6.65所示。为了确保拉索锚的套筒精确定位，套筒预先被固定在钢筋笼上(之后的桥梁建造中套管被固定到型钢笼上，例如海尔格伦桥)，现今多采用内置钢箱的组合锚，例如诺曼底大桥。

钢筋笼在精确位置处与已建成的塔身连接，如图6.66所示。

3)梁的制作与安装

针对250t预制悬臂梁来说，主塔需要前后临时拉索进行锚固，如图6.67、图6.68所示。在施工期间，一艘船只撞向了前拉索，所幸的是对桥梁没有造成严重的损伤。(以后的桥梁建设中取消了临时前锚，例如波萨达斯—恩卡纳西翁桥。)

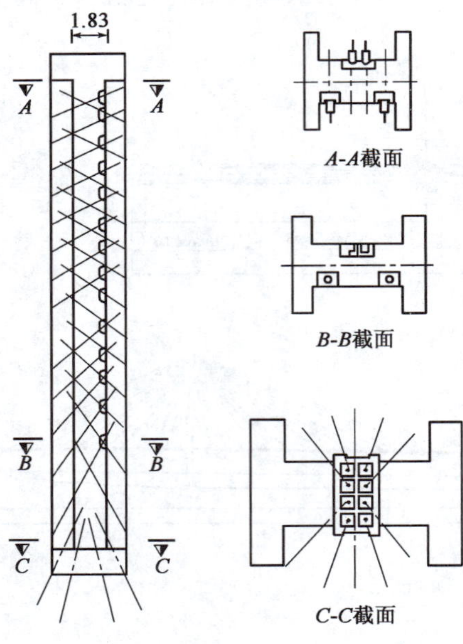

图6.63 塔头内的拉索锚固

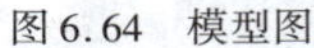
图6.64 模型图

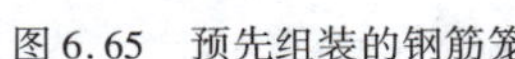
图6.65 预先组装的钢筋笼

图6.66 已安装的钢套管

东亨廷顿桥的横截面与帕斯科—肯纳威克桥相比进行了简化：

(1)用钢桁架梁代替混凝土梁，如图6.69所示。

(2)用高强混凝土B56取代通常使用的混凝土B35，这在美国非常少见。

(3)代替主梁前端的钢销钉，其可用来传递剪力，如图6.70所示。

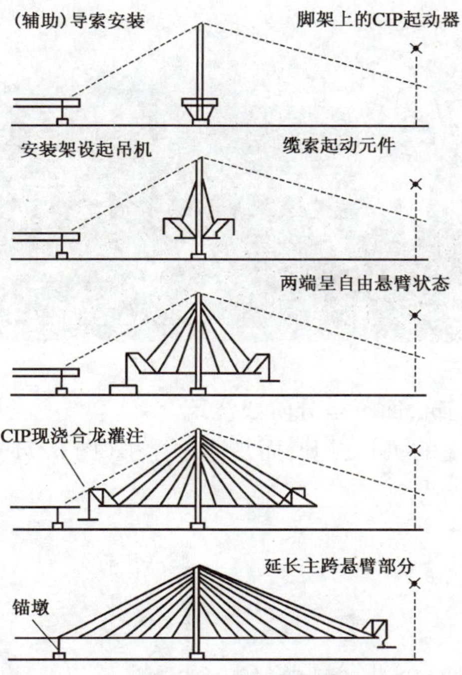

图6.67 临时主塔拉索的安装步骤

图6.68 开始进行梁体施工时的主塔斜拉锚固

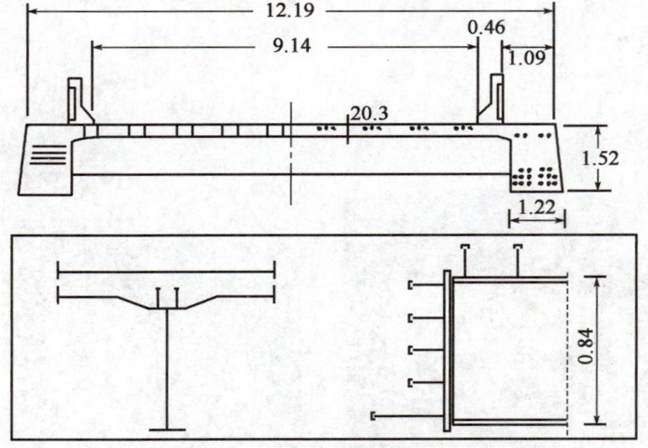

图6.69 主梁的横截面(尺寸单位:m)

图6.70　预制构件

(4)所有构件一次性浇筑,而不是分阶段浇筑。

预制构件不是通过梁上的机具提升,而是通过浮吊(图6.71)提升。最后构件的提升如图6.72所示。

图6.71　浮吊

图6.72　最后节段的吊装

4)拉索安装

在拉索安装开始时,拉索被拧入锚头下部的螺纹内,如图6.73所示。上锚头通过塔式起重机起吊至塔头,装进锚管内,如图6.74所示。

图6.73　斜拉索的起吊

图6.74　将斜拉索引入塔头

较低锚头内的拉索最初是分两股拉进钢管内的，如图 6.75 所示。

一旦拉索到达位于梁下支架上的千斤顶时，如图 6.76、图 6.77 所示，锚头会被拖入其最终位置并安装垫圈。实际缆索长度在该阶段由垫圈厚度确定。

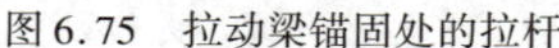

图 6.75 拉动梁锚固处的拉杆

图 6.76 张拉主梁下方的千斤顶

6.1.3.3 成桥

在驾驶员的视野中，A 形塔会形成一个帐篷式的空间，给人一种安全感，如图 6.78 所示。

图 6.77 将拉杆拉入套筒内

图 6.78 驾驶员视线看到的帐篷式空间

从水中倾斜的倒影来看，A 形塔的优点是很明显的，其扇形分布的斜拉索几乎不会造成视觉交叉，如图 6.79 所示。

委托人：美国联邦公路管理局华盛顿特区沃尔特波多泥博士；华盛顿州公路处与斯图尔特洛伊德。

设计与监控：阿尔维德 · 格兰特和同事奥林匹亚、莱茵哈特，安德拉和合作伙伴德国斯图加特。

建设公司：彼得凯威特有限公司，温哥华，华盛顿马丁凯利。

索制造商：普瑞森公司，圣安东尼奥，得克萨斯州。

风洞试验：国家航空公司，渥太华，加拿大托比 · 沃德洛。

拉索测试：得克萨斯州，得克萨斯大学，工程系，奥斯汀与约翰教授。

图 6.79 从河边角度看到的景观

6.2 CIP 混凝土斜拉桥——海尔格伦桥梁

6.2.1 总体布局

6.2.1.1 概况

海尔格伦大桥是一座主跨 425m 的大跨度混凝土斜拉桥。考虑空气动力的稳定性,梁的外形设计尺寸:高 1.2m,宽 12m。该塔建立在入土 30m 深的岩石上。桥梁位于风速可达 77m/s 的大风环境下。

风荷载是在极限状态下,并考虑气动阻尼以及几何和材料非线性。这座桥是塔身开始向两侧悬臂施工建造的,2 年后建成,即 1991 年 7 月开通。

梁采用 CIP 混凝土,其优点是不需运输和提升较重的预制构件。其缺点是现场浇筑,每个节段需要 1 ~2 周,而预制构件的施工则是一周可以施工 1 ~2 个节段。

为了缩短施工工期,节段长度选用 12m,相当于拉索的距离。在浇筑没有支撑部分的梁段时,将会在已浇筑的梁端产生过大的弯矩。因此,需要架设模板支架。如果采用辅助搭背时,为了下个梁端而伸长的工作是繁琐和耗时的。对于海尔格伦大桥,在浇筑过程中最终的缆索可用来支撑挂篮。将它们锚固在作为最终梁体一部分的预制构件上,这些预制构件被挂篮用螺栓固定。在文献[2.80]中对该桥进行了详细描述。

海尔格伦大桥位于挪威西海岸靠近北极圈的桑内舍恩近市附近,穿越阿尔斯特湖岛屿和内陆间的雷尔菲尤尔,如图 6.80 所示。大桥周围地质由花岗岩组成,这部分花岗岩是由冰河时期冰川侵蚀形成的。峡湾深达 130m,宽近 400m,两侧位于陡峭的山坡上,如图 6.81 所示。

为了将塔基础完全从海湾边缘移开,以安全地避开花岗岩斜坡滑动带,将最初设计主跨跨径 400m 提高到 425m。

墨西哥湾暖流使现场温度不至于过低,但真正的问题是经常发生剧烈的风暴。近几年现场实测风的特性见表 6.1。

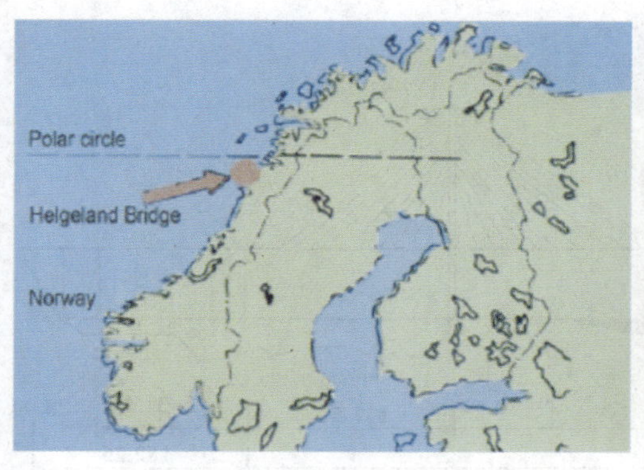

图 6.80 大桥位置

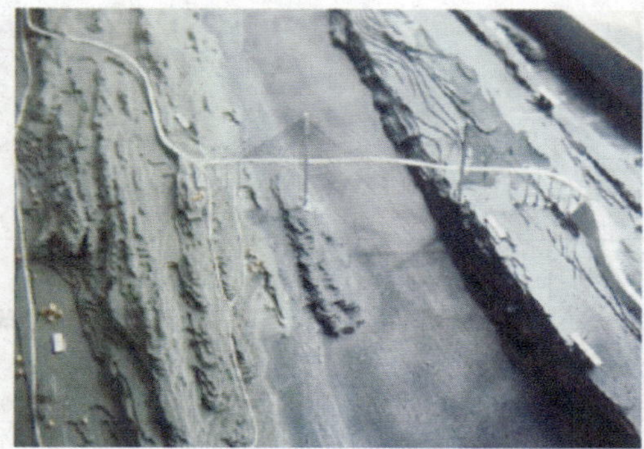

图 6.81 地质情况

实测风的特性 表 6.1

风速	高度 10m	高度 50m
50 年一遇,最后阶段		
10min 内,平均	40m/s	50m/s
阵风(3~5s)	60m/s	70m/s
10 年一遇,施工阶段		
10min 内,平均	36m/s	45m/s
阵风	54m/s	63m/s
湍流强度:$I=\sigma/V$(10min 内平均值) 水平:$I_V=25\%$ 垂直:$I_H=10\%$		

除了在距底面 50m 梁高处风速高达 77m/s 的阵风外,附近山脉("七姐妹"山脉)主风向引起的 21% 的湍流强度亦非常显著。

考虑到桑内恩工业港口的通航要求,通航高度设计为 45m。该塔被设计为可抵抗相当于 5000t 当量的船舶荷载的撞击。对于活载,挪威规范要求:600kN 的汽车集中荷载和 3kN/m^2 的均布荷载。

全桥采用 B65 高强度混凝土。对于代替采用 LB65 的轻质混凝土也进行了研究,轻质混凝土常在悬臂施工中使用,也用在组合梁中。结果,采用 B65 高强度混凝土造成梁的额外费用低于节约拉索的费用。此外,需要基础承担更多的荷载。

图 6.82 中的布局是最经济合理的解决方案。在 1989 年 4 月国际招标中,挪威承包商以 2500万英镑中标。

6.2.1.2 桥梁体系

主跨为 425m,边跨为 177.5m。由于靠近北极圈,车流量小,故只需两车道和单人行道。梁宽为 12m,宽长比为 1:36。

为了降低风阻力,空气动力学稳定性和适宜于 CIP 结构的要求,需要一个敞开的横截面并具有 2 个固定梁,梁高 1.2m,其高跨比为 1:354。

该塔在路面上呈 A 字形,以便通过两个塔腿增加扭转刚度。塔腿在梁以下由横梁连接,并固定在基础上。

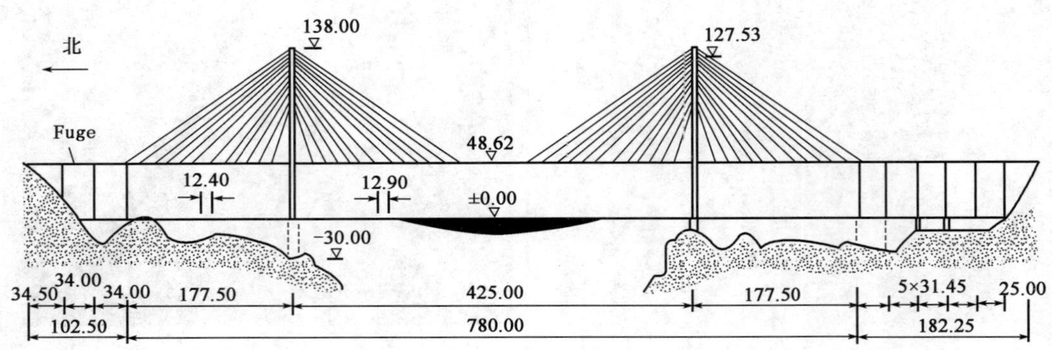

图 6.82　总体布置(尺寸单位:m)

主梁在第二个引桥跨的节点之间是连续的,如图 6.82 所示,且与细长的边跨墩组成一整体。两个塔的横梁间有 22mm 厚的氯丁橡胶支座,它可以保证结构的水平变形。这样,制动力和梁体温度的变化可以由两个塔同时承担。不同引桥长度和塔顶产生的作用力差异很小,因此,两个塔的理论尺寸一致。

1)梁体结构

对于纤细的桥梁主梁,如图 6.83 所示,在两个方向上进行局部后张拉,以确保主梁有足够的延性。对于边梁,全桥分 4 次张拉,如图 6.84 所示。在梁结构添加连续性预应力筋时,采用类型 2 和类型 3,其穿过空心预制管道,并在桥中心和端部注浆。

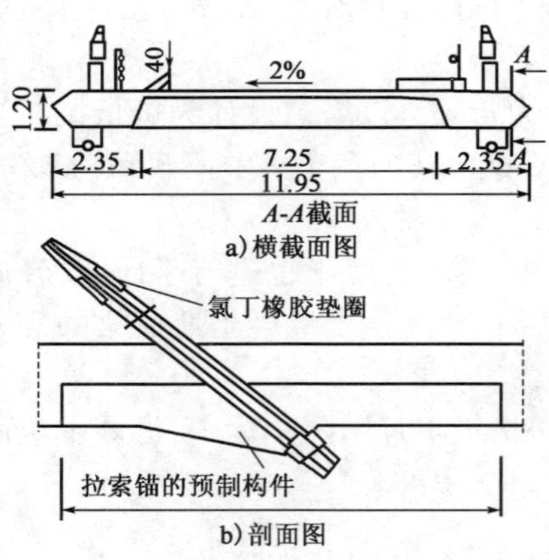

图 6.83　梁体结构(尺寸单位:m)

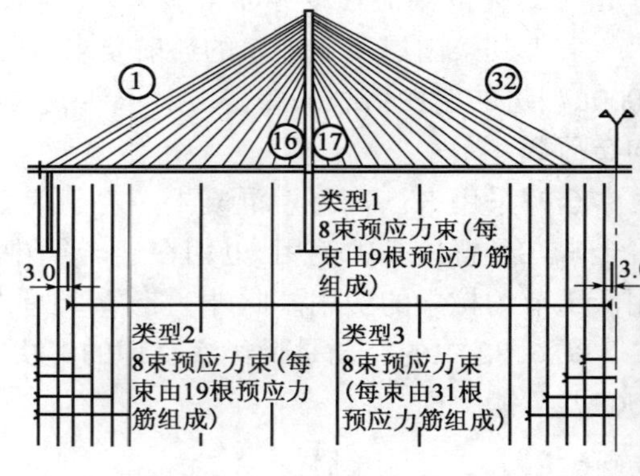

图 6.84　梁的后张拉(尺寸单位:m)

横梁位于距拉索锚固点处,横梁间的间距为 12.9m;主梁和横梁之间的混凝土板厚为 40cm,纵向上的跨度为 12.4m,横向上的跨度为 7.5m。梁的尺寸由以下荷载确定:

(1)永久荷载和活载。

(2)风荷载。

(3)施工荷载。

对于(1)类荷载,考虑了桥的非线性特征(P-Δ 效应)和材料的(弹塑性)非线性特性。由于梁的长细比过大,其为 1∶354,活载产生的弯矩将超过线性计算值的 50%,如图6.85所示。

如图 6.86 所示为边梁加强构件的典型布置图。

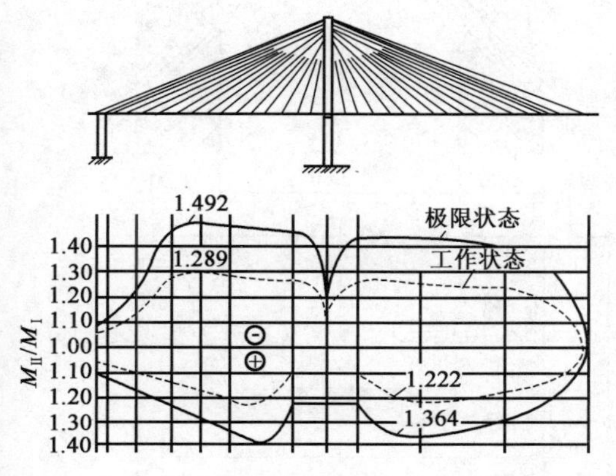

图 6.85　非线性导致的活载弯矩的增加

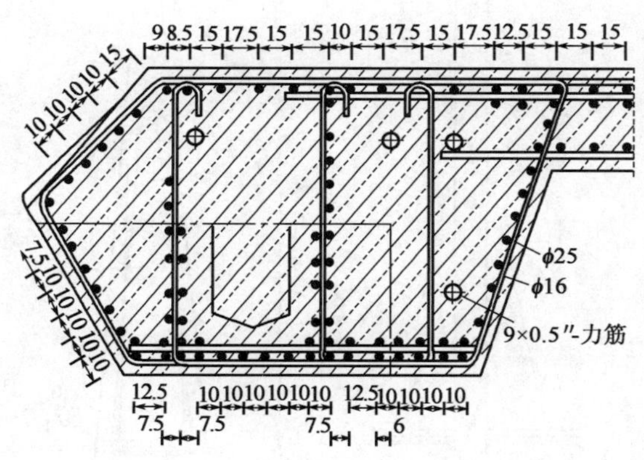

图 6.86　典型的边梁钢筋布置(尺寸单位:m)

施工过程中,对主梁的正弯矩起控制作用的荷载是拉索的压力,而对于负弯矩,是在安装模板之后,相应的拉索安装之前的阶段。施工期应考虑控制梁弯矩的包络图如图 6.87 所示。需要考虑施工期间第一对斜拉索在梁的前端部产生压应力。在极限状下态下确定索力大小。正常使用极限状态裂缝的限制宽度为 0.2mm,隔板上裂缝宽度限制为 0.1mm。

活载在 60% 以下,或者风荷载单独作用时,或者所有的施工阶段,也需要满足裂缝宽度的要求。同时,裂缝区钢材的应力限制在 190N/mm^2。在恒载和频繁出现活载的情况下,后张法可有效避免产生纵向拉应力。

在施工过程中,每个边主梁需要四根每束 9 股 12cm 的预应力筋。在成桥阶段和施工阶段部分预应力的布置、用量可得到优化。图 6.84中给出了钢筋布置示意图,这既能使混凝土容易浇筑,又能使预应力筋容易布置且简单经济,使得张拉钢束的布置更容易。

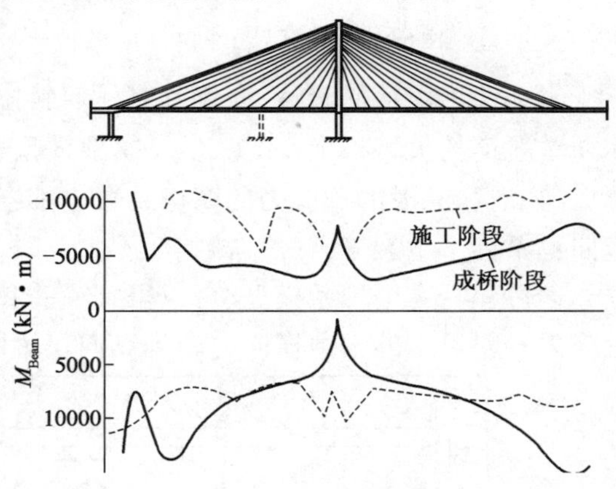

图 6.87　梁的控制弯矩包络图

将斜拉索置于边梁附近并穿过现场制作的钢套筒连接到塔端,如图 6.83 所示。1978 年,美国的帕斯科—肯纳威克桥的开通,证明了这种斜拉索锚固形式是有利的。

(1)主塔

对 A 形塔、H 形塔和菱形塔进行了比选,最终选用菱形塔,如图 6.88 所示。因为菱形塔更经济、更美观,同时还提高了塔的抗扭刚度。塔的横向是刚性的,塔头在纵向被背索限制。因为 A 形塔的两个塔腿的位移被限制,在旋转振动时背索的影响被忽略了,这样一来,扭转频率就大幅增加。

施工过程中,两边跨都需建造辅助墩,以减少由不同风力作用在主梁两个悬臂上而随风向变化在主塔上产生的水平弯矩。辅助墩通过钢筋束的张拉将其锚固到岩石上,其与主梁的连接可垂直滑动,以避免梁中弯矩峰值。

塔腿与主梁固结,以保证荷载传递到30m水下的基础上。主梁上方为壁厚40cm的箱形截面。斜拉索锚固在混凝土塔头内,如图6.89所示。

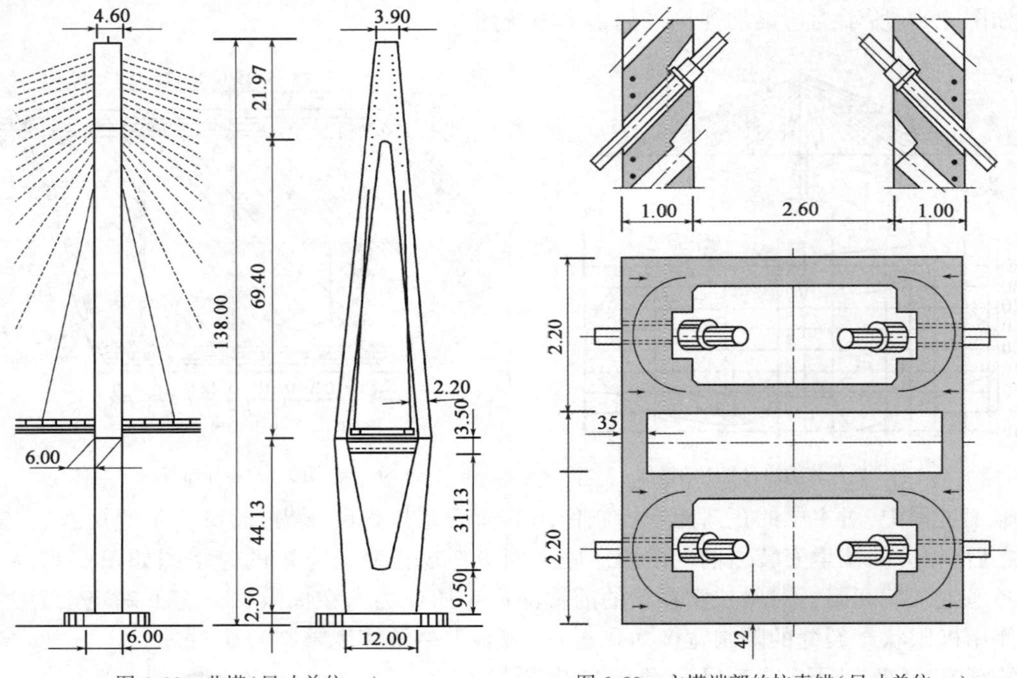

图6.88 北塔(尺寸单位:m)

图6.89 主塔端部的拉索锚(尺寸单位:m)

水平缆索由箍筋套箍,允许其对任何斜拉索进行调整。该系统首次用在得克萨斯州跨越休斯敦航道的贝城桥上[1.17]。足尺模型试验表明:即使在高曲率半径为0.8m的区域内,采用厚实、光滑和润滑的预应力的摩擦系数也不会超限。因此,不需采用昂贵的附加横向后张拉,竖向也不会产生裂缝。

通过建立一个杆系模型,可以得到箍筋和横向钢筋的尺寸,同时可以得到运营时的弯矩和正应力。斜拉索的索力横向分布到纵向箱梁的腹板内,如图6.90所示。

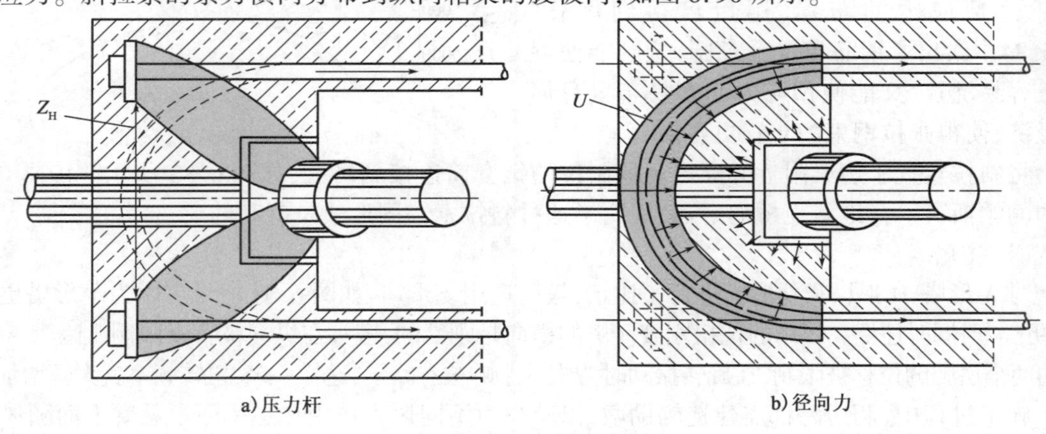

a)压力杆

b)径向力

图6.90 系杆模型

一半的索力通过两个立柱传递到环锚内,如图6.90a)所示。

一半的索力被环向筋的径向力抵消,如图6.90b)所示。

(2)斜拉索

斜拉索的尺寸依据镀锌钢丝PTI指南[3.47]确定为直径7mm,拉索强度为1450/1650MPa。

4×32的斜拉索,其长度为64~225m,其含有67~231根钢丝。正常使用极限状态下的控制荷载是恒载允许应力为0.45倍的活载。拉索用PE套管包裹(图6.91),并在锚头端部冷铸钢球和环氧树脂(图6.92)。

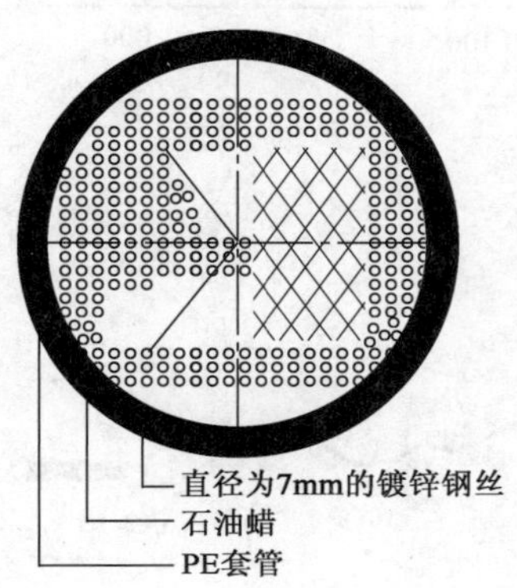

图6.91 平行钢丝拉索横截面

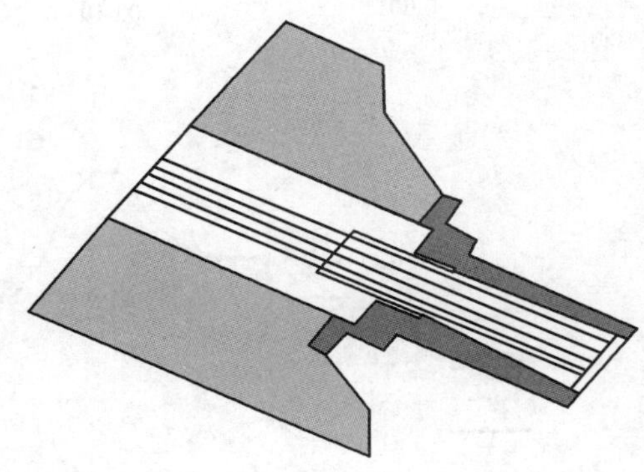

图6.92 拉索锚固

因为现场温度太低,在现场进行PE套管灌浆是不可能的,因此在工厂制造时,在PE套管中注入石油蜡。石油蜡有足够的塑性,可以在卷轴上缠绕和拆除,同时也有足够的强度,在安装后足以抵抗太阳辐射下积聚的静水压力,否则将会导致在桥梁使用年限内套管爆破。

2)空气动力稳定性

桥梁完全暴露于风中,且该桥具有较大的长细比,这使得需要对风响应进行仔细的研究,包括在施工阶段和成桥阶段,这需要大量的分析。

采用时程法模拟大风,其适用范围可满足要求,同时也满足风的特性,如:

①梁与水平弯矩、竖向弯矩和扭转弯矩的非线性关系。

②非线性稳定效应(P-Δ 效应)。在这方面,梁中心横向弯曲引起梁倾斜是非常重要的方面,平角的索力较小,会使倾斜恢复。

在文献[4.35]中给出该计算的详细描述。

(1)风模拟

极限状态下的风速是由正常使用极限状态下 $\sqrt{\gamma_w}$ 的增加产生的。通过极限状态下50年一遇的10min内平均风速可计算出风速 $V_{(极限状态)}=\sqrt{1.6}\times50=63.25$。其依据是1974年ESDU[4.26,4.27]招标文件规定的湍流范围。

图6.93给出了ESDU范围1/12倍频程的模拟湍流组件。通过对128次谐波产生湍流正确性的验证,其可认为用于风力模拟。

图6.94为3s时间段内模拟的纵向风速,各条线显示为0.2s内瞬时风速分布情况。图6.95显示了在风作用下,桥梁振动的计算模型。

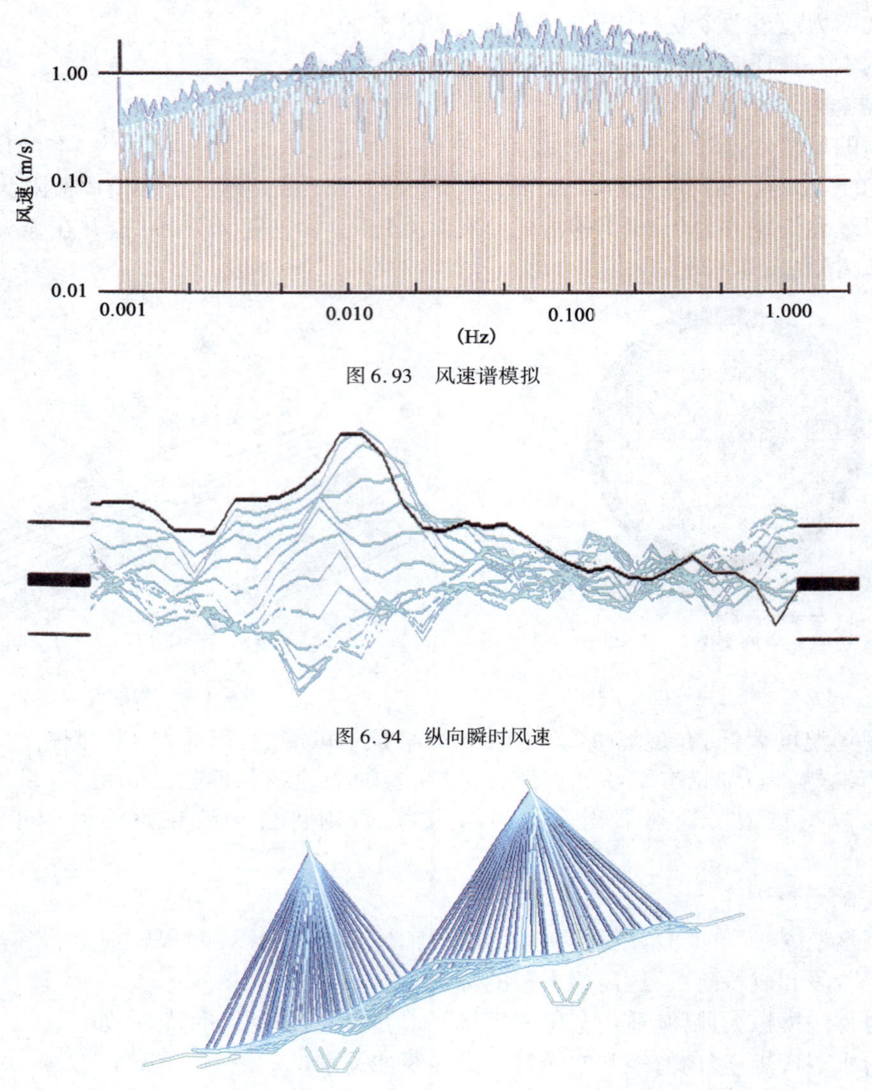

图 6.93　风速谱模拟

图 6.94　纵向瞬时风速

图 6.95　动态风荷载作用下桥振荡

(2)选型

在选型过程中需计算非线性的影响,要考虑拉索系统的几何刚度与所选择的力以及屈曲和倾斜的影响。节点的受力变形是在施工过程中不断变化的。为了考虑每个施工步骤中的修正,将并行方案倾斜弯曲进行参数研究。所得的弹性特性非常接近非线性力矩曲率图,如图 6.96所示。

上述因素均起作用,例如,图 6.97 中为非线性极限状态弯矩与线性系统中 γ_w 弯矩的比较。

在施工过程中,塔身会出现较大的弯矩并配置大量的钢筋,其会导致弯矩重新分布,从而使得跨中弯矩减小,而跨中钢筋的减少进一步增加了这种效应。

(3)风洞试验

采用弹性支撑的动态模型进行风洞试验是可行的。同样也可采用旋流激励。该实验在边界层风洞中进行一个完整的模型测试,如图6.98和图6.99所示,结果像往常一样,湍流风时出现最大振幅。

海尔格伦大桥纵梁的长细比为1∶354,横梁的长细比为1∶36,这对位于风暴非常强烈地区的哈尔格伦大桥来说是非常大胆的设计。

通过非常详细的空气动力学实验证明,这不仅在成桥阶段安全,在施工阶段也是非常安全的。尽管预期50年一遇的大风暴确实在施工阶段出现了,但这座大桥却非常稳定。控制测量显示,计算与实际变形之间有良好的相关性。参见3.5节。

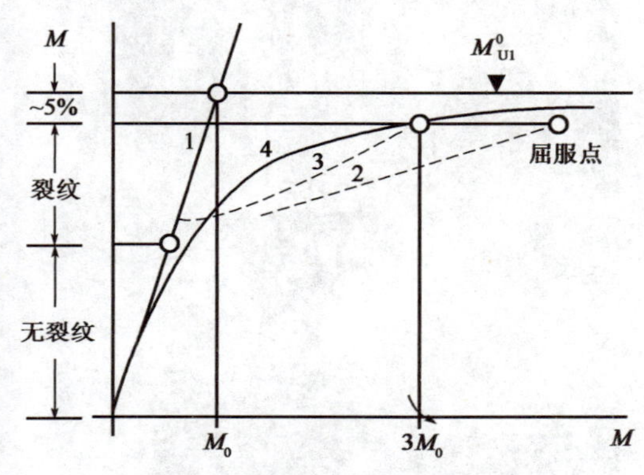

图6.96　非线性弯矩—曲率图

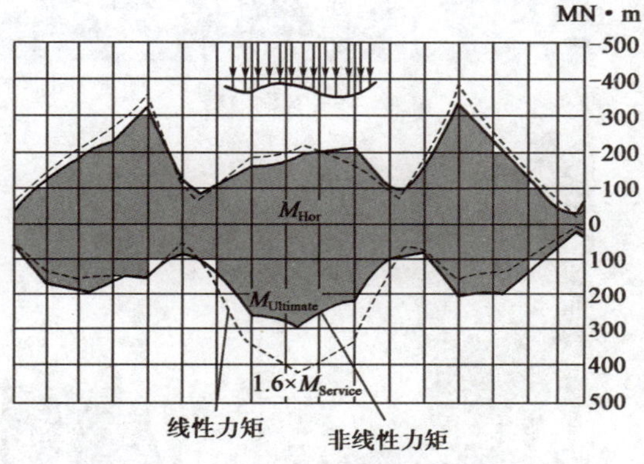

图6.97　水平弯矩包络图

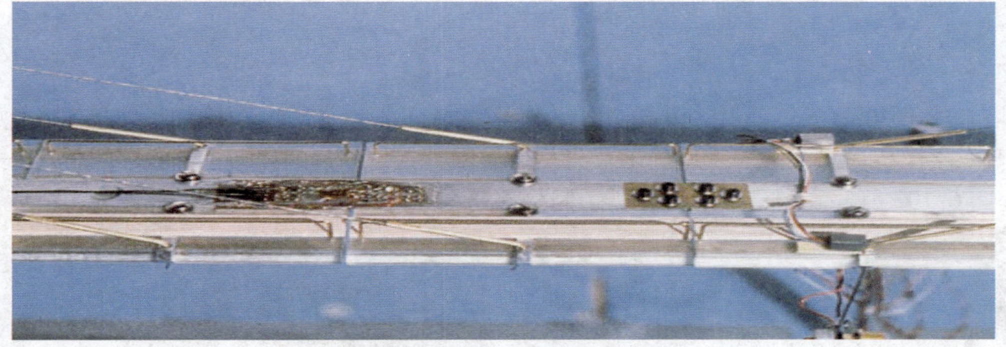

图6.98　梁内拉索锚固细节

6.2.2　施工

6.2.2.1　气候条件

由于大桥位于靠近北极圈的挪威西海岸(图6.80),在施工组织设计时不得不考虑恶劣的气候条件。真正的困难不是施工温度低,而是墨西哥暖流冬季频发产生的强烈风暴。从每个主塔开始,主梁采用210m的悬臂,其梁高只有1.2m,这种气候施工时困难很大。图6.100显示了在悬臂阶段遭遇的一场风速高达70m/s(252km/s)的风暴,其浪花喷射到了梁高位置处。

建设单位安排现场不间断施工，即使是在强风下也可继续施工。将(40m×100m)大型浮桥锚固在每个塔上作为工作平台。配料室包括集料和水泥仓，其容量为60m³/h。所以，不只是桥梁，包括配有设备的工作浮桥在风暴中都是非常危险的，如图6.101所示。

图6.99 整体风洞模型

图6.100 悬臂施工阶段遭遇暴风雨

图6.101 风暴侵袭工作中的浮桥

6.2.2.2 塔

塔基建于30m的水下，用一种特殊组合而成的水下混凝土，它是为了防止混凝土在水下浇筑时发生离析而发明的。基础施工首先是由潜水员在处理过的岩面上铺设一层混凝土基础层，如图6.102所示。塔身水下部分的预制构件在岸边浇筑并浮运到现场，如图6.103所示。

图6.102 水下基础

图6.103 预制塔腿构件的起吊

预制构件由浮吊吊放到预制基础上，如图6.104所示，水压和填充的CIP混凝土使其受压。这样，就采用了所需双重挡墙，用于抵抗接近基础下的拉力，并对船舶的撞击产生有效的抵抗力。

梁以上的塔采用腹板厚度为40cm的混凝土箱形截面，其采用滑升模板法浇筑。

钢模板是封闭的，并带有保温的隔热层，它的作用是在新浇筑混凝土时抵抗低温，如图6.105和图6.106所示。

图6.104　基础构件的下沉

图6.105　滑升模板法浇筑塔腿

在较低的塔腿处，滑升模板法的进度为1.5m/d，对于桥面以上的塔身，其进度可增加到3m/d。在拉索锚固区，塔身每3m为一个节段。即使是在有很多内置构件的地方，包括拉索锚头处，仍然采用滑升模板法，因为施工单位认为在强风环境中采用翻模施工是非常危险的。将钢管和其支撑平台在工厂焊接形成钢架，将钢架放置在3m段的塔头内，并通过螺栓连接在预先安装好的框架内，如图6.107所示。这样，拉索锚就可以在滑升过程中安全地停留在合适位置。

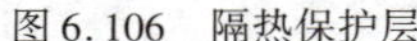

图6.106　隔热保护层

图6.107　预先在塔头内安装的索锚固

由已完成的塔头可以看到锚固拉索用的现铸钢管和锚头外侧的水平箍筋，如图6.108所示。

6.2.2.3　梁

梁初步设计是由塔向两端悬臂施工，节段长度为12.90m（相当于拉索的距离）。设计阶段还计划通过临时拉索来支撑施工设备。对不同的施工方法和程序进行了分析，包括为了在混凝土浇筑之前索力最小而使用水加载的可能性。最后，采用一个较重的设备压在已经完成的阶段上。在浇筑之前,这个设备的作用是将横向桁架过大的索力传递到已完成的梁体上,如图6.109所示。每个设备质量约为115t。

图6.108 拉索和钢束锚固塔端

对于塔腿施工,设备必须具有外壳以保护新浇筑的混凝土抵抗寒风,如图6.110所示。该地区过大的风荷载将会在梁体内产生过大的横向弯矩,因此决定采用轻的塑料片来进行保护。但强烈的风暴会吹走这些塑料片,这证明了该梁在施工中的局限性。

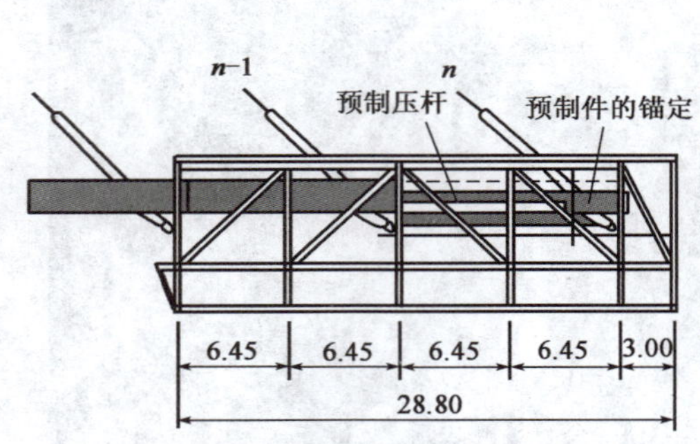

图6.109 滑动吊机的视图(尺寸单位:m)

图6.110 起吊设备

为了在梁上精确确定拉索锚头的位置和方向,将钢套管和其基板浇筑成短的预制构件,如图6.111所示。

图6.112显示了带有预应力贯穿管道的预制锚固构件的运输。(后来很少采用这种预制构件,并且梁上的拉索锚固部分在现场提前浇筑,这样就不需要运输设备,但是造成施工周期较长。)

每个预制构件在其端部位置连接到设备上,这样可安装最终拉索,拉索开始有一个较小的力支撑浇筑时的机械设备。

斜拉索索力的水平分量由从预制锚固构件到已完成梁的隔板间的预制柱传递,如图6.113所示。

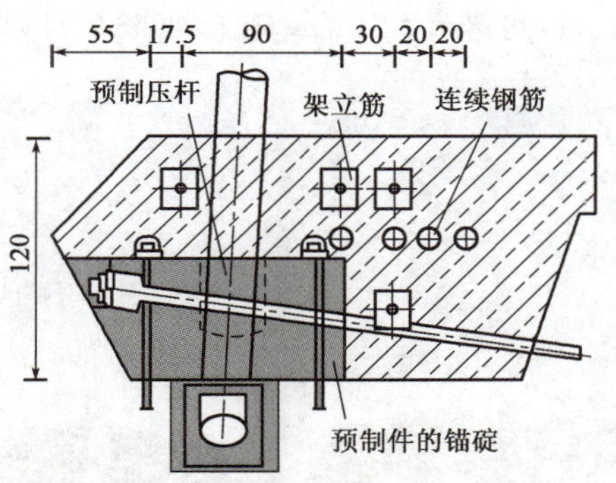

图 6.111　梁上预制件内的拉索锚固端(尺寸单位:m)

图 6.112　预制锚固节段构件运输

如图 6.114 所示为浇筑之前的一张现场图,可以看到预制构件中突出的钢管。最终的斜拉索已经安装完成。每个加固用的预制构件重 15 ~24t,它们在安装斜拉索之前就已安装就位。

图 6.113　模板内的预制构件

图 6.114　斜拉索安装完成后的吊机

如图 6.115 所示为在施工下一节段时梁底下方的视图。该桥的引桥和塔沿纵向逐段建造,如图 6.116 所示。

图 6.115　滑动模板底模的顶推

图 6.116　开始施工示意图

主塔直接支撑用于浇筑首段梁的施工设备,如图 6.117 所示。

在完成之后,施工设备被装配在首段混凝土块上,这样可进行后续悬臂施工,如图6.118所示。

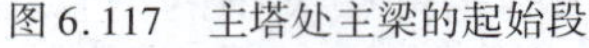

图6.117　主塔处主梁的起始段

图6.118　开始悬臂施工

在边跨1/4处建造辅助墩是很有必要的。其可用来抵消梁上不平衡的横向风力的水平力,如图6.119所示。该主塔自身不能承担风荷载作用引起的弯矩。

为了防止由于在弹性拉索支承间的刚性支承产生的过大弯矩,梁的连接处可竖向移动,在施工的结束阶段,拆除辅助墩,其可成为峡湾处鱼类栖息的新场所。

两塔的自由悬臂端会轻微错开,如图6.120所示。

图6.119　到达边跨的辅助墩

图6.120　超出辅助墩的自由端悬

在中跨合龙之前,每个悬臂部分的长度达到了210m,而就在此时发生了又一次剧烈的风暴。这座桥却依然牢固地树立在那里,测量所得的主梁偏转与计算值相一致,如图6.121所示。

图6.121　在自由悬臂施工结束时的风暴

最后，模板移动到中心合龙处，浇筑合龙段，如图 6.122 所示。

图 6.122 中跨合龙

在发生收缩、徐变之后，几何形状和作用力发生重分布，达到了预期的设计坡度和弯矩。图 6.123给出了桥在通车时（$t=t_1$）的几何形状与收缩徐变后桥的几何形状（$t=\infty$）的变化。

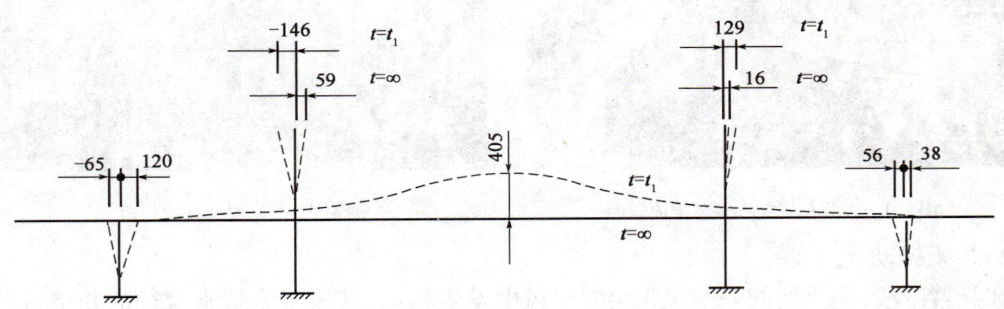

图 6.123 收缩徐变导致的成桥线形变化（尺寸单位：mm）

6.2.2.4 斜拉索

1）斜拉索的安装

拉索是在瑞士苏黎世制造，其卷在卷轴上通过船运到现场，并提升到梁位处，如图 6.124 所示。然后塔式起吊机将索锚吊到塔头位置，在塔头将它们穿入钢管和在塔头内具有垫片的锚碇内，如图 6.125 所示。

较短的拉索通过卷扬机拉到梁内钢锚管附近处，然后张紧的拉杆被拧入锚头的螺纹内，如图 6.126 所示。可以清楚地看到，此阶段梁体还没有浇筑，但是加强构件已经安装就位。

拉杆远伸出梁底，以至于可以在其端部的千斤顶座上安放千斤顶，这样就可以将拉索拉到其最终位置，如图 6.127 所示。在这一阶段，拉索的长度远比最终阶段长，因为混凝土的重量还未施加。

图 6.124　卷轴上的平行索

图 6.125　拉起锚头

图 6.126　将拉索拉入下部梁内锚固

图 6.127　从梁底张拉拉索

2) 拉索振动

在悬臂阶段,最重要的一些拉索会在强风中发生振动,其振幅为拉索直径的几倍,这一现象已在其他桥的建造过程中为人所熟知。原因就是由于缺少顶部梁的荷载而造成拉索较大的垂度,同时,悬臂阶段梁段的柔性也大大激起拉索在风中的振动。这可能会导致拉索较大的振动,即所谓的锚激励,参见 3.8.3 节。

可采取控制措施,如用麻绳将斜拉索固定到高约为 3m 处的梁上,这在一定程度上由于内部摩阻增大了阻尼。这种方法被证明是有效的,该方法也被用在其他桥梁上。在施工完成后的第一个冬季,拉索振动可能会在强风中发生,也有可能在梁上的锚固或是在塔上的锚固处被激发。这样的振动是很强大的,以至于在 PE 套管与钢管端部的氯丁橡胶垫圈发生很小的移动而使其毁坏。这种现象在苏黎世的 EMPA 试验中重复出现。这些测试还表明,PE 管和氯丁橡胶环之间的不锈钢片可防止氯丁橡胶的破坏,因此,PE 套管在局部加厚并被钢管保护。

斜拉索振动的视频分析表明,当风速达到 30.2m/s 时,拉索的振幅高达 0.67m。一项理论研究假定锚固会激励引起同样的结果。为了削弱这些拉索振动,对液压和摩擦阻尼器进行了研究。在每个索面采用直径为 15mm 不锈钢绳,为了防止松动,安装时张拉 220kN 的力,如图 6.128 所示。

不幸的是,这些系带影响了桥梁的外观,并在其上运行的小车难以行走,给检查缆索带来了困难,如图 6.129 所示。

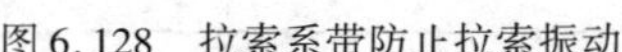
图 6.128　拉索系带防止拉索振动

图 6.129　由系带连接的斜拉索成桥状态

6.2.2.5　桥梁检测

图 6.130[6.7]显示了在 1992 年和 1994 年冬天对桥梁的检测结果。

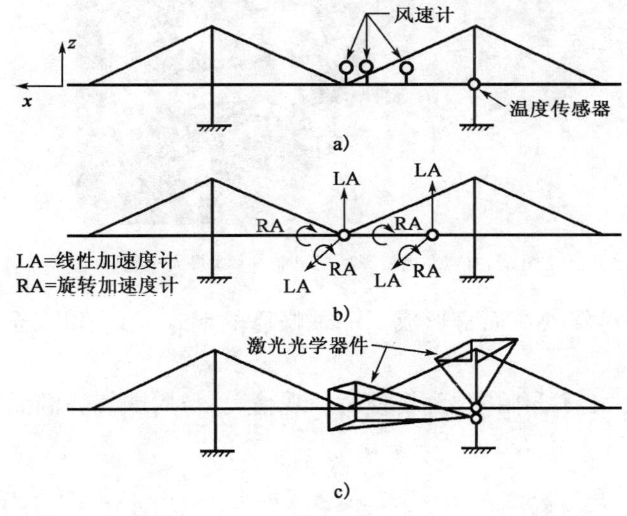

图 6.130　仪器

a) 风速风向;b) 加速度;c) 挠度

将梁跨中点和梁跨 1/4 点处梁体的理论变形与实际变形间的对比示于表 6.2。计算出的数值与水平变形相比偏低,与竖直变形相比又偏高。梁水平和竖向加速度有微小变化。

6.2.2.6　成桥

大桥于 1991 年 6 月开通,当时挪威王储和他的妻子出席了开通仪式。由于该桥位于北极圈,居住人口稀少,通常车流量也非常小,但在开幕庆典时,这座大桥经历了它使用年限内的最大车流量,如图 6.131 所示。

桥梁变形与加速度的理论与实际比值 表6.2

日　期	主跨中心			
	水平方向		垂直方向	
	位移	加速度	位移	加速度
1993年2月3日	0.99	0.96	1.18	1.002
1993年2月18日	0.76	1.00	1.25	1.27
1993年3月9日	0.73	0.79	1.07	1.01
1994年1月21日	0.63	1.87	1.03	1.16
1/4跨				
1994年1月21日		1.15		1.19
中跨				
1994年1月21日	1.34		1.28	

图6.131　在大桥开通期间唯一一次最大车流量

两个倾斜的索面对驾驶员而言形成了一种帐篷的形式，给人以安全的感觉，如图6.132所示。

尽管它的尺寸较大，但纤细的梁和塔使桥外观精美，与周围气势汹涌的山区浑然为一体，如图6.133所示。

图6.132　驾驶员视野

图6.133　已完工的海伦格尔大桥

6.2.3　小结

跨度425m的海伦格尔大桥是第三座混凝土主跨最长的大桥,仅次于跨度为530m桑德大桥[2.80]和西班牙的跨度为440m的巴里奥斯卢纳桥[2.97]。其长细比为1:354,而且在施工过程中时常发生强烈风暴的情况下仅用了2年时间完工。

业主、建设单位及设计单位之间紧密的合作使这成为现实。设计、细节和建筑工程,包括施工期间的几何控制都是由同一批工程师完成的,这是非常有优势的。

参与者包括:

业主:挪威公共管理局,威廉·克拉韦内斯。

施工方:阿克尔。

分包商:

塔:格雷特建筑公司,萨尔斯堡。

斜拉索:施塔尔公司,苏黎世。

风洞试验:加拿大安大省大学,达文波特教授。

设计、细节、建筑工程和监控:奥斯·雅克布森,奥斯陆,依利亚·乔代特,莱昂哈特,安德尔和他的同事。

6.3　钢斜拉桥——斯特拉松德二桥

6.3.1　设计条件

斯特拉松德二桥是德国第二座横穿斯特拉松德的大桥,连接瑞根岛和内陆,如图6.134所示。

斯特拉松德二桥总长度为2830m,它横穿斯特拉松德城的东部、齐格勒格拉木的水道、登霍尔姆岛和斯特拉松德城。它由6座独立的桥梁组成,包括4座预应力混凝土桥、1座钢混合梁桥和1座单塔支撑的钢箱梁斜拉桥(128m高的钢塔),如图6.135所示。

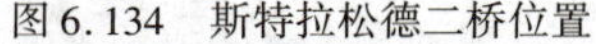
图6.134　斯特拉松德二桥位置

图6.135　竣工桥的总体景观

从工程角度来看,非常明显的是,除了整个桥梁多变的结构,还有一定数量的创新结构,包括在德国主要桥梁中第一次使用平行股缆索。

遵循由工程师克莱因汉斯博士,检测工程师索尔博士和他的合作者龙包瑞·安德拉和合作伙伴龙贝格以及来自 EHS 咨询工程师兼设计师施密特博士出版书中的内容[2.65]。

斯特拉松德、桥平行延伸到铜锣湾吕根岛,距施特拉尔松市约 100m,被联合国教科文组织列为世界遗产。42m 的通航净空的要求,与地面形成 48m 的高差。其拟成为城市的景观,因此,设计者尝试设计一个不耀眼但是优雅的大桥。

对“引导结构”提供了特别的关注,约 200m 宽的齐格勒格拉木水道成为几个阶段的设计起点。

6.3.1.1 桥的备选方案

对于 200m 的跨度,拱桥、梁桥和斜拉桥的备选设计进行了美观、经济、技术等方面的比选,如图 6.136 所示。

在选定的位置对城市的影响最重要的是可视化的效果。起初拱桥受到青睐,很明显中世纪的斯特拉松德外形轮廓尺寸大,此外,为了满足通航要求,拱桥需要很大的跨度,这就需要非常大的横截面,其相应成本也更高。

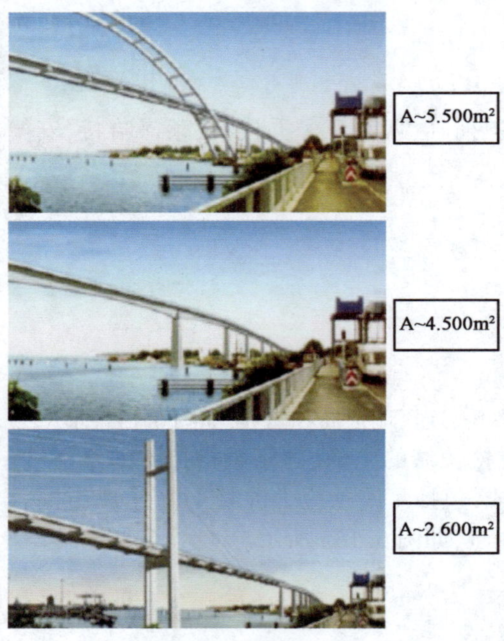

图 6.136 拱、梁、斜拉桥的比较

钢复合加腋梁桥具有经济优势,但是从美学角度考虑不得不舍弃,因为不平衡的比例和由于高达 9m 的腹部造成视觉屏障与景观和城市不兼容。尽管担心斜拉索可能会阻碍候鸟的飞行路径,最后选用了竖琴形布置的斜拉桥。该斜拉桥被认为适应海上环境,其轮廓让人想起一架起航的船。

最后综合比较,立面效果起决定作用,因此在视觉和光学对景观和城市的影响方面,斜拉桥是最有利的。

虽然 IABSE(国际桥梁和结构工程师协会,苏黎世)的所有成员研究认为不会影响鸟类,但要求拉索间距至少 8m,直径超过 120mm,这也增加了整体结构的透明度,从而使各根拉索清晰可见。

6.3.1.2 优化斜拉桥方案

优化 128m 高的塔的形状需要非常仔细,因为塔超过了斯特拉松德教堂的高度,从四面八方影响着城市天际线。各种塔形状的研究从不同承载系统、不同类型材料和不同结构细节的工程和审美观点出发,直到给出令人信服的解决方案。最终塔采用下部混凝土结构和上部轻型钢结构,上下两部分均采用了大量的钢材,以避免用混凝土建造的塔太重。梁作为缆索承重结构,从混凝土下部结构,包括上部的钢塔分离出来,这给了它一个浮动的外观。

6.3.1.3 细部结构

作为桥的共同特征,这座桥全长承重构件截面呈水滴状。所有桥墩建成框架式,以提高其视觉的透明度,如图 6.137 所示。为配合海上环境,最初使用水滴状截面。在详细设计阶段的风洞试验证实，从空气动力学角度分析，这种128m高的塔的形状具有结构优势。在大风荷载下，传统上用车辆和飞机的空气动力学形状的翼形形状的截面用在了大型结构工程中。统一布置了两个独立的水滴状墩柱，决定了桥梁整体的外形，桥梁主结构看起来更轻盈透明，如图6.138所示。

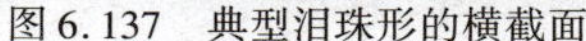

图6.137　典型泪珠形的横截面

图6.138　混凝土墩上的刚塔

6.3.2　斜拉桥

6.3.2.1　跨度

斜拉桥的跨度为：主跨198m，边跨126m，如图6.139所示。主跨的确定主要是满足通航的要求，从与现有位置相邻的斯特拉松德一桥穿越，要求不出现新桥梁的桥墩撞船事件。

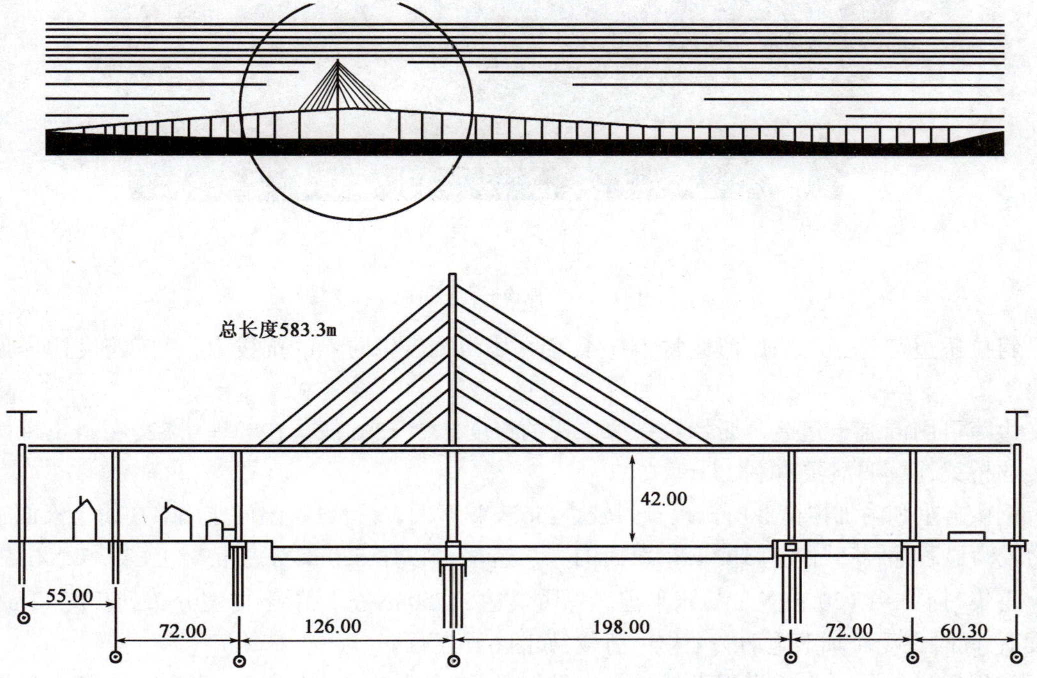

图6.139　斜拉桥(尺寸单位：m)

6.3.2.2　梁截面

梁截面包括空气动力学形状，具有正交异性桥面板的三室钢箱梁桥面，如图 6.140 所示。其细节是按照现代要求进行加工，例如在翼缘顶部和底部使用相同的加固材料。厚 8cm 的磨损表面代表了技术发展的最新水平，如图 6.141 所示。车辆荷载作用下，正交异性板桥面的变形限制值采用德国规范，从正交异性板将沥青分离的方法是禁止的。

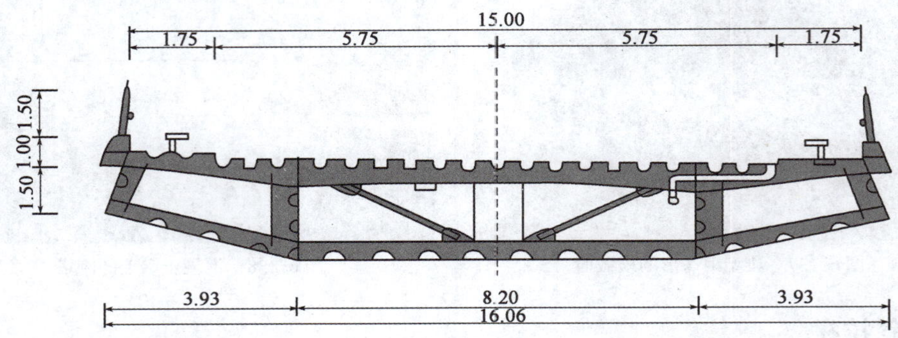

图 6.140　斜拉桥梁体横截面(尺寸单位:m)

图 6.141　路面磨耗层组成

斜拉桥边跨与主跨的比值通常为 0.4，会在桥两端产生向上的抗拔力（关于跨度比详见图 4.2）。

边跨可用混凝土建造。斯特拉松德二桥的跨度比为 126/(2×198)=0.32，在斜拉桥两端连接的桥梁连续明显更有利。

钢梁自重和附加恒荷载所需提升力较小:460kN/索面。活荷载、温度作用等在每个索面施加的力较为显著，活荷载产生 3100kN/索面的力。这些可以用 $520m^3$ 普通混凝土($23.5kN/m^3$)和 $50m^3$ 重集料混凝土($30.6kN/m^3$)来承担。总质量达 13750kN 的混凝土均匀分布到长度 116m 的箱梁上，同时在受压轴上施加一个集中荷载，如图 6.142 所示。

常规质量的混凝土的作用不仅是作为平衡重，而且由剪力钉连接到钢梁上，在组合作用中作为承担荷载的一部分。在施工阶段，混凝土分层浇筑，其作用是为主跨的悬臂部分提供平衡重，并与钢梁的自重相平衡。

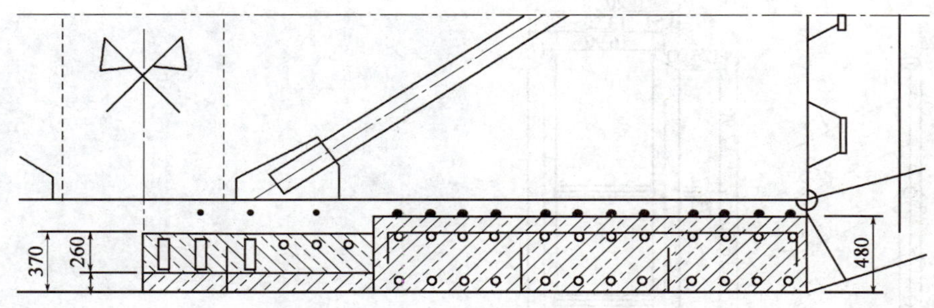

图 6.142　底缘复合混凝土(尺寸单位:mm)

6.3.2.3　风屏障

需特别关注桥上的行车安全。在确定横向阻力时要考虑梁高位置处风速会提高。通过数值模拟和风洞试验表明,1.5m 高外包玻璃的栏杆提供了足够的风的屏障。因此可以预料,汽车和装载汽车甚至可以在强风中安全地通过桥梁。在大桥开通前通过多种仪器进行成桥综合测试结果证明了这一点,如图 6.143 所示。

图 6.143　具有玻璃隔层的交通栏杆

为了避免桥下行人受到桥上坠毁车辆的影响,在整个斜拉索长度范围内安装加强的货车保护系统(德国 H4b 类型)。底板通常都是在工厂预装好,其可将荷载从立柱传到钢桥面。

根据德国现行规范,对加强系统并没有严格的要求,因为公路属"联邦"所有,但受委托方的要求,德国高速公路规划和建造公司会按照要求采用,如图 6.143 所示。在 A71 图林根森林高速公路和 A20 波罗的海海岸"高速公路"的经验证明这一措施很有效。

6.3.2.4　塔

钢塔是由两个平行直立水滴状横截面的塔组成的,两个塔腿通过三根支柱连接,其位于混凝土墩上,如图 6.144、图 6.145 所示。钢塔与混凝土桥墩之间的过渡是一个艰巨的任务。

所选择的方案是将铁塔固定到钢梁上,出于美观用两个铰接支撑。在细节设计中,视觉上将梁分开的解决方案被证明在结构和经济上是有优势的,如其对墩柱的支撑及扭转具有稳定性。塔腿的横向刚度要求比支柱的横向刚度高。两个塔腿支撑在 Neopot(一种支座)上,如图 6.146 所示。

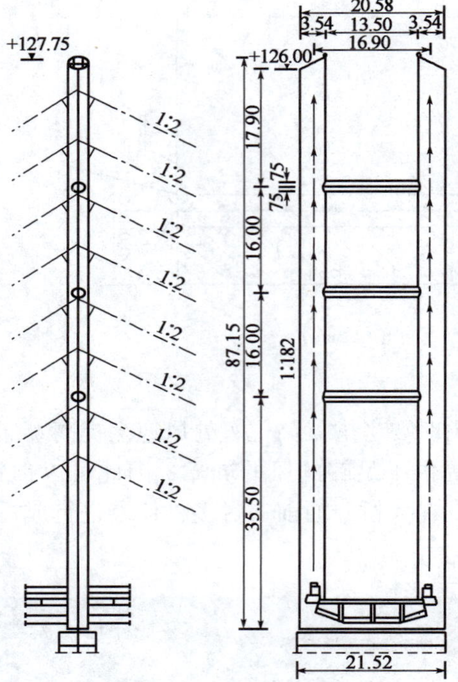

图 6.144　主塔到主墩的过渡(尺寸单位:m)

图 6.145　主塔视图

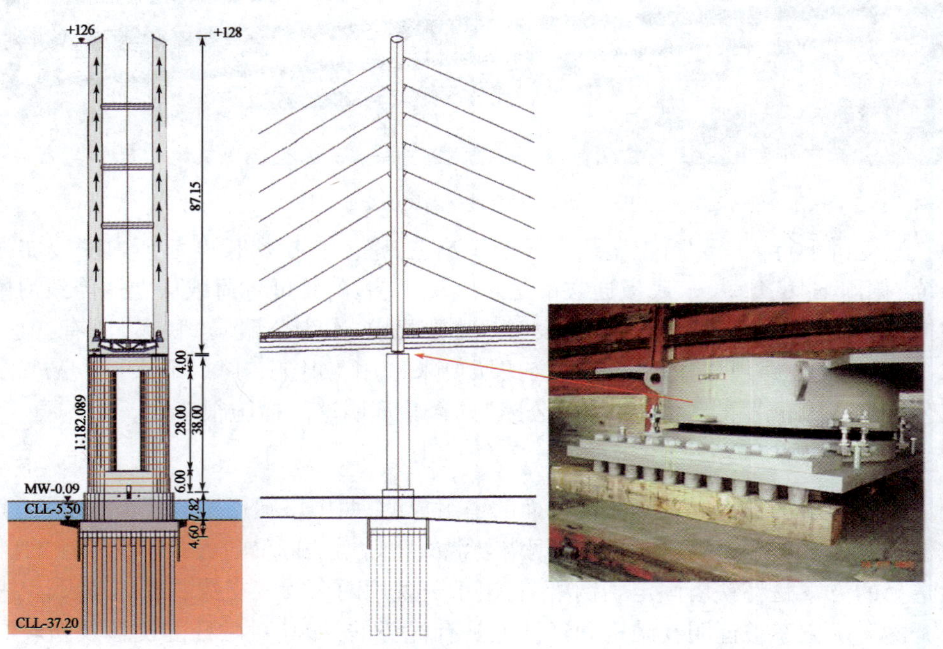

图 6.146　主塔支座(尺寸单位:m)

6.3.2.5 斜拉索

斜拉索是竖琴形布置,参照图 6.138。业主承诺在正式的规划中会将拉索的直径至少提高到 12cm,以使拉索看上去更加明显以保护候鸟。这要求较大的卷圈,这是德国在主要桥梁上首次使用平行拉索。招标文件中详述规定了卷圈,同时建筑单位对平行拉索增加了附加规定。

平行拉索的夹具,如图 6.147 所示,通过了德国结构设计研究院的评估,并颁发了特别许可证。由已完成的该试点工程的斜拉索从制造到控制测量的综合质量控制项目的经验表明,平行钢绞线拉索与封闭钢丝拉索一样,至少要考虑腐蚀保护、可更换性、安装及经济性。平行钢绞线拉索的规格见 3.7 节。

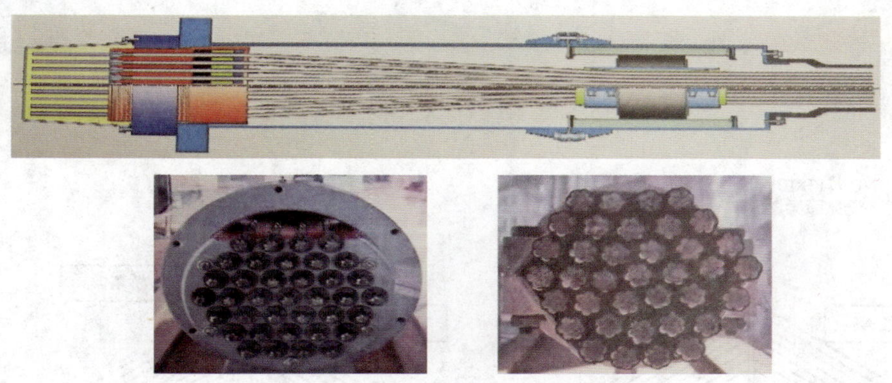

图 6.147 平行钢绞线 DYNA-Grip

6.3.2.6 气动分析

1)概述

斯特拉松德二桥是德国第一座按照欧洲新规范设计的斜拉桥。2001 年,德国高速公路规划和建筑公司、德国联邦公路管理局和梅克伦堡(前波莫瑞州)对欧洲规范及其质量产生的后果进行了专家评审[6.8]。

风荷载对于大多数桥梁来说不是控制荷载。例如,风荷载对于风区和横截面来说是独立的,它只取决于距离地面的高度和梁的宽高比。在世界范围内,德国规范中首次采用纵向力按 25% 或 50% 给定,与梁表面的粗糙程度无关,例如横梁。由于斯特拉松德二桥位于波罗的海沿海离地面 50m 处,梁、塔和墩的横截面需要考虑空气动力学,应进行详细的研究。

2)横向风力

前面已经提及对于拖车和重载货车在强风中的保护,即采取在梁的两端 1.5m 高处安装风屏障,这在细部设计完成时就考虑到了。通过流体数值模拟和风洞试验对有风屏障时,4m 高车辆的倾斜力矩的影响和在这种荷载下梁和墩上的荷载进行了研究。数值计算表明:风屏障的屏蔽作用如图 6.148 所示。车辆倾斜力矩减少了约 50%,这意味着对倾斜临界风速提高了约 40%。

3)梁和塔上的风力

欧洲规范与风洞测试风荷载的对比如图 6.149 所示。忽略风屏障时,确定的阻力系数比风荷载低约 20%。这为其他桥梁的改造提供了参考。由于风力屏障本身的阻力系数为1.7,

这产生了 3.67kN/m²的风荷载(高度 50m,风速 59m/s),显著高于欧洲规范要求。

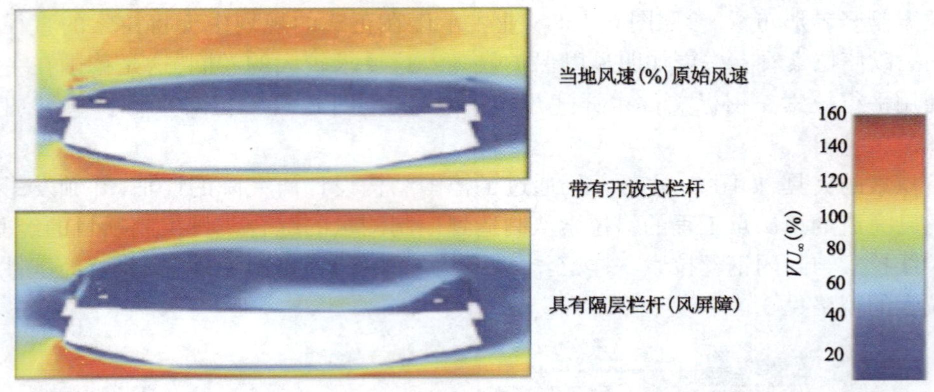

图 6.148　有风障和无风障时的风域图

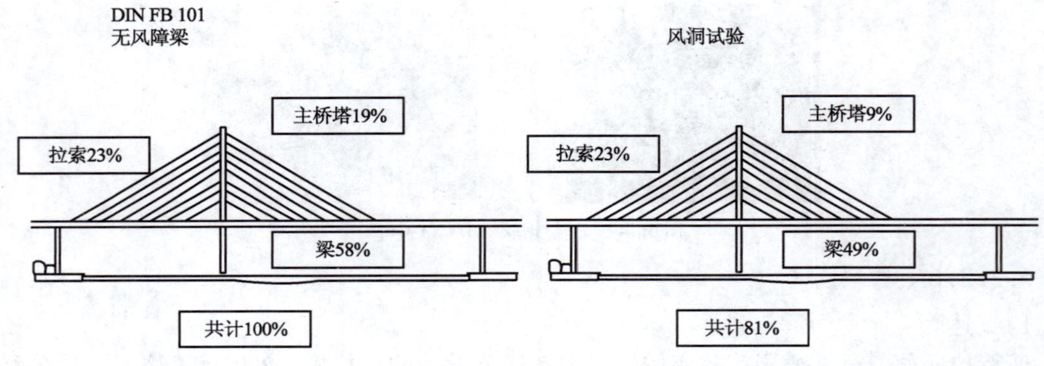

图 6.149　按照 DIN FB101 规范和风洞试验的风荷载比较

非线性有限元计算表明:由 2×6mm 厚板制成的 1.3×2.3m 复合玻璃安全板能够提供足够的抗风力。与线性计算相比,非线性计算得出应力减少 87%,变形减少 55%。

4)纵向风力和温度力的叠加

DIN FB101 提供了风力和温度力叠加的不同规定:

(1)公路桥梁风力和温度力不同时组合。

(2)充分叠加风力和温度力。

对于该桥梁没有考虑这种极端温度和暴风雨同时出现的情况,采用 0.6 的组合系数。这样,路面的一个结点处的移动量从 933mm 减小到 787mm,这可简化节点(而 DIN FB101 忽略了这一矛盾)。

6.3.3　施工

6.3.3.1　工程建设

主梁 18 个梁段组合而成,如图 6.150 所示。梁段长度为 16.1～95.3m,重量为 145～850t。

各梁段在地面预制,并利用履带式起重机、浮式起重机等起重机具吊装到相应位置。首先架设的是用四块梁段搭建的斯特拉松德一侧的引桥,如图 6.150 所示。

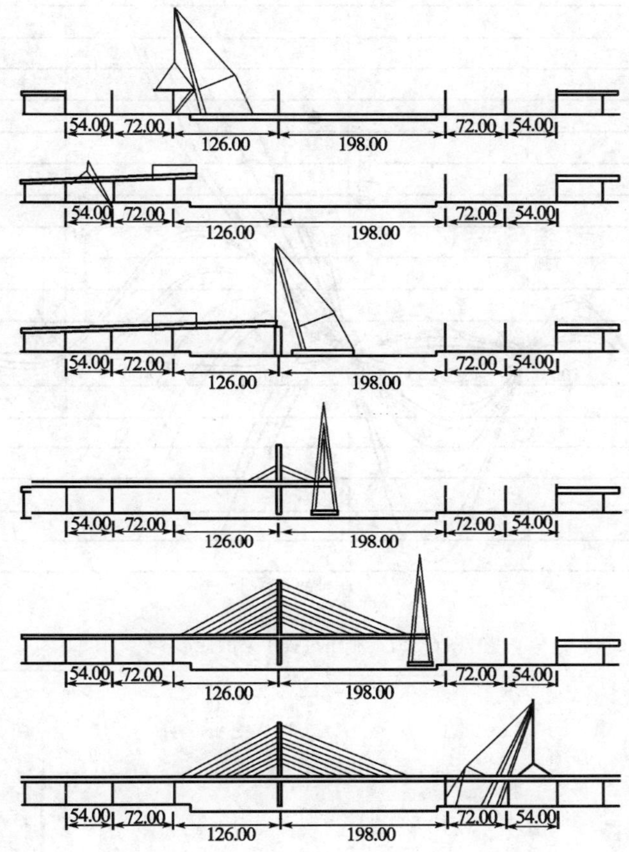

图 6.150　施工步骤(尺寸单位:m)

128m 长的主桥边跨作为未安装斜拉索的三跨连续引桥。桥梁的主跨由 16.1m 长的梁段以自由悬臂施工法架设而成,这一阶段需严格控制其长度。索塔的修筑、斜拉索的搭设与梁体的拼装同步进行。

塔分为 15 段(2×6 个塔腿和 3 个横梁)。在每一个梁段架设完毕后,立刻安装相应的前端锚索。最大的主跨悬臂段长 159.3m。在吕根岛一侧的两个边跨由 3×50m 长的梁段架设而成。

对于每一个安装过程,建筑师都根据结构工程学提供了理论的结构变形和拉索力,如图 6.151 所示。此外,为了能快速地计算脚手架、风和温度对现场的影响,工程人员还预先确定了脚手架、风及温度的单位荷载。工程师精确测量了相关的变形量,并用数字和图形的形式记录,如图 6.151 所示。

6.3.3.2　主桥施工

1)下部结构

桥墩基础是直径 1.5m 的钻孔桩。在水中施工时,桥墩支撑在板桩上,如图 6.152、图 6.153所示。施工阶段与基础类型的概述如图 6.154 所示。

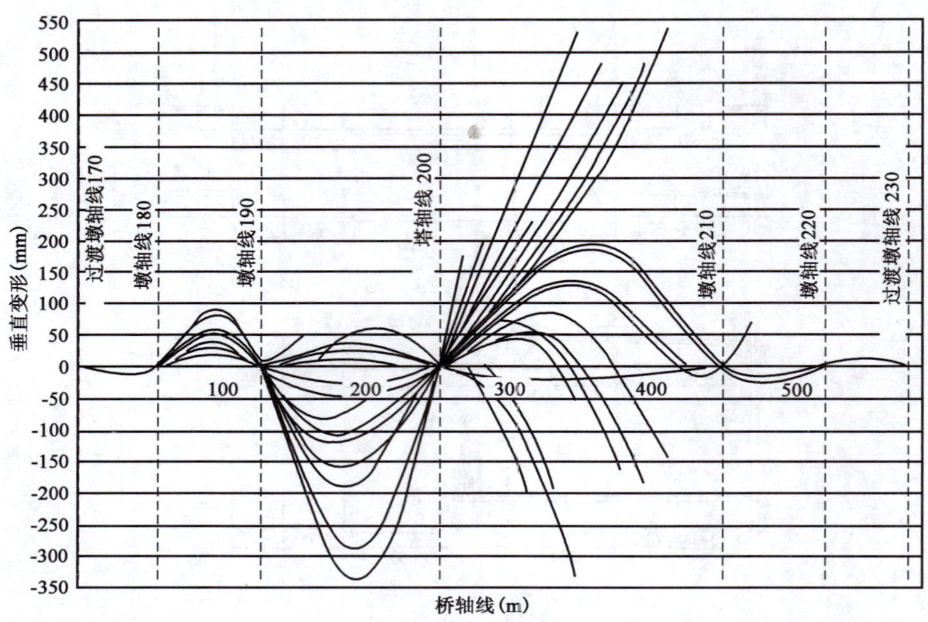

图 6.151　施工过程中梁的变形

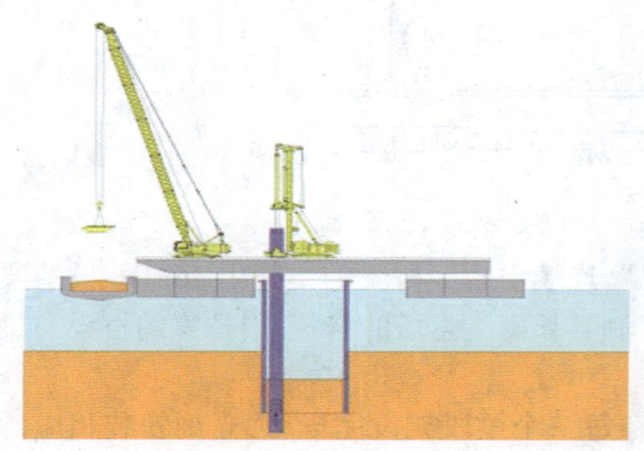

图 6.152　水中施工钻孔桩

图 6.153　使用双体船安装钻孔桩

桩基础承载力的检验试验在岸上进行,如图 6.155 所示。

采用独特的泪滴形截面的桥墩用爬模法施工,如图 6.156 ~ 图 6.158 所示。

2)边跨

边跨由不同长度的梁段预制而成,图 6.159 展示了其中一个梁段岸上安装过程,有限的空间要求梁段在安装过程中要有附加的横向移动。

为了尽可能地不阻断桥下交通,一些梁段选择在夜间进行安装,如图 6.160 所示。浮式起重机在水面上起吊梁段,如图 6.161 所示。

图 6.154　基础施工的场景

图 6.155　1480t 加载试验

图 6.156　主桥墩施工

图 6.157　锚固墩的施工

图 6.158　引桥桥墩的施工

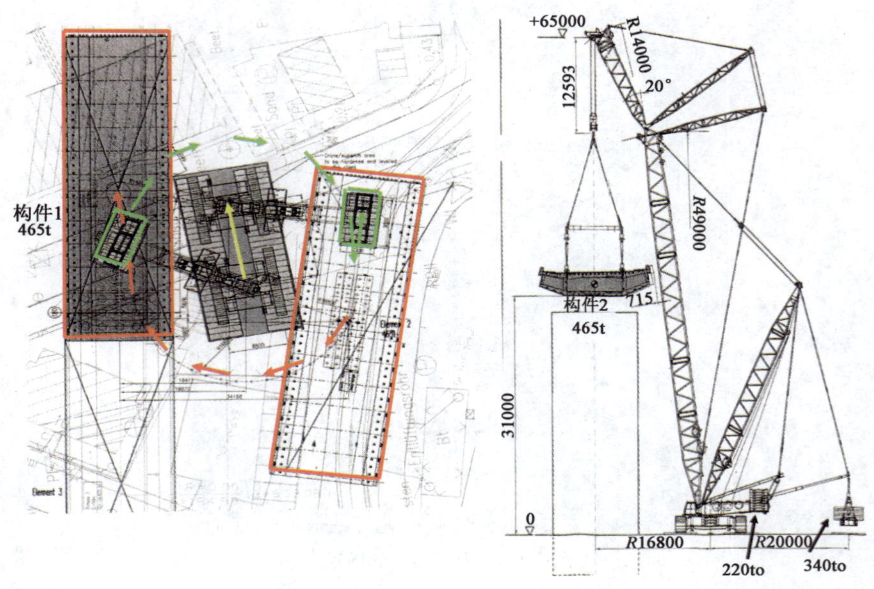

图 6.159　第一个梁段的侧面抬升(尺寸单位:mm)

图 6.160　采用履带起重机在夜间起吊

图 6.161　使用 7 型起重机进行吊运

整体修筑的主跨采用同样的浮式起重机(起重重量为 500t)和承重 1750t 的履带式起重机。最令人印象深刻的是一块重达 850t、长度为 90m 梁段的安装。靠近索塔一侧的梁段用浮式起重机起吊,在靠近陆地的一侧则使用放置在已经安装好的梁段上的液压千斤顶进行起吊,如图 6.162、图 6.163 所示。这样的结构要求梁段以 13°的角度被起吊,以便其能滑到索塔一侧的桥墩上。

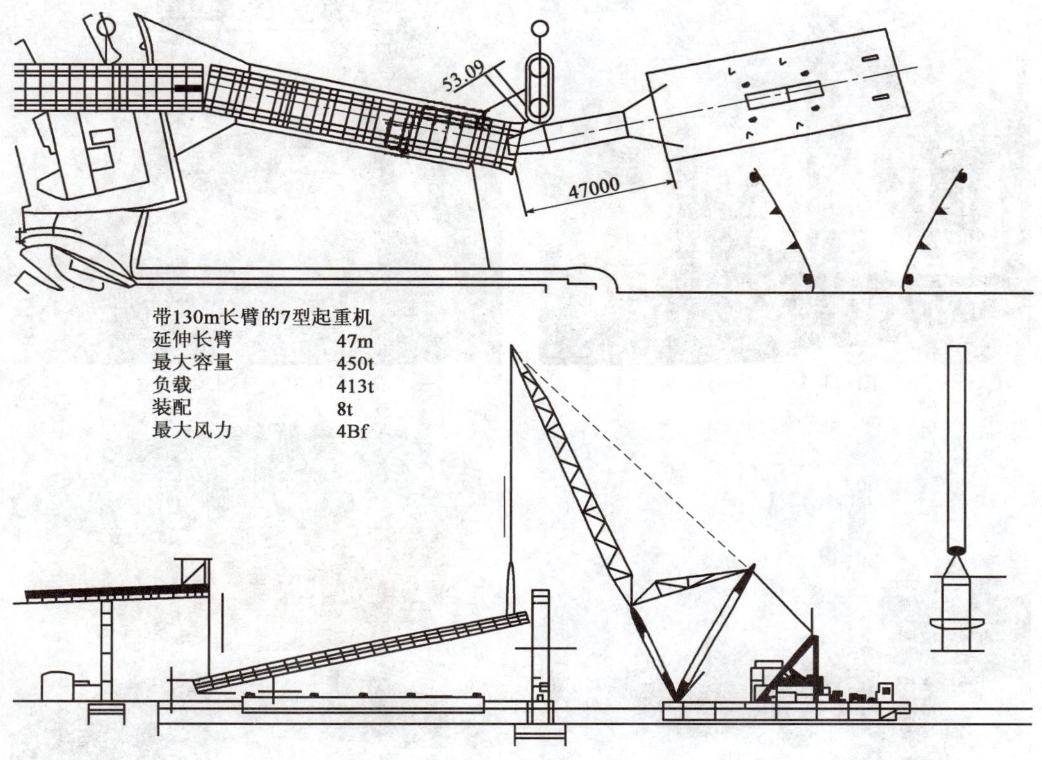

图6.162　90m长边跨节段吊运的规划(尺寸单位:mm)

3)索塔建设

索塔同样被分成许多小段运送到位,并分段吊装、拼接,如图6.164~图6.166所示。较短的塔腿部分随第一个主跨梁段一同吊装,如图6.167所示。

图6.163　90m长边跨的实际起吊

图6.164　下部索塔节段的运输

接下来,其余的索塔分块部分使用浮式起重机起吊,并在规定位置与其他部分焊接在一起,如图6.167~图6.170所示。

图 6.165　公路运输

图 6.166　水上运输

图 6.167　索塔下部节段的起吊

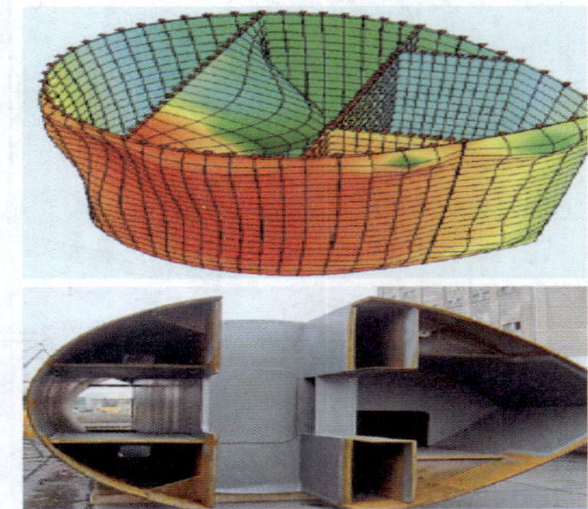
图 6.168　塔腿截面

图 6.169　塔端部起吊

图 6.170　塔端部的安装

4）主跨悬臂施工

主跨采用悬臂法施工。预制节段用货船运送并用浮式起重机进行起吊，如图6.171所示。

然后这些节段被吊到一个放置在已经安装好节段上的起重机上，如图6.172所示，这些节段得以精密地排列并焊接。由于浮式起重机不够稳定，因此不能支撑起这些新的节段。而那些已经安装好的横梁却有足够的承载力来完成这项任务。

图6.171　浮吊吊机起吊

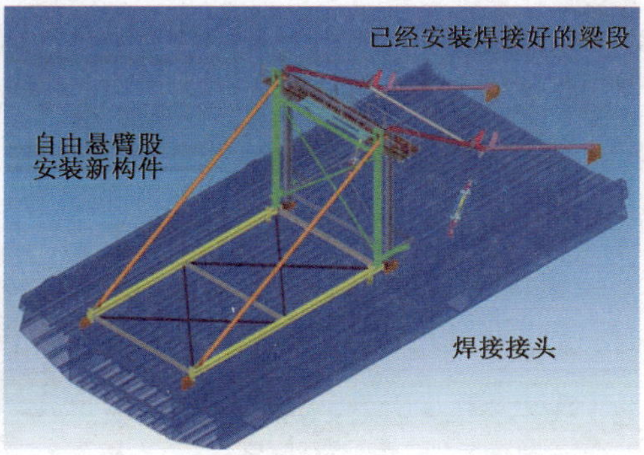

图6.172　新梁段上的起重机安装

新节段的焊接工作在一个可移动设备的保护下完成，如图6.173所示。

在拼接进行到位于斯特拉松德一侧的边跨桥墩上时，安装工作继续跨越第一个边跨，如图6.174所示。

图6.173　在保护状态下进行焊接

图6.174　斯特拉松德一侧引桥上的钢梁安装

5）拉索安装

斯特拉松德大桥是德国第一座采用平行钢绞线拉索的大桥。依照国际上的施工经验，这些拉索在各自的位置分别组装。如图6.175所示为一根PE管用拉索绑扎固定在管端部的临时拉环上并将其吊运到塔顶的画面。

接着，每一个独立的拉索被放置在PE管中，如图6.176所示。如图6.177所示是安装过程中的一个中间环节，此时只有一小部分拉索被安装到管中。

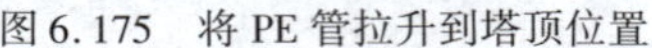

图 6.175　将 PE 管拉升到塔顶位置

图 6.176　将钢索装入管中

将拉索固定在锚头中的夹具里,预先安装在塔顶固定的锚固点,当梁体活动的锚固点张拉拉索时,这些夹具可以在拉索滑动的时候给予其保护,如图 6.178 所示。

图 6.177　斜拉索第一束钢丝的安装

图 6.178　在索塔锚固处钢丝索的楔形锚固

梁上锚固拉索的锚头悬臂伸出梁体,如图 6.179、图 6.180 所示。

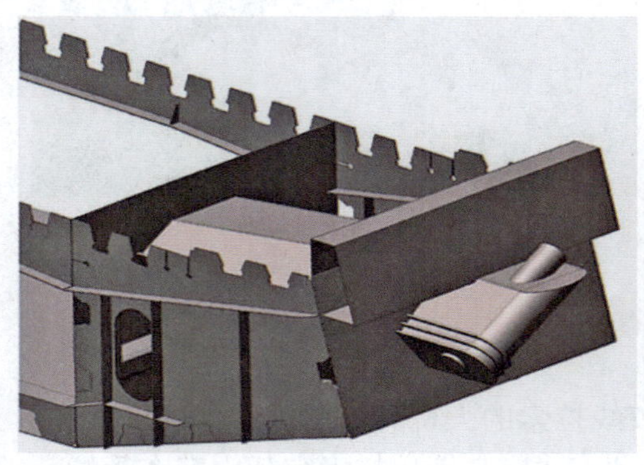

图 6.179　主梁锚固端的 3D 模型

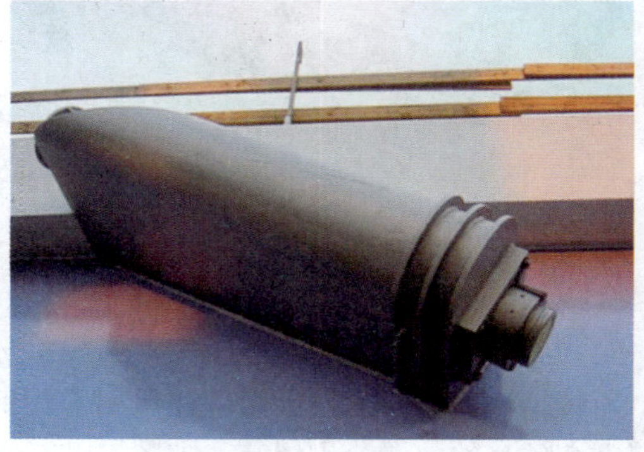

图 6.180　主梁上锚固端视图

这些拉索分别用千斤顶张拉以达到其理论张拉力,如图 6.181 所示。在安装过程中每一根拉索中力的增长都可以通过图 6.182 中的装置显示出来。等张力(弗雷西内)或张拉数据控制系统确保了每一个拉索都能达到最终的理论张拉力[3.36]。

图 6.181 用小型千斤顶进行钢索张拉

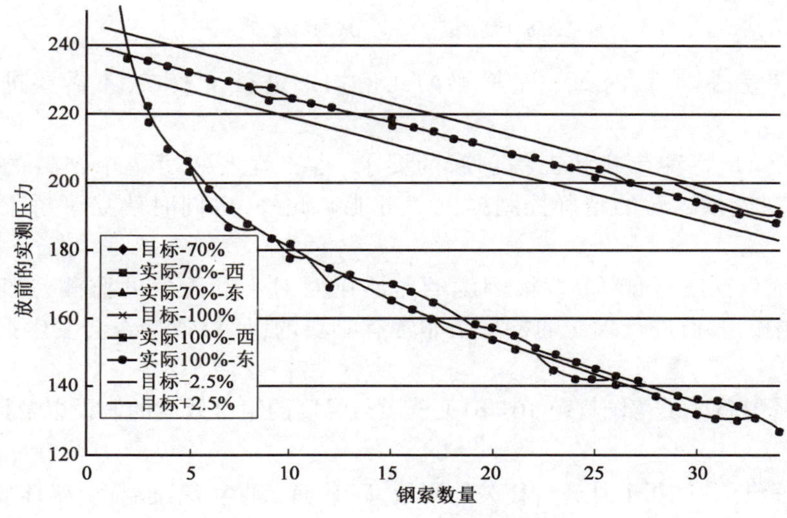

图 6.182 加压过程中对液压千斤顶压力的控制

通过千斤顶液压将拉索张拉,用这样的方法,所有的拉索都可以在第二个张拉阶段被施加同样大小的力。在第一个阶段,并不能保证有这样精确的结果。因为在长时间的安装过程中,每一根拉索被逐一安装,它们安装时所处的环境温度可能各不相同。将安装过程分成两个阶段还有一个好处,那就是在安装的第二个阶段,可以根据第一个阶段中梁体发生的变形进行相应的调整。这是因为在设计的假设中,梁体与索塔各部分连接的变形情况可能会有一些细微的差异。如图 6.183 所示为已竣工的斜拉桥的部分拉索。

6)矫正措施

梁体:为了防止梁体上挠,设计师在锚固墩采用了碎石混凝土,并通过组合作用来影响梁体的变形。为了矫正理论结构中可能出现的偏差,在主跨全部完工,包括施加恒载后,边跨上部分混凝土才进行浇筑。

另一项可能的矫正措施是对拉索张拉力的调整。当每一个梁段安装好后,检查悬臂端的变形时,会发现自重会增加 7% 。增加量可以通过测量运输驳船的吃水深度来确定,因此所有拉索的张拉力都应根据这一情况进行调整。另一项调整是进行弥补自由悬臂段微小的几何误差。相应产生的结构应力的变化会通过不断地检查和调整,使之保持在允许范围内。

图6.183　最终安装完成的斜拉索

在钢梁安装完成以后,对每一个横梁的几何构形进行了校核,不需要进一步的矫正措施。

设备:为了满足特种荷载和工程创新的要求,本工程安装了一个细致的测量和控制系统。这为实现成桥运营的精确控制提供了可能。此外,也同时建立了桥梁运营中的数据库。

该测量系统包括承载能力、桥梁刚度的监测以及对不同天气的监测,进而指导交通。对于桥梁设计中的假设进行大量的检算是非常有必要的,如拉索是否会发生振动是难以被准确预测的。

在相关测量中验证了德国规范101中关于风与温度的组合效应的假设以及风洞试验中风载的异常减弱。

在铺装层铺设前后10个月进行相关的测量,以掌握沥青对箱梁温度、梁体固有阻尼及拉索的影响。如图6.184所示,针对已进行的控制测量进行了简要的概述。

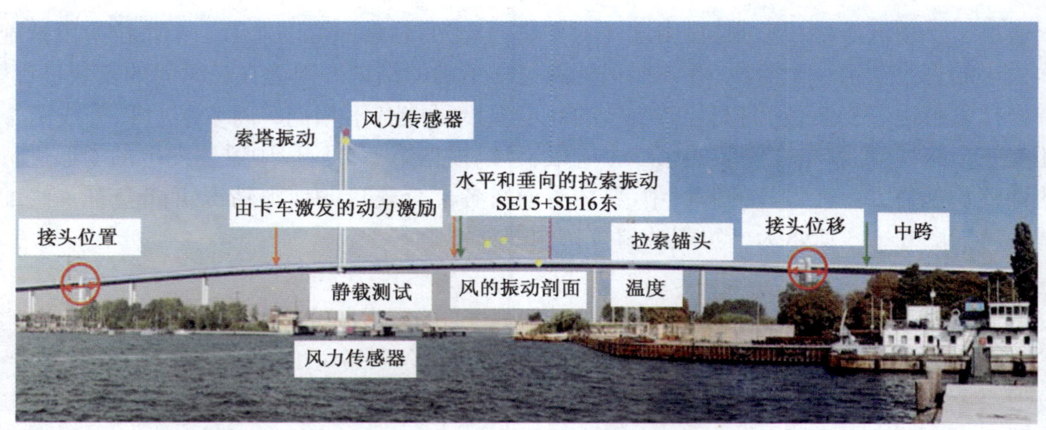

图6.184　控制措施概述

所有的数据都集中存储在计算机中。远程控制中心下载数据并进行分析以调整各施工环节。如图 6.185 所示为第 15 号拉索在 30km/h 的纵向风的作用下发生中心振幅达到 90mm 的水平振动时的记录图。

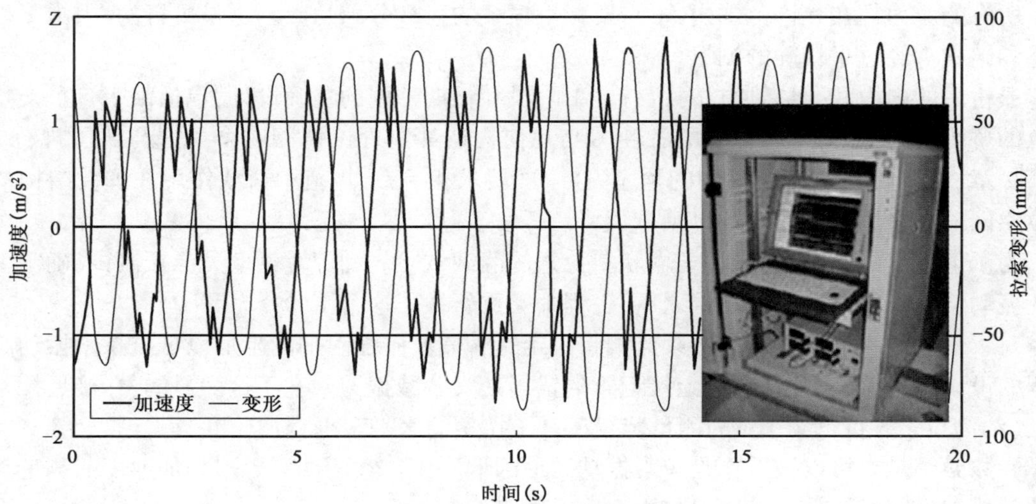

图 6.185　拉索的振动记录

原始记录显示,中等风速的风可以激发竖向振动,却不能激发横向振动。强风和拉索振动不会同时发生。

索塔:对于索塔结构的控制测量显示,索塔仅发生了容许之内的微小偏差,如图 6.186 所示。

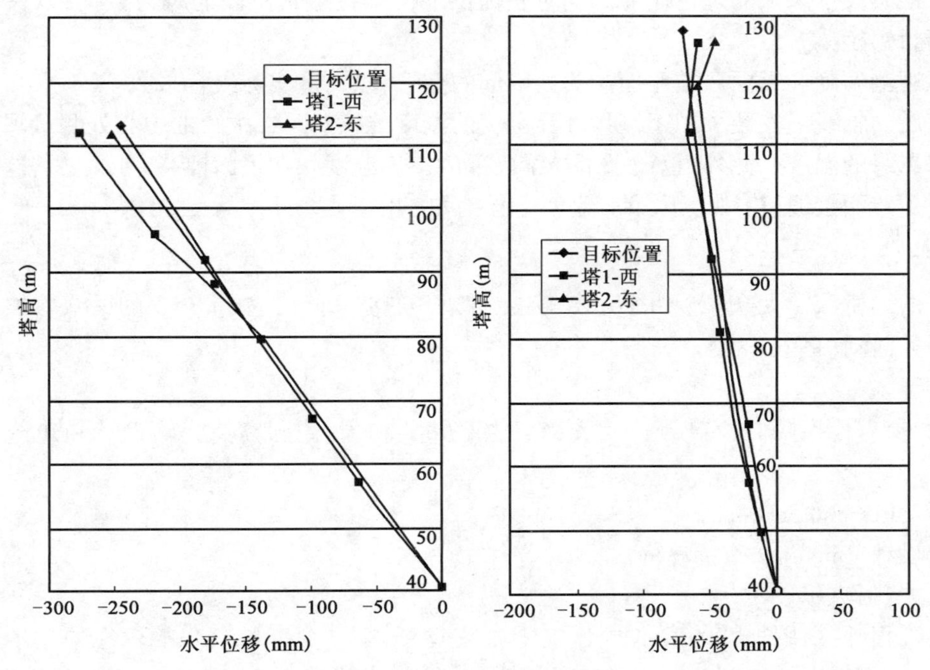

图 6.186　索塔几何构形控制

索力:在施工结束时,利用液压千斤油表张拉控制对所有拉索索力进行测量。结合施工过程中对拉索张拉力的调整,拉索实际张拉力与理论值的偏差控制在 ±5% 之内。基于实际的拉索张拉力及调整后的恒载值,可重新算出主梁的弯矩,使施工中考虑的因素与实际变化相一致。所有的应力都在允许范围内,不需要减小恒载的荷载分项系数。这是可行的,因为工程的自重和结构都经过了精确的测量。

成桥后的内力和线形:通过对所有施工阶段和长期控制的精确设计,包括由于自重误差而采取的矫正措施,保证了竣工后的各项力与几何构造都与理论值相吻合。这与德国规范 103 中第 2 章 A.2.4 节《施工要素中的预应力》中的要求相一致,规范中荷载作用在弹性结构的力和拉索回缩力采用相同的荷载分项系数。

为了确定梁的刚度,进行了索塔和斜拉索的静载试验。利用车辆动力激振测试,确定了主梁的振动情况。在铺设了铺装层之后,工程师又重新做了这个试验。

对于最长的一根斜拉索的持续监测将决定是否需要施加附加的阻尼以抵抗拉索振动。在工程的设计阶段,工程师拟在梁上接近索的锚固处安装减振器。基于这一目的,在接近拉索锚固处(约为拉索长度的 1/10)的测量装置记录了拉索的水平和垂直加速度。

参数激励是否可以被看作是拉索振动的原因取决于拉索两端对于附加加速度的测量。减振器随后被安装在了最长的四根拉索上。

为了了解风对拉索振动的影响,工程师进行了一项风速和风向的长期记录。风传感器安装在塔墩的下部(高于海平面 2m)、梁上(高于海平面 44m)和塔顶上(高于海平面 128m)。这样可以考虑到风速由于地形的不同而产生的垂直向差异。

除了对风的长期记录,观测人员还观测了在风屏障安装前后风吹在桥面板上的趋势图,这些观测将证实关于风障的理论研究。同时还提供了桥梁在运营阶段的风力数据,以决定何时因强风而封锁桥梁。

通过观测温度和纵向风在路面接头处引起的变形,以确定实际组合系数。

在索塔的轴线上安装了用于测量外界温度的温度传感器。在主跨的中心处测量了钢材底部和顶部翼缘的温度。此外,也记录了箱梁内部的空气温度。在桥面铺装完成之后,这些温度记录得出了路面接缝、箱梁上下翼缘温度变化之间的相互关系。

6.3.3.3 成桥后

竣工的大桥深受大众喜爱(图 6.187),在桥梁开通剪彩之时,数量众多的民众参加了徒步穿越全桥的活动(图 6.188)。

参与者:

业主:梅克伦堡(前波莫瑞州)代表德意志联邦共和国、德国高速公路设计和建造公司共同负责。

设计:SPI Schüßler-plan。

细部设计:Bǔchting 施特赖特。

施工方:阿克尔。

复核工程师:斯图加特的索尔博士、柏林的安德烈博士、奥斯特菲尔德尔恩的乌尔里克·库尔曼博士、诺伊斯特雷利茨的彼得·奥特博士、罗斯托克市的温弗里德·库伯拉克博士。

监理单位:EHS/VSE 合资公司。

总承包建筑公司:斯太尔阿苏德博格 GmbH 和 KG 合资公司。

下部结构:SSF 公司,Büchting 和施特赖特。

钢结构制造商:博格施塔尔公司。

斜拉索:DSI 公司。

设计、细节、建筑工程和监控:奥斯·雅克布森,奥斯陆,依利亚·乔代特,莱昂哈特,安德尔和他的同事。

图 6.187　建成后的斯特拉松德大桥

图 6.188　桥梁剪彩仪式上的行人

6.4　组合斜拉桥——贝城大桥

6.4.1　总体设计

在 20 世纪 80 年代中期,美国得克萨斯州休斯敦穿越海峡的既有隧道已经不能满足日益增长的交通量,必须修建一座大桥。巨大的交通量需要双向八车道以及两侧修筑足够的护肩。详细的调查结果显示,采用分离式的主梁设计是最经济的方案。

贝城大桥横跨休斯敦以东 32km 的贝城和拉波特市的休斯敦海峡,如图 6.189 所示。墨西哥湾和休斯敦港之间繁忙的船运需要一条至少宽 53m 的航道。为了保护索塔不受船舶碰撞,在岸边设计了一个索塔,另一个索塔则设置在一座浅水中的人工岛上。

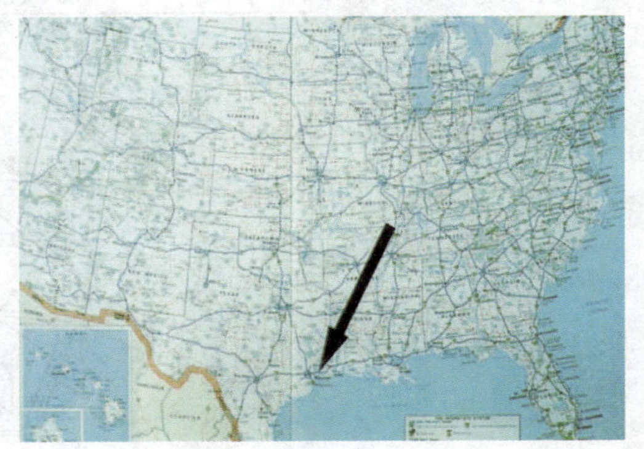

图 6.189　贝城大桥位置

在美国,桥梁设计通常采用全混凝土结构和全钢材结构。该项目给出了 9130 万美元的预算,以使桥梁结构采用钢混组合的外形轮廓。

该桥的设计依据是美国国家公路与运输协会标准,并参照美国其他标准和一些国际标准做了适当的调整。所有的工程部分都使用正常使用极限状态和承载能力极限状态进行设计。路面板使用 C50 混凝土,索塔使用 C42 混凝土。钢材的屈服强度为 420N/mm^2,建筑用钢的极限强度为 520N/mm^2。这座独特的斜拉桥的设计和施工概述见文献[1.17]。

6.4.1.1　桥梁体系

这座斜拉桥采用对称布置,主跨 381m,梁长 674.8m,如图 6.190 所示。

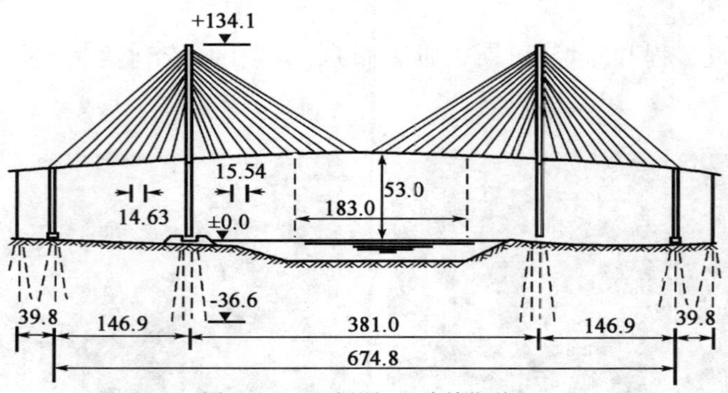

图 6.190　正视图(尺寸单位:m)

垂直方向和水平方向的支座安置在两个索塔和固定墩上,如图 6.191 所示。

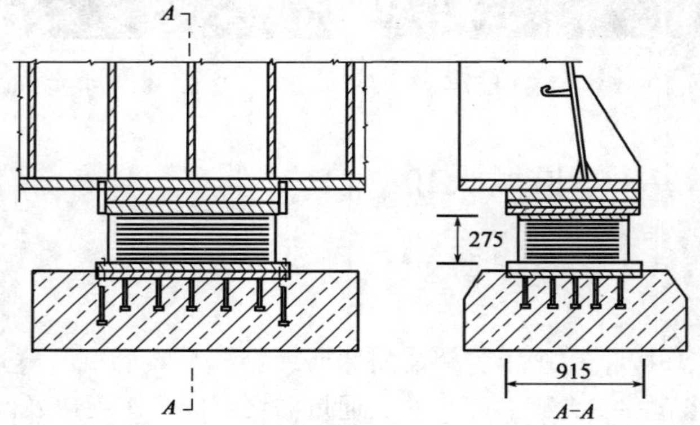

图 6.191　索塔上的橡胶支座(尺寸单位:m)

主梁和锚固墩由直径 305mm 的螺栓连接,螺栓同时也传递上部荷载,如图 6.192、图 6.193所示。

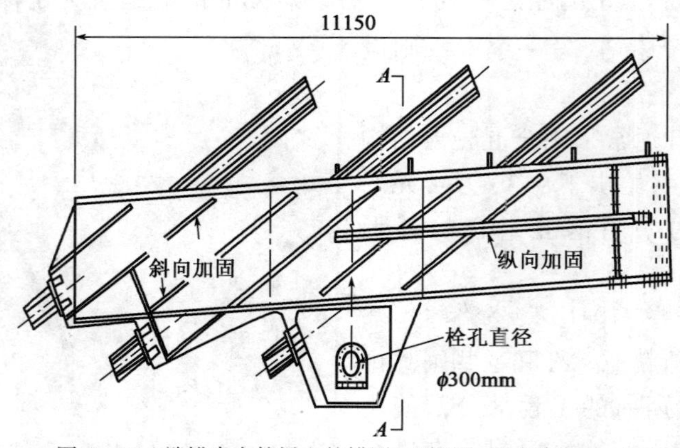

图 6.192　端锚索在箱梁上的锚固(正视图,尺寸单位:mm)

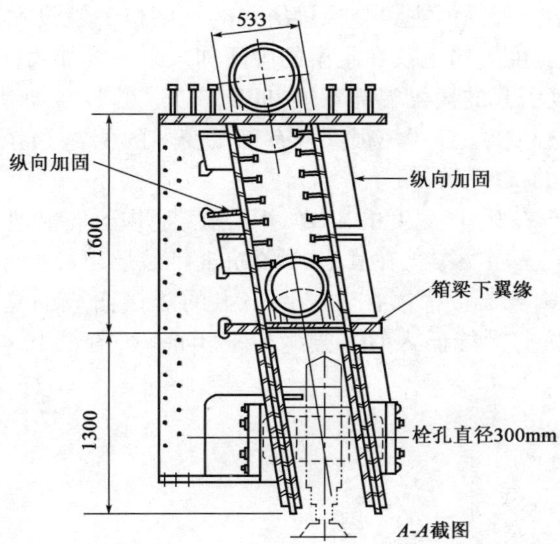

图 6.193　端锚索在箱梁上的锚固(截面图,尺寸单位:mm)

该桥的合龙段也选在主跨的中心位置。主梁由于温度变化和收缩徐变引起的水平剪切变形由橡胶支座来承担,柔细的锚固墩足以随着上部的变形而发生弯曲。

主梁在锚固墩处的旋转由带铰链的道路接缝承受,而纵向 ±380mm 的位移则由边跨桥头处附加的伸缩缝来承受。

通过转动的转移并传递到每跨的路面接缝处,其被减弱,塔限制了上部结构(混凝土短承托的横向和缓冲区的纵向)的运动,如图 6.194 所示。每个端横梁中部的抗风支座承担了横向风荷载。

6.4.1.2　组合主梁

1)结构构造

因为梁的宽度方向需要布置双向八车道的路面,研究人员开始考虑采用双索面系统、三索面系统及四索面系统。对于外部双索面系统,横向用钢量和纵向一样多。如果采用两根各自带有双索面的独立梁,横向用钢量仅仅是纵向的一半。这一方案被认为是最经济的,如图 6.195 所示。

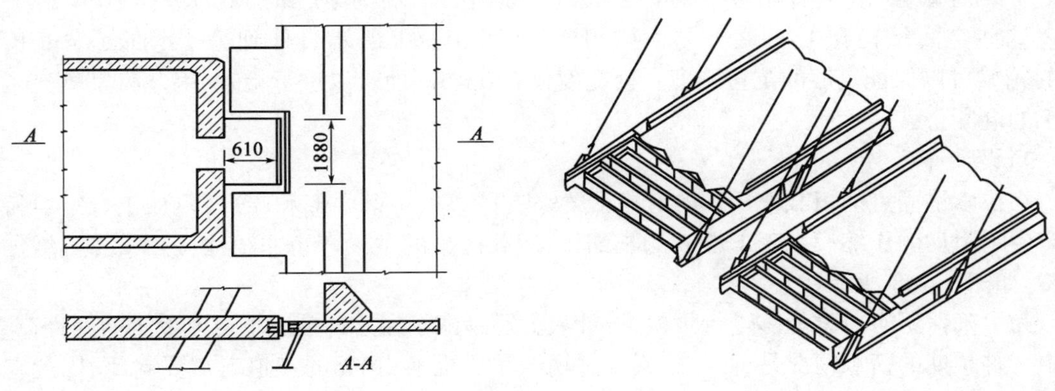

图 6.194　在索塔处对梁体位移的限制(尺寸单位:mm)

图 6.195　双梁的样式

每一个组合梁包括由外露的主梁与横梁搭建的钢网格和铺设在其上的混凝土桥面组成。出于经济性的考虑，在长度方向上仅在主梁的中间加入了一根加劲杆，如图6.196所示。

为了传递抗扭刚度引起的横梁端部弯矩，间距5.2m的竖向加劲杆焊接在梁的上缘和下翼缘上。只有在桥梁中部和端部弯矩很大且有正负变号的位置，主梁的下翼缘才会焊接一些竖向加劲杆，以提高梁的抗疲劳强度。

为了减少载货汽车在桥上发生的事故，得克萨斯州公路管理处要求混凝土桥面须由200mm厚的结构性混凝土层及覆盖在其上的100mm铺装层组成。

间距15.2m的拉索被栓接锚固在主梁网格上的焊接而成的盒子上。钢筋网格和混凝土桥面板的组合是由抗剪螺栓插入CIP接缝中来实现，如图6.197所示。拉索的锚头可以更换。

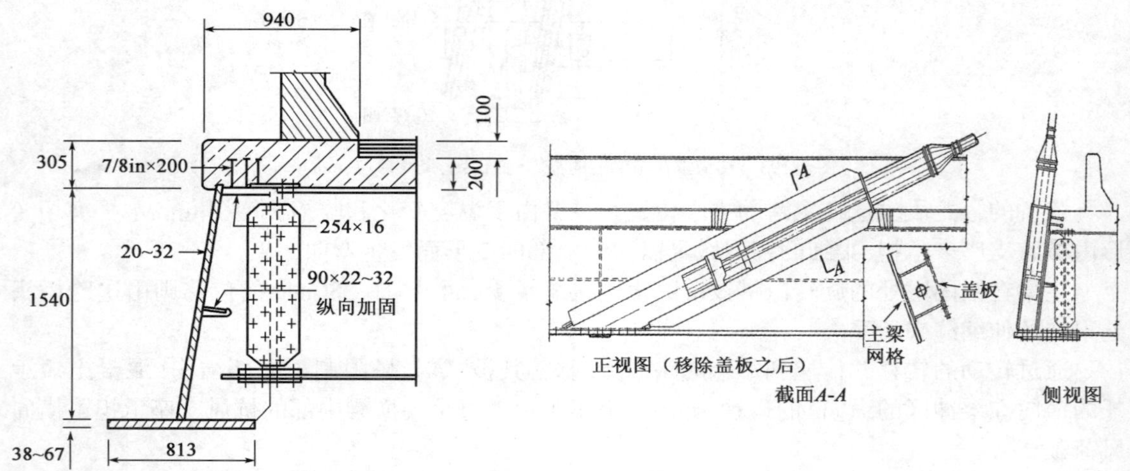

图6.196　主梁（尺寸单位：mm）

图6.197　梁上的拉索锚固

锚盒中的一对力偶来承受每一个拉索轴线和主梁网格之间的偏心弯矩。压力被传递到路面板，拉力则被传递到下翼缘的横梁上，如图6.198所示。拉索的间距也因此随着拉索的倾斜角度的变化而有细微的变化。

桥梁主梁的端部外伸出一个空间用来集中锚固三个端锚索，如图6.198～图6.200所示。这些空间结构在15m之外与横梁相连，如图6.201所示。伸到第一跨的5.4m长悬臂的箱梁可以保证足够的抗扭刚度。其宽度仅有0.45m而难以进行检查，因此将其填充了收缩小的混凝土。

2）设计计算书

在拉索锚固点的恒载作用下的弯矩由梁来支撑。在桥梁中部和端部，附加正弯矩对桥面板产生了附加的压缩。由于1∶200的长细比，活载产生的主梁弯矩非线性（P-Δ效应）增加了26%，如图6.198所示。

为了确保所有拉索能够进行更换，设计人员还考虑了在这种情况下可能发生的两种荷载。其中一种预期的荷载情况是，假如拉索发生锈蚀需要更换，相邻的车道就需要封闭，因此在侧压力增加的情况下，需确保其余车道安全。

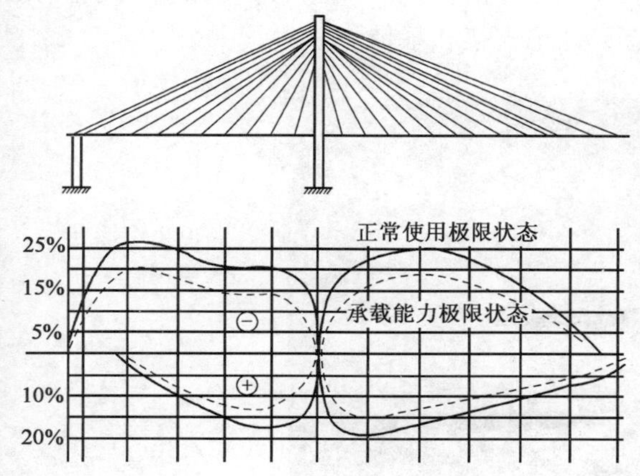

图6.198　由于活载产生的梁体弯矩的非线性增量($P\text{-}\Delta$ 效应)

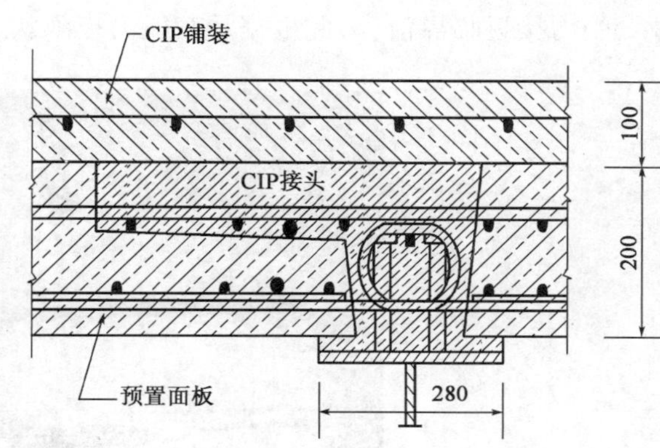

图6.199　路面板的横向节点(尺寸单位:mm)

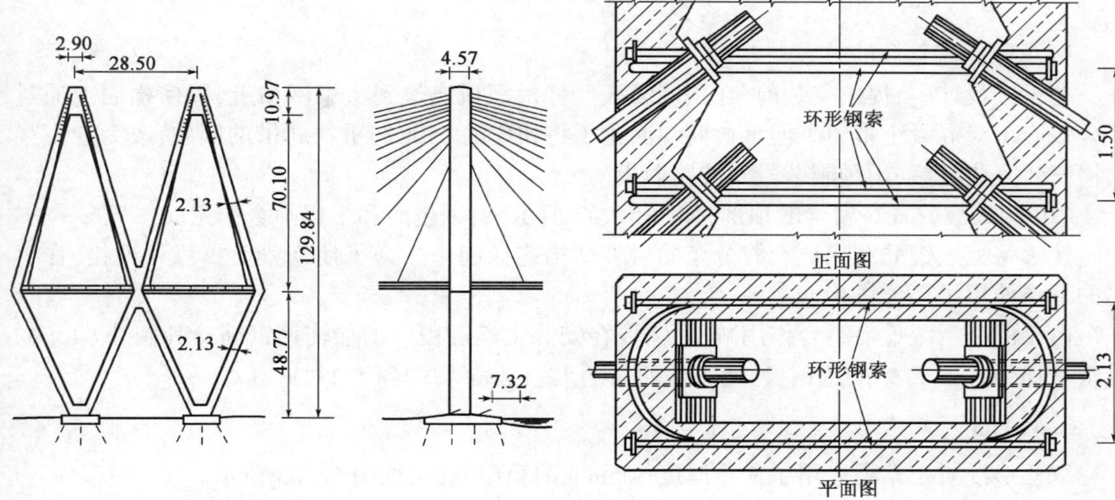

图6.200　索塔(尺寸单位:m)

图6.201　塔顶处的拉索锚固(尺寸单位:m)

假如发生了一场事故,拉索在瞬间断裂的情况下,所有结构性部位能够承受这种永久变形。相关力的计算要考虑到横梁和桥面板支撑的主梁的抗扭刚度。

桥面板在长期恒载下受压:横向受到横梁下弦的压力,纵向受到倾向斜拉索的压力。斜拉索传到桥梁中部及端部的压力很小,正弯矩通过预拱度传递到梁上。

预拱度引起组合梁的上翼缘产生弯矩使路面板长期受压。瞬时荷载产生的裂缝宽度被大量的小型加固措施限制,包括交叉布置的间距115mm的直径18mm钢筋网,即2.2%的最小含钢量。

全部加载和部分荷载产生的组合剪力由栓钉来承受,同时传递拉索作用力和局部横向弯曲。

考虑到承载能力极限状态中的限制滑动与塑性变形,栓钉在边梁长度方向上均匀布置。

剪力从 300mm 厚的混凝土边缘板中传递到 200mm 厚的内部行车道板上，如图 6.202 所示，受力接近临界值，因此根据承载能力极限状态设计了支架和系带。

图 6.202　施工过程中的辅助系带

3）承包商完善后的方案

在投标设计中，提出安装前，在预制装配厂将桥面板浇筑到主梁网格上，以使横向上通过组合效应承受混凝土重力。但承包商却回避了将相应的 250t 的重物起吊的问题，改为在主梁网格安装完成之后，用预制节段安装路面板。

CIP 接头被放置在横梁的顶部，如图 6.202 所示，由承包商和工程师合作完成。

接头将上层钢筋和保证裂缝分布的拼装结构连接起来。为了使横梁上翼缘可连接，在钢筋的下层使用了环形拼接。

由于混凝土湿重使组合作用减小，需要在安装主梁过程中增加辅助钢筋。其额外 640t 的重量增加了主梁 17% 的用钢量，使其从原来的 121kg/m^{2}增加到了 141kg/m^2。

6.4.1.3　索塔

双菱形混凝土索塔采用了最小厚度 305mm 的箱形截面，如图 6.203 所示。

图 6.203　桩基础

根据箱梁设计确定了索塔的形状。上部牢固的呈三角形的 A 字形塔使主梁和斜拉索成为一个整体，提高了梁的转动刚度。这种设计大大增加了对梁影响非常重要的扭转频率。

通过收拢梁下的两对塔腿，基础的数量减少到了 2 个。

通过这样的设计，每一个双塔都组成了一个完整的框架结构，在水平风荷载的作用下仅产生轴力。塔腿的宽度因此可以降到 2.13m，并在其高度方向上保持一致。

在纵向上，索塔相当于悬臂结构，尤其是在梁悬臂施工的过程中，因此需要较大的尺寸。梁下的连接承受了由于塔腿弯曲而产生的偏心力。它们都是采用后张法张拉的预应力结构。

在混凝土索塔的塔顶上，斜拉索从浇筑的钢管中穿过。锚头布置在钢垫板上并被垫片保护，如图6.204所示。

斜拉索的水平分力由交错的环形钢筋承受。其设计已经在伯灵顿大桥和海格兰德大桥上成功实现[1.28,2.80]。

图6.204　桩帽钢筋网

6.4.1.4　斜拉索

斜拉索为直径15mm，20～61束的钢绞丝，两端采用楔形锚固。这些钢束由PE管提供保护，并在安装结束后灌浆。PE管外裹防紫外线的黄色PVF带，减少了斜拉索在太阳直射下[3.9]的温度变化并增加了桥梁美观性。

为了防止桥梁端部的三个近距离的端锚索同时失效，例如遇到载货汽车燃烧的极端情况，这些拉索额外采用15m长的外部钢管进行保护，这些钢管与PE管距离25mm，并在内部注浆。

斜拉索按照PTI规范设计[3.47]并在引桥上进行预装配。

6.4.1.5　空气动力稳定性

这座大桥位于飓风频发的区域。在10m的高度上，假定百年一遇的设计风速为50m/s，并持续十分钟。扭转和弯曲的第一特征频率之比为$f_t/f_B = 0.670/0.273 = 2.45$。尽管梁截面抗扭转的能力较弱，但A字形的索塔还是产生了一个理想的数值，参见4.5.7.4节。

工程人员使用比例为1∶96[6.9]的部分模型和比例为1∶250[6.10]的整体模型进行了风洞实验，并由鲍勃斯坎伦[6.11]研究分析得出临界摆动风速超过了67m/s。对于12%的扰动强度，桥梁发生了1.65m的双振幅受迫振动。

施工控制阶段为边跨合龙前的悬臂施工阶段，这一阶段的临界风速仅为47m/s，考虑到频发的飓风，这一临界风速显然是远远不够的。因此在施工过程中悬臂段固定在了下方的地面上，如图6.204所示。巧合的是，在这一临界施工阶段正巧有一股飓风经过工地，而桥梁的稳定性达到了设计师的预想。

关于空气动力学的研究显示，在梁体振动的迎风面和背风面发生了能量交换，消耗了风的能量[6.10,6.11]。由于这座桥实际的几何结构和动力特性，彼此分离的双梁结构与整体式的梁体相比，整体式的梁体对于风的激励更为敏感。

6.4.2　施工

6.4.2.1　基础

在休斯敦海峡，石块的埋置深度非常深，因此设计师决定在当地的冲积土上采用浮式基础。该基础由130根直径50cm、长40m的预应力打入桩组成。加载试验表明，该基础在运营阶段承载能力达200t，如图6.205所示。

图 6.205　第一个主塔塔腿的浇筑

3.6m 深的承台由几层直径 40mm 钢筋网加固，如图 6.206 所示。

超过 $1000m^3$ 的承台混凝土灌注历时一天一夜。

6.4.2.2　索塔

塔腿通过自由悬臂的翻模法施工，节段长度 4.5m。在第一个索塔的全部宽度上架设了模板支架，两台起重机在支架上运行，如图 6.207 所示。

图 6.206　第一个和第二个主塔塔腿下部的浇筑

图 6.207　塔腿上部浇筑

重新安装大型钢架非常困难。因此，在第二个索塔的每一个下部塔腿上使用了较小的独立翻模模板。通过水平支撑或连接，两个倾斜的塔腿彼此支撑，如图 6.208 所示。

最终，这些钢架又被用来架设上部塔腿，如图 6.208 所示。

塔腿壁厚 305mm，并在 150m 处采用双层钢筋。如图 6.209、图 6.210 所示。

在梁上塔腿内侧交叉的地方，两侧直径 25mm 的钢筋相互搭接。重达 18t 的钢筋笼在地上组装并被抬升，这些钢筋与受压套筒相连。尽管钢筋很密集，但是由于采用了直径小于 16mm 的砂砾以及超级塑化剂，顺利进行了浇筑，如图 6.211 所示。

斜拉索从塔顶埋设的铁管中穿过，其锚头则埋设在混凝土中的受压板上，如图 6.212 所示。

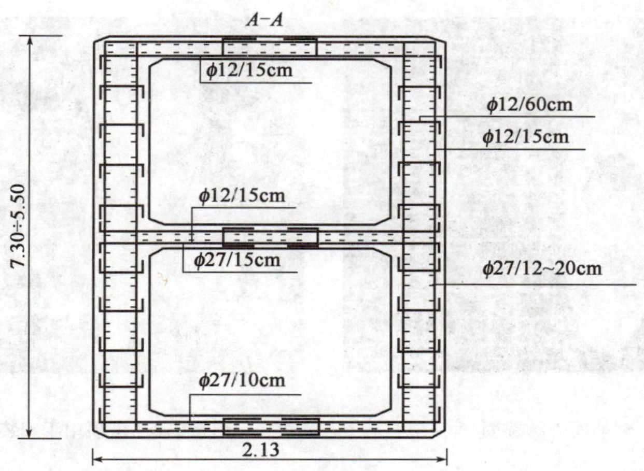

图 6.208　塔腿的常规钢筋布置(尺寸单位:m)

图 6.209　塔腿钢筋

图 6.210　钢筋笼

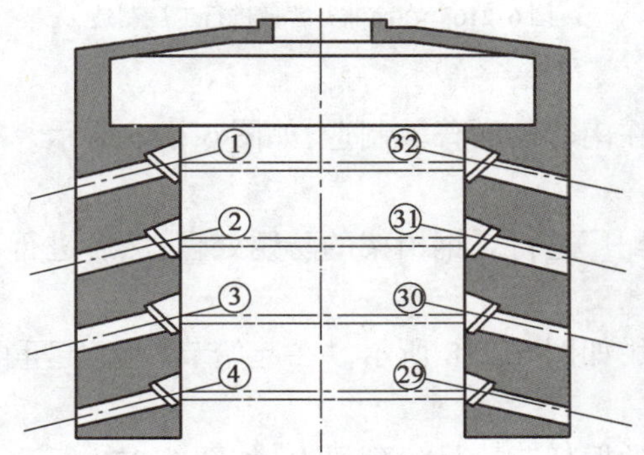

图 6.211　塔顶的拉索锚固

图 6.212　拉索锚固管的模板搭设

拉索锚固区的模板在地面上分块制造,钢管在其中精确布置,如图 6.213 所示。

紧密的钢筋环绕着内部模板布置,这样就可以确定锚头的精确空间位置,如图 6.214 所示。

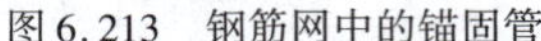

图6.213　钢筋网中的锚固管

图6.214　塔顶用于安装拉索的脚手架

在浇筑之后，张拉环形钢束以承担硬化混凝土的荷载。如图6.215所示为一座已经完工的塔顶，从图中可以看到锚固钢管和环形钢筋槽。

如图6.216所示是一座引桥已完工、索塔即将完工的施工现场全景。

图6.215　完成后的索塔

图6.216　在南非开普敦进行工厂制造

6.4.2.3　梁

出于经济原因的考虑，架设梁所用的钢桁架在南非的开普敦制造，如图6.216所示。得克萨斯州运输部的工作人员和设计人员进行监管。

通过船运运到现场，在得克萨斯州的预制装配厂进行了钢桁架的防锈处理，然后进行试栓接和检查，如图6.217所示。

塔吊起吊了位于索塔轴线上的主梁起始节段，如图6.218所示。在起始节段上，起重机开始安装吊运上来的其他节段，如图6.219所示。

在水面上，起重机将驳船从预制装配厂运来的框架节段吊运到梁上，如图6.220所示。

由于现在美国禁止现场焊接，因此主梁由盖板和高强螺栓连接，如图6.221所示。（由于这个原因，正交各向异性桥面至今没有在美国得到采用，因为这种桥面需要现场焊接。）

预制板同样由驳船运输，并由起重机提升，如图6.220、图6.221所示。这些预制板搭在横梁上。栓钉从横梁的上翼缘伸出并穿入预制板接缝中，如图6.222、图6.223所示。

图 6.217　位于美国得克萨斯州的预制装配厂

图 6.218　起始梁格的提升

图 6.219　双梁在两侧进行悬臂施工

图 6.220　吊运驳船上的主梁梁格

图 6.221　用高强螺栓连接主梁

图 6.222　预制板的运输

这些接缝由低压缩快硬混凝土填充，如图 6.224 所示。在下一梁段安装之前，其已经达到了相应的要求强度。

边跨的最后一个梁段悬臂伸入第一座引跨之中，三个集中的端锚索被锚固在其中，如图 6.225 所示。

如图 6.226 所示为边跨合龙前的梁体，如图 6.227 所示为仅剩中跨还未合龙。

图6.223 将预制板吊运到主梁梁格上

图6.224 预制板间的接缝

图6.225 接缝的浇筑

图6.226 端锚索锚固后吊运主梁的末端

在中跨合龙之前,两侧的悬臂段根据实际情况仔细核查并调整最后一个节段的位置,如图6.228所示。这项核对工作最好在太阳即将升起的时候进行,因为此时梁内的温度梯度较为平均。

图6.227 第一边跨合龙之前

图6.228 中心连接

最后,合龙段被吊起并栓接,如图6.229所示。在自由悬臂阶段,每一段梁的固定点设在对应的索塔上。边跨合龙之前,在索塔托架之间的梁体和橡胶支座通过千斤顶向外移动,如图6.230所示。同时,锚固墩向外移动75mm。在收缩徐变之后,橡胶支座和锚固墩最终达到垂直状态。

图6.229　日出之前对跨中节点的测量

图6.230　插入合龙段

由于钢筋网制造过程中出现了一些困难,桥梁前半部分的施工工期实际上受到了延误。起初,钢材采购采用美国条款,但其起吊成本过高,便改为在南非进行采购和拼接。桥梁的后一半工程顺利进行,其历时仅5个月就完工了。

6.4.2.4　斜拉索

出于经济性的考虑,承包商选择了平行斜拉索的方案。拉索被分成许多独立部分进行运输。它们在现场组装的拉索与在车间预制张拉和安装的拉索完全一致。

装配好的拉索体现了当时的技术水平:直径15mm镀锌拉索固定在厚壁黑色PE管中,安装后进行灌注水泥浆,如图6.231、图6.232所示。

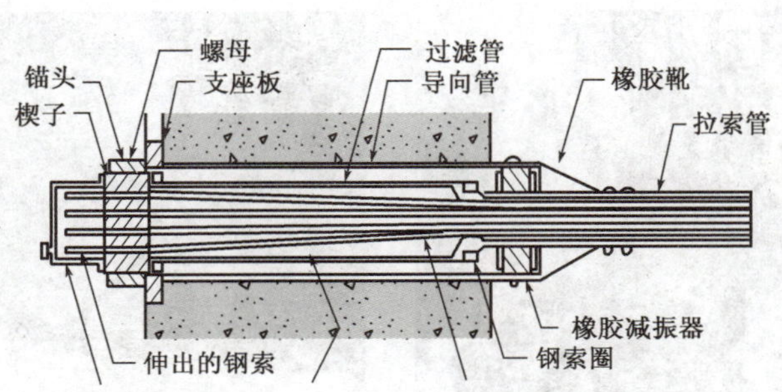

图6.231　平行钢绞线拉索系统VSL

这些PE管在引桥上对熔焊接长到预定长度,然后将钢索置于其中,如图6.233所示。

钢索的末端用夹具固定在锚头上,如图6.234所示。在梁上的固定锚固区,夹具被楔入并夹紧,而在塔顶的活动加压端,它们被预先楔入。

预应力斜拉索通过一个高架线拉向主桥,如图6.235所示。

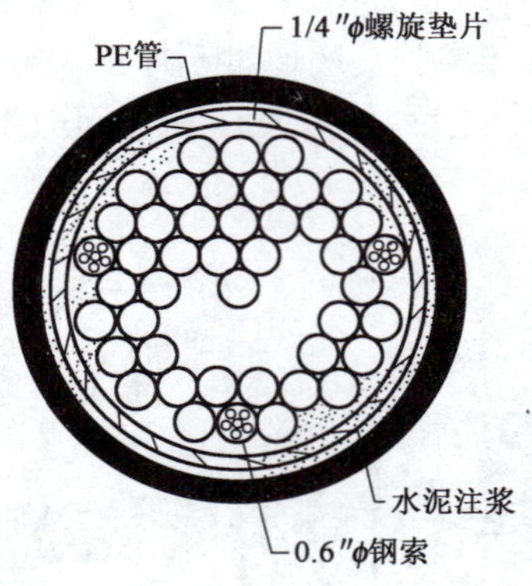

图6.232　斜拉索横截面

图6.233　引桥上的拉索安装

图6.234　将钢索锚固在锚头上

图6.235　高架运输斜拉索

拉向塔顶的牵引斜拉索的拉绳连接在倾斜的导轨上，以防太尖锐的弯角损坏PE管（图6.236），接着斜拉索被拉升到塔顶（图6.237）。

图6.236　为拉索的提升连接导向装置

图6.237　拉索的提升

由于锚箱和主梁的下翼缘不允许拉索在主梁的锚固区张拉，设计人员将锚头插入其中，以防止垫片滑动，如图6.237所示。

在抬升的最后阶段，倾斜的拉索顶端与钢管位置精确吻合，如图6.238所示。

接着斜拉索被拉进塔顶，如图 6.239 所示。

图 6.238　梁上的拉索锚头

图 6.239　斜拉索插入塔头前

在塔顶的内部有足够的空间安装千斤顶支座及液压千斤顶，如图 6.240 所示。一部抓式起重机在千斤顶的底部将拉索拉的足够近，这样伸出的拉索就可以被千斤顶夹住。

如图 6.241、图 6.242 所示是通过使用液压千斤顶夹住拉索并张拉的图示。在对钢索进行最后的张拉并灌浆之后，出于美学方面的考虑，它们由一根黄色的防紫外线 PVF 胶带包裹，如图 6.243 所示。

图 6.240　将斜拉索插入塔头

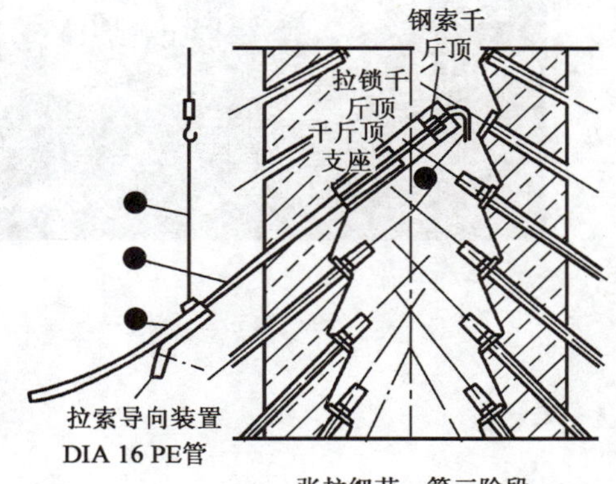

图 6.241　在塔顶处张拉斜拉索

图 6.242　张拉整个斜拉索

图 6.243　用黄色 PVF 胶带包裹斜拉索

黄色与得州耀眼的阳光和深蓝色的天空形成强烈的对比，如图 6.244 所示。

图 6.244　包裹之后的斜拉索

6.4.2.5　成桥之后

如图 6.245 所示，完工后的桥梁大受赞赏，并荣获很多奖项，包括联邦“总统奖”—美国桥梁界最高奖项。

从一个驾驶员角度来看，四个 A 字形的索面营造了帐篷一般的效果，并带给驾驶员以自信心和安全感，如图 6.246 所示。在墨西哥湾的落日里，这座大桥表现得更加美轮美奂，如图 6.247 所示。在夜里，索塔与拉索被梁上的灯光映衬，如图 6.248所示。

图 6.245　鸟瞰图

图 6.246　纵向视图

6.4.3　概述

这座大桥在 1995 年 9 月 27 日通车运营，并且被命名为弗雷德哈特曼大桥。1996 年“杰出土木工程奖”的颁奖词为“这座拥有简洁外形的大桥仿佛漂浮在水面上”。这座大桥在设计和施工中都采用了新元素。此前从未有过 44 层楼高的双菱形索塔。这座桥是结构工程史上一座重要的里程碑。

建设参与者：

业主：得克萨斯州。

设计：佛罗里达州坦帕市格雷内尔有限公司的莱昂哈特和德国斯图加特股份有限公司的安德尔，他同时也是建设监理。

空气动力学顾问：罗伯特·斯坎勒博士。

施工方：威廉姆斯兄弟建设有限公司、特雷勒兄弟有限公司和刚果民主共和国建筑工程，主管是格雷内尔。

斜拉索：VSL 公司。

图 6.247　墨西哥海湾上的日照

图 6.248　明亮的主塔和斜拉索

6.5　混合斜拉桥——诺曼底大桥

6.5.1　设计构想

诺曼底大桥在 1994 年 8 月 8 日完工，主梁长达 856m，是世界上最长的斜拉桥，如图 6.249、图 6.250 所示。

图 6.249　法国诺曼底大桥

如图 6.251 所示，为 1959 年建于科隆的主跨达到 302m 的塞弗林桥，如图 6.252 所示为建于 1969 年的主跨达到 320m 的科尼桥，以及如图 1.91 所示建于 1979 年的主跨达到 368m 的佛莱艾大桥，德国已建的三座单塔斜拉桥表明，这样的结构是可行的：在诺曼底大桥的设计阶段(原名翁佛勒尔大桥),双索塔桥梁的跨度纪录两次被打破:1991 年 11 月建于挪威的主跨长度 530m 的 Skarnsundet 大桥,如图 2.145 所示,以及 1992 年建于中国上海的主跨达到 602m 的杨浦大桥,如图 2.165 所示。(目前的纪录保持者是 2008 年建于中国的主跨为 1088m 的苏通大桥,见图 2.104。)

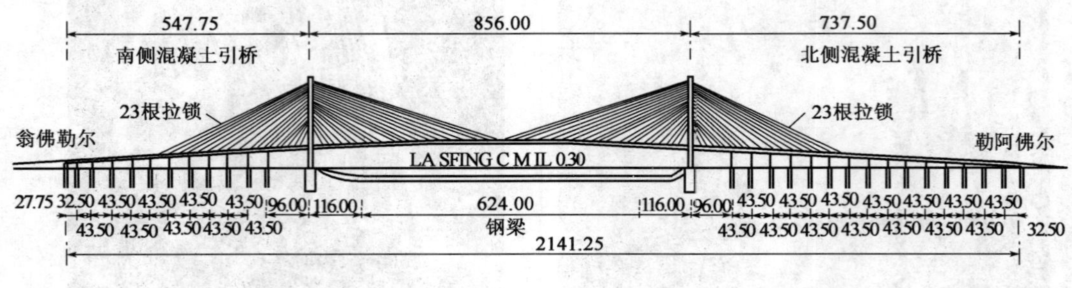

图 6.250　正面图(尺寸单位:mm)

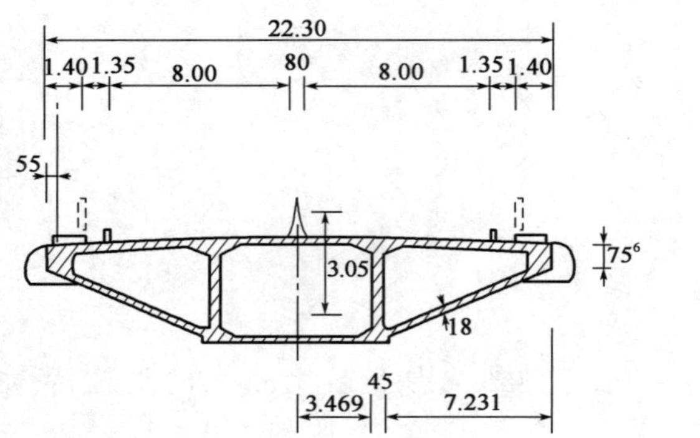

图 6.251　引桥的混凝土截面(尺寸单位:m)

图 6.252　主桥的钢截面(尺寸单位:m)

诺曼底大桥预定的控制设计为[1.29,6.12-6.14]:

(1)为了减小风荷载和改善空气动力稳定性,主跨和边跨采用流线型截面。

(2)为了具有较大的抗扭刚度,并和 A 字形索塔一起增加扭转频率和空气动力稳定性,梁截面采用闭合箱梁形式。

(3)为了具有较大的横向刚度,采用 A 字形索塔。

(4)在主跨采用轻型钢梁,并在边跨使用重型混凝土梁作为平衡重(为了清楚描述钢制主跨和混凝土边跨的组合,作者使用了"混合"一词)。

(5)为了增加刚度,节省成本,混凝土边梁向主梁伸出 116m。

(6)采用高强混凝土 B60。

(7)平行拉索在塔顶组合锚固。

(8)由于本桥大跨度和轻型钢制截面的特点,为了改进斜拉索敏感的空气动力稳定性,设计师对斜拉索进行了重点监控。

负责本桥设计和施工监管的工程师是米歇尔·沃勒哥斯,如图 2.100 所示。

6.5.1.1　结构设计

桥梁的引跨、边跨和主跨采用相似的箱梁截面，截面高度3m（细长比为3:624=1:208），腹板倾斜，如图6.251和图6.252所示。

202.74m高的混凝土A字形索塔（图6.253）同样采用箱形截面。斜拉索锚固在索塔上部的组合箱中（图6.254）。前拉索和端锚索之间的水平受拉单元由纵向钢板相连。垂直方向的拉索部件则通过垂直方向的钢板伸入塔腿中。

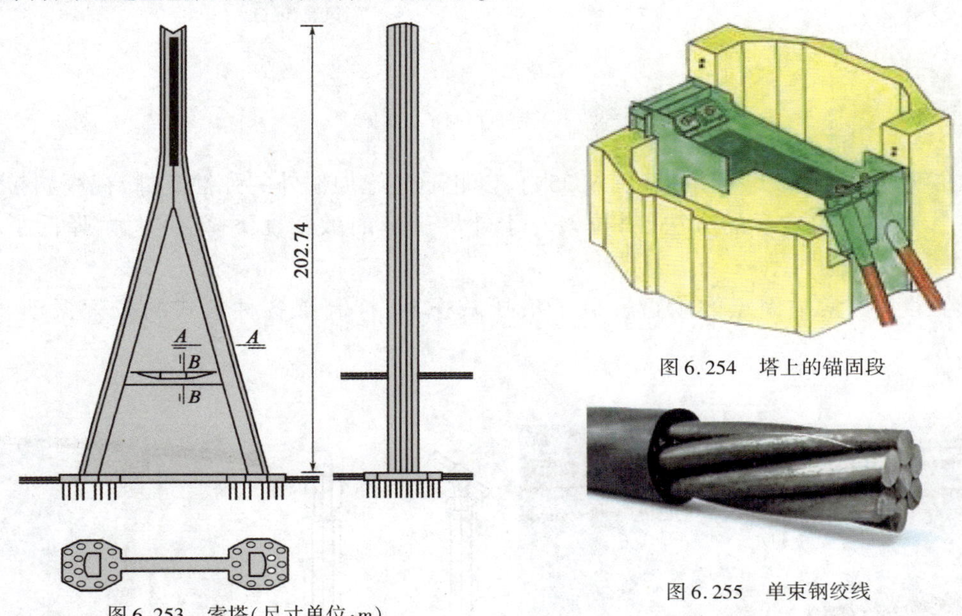

图6.253　索塔（尺寸单位：m）

图6.254　塔上的锚固段

图6.255　单束钢绞线

184根（8×23）平行斜拉索呈束状拧在一起，如图6.255所示。它们被楔子锚固在锚头末端的垫板中，如图6.256所示。

6.5.1.2　钢索动力分析

由于本桥中最长的拉索突破了原有的拉索长度记录，并且主跨的钢梁又很轻，为了使拉索能够承受振动，设计师采取了如下几点措施：

(1)为了预防风雨引起拉索振动，PE管的外表面用螺旋系带缠裹，如图6.257所示。这样的装置防止了雨水的上下流动，避免了拉索由于驰振而发生剧烈振动。如图6.258所示展示了螺旋系带如何防止拉索由于大风和雨水而发生的剧烈振动。

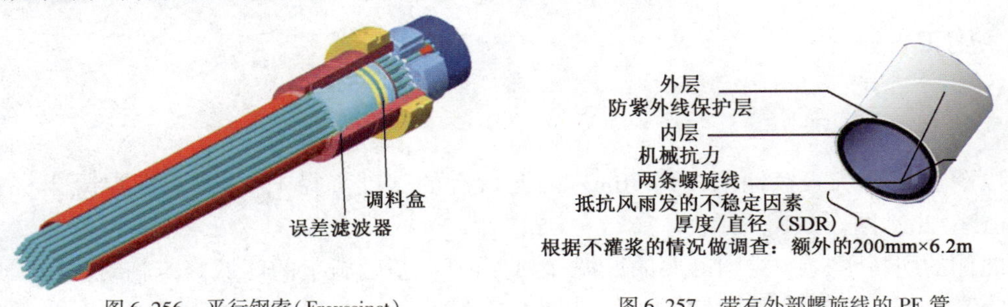

图6.256　平行钢索（Freyssinet）

图6.257　带有外部螺旋线的PE管

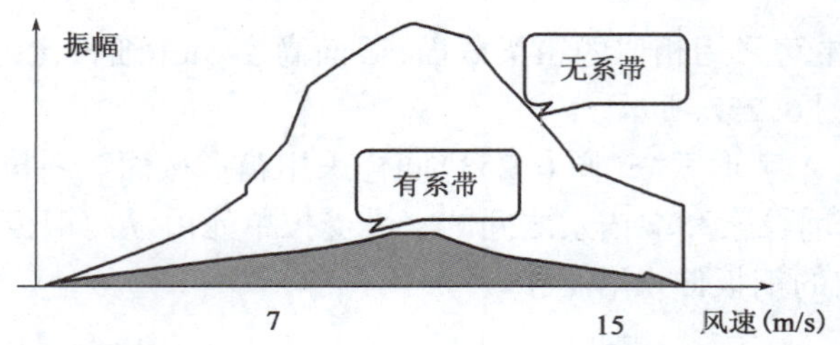

图 6.258　螺旋系带抑制了拉索振动

(2)在斜拉索之间安装了系带(图 6.259),以此通过施加额外的弹性支撑,提高斜拉索的特征频率。通过采用这样的方法,斜拉索对于外界影响的敏感度下降,并大大降低了锚固激励。

(3)在梁上拉索锚固点的附近安装了液压减振器,抑制了各种形式的拉索振动,如图 6.260 所示。

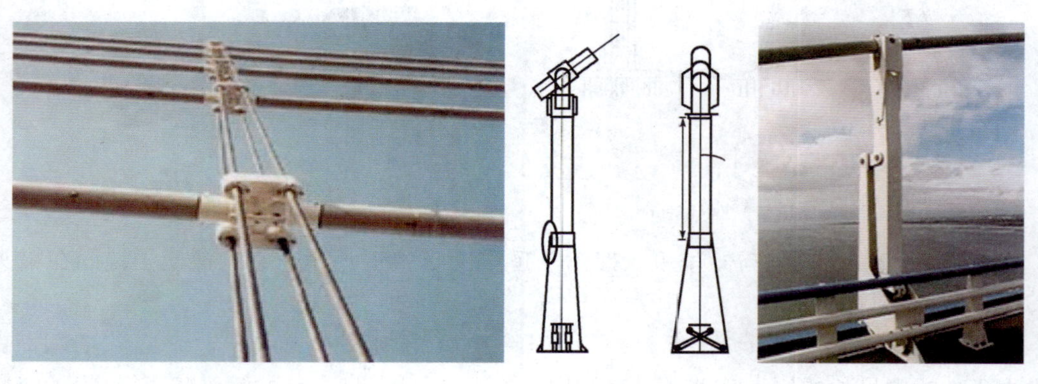

图 6.259　拉索的系带

图 6.260　梁上的液压拉索减振器

驾驶员在桥上驾驶时可以清楚地看到这些系带和液压减振器,如图 6.261 所示,桥梁景观因此而受到了一些影响。(正因为如此,一些桥梁照片是常在系带安装前拍摄的)

6.5.2　施工

6.5.2.1　索塔

可以承重的石灰岩在地下深约 40m。因此所有的基础直径 1.5 ~ 2.1m、混凝土桩长达 55m,如图 6.262、图 6.263 所示。

在北侧的引桥下,有一层 4m 厚的淤泥,因此需要在基础施工的区域修筑临时的施工用栈桥。桩帽高 3.5m,横向后张并夯实加固,如图 6.264 所示。

图 6.261　带有系带措施和液压减振器的斜拉索

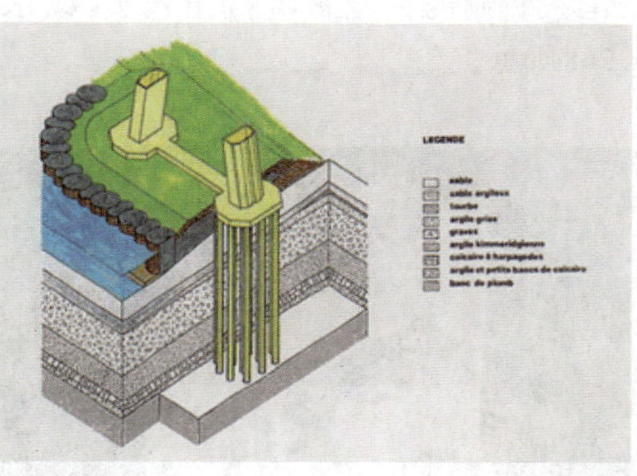

图 6.262　索塔基础

图 6.263　施工中的桩帽

图 6.264　塔腿的起始悬臂施工

塔腿与桩帽融为一体，它们由滑动模块采用自由悬臂法施工，如图 6.265 所示。在桥面板下的横梁处，纵向倾斜产生的弯曲不需要横向支撑。

在桥面板与两个塔腿的交汇处，搭设了临时的钢支架，如图 6.266 所示。

塔顶锚头的钢部件在车间预制并运送到工地，如图 6.267 所示。

它们被塔式起重机起吊至最终位置，如图 6.267 所示。

图 6.265　横向临时支撑下的悬臂施工

图 6.266　索塔上钢索锚头的制造

最终，钢制的锚箱被混凝土包裹，以承担斜拉索的竖向分力并将其传递到塔腿，如图 6.268所示。

图 6.267　钢索锚头的安装

图 6.268　索塔锚固端的浇筑

如图 6.269 所示为一座已完工的塔端，它将良好的传力体系与美观的外形很好地结合在一起。

图 6.269　完成后的塔端

6.5.2.2　混凝土引桥

梁体的施工步骤如图 6.270 所示。在索塔修建完成以后，引跨采用顶推法施工。利用悬臂法修建钢制主跨结构和边跨伸入主跨的阶后一个节段两端的外伸结构单元。

塞纳河上的船只航行需要至少 56m 宽的航道。为了将引桥的长度降到最小，引桥采用了最大理论坡度 6%。这样陡峭的角度需要改进传统的顶推法，并最终在桥台处产生高达 30MN 的过大水平力，在桩顶产生巨大的摩擦力，如图 6.271 所示。所谓的“顶推法”即以横向 150mm、垂直向 9mm 的进度逐步推移桥面板。

如图 6.269 所示为一座已完工的塔端，它将良好的传力体系与美观的外形很好地结合在一起。

每一段混凝土箱梁都通过桩顶滑动的楔子推动。楔子的底面水平，而它们倾斜的上表面允许桥梁有6%的坡度。因此箱梁在水平方向和垂直方向交替移动，设置在桥台上的千斤顶每次在水平方向上推进150mm，垂直方向则由楔子外侧每一个桩顶的千斤顶每次抬升9mm。

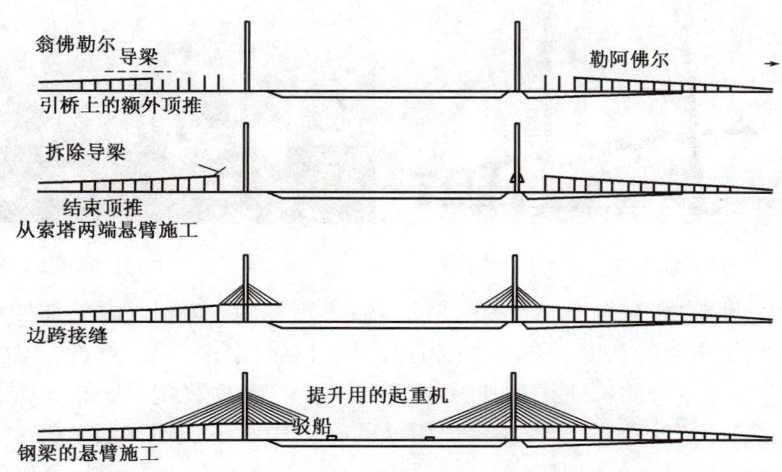

图6.270　施工阶段

监测水平和纵向位移的专用传感器安装在每一个桩顶。每一位移都将通过中心电脑来统一分析。同步进行垂直位移监测尤为重要。

如图6.272所示是一种常用的位于混凝土梁体端部的钢制导梁，其主要作用是减小悬臂弯矩。

图6.271　顶推法安装引桥

图6.272　导梁

索塔两侧的最后一部分混凝土梁体采用自由悬臂法施工，如图6.273所示。伸入主跨长116m的结构分成42个节段分别制造，边跨部分则分31个节段制造。为保证悬臂的平衡，混凝土悬臂端同时向河中心侧和河岸同步施工。每一个新的节段都由临时拉索支撑。

临时拉索支撑五个节段后，一根永久拉索就会安装在第六个节段上，临时拉索可拆除重复使用，如图6.274所示。

图 6.273 主跨和边跨混凝土梁的悬臂施工

图 6.274 完成后的混凝土梁

作者通过大量调查研究提出，对于重要的钢制主跨修建 120m 以内的外伸混凝土结构是有利的，其不依赖于主跨的长度。在这个范围内，利用混凝土来承受巨大的压力是经济的，混凝土主梁同时提高了主跨的特征频率，进而提高了其空气动力稳定性。成本方面需要权衡不同施工方法所带来的额外费用，因此决定使用悬臂施工法而不是顶推法。就主梁所允许的施工方法而言，在很多情况下外伸混凝土悬臂梁仅允许其向外延伸。对于长度仅为 45m 的诺曼底大桥，如果在最后一个边跨上修建一个辅助墩，则桥梁两侧可允许达到 96m。因此，最经济的设计方案因每个桥实际情况的不同而有所不同。

6.5.2.3 钢制主跨

主跨上 624m 长的钢梁由 32 个 19.65m 长的节段组成。为了节约工期，两个不同的预制厂完成组装，如图 6.275 所示。在预装配之后，这些节段由驳船运输到桥址处，如图 6.276 所示。

图 6.275 钢节段的预制

图 6.276 驳船上的运输

安装在梁体端部的起重机起吊这些节段，如图 6.277 所示。梁体具有足够的强度，同时这些节段又较轻，因此不需要对起重机进行额外固定。

在最后一个节段的安装过程中，一个重达 50t 的动态谐调质量阻尼器安装在悬臂段的两个端部，以减小由于强风引起的垂直振动。在法国米约高架大桥上，也安装了一套相似的装置，如图 6.277 所示。

如图 6.278 所示是在合龙前，抬升最后一个节段。

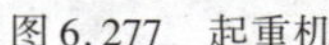

图6.277　起重机

图6.278　最后一个梁段的提升

6.5.2.4　安装拉索

现代平行斜拉索均采用现场直接安装，以避免拉索长度增长致使重力和卷径大量增加给拉索的运输带来困难。如图6.279所示是拉索理论上的安装过程。

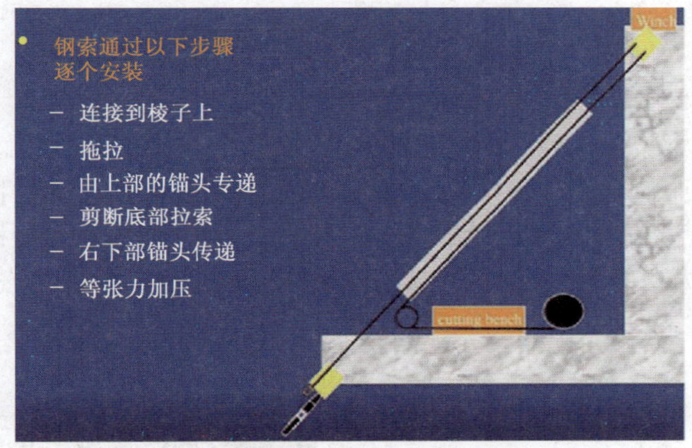

图6.279　拉索的安装过程

拉索被分束装在特制的带有制动器卷轮上运送到现场，如图6.280所示。

由穿索器将PE管中的拉索拉向塔顶，如图6.281所示。如图6.282所示是即将布满拉索的PE管。

图6.280　安装卷筒上的钢索

图6.281　将钢索插入PE管中

在加压时，拉索正好伸入锚固平面，如图 6.283 所示。由于每一根钢索独立张拉，因此仅使用小型千斤顶即可满足要求，如图 6.284 所示。相比预制场预制的拉索需要使用数吨重的液压千斤顶统一张拉，这是现场安装拉索的另一个优点。

图 6.282　钢绞线填充密实的 PE 管

图 6.283　突出的钢绞线

图 6.284　张拉钢索用的小型千斤顶

通过使用所谓的“独立张拉法”（由弗雷西内提出），所有钢索受到的力大小相等。每一束拉索的第一根试验钢索被张拉到一个特定的数值，而这个数值被荷载传感器持续控制。每一根新安装的钢索都被张拉到设计张拉值。到最后，所有的钢索，即整体的拉索就达到了它们的理论数值，而与温度情况和随机装配荷载无关。在安装过程中，力在每一根钢索中的变化如图 6.285 所示。诺曼底大桥的 PE 管由两个半壳体组成，通过企口缝进行嵌入连接，如图 6.286 所示。

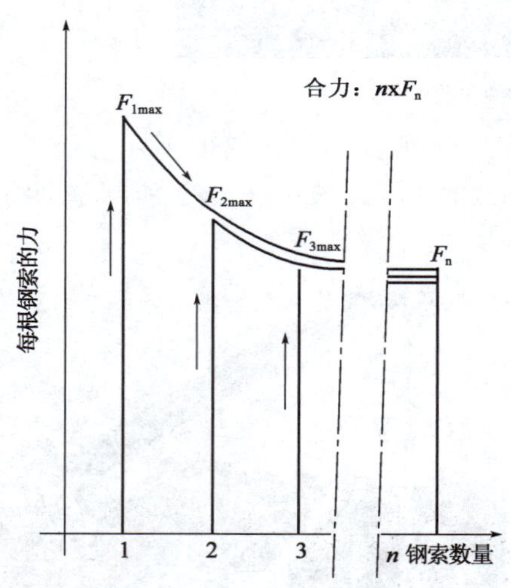

图 6.285　钢索的等张拉（Fresnel）

图 6.286　带有榫舌和凹槽的 PE 管接头

最终采用垂降技术安装锚固拉索，如图 6.287 所示。

图 6.287　采用垂降技术安装系带

6.5.2.5　成桥后

建成后的桥梁细长而优雅，如图 6.288 所示。在落日的余晖下，这座桥体量纤细，平行的斜拉索仿佛给大桥遮上了一层神秘的面纱，如图 6.289 所示。

图 6.288　全景图

图 6.289　诺曼底桥上的日落

建设参与者：

业主单位：法国勒阿弗尔工商会。

设计单位：法国的米歇尔·维洛热和博纳维尔斯。

咨询单位：布依格公司的莫伯格，托森。

空气动力学顾问：罗伯特·斯坎勒和艾伦·达文波特。

施工单位：科威公司。

斜拉索制造商：弗雷西内。

6.6 连续斜拉桥

6.6.1 法国米约高架大桥

6.6.1.1 综述

法国米约大桥和里翁安提利翁大桥是众多斜拉桥中最重要的也是最现代的典例。

它们解决了以下几个重要问题：

(1)如何稳定中间索塔，以避免梁体由于纵向活载而产生过大的变形？

(2)在大跨桥中，如何将梁体长度的变化(例如由于温度改变而发生的改变)与纵向力(例如由于破坏而引起的力)或与地震力共同考虑？

2004年，米约高架大桥开通运营，并彻底结束了南北两地A75公路的最后一个障碍，如图6.290所示[2.123,6.15-6.18]。

这座大桥获得“记录之桥”的美誉，不仅因为它是世界上最长的桥梁，在270m的高度上横跨塔恩河，也是因为其短达38个月的工期及其高达4亿欧元的巨额成本，如图6.291所示。

图6.290 桥梁位置

图6.291 米约大桥全貌

在南北高速路贯通中，最大的阻碍来自塔恩河上靠近米约市的宽阔峡谷，这座峡谷因其在临近夏天时人山人海的场景而闻名。因此设计师决定用一座长达2460m的高架桥跨过峡谷。

在1996年，最终选定了2个边跨长204m、6个主跨长342m的方案。对于公司经营而言，为了能尽早收取过路费，工期越短越好。因此法国承包商埃菲尔建设公司决定采用钢梁和桥面板上架设钢索塔的方案来代替投标计划书中后张法预应力混凝土桥的方案。这项方案在2001年3月被通过，并在同年10月开始正式施工，如图6.292所示。

与原来的混凝土方案相比，钢梁制造方案的优势在于：

(1)更轻的自重和更纤细的梁体，重量由120t降到36t。

(2)梁高降到4.2m，意味着更小的风荷载。

(3)更安全：由于在地面进行预装配并采用顶推法施工，减少了高空作业。

(4)将拉索的数量和基础的尺寸降到最低。

(5)最大的优势是减少了成本。

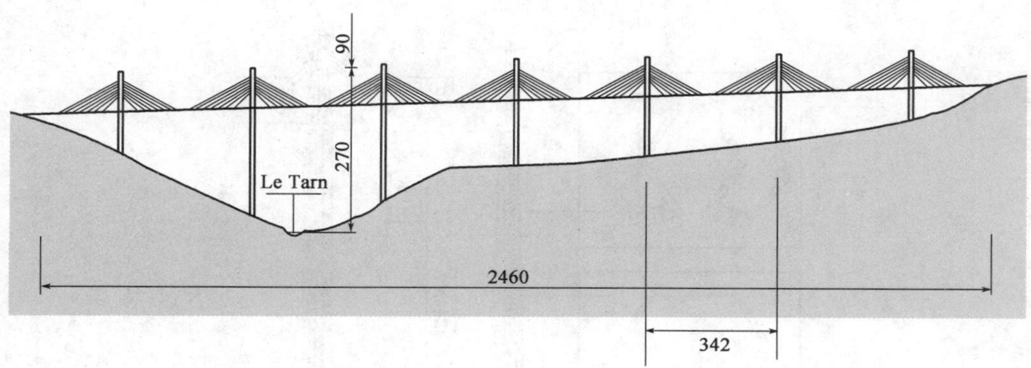

图 6.292 正视图(尺寸单位:m)

在两年半的时间里,43t 的钢材组装成梁、索塔和辅助支墩。

在整个设计阶段,维洛热是法国高速公路管理处的主管工程师,在施工期间,他是一位非常重要的顾问,如图 2.298 所示。

6.6.1.2 设计

米约大桥全长 2460m,共 8 跨:2 个边跨长 204m、6 个主跨长 342m,如图 6.292 所示。

箱形横截面由正交各向异性桥面、两块竖向内部肋板和两块倾斜的外板组成。竖向肋板需要由顶推法施工,而三角形的外部箱体则构成了一个流线型的截面,减小了桥上的风荷载,如图 6.293 所示。在梁体的外侧,安装了风障,防止车辆发生倾覆。外侧的圆角提高了桥梁的空气动力稳定性和美观性。

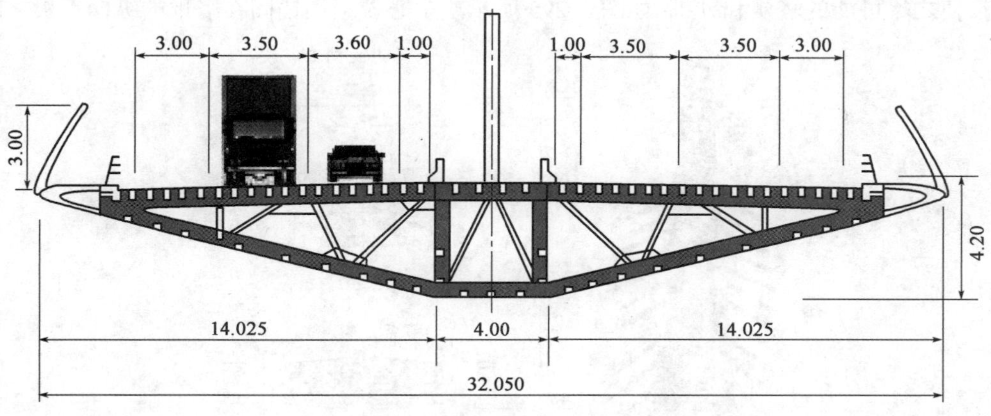

图 6.293 米约大桥梁截面(尺寸单位:m)

由于峡谷很高,带有一个索面的中心梁有效地避免了采用双墩设计的方案。箱形梁提供了梁体所需的抗扭刚度。

这座桥的控制设计是来自纵向的非对称荷载的作用是否影响 230m 高的桥墩的稳定。同时,这些桥墩还应能随着梁体因温度发生纵向变形而灵活变形。解决方案是在桥墩上采用高强混凝土箱梁并在梁下开一个竖直的槽,如图 6.294 所示。一分为二的箱形截面提供了足够的灵活性。

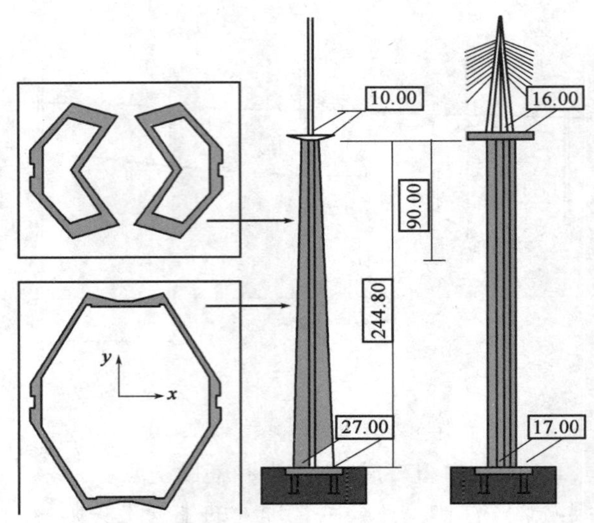

图 6.294　桥墩和索塔(尺寸单位:m)

桥面以上 87m 高的索塔在纵向上组成了坚固的 A 字形,分离的塔腿与分离的桥墩相连,并被主梁一分为二。以这种方式,索塔和桥墩形成了整体的系统,将塔端的弯矩转化成一对轴力,并限制了塔端的位移。90m 高的墩身采用竖向后张法,以抵消桥墩内部风力和外部温度变化引起的拉应力。

钢梁和混凝土桥墩之间的支座,向下加压以承受抬升力。不对称的荷载和特殊的风在每一个桥墩上产生高达 100MN 的支反力,因此工程采用了一种全新的球面支座。桥面板上的索塔由钢制造,使之尽可能的轻质和纤细,如图 6.295 所示。中心拉索面锚固在塔顶的纵向钢板之间。

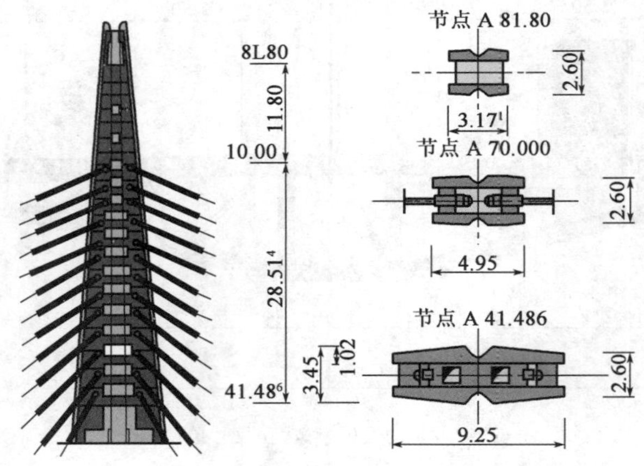

图 6.295　索塔(尺寸单位:m)

由于建筑学方面的原因,索塔延伸到上部拉索之外。

6.6.1.3　施工

1)桥墩

桥墩采用变截面设计,如图 6.294 所示,但各截面尺寸的选用以易于安装为准。四边尺寸不变,其在各建造阶段变化一致。在施工中,这样的设计允许利用塔吊逐段吊运外部滑动模块和内部模块,如图6.295所示。滑动模块的采用为嵌入式结构的精确定位增加了困难。

2)梁

约2100块加劲板,每天4块的进度,在埃菲尔建筑公司位于阿尔萨斯劳特堡的预制车间使用钢板和加强肋制造而成。运送到现场之后,它们在2个长170m的预制装配厂中焊接,图6.296、图6.297所示。中心箱梁在滨海福斯预先焊接。每一个预制装配厂,多达175台焊机同时工作。图6.298展示了安装过程中钢梁的一个完整截面。

图6.296　桥墩的施工

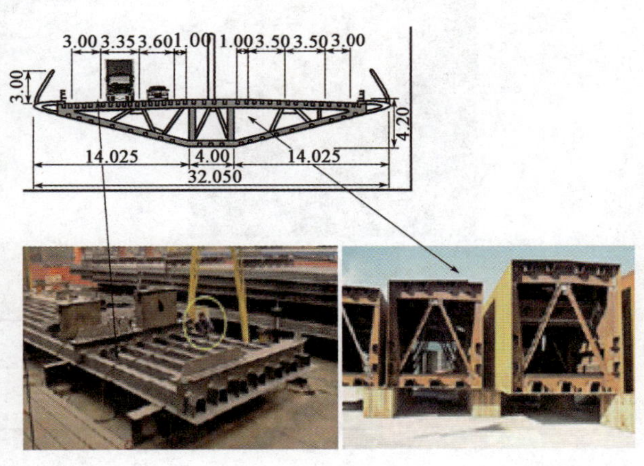

图6.297　钢梁的制造(尺寸单位:m)

图6.298　安装中的钢梁

3)梁体的顶推

部分钢梁、索塔和辅助墩的施工设计由比利时列日市的顾问格赖斯提供。总工程师为珍玛丽·克莱莫,如图6.299所示。

在从两侧桥台处顶推的过程中,为了限制过大的悬臂弯矩,工程师采用了一些特别的方法。通过设置临时的伸缩墩,跨度被减半,采用了导梁,同时塔顶及一些永久斜拉索与梁体共同推进,在推进过程中这些拉索不经过任何的调整。在2004年5月28日桥梁合龙之后,安装了剩余的索塔和斜拉索,拆除了临时支墩。

钢梁从两端同时顶推，并在塔恩河上合龙。在除了中跨以外的大跨中心，安装了辅助的支撑桁架，而在中跨则采用了两侧悬臂施工的方法。墩顶的顶推支座间距20m，如图6.300所示。在跨度比例$(151/171)^2=0.78$的情况下有效减小了主梁弯矩，如图6.300、图6.301所示。

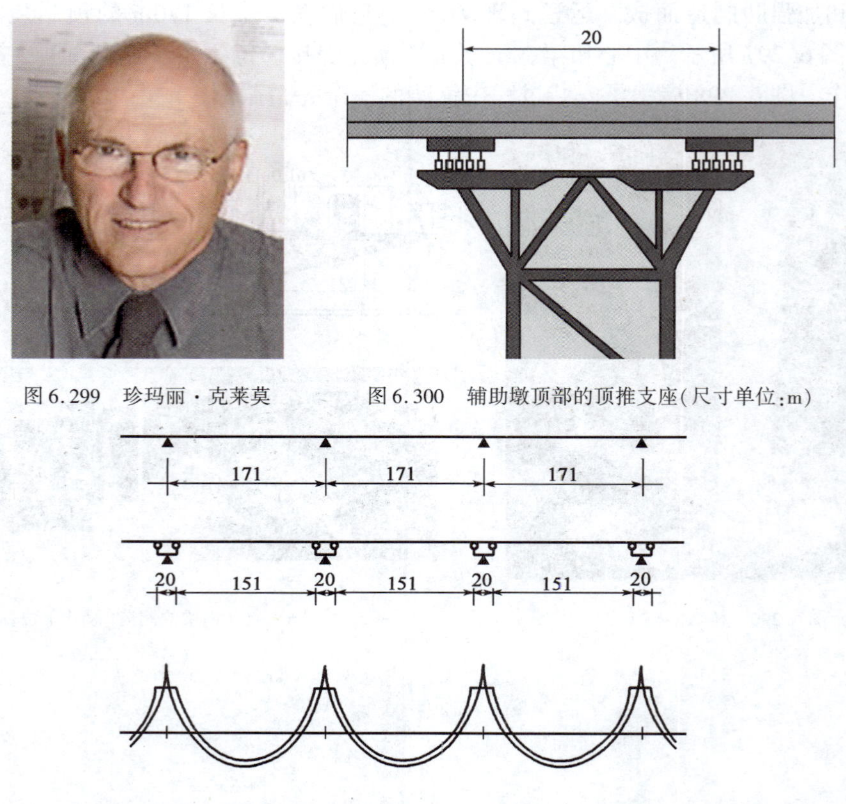

图6.299　珍玛丽·克莱莫　　图6.300　辅助墩顶部的顶推支座(尺寸单位:m)

图6.301　在顶推过程中减小的梁上弯矩(尺寸单位:m)

辅助墩由12m长的预制节段拼接而成，并被设计成吊车的样子。

型钢预制而成的伸缩墩的构件由内部提升装置起吊，这样下一个节段就可以从下面继续安装和起吊，直至伸缩墩达到175m的高度。它们最大可以承受约7000t的荷载，大致与埃菲尔铁塔的重量相近。

最终辅助墩仅由辅助脚手架支撑，如图6.302所示。

这次顶推的应用有一个独特的特点，那就是由于成本方面的原因，预制场按照未来路面的坡度进行设置，比最终的桥面高程高出4.8m，如图6.303、图6.304所示。

在顶推过程中的观测显示，顶推过程中克服坡度位移的变化解决了钢梁的弹性变形，如图6.305所示。

梁体的两半在辅助墩上进行顶推，导梁伸出了边跨，如图6.306所示。

最后一个索塔在前端安装完成之后，其起到辅助支撑的作用，随着高度从87m降到70m，减小了顶推时的纵向风荷载，如图6.307所示。顶推时的最高风速为3km/h。

图 6.302 可伸缩的辅助墩

图 6.303 完工后的桥墩及顶推设备

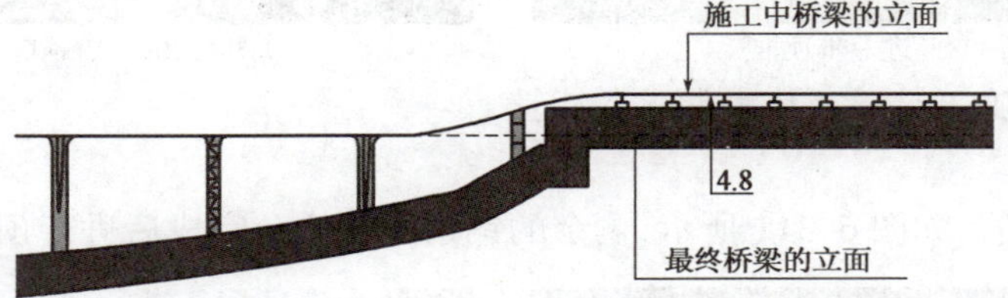

图 6.304 预制场和桥梁之间的坡度设置(尺寸单位:m)

图 6.305 顶推时的坡度(尺寸单位:m)

图 6.306 未修建索塔时顶推的开始阶段

图 6.307 顶推中

由于墩的高度很高，因此需要平衡顶推过程中的摩擦力，因此在每一个墩顶的每一个支撑轴上都设置了 2 个活动顶推支座，利用传感器集中控制，在墩梁之间使用水平液压千斤顶以确保墩顶在顶推的过程中保持原位，如图 6.308 所示。

最后，通过索塔的支撑，中跨采用两侧悬臂施工法修建，如图 6.309、图 6.310 所示。

图 6.308　进一步顶推

图 6.309　跨越塔恩河

现场的设计和施工是一项伟大的工程成就。

4）索塔

在钢梁就位之后，如图 6.311 所示，剩余的钢索塔在桥台完成后进行预制。

图 6.310　跨中接缝

图 6.311　下部结构

接着，每一座索塔由履带式起重机起吊至最终位置。起吊的整体重量达到了 8MN，因此也相当于为桥梁做一次加载测试，如图 6.312 所示。

借助临时的拉索式塔架，索塔自它们的水平位置起吊，如图 6.313 所示。最终，将索塔与梁体相连，并安装拉索。

6.6.1.4　成桥之后

米约大桥是连续型斜拉桥中一个典范。在一片令人迷醉的风景中，大桥在高空横跨峡谷，无比优雅，无比夺目，如图 6.314 所示。

建设参与者：

业主：法国 A75 跨区公路管理局。

细部设计和咨询：比利时的哥瑞斯和列日，西梅斯；法国塞夫尔的阿卡迪斯；法国伦吉斯的泰利斯；法国埃法日建工公司。

图 6.312　在梁上运输钢索塔

图 6.313　索塔安装(尺寸单位:m)

图 6.314　建成后的米约大桥

建筑顾问:英国伦敦福斯特建筑事务所。
初步设计:西特。
特别委托:法国米约的埃菲尔 · 米约公司。
合资承包商:法国埃法日建工公司。
混凝土施工方:法国埃法日。
钢结构施工方:法国埃菲尔钢结构公司。
斜拉索制造商:弗雷西内。
钢制造商:迪林杰。

6.6.2　里翁—安提里翁大桥

6.6.2.1　概述

里翁—安提里翁大桥横跨科林斯海湾,在其最窄处,如图 6.315 所示[6.19]。

设计中克服了一些不同寻常的问题。复杂的地质条件,要求桩尽可能小。桥梁范围内平均海水深 60m,其着落处海水深 65m。其有 20 ~ 30m 深的黏土层,其上覆盖着不同厚度的砂层和砾石层。岩石厚约 800m。

其位于地震强度为 6.5 里氏震级的震区内。最大地表加速度可达 0.48g,桥梁最大的响应加速度是 1.2g,结构频率 1 ~ 5Hz。另外,还必须考虑在水平和竖向达 2m 的变形。

虽然这里行驶的船只密度不大，但桥墩需要抵抗行驶速度达 16 海里，重量达 180000t 油轮的撞击影响[2.122]。

桥梁主跨长 2252m，边跨长 2880m，如图 6.316 所示。

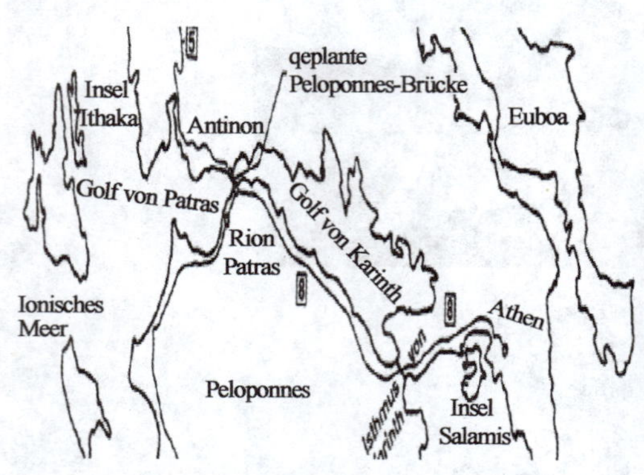

图 6.315　里翁—安提里翁大桥桥址

图 6.316　里翁—安提里翁大桥立面图

里翁—安提里翁大桥由雅克·康伯特设计，如图 2.211 所示。米歇尔·沃勒哥斯是本桥非常重要的顾问，如图 2.100 所示。

6.6.2.2　设计

基于以上不同寻常的问题，结合经济因素，设计了几种比选方案。最终选择了 3 个长各为 560m 的主跨和 2 个边跨分别长 286m，如图 6.317、图 6.318 所示。

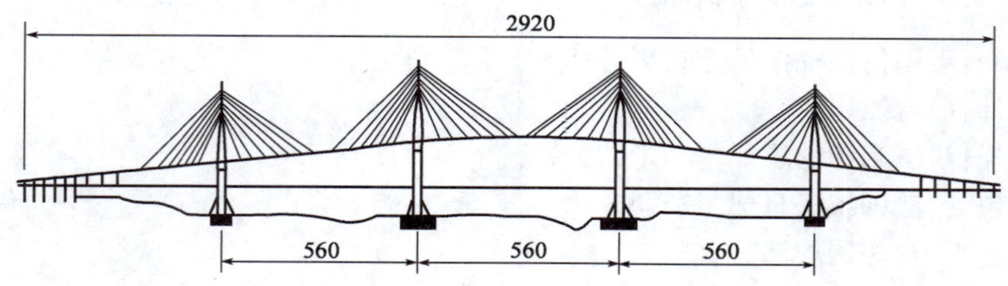

图 6.317　桥梁正立面图(尺寸单位：m)

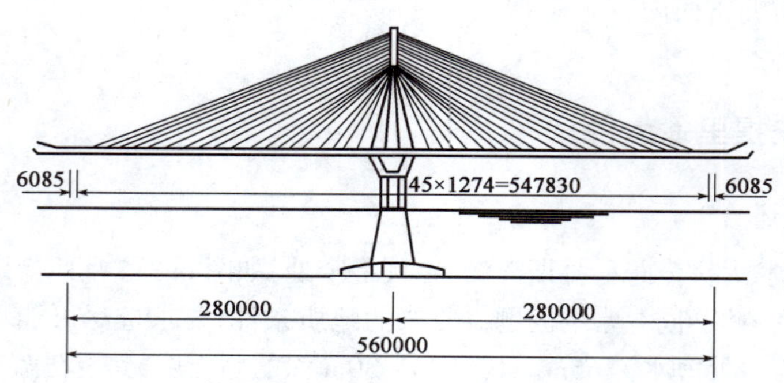

图 6.318　主跨正立面图(尺寸单位：mm)

该斜拉桥的尺寸保持着这一类型桥梁的记录。塔顶建立在两个方向由四个呈 A 形的塔腿上。梁由桥上等距分布的 8 ×32 对拉索支撑。梁竖向仅通过两个外形简单的桥墩支撑。

基础和上部结构相互作用的细部分析表明：全长连续并由完全拉索支撑的主梁可以避免在主塔上产生很大的水平和竖向构造变形而破坏。

1）梁

梁由两个高2.2m（$h:l=2.2:560=1:252$）敞开式的钢主梁、间距4m的钢横梁及厚24cm的混凝土板组成的组合结构，其宽度达27.2m，如图6.319、图6.320所示。温度和构造引起的变形使梁长度发生改变，这些改变通过端部设置可变形±2m的铰来承担。通过四个阻尼器使梁横断面与塔连接。

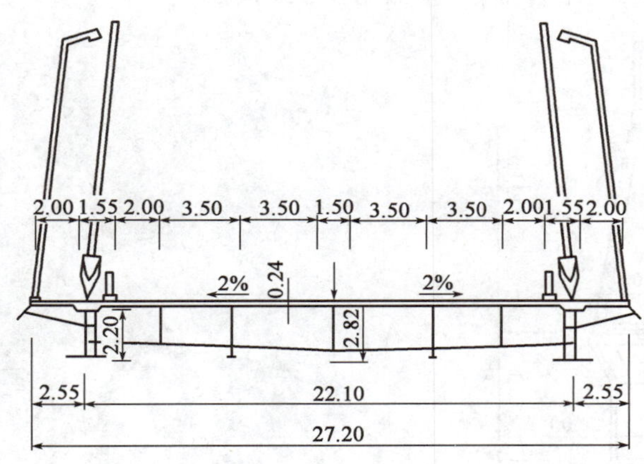

图6.319　横断面（尺寸单位：m）

2）基础

直径为89.5m、高9m的空心混凝土基础在13.5m处与锥形塔墩相连，见图6.321。其内部由抗扭环和放射状梁进行加强。前三个塔的基础位于里翁侧，其高为35m，并直接作用在钢管加固过的砾石层上。钢管桩长25～30m，其作用在直径为130m的环形7×7m的网格之上。

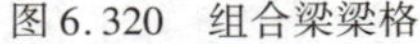

图6.320　组合梁梁格

图6.321　主塔基础

基层位于碎石找平层的钢管桩上。钢管桩不直接承受荷载，其将塔的荷载传递到地基上及限制不均沉降。碎石层将桥梁的水平荷载传递到钢管桩和四周的塑性土体上，因此避免黏土层面内失效。

3)塔

混凝土塔由三部分桥墩和两个塔腿组成,如图6.321和图6.322所示。底部直径37.99m和顶部直径26.93m的锥形体的下部固定在基础上。顶部置于高28.4m的八边形立柱和上部高19.3m金字塔形上。塔腿横截面尺寸为4m×4m。锚固拉索的塔顶由内浇筑混凝土的钢箱梁组成。

4)拉索

里翁—安提里翁大桥拉索采用平行钢绞拉索。梁上锚固在悬出路面的网片上,如图6.323所示。塔顶锚固在组合锚箱内,如图6.324所示。

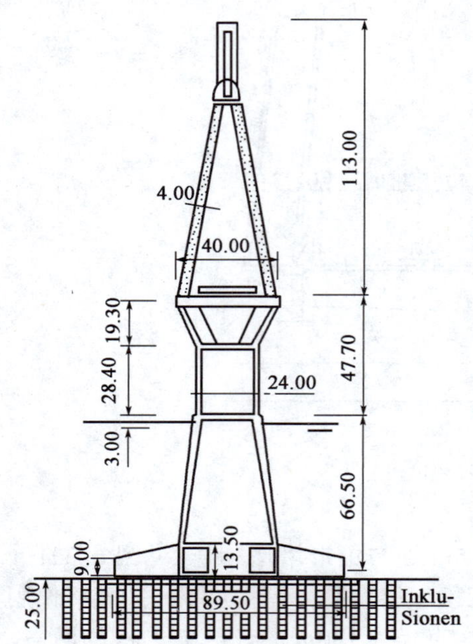

图6.322　主塔截面(尺寸单位:m)

图6.323　塔梁连接体系

5)地震

地震条件采用2000年重现期的地质响应谱,如图6.325所示。地面加速度最大到达1.2g,在工程频率1~5Hz范围内。

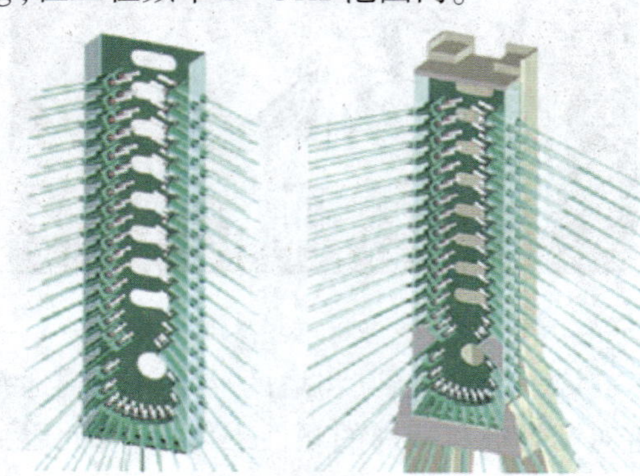

图6.324　塔顶索锚固

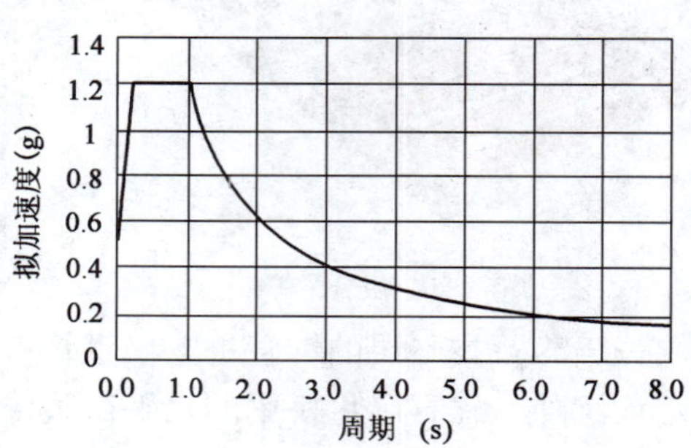

图6.325　地震响应谱

地上钢管桩和塔的基础之间没有连接,塔基的移动与钢管桩加固的砾石层相接触。提出这一新的基础概念[6.20]并用在地震多发地区。通过应用恰当的动力学机理的屈服理论,提出了加强地基上缘承载力,如图6.326、图6.327所示。

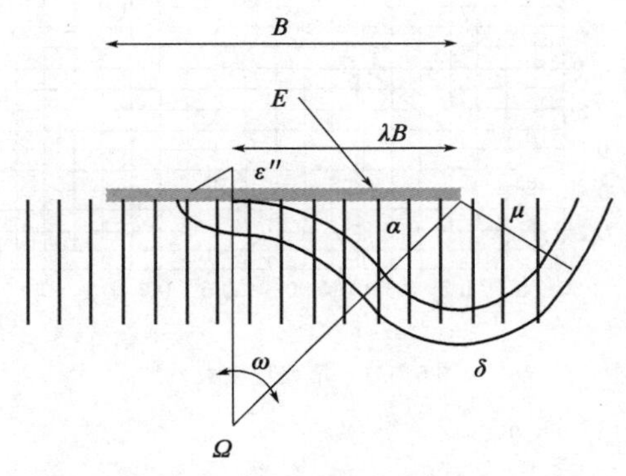

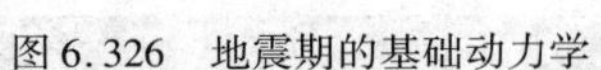

图6.326 地震期的基础动力学

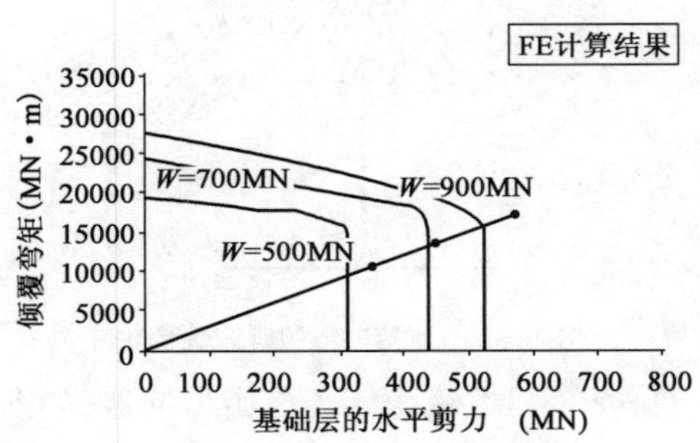

图6.327 基础铰接处的水平剪力

基于以上理论可进行非线性有限元计算。力与位移关系如图6.328所示,弯矩与转角关系如图6.329所示,其作为全桥基础特性而被引入。

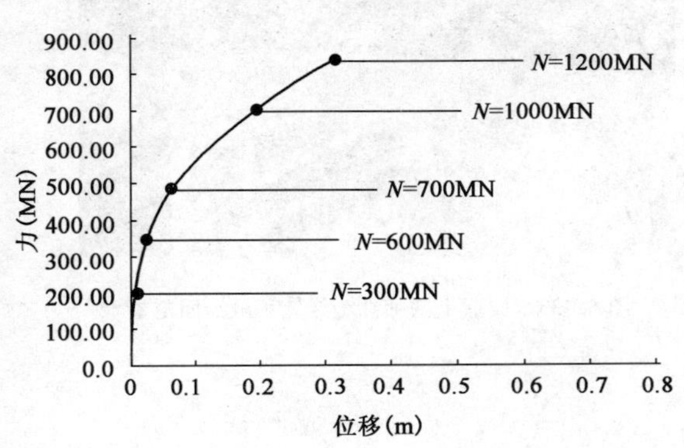

图6.328 力—位移关系

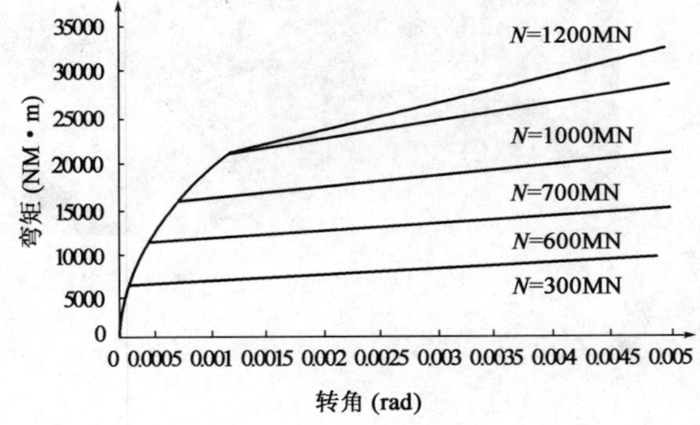

图6.329 弯矩—转角关系

桥梁动力特性调查研究表明:地震最大振幅时,见图6.330,在弯矩和压力组合作用下,塔腿产生大量裂缝。这些裂缝是有利的,一方面其在不屈服时增加弹性;另一方面在塔振动时,很难准确确定裂缝和非裂缝区。因此,在0.02s的短暂时间内,计算了13个截面,调查了130000不同阶段的结果。

在考虑群塔效应时,塔端放大系数使区分各阶段的微小差异成为可能,如图6.331所示。与此同时,证明了其可安全抵抗群塔的连续性倒塌[6.21],为了预防倒塌,桥中应有一个桥墩破坏。

梁是全桥连续。塔的防震装置安装在梁和塔腿的横截面上。其由动力阻尼器和制动系统组成,如图6.332[6.22]所示。在地震力大于最高风荷载时,为了激活液压阻尼器,希望其能失效,进而消耗能量和限制梁的振动。

每个塔四个阻尼器中的每个阻尼器的拉力和压力承载力可达3500kN。在地震期间,梁和塔的相对运动达±1.3m,相应的加速度约为$1m^2/s$。

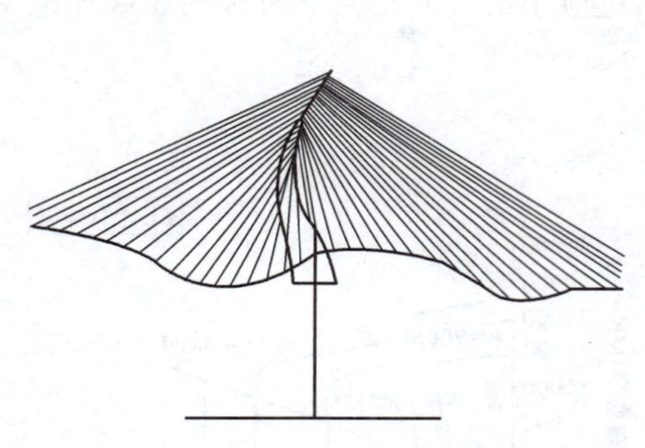
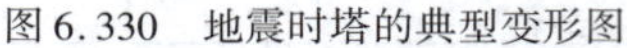

图 6.330　地震时塔的典型变形图

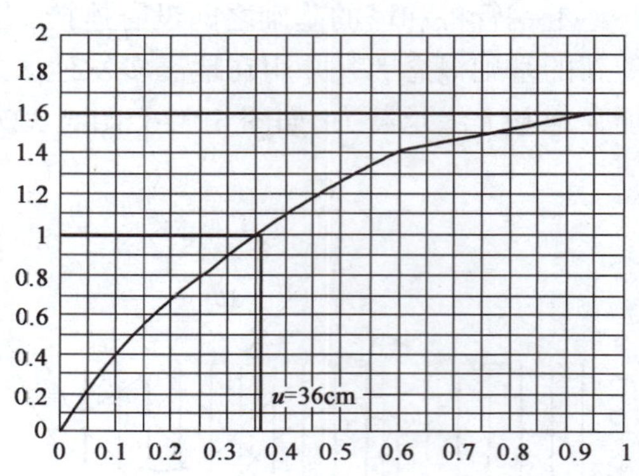

图 6.331　塔变形放大系数

引桥安装弹性绝缘体和液压阻尼器，如图 6.333 所示。

图 6.332　塔顶液压阻尼器

图 6.333　引起上的弹性绝缘体和液压阻尼器

6.6.2.3　建造

1)铺设砾石层

在 65m 水下及较差的地质条件下，建造柱墩非常困难。采用了离岸石油平台和水下隧道的最新技术。

基础施工开始是清除表层淤泥，铺设 19cm 厚的砂层，锤击钢管桩。钢管桩伸出砂层 1.5m，并在其上覆盖 2m 厚的河流卵石和 50cm 厚的碎石。在地震期间，这样的级配内部摩擦小，自上而下提供预期的塑性行为。

所有的作业在长 60m、宽 40m 的浮台上进行。浮台用铁链锚固在水下可移动的混凝土块上，如图 6.334 所示。锤击设备安装在水下浮筒上，且用铁杆与浮台的一端相连。

2)基础

塔基建在里翁附加的两个城市间。在长 230m、宽 100m 的码头上同时浇筑圆形混凝土基础，如图 6.335、图 6.336[6.23] 所示。码头后端高 8m，前端高 12m。基础前端浇筑后，码头上第一个 3.2m 的墩截面通过移动围堰大坝前段和牵引基础被打开。

第二个基础被拖曳前进，再一次关闭码头，如图 6.337、图 6.338 所示。这相对于传统的关闭围堰大坝的标准方法节省了大量时间。

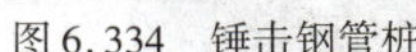

图 6.334　锤击钢管桩

图 6.335　干枯的码头侧的基础

图 6.336　基础浮台

图 6.337　浮台上两个基础的准备工作

图 6.338　码头前方基础的浮台

塔基上的墩身施工采用跳跃式施工法。

每一个基础达到高度要求后被拖到最终的位置处，并按置在预先铺设好的卵石基础上，如图 6.339 所示。

为了达到预期 20 ~ 30cm 的沉降量，整个地基被完全淹没，如图 6.340 所示。

图 6.339　墩身浇筑混凝土

图 6.340　沉降基础到砾石层

3）塔

四个八角钻杆在 4.8m 高的截面上通过跳跃式施工方法建成。塔柱之间沉重的桁架梁在施工阶段有足够的抵抗地震作用的安全能力，塔顶锚固拉索中心则通过漂浮起吊设备将预制结构单元提升起来，如图 6.341 所示。

4)梁

完整的梁是提前装配成型12m长的结构单元。混凝土路面板浇筑在梁上部,这一般是很少见的。270t的结构单元通过悬浮起吊设备提到已建好的梁上,如图6.342所示。主梁则用高强螺栓连接,与混凝土面板的结点处用钢筋混凝土和CIP混凝土覆盖。如图6.343所示是将两个塔上两侧的悬臂梁同时显示出来。

图6.341　悬臂法施工四个塔柱

图6.342　完整梁单元的提升

6.6.2.4　桥梁竣工

里翁—安提里翁大桥(图6.344)是斜拉桥发展史上的一个里程碑,它的修建克服了极其恶劣的地质条件和高风险地震。将来类似的桥梁建设都会以里翁—安提里翁桥为案例进行参考。

图6.343　自由悬臂梁施工

图6.344　完工后的桥梁

第7章 斜拉桥未来的发展

斜拉桥跨径的发展目前已达到将近1100m。将来斜拉桥的跨径能达到多少呢？目前斜拉桥的跨径纪录保持者是中国苏通大桥，如图2.104所示，主跨1088m。2012年夏天，俄罗斯的Russki桥，主跨为1104m的斜拉桥已经动工了。

早期其实大跨度的斜拉桥已被设计，但并未得到实现。大贝尔特桥的另外一种斜拉桥设计方案被提出，在这个方案中主跨达到了1204m[7.1]。莱昂哈特在意大利墨西拿横渡桥中也提出了主跨为1800m的设想，这座桥是公铁两用桥，如图7.1所示。

图7.1 主跨为1800m的墨西拿横渡桥方案(1982)

这种跨径的桥目前使用的材料：主跨主要采用具有流线型截面设计的钢箱梁，边跨上可能会采用混凝土材料，这样可以将主跨延伸出120m。如果桥塔是A形塔且地质条件良好的情况下，那么主塔也可以采用混凝土材料。

由于平行拉索构件单元较多，通常在现场进行组装。系梁可以很经济地降低弯曲效应，因此有效弹性模量会增加。理论上碳化拉索由于比重较小，在这个方面能起到很大的作用，但是成本较高。

钢箱梁的预制和现场安装是众所周知的，即便是大体积的结构也使用同样的办法。未来大跨度斜拉桥中，尤其要注意空气动力稳定性，当然包括梁和拉索的稳定性。直到现在，有两个拉索面和A形桥塔的钢梁的扭转刚度都比较富余，有特殊要求的会安装阻尼器。关于拉索的空气弹性稳定性，PE管、阻尼器和系梁都已论述过。

未来超大跨度桥中，会安装一些附加件，这样能适应实际中空气动力激励。在Russki桥中，采用由毛雷尔研发的磁流体阻尼器，如图7.2[7.3]所示。流体阻尼下，剪力在磁场效应中发生变化。在阻尼内部，线圈的布局需要产生变化的磁场，能够适应实际拉索频率和振幅的变动。

所有阻尼器都靠固结在转换箱梁上的驱动器和控制元件与斜拉索相连，这样便可以通过计算机进行远程控制，如图7.3所示[7.4]。

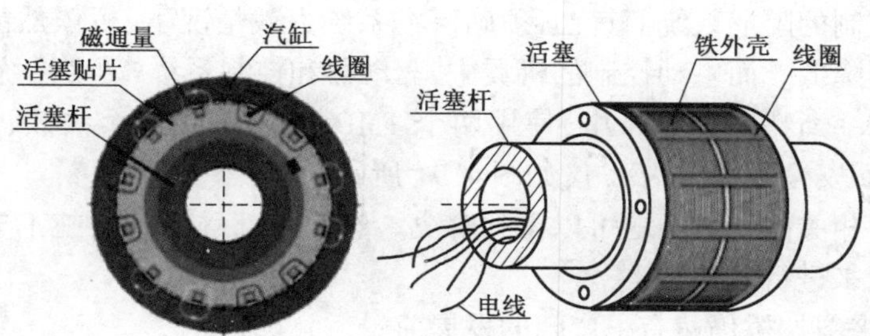

图 7.2 在磁流变阻尼器中沿活塞方向的线圈布置

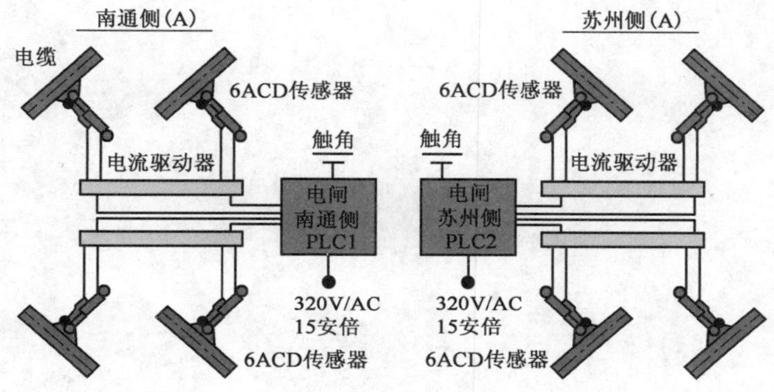

图 7.3 可调节的磁流变阻尼器网状图

主梁上 TMD 的阻尼反应特征比较稳定,在科尔—斯特拉斯堡桥中主梁的抗扭振动反应能清晰地显示,如图 4.90 所示。同样的,米约大桥中施工阶段侧向振动反应也能看到,如图 4.103所示。

奥斯腾弗尔德和拉森提出了使用主动控制的流线型箱梁。这个系统在飞机的机翼中使用过,它能对桥面板的实时运动进行监测并通过控制面板(主翼、副翼)产生稳定的空气动力,而这些力能相互平衡,如图 4.92 中的颤振激励。图 7.4 显示了在极限风速下,势能会持续增加。

主动控制器通常安装在流线型箱梁的前后边缘处,并处于紊流边界层外,如图 7.5 所示。此外,箱梁内部的控制元件可通过液压汽缸进行移动,而这个汽缸则是计算机的一个辅助控制泵。

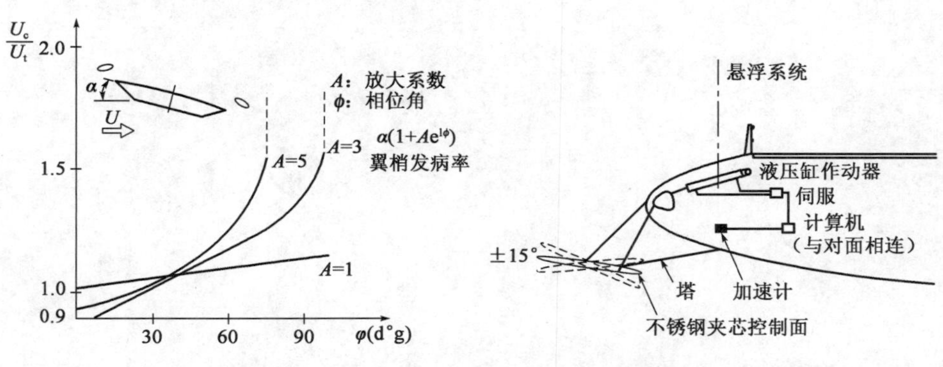

图 7.4 主动控制副翼下临界风速的增量

图 7.5 使用主动控制副翼的流线型箱梁

对所有主动控制的阻尼系统而言,必须确保在系统失效情况下,桥依然能够维持稳定,只是安全系数会有所降低。而主动控制的机翼中,驱动器和控制系统、动力系统等会被不断地分割和复制。在科尔—斯特拉斯堡桥中,使用两个 TMD,一旦其中一个失效,另一个只会发挥 90% 的阻尼作用,而安全系数仍为 1.1,如图 4.91 所示。

大跨度斜拉桥相关的技术问题可以得到解决。然而,实际施工中,施工成本太高,可以考虑是否征收过桥费来进行弥补。

总的说来,未来斜拉桥仍然有很广阔的发展前景。

桥 索 引

图 片 索 引

此处未列出的图片来源于作者的档案或 Leonhardt,Andrä 和合作伙伴们。

图 2. 11 [2. 8]
图 2. 12 [2. 8]
图 2. 13 [2. 8]
图 2. 14 [2. 7]
图 2. 15 [2. 6]
图 2. 16 [2. 3]
图 2. 17 [2. 1]
图 2. 18 [2. 10]
图 2. 19 [2. 12]
图 2. 20 [2. 12]
图 2. 21 [2. 12]
图 2. 24 [2. 12]
图 2. 25 [2. 16]
图 2. 26 [2. 2]
图 2. 27 Structurae
图 2. 28 [2. 16]
图 2. 29 Klaus Stiglat
图 2. 30 [2. 17]
图 2. 31 [2. 1]
图 2. 34 [2. 19]
图 2. 35 [2. 19]
图 2. 36 [2. 19]
图 2. 37 [2. 19]
图 2. 38 [2. 15]
图 2. 39 [2. 3]
图 2. 40 [2. 23]
图 2. 42 [2. 1]
图 2. 43 Klaus Stiglat
图 2. 44 [2. 3]
图 2. 45 Structurae
图 2. 46 Structurae
图 2. 47 Structurae
图 2. 48 Structurae
图 2. 49 [2. 3]
图 2. 50 [2. 29]
图 2. 52 [2. 31]
图 2. 53-2. 56 [2. 34]
图 2. 85 Eva Gassmann
图 2. 91-2. 93 [2. 64]
图 2. 99 Michel Virlogeux
图 2. 103 Guido Morgenthal
图 2. 104 XIANG, Haifan
图 2. 104a [2. 138]
图 2. 105 Klaus Stiglat, [2. 72]
图 2. 110-2. 113 [2. 75]
图 2. 115 [2. 76]
图 2. 126 [2. 87]
图 2. 127 [2. 88]
图 2. 128 [2. 89]
图 2. 129-2. 131 Herbert Schambeck
图 2. 142 [2. 97]
图 2. 144 [2. 98]
图 2. 146, 2. 147 [2. 104]
图 2. 153 Schlaich Bergermann und Partner
图 2. 154 [1. 18]
图 2. 159-2. 163 Buckland and Taylor [1. 33]
图 2. 164 LIN, Yuanpei
图 2. 166 Esko Järvenpää
图 2. 173 Elljarn Jordet
图2. 177-2. 179, 2. 181, 2. 183, 2. 186, 2. 187, 2. 190-1. 196, 2. 198 [2. 112]
图 2. 184 Ian Firth
图 2. 185 Dissing & Weitling
图 2. 188, 2. 189 [2. 113]
图 2. 205 T. Y. Lin
图 2. 205 Schlaich Bergermann und Partner
图 2. 206 Christian Menn
图 2. 207 Jacques Combault
图 2. 209 Michel Virlogeux
图 2. 214 Bilfinger Berger
图 2. 220 [2. 133]
图 3. 2, 3. 3, 3. 5, 3. 9 [3. 2]
图 3. 20-3. 22 WernerBrand, DSI
图 3. 23, 3. 25, 3. 28 Marcel Poser, BBR
图 3. 42-3. 45 YoshitoTanaka, Shinko
图 3. 46-3. 48 [3. 36]

图 3.49-3.50［3.37］
图 3.51-3.61［3.38］
图 3.62［1.6］
图 3.63，3.64［1.15］
图 3.65［1.33］
图 3.66，3.68，3.69［3.2］
图 3.70，3.72，3.73［3.38］
图 3.75，3.76 Michel Virlogeux
图 3.77 Jacques Combault
图 3.83，3.84［2.65］
图 4.1［2.112］
图 4.2［1.6］
图 4.3［1.3］
图 4.9［1.3］
图 4.18［1.15］
图 4.21，4.22［4.4］
图 4.26［4.5］
图 4.27，4.32［4.6］
图 4.29-4.31，4.38［4.7］
图 4.33，4.42-4.45［1.19］
图 4.34-4.36［1.16］
图 4.37，4.48，4.49［4.9］
图 4.50，4.51［1.19］
图 4.52［1.15］
图 4.55-4.116 Imre Kovacs
图 4.90，4.91 Michel Virlogeux
图 4.118［4.41］
图 4.121［4.42］
图 4.122，4.123［4.44］
图 4.124，4.125［4.46］
图 4.126-4.130，4.138，4.139［4.49］
图 4.135，4.136［4.51］
图 4.140，4.142［4.53］
图 4.149，4.151［4.43］
图 4.154［4.55］
图 5.2，5.3 Dywidag
图 5.4，5.5［2.111］
图 5.6-5.9 Rolf Jung，LAP
图 5.23-5.25 Herbert Schambeck
图 5.26［2.107］
图 5.29-5.35，5.54 Jean-Marie Crémer
图 5.41，5.44-5.53 Guido Morgenthal
图 5.42，5.43［1.22］
图 5.55-5.61 Hein，Lehmann
图 5.63，5.64［2.105］
图 5.65 LIN，Yuanpei
图 5.66-5.71 Rolf Jung，LAP
图 5.72 Jacques Combault
图 5.74［2.107］
图 5.77-5.79 Esko Järvenpää
图 5.80-5.82［1.19］
图 5.86a［2.60］
图 5.87-5.94［1.19］
图 6.1-6.20［1.15］
图 6.61，6.69［2.77］
图 6.82-6.92，6.111，6.123［2.80］
图 6.93-6.97［4.35］
图 6.130［6.7］
图 6.134-6.151［2.65］
图 6.152-6.188 Martin Romberg，LAP
图 6.249-6.289 Michel Virlogeux
图 6.290-6.314 Jean-Marie Crémer
图 6.315-6.344 Jacques Combault
图 7.1［7.2］
图 7.2［7.3］
图 7.3［7.4］
图 7.4，7.5［7.5］
A35 Martin Steinkühler

文 献 索 引

[1.1] Ewert, S. :Brücken, Die Entwicklung der Spannweiten und Systeme, Ernst & Sohn, Berlin 2003, pp. 147-188.

[1.2] Zellner, W. and Leonhardt, F. :Cable-Stayed Bridges:Report on latest developments. Canadian Structural Engineering Conference, 1970.

[1.3] Leonhardt, F. and Zellner, W. :Vergleiche zwischen Hängebrücken und Schrägkabelbrücken für Spannweiten über 600 m, IVBH Abhandlung 32-I, Zürich 1972, pp. 127-165.

[1.4] Saul, R. :On Frontiers of Cable-Stayed Bridges, Proceedings of Bridges into the 21st Century, Hong Kong Institution of Engineers 1995, pp. 203-210.

[1.5] Leonhardt, F. :Schrägkabelbrücken. Deutscher Betontag 1979 in Berlin.

[1.6] Leonhardt, F. and Zellner, W. :Cable-Stayed Bridges, IABSE Surveys S-13/80, pp. 21-48.

[1.7] Zellner, W., Saul, R. and Svensson, H. :Recent Trends in the Design and Construction of Cable-Stayed-Bridges, IABSE 12th Congress, Vancouver, BC, 3-7 Sept 1984, pp. 279-284.

[1.8] Leonhardt, F. :Cable-Stayed Bridges, FIP Congress, New Delhi 1986.

[1.9] Svensson, H. :The Development of Cable-Stayed Bridges in Europe, International Symposium on Cable-Stayed-Bridges, Shanghai, 1994.

[1.10] Havemann, H. K. :Spannungs- und Schwingungsmessungen an der Brücke über die Norderelbe, Stahlbau 1964, pp. 289-297.

[1.11] Thul, H. :Die Friedrich-Ebert-Brücke über den Rhein in BonnBauingenieur 1971, pp. 327-333.

[1.12] Autorenkollektiv:Rheinquerung Ilverich, Stahlbau 2002, Vol. 6, pp. 385-439.

[1.13] Ernst, H. J. :Der E-Modul von Seilen unter Berücksichtigung des Durchhanges, Bauingenieur 1965, pp. 52-55.

[1.14] Leonhardt, F., Zellner, W. and Saul, R.: Zwei Schrägkabelbrücken für Eisenbahn-und Straßenverkehr über den Rio Paraná (Argentinien), Stahlbau 1979, pp. 225-236, 272-277.

[1.15] Leonhardt, F., Zellner, W. and Svensson, H. :Die SpannbetonSchrägkabelbrücke über den Columbia zwischen Pasco und Kennewick im Staat Washington, USA, Beton-und Stahlbetonbau 1980, pp. 29-36, 64-70, 90-94.

[1.15a] Leonhardt, F., Zellner, W. and Svensson, H:The Columbia River Bridge at Pasco-Kennewick, WA, USA, Eighth Congress Poceedings FIP, 1978.

[1.16] Dittmann, G. and Bondre, K. G. :Rheinbrücke Düsseldorf-FlehPlanung, Entwurf, Ausschreibung, Vergabe und Überblick über den Ausführungsentwurf. Bauingenieur 1979, pp. 59-66.

[1.17] Svensson, H., Hopf, S. and Humpf, K.:Die Zwillingsverbundschrägkabelbrücke über den Houston Ship Channel bei Baytown, Texas, Stahlbau 1997, pp. 57-63.

[1.17a] Svensson, H. and Lovett, T. G.:The twin cable-stayed composite bridge at Baytown, Texas. IABSE Symposium Mixed Structures, Brussels, 1990, pp. 317-322.

[1.17b] Svensson, H.:The twin cable-stayed Houston Ship Channel Bridge. The Structural Engineer (IStructE), March 1992, pp. 13-20.

[1.18] Schlaich, J. and Bergerman, R.:Die Zweite Hooghly Brücke in Kalkutta. Bauingenieur 1996, pp. 7-14.

[1.19] Volke, E. and Rademacher, C. -H.:Nordbrücke MannheimLudwigshafen, Stahlbau 1973, pp. 97-105, 138-152, 161-172.

[1.20] Leonhardt, F., Andrä, W. and Wintergerst, L.: Entwurfsbearbeitung und Versuche. In Tamms, F., Beyer, E.:Kniebrücke Düsseldorf, Beton-Verlag, Düsseldorf 1969, pp. 53-72.

[1.21] You, Q., et al.:Sutong Bridge-The longest cable-stayed bridge in the World. Structural Engineering International 4/2008, pp. 390-395.

[1.22] Morgenthal, G., Sham, R. and Jamane, K.:Montageplanung und Herstellung der Seitenfelder der Stonecutters Bridge. Beton-und Stahlbeton 2008, pp. 766-773.

[1.23] Hopf, S.:The Main Design of the Sava Bridge in Belgrade. Vortrag Belgrad, 01. 10. 2010.

[1.24] Heckhausen, C. F. and Cabjolsky, F. H.:The PosadasEncarnación Bridge over the Paraná River between Argentina and Paraguay, L'industria italiana del Cemento, Feb 1995, pp. 78-97.

[1.25] Köppel. J., Buchs and Bacchetta: Rheinbrücke Diepoldsau. Schweizer Ingenieur und Architekt 1984, pp. 1-6, 818-821.

[1.26] Brault, J. -L. and Mathivat, J.:Le Pont de Brotonne. Travaux Feb 1976, pp. 22-43.

[1.27] Schambeck, H.:Bau der zweiten Mainbrücke der Farbwerke Hoechst AG-Konstruktion und Ausführung. Deutscher Betontag 1973, p. 359-372.

[1.28] Svensson, H. and Humpf, K.:Die Schrägkabelbrücke über den Mississippi bei Burlington, USA. Stahlbau 1994, pp. 193-199.

[1.29] Virlogeux, M.:Design and Construction of the Normandy Bridge. FIP notes, 1994, pp. 4-16.

[1.30] Öresundskonsortiet: The Öresund Fixed Link, Design and Construction, December 1998, pp. 1-40.

[1.31] Saul, R., Humpf, K. and Schiele, I.:Die dritte Brücke über den Orinoco/Venezuela-Eine zweistöckige Schrägkabelbrücke für Straße und Eisenbahn mit Verbundfachwerk. Stahlbau 2010, p. 63.

[1.32] Company brochure DSI.

[1.33] Taylor, P.:Hybrid Design for the World's Longest Span Cable-Stayed-Bridge. IABSE 1984, pp. 319-324.

[1.34] Leonhardt, F.:Brücken. Bridges. DVA, Stuttgart 1982.

[1.35] Schiller, F.: Über Anmut und Würde. Gesammelte Werke in 3 Bänden, Band 2, Hanser Verlag, München 1966, pp. 382-424.

[1.36] Bundesministerium für Verkehr, Bau und Stadtentwicklung: Brücken und Tunnelder Bundesfernstraßen 2009, Schrägseilbrücke Bremen Neustadt pp. 7-21.

[1.37] Moro, J. L.: Symbiose Ingenieur Jörg Schlaich, Architekt Volkwin Mark: Ingenieurbaukunst in Deutschland. Jahrbuch 2001, Junius Verlag, Hamburg, pp. 142-157.

[1.38] Tamms, F.: Ingenieurbauten-Gestaltung und städtebauliche Bedeutung. In Beyer/Lange: Verkehrsbauten. Beton-Verlag, Düsseldorf 1974, pp. 23-32.

[2.1] Troitsky, M. S.: Cable-Stayed Bridges, Second Edition BSP Professional Books 1988.

[2.2] Pelke, E.: Leistungsfähiger Konkurrent? -Die Entwicklung der Schrägkabelbrücke. In: Fachhochschule Potsdam (Publ.): Johann August Röbling 1806-1869. Vom preußischen Baukondukteur zum Konstrukteur der Brooklyn Bridge. Ingenieurbau zwischen Kunst und Wissenschaft, Potsdam 2006: Proceedings.

[2.3] Pelke, E., Ramm, W. and Stiglat, K.: Geschichte der Brücken, Zeit der Ingenieure, Deutsches Straßenmuseum Germersheim 2005.

[2.4] Faustus Verantius: Machinae novae Fausti, Venedig 1617.

[2.5] Löscher, C. T.: Angabe einer ganz besonderen Hängewerksbrücke, die mit wenigen und schwachen Hölzern, sehr weit über einen Fluss gespannt werden kann, die größten Lasten trägt und vor den stärksten Eisfahrten sicher ist. Leipzig 1784.

[2.6] Navier, M.: Mémoires sur les Pont Suspendus, Imprimerie Royale, Paris 1823.

[2.7] Stephenson, R.: Description of Bridges of Suspension. The Edinburgh Philosophical Journal 1821, pp. 237-256.

[2.8] Birnstiel, C.: The Nienburg Cable-Stayed Bridge Collapse: An Analysis 18 Decades later. Proceedings of the 5th International Conference on Bridge Management, University of Surrey, 2005, pp. 179-186.

[2.9] Gewerbefleiß Verein: Über die Nienburger Brücke. Verhandlungen des Vereins zur Beförderung des Gewerbefleißes in Preußen, Duncker and Humblot, Berlin 1826.

[2.10] Motley, T.: Twerton Bridge over the River Avon near Bath, The Civil Engineer and Architect Journal Volume I 1838, pp. 253-254.

[2.11] Rüntheroth, N. and Kahlow, A.: Johann August Roebling, Ingenieurbaukunst Jahrbuch 2005/2006, Junius Verlag, Hamburg 2005, pp. 124-137.

[2.12] Sayenga, D.: Roebling als Drahtseilpionier-die entscheidenden Jahre. Mühlhauser Beiträge, Sonderheft 15, Mühlhausen/Thür. 2006.

[2.13] Roebling, J. A.: American Railroad-Journal and Mechanics Magazine. 1841, pp. 161-166.

[2.14] Weigold, M. E.: Silent Builder, Emily Warren Roebling and the Brooklyn Bridge, Associated Faculty Press, Port Washington, New York 1984.

[2.15] Tyrrell, H. G.: History of Bridge Engineering, Chicago 1911, pp. 230.

[2.16] Häseler, E.: Die eisernen Brücken-ein Handbuch zum Gebrauche beim Entwerfen eiserner

Brücken, 4. Lieferung, Vieweg Verlag, Braunschweig 1908.

[2.17] de Nansouty, M.: Road-Bridge over the Rhône at Lyons, Proc. Inst. Civil Engineers, 108, London 1892, pp. 430-432.

[2.18] Leinekugel le Cocq, G.: Bonhomme Suspension Bridge over the Blavet, Proc. Instn. Civ. Engineers, 1905, 162 (4), pp. 436-437.

[2.19] Stiglat, K.: Schwebefähren: Triumphbögen zwischen Festland und Meer-Versuch einer Chronologie, Stahlbau 2008, pp. 575-587.

[2.20] Leinekugel le Cocq, G.: Ponts á Transbordeur, Le Génie Civil 1903, pp. 33-36 and Nr. 4, pp. 49-55.

[2.21] N. N.: Le Pont Tranbordeur et la Vision moderniste, Ausstellungskatalog. Musées de Marseille-Musée Cantini 1991.

[2.22] Buonopane, S. G. and Brown, M. M.: History and engineering analysis of the cable-stayed Bluff Dale Bridge, Madrid: Proceedings 1. Congress on Construction History 20-24. January 2003, Volume I, pp. 433-442.

[2.23] Gisclard, A. V.: Note sur un nouveau type de pont suspend rigide, Annls Ponts Chauss., 1899-1900.

[2.24] Leinekugel le Cocq, G.: Pont Suspendus, tomes 1 and 2, Octave Doin et Fils, Paris 1911.

[2.25] Grattesat, G.: Pont de France, Paris: Presses Pont et Chaussées, 1982.

[2.26] Stiglat, K.: Brücken am Weg, Ernst & Sohn, Berlin 1977.

[2.27] Torroja; E.: L'emploi des cables d'acier dans les constructions en béton armé, Internationale Vereinigung für Brücken- und Hochbau: Kongress-und Schlussbericht Paris 1932, pp. 683-688.

[2.28] Torroja, E.: Logik der Form, Georg D. W. Callwey, München 1961.

[2.29] Dischinger, F.: Hängebrücken für schwerste Verkehrslasten, Bauingenieur 1949, pp. 65-75, 107-113.

[2.30] Cornelius, W.: Die Berechnung der Ebenflächentragwerke mit Hilfe der Theorie der orthogonal-anisotropen Platte, Stahlbau 1952, pp. 21, 43, 60.

[2.31] Fiedler, E.: Die Entwicklung der orthotropen Fahrbahnplatte in Deutschland. Stahlbau 2009, pp. 562-576.

[2.32] Weitz, F. R.: Schrägseilbrückensysteme als Beispiel für Entwicklungstendenzen im modernen Großbrückenbau, Thyssen Technische Berichte, Vol. 1/83, pp. 40-59.

[2.33] Sievers, H. and Görtz, W.: Der Wiederaufbau der Straßenbrücke über den Rhein zwischen Duisburg-Ruhrort und Homberg (Friedrich-Ebert-Brücke), Stahlbau 1956, pp. 77-88.

[2.34] Görtz, W.: Zügelgurtbrücken, VDI-Z. Bd. 98 Nr. 35, 1956, pp. 1909-1948.

[2.35] Wenk, H.: Die Strömsundbrücke, Stahlbau 1954, pp. 73-76.

[2.36] Ernst, H. J.: Montage eines seilverspannten Balkens im Groß-Brückenbau, Stahlbau 1956, pp. 101-108.

[2.37] Beyer, E. and Lange, K.: Verkehrsbauten, Beton-Verlag, Düsseldorf 1974.

[2.38] Leonhardt, F. :Baumeister in einer umwälzenden Zeit. DVA, Stuttgart 1984.

[2.39] Stiglat, K. :Bauingenieure und ihr Werk, Andrä, H. -P., Wolfhart Andrä. Ernst & Sohn, Berlin 2004, pp. 38-50.

[2.40] Stiglat, K. : Bauingenieure und ihr Werk, Hans Grassl. Ernst & Sohn, Berlin 2004, pp. 164.

[2.41] Beyer, E. :Nordbrücke Düsseldorf Gesamtanlage und Montage. Stahlbau 1958, pp. 1-6.

[2.42] Lange, K. : Moderner Stahlbrückenbau. Vortrag gehalten am 15. 11. 1972 an der Uni Karlsruhe anlässlich der Verleihung der Ehrendoktorwürde, Stumm Journal Nr. 3, 1972.

[2. 43] Rademacher, C. -H. und Ramberger, G. : Erwin Volke gestorben. Stahlbau 2006, pp. 247-248.

[2.44] Schreier, G. :Die Strombrücke über das Rheinknie in Düsseldorf: Konstruktion, Berechnung, Fertigung und Montage. Acier-StahlSteel 1972, Vol. 5.

[2.45] Beyer, E., Volge, E., Grassl, H., v. Gottstein, F., Andrä, W., Wintergerst, L. : Die Oberkasseler Rheinbrücke und der geplante Querverschub. Betonverlag 1974.

[2.45a] Hein, Lehmann AG: Düsseldorf Oberkassel Rhinebridge, Construction and displacement, Düsseldorf, 1976.

[2.46] Heß, H. : Die Severinsbrücke Köln, Entwurf und Fertigstellung der Strombrücke. Der Stahlbau 1960, Vol. 8, pp. 225-261.

[2.47] Daniel, H. and Schumann, H. :Die Bundesautobahnbrücke über den Rhein bei Leverkusen. Stahlbau 1967, pp. 225.

[2.48] Kurrer, K. -E., Pelke, E. and Stiglat, K. : Einheit von Wissenschaft und Kunst im Brückenbau: Hellmut Homberg (1919-1990). Bautechnik 2009, pp. 647-655, 794-809, Bautechnik 2010, pp. 86-115.

[2.49] Epple, G., Rössing, E., Schaber, E. und Wintergerst, L. :Die neue Rheinbrücke für die Bundesautobahn bei Speyer. Stahlbau 1977, Vol. 10, 11, 12.

[2.50] Idelberger, K. :Die Schrägseilbrücke mit A-Pylon über den Rhein bei Neuwied. Stahlbau 1978, pp. 302-307.

[2.51] Modemann, J. and Thönnissen, K. :Rheinbrücke DüsseldorfFlehe-Planung, Entwurf Ausschreibung, Vergabe und Überblick über den Ausführungsentwurf. Bauingenieur 1979, pp. 1-12.

[2.52] Zellner, W. and Schmidts, P. :Rheinbrücke Düsseldorf-Flehe-Planung, Entwurf Ausschreibung, Vergabe und Überblick über den Ausführungsentwurf. Bauingenieur 1979, pp. 85-93.

[2. 53] Schambeck, H., Foerst, H., Honnefelder, N. : Rheinbrücke Düsseldorf-Flehe-Planung, Entwurf Ausschreibung, Vergabe und Überblick über den Ausführungsentwurf. Bauingenieur 1979, pp. 111-117.

[2.54] Kahmann, R. and Koger, E. : Koordination der Gesamtbaumaßnahme und Beschreibung des Stahlüberbaus. Bauingenieur 1979, pp. 177-187.

[2.55] Gebert, G., et al. : Die neue Rheinbrücke Wesel-Entwurfsplanung und Ausschreibung.

Stahlbau 2007, pp. 657-670.

[2.55a] Löckmann, H. and Marzahn, G. A.: Spanning the Rhine River with a new cable-stayed bridge, Structural Engineering International 3/209, pp. 271-275.

[2.56] Anistoroaiei, Ch., et al.: Rheinbrücke Wesel-Konstruktion und statische Berechnung. Stahlbau 2008, pp. 473-488.

[2.57] Heeb, A., Gerold, W. and Dreher, W.: Die Stahlkonstruktion der Neckarbrücke Untertürkheim. Stahlbau 1967, pp. 33-38.

[2.58] Freudenberg, G.: Die Stahlhochstraße über den neuen Hauptbahnhof in Ludwigshafen/Rhein. Stahlbau 1970, pp. 257-267, 306-314.

[2.59] Tesár, A.: Das Projekt der neuen Straßenbrücke über die Donau in Bratislava/ČSSR. Bauingenieur 1968, pp. 189-198.

[2.60] Leonhardt, F., Zellner, W. and Saul, R.: Zwei Schrägkabelbrücken für Eisenbahn-und Straßenverkehr über den Rio Paraná (Argentinien). Stahlbau 1979, pp. 225-236, 272-277.

[2.61] Leonhardt, F., Zellner, W. and Saul, R.: Die Betonpylonen und Unterbauten der Schrägkabelbrücken Zárate-Brazo Largo über den Rio Paraná (Argentinien). Bauingenieur 1980, pp. 1-10.

[2.62] Leonhardt, F., Zellner, W. and Saul, R.: Modellversuche für die Schrägkabelbrücken Zárate-Brazo Largo über den Rio Paraná (Argentinien). Bauingenieur 1979, pp. 321-327.

[2.63] Hajdin, N. and Jevtovic, L.: Eisenbahnschrägseilbrücke über die Save in Belgrad. Stahlbau 1978, pp. 97-106.

[2.64] Calatrava Valls, S., et al.: Paso del Alamillo, Junta de Andalucia, Dirección General de Carreteras.

[2.65] Kleinhanß, K., Romberg, M. and Saul, R.: Die zweite Strelasundquerung mit der Schrägseilbrücke über den Ziegelgraben. Bauingenieur 2007, pp. 159-169.

[2.65a] Kleinhanß, K. and Saul, R.: The Second Strelasund Crossing, Structural Engineering International 1/2007, pp. 30-34.

[2.66] Daniel, H.: Die Rheinbrücke Duisburg-Neuenkamp. Stahlbau 1971, pp. 193-200, Stahlbau 1972, pp. 7-14, 73-78.

[2.67] Tschemmernegg, F.: Zur Berechnung der Pylonen der Rheinbrücke Duisburg-Neuenkamp. Stahlbau 1971, pp. 337-343.

[2.68] Gräfe, R.: Brücke über die Mündung der Loire. Stahlbau 1977, pp. 120-122.

[2.69] Manabe, Y., Mukasa, N., Hirahara, N., Yabuno, M.: Accuracy Control on the Costruction of the Tatara Bridge, Proceedings IABSE Conference "Cable-Stayed Bridges", Malmö, 2-4 June 1999.

[2.70] Zellner, W. and Svensson, H.: Zur Entwicklung der Schrägkabelbrücken aus Beton. Proceedings 9. Internationaler Spannbetonkongress, Spannbetonbau in der Bundesrepublik, Stockholm 1982.

[2.71] Roik, K., Albrecht, G. and Weyer, U.: Schrägseilbrücken. Ernst & Sohn, Berlin 1986.

[2.72] Caquot, A.: Les ouvrages d'art du canal de Donzière-Montragon (fin.). La Technique Modernes-Construction VI No. 7 (1954), pp. 239-243.

[2.73] Kerisel, J.: Albert Caquot 1881-1976 Savant, soldat et batisseur, Paris: Presses Ponts et Chausées, 2001.

[2.74] Rothmann, H. B. und Chang F. -K.: Longest precast-concrete box-girder bridge in Western-Hemisphere, Civil Engineering-ASCE, March 1974, pp. 56-60.

[2.75] Pauser, A. and Beschorner, K.: Betrachtungen über seilverspannte Massivbrücken, ausgehend vom Bau der Schrägseilbrücke über den Donaukanal in Wien. Beton-und Stahlbetonbau 1976, pp. 261-265, 298-304.

[2.76] Troyano, L. F.: Tierra Sobre El Agua, Visión Histórica Universal de Los Puentes, Colegio de Ingenieros de Caminos, Canales y Puertos, Madrid, 1999.

[2.77] Zellner, W. and Svensson, H.: Mitarbeit an der Planung von Schrägkabelbrücken in den USA. In: Verband Beratender Ingenieure (VBI): "Konstruktiver Ingenieurbau", Ernst & Sohn, Berlin 1985, pp. 87-95.

[2.78] Globig, H.: The Penang Bridge. Tenth International Congress of the FIP, New Delhi 1986, pp. 43-50.

[2.79] Cabjolsky, H., Saul, R. and Schwarz G.: Zur Größe des Windwiderstandes bei sehr hohen Windgeschwindigkeiten (Tornados). Bauingenieur 1984, pp. 253-260.

[2.80] Svensson, H. and Hopf, S.: Die Spannbeton-Schrägkabelbrücke Helgeland. Beton-und Stahlbeton 1993, pp. 247-250, 279-281.

[2.80a] Svensson, H. and Hopf, S.: The concrete cable-stayed Helgeland Bridge, Norway. Proceedings of the ACI Spring Convention, Washington DC, 1992.

[2.80b] Svensson, H. and Jordet, E.: The concrete cable stayed Helgeland bridge in Norway. Civil Engineering (ICE), Vol. 114, May 1996, pp. 54-63.

[2.81] Statens Vegvesen: The Nordhordland Bridge, Europe's longest floating Bridge crosses the Salhus Fjord. Bergen, 22 Sept 1994.

[2.82] Svensson, H., Humpf, K. and Straub, W.: Die River-LevenStahlbeton-Schrägkabelbrücke. Beton-und Stahlbetonbau 1996, pp. 127-131.

[2.83] Saul, R., Humpf, K., Hopf, S. and Patsch, A.: Die zweite Brücke über den Panamakanal-eine Schrägkabelbrücke mit 420 m Mittel-öffnung und Rekordbauzeit. Beton- und Stahlbetonbau 2005, pp. 225-235.

[2.84] Moormann, Chr., Svensson, H. and Humpf, K.: Gründungsoptimierung im internationalen Großbrückenbau-Neue Entwicklungen und aktuelle Projekterfahrungen. Vorträge der 31. Baugrundtagung, München, 03. -06. 11. 2010, Deutsche Gesellschaft für Geotechnik, Essen, pp. 211-218.

[2.85] Saul, R., Hopf, S., Humpf, K., Patsch, A. and Bacher, A.: Innovativer Schutz gegen Schiffsanprall für die Brücke RosarioVictoria über den Paraná (Argentinien). Stahlbau

2003, pp. 469-484.

[2.86] Longest concrete cable-stayed span cantilevered over tough terrain-Wadi Kuf. Engineering News Record, 15 July 1971, pp. 28, 29.

[2.87] Morandi, R.: Il Viadotto dell Ansa della Magliana per la Autostrada Roma-Aeroporta di Fiumicino. L'Industria Italiana del Cemento 1968, pp. 147-162.

[2.88] Morandi, R.: Il ponte sul fiume Magdalena a Barranquilla (Colombia). L'Industria Italiana del Cemento 1974, pp. 383-406.

[2.89] Morandi, R.: Il viadotto Carpineto 1 per la strada di grande comunicazione Basentana. L'Industria Italiana del Cemento 1977, pp. 817-830.

[2.90] Schambeck, H. and Kroppen, H.: Die Zügelgurtbrücke aus Spannbeton über die Donau in Metten. Beton-und Stahlbetonbau 1982, pp. 131-136, 156-161.

[2.91] Blaubeurer Torbrücke, Ulm-interne Unterlagen LAP 1988.

[2.92] Schambeck, H.: Die Flößerbrücke in Frankfurt. Bauingenieur 1987, pp. 151-157.

[2.93] Menn, Ch. and Rigendinger, H.: Ganterbrücke. Schweizer Ingenieur und Architekt 1979, pp. 733-738.

[2.94] Plain sailing in Bahrain. Civil Engineer International, Nov 1996, pp. 31,32.

[2.95] Walther, R.: Schrägseilbrücken mit dünner Fahrbahnplatte. 23. Forschungskolloquium des DAfStb, ETH Zürich, 1990, pp. 37-42.

[2.96] Bögle, A.: leicht weit Light Structures, Ernst & Sohn Berlin 2004, pp. 197.

[2.97] Manterola Armisen, J. and Troyano, L. F.: The Ing. Carlos Fernandez Casado Bridge across Barrios de Luna Lake. L'Industria Italiana del Cemento 3/1985, pp. 150-175.

[2.98] Statens Vegvesen Nord-Trondelag: Skarnsundet Bridge in Norway, 1991.

[2.99] Svensson, H.: The Development of Composite Cable-Stayed Bridges-IABSE Conference-Malmö, Sweden 2-4 June 1999.

[2.100] Prime Piling, New Civil Engineer 17 Nov 1994, pp. 38-42.

[2.101] Dussart, R.: Le Pont Massená à Paris. TRAVAUX, May/Sept 1970.

[2.102] Knox, H. S. G. and Walther, F.: The Open Steel Deck CableStayed Bridge. Strait Crossings 94, Krokeborg (ed.), 1994 Balkema, Rotterdam, pp. 123-131.

[2.103] Kunz, R., Trappmann, H. und Tröndle, E.: Die Büchenauer Brücke, eine neue Schrägseilbrücke der Bundesstraße 35 in Bruchsal. Stahlbau 1957, pp. 98-102.

[2.104] Saul, H., Svensson, H., Andrä, H. -P. and Selchow, H. -J.: Die Sunshine-Skyway Brücke in Florida USA-Entwurf einer Schrägkabelbrücke mit Verbundüberbau. Bautechnik 1984, pp. 1-16.

[2.104a] Svensson, H., Christopher, B. G. and Saul, R.: Design of a cable-stayed composite bridge, Journal of Structural Engineering, ASCE (1986), pp. 489-504.

[2.105] Lin Yuanpei: Yangpu Bridge, Shanghai, China. Structural Engineering International 3/95, pp. 143, 144.

[2.105a] Yang Xiao-lin: Yangpu Bridge, Shanghai Scientific and Technological Education Publishing House.

[2.106] Saul, R., Braun, M., Järvenpää, E. and Pulkkinen, P.: Die Tähtiniemi-Brücke in Finnland-eine Schrägkabelbrücke mit gekrümmtem Verbundüberbau. Stahlbau 1995, pp. 161-167.

[2.107] Saul, R. and Hopf, S.: Die Kap Shui Mun Brücke in Hongkong-eine zweistöckige Schrägkabelbrücke für Straßenund Eisenbahnverkehr. Beton-und Stahlbetonbau 1997, Vol. 10, pp. 261-265, Vol. 11, pp. 308-312.

[2.108] Vägverket: Sunningeleden-the loveliest short cut! 2000.

[2.109] Jordet, E. A. and Karlsson, M.: Kolbaecksbron, a Composite Cable-Stayed Bridge in Umeaa, Sweden. 16th Congress of IABSE, Lucerne, 2000, pp. 106 ff.

[2.110] Ingenieurbau-Preis von Ernst & Sohn 2006: Neubau Berliner Brücke, Halle (Saale).

[2.111] Eilzer, W., Richter, F., Wille, T., Heymel, U. and Anistoroaiei, Ch.: Die Elbebrücke Niederwartha-die erste Schrägseilbrücke in Sachsen. Stahlbau 2006, pp. 93-104.

[2.112] Virlogeux, M.: Bridges with Multiple Cable-Stayed Spans, Structural Engineering International 1/2001, pp. 61-82.

[2.113] Carter, M., et al.: Forth Replacement Crossing. IABSE Bangkok 2009.

[2.114] Die Brücke über den Maracaibo-See in Venezuela. Bauverlag Berlin 1963.

[2.115] Morandi R.: Il Viadotto sul Polcevera per l' autostrada Genova-Savona. Industria Ital. del Cemento 1967, pp. 849-872.

[2.116] Freyssinet International: Kwang Fu Bridge, Taiwan, FI. 1092 A 12/77.

[2.117] King, C., et al.: The Four Cable-Stayed Bridges of the MexicoAcapulco Highway.

[2.118] The new Macau-Taija Bridge: The Friendship Bridge. Port and Bridge Office, Macau, 1994.

[2.119] Bergermann, R. and Schlaich, M.: Die Ting-Kau-Schrägkabelbrücke in Hongkong-Entwurf und Konstruktion. Bauingenieur 1999, pp. 413.

[2.120] Bergermann, R., Schlaich, M. and Näher, F.: Die Ting-KauSchrägkabelbrücke in Hongkong-Bau. Bauingenieur 1999, pp. 480-484.

[2.121] Menn, Ch., et al.: Sunnibergbrücke. Schweizer Ingenieur und Architekt No. 44, 1998.

[2.122] Combault, J. et al.: Rion-Antirrion Bridge, Greece-Concept, Design and Construction. SEI 2005, pp. 22-27.

[2.123] Virlogeux, M.: Der Viadukt über das Tarntal bei Millau. Bautechnik 2006, pp. 96.

[2.124] Saul, R., Humpf. K. and Lustgarten, M.: Die Orinoco-Brücke in Ciudad Guayana/Venezuela-Doppel-Schrägkabelbrücke mit Verbundüberbau für Straßen- und Eisenbahngüterverkehr. Stahlbau 2006, pp. 82-92.

[2.125] Femern Sund-Baelt: Feste Fehmarnbeltquerung, Aktueller Planungsstand, Bericht, 25. 11. 2010.

[2.126] Wößner, K., Andrä, W., Kahmann, R., Schumann, H. and Hommel, D.: Die Neckartalbrücke Weitingen. Stahlbau 1983, pp. 65-77, pp. 113-124.

[2.127] Schlaich, J., Seidel, J. and Sandner, D.: Teilweise unterspannte Schrägkabelbrücke über die Obere Argen. IABSE Congress Report, Vol. XIII, 1988, pp. 863-868.

[2.128] Otsuka, H., et al.: Comparison of structural characteristics for different types of cable supported prestressed concrete bridges. Structural Concrete 2002, pp. 3-21.

[2.129] Bergman, D. W., Radojevic, D. and Ibrahim, H.: Design of the Golden Ears Bridge, IABSE Symposium Weimar 2007, pp. 58-61.

[2.130] Schlaich, J. and Bergermann, R.: Fußgängerbrücken. Katalog zur Ausstellung an der ETH Zürich, 1992.

[2.131] Baus, U. and Schlaich, M.: Fußgängerbrücken. Birkhäuser, Basel Boston Berlin 2007.

[2.131a] Idelberger, K.: The World of Footbridges. Ernst & Sohn, Berlin, 2011.

[2.132] Leonhardt, F. and Andrä, W.: Fußgängersteg über die Schillerstraße in Stuttgart. Bautechnik 1962, pp. 110-116.

[2.133] BBRV: Cable-Stayed Structures, Rapport No. 7802.

[2.134] Völkel, E., Zellner, W. and Dornecker, A.: Die Schrägkabelbrücke für Fußgänger über den Neckar in Mannheim. Beton- und Stahlbeton 1977, pp. 29-35, 59-64.

[2.135] Morgenthal, G. and Saul, R.: Die Geh-und Radwegbrücke Kehl-Strasbourg. Stahlbau 2005, pp. 121-125.

[2.136] Andrä, H. -P., Burghagen, K., Häberle and Svensson, H.: Geh-und Radwegbrücke Weil der Stadt. Bauingenieur 2007, pp. 341-345.

[2.137] Kurrer, K. -E.: The history of the theory of structures, Ernst & Sohn, Berlin 2008.

[2.138] Kolyushev, I.: Two cable-stayed bridges in the East of Russia, Verbal presentation at the Bridge Symposium Leipzig, 2010.

[3.1] Bechtold, M., Mordue, B. and Rentmeister, F. E.: Locked Coil Cables and their End Connections. EUROSTEEL 2008, Graz, Austria.

[3.2] Bridon: Structural Systems 11/200.

[3.3] Roik, K.: Vorlesungen über Stahlbau, Ernst & Sohn, Berlin 1983.

[3.4] Krüger, U.: Berechnung von Seilköpfen zur Verankerung patentverschlossener Drahtseile. Bauingenieur 52, 1977.

[3.5] Gabriel, K. and Helmes, F.: The mechanics of socketing: the zinc alloy cast cone as a special compound structure. Proceedings of the First International Offshore and Polar Engineering Conference, 1991.

[3.6] Prehn, W. and Mertens, M.: Die Rheinquerung der A 44-Darstellung der Gesamtmaßnahme. Stahlbau 2002, pp. 386-392.

[3.7] EN 10264:2002 Steel wire and wire products-Steel wire for ropes.

[3.8] EN 12385-10:2003 Steel wire ropes-Safety-Part 10: Spiral ropes for general structural use.

[3.9] Saul, R. and Svensson, H.: On the Corrosion Protection of Stay Cables. Stahlbau 1990, pp. 165-176.

[3.10] Martin, M., Stromberg, H. and Tins, J.: Verhalten vollverschlossener Spiralseile bei Zuschwellbeanspruchung. Die Bautechnik 60, 1983, pp. 369-372.

[3.11] Funke, W.:Neuere Erkenntnisse über die Wirkungsweise von Aktivpigmenten und Barriereprinzip. Lechler-Chemie, Symposium 84.

[3.12] British Patent Specification No. 835883, 1064973.

[3.13] Zellner, W. and Saul, R.:Über Erfahrungen beim Umbau und Sanieren von Brücken. Die Bautechnik 62, 1985, pp. 51-65.

[3.14] Saul, R.:Auswechseln der Tragseile von Brücken im In-und Ausland. Lindauer Bauseminar 1982.

[3.15] Gurtmann, S., Hamme, M., Marzahn, G. und Sieberth, S.:Seiltausch unter Verkehr an der Rheinbrücke Flehe. Stahlbau 2010, pp. 682-688.

[3.16] Finsterwalder, K.:Schrägseile. Bauwirtschaft, Heft 9, 24 Feb 1973.

[3.17] Globig, H.:The Penang Bridge. FIP, New Delhi 1986, pp. 43-47.

[3.18] Jungwirth, D.:Requirements for Stay Cables in International Competition. DSI Stay Cable Report 4/1995.

[3.19] Andrä, W. and Zellner, W.:Zugglieder aus Paralleldrahtbündeln und ihre Verankerung bei hoher Dauerschwellbelastung. Die Bautechnik, 1969.

[3.20] Firmenschrift BBR:DINA System.

[3.21] Andrä, W. and Saul, R.:Versuche mit Bündeln aus parallelen Drähten und Litzen. Die Bautechnik, 1974, pp. 289-298, 332-340, 371-373.

[3.22] "Recommendations for Stay Cable Design and Testing" by Post-Tensioning Institute Committee on Cable-Stayed Bridges, USA, Fifth Edition, 2007.

[3.23] Walder, C. and De Coste, H.:Weathering Studies on Polyethylene, Industrial and Engineering Chemistry, 1950, pp. 2320-2325.

[3.24] Howard, G.:Natural and Artifical Weathering of Polyethylene Plastics, Polymer Engineering and Science, 1969, pp. 286-294.

[3.25] Shinko Wire Company:Test Results for Weather Resistance of Polyethylene. Amagasaki, 25 Feb 1983.

[3.26] Hoechst AG:PE-Rohre (PE-Pipes), Frankfurt/Main, 1983.

[3.27] Svensson, H.:Investigation on the Coiling of Stay Cables with PE-Pipes. Leonhardt, Andrä and Partners GmbH, Stuttgart, June 1989 (unpublished).

[3.28] Shinko Wire Company:Test Report on Weather-Resistance of Wrapping Tapes for Cable-Stayed Bridges. Report No. SWENH-8603. Amagasaki, 30 Apr 1984.

[3.29] Institut für Kunstoffprüfung an der Universität Stuttgart, IKP (Testing Laboratory for Plastics at Stuttgart University):Untersuchungen zur Verstärkung von PE-Rohren mit Kunststoffbinden. Report M 980, 17.11.1980-Report 980/2, 1.4.1981.

[3.30] Eidgenössische Materialprüfungs-und Versuchsanstalt Dübendorf, EMPA (Swiss Federal Testing Institute): Vergleichende Korrosionsschutz-Untersuchungen mit Schrägseilen. Report 20-707/1, 3.4.1973-Report 29-707/2, 24.11.1973.

[3.31] Shinko Wire Company:Fatigue Tests for Grouted Cables with Hi-Am Anchor Sockets. Research Report No. DRG 8203, Part 3, Feb 1982.

[3.32] Amtliche Forschungs-und Materialprüfungs-und Versuchsanstalt für das Bauwesen an der Universität Stuttgart: Untersuchungen des Korrosionsschutzes der Schrägkabel des Schillersteges. Report S 11828, 21. 10. 1970, Report S 12410, 6. 2. 1974, Report S 13594, 10. 12. 1979.

[3.33] Ohlemutz, A.: Neue Schrägseilbrücke über den Mississippi (New Cable-Stayed Bridge across the Mississippi). Der Stahlbau 48, 1979, pp. 151.

[3.34] Svensson, H.: Investigation of Cracks in the PE-Pipes of the Luling Bridge. Leonhardt, Andrä and Partner GmbH, Stuttgart, June 1986 (unpublished).

[3.35] Company information, BBR Schrägkabel.

[3.36] Company information, DSI Schrägkabel.

[3.37] Company information, Freyssinet Schrägkabel.

[3.38] Company information, VSL Schrägkabel.

[3.39] Tall in the Saddle, Bridge design and engineering 2008, pp. 38, 39.

[3.40] DIN 1073: Stählerne Straßenbrücken; Berechnungsgrundlagen. Ausgabe Sept 1987, Abschnitt 6.5.

[3.41] DIN 18809: Stählerne Straßen-und Wegebrücken; Bemessung, Konstruktion, Herstellung. Ausgabe Sept 1987, Abschnitt 6. 1.

[3.42] DIN 18800, Teil 1: Stahlbauten; Bemessung und Konstruktion. Ausgabe Mar 1981, Abschnitt 6. 2.

[3.43] DIN Fachbericht 103: Stahlbrücken. Ausgabe Mar 2009, Anhang II-A.

[3.44] DIN 18800, Teil 1: Stahlbauten; Bemessung und Konstruktion, Ausgabe Nov 1990, Abschnitt 9.

[3.45] ZTV-ING, Teil 4 Stahlbau, Stahlverbundbau-Abschnitt 4 Brückenseile, Anhang B.

[3.46] Eurocode 3: Bemessung und Konstruktion von Stahlbauten-Teil 1-11: Bemessung und Konstruktion von Tragwerken mit Zuggliedern aus Stahl. Dec 2006.

[3.47] PTI: Recommendations for Stay Cable Design, Testing and Installation. Fifth Edition. Phoenix, AZ, USA. Oct 2007.

[3.48] FIB, bulletin 30: "Acceptance of stay cable systems using prestressing steels". Lausanne, Jan 2005. Munich, Dec 2006.

[3.49] Andrä, W. and Saul, R.: Versuche mit Bündeln aus parallelen Drähten und Litzen für die Nordbrücke Mannheim-Ludwigshafen und das Zeltdach in München. Die Bautechnik, Vol. 9, 10, 11, 1974, pp. 289-298, 332-340, 371-373.

[3.50] Andrä, W. and Saul, R.: Die Festigkeit, insbesondere Dauerfestigkeit langer Paralleldrahtbündel. Die Bautechnik 56, 1979, Vol. 4, pp. 128-130.

[3.51] Saul, R. and Andrä, W.: Zur Berücksichtigung dynamischer Beanspruchungen bei der Bemessung von verschlossenen Seilen stählerner Straßenbrücken. Sonderdruck, Die Bautechnik 4, 1981.

[3.52] Saul, R. and Romberg, M.: Bericht zur Ermüdungsbeanspruchung der Litzenbündel der Ziegelgrabenbrücke. LAP Stuttgart, Dec 2006.

[3.53] DIN 1055-4: Einwirkungen auf Tragwerke: Windlastannahmen.

[3.54] Matsumoto, M., Shiraishi, N. and Shirato, H.: Rain-wind induced vibration of cables of cable-stayed bridges. J. of Wind Engineering and Industrial Aerodynamics, Vol. 44, 1992, Elsevier.

[3.55] Yamaguchi, H. and Fujino, Y.: Damping of Cables in CableStayed Bridges with and without Vibration-XControl Measures. Symposium Deauville, 1994.

[3.56] Miyata, T., Yamada, H. and Hojo, T.: Aerodynamic Response of PE Stay Cables with Pattern-Indented Surface. Symposium Deauville, 1994.

[3.57] Ruscheweyh, H.: Dynamische Windwirkung an Bauwerken. Bauverlag, Berlin 1982.

[3.58] Kovacs, I.: Zur Frage der Seilschwingungen und der Seildämpfung. Die Bautechnik 10, 1982, pp. 325-331.

[3.59] Kovacs, I. and Oba, N.: Einfluss der Längsresonanz auf die Schwingungsanfälligkeit von Tragkabeln. Die Bautechnik 74, 1997, pp. 369-375.

[3.60] Davenport, A. G.: A simple representation of the dynamic of a massive stay cable. Symposium Deauville, 1994.

[3.61] Kovacs, I., Strömmen, E. and Hjorth-Hansen, E.: Damping devices against cable oscillations on Sunningesund Bridge. Cable Dynamic Symposium, Trondheim 1998.

[3.62] Flamand, O.: Rain-wind induced vibration of cables. Symposium Deauville, 1994.

[3.63] Tanaka, Y.: Installation of Semi Parallel Wire Cables, Shinko Wire Presentation, Japan 2009.

[4.1] Orlov, G. und Saxenhofer, H.: Balken auf elastischer Unterlage, Verlag Leemann, Zürich 1963.

[4.2] Pflüger, A.: Stabilitätsprobleme der Elastostatik, Springer Verlag Berlin Heidelberg New York 1975.

[4.3] Tang, M. C.: Buckling of Cable-Stayed Girder Bridges. Journal of the Structural Division, ASCE, Sept 1976, pp. 1675-1684.

[4.4] Klöppel, K., Eßlinger, M. and Kollmeier, H.: Die Berechnung eingespannter und fest mit dem Kabel verbundener Hängebrückenpylonen bei Beanspruchung in Brückenlängsrichtung. Stahlbau 1965, pp. 358-361.

[4.5] Hartwig, H.-J.: Die Kaiserleibrücke. Stahlbau 1965, pp. 97-110.

[4.6] Saul, R. and Svensson, H.: Zur Behandlung des Lastfalls "ständige Last" beim Tragsicherheitsnachweis von Schrägkabelbrücken. Bauingenieur 1983, pp. 329-335.

[4.7] Völkel, E., Zellner, W. and Dornecker, A.: Die Schrägkabelbrücke für Fußgänger über den Neckar in Mannheim. Beton-und Stahlbetonbau 1977, pp. 29-35, 59-64.

[4.8] Homberg, H.: Schrägseilbrücken, Vielseilsysteme, Le Pont der Brotonne. Stahlbau 1975, pp. 235-243.

[4.9] Homberg, H. :Einflusslinien von Schrägseilbrücken. Stahlbau, 1955, pp. 40-44.

[4.10] Szabo, I. :Einführung in die Technische Mechanik. Springer Verlag Berlin Heidelberg New York 1963, pp. 337.

[4.11] Herzog, M. :Näherungsberechnung von Schrägkabelbrücken. Bautechnik 1987, pp. 348-356.

[4.12] Farquharson, F. B., Vincent, G. S. et al. : Aerodynamic Stability of Suspension Bridges with special reference to the Tacoma Narrow Bridge. Bulletin No. 16, University of Washington Engineering Experimental Station, Parts I to V, pp. 1949-1954.

[4.13] Theodorsen, T. :General Theory of Aerodynamic Instability and the Mechanism of Flutter. NACA-Report 496, 1935.

[4.14] Bleich, F. :Dynamic Instability of Truss-Stiffened Suspension Bridges under Wind Action. Trans. Am. Soc. Civ. Engrs., 114, pp. 1177-1232, 1949.

[4.15] Steinman, D. B. :Aerodynamic Theory of Bridges Oscillations. Trans. Am. Soc. Civ. Engrs., 115, pp. 1180-1260,1950.

[4.16] Leonhardt, F. : Die Autobahnbrücke über den Rhein bei Köln-Rodenkirchen. Stahlbau 1951, Hefte 7, 9, 11.

[4.17] Klöppel, K. and Thiele, F. :Modellversuche im Windkanal zur Bemessung von Brücken gegen die Gefahr winderregter Schwingungen. Der Stahlbau, Vol. 12, pp. 353-365, Dec 196.

[4.18] Davenport, A. G. and King, J. P. C. :Dynamic Wind Forces of Long-Span Bridges. Final Report, 12th Congress, International Association for Bridges and Structural Engineering, Vancouver, BC, Sept 1984, pp. 705-712.

[4.19] Scanlan, R. and Simiu, E. : Wind Effects on Structures. New York: John Whiley & Sons 1986.

[4.20] Svensson, H. and Kovacs, I. :Examples of analytical aerodynamic investigation of long-span bridges. Proceedings of the first International Symposium on Aerodynamics of large bridges. Copenhagen 1992.

[4.21] Wardlaw:National Research Council Canada, National Aeronautical Establishment:A Wind Tunnel Study of Aerodynamic Stability of the Proposed Pasco-Kennewick Intercity Bridge. LTR-LA-163, 1974.

[4.22] Davenport, A. G. and King, J. P. C. :A Study of Wind Effects for the Sunshine Skyway Bridge, Steel Alternate, BLWT-SS25-1982. The University of Western Ontario. London, Canada, 1982.

[4.23] Scanlan, R. H. and Jones, N. R. :Aeroelastic analysis of cablestayed bridges. Journal of Structural Engineering, ASCE, Vol. 116, No. 2, Feb 1990, pp. 279-297.

[4.24] Petersen, Ch. :Dynamik der Baukonstruktionen. Vieweg, Braunschweig/Wiesbaden 1996.

[4.25] DIN 1055:Einwirkungen auf Tragwerke-Teil 4:Windlasten. March 2005.

[4.26] Engineering Science Data Unit (ESDU) No 85020. Characteristic of Atmosphaeric Turbulence Near the Ground. Single Point Data. London 1985.

[4.27] Engineering Science Data Unit (ESDU) No 86010. Characteristic of Atmosphaeric Turbulence Near the Ground. Variations in Space and Time for Strong Winds. London 1986.

[4.28] Eurocode 1:Actions on structures-Part 1-4:General actions-Wind actions. 2005.

[4.29] Ruscheweyh, H.:Dynamische Windwirkung an Bauwerken, Bd. 2 (Praktische Anwendungen). Bauverlag, Wiesbaden 1982.

[4.30] Rosemeier, G.:Winddruckprobleme bei Bauwerken. Springer, Berlin 1976.

[4.31] Kovacs, I.:Zur Frage der Seilschwingungen und der Seildämpfung (Aspects of cable vibrations and cable damping). Die Bautechnik 10,1982.

[4.32] Kovacs, I.:Computer simulation of the dynamic response of wind-loaded bridges under limit load conditions. Symposium on Computational Wind Engineering CWE'96, Colorado 1996.

[4.33] Hjorth-Hansen, E.: Fluctuationg drag, lift and overturning moment from static, mean loads. Lectures, Trondheim 1988.

[4.34] Kovacs, I.:Synthetic wind for investigations in time domain. Paper, ASCE Symposium Atlanta 1994.

[4.35] Kovacs, I. and Svensson, H.:Analytische aerodynamische Untersuchung der Schrägkabelbrücke Helgeland. Beton und Stahlbeton 1994, pp. 149-153, pp. 201-203.

[4.35a] Kovacs, I., Svensson, H. and Jordet, E.:Analytical aerodynamic investigation of the cable-stayed Helgeland bridge, Journal of Structural Engineering ASCE, Jan 1992, pp. 147-168.

[4.36] Kovacs, I., Hjorth-Hansen, E. and Stroemmen:Damping Devices against Cable Oscillations on Sunningesund Bridge. Paper, Trondheim 2000.

[4.37] Kovacs, I.:C-Bridge, S-Bridge, two programs for the numerical simulation of buffeting effects on cable-stayed and suspension bridges. Information brochure, Büro für Baudynamik, 1993.

[4.38] Katz, C., Kovacs, I. and Morgenthal, G.:Dreidimensionale aerodynamische und aeroelastische Analyse der Fußgängerbrücke Kehl-Strasbourg (Coauthor). Vortrag Zürich, D-A-CH-Tagung 2003.

[4.39] Morgenthal, G., Kovacs, I. and Saul, R.:Analysis of Aeroelastic Bridge Deck Response to Natural Wind. SEI 2005.

[4.40] Försching, H. W.:Grundlagen der Aeroelastik. Springer, Berlin 1974.

[4.41] Minorsky, V. U.:An Analysis of Ship Collision with Reference to Protection of Nuclear Power Plants. Journal of Ship Research 3,1959.

[4.42] Woisin, G.:Die Kollisionsversuche der GKSS (The Collision Tests of the GKSS). Jahrbuch der Schiffbautechnischen Gesellschaft, Volume 17,1976, Berlin, Heidelberg, New York, pp. 465-487.

[4.43] Saul, R. and Svensson, H.:Zum Schutz von Brückenpfeilern gegen Schiffsanprall (On the Protection of Bridge Piers against Ship Collision). Die Bautechnik 58,1981, pp. 326-335, 374-388.

[4.44] Saul, R. and Svensson, H.:On the Theory of Ship Collision against Bridge Piers. IABSE

Proceedings P-51/82, pp. 29-40.

[4.45] Saul, R. and Svensson, H.: Ship Collision with Bridges and Offshore Structures. Colloquium Copenhagen 1983, Introductory Report, pp. 165-179.

[4.45a] Saul, R. and Svensson, H.: Means of reducing the consequences of ship collision with bridges and offshore structures. IABSE Introductory Report, Copenhagen 1983, pp. 165-179.

[4.46] AASHTO 1991. Guide Specification and Commentary for Vessel Collision Design of Highway Bridges. American Association of State Highway and Transportation Officials, Washington DC.

[4.47] Pederson, P. T.: Ship Impacts: Bow Collisions. Proceedings from the Third International Symposium on Structural Crashworthiness and Failure, University of Liverpool 1993.

[4.48] Larsen, O. D.: Ship Collision with Bridges. IABSE Structural Engineering Documents 4,1993.

[4.49] Wang, J., et al.: Comparison of Design Formula of Ship Collision for Bridges based on FEM Simulations. (in Chinese) Journal of Highway and Transportation Research and Development, Vol. 23, No. 2, pp. 68-73.

[4.50] Brodin, S.: Tjörn Bridge. Swedish National Road Administration, 1984, ISBN 91-7810-124-7.

[4.51] Yang Xiao-lin: Yang Pu Bridge. Shanghai Scientific and Technological Publishing House, 1994. ISBN 7-5428-0941-5/J1.

[4.52] Stonecutters Bridge Design Competition-Stage 2. Design Documents by Leonhardt, Andrä and Partners, Stuttgart 2000.

[4.53] Andrä, H.-P., Dietsch, B. and Sandner, D.: Formfindung und Entwurfsplanung des Spinaker Tower in Portsmouth (Shaping and Designing the Spinaker Tower in Portsmouth). Bautechnik 2004, pp. 507-515.

[4.54] Saul, R., Hanke, R. and Kusch, G.: Die neue Neckarbrücke zwischen Kirchheim und Gemrigheim. Stahlbau 1998, pp. 36-45.

[4.55] Knott, M.: Pier Protection System for the Sunshine Skyway Bridge Replacement. Proceedings at 3rd Annual International Bridge Conference, Pittsburgh, PA, 1986.

[4.56] Schreier, G.: Beiträge zur Anwendung von baustatischen Methoden auf Probleme der Verformungstheorie. Dissertation Karlsruhe 1961.

[4.57] Svensson, H.: Investigation on the relations between beam depth and live load stresses in cable-stayed bridges. Stuttgart, 1974 (unpublished).

[5.1] Company Information ALLSPANN, München: DYWIDAG-Stähle für Bauhilfsmaßnahmen.

[5.2] Crémer, J.-M.: Advanced Methods for Cable-Stayed Bridge Erection. IABSE Structures 51/90, pp. 4 ff.

[6.1] National Research Canada, National Aeronautical: Wind Tunnel Studies on the Aerodynamic Stabilisy of Bridge Sections for the Proposed New Burrard Inlet Crossing. LTR-LA-31, 53,

54; 1969, 1970.

[6.2] Test Report Stay Cable Anchors, Prepares by the University of Texas, Civil Engineering Structures Research Laboratory, Austin, Texas, and The Prescon Corporation, San Antonio, Texas, 23 July 1976.

[6.3] Leonhardt, F. :Improving the Seismic Safety of Prestressed Concrete Bridges. Journal of the PCI 17, No. 6, 1972.

[6.4] Roberts, G. :Severn Bridge-Design and Contract Arrangements. Proc. Inst. Civ. Eng. pp. 41, Sept 1958, pp. 1-58.

[6.5] National Research Council Canada, National Aeronautical Establishment: A Wind Tunnel Study of the Aerodynamic Stability of the Proposed Pasco-Kennewick Intercity Bridge. LRT-LA-163, 1974.

[6.6] EMPA: Gleit-und Druckschwellversuche mit Neporenblöcken. Bericht Nr. 141-173, Zürich 1992.

[6.7] Svensson, H. and Jordet, E. :The concrete cable-stayed Helgeland Bridge in Norway. Proceedings of the Institution of Civil Engineers, Civil Engineering 1996, pp. 54-63.

[6.8] Leonhardt, Andrä and Partners, Beratende Ingenieure VBI, GmbH: B 96 n, Zubringer Stralsund/Rügen: Anwendung der DIN-Fachberichte und Auswirkung auf die Massen. Stuttgart, 18.03.2002.

[6.9] Raggett, J. D. :Report on Section Flutter Derivatives, Baytown Bridge. West Wind Laboratory, Camel, CA, 3/14/1998.

[6.10] Reinhold, T. A. :Wind Tunnel Aeroelastic Model Study of the Baytown Bridge Steel Alternative. Applied Research Engineering Services, Inc., Report 5101-1, 29 May 1986.

[6.11] Scanlan R. H. and Jones, N. R. :Aeroelastic Analysis of CableStayed Bridges. Journal of Structural Engineering, ASCE, Vol. 116, No. 2, Feb 1990, pp. 279-297.

[6.12] Virlogeux, M. :The Normandie Bridge, France: A New Record for Cable-Stayed Bridges. Structural Engineering International, 4/1994, pp. 208-213.

[6.13] Scheuch, G. :Die Normandie Brücke. Bautechnik 1995, pp. 546-548.

[6.14] Virlogeux, M. :Wind Design and Analysis for the Normandie Bridge. In: "Aerodynamics of Large Bridges". Balkema, Rotterdam, 1992, pp. 183-216.

[6.15] Virlogeux, M., et al. :Millau Viaduct, France. Structural Engineering International 2005, pp. 4-7.

[6.16] Dillinger Hütte GTS: Viadukt von Millau. Company information.

[6.17] Virlogeux, M. :The Millau cable-stayed bridge. Recent development in bridge engineering. Edited by K. M. Mahmoud-Balkema, 2003, pp. 3-18.

[6.18] Martin, J.-P., Servant, Cl., Crémer, J. M. and Virlogeux, M. :The design of the Millau viaduct. Fib Avignon Symposium Proceedings, 2004, pp. 83-107.

[6.19] Scheuch, G. :Projekt der Peloponnes-Brücke Rion-Antirion. Bautechnik 2000, pp. 73-75.

[6.20] Pecker, A. :A Seismic Foundation Design Process. Lessons learned from two major projects: The Vasco da Gama and the Rion-Antirion Bridges. ACI International Conference on Seismic Bridge Design and Retrofit. La Jolla, California 2003.

[6.21] Infanti, S.: Protective Measures. Bridge design & engineering, 2nd quarter 2004, pp. 54-55.

[6.22] Teyssandier, J.-P. and Combault, J.: Le Pont de Rion-Antirion. Un ouvrage exceptionnel á vocation européenne. Travaux (1998) Nr. 748 (Dec), pp. 24-31.

[6.23] Russell, H.: Greek triumph. Bridge design & engineering, 4th quarter 2000, pp. 29-36.

[7.1] Petersen, A., Larsen, A. and Eilzer, W.: Outline design and special studies for a 1200m cable-stayed bridge (unpublished).

[7.2] Gruppo Lambertini: Attraversamento Stabile Viario e Feroviario dello Stretto di Messina, C. Lotti & Associati, Roma, 1982.

[7.3] Maurer stay cable dampers, 2005.

[7.4] Information about Maurer cable damper systems, 2010.

[7.5] Ostenfeld, K. and Larsen, A.: Bridge engineering and aerodynamics. In: Aerodynamics of Large Bridges, Balkema, 1992, pp. 3-22.

附录　40 年世界各地斜拉桥建设的经验

初始

在学业结束的时候，我决定成为一个结构工程师，主要是为了能在世界范围内设计重要的桥梁。因此，我在斯图加特大学师从莱昂·哈特教授/博士，当时他是最有名的桥梁设计师。

1969 年，在我的研究学习中，莱昂·哈特教授（图 A1）取一个让承包人格里克给我提供了我在南非的第一份工作。我开始了在约翰内斯堡设计院的工作，最开始只是制图，后来成为一名设计师。我需要设计各种不同类型的结构，包括工业厂房、预应力的水槽、筒仓、挡土墙、地基和基础，同时还有一个小型的预应力混凝土桥（从预制开始到现场浇筑的桥面板）。

在约翰内斯堡一年后，我和格里克一起去南非博茨瓦纳州附近的皮奎/西雷比施工现场。在那儿我们修建了一个镍—铜矿井。由于施工地点在灌木林中，周围没有任何东西，于是我们开始用拖车和帐篷扎营（图 A2）。我们自己钻井，安装柴油机并寻找合适的建筑材料。施工材料中的沙来源于干枯的河床，后来我们又在白蚁丘上建起了自己的网球场。

图 A1　莱昂·哈特

图 A2　在博茨瓦纳扎营

1972 年，我回到德国。按计划在斯图加特与莱昂·哈特及安德烈一起工作，而我此时的职业是设计工程师。

德国的桥梁

最开始我从事了几座重要的桥梁结构研究。在当时，德国需要修建几座跨越山谷的桥，而这些桥都是由 LAP 设计。

科赫尔河峡谷大桥，地基主要由承载力较低的贝壳灰岩组成。地质学家认为它很容易发生滑坡现象，因此不适于做桥梁地基，为了修建一个没有桥墩的桥，莱昂·哈特提出主跨为 600m 的斜拉桥设计方案，并在当时创下了纪录，如图 A3 所示。在设计过程中，通过“手算”，我们得到了突点弯矩影响线。当时州里的地质学家已退休，它的继任者认为地基中是允许出现斜坡的。承包方的另外一种设计方案则选择了该地基。当然，在成本上这比斜拉桥节省了很多。

承包方卫斯和弗赖塔格提出的地基斜坡设计为：设计大直径的井，将桥墩放置在这个井中，由于井壁有足够的净距，允许桥墩有小范围的移动，这样一来，地面180m以上的连续梁高可以设计为常数，并支撑在抛物线形状设计的桥墩上，如图A4所示。莱昂哈特教授博士被任命为监理工程师，而我也参与了监理。

图A3　德国科赫尔河峡谷斜拉桥的设计

图A4　德国科赫尔河峡谷斜拉桥的施工

内克尔峡谷桥中，靠近威廷根一侧，类似的坡度实际上是为了让地基变得更灵活。经过多次设计变更，最终确定为：260m边跨在主梁下用拉索进行连接，如图A5所示。不幸的是，支撑主梁的封闭拉索并没有像预期那样发生徐变。因此直到今天，边跨仍然被拱起，而桥上的速度也受到了限制。为了尽可能不破坏内克尔峡谷风景，莱昂哈特教授/博士觉得在初步设计中，桥中心使用单一桥墩，其扭转可由斜坡面外部的双桥塔承受。设计工程师们对他的决定并不太满意，因为一旦采用这样的设计方案，大量的方案数据需要修改。

悬臂梁施工在两侧同时进行，高达120m的辅助墩，由于使用了大量的钢部件，导致大量的监测工作甚至荷载都进行了重新试验。

1975年，LAP代表承包方被授予莱茵河桥梁（图A6）建设奖和施工企业金奖。最开始我负责这个桥的监理，直到去美国为止代表帕斯科—肯那威克桥做监理。在这座桥中，自行设计的模板中采用了600m长的混凝土梁。靠近桥塔处的拉索，则用钢管锚固并现浇进入梁中。在最后跨度的模板搭设过程中，经过很多次核查，发现塔偏离轴线25cm。

图A5　内卡峡谷桥

图A6　德国佛莱埃莱茵河大桥

1990年德国重新统一后，我又回到德国继续从事桥梁设计。一座位于西吐列城附近的篦板桥，其作为萨克森高速路的一部分（图A7），莱昂·哈特教授在大量桥墩的保存上取得了很大的成就，主要是由于这些桥墩都是1930年在他的监理下建成的。尽管人工夯实的混凝土强度比当前规范所规定的强度要低，但是它对应的应力也很小。新的双组合塔在辅助墩侧建成，旧的桥梁拆除后，向一边倾倒。用这样的方法，在德国必要的全面建设期间，宽度减小的四车道仍然保持开放。

波罗的海海岸高速路上也需要有一座能跨越瓦尔诺峡谷的桥，如图A8所示。我努力地试着为LAP赢得这次设计标，要是当时我能在斯图加特生活30年后仍然会说德国北部的方言就好了，后来我们确实中标了，并且我参与了现场的几乎所有会议。主跨跨中混凝土主梁在70m内发生了变更，且主跨两侧分别被加宽，当时主要是为了避免海狸与桥墩相撞。

图A7 德国Sieveblehn Mulden大桥

图A8 瓦尔诺峡谷桥

连接柏林A100和A113高速路的新克尔思三桥，按要求需要设计为无交叉的桥。因此由6个连续混合梁和5个不同层次下的隧道结构组成，如图A9所示。四周双拱形跨越布里茨桥也被设计建成，其中心拱轴线单独存在。从美学的角度来看，如图A10所示，桥面板横梁在桥面宽度上保持连续，因此出现了一拱三面形态。

图A9 德国柏林三角交叉的高速路桥

图A10 德国柏林布里茨拱桥

国外斜拉桥

核心任务：结构工程。

1972年，我从南非回到德国，莱昂哈特教授在不断寻找与国外项目之间的合作。最初他起草初步设计方案，而我只负责计算。

早期的例子中，如横跨美国华盛顿太平洋西北部靠近西雅图的哥伦比亚河的帕斯科—肯

图 A11　美国. WA. 帕斯科—肯那威克桥

那威克桥，如图 A11 所示。向当地一个咨询顾问阿维德寻求意见，莱昂哈特设计了一个主跨为 300m 的斜拉桥，在当时是破纪录的。而我则被委托进行设计，最开始在斯图加特，后来 1976 年间在华盛顿州的省会奥林匹亚。那时我们已经完成了详细设计方案和最后的建筑工程部分，包括施工设备等。

之所以选混凝土梁，主要是因为西海岸的钢材价格波动很大，并且当时美国承包人并没有打算建跨度超过 150m 的需要使用悬臂梁法进行施工的桥。因此使用重量可达 270t 的大型预制构件已经是一个非同寻常的设计，在这之前美国并没有这样的先例。

主塔用爬模式施工方法进行现场浇筑。塔柱之间的主梁初始节段通过脚手架进行现场组装。预制构件长 8.2m，宽 24.3m，相当于拉索的距离，通过现场附近相邻的构件逐渐修建而成。悬臂法顶部的液压提升机需要固定到塔上，这样能够避免主梁超载。

尽管 1976 年的访问很短暂，它使我意识到我必须要监督整个详细设计。因此，奥林匹亚的工程被放置了一年。我给妻子梅格认真地解释，然后她带着六个星期大的儿子在两个星期后到达了美国。在这期间，我租了一个家具齐全的房子，并从同事那里借了些婴儿设备，很快我们适应了这里的生活，并结交了很多的朋友。作为一个专业的翻译，语言对梅格根本不是问题。

对我而言，独自领导一个美国人的团队并不容易，尤其是我之前并没有完成这类似的建筑工程施工。在和同事去阿根廷布诺艾斯埃斯短暂的拜访中，因为赖纳索尔有过阿根廷—布拉索—拉哥桥的实践经验，他给我提出了很有价值的建议。

在投标文件里，我们提出了包括施工设备在内的一个优化的施工方案。在德国，建筑工程本身由承包人来处理，但是在美国，承包人并没有他们自己的设计所，也没有在这方面有经验的咨询顾问，于是他们决定由我们来负责完整的桥梁结构设计和施工。

由于当时落后的计算机技术，使得建筑工程的计算出现了很大的困难。很难计算出有 2 ×72 根拉索和对应数量的超静定结构。加载阶段，初始系统中永久荷载必须手算，这是因为当时唯一可用的结构设计程序并不能提供能够定义足够小数位数(拉索收缩矩阵在主对角线上并不占主导，且得出的结论在数值上也是不稳定的)。

在不同系统里得到的力并不能简单地求和，因此在所有施工环节都需要手算。计算机自身的计算都是在麦克唐纳—道格拉斯飞机制造厂的数据处理中心夜间计算出来的。通常，一个施工环节需要计算一天，然后在西雅图将结果打印出来，并通过信息服务传到奥林匹亚。

桥梁施工的几何尺寸由工厂预制，拉索和预制构件都有固定的长度。梁主要通过在塔两侧用悬臂法施工而成。最后一个预制构件的提升如图 A12 所示。工程施工在梁中心合龙后，拉索要在不受力的情况下进行监控。

从初始设计到详细设计，从工程施工到现场控制，你会发现如此不同寻常的桥实在令人振奋。莱昂哈特教授认为，把我从一个初学者单独送到美国去监理拥有世界纪录跨度的斜拉桥设计,这本身就是一种鼓励。

图 A12 最后一个预制构件的提升

竞争下的发展

1978 年,横跨美国亨廷顿附近的奥欣河的大桥竣工完成。美国联邦高速路管理局在基础已修建完后对桥的设计进行招标,其中的两种设计方案:一种是钢截面,另一种是混凝土截面。由此拉开了桥梁设计招标的序幕,并打破了承包人只接受一种桥设计方案的格局。

和咨询顾问阿维德一样,我们的任务是设计自重很大的混凝土斜拉桥,主跨 270m,且只有一个主塔,目前只有钢斜拉桥存在单塔的情况,如图 A13 所示。我们设计了一个混凝土为 B60 的柔性 A 形塔,这在当时很少见。此外,主梁上的横梁采用钢组合构件,这样可以减轻重量,如图 A14 所示。我们的设计标费用明显比钢梁斜拉桥设计方案低,且桥上的预应力构件采用浮吊进行提升。

图 A13 美国亨廷顿桥

图 A14 预制构件的运输

1980 年,一辆货运船撞击了美国佛罗里达坦帕附近的日照桥,如图 A15 所示。由 LAP 设计的另一套钢梁设计方案中标。于是妻子梅格开始打包行李,我们搬到了坦帕。我们的两个 3 岁和 5 岁的孩子,已经开始上幼儿园,他们刚刚适应了这里的生活。这一次,两个同事和我一起在格雷钠工程办公室工作,主要为了和珍穆勒的混凝土设计方案相竞争,为此我们提出了以下设计准则:考虑到现场无法进行焊接,所有结点都是封闭的,并由保护层和高强螺栓所覆盖。

图 A15 美国日照桥

(1)正交桥面板成本太高,而未张拉的预应力钢筋桥面板更经济。

(2)钢箱梁截面成本很高,相比之下敞口式正交梁截面更占优势。

(3)拉索与主梁直接连接。

(4)昂贵的接头比节省的钢成本要高,其可避免主梁纵向上内部荷载的分布。

因此我们提出了菱形塔设计,这样可以

和混凝土中心塔相匹配。

由于沿桥长方向地基会产生附加成本,所以我们并没有中标。但是我们提出的设计准则说明是比较创新的,如今仍然在全世界被使用,包括德国。尤其是在使用期,极限拉应力也不能被忽略。

在这之后,我们和斯维尔德鲁普一起设计了美国密西苏里伯灵顿横跨密西西比河的斜拉桥,如图 A16[7] 所示。在这个项目中,我们团队同时提交了钢结构和混凝土结构设计方案,最后混合结构方案被采纳。

图 A16　美国密西苏里伯灵顿大桥

阿根廷的萨拉特和布拉索两个城市之间的巴拿马运河桥于 1980 年竣工。它的桥墩需要防止船只的碰撞,而我们发现并没有综合的设计规范规定类似的设计[8]。于是我们开始着手研究船只的冲击力对刚性墙的影响,为桥墩防止撞击奠定了基础。根据前者的研究成果,我们对其撞击测试结果进行了评估,该撞击测试是在德国由格哈德沃以信指导下为核能船只设计准备而研究。最终的结果是:撞击力随着船只尺寸的平方根而增加,并且在范围内变化,并主要取决于船只的弓形结构,如图 A17[8] 所示。这个相关性在世界范围内都得到了应用,尤其在 75% 的简化计算中。

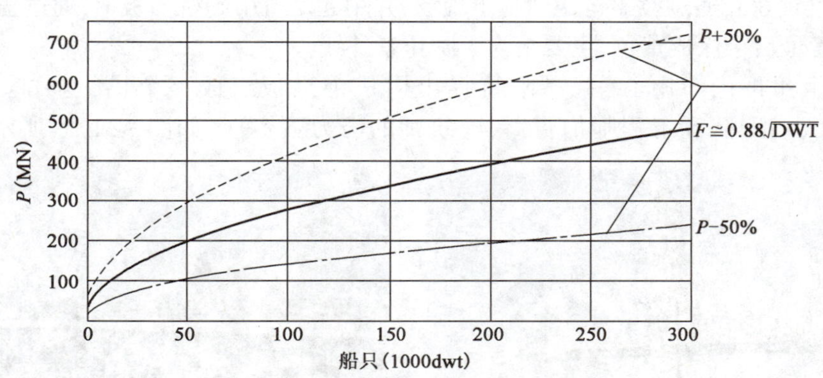

图 A17　Svensson 得到的船只尺寸影响函数关系式

旧的阳光高架桥是由船舶碰撞破坏的,正如上面提到的,新的桥梁的碰撞保护特别彻底,图 A18。这座人工岛基础周围的塔对于船只来说很遥远,除此之外,还增加了海豚状防撞结构。圆形管桩被焊接在一起,用少量混凝土填充,然后用 1.5m 厚的混凝土覆盖。安装了较小的木质防撞垫板,较重的碰撞可能会使海豚防撞结构损坏,所以在那附近阻止船舶运行。

美国的桥

在1984—1986年间,美国设计了大量的斜拉桥。每一次都是我们刚适应的时候,梅格又开始打包行李搬家。这一次,孩子们简单地熟悉了他们的英语知识,并分别在美国当地学校上了一年级和三年级,在那里他们很快融入集体并且成绩优异。一段时间以后,他们的口音都和当地人一样了。

在未中标的设计案例中,我们和格雷钠工程团队都提出了钢结构设计方案。在美国得克萨斯州的贝城桥(图A19),主跨381m,航运净高53m。这座桥异常宽,有八个车道再加全路肩。我们发现在两个独立的梁上用4个拉索面是最经济的解决方案。而在塔上,我们采用了菱形塔,它能够承受横向风荷载下引起的拉力和压力,并传递到地基。主梁设计遵循我们在日照桥中提到的设计准则。混凝土方案与珍穆勒的方案相对立,这为我们尽可能地节省材料并赢得了工期。塔高134m,水平宽度2.1m,保护层厚度仅为30cm,这一次我们中标了。

图A18　设有防船撞击的日照桥

图A19　贝城桥

在塔的两侧,悬臂法施工而成的两个独立梁相互平行。为了抵抗飓风,他们会暂时被连接到塔基上,如图A20所示。事实上,在施工阶段飓风会直接穿过桥而不会引起破坏,而每年几乎都有一次飓风穿过。

截面钢梁重60t,通过驳船运送到施工现场,并用起吊机吊到桥面板上,通过盖板和高强螺栓连接,PE管最后被涂成黄色,主要是为了防止紫外线。

在俄亥俄州哥伦布中心,莱昂哈特提出用三个拱板组成一个拱,这样会降低成本。他的理念在我们团队和工程师伯吉斯、建筑师的努力下实现,如图A21[10]所示。

图A20　临时搭有系梁的悬臂梁施工

图A21　美国俄亥俄州哥伦布宽街桥

在跨越塞文河的桥梁设计中,1992年美国在全国范围内进行设计招标,竞争相当激烈。为了与著名的海军学院建筑风格相协调,我们团队和格雷钠提出了一个相当简单的连续梁设计,并在众多的复杂设计,如拱和斜拉桥等竞争中获得了第一名。如图 A22 所示为安纳波利斯桥。

图 A22 美国安纳波利斯桥

欧洲的桥梁设计

1990 年挪威所有居住在岛上的居民都想通过一个桥或者隧道与大陆上的居民取得联系,海格兰德的莱比锡乔迪靠近北极圈,需要主跨为 425m,梁宽仅为 12m 的桥去缓解预期的交通。我们和挪威的顾问奥斯—雅克布森一起,设计了一座混凝土斜拉桥,梁高仅为 1.2m,如图 A23 所示,长细比在竖直方向和水平方向上分别为 1:354 和 1:35。

设计主要问题在于 250km/h 的特大暴风雨作用下,紊流强度可达到 25%。对于这个桥而言,从初始设计到详细设计,从工程施工到监理的每一个步骤,都由我们亲自把关。和帕斯科—肯那威克桥一样,工程师们对这座桥很满意。科瓦奇博士研发了计算机设计方法,确保了 210m 主跨在悬臂法施工过程中的空气动力稳定性,如图 A24 所示。假定特大暴风雨只在施工阶段出现,并和预期一样稳定。到目前为止,海格兰德桥是我们最大胆的设计。

为了跨越利文峡谷,我们和来自格拉斯哥的 Babtie 一起设计了一座混凝土斜拉桥,如图 A25 所示。通过脚手架完成钢筋混凝土梁浇筑[14]。

桥的监理

为了能够成为一个独立的监理工程师,且同时能在国外进行设计和施工,我在很多国家都参加了专业考试。

1985 年,我在美国佛罗里达州参加了 2 个 8 小时的背靠背考试,后来这个考试扩大到了 12 个州;在加拿大和英国甚至香港都参加了注册类的考试。其中英国和美国的注册考试在有着盎格鲁—撒克逊工程传统的国家中都得到了认可,如中东国家和远东地区。这类注册考试要求监理工程师的签名和印章在实际施工的图纸上需要同时出现。

图 A23 挪威海格兰德桥

图 A24 自由悬臂法施工

1980 年后期,我们和格雷钠一起中标了亚利桑那州靠近菲利克斯罗斯福河的拱桥监理和施工标,这座桥主跨为 325m,混凝土组合梁,如图 A26[15] 所示。承包方最开始认为悬臂法施工存在很大的问题,我们给予了很大的帮助,于是我们的工程师仅仅在这个施工现场就花费了 2 年的时间。

图 A25 苏格兰利文峡谷桥

图 A26 罗斯福桥(带辅助墩悬臂法施工)

E6 是哥德堡和奥斯陆之间跨越挪威和附近边界上越过斯维纳松德的 4 车道桥,航运净高 170×70m。它要求拱被固定在一个很高的坡度上,中心拱由 2 个正交钢梁组成,混凝土拱由悬臂法施工而成,而钢梁则从两边向中心逐渐起吊安装,如图 A27 所示。

瑞典西海岸主跨为 1210m 的高海岸大桥(图 A28),是世界上最大的悬索桥之一,主索由预制的钢绞线逐个锚固在岩石中。

中国上海的杨浦大桥将旧上海和浦东新区连接起来(图 A29)。这座桥于 1994 年由世界银行贷款而建成,并由我和美国还有日本工程师组成的监理团队担任监理。在整个施工过程中以及直到现在,这座桥最长的组合跨仍保持着世界纪录。中国工程师根据他们的工艺水平采用了平行拉索、混凝土 A 形塔和组合梁截面。在整个过程中没有发现任何设计瑕疵。浦东的发展是突破性的。在 1990 年早期,这附近还在放牛,然而如今,一系列的摩天轮及著名的电视塔在这附近出现。

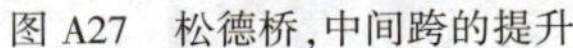

图 A27 松德桥,中间跨的提升

图 A28 瑞典高海岸桥

在瑞典,我负责了几座桥的监理。以主跨为 414m,横跨哥德堡附近的日照松德的乌德瓦拉桥,梁是开口的钢梁,混凝土面板则由预应力面板组成。如图 A30 所示。

图 A29 中国上海的杨浦大桥

图 A30 瑞典的乌德瓦拉桥, 横跨 Sunningesund

横跨梅海的大桥主跨 130m,如图 A31 所示。钢梁从辅助墩开始施工,桥面板现场浇筑。在安装平行拉索时,辅助墩会被移除。

1985 年对外开放的滨城桥,连接马来西亚大陆和滨城岛,如图 A32 所示。主跨是一个混凝土斜拉桥,跨度 225m。我们在这座桥上研究了桥的稳定性,因为新的活载必须要满足四种不同的国际规范,结果我们提出在塔的主梁处安装轴承支座。

图 A31 梅海大桥

图 A32 马来西亚滨城桥

温哥华跨越安娜西斯河的金耳形大桥,主梁是一个组合梁,如图 A33 所示,我们代表加拿大桥梁权威对桥在施工和竣工阶段进行监理验收。出现的主要问题是地震和不良的地质条件。它们会引起较大的桥墩沉降位移,为了考虑这些问题,需要安装可以调节的支座[16]。

图 A33 加拿大金耳大桥

加入规范委员会

1980 年中期，美国后张预应力协会要求制定关于斜拉桥的规范。由于我对 LAP 的贡献，因此被推荐参与《拉索设计、试验和安装》规范的编写，到现在这部规范已经更新了好几个版本[17]。

联想起在阿根廷的萨拉特—布拉索大桥的防船撞击试验，我提出了一个来计算冲击力的公式，而这个冲击力只与船只尺寸有关。如今，这个公式仍然适用。在这个工作基础上，我被任命为国际桥梁和结构工程协会船只撞击委员会[18]的成员、美国海事局[19]成员和美国国有公路运输管理员协会桥墩保护协会成员[20]。

我把欧洲关于混凝土箱形梁的设计和部分施工贡献给了交通运输委员会（TRB），后来它在 AASHTO 中提出了明确的箱形梁设计规范的具体规定[21]。

目前的项目

2010 年，我担任了 LAP 的执行理事，而我负责的几个项目还没有竣工。

跨越贝尔格莱德附近多瑙河的贝斯科大桥，是诺维拉德到贝尔格莱德的一部分，如图 A34 所示，总长 2.2km，主桥由三跨箱梁组成，采用自由悬臂法施工。引桥采用顶推法施工。我们建议阿尔卑斯建筑控股的合作企业在标书上标明详细设计方案，包括工程的施工。

艾达齐冈桥也是一座跨越萨瓦河的桥，主跨 375m，单跨梁宽 45m，使得它成为欧洲最大的柔性桥，如图 A35[22]所示。200m 高的柔性塔允许塔柱外两个铁路轨道和塔柱间每侧三个行车道同时运行。主跨采用箱形梁，边跨采用混凝土梁。初始设计时并不是由桥墩支撑，而仅由拉索支撑。在这个桥中，我们建议槟岛建筑控股的合作企业同样进行详细设计和工程的施工。

图 A34 塞尔维亚 New Beska 大桥

图 A35 塞尔维亚萨瓦桥(悬臂法施工)

杰纳布桥是印度喜马拉雅山　格德拉和劳勒之间新建的铁路线,图 A36 中钢梁由桥墩支撑,两个钢拱跨度为 465m,且两个拱均为箱形梁。竖直方向上通过拉索,水平方向由桥面板进行连接。钢箱梁由混凝土填充,主要是为了提高耐久性和空气动力稳定性。详细设计由埃菲克斯基础设施有限公司代表康坎铁路公司负责。刚开始施工时,工期就被推迟了,这在印度来讲很罕见。

金角桥为跨越俄罗斯远东地区海参崴的内陆城市桥,它将城市的两部分连接在一起,主跨 736m 是钢梁,边跨为混凝土梁,如图 A37[25] 所示。V 形混凝土塔设计没有横梁,使得桥的建筑设计是独一无二的。但是它需要有特殊的考虑,如塔和拉索的振动。我们给俄罗斯 Giprostroymost 顾问提供建议并对塔的详细设计进行监理。

图 A36　印度跨越杰纳布河的铁路桥

图 A37　俄罗斯跨越金角河桥

17.6km 长的跨越波罗的海 Femer Belt 海峡的桥将会代替目前的摆渡连接[23]。一个隧道和桥的相互交替被不断地研究,主桥由 3 跨组成,每跨 724m,加上边跨全长 2414m,如图 A38[12] 所示。船只通过最外跨进行航运,最内跨有足够的安全距离。双层桁架在桥中心处到固定端是连续的。

新福恩公路桥招标设计由 5 跨斜拉桥组成。在中间跨的跨中,拉索重叠在一起主要是稳定核心塔,如图 A38、图 A39 所示。中跨度荷载因此在相邻跨度上产生压力,这个系统中,如果梁的刚度足够,则是合理的。我们正在和豪赫蒂夫公司的顾问一起做详细设计。

2008 年秋,我被通知去俄罗斯西伯利亚给俄罗斯的顾问马苏里斯克在初始设计的 Russki 大桥上提出意见,如图 A40[25] 所示。我们讨论了空气动力特性,尤其是在拉索振动的预防上。这座桥创造了 1104m 跨度的新纪录,在 2012 年对外开放。

总结

我非常感激我在 40 年的职业生涯里实现了设计桥梁的梦想。莱昂哈特教授让我参加了很多重要性桥梁的设计,这对我的设计认知起到了很大的作用。同时,我也很感激我的合作伙伴,同时从他们身上我学会了很多,并且他们也给予了我很大的帮助。大桥不是一个人能完成的,往往是一个团队努力的结果。而设计的先决条件是对客户要有信心,这样完成的项目才会让人有很强的成就感。

图 A38 横跨波罗的海的 Femer Belt 桥

图 A39 苏格兰新福恩公路桥的设计

图 A40 Russki 大桥,主跨 1104m(2012)

参 考 文 献

[1] Svensson, H. : Holger Svensson. In: Klaus Stiglat (Publ.): Bauingenieure und ihr Werk. Ernst & Sohn, Berlin 2004, pp. 404-415.

[2] Svensson, H., Wange, G., Korte, R.-P., Eilzer, W. and Humpf, K. : Entwurf und Ausschreibung der Autobahnbrücke Siebenlehn. Beton- und Stahlbeton 92 (1997), pp. 29-36.

[3] Svensson, H., Foth, E., Burkhardt, H.-G. and Fischer, M. : Neubau der BAB A 113 (neu), Entwurf, Ausschreibung und Vergabe des Neuköllner Autobahndreiecks und der Bogenbrücke über den Britzer Verbindungskanal. Stahlbau 69 (2000), pp. 823-832.

[4] Leonhardt, F., Zellner, W. and Svensson, H. : Die SpannbetonSchrägkabelbrücke über den Columbia zwischen Pasco und Kennewick im Staat Washington, USA. Beton-und Stahlbetonbau 75 (1980), Vol. 2,3,4.

[4a] Leonhardt, F., Zellner, W. and Svensson, H. : The Columbia River Bridge at Pasco-Kennewick, WA, USA. FIP Eighth Congress Proceedings, 1978.

[5] Zellner, W. and Svensson, H. : Mitarbeit an der Planung von Schrägkabelbrücken in den USA. In: VBI (Editor) Konstruktiver Ingenieurbau. Ernst & Sohn, Berlin 1985, pp. 87-95.

[6] Saul, R., Svensson, H., Andrä, H.-P. and Selchow, H.-J. : Die Sunshine Skyway Brücke in Florida-Entwurf einer Schrägkabelbrücke mit Verbundbau. Die Bautechnik 61 (1984), pp. 230-238, 305-309.

[6a] Svensson, H., Christopher, B. G. and Saul, R. : Design of a cable-stayed composite bridge. Journal of Structural Engineering, (ASCE), 1986, pp. 489-504.

[7] Svensson, H. and Humpf, K. : Die Schrägkabelbrücke über den Mississippi bei Burlington, USA. Stahlbau 63 (1994), pp. 193-199.

[7a] Svensson, H. and Petzold, E. : The cable-stayed bridge over the Mississippi at Burlington, USA, Strait Crossings 94, Balkema, Rotterdam, 1994, pp. 239-246.

[8] Saul, R. and Svensson, H. : Zum Schutz von Brückenpfeilern gegen Schiffsanprall, dargestellt am Beispiel der Brücken Zárate-Brazo Largoüber den Paraná, Argentinien. Die Bautechnik (1981), pp. 326-335, 374-388.

[8a] Saul, R. and Svensson, H. : On the theory of ship collision against bridge piers. IABSE Proceedings P-52/82, 1982.

[8b] Saul, R. and Svensson, H. : Means of reducing the consequences of ship collision with bridges and offshore structures. IABSE Introductory Report, Copenhagen 1983, pp. 165-179.

[9] Svensson, H., Hopf, S. and Humpf, K. : Die Zwillings-Verbundschrägkabelbrücke über den Houston Ship Channel bei Baytown, Texas. Stahlbau 66 (1997), pp. 57-63.

[9a] Svensson, H. S. and Lovett, T. G. : The twin cable-stayed composite bridge at Baytown, Texas. IABSE Symposium Mixed Structures, Brussels, 1990, pp. 317-322.

[9b] Svensson, H. : The twin cable-stayed Houston Ship Channel Bridge. The Structural Engineer (IStructE), March 1992, pp. 13-20.

[10] Svensson, H., Humpf, K. and Hopf, S. : Die neue Broad-StreetBrücke in Columbus, Ohio, USA. Beton- und Stahlbetonbau 89 (1994), pp. 192-196.

[11] Svensson, H., Eilzer, W. and Patsch, A. : Die neue Straßenbrückeüber den Severn River bei Annapolis, USA. Stahlbau 66 (1997), pp. 64-69.

[12] Svensson, H. and Hopf, S. : Die Spannbeton-Schrägkabelbrücke Helgeland. Beton-und Stahlbeton 88 (1993), pp. 247-250, 279-281.

[12a] Svensson, H. and Hopf, S. : The concrete cable-stayed Helgeland Bridge, Norway. Proceedings of the ACI Spring Convention, Washington, DC, 1992.

[12b] Svensson, H. and Jordet, E. : The concrete cable-stayed Helgeland Bridge in Norway. Civil Engineering (ICE), Vol. 114, May 1996, pp. 54-63.

[13] Svensson, H. and Kovács, I. : Analytische aerodynamische Untersuchung der Schrägkabelbrücke Helgeland. Beton-und Stahlbetonbau 98 (1994), pp. 149-153, 201-203.

[13a] Kovács, I., Svensson, H. S. and Jordet, E. : Analytical aerodynamic investigation of the cable-stayed Helgeland bridge, Journal of Structural Engineering ASCE, Jan 1992, pp. 147-168. .

[14] Svensson, H., Humpf, K. and Straub, W. : Die River Leven Stahlbeton-Schrägkabelbrücke. Beton-und Stahlbetonbau 100 (1996), pp. 127-131.

[15] Svensson, H., Humpf, K. and Roesler, H. : Die Montage der Bogenbrücke über den Roosevelt Lake. Der Stahlbau 60 (1991), pp. 131-138.

[16] Heerdt, M. : Golden Ears, Vancouver-Extradosed-Brücke in effizienter Verbundbauweise. Deutscher Beton-und Bautechnik-Tag, May 2011, pp. 39-40.

[17] Recommendations for Stay Cable Design, Testing and Installation. PTI Guide, Specification, 4th Edition 2001.

[18] Larsen, O. D. : Ship Collision with Bridges. IABSE: Structural Engineering Documents, 1993.

[19] Ship Collision with Bridges. Marine Board, National Research Council, Washington DC, 1983.

[20] Guide Specification and Commentary for Vessel Collision Design of Highway Bridges. US Department of Transportation, FHWA, 1990.

[21] Design and Construction Specification for Segmental Concrete Bridges. PTI 1988. AASHTO Interim Specifications.

[22] Steinkühler, M., Minas, F. and Hopf, S. : Ein neues Wahrzeichen für Belgrad: Schrägseilbrücke mit 200 m hohem Pylon in Belgrad, Serbien. Deutscher Beton-und Bautechnik-Tag, May 2011, pp. 93-94.

[23] Lykke, S., Jönsson, U. and Christensen, H. : Fehmarnbelt Fixed Link-Status Report Dezember 2010. Deutscher Beton-und Bautechnik-Tag, May 2011, pp. 43-44.

[24] Carter, M., et al. : Forth Replacement Crossing. IABSE Bangkok, 2009.

[25] Kolyushev, I. : Two cable-stayed bridges in the east of Russia. Bridge Symposium Leipzig, 2010.

编委会

资料提供

河南省文物局
郑州市文物局
开封市文物局
洛阳市文物局
平顶山市文物管理局
安阳市文物管理局
鹤壁市文物管理局
新乡市文化广电新闻出版局
焦作市文物局
濮阳市文物局
许昌市文化广电新闻出版局
漯河市文化广电新闻出版局
三门峡市文物局
南阳市文物局
商丘市文物局
信阳市文物管理局
周口市文化广电新闻出版局
驻马店市文化广电新闻出版局
济源市文物管理局
巩义市文物和旅游局
兰考县文广新局
汝州市文物局
滑县文化旅游广电新闻出版局
长垣县文化广电旅游局
邓州市文化广电和旅游局
永城市文物旅游管理局
固始县文化广电和旅游局
鹿邑县文化广电和旅游局
新蔡县文化旅游广电新闻出版局
郑州市古荥冶铁遗址博物馆
中国社科院考古所安阳工作站
中国社科院考古所洛阳工作站
河南省文物考古研究院
河南省文物建筑保护研究院
郑州市文物考古研究院
开封市文物考古研究院
洛阳市文物考古研究院
平顶山市文物局文物工作队
安阳市文物考古研究所
鹤壁市文物工作队
新乡市文物考古研究所
焦作市文物考古研究所
濮阳市文物保护管理所
许昌市文物考古研究管理所
漯河市文物考古研究所
三门峡市文物考古研究所
南阳市文物考古研究所
商丘市文物考古研究院
信阳市文物考古研究所
周口市文物考古管理所
驻马店市文物考古管理所
济源市文物工作队
北京大学考古文博学院
郑州大学历史学院
河南大学历史文化学院

展览筹备组

主 办 单 位　河南省文物局　河南省文物考古学会

承 办 单 位　河南省文物考古研究院　郑州博物馆

支 持 单 位　中国社会科学院考古研究所　河南博物院

协 办 单 位　郑州市文物局　开封市文物局　洛阳市文物局
平顶山市文物管理局　安阳市文物局　许昌市文物局
三门峡市文化广电和旅游局　南阳市文物局
信阳市文化广电和旅游局　永城市文物局

参 展 单 位　中国社科院考古所安阳工作站　中国社科院考古所二里头工作队
郑州市文物考古研究院　郑州市大河村遗址博物馆
新郑市博物馆　开封市文物考古研究院
开封市博物馆　洛阳市文物考古研究院
洛阳博物馆　洛阳古代艺术博物馆
龙门石窟研究院　偃师商城博物馆
平顶山市博物馆　叶县文化广电和旅游局
安阳市文物考古研究所　许昌市博物馆
三门峡市虢国博物馆　南阳市文物考古研究所
城阳城遗址博物馆　永城市博物馆

展 览 策 划　贾连敏

展 览 统 筹　张慧明　刘海旺　张霆

展 览 文 案　李　宏

展览项目负责　郭春媛

展 览 制 作　汤　威　杨建军　刘　音

展 品 协 调　申永峰　汪培梓　张鹏林　黄亮亮

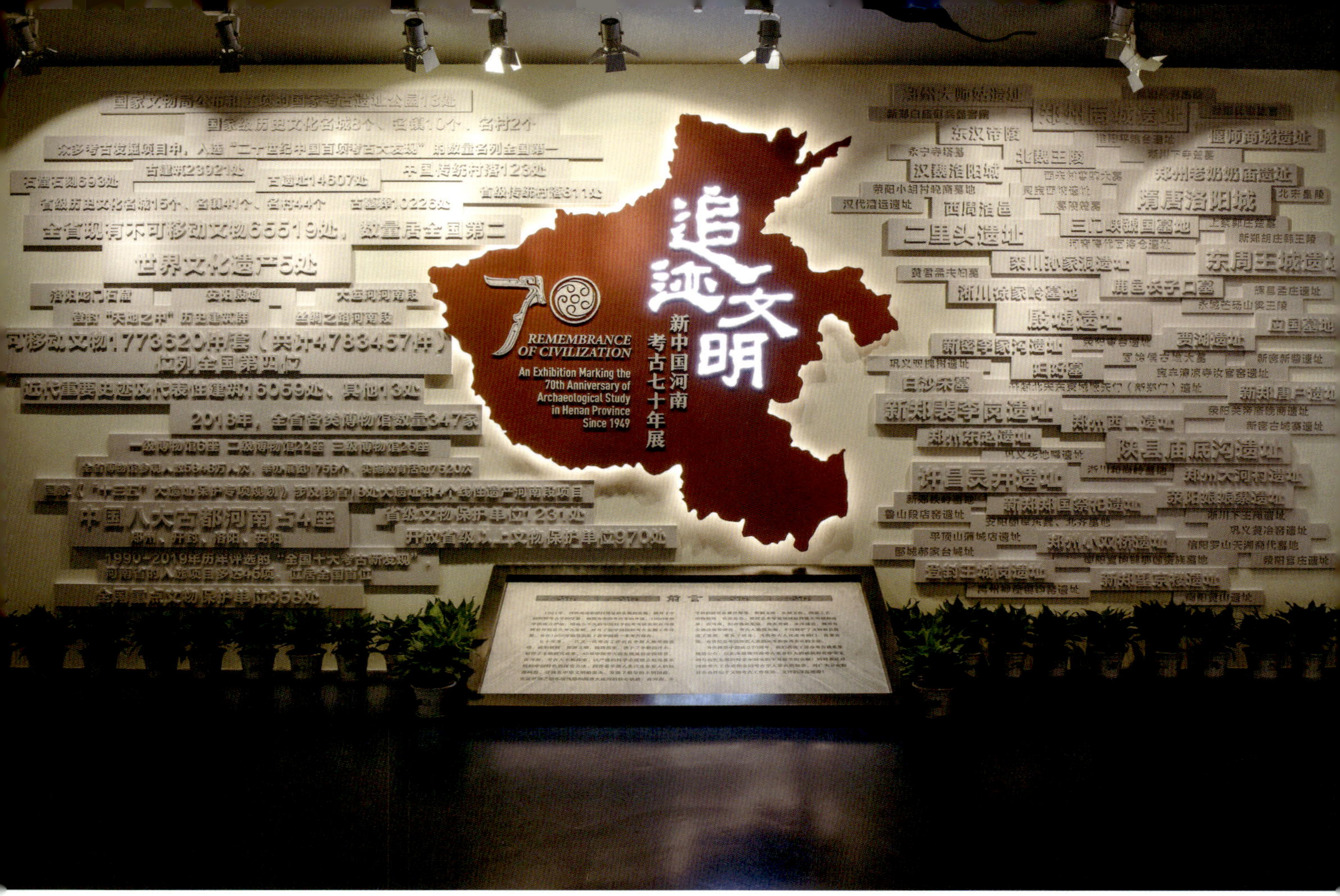
追迹文明
新中国河南考古七十年展
REMEMBRANCE OF CIVILIZATION
An Exhibition Marking the 70th Anniversary of Archaeological Study in Henan Province Since 1949
世界文化遗产5处
中国八大古都河南占4座
二里头遗址
殷墟遗址
东周王城遗址
隋唐洛阳城

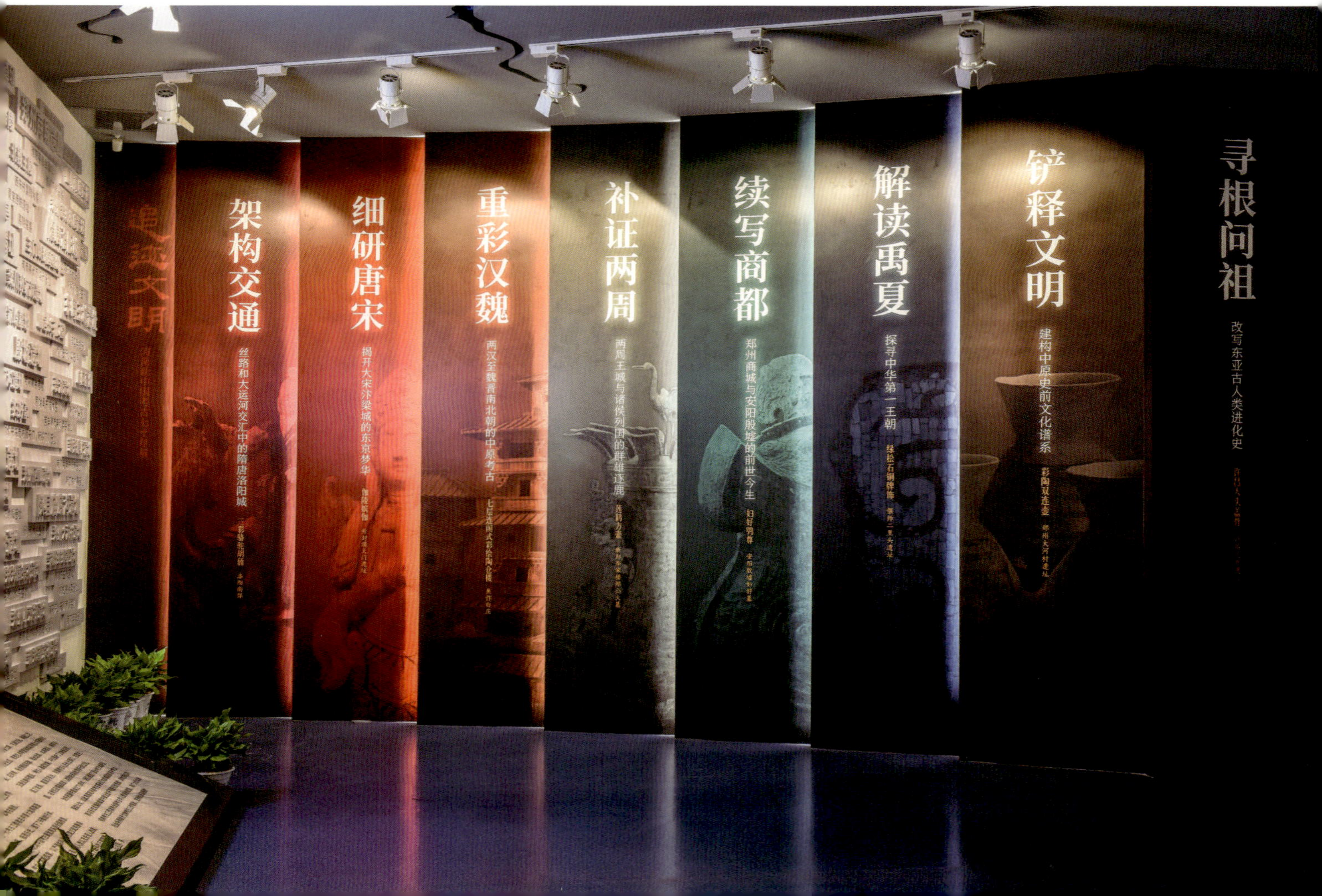
架构交通
丝路和大运河交汇中的隋唐洛阳城
细研唐宋
揭开大宋汴梁城的东京梦华
重彩汉魏
两汉至魏晋南北朝的中原考古
补证两周
两周王城与诸侯列国的群雄逐鹿
续写商都
郑州商城与安阳殷墟的前世今生
解读禹夏
探寻中华第一王朝
铲释文明
建构中原史前文化谱系
寻根问祖
改写东亚古人类进化史

序

中国考古学自河南省渑池县仰韶村发掘以来，经过战乱时期的风霜雨雪，在新中国成立后迎来了蓬勃发展的新时期。河南考古事业的发展是中国考古事业发展的一个缩影。

新中国的考古第一铲在河南省新乡市辉县开始，考古工作者在这里建立了新中国田野考古的范式，并出版了新中国第一本田野发掘报告——《辉县发掘报告》。自此，考古工作者在河南这片拥有灿烂文明史的土地上以高昂的热情投入到田野考古工作中，相继取得了众多重要发现和重大成果，如白沙宋墓、郑州商城遗址、庙底沟与三里桥、洛阳中州路、洛阳烧沟汉墓等，并以此确立了一系列断代标尺。

河南是中华文化多元一体格局形成研究中的关键区域，发现了大量史前和夏商时期文化遗址。作为中华文明形成和发展的核心地带，河南是多个国家层面考古学重大学术研究课题的研究重心所在，如夏商周断代工程、中华文明探源工程等，为各项学术研究提供了坚实的材料支撑。

长期以来，河南的考古工作坚持主动性研究性发掘，并且通过配合大量基建工程发掘发现了许多重要遗址，在旧石器时代、旧石器向新石器时代过渡阶段、新石器时代、夏商周文化时期，以及围绕人类与文明起源、区系类型、文化谱系等诸多方面取得了重要的研究成果，文物保护和科技考古等工作也得到了长足的发展。1990—2020 年，河南省入选“全国十大考古新发现”的项目多达 49 项，彰显出河南考古的重要地位，构建了中原考古学文化的完整序列。

为庆祝新中国成立七十周年，集中展示新中国河南考古和文物保护工作七十年来的丰硕成果和辉煌历程，2019 年 8 月 27 日至 11 月 27 日，由河南省文物局、河南省文物考古学会主办，河南省文物考古研究院、郑州博物馆承办的“追迹文明——新中国河南考古七十年展”大型主题展览在郑州博物馆开展。展览得到了中国社会科学院考古研究所的大力支持以及全省各地文物主管部门的大力协作，共有 23 家考古和博物馆单位联合参展，参展文物 1225 件（套），其中一、二级珍贵文物 196 件（套）。

“追迹文明——新中国河南考古七十年展”共分为“证史探源——河南考古助力国家重大课题”“启封文明——河南考古七十年重大发现”“惠及民生的河南考古”“走向未来的河南考古”四个部分。展览集中展示了新中国成立七十年来河南重大的文物考古发现和研究成果，如早年入选“二十世纪中国百项考古大发现”的重大考古项目安阳殷墟、郑州商城遗址、偃师二里头遗址、舞阳贾湖遗址等，以及近年来最新入选“全国十大考古新发现”的灵井“许昌人”旧石器遗址、栾川孙家洞遗址、安阳西高穴曹操高陵等。

为使展览的精彩内容更广泛地传播，使短时的展出长期留存，供更多的学界朋友学习研究，让更多的公众欣赏文物，了解河南考古，读懂中原文化，河南省文物考古研究院、郑州博物馆组织编辑出版了《追迹文明——新中国河南考古七十年》一书。本书在纪念中国现代考古学诞生一百周年之际付印出版，表达了对百年考古和考古人的致敬。

田凯

2021年3月

目　录

综　述

河南地处华夏腹地，自然地理环境优越，历史悠久，文化底蕴深厚，是中华民族的重要发祥地之一，是华夏文明诞生和发展的中心地区，是中华文明多元一体格局形成的关键地区，也是夏商文明的诞生地，在中华五千年历史长河中长期占据政治、经济、文化的核心地位。

自旧石器时代到明清时期，河南境内古代人类活动遗留的各种遗迹、遗物，数量多、种类全、蕴含信息量大，且遗产价值高、影响大，科学、艺术和历史价值突出，是研究中国古代文明起源、发展、繁荣的重要资料，也是中国古代文明多元一体化历史进程和民族文化发展的实物见证。

河南考古工作起步较早，众多考古前辈在河南开展了考古调查和考古发掘工作，为河南考古事业的发展奠定了坚实的理论、实践和人才基础。新中国成立后，河南考古事业迎来了大发展时期，各类学科体系逐步建立和完善，在配合国家大规模经济建设的同时，实施了诸多文物调查和田野考古发掘工作，获得许多重要考古发现及重大学术突破。

一、河南省文物现状

河南地处中原腹地，是中华民族和华夏文明的重要发祥地，是全国重要的文物资源大省。截至 2020 年，全省现有不可移动文物 65519 处，数量居全国第二，其中世界文化遗产 5 处（24 项），分别是洛阳龙门石窟、安阳殷墟、登封“天地之中”历史建筑群、大运河河南段和丝绸之路河南段，数量位居全国前列；全国重点文物保护单位 419 处，省级文物保护单位 1231 处；国家级历史文化名城 8 个、名镇 10 个、名村 2 个，省级历史文化名城 15 个、名镇 41 个、名村 44 个。中国传统村落 123 处，省级传统村落 811 处。开放省级以上文物保护单位 970 处；2016 年底，博物馆、纪念馆 305 座（一级博物馆 6 座，二级博物馆 8 座，三级博物馆 23 座）；可移动文物 1773620 件/套（共计 4783457 件），位列全国第四位；中国八大古都河南占 4 座（郑州、开封、洛阳、安阳）。

作为全国重要的文物资源大省，河南境内的古代聚落、都城遗址、帝王陵寝等大遗址分布密度令世人瞩目，因此，在全国的大遗址保护工作中，河南省承担了重要任务：“十五”末期，在国家确定的36处大遗址保护试点单位中，河南偃师二里头遗址、偃师商城、郑州商城、安阳殷墟、汉魏洛阳故城、隋唐洛阳城等6处大遗址位列其中。“十一五”期间，国家确定重点保护的100处大遗址中，河南占14处。“十二五”期间，在国家确立的150处大遗址保护新格局中，河南有16处大遗址被确定为重点保护项目，并有洛阳、郑州两大片区，长城、大运河、丝绸之路3条线性大遗址。至“十三五”时期，河南大遗址名单中又增加了舞阳贾湖遗址、淮阳平粮台遗址、三门峡庙底沟遗址3处，另有大运河、丝绸之路、长城、万里茶道4条线性大遗址，大遗址总数达到22处，数量居全国首位。

自2005年国家启动大遗址保护工作以来，在国家文物局和地方政府的重视和支持下，河南省坚持“保护为主，抢救第一，合理利用，加强管理”的文物工作方针，抓住机遇，围绕考古发掘研究、专项立法、保护规划编制、保护展示工程实施、遗址博物馆建设、考古遗址公园建设等重点内容，扎实推进大遗址保护工作，取得了初步成效。截至2020年，殷墟、汉魏洛阳故城、隋唐洛阳城、二里头、尸乡沟商城、邙山陵墓群、郑韩故城7处大遗址专项保护条例相继出台；出台专项法规、规章、规范性文件等近20部，涉及全省40余处大遗址。已列入国家大遗址保护规划的18处大遗址中，17处已完成或部分完成保护规划的编制，其中15部已经获国家文物局批准，14部已经由省人民政府公布实施；已完成大遗址保护展示工程近30项，国家大遗址保护专项经费投入约15.4亿元，地方财政用于大遗址环境整治、基础设施建设方面的配套资金投入近120亿元；已建成并对公众开放城阳城、定鼎门、宝丰清凉寺、二里头遗址博物馆等，郑州商代都城遗址博物院、贾湖遗址博物馆、淮阳平粮台遗址博物馆等正在建设；已经建成或部分建成国家考古遗址公园4处，国家考古遗址公园立项9处。

二、旧石器时代考古

1954年，驻马店市新蔡县进行治淮工程施工时在诸神庙一带发现了一些哺乳类生物化石，其中包含一件有人工环割切剁痕迹的鹿角，由此拉开了河南省旧石器时代考古的序幕。近七十年来，河南省内发现了诸多重要的旧石器时代遗址及古人类化石。如在豫西南的淅川、卢氏发现了古人类化石，南召发现了猿人化石，而且在南召小空山和西峡小洞都发现了古人类文化遗址；在豫西三门峡市水沟、会兴沟和灵宝营里发现了大量的旧石器；在豫中和豫北发现了荥阳织机洞、栾川蝙蝠洞、栾川孙家洞和安阳小南海几处旧石器时代的洞穴遗址，并出土了数以万计的石制品。尤其是灵井“许昌人”遗址的发掘与研究，已逐步为国内外学界所重视，其野外工作和初步研究成果，已成为国内旧石器考古的一个亮点。

2012年发掘的栾川孙家洞遗址同时出土了人类牙齿化石、石器和动物化石，首次在明确的地层中出土直立人牙齿化石，为研究东亚古人类演化和中国现代人类起源提供了依据。栾川龙泉洞遗址发现有灰烬、人类用火遗迹、石器、动物化石等，其时期位于现代人类进化的关键期，填补了东亚地区的研究短板。灵井“许昌人”遗址自2005年开始考古发掘工作以来，发现有人类头盖骨化石、牙齿、肢骨化石、各类石器、动物骨骼化石等遗物，对研究东亚古人类演化以及中国现代人类的起源具有十分重要的意义，其出土的微型鸟雕像被美国《考古》杂志评为“2020年世界十大考古发现”之一。

三、新石器时代考古

伴随着中国近代考古学的诞生以及中国第一个考古学文化——仰韶文化的命名，河南新石器时代考古拉开序幕。经过七十年的发展，河南的新石器时代考古工作取得丰硕成果，建立了较为完整的新石器时代考古序列，自裴李岗文化（公元前7000—前5000年），经仰韶文化（公元前5000—前3000年），至龙山时代文化（公元前3000—前2000年），在全省各地先后发现新石器时代遗址1000多处。河南境内这些新石器时代考古学文化作为中国史前时期考古学文化的重要组成部分，对中华文明的起源、形成和发展产生了极其重要的作用。

2009年发掘的郑州市新密李家沟遗址，发现距今10500年至8600年连续的史前文化堆积，其早期尚属旧石器时代末期的典型细石器文化，晚期则已经具备新石器时代的文化特征。这一新发现清楚地展示了中原地区从旧石器时代之末向新石器时代发展的历史进程，为认识该地区及我国旧、新石器时代过渡等学术课题提供了十分重要的考古学证据。

河南境内新石器时代中期文化主要是裴李岗文化，它是我国最早发现的这一时期文化的一支。新中国成立以来，河南新石器时代考古重要的成就和考古研究的主要内容之一，就是裴李岗文化的发现与研究。早在20世纪50年代末，裴李岗文化已被发现，但被归入仰韶文化而未能辨认，此后至70年代初又陆续有较多的发现，直到1977年裴李岗遗址的第三次发掘，以及新密莪沟、长葛石固等诸多遗址的发掘，才认识到其是区别于其他新石器文化的一个新文化，遂被称为裴李岗文化。2006—2007年发掘的郑州唐户遗址发现可以确认的裴李岗文化时期的房址、灰坑等遗迹，其中房址分布较有规律，是新石器时代早期聚落考古的重大发现，进一步丰富了裴李岗文化的内涵，对研究裴李岗文化时期的聚落形态，房屋建筑方式，特别是裴李岗文化时期的家庭组织结构，农业文明的起源等具有重大学术价值。贾湖遗址自1962年发现以来，先后经历了8次考古发掘，发现的重要遗迹数以千计，出土文物5500余件，发现大量动植物遗骸，其文化面貌反映出它是裴李岗文化重要的一支。这里发现的大批房基、墓葬、窖穴、陶窑以及大量的生产工具、龟甲、骨笛，对研究当时的聚落形态、生产力发展水平、酿酒工艺、埋葬习俗、龟灵崇拜、信仰等宗教意识具有重大意义。

中原地区新石器时代晚期文化主要为仰韶文化，该文化得名于 1921 年安特生主持的河南渑池仰韶村遗址的发掘。在我国史前文化当中，仰韶文化发现最早，出土资料最为丰富，学术界对其研究也较为深入，因而它在我国史前史研究中也占有相当重要的地位。考古发现与研究表明，仰韶文化分布地域广阔，包含河南大部、山西、陕西、甘肃、青海东部、内蒙古南部和湖北西北部地区，从早至晚呈现出明显的阶段性，同一时期不同地域的遗存还表现出比较突出的地域性特征。仰韶文化典型遗址有渑池仰韶遗址，陕县庙底沟、三里桥，灵宝西坡遗址，洛阳王湾，郑州大河村、西山，荥阳点军台、秦王寨，淅川下王岗，安阳后冈、大司空，濮阳西水坡等。陕县庙底沟遗址于 1956 年开始发掘，其文化遗存显示的特征确立了仰韶文化庙底沟类型，发现的庙底沟二期遗存属龙山文化范畴，为仰韶文化向龙山文化的过渡提供依据，证明了中原地区古代文明发展的连续性。灵宝西坡遗址是一处仰韶时代的大型文化遗址，为认识仰韶中期中心聚落的整体布局、埋葬习俗、社会结构等提供了重要资料。郑州大河村遗址历经多次发掘，发现有厚达 12 米的文化堆积层，包含有仰韶文化早、中、晚期遗存，遗迹、遗物十分丰富，该遗址发现的排房对于研究中国古代建筑史、探讨当时社会的组织结构以及婚姻、家庭形态具有重要意义。郑州西山仰韶文化城址是国内目前发现年代最早、建筑技术最为先进的早期城址，对探讨中国早期城市的起源、研究华夏早期文明的起源和形成及中原地区在其中所起的历史作用都具有非常重要的意义。淅川下王岗遗址发现了大量的仰韶文化房基、墓葬、陶窑和灰坑，其排房式建筑布局、排列有序的氏族群葬墓地和具有浓厚地方因素的生活用具，代表了南阳盆地仰韶文化遗存的地方类型，另外，下王岗遗址发现了丰富的仰韶文化、屈家岭文化、龙山文化、二里头文化、西周等不同时期丰富的考古学文化遗存，有利于各类不同时期历史变化性的综合研究。1987 年发现、发掘的濮阳西水坡遗址在仰韶文化第四层下清理出三组用蚌壳摆砌的龙虎等图案，造型独特、规模宏大、在仰韶文化考古中是首次发现。

龙山文化时期，河南地区已进入铜石并用时代。早期遗存以庙底沟二期为代表，其社会组织结构的分化进一步加剧。中晚期遗存以王湾三期和后冈二期为代表，普遍出现夯筑技术。在龙山时代晚期阶段，有的城址内发现有大型礼制性建筑，大部分地区已使用了铜器，其晚期阶段的社会性质已发生了根本性的变化，氏族制度逐步瓦解，开始向文明社会迈进。河南地区发现较多龙山文化时期的聚落遗址及城址，目前数量已达十余座，如郾城郝家台、淮阳平粮台、辉县孟庄、平顶山蒲城店、登封王城岗、新密古城寨、温县徐堡、博爱西金城、禹州瓦店等。

郾城郝家台城址发现了规模较大的排房建筑，并发现有铺设木地板的建筑，城内垫土高台大致可分为 8 排。淮阳平粮台城址是中国最早确认的新石器时代城址之一，经过长期的考古发掘，发现有排水管道系统、车辙痕迹及中轴线对称布局等，为研究早期城市规划、城市布局提供了材料。辉县孟庄遗址发现有夯土建筑基址，房基的居住面多经火烤或涂抹白灰。平顶山蒲城店遗址发现龙山文化和二里头文化两座城址，其中龙山文化城址保存状况较好，现存东、西、南三面城墙，城外有宽阔的护城壕。登封王城岗遗址发现有东西两座小城和大城，小城发现有大型房基、奠基坑等，大城发现有夯土城墙和城壕等，对夏文化和中国早期国家的形成有重要的研究意义。新密古城寨城址是中原地区规模较大、保存最好的龙山时代晚期城址，现存东、北、南三面城墙和南北相对两个城门缺口，在城内已揭露出大型夯土宫殿基址和廊庑式建筑基址，为探索夏文化提供了新的线索，为研究中国文明起源与国家形成提供了重要资料。禹州瓦店遗址进行过多次考古发掘，发现有以地面起建的大型建筑基址和奠基坑为代表的遗迹和以精美的陶酒器、陶列觚、玉鸟、玉璧、玉铲和大卜骨为代表的遗物，表明该遗址在龙山文化晚期具有较高的规格，从其年代和遗存特征看，有可能与钧台或阳翟有关，为研究早期夏文化提供了重要资料。

另外，河南境内大汶口文化和屈家岭文化遗存的发现，为研究我国黄河中下游地区之间以及和长江流域新石器时代文化之间的相互交流、相互影响提供了重要的实物资料。

四、夏文化考古

夏文化的研究一直是学术领域的研究热点，中国学者对夏文化的探索历程从未间断。所谓夏文化，是指夏王朝时期的夏族文化。夏王朝统治下的其他民族文化不属夏文化。夏文化只能是夏代的夏族文化，这基本上已是现今学术界的共识。目前关于夏文化研究尤其早期夏文化的探索，学术界尚有不同的观点和认识。有学者认为，河南龙山文化晚期遗存、新砦期遗存以及二里头文化同属夏文化。登封王城岗、新密古城寨、禹州瓦店等龙山时代晚期遗址为寻找早期夏文化提供了线索。

新砦期文化得名于新密新砦遗址第二期遗存，其为龙山晚期文化和二里头文化之间的过渡性遗存，早年被称为“二里头文化新砦期”，随着遗址多次发掘及其他新砦期遗址的发现与发掘，确认了“新砦期”遗存的存在，该时期的文化被命名为“新砦期”文化。发现的新砦期城址主要有新密新砦城址、平顶山蒲城店新砦期城址、郑州东赵新砦期城址等。新密新砦城址设有外壕、城壕、内壕共三重防御设施，中心区建有大型城址，城址内部发现有宗庙性质的大型建筑及加工骨器的手工业作坊区，反映出新砦城址的都邑性质。平顶山蒲城店遗址发现的新砦期城址，对探讨龙山晚期至二里头时期文化的突变提供了珍贵的研究资料，对于研究社会复杂化以及国家起源也有着重要的意义。郑州东赵遗址发现了新砦（小城）、二里头（中城）、东周（大城）三座城址，是中原乃至全国新石器时代末至青铜时代考古的重大发现，其中新砦期城址是目前国内发现的第三座该时期城址，同时也是嵩山以北地区发现的第一座新砦期城址，对于研究河南龙山文化至二里头文化的变迁、二里头城址对于研究二里头文化与先商文化关系及与郑州商城出现的关系等学术课题分别具有重要意义。

距今 3800 年前后，二里头文化的形成和崛起，在中原地区形成了更为成熟的文明形态，并向四方辐射文化影响力，成为中华文明总进程的核心与引领者。河南为二里头文化主要分布区域，境内二里头文化遗址数量众多，除典型的偃师二里头遗址外，重要的遗址还有新郑望京楼、渑池郑窑、洛阳东干沟、巩义稍柴、伊川南寨、郑州大师姑、郑州洛达庙，这些遗址为夏文化研究及早期夏文化的探索提供了大量珍贵材料。河南这一时期重要遗址的考古学研究，对于探索华夏文明的诞生、早期国家的形成等诸多重大学术研究具有重要的意义和价值。偃师二里头遗址从 1959 年开始发掘，发现了大型宫殿建筑基址、宫城城墙、铸铜作坊遗址、绿松石器作坊遗址等遗迹及青铜兵器、礼器、玉器等，被确认为夏朝中晚期都城遗址。新郑望京楼遗址发现了二里头文化、二里冈文化两座早期城址以及两城址外廓城的线索，二城位于同一地点为国内首次发现，对于探讨二里头文化晚期与二里冈文化早期两种文化更替、分界及早期中国城池建制、布局问题都具有重要意义。郑州东赵遗址二里头时期城址发现多条二里头时期环壕，为研究二里头文化时期偏早阶段聚落设防及规划提供新的研究材料。郑州大师姑夏代城址发现的二里头文化遗存集中在城垣和城壕以内，它的发现填补了郑州地区夏代城址考古的空白，为进一步研究我国古代的城市发展、夏代与国与社会结构乃至中国古代文明起源提供了珍贵的资料。

五、商代考古

河南是商王朝建都之地，商代遗存极其丰富，发现多处商代都城及聚落遗址，除安阳殷墟外，先后发现和发掘了偃师商城、郑州商城、郑州小双桥、洹北商城、焦作府城和荥阳关帝庙遗址等。偃师商城遗址有大城、小城、宫城三重城垣，布局严谨，发现有城墙、城壕、城门、府库、粮仓、排水系统手工业场所等遗存，被认为是夏商更替的界标。郑州商城遗址在城内东北部发现有多处大型夯土建筑基址，并在南城墙以外发现一道环绕南部城墙的外城墙及护城河，在内城与外城之间分布有冶铜、制骨、制陶手工业作坊等，另外还发现有青铜器窖藏、祭祀场地及墓葬区，青铜器窖藏以杜岭街（张寨南街）、向阳回族食品厂、南顺城街三处的发现最为出名，围绕郑州商城的性质，有“亳都说”及“隞都说”。郑州小双桥商代城址发现有大型夯土建筑基址、宫墙、大型祭祀坑、灰坑、墓葬等遗迹，出土有较多的陶器、石器、骨器以及一些青铜器，另出土有朱书陶文。洹北商城经勘探和发掘，发现有大城、小城、宫城，在宫城内已发现30余座南北成排、布局严整的单体夯土基址，洹北商城修建和使用年代早于商王武丁时期而晚于郑州商城白家庄期。

安阳殷墟遗址分布于洹河南北两岸，是商代晚期的都城遗址，是中国历史上第一个有文献可考、并为甲骨文和考古发掘所证实的古代都城遗址，历经多次发掘，发现有宫殿宗庙区、王陵区、族邑聚落遗址、家族墓地、铸铜遗址、制玉和制骨作坊等遗迹，出土了包括珍贵的青铜器、玉器和甲骨文在内的大批遗物，为研究商代历史积累了丰实的资料。其中以武官村大墓、小屯南地甲骨坑、妇好墓、殷墟花东甲骨坑、郭家庄大墓、花东54号墓等发掘最为引人注目。妇好墓是殷墟宫殿宗庙区内最重要的考古发现之一，也是殷墟科学发掘以来发现的唯一保存完整的商代王室成员墓葬，发现了大量青铜器、玉器、骨器等，其中鸮尊、玉凤、象牙杯等器物工艺精良，可见当时手工业水平已发展到较高水平。

焦作府城遗址为商代早期城址，文化遗物既与商文化有较多一致性，又有自身特征，故推测其当为商代前期商王朝西北方某一方国遗存。信阳罗山天湖商代贵族墓地、荥阳小胡村商代墓地、驻马店正阳闰楼墓地等晚商墓地出土了一批带有铭文的青铜器及玉器、陶器、海贝等遗物，对研究商晚期丧葬习俗、社会组织形式等具有重要的学术意义。荥阳关帝庙遗址是目前郑州地区正式大规模发掘的第一个商代晚期聚落遗址，保存完整的商代晚期聚落的发现及丰富的商代晚期文化遗存的大规模揭露，对了解该遗址的布局、功能，研究该遗址的聚落形态，探讨该时期的聚落结构、社会形态等，具有重要的意义。

六、两周考古

河南是两周列国图强争雄的中心地带，数年来，河南考古揭示出列国丰富多彩的文化。在城址考古方面先后发掘了洛阳东周王城、郑韩故城、虢都上阳城、荥阳娘娘寨西周城址、信阳城阳城址等。周成王时，周公东征，为控制东方地区营建洛邑，并迁殷顽民于成周。新中国成立以来，考古工作者在洛阳及其周边地区进行了大量的考古工作，发现洛阳林校西周祭祀遗址、洛阳北窑西周铸铜遗址、洛阳北窑西周墓地、洛阳东郊殷遗民墓地等，为寻找西周王城提供了线索。虢都上阳城址发现了城壕、宫城、宫殿，以及制骨、制陶、冶铜作坊和粮库等重要遗迹，印证了史料的记载，对研究虢国历史及西周晚期都城具有重要意义。虢国墓地发现了大量贵族墓地和平民墓地，出土的青铜器、玉器等遗物，为研究虢国历史和文化及西周时期国君殓玉制度提供了丰富的材料。荥阳娘娘寨西周城址是近年为配合南水北调中线工程建设发现的，发掘有城墙、城门、房基、夯土基址、墓葬、灰坑、水井、陶窑等各类遗迹，出土陶器、石器、骨器、小型铜器、玉器等大量遗物，是在郑州地区发现的第一座大型西周城址。荥阳官庄城址由内外两重城垣和一周外壕组成，在发掘区北侧还发掘出保存完好的春秋时期的贵族墓地，该遗址自西周至春秋时期一直沿用，根据地望，发掘者认为该城址有可能与西周时期的东虢国有密切联系。鹿邑太清宫长子口墓出土了青铜礼器、乐器、兵器、车马器和玉器、陶器、原始瓷器等，部分铜礼器带有铭文“长子口”。平顶山市应国墓地是周代应国贵族的埋葬地，其中也包括应国灭亡后部分楚国贵族墓葬与两汉时期的一些平民墓，其中的应国墓葬排列有序，出土青铜礼乐器、玉器等各类文物 4000 余件，所出铜器铭文涉及大射礼、俯聘礼、帝王庙号、丧服制度，对古代礼仪制度与诸侯方国史研究有重要价值，排列有序的国君墓葬也为同时期墓葬断代研究提供了珍贵资料。

东周时期是中国古代城市发展的重要时期，中原地区众多封国建都筑城，各类城邑大量出现。东周王城遗址在今洛阳市涧河以东的王城公园一带，西南部为宫殿区，宫殿区的东侧发现大面积的粮窖群，北部发现有制骨、制玉的手工业作坊及陶窑等遗迹，东北部为墓葬区，在东周王城文化广场发现的“天子驾六”遗存印证了古文献记载的夏商周时期只有天子才能“驾六”之说。新郑市郑韩故城是东周时期郑国和韩国的都城，分作东西二城，在西城中部发现的宫城遗址和战国晚期韩国王室专用的地下冷藏建筑设施，对于研究我国古代建筑史及食品的冷藏技术具有重要价值；东城是手工业作坊的集中分布区，发现有铸铜、制骨、铸铁和制陶作坊遗址，其中白庙范村青铜兵器窖藏中器物铭文内容丰富，涉及地名、职官名称以及纪年等，对研究韩国历史地理、文字演变、冶铸官署、兵器形制等都具有重要的意义。郑国祭祀遗址位于东城西南部，发现的郑国公室青铜礼乐器件套完整，对我国春秋时期的礼乐制度、古乐器学、考古音乐学、乐律史、音乐史和科学技术史等方面的研究，均具有非常重要的价值。信阳城阳城址又名楚王城，通过大规模勘探和发掘可知，城址包括内城、外城、太子城、楚墓群等，城内大型夯土基址分布在南城北部。

洛阳中州路东周墓为东周时期周人墓葬，考古工作者根据随葬品组合将东周墓分为七期，为东周墓的分期提供了标尺。位于郑韩故城之西的新郑市胡庄墓地揭露大量东周墓葬，出土青铜礼器、兵器、车马器和陶器上千件。其中发现的韩国王陵区，外有三道环壕围护，规模较大。楚国是东周时期的南方大国，河南是楚文化的重要分布地区之一，河南境内的楚墓基本分布在河南南部，如南阳淅川丹江口水库楚墓、信阳长台关楚墓、驻马店上蔡郭庄楚墓、淮阳楚墓、平顶山楚墓、城阳城楚墓等。淅川下寺楚墓出土的云纹铜禁是目前发现的最早采用失蜡法铸造的铜器。徐家岭楚墓发现的铜器铭文中最早出现的太岁纪年的明确证据，对古代天文学的研究有重要意义。南阳楚彭氏家族墓出土的铜器有铭文，墓主彭宇和彭子寿曾任申公，这些发现证明了申国确在南阳，解决了申国地望问题。信阳长台关楚墓出土的竹简是探讨楚人日常生活及丧葬礼俗的重要资料。新蔡县葛陵楚墓，墓主人是楚国的封君——平夜君成，墓中出土的竹简数量多，墨书清晰，是继信阳长台关竹简后的又一次重要发现。上蔡郭庄楚墓发现的青铜器上的铭文，有“楚王孙”“陈公”“曾侯”等人名，为研究楚国历史提供了资料。

两周时期的豫南地区小国林立，后逐渐被楚国吞并，消逝于历史长河之中，仅在文献中可见其踪影。新中国成立以后，随着河南地区考古工作的开展，在豫南地区发掘了一批封国墓葬，发现了诸多带有铭文的器物，从而证实了这些小国的存在，如黄君孟夫妇墓、固始侯古堆一号墓、月河墓地、叶县旧县四号墓等。光山县黄君孟夫妇合葬墓出土的青铜器多数铸有铭文，有“黄君孟”“黄夫人孟姬”等，可以确定墓主人是黄国国君“孟”及夫人，为研究春秋早期江淮地区小国君主埋葬制度提供了实例。

温县盟誓遗址发掘出土盟书石片达万余片，其中四分之一字迹清楚，是研究古文字和书法艺术的实物例证，丰富了人们对春秋时期盛行的盟誓制度的认识。扶沟楚国金银币窖藏发现的银布币是目前我国发现的最早的银币实物，对研究古代金属货币具有重要价值。

七、秦汉魏晋南北朝考古

河南秦文化考古的成就主要反映在墓葬方面。秦朝统一全国的时间较为短暂，但中原地区是秦国东出关中统一六国的必经之地，也是秦较早占领的地区。河南地区发现的秦墓主要集中在河南西部及西南部的三门峡、洛阳、南阳等地区。三门峡大唐火电厂秦人墓地分为南北两区，差别明显，时代上前后衔接，分布井然，是研究秦墓分布规律与规划方式的重要资料。

汉朝是继秦朝之后的又一大一统王朝，河南则在东汉时期成为帝国政治、经济、文化中心，考古资料最为丰富。七十年来，河南不仅发现了汉代都邑、帝王陵墓、大批中小型汉墓群等，也发现了农庄聚落遗址、冶铁遗址、漕运遗址等特色遗存。

汉魏洛阳城作为都城历经东汉、曹魏、西晋和北魏，在中国古代都城发展史上占有重要地位。经过半个多世纪的考古发掘，先后发掘了灵台、辟雍、明堂和太学等礼制建筑基址，已基本探明汉魏洛阳城的布局形制。

西汉梁国王陵区是目前我国发现的比较完整、比较集中的汉代诸侯王陵墓区群，分布于保安山、僖山、夫子山三个陵区。梁孝王寝园是迄今发掘的唯一一处保存完整的汉代寝园建筑基址，规模大，等级高，为研究汉代建筑和陵寝制度提供了重要资料。梁孝王王后墓是迄今国内发现的最大石室陵墓，墓室顶部的大型彩色壁画《四神云气图》填补了我国西汉时期壁画的空白。

河南地区迄今已发掘的东汉墓葬中比较重要的有洛阳东汉帝陵、新密打虎亭东汉画像石壁画墓、洛阳烧沟汉墓、济源泗涧沟与桐花沟墓地等。东汉帝陵位于今孟津和偃师境内，经过长期的考古调查与勘测，确认了东汉帝陵形制及陵园布局。汉魏洛阳城南郊发现的东汉刑徒墓地，出土墓志铭砖 820 多块，是研究东汉时期修建都城的刑徒有关来源和刑役制度的重要资料。新密市打虎亭汉墓为东西并列两座墓，西墓以石刻画像为主，东墓则以彩绘壁画为主，画像石内容包括了东汉时期人们生活、衣、食、住、行各个方面，其中的《制作豆腐图》是目前发现的世界上最早的有关豆腐的图像实物资料；壁画墓中的《宴饮百戏图》是壁画中的精品，熟练地运用了平涂着色的技法，在中国美术史上具有极高的艺术地位。荥阳苌村东汉墓为砖石结构，甬道两侧和前室四壁及顶部满绘彩色壁画，总面积达 300 平方米，其内容分别为楼阁庭院、车马出行、人物故事、珍禽异兽和乐舞百戏，特别是较多的墨书榜题为其他汉墓壁画所不见。洛阳烧沟汉墓根据墓葬形制、器物组合与器形演变关系划分为六期，延续时间长，反映了汉墓形制的演变轨迹，为中原各地区汉墓的年代确认提供了借鉴标尺。济源桐花沟汉墓出土了的彩绘陶多枝灯在已出土同类作品中，其造型和装饰最为精美。

新安汉函谷关遗址是我国古代关隘的首次大规模考古发掘，且有重要的学术价值，为中国古代关隘建置史、交通史的研究提供了不可或缺的资料。河南小浪底水库东汉漕运建筑基址发现约 5000 平方米的汉代仓库建筑基址，为我国古代建筑、黄河漕运、军事守备等多方面的研究提供新的材料。内黄县三杨庄遗址发现了 9 处汉代庭院遗存，已揭露出 4 处庭院的平面布局，首次再现了汉代农村乡里的真实景象，首次发现的大面积汉代耕作农田遗迹也为研究汉代农耕文明、耕作制度及土地分配制度等提供了第一手资料。

自 20 世纪 50 年代以来，河南先后发现并发掘了巩义（原巩县）铁生沟、南阳瓦房庄、温县招贤村、郑州古荥镇、鲁山望城岗等冶铁遗址，获得了足以代表汉代冶铁业技术水平的考古发现。郑州古荥镇汉代冶铁遗址清理出的两座炉基，是迄今为止年代最早的、规模最大的、结构保存最完整的，并且是首次经过科学、系统的考古发掘的椭圆形冶铁竖炉炉基。鲁山望城岗冶铁遗址发现了 1 座汉代特大椭圆高炉炉基及其系统遗迹，在炉基西侧的炉前坑内放置有重约 30 吨的特大块积铁，用于铸造农具类的泥模范块上带有“阳一”“河□”铭文。

汉魏洛阳城太极殿遗址的考古勘探及发掘证实了文献记载的曹魏新建的洛阳宫是一座居北居中的单一宫城，其宫室制度和都城布局对后代都城制度的发展产生了深远的影响。北魏宫城的正门阊阖门遗址是迄今考古发掘所见最早的双阙楼式宫城门址，为秦汉门阙的研究提供了难得的历史演进的资料。北魏皇家寺院永宁寺遗址先后清理了寺院南门、中心塔基和后殿建筑基址，出土了一大批佛教泥塑像。

安阳曹操高陵中出土带有“魏武王”铭文的石牌为确定墓主人为魏武帝曹操提供了重要证据，为曹魏时期墓葬形制及“薄葬”制度提供了实物依据。洛阳西朱村曹魏大墓出土的刻铭石牌和曹操墓出土同类器极其相似，由此判断西朱村大墓为曹魏时期高等级贵族墓，为研究曹魏时期高等级墓葬的葬制提供了重要的参考。北魏宣武帝景陵是新中国成立以来经国家批准科学发掘的第二座帝陵，墓内出土青瓷器、陶器、石器等遗物，对研究北魏时期的葬俗、陵寝制度等有重要的参考价值。元乂墓的墓室顶部保存有完整的星象图，绝大多数星宿可以辨认，是研究我国古代天文学、星象学的实物材料。河南安阳固岸东魏北齐墓地出土了一批东魏和北齐时期的墓志砖，其年代判定比较准确，器物组合完整，多为平民墓葬，墓地的家族性质明显，这是首次在故都城邺城周围发现东魏、北齐平民墓地，为研究北朝晚期墓葬提供了分期断代标准。邓州南朝画像砖墓出土的彩色画像砖内容丰富，可分为出行仪仗、“二十四孝”图和宗教题材 3 类，是研究南朝社会生活的珍贵资料。

渑池县火车站发现的北魏铁器窖藏出土的铁范包括犁范、铧范、锸范、斧范、镰范、锤范等，铁器包括手工业工具、农具、兵器、生活用具及其他，在部分铁范和铁器有“阳城”“渑池右”“新安”“夏阳”“绛邑冶右”等铭文。

八、隋唐五代考古

隋唐五代时期中国经济文化空前繁荣，处于中心地区的河南发现了诸多重要的遗迹，如隋唐洛阳城址、唐恭陵、偃师杏园唐墓、三门峡庙底沟唐墓、巩义芝田唐墓、安阳相州窑、巩义黄冶窑、鲁山段店窑等，在一定程度上反映了当时中原地区的社会文化面貌和经济文化发展的繁荣景象。

隋唐洛阳城是当时世界上著名的文化和商业贸易中心，是隋唐时期丝绸之路的东方起点，同时也是隋唐大运河的中心，在这一时期的中外交流中起着不可估量的作用。隋唐洛阳城已发掘了应天门、定鼎门、明堂、天堂、九洲池、履道坊等重要遗迹。应天门是由门楼、朵楼、阙楼及其相互之间的廊庑连为一体的“门”字形巨大建筑群，是隋唐两京考古发掘出的第一座宫阙遗址。定鼎门为一门两阙格局，双阙与主城门楼呈一字型对称平行分布，门楼与阙台之间有飞廊连接。回洛仓遗址是目前国内考古发现仓窖数量最多的古代粮食仓储遗址，具有完整的仓城格局和众多仓窖遗迹，是隋代大运河漕运情况的实物见证。黎阳仓遗址是大运河永济渠段重要的粮仓遗址。含嘉仓城遗址钻探发现仓窖 287 个，并发掘了其中的 12 个，发现有碳化的粮食及记载储粮来源、品种、数量、入仓时间及经手人的砖铭，为研究盛唐时期仓窖建筑、粮食储存和管理方法提供了科学资料。唐恭陵是唐高宗时期太子李弘的墓葬，是中原地区帝陵中保存较完整的陵墓，其陪葬皇后墓中出土的陶器是研究初唐时期制陶技术的重要依据。偃师杏园唐墓大多保存完整，出土的墓志显示墓主人生前多为低阶官员，反映了唐代中下层官吏的埋葬习俗。安阳相州窑、巩义白河窑址出土的白瓷为寻找中国白瓷的起源提供了线索。巩义黄冶窑是研究隋唐时期洛阳地区烧制唐三彩的重要窑址，出土的白釉蓝彩瓷为青花瓷的起源、创烧提供了重要的实物依据。

九、宋金元明考古

北宋时期河南仍是全国的经济文化中心，开封北宋东京城址、洛阳北宋衙署遗址、北宋皇陵、禹州白沙宋墓、安阳韩琦家族墓地、洛阳富弼家族墓地、禹州钧台窑址、禹州神垕镇钧窑址、宝丰清凉寺汝官窑遗址、平顶山汝州张公巷窑址等覆盖北宋社会生活方方面面的遗迹，印证了史料的记载。

开封北宋东京城址由外城、内城和皇城三重城垣组成，开封市中山路中段发现的州桥遗址是东京城内御街上横跨汴河的一座重要桥梁，对于研究北宋东京城的城市布局结构有重大价值；北宋东京城新郑门遗址是宋代东京城外城上的 4 个“直门两重”的正门之一，是目前北宋东京城遗址外城诸城门中保存最完好的一座城门，遗址上层发现有清代院落遗址。洛阳北宋衙署遗址是目前我国古城中首次发现的宋代园林遗址，发现有门址、园林、道路、建筑构件等，为研究宋代大型官府衙署的建筑布局及园林发展史提供了实例。叶县文集遗址发现了宋元时期房基、道路、水井和窖藏坑等，出土遗物以瓷器为主，表明其应是一处民间商品交易场所。

巩义北宋皇陵承袭唐代陵寝制度，陵园建筑基址和石雕群像保存较好，整体地势南高北低。禹州白沙宋墓是仿木建筑结构砖室墓，墓中的壁画反映了墓主夫妇的日常生活，在北宋末期流行于中原地区的仿木建筑砖室壁画墓中极具代表性。安阳韩琦家族墓地、洛阳富弼家族墓地等出土的墓志涉及北宋中晚期的政治、经济等内容，且书体优美，为研究宋代宰相一级的高级贵族的墓葬形制、陵园布局以及宋代的丧葬文化等提供了科学的实物资料。

北宋时期河南的制瓷业达到高峰，河南境内发现了多处窑址，部分窑址的使用一直延续至金元时期。宝丰清凉寺汝官窑遗址发现了大量汝瓷瓷片及烧制瓷器的窑炉、澄泥池、作坊等遗迹，发现了以往传世品未见的新器形，为研究汝官窑的烧造年代提供了科学的地层证据。汝州张公巷窑址出土的青瓷器有别于宝丰清凉寺汝瓷，为确定北宋官窑提供了新线索。禹州钧台窑址发现了宋代钧窑址，禹州市神垕镇的刘家门、河北地等窑址清理出窑炉遗迹和石砌澄泥池，出土完整和可复原器物数千件，进一步确定了钧窑瓷器的烧制年代。禹州扒村窑址、新密窑沟窑址、鹤壁集窑址等出土的白底黑花瓷器，瓷器装饰图案笔画流畅，内容涉及花鸟人物，富有生活情趣，显示出高超的装饰绘画技巧。

河南境内的明代遗存也屡有重要发现。开封明代周王府位于今开封龙亭公园及其周围，经考古勘察工作，确认其四壁直接叠压在北宋东京皇城的四壁之上，筑有萧墙和紫禁城两重城垣。明代周藩永宁王府遗址发现带有明确纪年及落款的木匾额和琉璃建筑构件。开封御龙湾明代晚期灾难遗址是黄河洪水的灾难遗址，出土了大量品类丰富的遗物，为研究明代末年开封城内社会生活状况提供了第一手资料。河南经勘探发掘的明代藩王墓有周定王墓、潞简王朱翊镠及次妃墓、周定王七世孙原武温穆王朱朝堉墓、福王家族墓、周懿王壁画墓及其祔葬墓等。潞简王朱翊镠是明神宗朱翊钧的同母弟，其墓园保存完整，墓室用青石条砌成，规模宏大。

改革开放以来，随着中国考古学界与国外的学术交流迅速增加，河南考古的国际合作空前繁荣，通过与不同国家同行的交流和合作，引入一些新思想、新技术和新方法。新一代考古学家也有不少是从国外留学归来的，对中国考古学作出了重要贡献。植物考古学、动物考古学、环境考古学、石器微痕分析、玉石器和金属矿物产地研究以及包括加速器质谱仪（AMS）测年方法、植硅石分析、同位素分析、淀粉粒分析、基因研究等在内的多种方法和技术，多学科合作越来越多地应用在考古研究上，把中国考古学提升到前所未有的新高度。将遥感、空间地理信息系统、移动实验室等现代科学技术广泛运用到空间数据的采集、遗址的寻找发现、现场文物信息的提取，以及综合信息平台的建设等考古领域，提升了考古田野工作的科技水平和研究成果的科学性、准确性。

近代考古学从西方传入中国，已近百年时间。1921年，河南渑池仰韶村遗址的发现和发掘，揭开了中国田野考古学的序幕，被视为中国考古学的开端，我国第一个史前时期考古学文化——仰韶文化也由此而得名。1928年，河南安阳殷墟遗址的发掘，是中国国家学术机关第一次全面负责、独立主持的考古发掘，这次发掘是中国考古学启程的标志。

河南，是中国考古学的诞生地，是中国考古事业成长的主阵地，河南考古从某种程度上可以说是中国考古学发展历程的一个极其重要的缩影。

新中国成立后，河南考古工作者筚路蓝缕、披荆斩棘，开启了河南考古事业七十年的充满艰辛和激情的成长和发展历程。

在几代河南考古人的不懈努力和艰苦奋斗之下，河南考古取得诸多重要考古发现和丰硕研究成果，对探索人类起源、中华文明起源形成和发展、中国早期国家的诞生以及夏商文明发展和变迁等重大学术研究课题产生非常重要的推动作用和极其深远的影响，为中国考古事业的发展和中华文明的探索作出了巨大的不可磨灭的贡献。

河南旧石器时代考古

[改写东方人类进化史]

旧石器时代

多年来，
河南省相继发现了以
荥阳织机洞、栾川蝙蝠洞、栾川孙家洞、许昌灵井等
为代表的旧石器时代遗址，
出土了一批重要的古人类化石及活动遗迹材料。
其中灵井“许昌人”遗址的发掘与研究，
对于研究东亚古人类演化和中国现代人的起源，
具有重大学术价值，
是中国考古学和古人类学领域的一次重大发现。

灵井“许昌人”遗址

灵井“许昌人”遗址位于许昌西北约15千米的灵井镇西侧，面积约30000平方米。1965年春，考古人员在当地村民挖井挖出的堆积物中，采集到一批动物化石和打制石器。2005年至今，河南省文物考古院对该遗址进行了连续十余年的考古发掘。

2005年6月进行首次考古发掘，发掘面积90平方米，出土石制品和动物化石5452件。2006年发掘120平方米，出土石制品5690件。2007年发掘49平方米，除出土大量石制品和动物化石以外，在TG9⑪层发现距今10万—8万年的人类头盖骨化石，被命名为“许昌人1号”。2008年又出土一批重要的人类头盖骨化石断块。2014年，同样在TG9⑪层发现古人类头骨化石碎片，与2007年发现的人类头盖骨化石接近，经研究确认为新的古人类头骨，被命名为“许昌人2号”。

2015年，河南省文物考古研究院、中国科学院古脊椎动物与古人类研究所、北京大学、华东师范大学及美国圣路易斯华盛顿大学组建联合研究小组，对“许昌人”头骨化石开展研究，并于2017年在美国《科学》杂志发表论文，认为10多万年前生活在河南省许昌市灵井遗址的“许昌人”，可能是中国境内古老人类和欧洲尼安德特人的后代。

灵井“许昌人”遗址于2008年6月被公布为河南省第五批文物保护单位，2013年5月被国务院公布为第七批全国重点文物保护单位。

灵井“许昌人”遗址是国内首次发掘的以泉水为中心，包括湖相、漫滩相（湿地）堆积物为背景的旧石器时代晚期遗址，是人类狩猎、肢解动物、加工兽皮及石器、骨器

灵井“许昌人”遗址2006年发掘场景

灵井“许昌人”遗址发掘现场

的工作营地，属原地埋藏类型。灵井“许昌人”遗址是华北地区文化遗物和包涵信息最丰富的遗址之一，它有着较大面积的原生地层和丰富的遗物。“许昌人”头盖骨化石的发现，对于研究东亚古人类演化和中国现代人类的起源，具有重要学术价值。人类颅骨化石年代在距今 10 万年左右，也是自 1994 年南京汤山人颅骨化石发现以来再次发现的珍贵材料。

灵井“许昌人”遗址在地层中发现头盖骨化石

灵井“许昌人”遗址地层中的动物化石

石片

旧石器时代

长 3.4 厘米，宽 2.3 厘米

灵井“许昌人”遗址出土

现藏于河南省文物考古研究院

刮削器

旧石器时代

长 2.6 厘米，宽 1.7 厘米

灵井“许昌人”遗址出土

现藏于河南省文物考古研究院

尖状器

旧石器时代
长 2.5 厘米，宽 1.2 厘米
灵井“许昌人”遗址出土
现藏于河南省文物考古研究院

钻器

旧石器时代
长 4.9 厘米，宽 3.4 厘米
灵井“许昌人”遗址出土
现藏于河南省文物考古研究院

刮削器

旧石器时代
长 2.5 厘米，宽 2.3 厘米
灵井“许昌人”遗址出土
现藏于河南省文物考古研究院

郑州老奶奶庙遗址

老奶奶庙遗址位于郑州市二七区樱桃沟景区开发管理委员会代家门村西北，西邻贾鲁河上游九娘庙河，坐落在河旁二级阶地之上。遗址西北角建有一座小庙，当地称老奶奶庙。遗址系旧石器时代晚期遗址，在地理环境上处于嵩山余脉向东延伸地带，东高西低，区内黄土堆积发育。台地西北部的二级阶地处发现有旧石器时代遗存，并向南延伸，分布区域约 15200 平方米。

2005 年冬，郑州市文物考古研究院在对郑州地区系统开展旧石器考古专项调查工作时，发现该遗址，在文化层中采集石制品标本 44 件，石器类型有石核、石片、刮削器、雕刻器、断块、碎屑、石料等。石器技术多为锤击法，有少量的砸击法。另采集动物化石 100 余件，石化程度较深。

2011—2016 年，北京大学考古文博学院与郑州市文物考古研究院合作，对遗址进行正式发掘，揭露遗址面积 100 余平方米，发现近万件石制品、2 万多件动物骨骼及碎片、30 余处用火遗迹，以及多层连续叠压分布的古人类居住面。其年代经加速器 ^{14}C 方法测定，为距今 44000—45000 年（校正后）。其中靠下部的文化层面发现多处以用火和居住遗迹为中心的古人类活动面。用火遗迹呈半环状分布，周围有大量石制品，动物骨骼及其残片以及炭屑、植物种子等遗存。遗址的核心区清楚地展示了古人类对该遗址的使

郑州老奶奶庙遗址发掘现场

郑州老奶奶庙遗址古人类用火遗迹

郑州老奶奶庙遗址动物化石

郑州老奶奶庙遗址古人类生活遗迹

郑州老奶奶庙遗址发现的活动面局部

用过程，反映了当时的具体生活场景。在核心区外则有古人类临时活动遗存，记录了古人类活动的范围与不同的活动类型。

郑州老奶奶庙遗址于 2016 年 2 月被公布为河南省第七批文物保护单位，2019 年 10 月被国务院公布为第八批全国重点文物保护单位。

老奶奶庙遗址新发现的数量众多的文化遗物，尤其是以灰烬堆积为中心的活动面遗迹的发现，填补了过去中原地区以及东亚大陆这一阶段旧石器文化发现的空白，为认识中国境内及东亚地区现代人类及其文化起源与发展等一系列重要史前考古的关键课题，提供了非常重要的新资料。

边刮器

旧石器时代

郑州市老奶奶庙遗址出土

现藏于郑州市文物考古研究院

栾川孙家洞遗址

孙家洞旧石器遗址位于洛阳市栾川县栾川乡湾滩村哼呼崖的断崖上，北邻伊河。2008年第三次全国文物普查时，栾川县文物管理所对孙家洞进行了调查，发现了大量动物化石。

2012年5月，洛阳市文物考古研究院联合栾川县文物管理所对孙家洞遗址进行了抢救性发掘。发掘出土遗物包括动物化石、石制品、古人类牙齿化石等。孙家洞遗址出土了包括中国鬣狗、熊、大熊猫、狼、獾、貘、肿骨大角鹿、葛氏斑鹿、李氏野猪、牛、梅氏犀以及豪猪、竹鼠、刺猬等动物化石，其中李氏野猪、肿骨大角鹿与中国鬣狗是中国中更新世典型动物种属，时代与北京猿人及南京汤山直立人等遗址大致相当。孙家洞遗址出土的石制品较少，类型简单，主要包括石核、石片和断块，未见到有加工成器的石制品，打片方法以锤击法为主。孙家洞遗址发现的古人类牙齿化石，经过鉴定包括门齿、臼齿及颌骨残块，从牙齿发育看存在幼年个体，从牙齿大小和形态看，有不同于现代人的原始特征。

栾川孙家洞遗址于2016年2月被公布为河南省第七批文物保护单位，2019年10月被国务院公布为第八批全国重点文物保护单位。

孙家洞遗址发现的古人类牙齿化石是河南省境内首次在中更新世时期有明确地层出土的直立人牙齿化石，对于研究人类起源及演化有着重要的科学意义。该遗址的动物化石非常丰富，对于研究中国中更新世时期该过渡区域动物群的种类及特征有着重要的作用，同时为动物地理区系演化及古气候环境变迁提供了重要的信息。

栾川孙家洞遗址全景

石核

旧石器时代
长 6.5 厘米，宽 3.8 厘米
洛阳市栾川孙家洞遗址出土
现藏于洛阳市文物考古研究院

石核

旧石器时代
长 9.2 厘米，宽 5.8 厘米
洛阳市栾川孙家洞遗址出土
现藏于洛阳市文物考古研究院

人牙化石

旧石器时代
左：长 3.3 厘米，宽 3 厘米
中：长 1.8 厘米，宽 1.3 厘米
右：长 2.8 厘米，宽 0.7 厘米
洛阳市栾川孙家洞遗址出土
现藏于洛阳市文物考古研究院

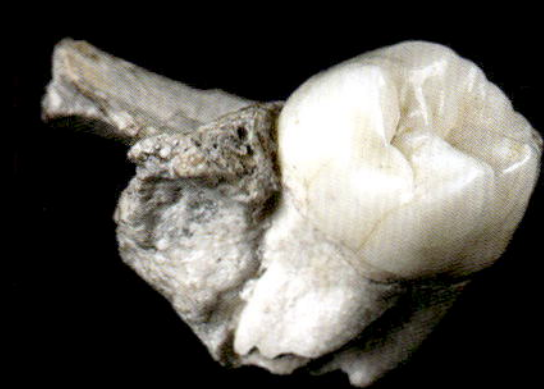

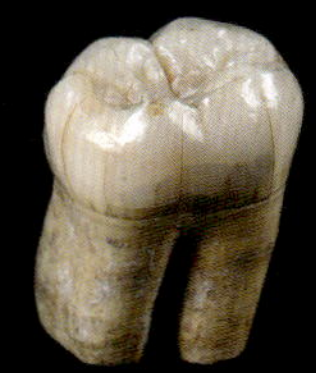

荥阳织机洞遗址

织机洞遗址位于荥阳市城南 20 千米的崔庙镇王宗店村北，为旧石器时代洞穴遗址，1985 年初，文物工作者在河南省开展的文物普查工作中发现该遗址。

1990—2004 年，郑州市文物考古研究所与北京大学文博学院对织机洞遗址先后进行了多次考古发掘，发掘出土大量石制品及古脊椎动物化石，另外还发现有多处用火遗迹。石器有刮削器、尖状器、砍砸器、雕刻器、石锤等。动物化石有大角肿骨鹿、斑鹿、中华鬣狗、獾、鸵鸟、披毛犀、丁氏鼢鼠等。

织机洞遗址出土旧石器的种类、形状、打制方法等均体现了中国北方的小石制品传统文化的特点，是中国北方地区旧石器晚期考古的重要发现，遗址处于旧石器时代南北交流的重要有利地位，对研究人类起源以及旧石器文化等重大学术问题，均具有重要价值。

荥阳织机洞遗址

尖状器

旧石器时代

郑州市荥阳织机洞遗址出土

现藏于郑州市文物考古研究院

刮削器

旧石器时代

郑州市荥阳织机洞遗址出土

现藏于郑州市文物考古研究院

新密李家沟遗址

新密李家沟遗址位于郑州市新密市岳村镇李家沟村西，为距今约 1 万年前的旧、新石器时代过渡时期文化遗存，于 2004 年郑州市文物考古研究院进行旧石器考古专项调查时发现。2009 年秋季及 2010 年春季，北京大学考古文博学院与郑州市文物考古研究院联合对该遗址进行发掘，发现距今 10500—8600 年连续的史前文化堆积。

堆积下部出土有细石核与细石叶等典型的细石器遗存，显示出了精湛的石器加工技术，石器刃口锋利、轻巧便携，是便于专业化狩猎者长途奔袭狩猎使用的工具组合。出土的动物骨骼经鉴定多为大型食草性动物。

堆积中部为新石器早期文化遗存。这一时期细石器的应用明显衰落，石制品的形体多较粗大。出土的陶片均为夹砂粗陶，器形单调。

堆积上部为裴李岗文化遗存，发现有典型的裴李岗文化时期的陶片。

新密李家沟遗址于 2013 年 5 月被国务院公布为第七批全国重点文物保护单位。

遗址地层内发现石制品较为丰富，并有动物化石和人类活动遗迹，从地层堆积、工具组合、栖居形态到生计方式等多角度提供了中原地区旧、新石器时代过渡进程的重要信息，比较清楚地揭示了该地区史前居民从流动性较强、以狩猎大型食草类动物为主要对象的旧石器时代，逐渐过渡到具有相对稳定的栖居形态、以植物性食物与狩猎并重的新石器时代的演化历史，展示了本地区这一阶段历史发展的特殊性，填补了中原地区从旧石器时代晚期到裴李岗文化间的缺环与空白。

李家沟文化陶片

旧石器时代

新密李家沟遗址出土

现藏于郑州市文物考古研究院

河南新石器时代考古

［构建中原史前文明的谱系］

新

石

器

时

代

伴随着中国考古学的诞生
以及中国第一个考古学文化
——仰韶文化的命名，
河南新石器时代考古拉开序幕。
新中国成立七十年来，
河南的新石器时代考古工作取得丰硕成果，
在全省各地先后发现新石器时代遗址1000多处，
已经构建起裴李岗文化（公元前7000—前5000年）、
仰韶文化（公元前5000—前3000年）、
龙山时代文化（公元前3000—前2000年）的
编年序列和区系、类型框架，
成为中国史前考古学文化研究的标尺。
河南境内这些新石器时代考古学文化
作为中国史前时期考古学文化的重要组成部分，
对中华文明的起源、形成和发展
产生了极其重要的作用。

新郑裴李岗遗址

裴李岗遗址位于郑州市新郑市西北约 8 千米的裴李岗村，现存裴李岗文化堆积东西长约 300 米，南北宽约 250 米，总面积 5 万—6 万平方米。

1977—1979 年，裴李岗遗址先后经过 3 次发掘，发现有墓葬、陶窑、灰坑以及房基等遗迹，出土有丰富的石器、陶器、骨器等，出土器物具有独特的文化面貌，故被命名为“裴李岗文化”。陶器均为手制，多为素面，少数带有蓖点纹、压印点纹，个别表面有乳钉纹饰，陶质为泥质或夹砂，陶色多呈红色或褐红色，代表性器物是陶壶、三足陶钵、筒形罐。

2018—2020 年，中国社会科学院考古研究所河南第一工作队、郑州市文物考古研究院、新郑市文广新局联合，再次对裴李岗遗址进行发掘。发掘确认在遗址西部存在丰富的旧石器晚期遗存，堆积厚度超过 2.25 米。

裴李岗文化是我国最早发现的新石器时代中期文化之一，也是新中国成立以来河南新石器时代考古最重要的成就和考古研究的主要内容之一。裴李岗遗址出土有粮食作物和农业生产、粮食加工工具，表明原始农业已经有了较大发展，农耕文明和定居聚落已经产生。据近年最新考古发掘情况，裴李岗遗址发现有早于裴李岗文化时期的遗存，大大丰富了以往对于裴李岗遗址的认识。

新郑裴李岗遗址出土的石磨盘及棒（现藏于河南博物院）

新郑唐户遗址

唐户遗址位于郑州市新郑市观音寺镇唐户村周围，为一处包含有旧石器文化、裴李岗文化、仰韶文化、龙山文化、二里头文化及新砦二期、夏、商、两周时期的跨时代聚落群址。遗址面积约 140 万平方米，其中裴李岗文化遗存面积达 30 万平方米，是目前我国发现的面积最大的裴李岗文化时期聚落遗址。

20 世纪 70 年代，当地村民平整土地时发现了丰富的新石器时代、商、周文化遗存。为配合该村的土地平整，原开封地区文物管理委员会、郑州大学和新郑县文物管理委员会在唐户联合举办了一次文物培训班，发掘了一批两周墓葬，并采集了一些仰韶文化、龙山文化和夏、商、周文化遗物。1978 年、1982 年，中国社会科学院考古研究所河南一队两次对唐户遗址进行调查，并在 1982 年对唐户遗址进行试掘，试掘面积 66 平方米，发现有裴李岗文化及龙山文化早期遗迹。2003—2004 年，河南省文物考古研究所、新郑市文物事业管理局对唐户遗址再次进行调查，将遗址面积核定为 54 万平方米，新发现了晚于龙山文化，又早于二里头一期文化的新砦期文化。

2006—2008 年，郑州市文物考古研究院为配合南水北调中线工程，对遗址进行全面调查和考古发掘，发现有裴李岗、龙山、汉代、宋元、清代等时期的文化遗存，遗迹有房址、灰坑、灰沟、墓葬、道路等，出土有陶器、石器、骨器等遗物。其中最重要的发现是裴李岗文化时期房址 60 余座，聚落内还发现了排水系统。

唐户遗址于 1986 年 11 月被河南省人民政府公布为河南省第二批文物保护单位，2006 年 5 月被国务院公布为第六批全国重点文物保护单位。

唐户遗址文化内涵丰富，时代延续长，是中原地区较为罕见且十分重要的古文化遗址，具有重要的历史和科学价值。

新郑唐户遗址发掘现场

舞阳贾湖遗址

贾湖遗址位于漯河市舞阳县北舞渡镇西南 1.5 千米的贾湖村，保护区面积 5.5 万平方米。

1961 年，当地干部在贾湖村东的沟坎、井壁上发现有陶片、人骨、红烧土等，后贾湖遗址被考古工作者确认为一处新石器时代遗址。1980 年，河南省博物馆文物工作队对该遗址进行调查，确认该遗址为裴李岗时期文化遗址。1983—1984 年，为配合当地乡村规划，河南省文物考古研究院对贾湖遗址进行试掘，发现窖穴、墓葬、灰坑等遗迹。1985—1987 年，河南省文物考古研究所对贾湖遗址进行了六次发掘，发现了七孔骨笛及龟甲契刻符号。

2001 年 3—6 月，中国科技大学、河南省文物考古研究所在舞阳县博物馆配合下进行第七次发掘，揭露面积 300 平方米。清理出房址 8 座，陶窑 3 座，灰坑 66 座，墓葬 96 座，各类遗物数百件。

2013 年 9—12 月，河南省文物考古研究院与中国科技大学科技史与科技考古系合作，在舞阳县博物馆的配合下，对贾湖遗址进行了第八次发掘。发掘面积 300 多平方米，共清理墓葬 97 座、房址 9 座、灰坑 25 个、兽坑 2 个，出土陶、石、骨、角、牙等器物 600 余件及动植物遗存。

贾湖遗址于 1986 年 11 月被河南省人民政府公布为河南省第二批文物保护单位，2001 年 6 月被国务院公布为第五批全国重点文物保护单位。

舞阳贾湖遗址发现的房址及墓葬

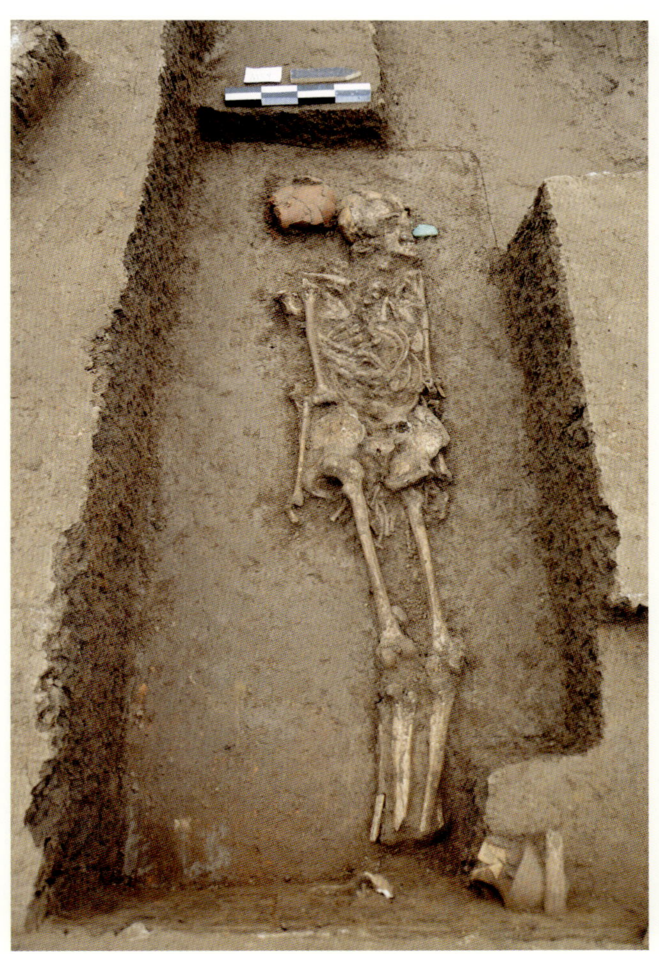

舞阳贾湖遗址 2013M59

舞阳贾湖遗址 2013M68

贾湖遗址的文化面貌反映出它是裴李岗文化重要的一支。出土的骨笛，是中国迄今为止发现的最早的可吹奏的乐器，在中国音乐史上有重要地位；出土的甲骨契刻符号，是中国目前发现的最早与汉字起源有关的实物资料；占卜用的龟甲、种种精工制作的工具，以及陶窑的出现，都表明贾湖文化所显示的辉煌文明。贾湖遗址是淮河流域迄今所知年代最早的新石器文化遗存，是黄河中游至淮河中下游之间新石器文化关系的一个连接点，再现了淮河上游八九千年前的远古文明。

陶壶

裴李岗文化

口径 7.4 厘米，肩宽 12.6 厘米，

底径 5 厘米，高 20.7 厘米

漯河市舞阳贾湖遗址 H339 出土

现藏于河南省文物考古研究院

骨笛

裴李岗文化
上：残长 17.9 厘米，宽 0.9 厘米
中：残长 15.9 厘米
下：残长 21.5 厘米，宽 1.1 厘米
漯河市舞阳贾湖遗址出土
现藏于河南省文物考古研究院

龟甲（带石子）

裴李岗文化
长 32 厘米，宽 8 厘米
漯河市舞阳贾湖遗址 M327 出土
现藏于河南省文物考古研究院

石镰

裴李岗文化
长 9.8 厘米，宽 6.5 厘米
漯河市舞阳贾湖遗址出土
现藏于河南省文物考古研究院

渑池仰韶村遗址

渑池仰韶村遗址，位于三门峡市渑池县仰韶村南部的缓坡台地上，总面积约 30 万平方米。1921 年，瑞典地质学家安特生和中国学者袁复礼等人在渑池县仰韶村进行田野调查，发现了仰韶村遗址，并对仰韶村遗址进行第一次发掘，共开挖发掘点 17 处，获得丰富的文物资料，证实了中国在阶级社会之前存在着较为发达的新石器时代。

1951 年 6 月 28 日，中国科学院考古研究所河南省调查团对渑池仰韶村遗址进行第二次发掘，发掘一条探沟和一个灰坑，发现有墓葬，出土有仰韶红底黑彩、深红彩陶罐和碗，小口尖底红陶瓶，灰褐夹砂陶鼎等。还发现有龙山式的磨光黑陶、压印方格纹灰陶、篮纹陶、灰绳纹鬲及带流陶杯等。此次发掘是新中国成立后较早开展的考古发掘工作之一，加深了对仰韶村遗址文化内涵的认识。

渑池仰韶村遗址全景

1980 年 10—11 月、1981 年 3—4 月，河南省文物研究所、渑池县文化馆联合对仰韶村遗址进行第三次发掘，开挖探方 4 个、探沟 4 条，发掘面积共 200 余平方米。发现房基 4 处、窖穴 41 个，出土陶器、石器、骨器、蚌器 613 件。此次发掘基本弄清了仰韶文化内涵，发现了仰韶和龙山两个考古文化、四个不同发展阶段的地层叠压关系。

2019 年 3—5 月，为配合仰韶村国家考古遗址公园建设，河南省文物考古研究院等单位对渑池仰韶村遗址进行了系统性考古勘探工作。遗址包含仰韶文化和龙山文化时期的聚落，主要遗迹有壕沟，房址等，基本搞清了遗址的范围，仰韶、龙山时期的聚落规模、面积、重要遗迹分布、聚落布局和功能分区等情况，对该遗址的聚落形态及发展演变等有了较全面的认识。

2020 年 8 月至今，河南省文物考古研究院联合三门峡市文物考古研究所、渑池县文旅局、河南大学历史文化学院、河南师范大学历史文化学院、郑州大学历史学院等单位，对仰韶村遗址进行了第四次考古发掘工作，发现了房址、墓葬、窖穴、壕沟、道路以及灰坑等遗迹，出土了较为丰富文化遗物。

1961 年 3 月，仰韶村遗址被国务院公布为第一批全国重点文物保护单位。

仰韶遗址的发掘揭开了中国现代考古学史上的新纪元，成为中国田野考古学的开端。仰韶文化也由此而命名，成为中国新石器时代考古篇章中第一个被正式命名的远古文化体系，为后来发现并被命名的其他新石器时代文化奠定了规范化基础，起到了先河作用。

在我国史前时期考古学文化当中，仰韶文化发现最早，出土资料最为丰富，学术界对其研究也较为深入。新中国成立 70 年的考古发现与研究表明，仰韶文化是分布于河南大部、河北中南和西北部、山西大部、陕西大部、甘肃东部、青海极东部、内蒙古南部和湖北西北部地区的一支新石器时代晚期文化。仰韶文化因其分布之广泛，延续之久长，内涵之丰富，影响之深远，成为中国史前文化中的一支主干，在我国史前文化研究中占有相当重要的地位。

陕县庙底沟遗址

庙底沟遗址位于三门峡市 209 国道以东、原陕州老城南关附近，面积约 36 万平方米，其绝对年代距今 6000—4000 年，文化遗存厚 1.5—3.5 米。1953 年，中国科学院考古研究所河南考古调查队为配合三门峡水利枢纽建设进行调查，发现了庙底沟遗址。1955 年，文化部和中国科学院组成黄河水库考古队对该遗址进行了重点勘查。

1956 年 9 月至 1957 年 7 月，黄河水库考古队对庙底沟遗址进行第一次发掘，发现仰韶时期的灰坑、房基和龙山文化时期的灰坑、墓葬、房址、窑址等。2002 年 6 月，为配合 310 国道三门峡市城区段拓宽工程建设，河南省文物考古研究所联合三门峡市文物考古研究所、郑州大学考古系等单位对庙底沟遗址进行大规模抢救性发掘，发掘面积 24000 平方米，发现仰韶文化庙底沟类型、西王村类型、庙底沟二期文化等时期的灰坑、窖穴、陶窑、房址、壕沟等遗存。两次发掘出土大量陶器、石器、骨器、牙器、蚌器等文物，陶器以盆、罐、尖底瓶、鼎等日常生活器具为典型器物，以彩绘陶器居多，纹饰有花瓣纹、涡纹、三角涡纹、蛙纹等。

2001 年 6 月，庙底沟遗址被国务院公布为第五批全国重点文物保护单位。

庙底沟遗址是一处由仰韶文化向早期河南龙山文化过渡的新石器时代文化遗存。该遗址发现和发掘的主要成果，解释了仰韶文化向龙山文化过渡时期的相关问题，其下部文化层被考古界命名为仰韶文化庙底沟类型，上部的史前地层由于其学术价值重大，被命名为庙底沟二期文化。

庙底沟遗址出土遗物非常丰富，尤其是大量精美彩陶的发现，在中国考古学界引起了轰动。庙底沟类型的分布范围较广，影响较大，是仰韶文化最为繁盛的一个类型。其大量精美的彩陶及彩陶装饰图案，影响范围更是广大，被学术界称为“中国史前时期的艺术浪潮”，对中国史前考古学文化的发展产生了深远的影响。

陕县庙底沟遗址第三次发掘鸟瞰图

彩陶盆

仰韶文化

口径 36.5 厘米，底径 13 厘米，高 24.6 厘米

三门峡市庙底沟遗址出土

现藏于河南省文物考古研究院

彩陶盆

仰韶文化

口径 36 厘米，底径 13.5 厘米，高 23.5 厘米

三门峡市庙底沟遗址出土

现藏于河南省文物考古研究院

彩陶盆

仰韶文化

口径 32.4 厘米，底径 11.5 厘米，高 22.4 厘米

三门峡市庙底沟遗址出土

现藏于河南省文物考古研究院

彩陶盆

仰韶文化

口径 37 厘米，底径 12.8 厘米，高 18.1 厘米

三门峡市庙底沟遗址出土

现藏于河南省文物考古研究院

彩陶盆

仰韶文化

口径 37.6 厘米，底径 13.3 厘米，高 17.8—19 厘米

三门峡市庙底沟遗址出土

现藏于河南省文物考古研究院

彩陶盆

仰韶文化

口径 32.8—34.8 厘米，底径 11.9 厘米，高 18.2—19.2 厘米

三门峡市庙底沟遗址出土

现藏于河南省文物考古研究院

彩陶盆

仰韶文化

口径 17 厘米，底径 6.6 厘米，高 11 厘米

三门峡市庙底沟遗址出土

现藏于河南省文物考古研究院

彩陶钵

仰韶文化

口径 24.7 厘米，底径 11.2 厘米，高 10.6 厘米

三门峡市庙底沟遗址出土

现藏于河南省文物考古研究院

彩陶钵

仰韶文化

口径 18.2 厘米，底径 7.6 厘米，高 9.2 厘米

三门峡市庙底沟遗址出土

现藏于河南省文物考古研究院

彩陶钵

仰韶文化

口径 21.1 厘米，底径 7.5 厘米，高 9.4—10.1 厘米

三门峡市庙底沟遗址出土

现藏于河南省文物考古研究院

彩陶钵

仰韶文化

口径 13.3 厘米，底径 5.5 厘米，高 6.9—7.5 厘米

三门峡市庙底沟遗址出土

现藏于河南省文物考古研究院

彩陶钵

仰韶文化

口径 15.5 厘米，底径 5.4 厘米，高 7.5—8.1 厘米

三门峡市庙底沟遗址出土

现藏于河南省文物考古研究院

彩陶碗

仰韶文化

口径 13.1 厘米，底径 5.3 厘米，

高 5.36—6.3 厘米

三门峡市庙底沟遗址出土

现藏于河南省文物考古研究院

北阳平遗址群

北阳平遗址群位于灵宝市黄帝铸鼎塬周围及沙河流域，总面积 4.36 平方千米，绝对年代从公元前 6000—前 2000 年，跨越新石器时代中晚期至铜石并用时代，是我国黄河中游地区史前时代重要的大型聚落遗址群。遗址主要分布在灵宝焦村、西阎、阳平、函谷关四个乡镇境内，共计 33 处。

北阳平遗址位于三门峡市灵宝市阳平镇北阳平村西 500 米处，南北长约 2000 米，东西宽 350—500 米。

1956 年，灵宝文物工作者调查时发现了北阳平遗址。1980 年、1984 年原洛阳地区文物处组织了两次调查，主要弄清了北阳平遗址的范围、包含物的年代等。1982 年，洛阳地区文物工作处为配合基建对遗址中部进行小规模试掘。1988 年，当地文物部门又组织了第三次调查。1998 年，河南省文物考古研究所领队，组织市、县两级文物部门，以北阳平遗址为重点，对周边其他遗址进行调查，除确认北阳平遗址范围外，还发现了周边仰韶文化时期的遗址 32 个。1999 年 11、12 月，中国社会科学院考古研究所河南第一工作队、河南省文物考古研究所、三门峡市文物工作队和灵宝市文物保护管理所组成联合考古队在遗址中部进行试掘，发现房基、灰坑、墓葬等遗迹，出土有陶器、石器、骨器等。

西坡遗址位于河南省三门峡市灵宝市阳平镇南涧村和西坡村之间，东有安子河，西有夸父峪河，两河水在遗址的北端交汇，遗址南高北低，呈缓坡状，是北阳平遗址群中面积较大的遗址之一，面积约 40 万平方米。2000—2013 年由中国社会科学院考古研究所、河南省文物考古研究院、三门峡市文物考古研究所、灵宝市文管所组成联合考古队对灵宝西坡遗址进行连续发掘。在 2002—2004 年的发掘中，在遗址中心部位发现两座特大房址，其中 F105 外有回廊，占地面积 500 余平方米，F106 室内面积达 240 平方米。两座房屋建筑技术复杂，F106 居住面下有多层铺垫，地面和墙壁以朱砂涂成红色。2005—2006 年，联合考古队对居住区南部的墓地进行了发掘，共发现墓葬 34 座，其中 M27 墓圹内全以青灰色草拌泥封填，泥质坚硬，泥中保存有大量清晰的植物茎、叶的印痕。墓葬出土了成套的陪葬品，有玉铲、石斧、骨簪、骨发束以及泥质红陶灶、盆、釜、瓶等，出现了明显的等级差别现象。

北阳平遗址于 1987 年被列为河南省重点文物保护单位，2001 年 6 月被国务院公布为第五批全国重点文物保护单位。

豫西地区是仰韶文化的核心地带，是国家“中华文明探源工程”实施的重点区域之一。三门峡市灵宝北阳平遗址群是目前已知的豫西地区规模最大的遗址群，也是河南、山西、陕西和河北四省合作开展的“考古中国·中原地区文明化进程”项目中的重要遗址。

陶壶

仰韶文化

腹径 15 厘米，高 9 厘米

三门峡市灵宝西坡遗址 M29 出土

现藏于河南省文物考古研究院

陶壶

仰韶文化
口径 5.2 厘米，底径 6 厘米，高 11.6 厘米
三门峡市灵宝西坡遗址 M30 出土
现藏于河南省文物考古研究院

陶碗

仰韶文化
口径 10 厘米，底径 4 厘米
三门峡市灵宝西坡遗址 M17 出土
现藏于河南省文物考古研究院

陶碗

仰韶文化
口径 13 厘米，底径 4 厘米
三门峡市灵宝西坡遗址 M29 出土
现藏于河南省文物考古研究院

簋形器

仰韶文化

口径 9.4 厘米，底径 6.7 厘米，高 11 厘米

三门峡市灵宝西坡遗址 M30 出土

现藏于河南省文物考古研究院

陶釜、陶灶

仰韶文化

陶釜：宽 17 厘米，高 8 厘米

陶灶：宽 20 厘米，高 17 厘米

三门峡市灵宝西坡遗址 M29 出土

现藏于河南省文物考古研究院

石铲

仰韶文化
长 19 厘米，宽 8 厘米
三门峡市灵宝西坡遗址 M9 出土
现藏于河南省文物考古研究院

石钺

仰韶文化
长 16 厘米，宽 6.5 厘米
三门峡市灵宝西坡遗址 M17 出土
现藏于河南省文物考古研究院

玉钺

仰韶文化

长 17 厘米，宽 4 厘米

三门峡市灵宝西坡遗址 M9 出土

现藏于河南省文物考古研究院

玉钺

仰韶文化

长 18 厘米，宽 6.5 厘米

三门峡市灵宝西坡遗址 M17 出土

现藏于河南省文物考古研究院

玉钺

仰韶文化

长 15.5 厘米，宽 9 厘米

三门峡市灵宝西坡遗址 M17 出土

现藏于河南省文物考古研究院

骨匕

仰韶文化

残长 23 厘米，宽 3 厘米

三门峡市灵宝西坡遗址 M17 出土

现藏于河南省文物考古研究院

骨簪

仰韶文化

残长 19 厘米，宽 1.2 厘米

三门峡市灵宝西坡遗址 M17 出土

现藏于河南省文物考古研究院

骨簪形器

仰韶文化
残长 10.5 厘米，宽 1.3 厘米
三门峡市灵宝西坡遗址 M17 出土
现藏于河南省文物考古研究院

骨管

仰韶文化
直径 3 厘米，高 1.7 厘米
三门峡市灵宝西坡遗址 M17 出土
现藏于河南省文物考古研究院

象牙箍形器

仰韶文化
残长 6.5 厘米，宽 6 厘米
三门峡市灵宝西坡遗址 M17 出土
现藏于河南省文物考古研究院

巩义双槐树遗址

双槐树遗址位于郑州市巩义市河洛镇双槐树村南的高台地上，经过系统调查和大规模勘探，确定双槐树遗址现存面积 117 多万平方米，是仰韶时代中晚期一处大型聚落遗址。

2013 年以来，郑州市文物考古研究院联合中国社会科学院考古研究所对双槐树遗址开展了调查勘探与考古发掘工作。发现仰韶文化时期大型环壕 3 条、公共墓地 3 处，以及 1 处大型房址分布区、4 处窑址和 13 处器物丰富或特殊的祭祀坑，出土包括仰韶文化晚期完整的精美彩陶及与丝绸制作工艺相关的骨针、石刀、纺轮等在内的丰富遗物。遗址聚落布局目前已较为清晰，三条环壕分布于居住区外侧，每条环壕均有对外通道；一般居住区位于遗址中北部，此区域内不同层位均发现有成组的排列较规整大型房基；大型夯土建筑位于遗址中心位置；一处大型 9 排仰韶文化墓葬区分布在遗址西部外环壕与中壕之间，内环壕内侧也有一处墓葬单体面积较大的墓葬区；陶窑作坊区分布于居住区东南部。

双槐树遗址是一处距今 5300—4800 年的超大型聚落，是目前所知仰韶文化晚期阶段最大的中心遗存。遗址功能结构齐全，墓葬区墓葬分布严谨有序，聚落文化内涵丰富。遗址出土的家蚕造型牙雕，是中国目前发现的时代最早的蚕雕艺术品，对丝绸起源及相关手工业发展等研究意义重大。

陶罐

仰韶文化
口径 5.7 厘米，腹径 8.8 厘米，
底径 5.6 厘米，高 8.1 厘米
郑州市巩义双槐树遗址出土
现藏于郑州市文物考古研究院

陶鼎

仰韶文化

口径 13.7 厘米，高 11.8 厘米

郑州市巩义双槐树遗址出土

现藏于郑州市文物考古研究院

荥阳青台遗址

青台遗址位于郑州市荥阳市广武镇青台村东，遗址面积 100 万平方米。1922 年瑞典人 T. J. 阿尔纳调查发现该遗址。1934 年，中国考古学家郭宝钧等人对遗址中部进行了小面积发掘。

1951 年夏初，中国科学院考古研究所对青台仰韶文化遗址进行调查发掘，根据地面出土器物判断，这里是一处仰韶时代的文化遗存。

1981—1988 年，郑州市文物部门对遗址先后进行了 6 次发掘，发掘总面积 4000 余平方米，取得了一系列重要收获。发现房基 30 余座、陶窑 12 座、灰坑 200 余座、墓葬 800 座。出土遗物有陶器、玉器、石器、骨蚌器以及粟粒、纺织品、动物骨架等，其中陶器占绝大多数，有陶鼎、釜、罐、碗、尖底瓶、缸、陶纺轮等。在瓮棺葬中发现有丝织品，黏附在骨骼上或棺壁上，多已炭化。

2015 年以来，文物部门对青台遗址又进行了系统调查、勘探和发掘，在遗址东部发现了九个陶罐组成的北斗九星图案，九星罐东部有黄土圜丘，西部及东南部不同方位摆放四个瓮棺将九星罐和圜丘半包围，南部有一个祭祀坑。

青台遗址于 1963 年被列为河南省第一批重点文物保护单位，2013 年 5 月被国务院公布为第七批全国重点文物保护单位。

青台遗址是一处仰韶文化遗址，在仰韶文化庙底沟类型中带有郑州地区鲜明特点，

荥阳青台遗址居住区

荥阳青台遗址西部墓葬区

荥阳青台遗址二环壕西北门

荥阳青台遗址墓葬区红烧土

荥阳青台遗址北斗九星罐

尤其是遗址内发现的丝织物遗存将我国丝织物纺织史上推至5500年前。“北斗九星”已被专家确认为5000多年前仰韶文化中期的天文遗迹，将中国“观象授时”的历史提前了近千年。

陶杯

仰韶文化

口径 7.2 厘米，腹径 6.3 厘米，

底径 6.6 厘米，高 8.3 厘米

郑州市荥阳青台遗址出土

现藏于郑州市文物考古研究院

彩陶钵

仰韶文化

口径 36 厘米，腹径 42 厘米，

底径 12.5 厘米，高 26 厘米

郑州市荥阳青台遗址出土

现藏于郑州市文物考古研究院

彩陶壶

仰韶文化
口径 6 厘米， 最大腹径 26 厘米，
底径 7 厘米，高 36 厘米
郑州市荥阳青台遗址出土
现藏于郑州市文物考古研究院

南阳黄山遗址

黄山遗址位于南阳市卧龙区蒲山镇黄山村，东临白河，南距独山约 3 千米。东西长 600 米，南北宽 500 米，面积 30 万平方米，文化层厚 1—3 米。

1956 年春，当地文管部门在进行文物调查时发现该遗址。1959 年 1 月，原河南省文化局文物工作队对遗址北部和西南部进行了试掘，发现有房址、墓葬等遗迹，出土有鼎、钵、壶、罐等陶器以及针、锥、簪等骨器，另外出土 5 件玉器，经鉴定均为独山玉。

2016 年、2017 年，河南省文物考古研究院与南阳市文物考古研究所组成联合考古勘探队，对黄山遗址及附近地区进行了详细的考古调查与勘探，确定了遗址的准确范围、大致内涵与保存状况。

2018 年 5 月以来，河南省文物考古研究院与南阳市文物考古研究所组成联合考古队，对黄山遗址进行了连续性主动考古发掘。经发掘，发现了仰韶文化晚期“木骨陶墙前坊后居”式大型复杂房址、屈家岭文化墓地等遗迹，砺石、石钻头以及玉石器等遗物。

1963 年黄山遗址被列为河南省第一批重点文物保护单位，2013 年国务院公布黄山遗址为第七批全国重点文物保护单位。

黄山遗址初步确定是一处居葬合一并统一规划的新石器时代重要中心聚落遗址，包含着不同阶段的文化遗存，其中以屈家岭文化堆积最为丰富，还有中原仰韶文化显著特征的遗存和少量的龙山文化遗存，这对研究新石器时代中原地区与江汉流域南北文化交流具有特殊意义。同时，黄山遗址出土的独山玉器表明，在新石器时代中原地区的先民已经初步掌握玉器加工制作技术，弥补了中原地区早期玉文化缺失的不足。

南阳黄山遗址 2019 年 4 月前发掘区全景

郑州西山遗址

西山遗址位于郑州市惠济区古荥镇枯河北岸的二级台地上，属仰韶文化晚期城址。

1984 年，为配合河南中原石刻艺术馆的建设，郑州市文物工作队对郑州市西北郊进行考古调查，发现了西山遗址。1992 年 9—11 月，河南省文物局在西山遗址举办首届考古钻探领队培训班，从此揭开了西山遗址大规模科学考古发掘的序幕。1993 年 9 月至 1996 年春，国家文物局在西山遗址又先后举办了三期全国考古领队培训班，并进行了考古发掘实习，发掘工作前后历时 5 年。

西山城址平面近于圆形，直径约 180 米，城址南部早已不存，现存面积约 19000 平方米。城墙采用先进的方块版筑法建造，全部埋藏于今地表以下。墙外四周有壕沟环绕。发现北门和西门两座城门遗迹，两座城门的形制、结构有较大区别。城内发掘出大量的房基、窖穴、灰坑、墓葬、瓮棺及奠基和祭祀遗迹等，出土大批陶器、石器、骨器、角蚌器等遗物，以及兽骨、种子等动植物遗骸数千件。西山遗址的文化堆积可分为 3 期：第 1 期遗存约相当于后冈一期文化；第 2 期遗存最丰富，属仰韶文化庙底沟类型；第 3 期则为仰韶文化晚期的秦王寨类型，西山古城即始建于此期早段，废弃于此期晚段，绝对年代为距今 5300—4800 年。

1996 年 11 月，西山遗址被国务院公布为第四批全国重点文物保护单位。

郑州西山仰韶时代城址之城壕

郑州西山遗址仰韶时代城墙版筑夯土

西山遗址的发现，在中国古代建筑发展史上，是一件具有里程碑意义的大事。它开启了大规模城垣建筑规制的先河，其建筑方法、形制结构无疑对中国古代城址的建筑产生了深远的影响，显示了巨大的进步和创造力，不仅对探讨中国早期城市的形成和发展，而且对研究中国古代文明的起源，以及中原地区在其中所起的历史作用，都具有非常重要的意义。

郑州西山遗址仰韶时代城墙夯土之夯层

郑州西山遗址仰韶时代瓮棺葬

彩陶钵

仰韶文化
口径 20.8 厘米，腹径 27.6 厘米，
底径 9.4 厘米，高 19.1 厘米
郑州市西山遗址出土
现藏于河南省文物考古研究院

陶釜

仰韶文化

口径 18.8 厘米，腹径 31.8 厘米，高 14.5 厘米

郑州西山遗址出土

现藏于河南省文物考古研究院

陶壶

仰韶文化

口径 7.5 厘米，腹径 16.9 厘米，

底径 9.8 厘米，高 27.4 厘米

郑州西山遗址出土

现藏于河南省文物考古研究院

陶罐

仰韶文化

口径 16.5 厘米，底径 7.6 厘米，高 16 厘米

郑州西山遗址出土

现藏于河南省文物考古研究院

陶壶

仰韶文化

口径 11.5 厘米，高 32 厘米

郑州西山遗址出土

现藏于河南省文物考古研究院

陶甑

仰韶文化
口径 14.8 厘米，高 17.4 厘米
郑州西山遗址出土
现藏于河南省文物考古研究院

陶鼎

仰韶文化
口径 18.2 厘米，高 16.8 厘米
郑州西山遗址出土
现藏于河南省文物考古研究院

尖底瓶

仰韶文化

宽 21.6 厘米，高 62.8 厘米

郑州西山遗址出土

现藏于河南省文物考古研究院

郑州大河村遗址

大河村遗址位于郑州市东北郊大河村西南 1 千米的漫坡岗上，是以仰韶文化、龙山文化为主，兼有二里头文化和商代遗存的古聚落遗址，面积 40 多万平方米。

大河村遗址发现于 1964 年，1972 年考古工作者首次进行考古发掘。1972—2015 年，先后进行了 25 次发掘，发掘面积达 6000 多平方米，发掘各类房基 50 余座、窖穴近 500 座、墓葬 400 余座，壕沟 2 条，出土陶、石、骨、蚌、角、玉质地的珍贵文物 3600 多件，各类标本 20000 余件。遗址时代从史前一直延续到夏、商时期，是仰韶文化的时代标尺，为研究中华民族五千年的文明史提供了珍贵的实物资料。遗址出土的彩陶数量极多，色彩绚丽，图案丰富，在仰韶文化中独树一帜，彩陶上所绘制的天文图案是我国最早的天文学实物资料，对研究我国古代天文学和历法的产生和发展具有十分重要的科学价值。遗址中发现的仰韶文化时期的房基 F1—F4，是我国迄今为止发现的保存最完好的史前居住基址。该遗址文化遗存延续时间达 3300 多年之久，其中，大河村四期文化被考古界命名为“大河村类型”。

1986 年，大河村遗址被公布为河南省重第二批点文物保护单位。2001 年 6 月，大河村遗址被国务院公布为第五批全国重点文物保护单位。

大河村遗址的发现和发掘，为研究原始氏族制社会到奴隶制社会漫长的历史过程提供了重要的实物资料和确凿的地层证据，为研究中原地区和黄河下游及长江流域诸原始文化的关系提供了依据，也是我国古代民族大融合的历史见证。

白衣彩陶盆

仰韶文化

口径 45.7 厘米，底径 11 厘米，高 15.7 厘米

郑州大河村遗址出土

现藏于郑州大河村遗址博物馆

郾城郝家台遗址

郝家台遗址位于漯河市郾城区城东石槽赵村东北的台地上，遗址面积5万多平方米，文化层厚3—5米。

1986年5月，漯河在准备修建漯河至孟庙段京广铁路第三条线时在漯河市区北侧调查发现了郝家台龙山文化遗址。1986年6月至1987年5月，河南省文物研究所在漯河市文化局、郾城县文化局以及当地驻军的积极配合下，对该遗址进行了大规模的考古发掘，遗址内西南部发现有城堡遗迹、成排房基，并有木板地面遗痕，另有窖穴、墓葬、灰坑、陶窑等遗迹以及城墙基和外围防御沟，出土陶、石、骨、蚌器数千件，所代表的考古学文化被确认为河南龙山文化郝家台类型。2015—2016年，北京大学考古文博学院、河南省文物考古研究院与漯河市文物考古研究所成立联合考古队再次对郝家台遗址进行主动性发掘工作，为全面认识淮河上游地区龙山文化时期聚落的面貌提供了新的资料。

郝家台遗址于1986年被公布为河南省第二批文物保护单位，2006年5月被国务院公布为第六批全国重点文物保护单位。

郝家台古城址反映了4000—5000年前嵩山以东黄淮流域的历史文化的发展面貌，是全国为数极少的新石器时代晚期龙山文化古城之一。

郾城郝家台2016年考古发掘航拍照

陶鼎

龙山文化

口径 15 厘米，最大径 20 厘米

高 18 厘米

漯河市郾城郝家台遗址出土

现藏于河南省文物考古研究院

陶觚形器

龙山文化

口径 8 厘米，高 29.8 厘米

漯河市郾城郝家台遗址出土

现藏于河南省文物考古研究院

磨光豆

新砦期

口径 17.6 厘米，高 22 厘米

漯河市郾城郝家台遗址出土

现藏于河南省文物考古研究院

淮阳平粮台古城遗址

平粮台古城遗址位于周口市淮阳市东南 4 千米的大朱村西南方，面积约 5 万平方米。

平粮台遗址发现于 1979 年，随后河南省文物研究所与北京大学文博学院在此多次进行考古发掘。城址平面呈正方形，发现有龙山、二里头、商、周、战国、汉等多个文化层。城墙采用版筑和堆筑法建成，顶部宽 8—10 米，下部宽约 13 米，残高 3 米左右。发现有南、北两座城门，北城门缺口宽 2.25 米，位于北城墙正中稍偏西处，南城门位于南城墙正中，门道路土宽 1.7 米，两侧有门卫房的遗存。城门门道下铺排水管道，北端稍高，宜于向城外排水。管道周围填土并杂以姜石块，其上再铺厚 0.3 米以上的土作为路面。城址内发现有龙山文化时期的高台建筑基址、墓葬、窑址、灰坑、水井、道路、车辙、水沟、陶排水管等遗存，还发现大量战国时期楚墓、汉墓等，出土大量陶器、骨器、石器、蚌器、玉器、铁器、青铜器等珍贵文物。

2019 年的考古发掘中，在南城墙和城内高台式排房的室外垫土之下新发现 3 组节节套扣在一起的陶排水管，两端有进水口、出水口，城内还发现了与陶排水管相连的水沟，这些纵穿城墙基础或沿排房建筑的外缘平行分布的排水管和东西、南北向水沟共同构成了目前所知的我国最早的、最为完备的城市排水系统。同时，在南城门附近早期道路路面上发现有车辙痕迹。其中，一组平行车辙间距 0.8 米，为“双轮车”车辙印迹。经 ^{14}C

淮阳平粮台遗址全景鸟瞰图

测年，其绝对年代距今4200年，这是我国目前发现的年代最早的双轮车车辙痕迹。此外，通过系统钻探和数字化记录分析，证实了平粮台龙山城址的正方城墙和对称城门结构。在城内“中轴线”位置发现一条南北走向的龙山时期道路，两端分别对应南、北城门，从城址内探明和发掘的东西向排房以此道路相分隔的情况看，这条道路和南、北城门已经具备了“中轴线”的实际意义。

1986年，平粮台古城遗址被公布为河南省第二批文物保护单位。1988年1月，被国务院公布为第三批全国重点文物保护单位。

该遗址是豫东地区龙山文化晚期的重要城址，是我国文明起源时期历史成就的重要物证，是中华文明探源工程的珍贵线索，对研究我国文明起源、城市起源、国家起源和青铜冶炼具有重大意义。

淮阳平粮台遗址东南发掘区及龙山时期排房

淮阳平粮台城址龙山时期排水管道

红陶排水管道

龙山文化

长 42.5 厘米，小口直径 27.5 厘米，大口直径 34 厘米

周口市淮阳平粮台城址出土

现藏于河南博物院

辉县孟庄遗址

孟庄遗址位于新乡市辉县孟庄镇东部，面积达25万平方米。1951年辉县人民在兴修孟庄渠时发现鸵鸟蛋化石。经中国科学院古脊椎动物研究室鉴定，属于“安氏鸵鸟蛋”化石，距今已有50万年之久。随即中科院对孟庄进行考古调查，经实地勘察和反复考证，认定这里是以仰韶文化和龙山文化为主，兼有夏、商、周文化的古文化遗址。

1992年7月至1995年，河南省文物考古研究所、新乡地区文管会、辉县市文保所联合组成工作队对孟庄遗址进行了考古发掘，发现了龙山文化、二里头文化及商代三座不同时期的城址。龙山城址位于遗址西北部，东城墙保存较好，长约375米，北墙长约340米，西墙仅残存东半部，长约330米。二里头时期的城址直接叠压在龙山城址之上。殷墟时期遗存主要有城址、灰坑、水井、墓葬等，城墙仅在西墙及东墙处存有商代晚期修补的夯土。

孟庄遗址于1963年被公布为河南省第一批文物保护单位，2001年6月被国务院公布为第五批全国重点文物保护单位。

辉县孟庄遗址发掘现场

辉县孟庄遗址发现的龙山文化、二里头文化、商代三叠层在中原地区属首次发现，为研究原始社会向阶级社会过渡、夏商更替等主要历史事件提供了重要资料，为建立该地区的考古学编年序列提供了条件，也为研究各个时期的建筑艺术、文化面貌提供了新材料。

辉县孟庄遗址龙山文化晚期城址东城门木板灰痕

辉县孟庄遗址二里冈文化墓葬

陶鬶

龙山文化

口径 10.2 厘米，高 21.2 厘米

新乡市辉县孟庄遗址出土

现藏于河南省文物考古研究院

平顶山蒲城店遗址

蒲城店遗址位于平顶山市卫东区东高皇乡蒲城店村北，现存面积约 18 万平方米。20 世纪 50 年代发现该遗址。

2004 年 7 月至 2005 年 6 月，河南省文物考古研究所与平顶山市文物局组成联合考古队，对蒲城店遗址进行了考古发掘，发掘面积 6200 平方米，共发现古代城址、房址、灰坑、窖穴、陶窑、水井、墓葬等遗迹 900 多处，出土了大量的陶器、铜器、石器、骨器以及动植物遗存。

发现的城址为龙山文化晚期城址及二里头文化早期城址。龙山文化晚期城址位于遗址的东北部岗地上，大致呈东西向长方形，发现的遗迹以龙山文化的城墙和灰坑为主。城址现存东、西、南三面城墙，西墙（含城壕）残长 124 米，南墙中东部向北转折后又向东延伸，全长 246 米。城墙底部宽 7—9 米，残高约 3 米，夯层厚约 0.2 米，城墙外有城壕。

二里头文化早期城址位于遗址西南部，略呈东西向长方形。城址（含城壕）东西长约 260 米、南北宽 204 米。发现的主要遗迹为城墙和房基，房基分布十分集中，有一间、两间、三间和多间，最多为一排七间，每间的长度为 2—3 米。

蒲城店遗址于 2006 年 5 月被国务院公布为第六批全国重点文物保护单位。

蒲城店遗址是一处新石器时代龙山文化、夏代二里头文化早期、西周、春秋、战国、汉、宋、明各个时期连续使用的大型遗址。蒲城店遗址龙山文化晚期城址在地理位置上是中原地区最靠南的城址之一。两座古城址的形制、城垣与城壕的结构与修筑方法不尽相同，为研究中国早期城址发展史及古代文明起源提供了新的资料。

平顶山蒲城店遗址发掘区中部发掘现场

平顶山蒲城店遗址发现的房基

淅川下王岗遗址

淅川下王岗遗址位于南阳市淅川县下王岗村，丹江南岸，面积约6000平方米。

1971—1974年，为配合丹江口水库建设，河南省博物馆文物工作队、长江流域规划办公室文物考古队河南分队联合对下王岗遗址进行了大规模的发掘，发掘面积2309平方米，发现了仰韶文化、屈家岭文化、龙山文化、二里头文化等不同时期丰富的考古学文化遗存，其中仰韶文化时期的遗存最为集中，包括大量墓葬、灰坑及一些房址、作坊、陶窑等遗迹。

2008—2010年，中国社会科学院考古研究所山西队承担了河南省南水北调文物保护项目淅川下王岗遗址的钻探与发掘任务，发掘面积3002平方米，发现了仰韶文化、屈家岭文化、龙山文化、二里头文化、西周等不同时期丰富的考古学文化遗存，其中二里头文化时期遗存是豫西南地区二里头文化典型代表，所代表的考古学文化被称为“下王岗类型”。

下王岗遗址的发掘，进一步证实了当地仰韶文化、屈家岭文化与龙山文化三者的早晚关系。遗址位于南北方交界地带，对于研究中国南北新石器时代文化的分布、地域特点及相互关系，具有较重要的意义。

鹤壁刘庄遗址

刘庄遗址位于鹤壁市淇滨区金山办事处刘庄村，淇河北岸的第二、三级阶地之上。遗址总面积60余万平方米，文化层堆积厚0.6—1.5米。

1932年，中央研究院历史语言研究所郭宝钧、尹达、吴金鼎等先生在发掘辛村墓地、大赉店遗址期间，在刘庄南地调查时发现了该处遗址。

2005年6月至2006年夏，为配合南水北调工程建设，河南省文物考古研究所对刘庄遗址展开抢救性发掘。2005年6月第一次发掘揭露遗址面积5900平方米，发现仰韶时代大司空类型聚落遗存和较大规模的下七垣文化墓地，发掘墓葬270座。2005年9月对刘庄遗址进行第二次发掘，发掘面积1800平方米，清理下七垣文化墓葬337座，基本完整揭露墓地。2006年夏对刘庄遗址进行了第三次发掘，发掘面积3450平方米。此次发掘再次揭露大批仰韶文化大司空类型遗存，发掘墓葬3座。2017年，河南省文物考古研究院对刘庄遗址进行第四次及第五次考古发掘，发掘面积1540平方米，揭露仰韶文化大司空类型遗迹。

2006 年 11 月，鹤壁刘庄遗址被河南省人民政府公布为第四批河南省文物保护单位。2019 年 10 月，鹤壁刘庄遗址被国务院公布为第八批全国重点文物保护单位名单。

刘庄遗址发现的先商墓葬最具代表性，墓地布局规整、保存完整，随葬品较为丰富，填补了下七垣文化发掘研究工作的一项空白，对下七垣文化墓葬制度、社会结构、商人渊源、夷夏商关系等重要学术问题的研究具有重要学术价值。

鹤壁刘庄遗址发掘现场局部

鹤壁刘庄遗址下七垣文化石棺葬

3 寻找夏朝

[揭秘中华第一王朝]

寻找

史前文明“满天星斗”状的分布态势
和中华文明“多元一体”的发展模式
目前已成为学界共识。
距今 3800 年前后，
二里头文化的形成和崛起，
在中原地区形成了更为成熟的文明形态，
并向四方辐射文化影响力，
成为中华文明总进程的核心与引领者。
河南这一时期重要遗址，
对于探索华夏文明的诞生、
早期国家的形成等诸多重大学术问题
具有重要的意义和价值。

夏朝

登封王城岗遗址

登封王城岗遗址位于郑州市登封市告成镇八方村东侧的土岗上，面积约 50 万平方米。

1956 年春，文物工作者在进行文物普查时发现王城岗遗址，当时曾定名“八方村龙山文化遗址”。1975 年春，为探索夏文化遗存，河南省文物研究所组成探索夏文化工作组，以告成镇西的八方村东地一带为重点进行考古调查、勘探与发掘工作。

1977—1981 年，发掘 8575 平方米，发现的遗存主要属于河南龙山文化晚期和二里头文化，其中龙山文化可分为五期，遗迹中有东西并列的两座小城，其中西城面积约 1 万平方米，城内发现有奠基坑和几处夯土残基址。发掘者根据出土陶文，并结合文献“阳城”的地望，认为王城岗龙山文化小城可能是夏代的“禹都阳城”。

2002—2005 年，国家启动中华文明探源等工程，又对该遗址进行了大规模的调查及发掘，在小城址的西面发现了一座龙山文化晚期的大城，大城由夯土城墙和城壕组成，总面积约 34.8 万平方米。小城位于大城的东北角，在大城内发现祭祀坑和若干夯土基址。

2020 年 4 月，“考古・夏文化研究”项目获国家文物局批复，登封王城岗遗址作为项目的重点遗址之一，开启了新一轮的考古工作，勘探发现在大城北部分布大面积的夯土群，是龙山晚期到二里头时期所发现的中原地区最大的夯土基址之一。

1996 年 11 月，王城岗及阳城遗址被国务院公布为第四批全国重点文物保护单位。

王城岗遗址的发现，对探索夏文化、中华文明起源等都具有重要的历史科学价值。1977 年 11 月“河南登封告成遗址发掘现场会”是夏文化探索历程中具有里程碑意义的一次学术会议。告成现场会是“文革”之后考古学界第一次大规模的学术会议，它不仅极大地推动了夏商文化研究，更以求实创新的精神迎来了中国考古学快速发展时期。

铜片

龙山文化晚期

长 5.5 厘米，宽 5.5 厘米

郑州市登封王城岗遗址出土

现藏于河南博物院

新密古城寨遗址

新密古城寨遗址位于郑州市新密市曲梁乡大樊庄村古城寨村民组周围，总面积约270万平方米。

古城寨遗址于20世纪60年代由密县（现新密市）文化馆魏殿臣先生发现，当时据地方志记载，初步定为西周时期的郐国故城。

1997年10月至1998年4月，受新密市“炎黄历史文化研究会”邀请，经报国家文物局批准，河南省文物考古研究所对遗址进行了重点考古试掘，初步掌握了遗址城墙地层关系和文化内涵、龙山文化大型夯土基址的分布，并调查了城外龙山文化遗址的分布概况，确认遗址中心是一座龙山时代晚期的城址。

1998—2000年，河南省文物考古研究所对遗址进行发掘，发现了大型宫殿建筑基址F1和廊庑建筑基址F4的北部基址、廊庑基址的西北拐角和西廊庑部分基址。

2002年，古城寨遗址被列入“中华文明探源预研究——古城寨城址布局及附近聚落研究”课题。2002年12月至2003年5月，河南省文物考古研究所再次对遗址内廊庑建筑F4进行考古发掘。

新密古城寨遗址北城门缺口

新密古城寨遗址南城墙夯窝

新密古城寨遗址 F4 西廊庑北段

古城寨遗址延续时间较长，是一座以龙山文化为主体文化的遗址，包含了仰韶文化、龙山文化、二里头文化、二里冈文化、殷墟文化、东周文化、汉代文化等文化阶段，其中龙山文化城址是古城寨遗址最重要的发现。城址平面呈长方形，面积约 17.6 万平方米，方向 349° 。除了西墙被溱水冲毁外，古城寨城址尚保存有北东南三面城墙，且基本完整，其中以东城墙最完整，连续无缺损。城外北东南三面有护城河环绕。

古城寨遗址于 1988 年被河南省人民政府公布为河南省重点文物保护单位，2001 年 6 月被国务院公布为第五批全国重点文物保护单位。

古城寨城址包含目前发现的龙山文化时期面积最大、结构最复杂的宫殿式建筑遗址，同时也是中原地区规模较大、目前中国城墙保存最好的龙山时代晚期城址。专家认为该城的建造是事先经过统一规划和精心设计的，不仅反映出当时城建规划、夯筑技术和土木建筑技术的进步，也体现了使用者具有至高无上的地位和尊严。龙山时期的晚期遗存是探讨夏文化的重要对象，新密古城寨城址的发现为探索夏文化提供了新的线索，也为研究中国文明起源与国家形成增添了重要资料。

陶斝

龙山文化晚期

口径 19.7 厘米，高 19.8 厘米

郑州市新密古城寨遗址出土

现藏于郑州博物馆

禹州瓦店遗址

瓦店遗址位于许昌市禹州市火龙乡瓦店村东北，面积约 40 万平方米。1979 年河南省文物研究所和禹州市文物管理所联合对颍河两岸进行考古调查时发现瓦店遗址。1980—1982 年，河南省文物研究所与郑州大学历史系考古专业对瓦店遗址进行了三次考古发掘，发掘面积 700 余平方米，发现的遗存主要为龙山文化时期。

1997 年 4 月至 5 月，河南省文物考古研究所承担的“夏商周断代工程——夏代年代学研究”课题组中的“早期夏文化研究”项目专题组根据课题研究工作的需要，对瓦店遗址进行了考古发掘与研究，经发掘，遗址包含有龙山文化早、中、晚期遗存，且以龙山文化晚期遗存为主，考古学文化属王湾三期文化晚期，发现的遗迹、遗物级别较高，如地面起建的大型建筑基址和奠基坑等遗迹及陶酒器、玉鸟、玉璧、玉铲和大卜骨等遗物。

2007 年 9 月至2008 年 1 月，由北京大学与河南省文物考古研究所承担的“中华文明探源工程（二）——颍河中上游流域聚落群综合研究”项目课题组对瓦店遗址进行了测量、考古调查、钻探、发掘与多学科研究工作，发掘面积 460 平方米。2009 年 9 月至2010 年 2 月，河南省文物考古研究所和北京大学承担由国家文物局批准“禹州瓦店遗址群考古工作计划”和“中华文明探源工程（三）——禹州瓦店遗址聚落形态研究”项目，对遗址进行新的测量、钻探和发掘工作，并开展资源调查和多学科研究，发掘面积 953 平方米。通过调查和大规模的考古钻探，发现瓦店遗址由西北台地和东南台地两部分组成，西北台地发现王湾三期文化晚期大型环壕，并在环壕范围内中部发现两处呈东、西相对分布的同时期的大型建筑基址。

禹州瓦店遗址于 2006 年 5 月被国务院公布为第六批全国重点文物保护单位。

瓦店遗址的发掘为探索研究豫东、豫西及颍河流域的龙山文化及夏商文化及该时期文化的区系类型等课题研究提供了一批新的资料。

陶瓮

龙山文化晚期

口径 14.6 厘米，腹径 28 厘米，高 24.2 厘米

许昌市禹州瓦店遗址出土

现藏于许昌市博物馆

新密新砦遗址

新砦遗址位于郑州市新密市东 23 千米刘寨镇新砦村西部，面积约 100 万平方米。1964 年密县文化馆魏殿臣先生调查时发现新砦遗址。

1979 年 3—4 月，中国社会科学院考古研究所河南二队对新砦遗址进行调查并试掘，发现一批龙山文化的遗存及遗物，经研究认为新砦遗址属于龙山文化晚期到二里头文化早期，考古工作者据此提出“新砦期二里头文化”的概念。

1999 年 10—12 月，北京大学考古文博院与郑州市文物考古研究所对新砦遗址进行第二次试掘，确认了新砦二期遗存，且新砦二期遗存上承龙山文化，下与二里头文化紧密相连。

2000 年 4—7 月，北京大学古代文明中心与郑州市文物考古研究所联合对新密新砦遗址进行第三次发掘，确认新砦遗址的遗存可分为王湾三期、新砦期和二里头早期三个阶段，新砦期介于王湾三期文化晚期与二里头文化一期之间。

自 2002 年起，新砦遗址被列入“中华文明探源工程”预研究和第一阶段研究聚落课题子课题，由中国社科院考古研究所河南新砦队与郑州市文物考古研究所共同承担。2002—2005 年的发掘结果已初步确定新砦遗址面积约 100 万平方米，设有外壕、城壕、内壕共三重防御设施，中心区建有大型城址。城址内部不仅发现有宗庙性质的大型建筑，还发现有加工骨器的手工作坊区，出土的遗物不仅数量众多，做工精美，而且规格很高，反映出新砦城址的都邑性质。其年代在龙山时代和夏文化之间，距今 3800 年左右。

2013 年和 2014 年，中国社会科学院考古研究所和郑州市文物考古研究院等单位，先后在河南新密新砦遗址东城墙外和梁家台东北台地进行发掘，确认城址外也有居住址存在，为研究新砦聚落布局情况提供了新的材料。

2016—2020 年，中国社会科学院考古研究所河南新砦队联合郑州市文物考古研究院对新砦遗址进行了持续性发掘，基本查明了核心区大型浅穴式建筑南侧分布有龙山晚期建筑基址，新砦期夯土建筑基址残存面积达到 1700 平方米。另揭露叠压于新砦期夯土基址之上、不晚于二里头文化一期的建筑基址，残存面积近 1500 平方米，出土有高等级建筑材料如板瓦、陶水管以及反映礼乐制度的遗物，如玉圭、玉璜、玉璧、石磬等，这些都再次彰显了新砦遗址的都邑性质。

2006 年 5 月，新砦遗址被国务院公布为第六批全国重点文物保护单位。

新砦城址的发现，对于探索早期夏都、判定古城寨城址和二里头遗址的年代与性质、研究夏代都城和夏王朝的诞生以及中国古代文明的起源问题都具有十分重要的意义。

陶猪首形器盖

新砦期

口径 23 厘米，高 18 厘米

郑州市新密新砦遗址出土

现藏于郑州市文物考古研究院

郑州东赵遗址

东赵遗址位于郑州市高新区沟赵乡东赵村，遗址面积100余万平方米。20世纪50年代考古工作者调查时发现东赵遗址。

2011年，北京大学考古文博学院与郑州市文物考古研究院合作研究“中原腹心地区早期国家的形成与发展”课题，对东赵遗址进行了复查，在村东南发现了沟状河湖相堆积，在堆积的底部发现有龙山晚期陶片，在清刮遗址东部断崖剖面时发现基槽状堆积，初步判断东赵遗址存有城址。2012年春季，又对一些重要遗迹进行了分析，确认了东赵遗址有龙山至商末周初文化遗存。

2012年10月至2014年12月，北京大学考古文博学院与郑州市文物考古研究院联合对东赵遗址进行了连续性考古发掘与勘探。经过近三年的考古工作，东赵遗址累计发掘面积近6000平方米，勘探面积达70万平方米。发现大、中、小三座城址，清理出城墙、城壕、大型夯土建筑基址，疑似祭祀坑区、灰坑、窖穴、水井等重要遗迹，还出土了大量陶器、石器、骨器等夏、商、周时期的文化遗物。“大城”的年代初步判断为东周时期，“中城”为二里头时期城址，“小城”为新砦期城址。

东赵遗址新砦期城址是目前国内发现的第二座该时期城址，同时也是嵩山以北地区发现的第一座新砦期城址。丰富的新砦期遗存，使新砦期文化面貌变得清晰，为探讨河南龙山文化晚期与二里头文化之间的关系提供了翔实的新材料，有助于推动早期夏文化的深入研究，进而推动早期国家形成与发展这一重大学术课题的研究进程，具有重大学术价值。

花边罐

二里头文化
口径15.6厘米，底径6.8厘米，高17.3厘米
郑州市高新区东赵遗址H326出土
现藏于郑州市文物考古研究院

陶鼎

二里头文化

口径 16.8 厘米，腹径 16.2 厘米，高 20 厘米

郑州市高新区东赵遗址 J7 出土

现藏于郑州市文物考古研究院

郑州大师姑遗址

大师姑遗址位于郑州市荥阳市广武镇大师姑村和杨寨村南，总面积约 51 万平方米。1984 年文物普查时发现该遗址。

2002—2004 年，郑州市文物考古研究所对遗址进行了连续的钻探和考古发掘。通过发掘和钻探，确认遗址是一处二里头文化中晚期大型城址。城址由城垣和城壕两部分组成。城垣的结构较为复杂，经过多次的续建和修补。修筑方法为平地起建，倾斜堆筑，水平夯打。城壕位于夯土城垣外侧，距夯土城垣约 6 米，现存深度 2—2.8 米，壕沟内侧因被早商环壕打破，现存宽度 5—9 米。所发现的二里头文化遗存全部集中在城垣和城壕以内。城址内部二里头文化遗存十分丰富，文化层厚度一般在 2—2.5 米。已发掘夯土房址、灰坑、窖穴、灰沟等多处遗迹，出土有青铜工具、玉钺、玉杯、大量的石制生产工具和陶制生活用具。尤其是在城址中部发掘出土有成片倒塌的夯土墙体和大量的陶制排水管道，显示在城址内部存在有规格较高的大型建筑。

2013 年 5 月，大师姑夏代城址被国务院公布为第七批全国重点文物保护单位。

大师姑夏代城址的发现填补了郑州地区夏代城址考古的空白，为进一步研究我国古代的城市发展、夏代与国家社会结构乃至中国古代文明起源提供了珍贵的资料。城址内部夏、商遗存都十分丰富，对探讨夏代晚期夏商文化关系、夏商交替年代等一系列我国夏商考古研究中的重大学术问题也具有十分重要的学术价值。

龙纹陶器

夏

通长 9 厘米，通宽 7.5 厘米，厚 0.6 厘米

郑州市荥阳大师姑遗址出土

现藏于郑州市文物考古研究院

巩义花地嘴遗址

花地嘴遗址位于郑州市巩义市站街镇北瑶湾村村南，遗址南北长500多米，东西宽500米，呈扇形分布，面积约30万平方米。

该遗址发现于1984年，1992年河南省社会科学院河洛文化研究所、巩义市文管会在进行洛汭地区文物普查时对该遗址进行复查。2003年3—5月，为配合基本建设，郑州市文物考古研究所对该遗址进行普探和小规模发掘。2004年6—8月，郑州市文物考古研究所与北京大学文博学院联合对该遗址进行正式发掘，发现环壕、祭祀坑、房址、灰坑及陶窑等重要遗迹，出土有骨器、石器、蚌器、陶器、玉器、朱砂绘陶礼器、动物骨骼及农作物颗粒等遗物。

巩义花地嘴遗址于2006年被公布为河南省第四批文物保护单位，2013年5月被国务院公布为第七批全国重点文物保护单位。

巩义花地嘴遗址是嵩山以北地区发现的第一个"新砦期"遗存，它的发现对探索夏代早期文化和中华文明之源，研究"新砦二期晚段"与二里头文化一期早段序列问题及其文化面貌、文化因素和文化渊源等都有着十分重要的意义。

朱砂彩绘瓮

新砦期

口径 23 厘米，底径 13.8 厘米，高 41.5 厘米

郑州市巩义花地嘴遗址 H144 出土

现藏于郑州市文物考古研究院

玉琮

夏

高 3.5 厘米，厚 0.7 厘米

郑州市巩义花地嘴遗址 H154 出土

现藏于郑州市文物考古研究院

玉钺

夏

长 11.7 厘米，顶端宽 8.9 厘米，

刃端宽 11.6 厘米，厚 0.4—0.5 厘米

郑州市巩义花地嘴遗址 H21 出土

现藏于郑州市文物考古研究院

玉铲

夏

长 5.1—5.6 厘米，宽 4—4.5 厘米，

厚 0.3—0.6 厘米

郑州市巩义花地嘴遗址 H145 出土

现藏于郑州市文物考古研究院

新郑望京楼遗址

望京楼遗址位于郑州市新郑市新村镇杜村和孟家沟村以西及周边区域，遗址总面积约为 168 万平方米。遗址发现于 20 世纪 60 年代，当地群众平整土地时曾出土过一批青铜器和玉器等贵重文物，铜器有罍、爵、斝、觚、钺、锛等，其中青铜钺是我国目前出土的夏商时期最大的一件；玉器有戈、璋，其中一件铜援玉戈质地为和阗玉。

2010 年 9 月至 2011 年 4 月，为配合市政建设，郑州市文物考古研究院对新郑望京楼遗址进行考古发掘，发现了二里头文化、二里冈文化两座早期城址。望京楼商代城址保存较为完整。城址平面近方形，方向为北偏东 15° 。东城墙长约 590 米、北城墙长约 602 米、南城墙长约 630 米、西城墙长约 560 米，城墙宽为 10—20 米，整个城址面积约为 37 万平方米。 城墙外侧为宽约 15 米的护城河。夏代城址位于商代城址外侧，紧邻商城外护城河。已确定该城址的东城墙及东南、东北城墙转角，其中东城墙长 625 米。城

新郑望京楼遗址航拍照

址平面亦为方形，其护城河紧贴城墙，宽约 11 米。

新郑望京楼遗址于 2006 年 6 月被公布为河南省第四批文物保护单位。2013 年 5 月被国务院公布为第七批全国重点文物保护单位。

新郑望京楼遗址是夏商大型城址方面的又一重大发现，对我们研究中原地区早期城市群的发展演变和国家起源，探讨夏商历史、夏代晚期文化与商代早期文化更替及中国早期城池建设等问题都具有重要意义。

新郑望京楼遗址二里冈文化城址东城门

新郑望京楼遗址发掘现场

原始瓷尊

商

口径 18.4 厘米，底径 5.2 厘米，高 9 厘米

新郑市望京楼遗址 H88 出土

现藏于郑州市文物考古研究院

陶杯

商

口部长径 15.3 厘米，短径 14.7 厘米，

底径 10.5 厘米，高 15 厘米

新郑市望京楼遗址 M4 出土

现藏于郑州市文物考古研究院

陶簋

商

口径 27.5 厘米，底径 17.5 厘米，高 18.8 厘米

新郑市望京楼遗址 M4 出土

现藏于郑州市文物考古研究院

玉柄形器

夏

残长 6.1 厘米，残宽 2 厘米，厚 1 厘米

新郑市望京楼遗址出土

现藏于郑州市文物考古研究院

铜刀

商

残长 31.2 厘米，宽 4.5 厘米，

厚 0.5 厘米

新郑市望京楼遗址 M65 出土

现藏于郑州市文物考古研究院

偃师二里头遗址

二里头遗址位于洛阳市偃师市境内，1959 年著名古史学家徐旭生先生调查“夏墟”发现该遗址。从 1959 年至今，中国社会科学院考古研究所二里头工作队对遗址进行持续性的考古发掘，累计勘探近 200 万平方米，发掘约 4.8 万平方米，并对二里头遗址所在的洛阳盆地 1115 平方千米范围内的先秦时期遗址进行调查，取得了一系列重要收获。经过长期的田野工作，确定二里头遗址总面积 300 万平方米。

20 世纪 60 年代初至 70 年代末，考古人员通过发掘研究，建立了二里头文化一至四期文化框架序列，揭示了 1 号、2 号宫殿基址，发现了青铜冶铸遗址，清理了不同等级的墓葬，确定了遗址的都邑性质。20 世纪 80 年代至 90 年代，考古人员进行了一系列的抢救性发掘，发现了多处建筑遗址、墓葬，还发现了铸铜作坊遗址，出土大量陶器、青铜器、玉器、漆器、绿松石器等。自 2001 年起，工作队对宫殿区进行系统钻探与重点发掘，发现并清理大型建筑基址数座；对宫殿区及其附近的道路进行了追探，在宫殿区外围，发现了纵横交错的大路。2003 年工作队发现了宫城城墙。2004 年，偃师二里头遗址宫殿区发现了宫城城墙以及大型夯土基址、车辙、绿松石器及其制造作坊等重要遗存。2010 年春至2011 年春，工作队对宫殿区北部进行系统钻探和发掘。勘探基本摸清了宫殿区北部的遗存分布情况，通过发掘，对 1 号巨型坑及 5 号建筑基址的年代、结构及性质等问题有了初步认识。2012 年秋至2013 年春，

二里头遗址卫星影像图

二里头遗址出土绿松石龙形器

二里头遗址宫殿区南部及围垣作坊区北部

二里头遗址宫殿基址群发掘现场

工作队在作坊区西侧进行发掘，发现二里头文化时期的墙垣、道路、墓葬、灰坑及建筑等遗迹。2014—2018 年继续对 5 号基址进行全面揭露，确认 5 号基址的修建和使用年代均为二里头文化二期，是目前所知年代最早、保存最好的多进院落大型夯土基址，是中国后世多院落宫室建筑的源头。

二里头遗址于 1988 年 1 月被国务院公布为第三批全国重点文物保护单位。

二里头遗址宫城是迄今可确认的我国最早的宫城遗迹。纵横交错的中心区道路网、方正规矩的宫城和排列有序的建筑基址群，表明二里头遗址是一处经缜密规划、布局严整的大型都邑。二里头遗址的布局开中国古代都城营建制度的先河。二里头遗址拥有迄今所知我国最早的城市道路系统、宫室建筑群和宫城、最早的青铜礼器群、以青铜冶铸作坊和绿松石器制造作坊为代表的最早的官营作坊区等诸多重要遗存，为研究中国城市和聚落布局、城市规划与建筑史、礼器及礼仪制度发展史、手工业和科技发展史、社会生活史、政治结构、文化生活等重要问题提供了珍贵的实物资料。

二里头遗址是迄今为止可确认的中国最早的王国都城遗址，被认为是夏王朝中晚期的都城，是探索中国早期文明和国家起源和研究夏文化、夏商王朝纪年及分界的关键性遗址。

铜牌饰

夏

长 16.3 厘米，宽 10.8 厘米，厚 0.3 厘米

偃师市二里头遗址出土

现藏于二里头夏都遗址博物馆

玉璋

夏

长 48.2 厘米，宽 8.3 厘米，厚 0.5 厘米

偃师市二里头遗址出土

现藏于洛阳博物馆

铜爵

夏

流至尾通长 13.4 厘米，宽 8 厘米，高 11.4 厘米

偃师市二里头遗址出土

现藏于洛阳博物馆

4 3600 年城市坐标

[郑州商城和偃师商城的发现与发掘]

河南是商王朝建都立国之地，
近百年的河南商代考古发现和研究工作硕果累累，
构成了中国考古学最为活跃的学术领域之一，
见证了中国考古学从萌发走向黄金时代的整个历程。
20 世纪 50 年代初，
郑州二里冈等地发现早于殷墟的商文化，
为推定研究更早的商文明提供了实物资料。
郑州商城的发现是 20 世纪中国考古学
最重大的考古发现之一，
它与偃师商城一起共同揭示了
早商文明和早商都城的存在，
为研究夏、商文化以及
两者之间的差异性、继承性确立了历史标尺。

偃师商城

偃师商城位于洛阳市偃师市区西洛河北岸，总面积约2平方千米。

1983年，为配合国家重点建设项目首阳山电厂选定厂址，中国社科院考古研究所汉魏故城工作队在偃师市城西南的尸乡沟一带进行踏查和发掘，从而发现了该城址，此后开展了长期的发掘工作。偃师商城城址平面略呈长方形，城墙系夯土筑成，已发现城门7座，在城内发现有纵横交错的主干道若干条和用石块砌筑的方形排水道。城内南半部有3座小城，宫城居中，为正方形，内有成组的大型宫殿基址，另外两座小城位于宫城的东北和西南，均为长方形，内有成排建筑。遗址内出土了包括陶器、铜器、玉器、石器、骨器、蚌器和原始瓷器在内的丰富的文化遗物。

偃师商城遗址卫星影像图

1988—1995年，工作队新发现了环绕城垣的护城壕、南城垣和西一城门，发掘了西一城门及城门外的护城壕。在城内中北部，发掘出一批中、小型房屋建筑及大量生活遗存，并大面积发掘了位于城内西南角的第Ⅱ号建筑群基址。

1996—2001年，为配合“夏商周断代工程”，工作队对偃师商城遗址进行了大规模的发掘，并对宫殿区西部进行复查勘探，进一步明确了城址以及宫殿区的布局、建筑结构及其演变过程。

偃师商城遗址八号宫殿建筑基址

2007—2008年，工作队发现并发掘了大城西垣北段的西三城门，以及西一城门外跨越护城壕的水道与桥梁遗迹，确认了西垣中部的拐折现象。

1988年1月，偃师商城被国务院公布为第三批全国重点文物保护单位。

偃师商城是目前夏商时期布局结构最清楚的都城遗址，它的发现为夏文化和商文化的分界提供了重要的实物证据。它的城市布局讲求中轴对称，规则整齐，宫殿建筑已有前朝后寝、宫庙分离、东厨独立制度，宫城内有专门的祭礼场所和游乐池苑等定制，这都为后世都城建设所遵循。

郑州商城

郑州商城遗址位于郑州市管城区内，即今河南省郑州市区偏东部的郑州旧城及北关一带，遗址面积约 25 平方千米。20 世纪 50 年代初期，郑州进行大规模建设，为了配合基建工作，考古工作者进行了广泛的调查和发掘，从而找到了早于殷墟的商代前期文化遗存，尤以南郊二里冈一带遗存最为丰富和具有代表性。1952 年秋，全国第一届考古工作人员训练班在二里冈实习一个月。1953—1954 年大规模发掘二里冈遗址，并于 1959 年由科学出版社出版《郑州二里冈》。1955 年，在白家庄西北部基建工地发掘中，郑州商城城墙被发现。1974 年，河南省文物考古研究所设立郑州商城工作站，其主要任务是配合基本建设，对郑州商城遗址进行考古发掘与研究工作。此后，河南省文物考古研究院对郑州商城遗址进行了持续的考古勘探及考古发掘工作。

郑州商城遗址包括宫殿区、手工业作坊区、居民区、墓葬区等部分，包括城垣遗址、宫殿区遗址、居住聚落遗址、墓葬区、手工作坊遗址（冶铜、烧陶、制骨等）、窖藏坑等遗迹类型，出土了大量石器、陶器、铜器、玉器、骨器等生产工具和生活用具，其中以周长约 7 千米的内城城垣和分布范围巨大的宫殿区保存最为完整。内城城垣遗址仍保留有总长 2586 米高大连续的地面墙体遗存，城内东北部有宫殿

郑州商城遗址西南角航拍照

郑州商城遗址二里冈上层一期输水管道和蓄水池

郑州商城遗址宫殿区遗址内的商代二里冈上层一期填埋有人头骨的壕沟

区，发现宫殿基址多处，用石板砌筑的人工蓄水设施，以及多处房址和水井遗迹。在商城周围发现有与商城同时的铸铜、制陶、制骨等作坊遗址、铜器窖藏及多座中小型墓葬。出土的遗物以陶器最多，青铜器、石器、骨器次之，并有蚌器、玉器、原始瓷器、象牙器等。外城墙始筑于商代中期的二里冈期下层一期，使用到二里冈期上层二期，总面积达 25 平方千米，城墙周长 6960 米。

1961 年 3 月，郑州商城遗址被国务院公布为第一批全国重点文物保护单位。

郑州商城是目前我国发现规模最大、保存最完好的商代前期都城遗址。三重城池和宫殿区的整体形制奠定了中国城市发展的基础；宫殿区发现的供水系统严密科学，首开城市供水系统的先河；此外三座窖藏坑内出土了大批王室青铜礼器，这些器物为探讨郑州商城使用的下限年代、商王室的祭祀礼制、青铜重器的铸造工艺和装饰艺术等提供了重要的学术研究资料。郑州商城遗址的发现对商文化研究、中国早期青铜文明研究以及中国古代城市的形成发展研究具有重要的意义。

原始瓷尊

商

口径 19.8 厘米，高 14.4 厘米

郑州市商城遗址出土

现藏于河南省文物考古研究院

陶鬲

商

郑州市商城遗址出土

现藏于河南省文物考古研究院

陶斝

商

口径 14.8 厘米，高 20.5 厘米

郑州市商城遗址出土

现藏于河南省文物考古研究院

陶杯

商

口径 9.6 厘米，高 11.6 厘米

郑州市商城遗址出土

现藏于河南省文物考古研究院

陶簋

商

口径 27 厘米，高 16.6 厘米

郑州市商城遗址出土

现藏于河南省文物考古研究院

陶中柱盂

商

口径 27.5 厘米，高 7.4 厘米，

空柱握手高 8 厘米

郑州市商城遗址出土

现藏于河南省文物考古研究院

郑州南顺城街窖藏

1996 年 2 月，郑州市中实房地产开发公司在位于南顺城街南端西侧的民族食街 1 号楼工地施工时发现了一处商代青铜器窖藏坑，河南省文物考古研究所和郑州市文物考古研究所组成联合考古队对窖藏坑进行发掘。窖藏坑内出土有青铜器、陶器、原始瓷器、骨器等，其中青铜器共出土 12 件，分别为方鼎、簋、斝、爵、戈、钺等。

兽面乳钉纹方鼎

商

口宽 43.5 厘米，口长 44.5 厘米，高 73 厘米

郑州市南顺城街窖藏出土

现藏于河南博物院

兽面乳钉纹方鼎

商

口长 38.5 厘米，口宽 37.5 厘米，

高 59 厘米

郑州市南顺城街窖藏出土

现藏于河南博物院

兽面乳钉纹方鼎

商

口长 42 厘米，口宽 41 厘米，通高 65 厘米

郑州市南顺城街窖藏出土

现藏于河南博物院

兽面纹爵

商

流至尾长 15 厘米，通高 18.3 厘米

郑州市南顺城街窖藏出土

现藏于河南博物院

郑州小双桥遗址

小双桥遗址位于郑州市西北20千米处的石佛乡小双桥村，总面积约144万平方米，发现于1989年。

自1990年开始，河南省文物考古研究所对其进行了系统、持续的调查和发掘。小双桥遗址的面积庞大，遗址的中心区域有多处大型宫殿建筑基址，还有用来祭祀的场所和青铜冶炼遗迹，出土的青铜器有爵、斝、簪、钩、镞和建筑构件等。特别是发现的青铜建筑饰件，造型独特，纹饰繁缛，为国内首次发现，对于研究商代建筑的发展水平等具有重要的意义。在遗址内发现有大形石磬、长方形石圭、石祖等，体形庞大。另外还发现了在陶器表面书写的“朱书陶文”，书写用的工具是毛笔，颜料为红色的朱砂。

2006年5月，小双桥遗址被国务院公布为第六批全国重点文物保护单位。

小双桥遗址是目前所发现的时代处于郑州商城和安阳洹北商城之间的唯一一个白家庄期的、具有都邑规模和性质的遗址，其发现是夏商周考古学上的一个新突破。

郑州市小双桥遗址2000年V区发掘全景

郑州市小双桥遗址V区发现的柱础坑与柱洞

郑州市小双桥遗址IV区发现的牛头祭祀坑

郑州市小双桥遗址IX区发现的人牲祭祀坑内平面

方孔石铲

商

长 30.3 厘米，宽 12.1 厘米，厚 2.4 厘米

郑州市小双桥遗址出土

现藏于河南省文物考古研究院

石磬

商

宽 44.3 厘米，高 23.4 厘米，

厚 4.6 厘米，孔径 3.6 厘米

郑州市小双桥遗址出土

现藏于河南省文物考古研究院

5 承前启后

[安阳殷墟考古的新发现]

1950年，
新中国成立后的第二年，
中国科学院成立了考古研究所，
开始着手殷墟的大规模发掘。
通过多年的发掘工作和研究，
不仅搞清了殷墟的范围，
而且对殷墟各类遗址的分布、文化内涵及其特点、文化分期等，
都有了较深刻的认识。
殷墟考古证实了商王朝的存在，
中国考古学以殷墟为支点建立起了中国上古史体系。
七十年来，
在考古前辈发掘成果的基础上，
布局严谨的“大邑商”面貌逐渐清晰，
复杂的路网、超过2000米的人工水渠，
以及分布在近侧的居民点，
勾勒出了都邑的繁荣。
1961年3月，
国务院将殷墟列入首批全国重点文物保护单位。
2006年，殷墟入选世界文化遗产名录，
这是国际社会对殷墟价值的普遍认可，
也是对包括考古者在内的所有殷墟文化遗产研究者、
守护者的肯定。
从大邑商到世界文化遗产，
七十年来，
众多殷墟考古新成果使我们对商文明的
了解达到了前所未有的高度。

洹北商城

洹北商城是商王朝中期的都城遗址，与殷墟宫殿宗庙遗址、殷墟王陵遗址等共同组成了规模宏大、气势恢宏的殷墟遗址。

洹北商城位于东殷墟保护区北部，其西南就是传统意义上的殷墟遗址，二者略有重叠。自 1960 年以来，考古工作者及当地村民在洹北花园庄遗址范围内时有发现商代遗物。1997 年，中国社科院考古研究所与美国明尼苏达大学合作开展“洹河流域区域考古调查”，勘察沿洹河流域分布的仰韶时期至战国时期的近百处古遗址，将洹北花园庄遗址作为重点勘察对象之一，并于 1998 年对遗址进行勘探，确认遗址的大致范围，发现大片夯土遗迹。1999 年 10 月至 12 月，洹河流域区域考古调查课题组继续对遗址进行调查勘探，证实夯土遗迹是封闭的方形夯土城墙的基槽，将遗址定名为洹北商城。此后，中国社科院考古研究所持续对洹北商城遗址开展考古调查和考古发掘工作，并取得了丰硕成果。

洹北商城城址略呈方形，南北长 2.2 千米，东西宽 2.15 千米，总面积约 4.7 平方千米。四周已确认有夯土夯筑的城墙基槽。洹北商城的宫城位于洹北商城南部略偏东，是城内核心部分，其南北长 795 米，东西宽超过 515 米，面积约 41 万平方米，经勘探发现宫城四周有夯土城垣。宫城内的宫殿区已发现大型夯土基址近 30 处，其中规模最大的一处基址是一号宫殿基址，2001 年 10 月至 2002 年 8 月，中国社科院考古研究所安阳工作队对其进行大面积发掘，清理出一号宫殿基址西部的主体建筑部分，由主殿、廊庑、配殿、门塾（包含门道）等组成，东西长约 173 米，南北宽 85—91.5 米，包含庭院在内的总面积达 1.6 万平方米，是迄今发现的面积最大的商代单体建筑基址，在基址内发现有祭祀坑。2008 年 9 月至 12 月，安阳工作队发掘了洹北商城二号基址，其建筑规模相对一号基址较小，结构基本相同，除建筑遗迹外发现有水井，出土了圜底罐、盆等陶器和猪、羊等动物骨骼。

2015 年 6 月至 2016 年 8 月，中国社科院考古所安阳工作队对安阳市北关区韩王度村东即洹北商城宫城以北进行发掘，发掘面积 2547 平方米，发现房址、道路、灰坑、水井、墓葬等遗迹，其中属洹北商城时期的灰坑内出土大量陶模、陶范、磨石、鼓风嘴、炉壁残块、铜渣等铸铜遗物及骨器成品、半成品、骨料、废料、边角料等制骨遗物，据此分析该处应为洹北商城时期的铸铜制骨作坊遗址。此次发现填补了中商时期青铜礼器铸造作坊的空白，对研究殷墟时期中国青铜器第一个顶峰时期的形成过程提供了坚实的资料。

洹北商城的发现，是商代考古工作的重大突破，完善了商王朝的编年框架，不仅以确凿证据证实了早商和晚商之间存在着中商都城，而且提供了实物资料和地层关系。

安阳殷墟

安阳殷墟位于河南省安阳市西北郊小屯村及其周边地区，横跨洹河南北两岸，古称“北蒙”，甲骨文卜辞中将其称为“大邑商”“邑商”，是中国商代晚期的都城，距今 3300 年，占地面积约 36 平方公里。

殷墟的科学发掘始于 1928 年，至 1937 年全面抗战爆发为止共进行了 15 次。考古学家通过发掘，发现了商王朝的宫殿区和王陵区及以 YH127 为代表的甲骨坑，证实了《竹书纪年》关于商代晚期都邑地望的记载，系统地展现了中国商代晚期辉煌灿烂的青铜文明，确立了殷商社会作为信史的科学地位。1950 年，中国科学院考古所重启殷墟发掘，发掘武官村大墓，此后殷墟的考古调查、勘探、发掘等工作一直在进行。通过发掘，殷墟的城市布局大致分为宫殿宗庙区、王陵区、墓葬区、手工业作坊区、平民居住区等，总体布局严整。殷墟宫殿宗庙区位于河南省安阳市洹河南岸的小屯村、花园庄一带，南北长 1000 米，东西宽 650 米，总面积 71.5 公顷，发现有宫殿、宗庙等建筑基址及众多的甲骨窖穴。殷墟宫殿宗庙区是商王处理政务和居住的场所，也是殷墟最重要的遗址和组成部分。

殷墟是中国历史上第一个有文献可考、并为甲骨文和考古发掘所证实的古代都城

安阳殷墟鸟瞰图

安阳殷墟王陵“甲”字形大墓（地表植被标识）

遗址。殷墟发现的甲骨文是中国目前已知最早的成系统的文字形式，所记载的商代占卜记录为研究中国文化史提供了重要的材料。

1961 年 3 月，国务院将殷墟列入首批全国重点文物保护单位。2006 年，殷墟入选世界文化遗产名录，这是国际社会对殷墟价值的普遍认同，也是对包括考古者在内的所有殷墟文化遗产研究者、守护者的肯定。从大邑商到世界文化遗产，70 年来，众多殷墟考古新成果使我们对商文明的了解达到了前所未有的高度。

殷墟对考古学的影响有以下六个方面：

1. 殷墟的发掘，是中国传统金石学与西方田野考古学相结合的产物，是中国考古学兴起的标志。

2. 殷墟宫殿区、王陵区的发掘，大批青铜器、玉器等珍贵文物的发现，引起了中外学术界的瞩目，确立了中国考古学的国际地位。

3.1931 年，梁思永在安阳后冈遗址发现的“三叠层”，第一次从地层学上划分了仰韶文化、龙山文化与商文化的相对年代关系，为中国考古学地层学的形成奠定了基础。

4. 殷墟发掘工地成为培养中国考古人才的摇篮，从这里走出了李济、董作宾、石璋如、高去寻、梁思永、郭宝钧、尹达、夏鼐、胡厚宣等中国考古界的第一代精英。

5. 殷墟的发掘，标志着商王朝的存在被考古学证实，中国学术界得以展开有关文献记载中的“夏王朝”的探索。

6. 殷墟的发掘催生了中国第一部正式的“古物保存法”。

殷墟王陵

殷墟王陵遗址位于安阳市洹河北岸的侯家庄与武官村北的高地上，与小屯村的殷墟宫殿宗庙遗址隔河相望，与东面的洹北商城遥相呼应。殷墟王陵遗址东西长约450米、南北宽约250米，面积约11.3万平方米。从1933年起至今，在这里相继发现了13座大墓、2500多座陪葬墓和祭祀坑，出土了数量众多、制作精美的青铜器、玉器、石器和陶器。

武官村大墓位于安阳市洹河北岸武官村北。1950年，中国科学院考古工作者对该墓进行发掘，1976年再次对墓葬南墓道进行发掘。墓葬为“中”字形，墓室南北长14米，东西宽12米，墓室南北各有一条墓道，南墓道长15.6、宽5.7—6.3米，北墓道长15米、宽5.2米。墓室内出土有鼎、簋、卣、觚、爵、戈等铜器及玉器、蚌器、骨器等。武官村大墓内共发现殉人79人，其中椁室腰坑内发现殉人1人，墓室东、西二层台发现殉人41人，东侧多为男性，西侧多为女性，南墓道发现殉人1人，北墓道殉葬坑发现殉人2人，填土内发现头骨34个。另发现有马、狗、猴、鹿等殉牲。

殷墟王陵遗址是殷商王朝的陵地与祭祀场所，开创了中国帝王陵寝制度的先河，是我国目前已知最早、最完整的王陵墓葬群，被学术界公认为殷商时期的王陵所在。它的发现，确证了殷墟商代都城的历史地位，直接推动了中国奴隶制社会的研究，成为探索中华文明起源的重要基石。

妇好墓

妇好墓是迄今发现的殷墟唯一保存完整的商代王室墓葬，于1976年被考古工作者发掘。该墓长约5米，宽约4米，深约7米，无墓道，墓上建有被甲骨卜辞称为“母辛宗”的享堂。妇好墓随葬品极为丰富，共出土青铜器、玉器、宝石器、象牙器等不同质地的文物1928件。根据该墓的地层关系及大部分青铜器上的“妇好”铭文，考古学者认定墓主人为商王武丁的配偶——妇好。妇好墓是目前唯一能与甲骨文联系并断定年代、墓主人及其身份的商王室成员墓葬。

铜觚

商

口径 19.7 厘米，圈足12.1 厘米，高 35.2 厘米

安阳花园庄东地 M54 出土

现藏于中国社会科学院考古所安阳工作站

铜爵

商

流至尾长 22.6 厘米，口宽 9 厘米，

足高 14.4 厘米，通高 29.8 厘米

安阳花园庄东地 M54 出土

现藏于中国社会科学院考古所安阳工作站

安阳郭家庄北地 M160 出土铜器组合

安阳郭家庄北地 M160 出土

现藏于中国社会科学院考古所安阳工作站

铜分裆鼎

商

口径 17.1 厘米，足高 7.7 厘米，通高 21.2 厘米

安阳郭家庄北地 M160 出土

现藏于中国社会科学院考古所安阳工作站

铜斝

商

口径 20.1 厘米，足高 9.3 厘米，通高 27.6 厘米

安阳郭家庄北地 M160 出土

现藏于中国社会科学院考古所安阳工作站

铜甗

商

口径 31.1 厘米，足高 11.8 厘米，通高 51 厘米

安阳郭家庄北地 M160 出土

现藏于中国社会科学院考古所安阳工作站

铜尊

商

口径 22.8 厘米，足径 15.3 厘米，高 25.2 厘米

安阳郭家庄北地 M160 出土

现藏于中国社会科学院考古所安阳工作站

铜觯

商

口部长径 9 厘米，短径 7.3 厘米，

圈足长径 7.5 厘米，短径 6.3 厘米，通高 19 厘米

安阳郭家庄北地 M160 出土

现藏于中国社会科学院考古所安阳工作站

铜方觚

商

口径 15.4 厘米，底座长 9.4 厘米，高 30.1 厘米

安阳郭家庄北地 M160 出土

现藏于中国社会科学院考古所安阳工作站

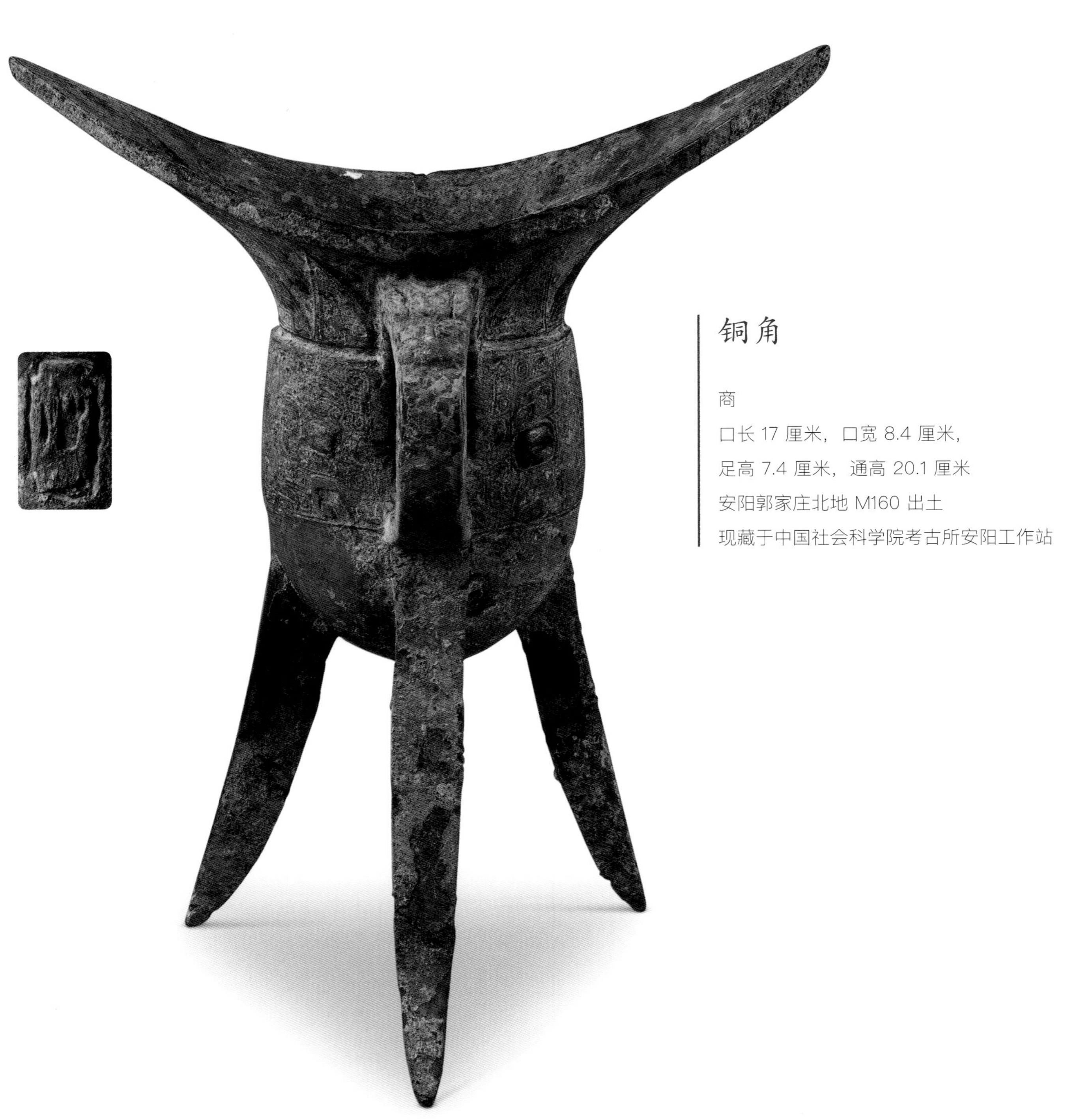

铜角

商

口长 17 厘米，口宽 8.4 厘米，

足高 7.4 厘米，通高 20.1 厘米

安阳郭家庄北地 M160 出土

现藏于中国社会科学院考古所安阳工作站

铜鼎

商

口径 16 厘米，足高 6.4 厘米，通高 19.8 厘米

安阳安钢出土

现藏于中国社会科学院考古所安阳工作站

铜鼎

商

口径 15.2 厘米，足高 7.2 厘米，通高 19.4 厘米

安阳大司空南地出土

现藏于中国社会科学院考古所安阳工作站

铜方鼎

商

口长 12.4 厘米，口宽 10.5 厘米，

足高 7.4 厘米，通高 17.3 厘米

安阳苗圃北地出土

现藏于中国社会科学院考古所安阳工作站

铜斝

商

口径 15.9 厘米，足高 12 厘米，通高 29 厘米

安阳纱厂出土

现藏于中国社会科学院考古所安阳工作站

铜卣

商

腹径 21.8 厘米，圈足长径 13.9 厘米，

圈足短径 11.3 厘米，通高 28.5 厘米

安阳水利局引岳入安工程出土

现藏于中国社会科学院考古所安阳工作站

青玉凤首人身佩

商

宽 3.8 厘米，高 9.8 厘米，厚 0.3 厘米

安阳殷墟妇好墓出土

现藏于河南博物院

青玉璜

商

长 12.9 厘米，宽 3.4 厘米，厚 0.4 厘米

安阳殷墟妇好墓出土

现藏于河南博物院

青玉戈

商

援宽 7 厘米，援长 21.3 厘米，

通长 29.2 厘米，内厚 0.5 厘米

安阳殷墟妇好墓出土

现藏于河南博物院

玉夔龙刻刀（玉狗）

商

长 5.7 厘米，宽 3.1 厘米，厚 0.4 厘米

安阳市花园庄东地出土

现藏于中国社会科学院考古研究所安阳工作站

玉夔龙

商

长 8.9 厘米，宽 2.5 厘米，厚 0.6 厘米

安阳市花园庄东地出土

现藏于中国社会科学院考古研究所安阳工作站

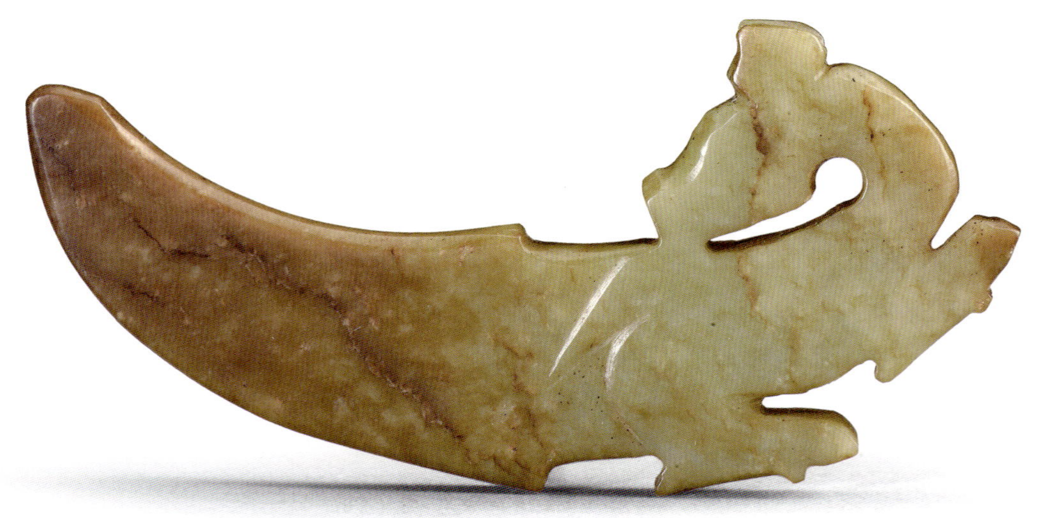

龙形玉玦

商

直径 4.8 厘米，厚 1 厘米

安阳市花园庄东地出土

现藏于中国社会科学院考古研究所安阳工作站

玉戚

商

直径 19.9 厘米，厚 0.3 厘米

安阳市花园庄东地出土

现藏于中国社会科学院考古研究所安阳工作站

花园庄东地甲骨坑

1991年秋，为配合安阳的筑路工程，中国社会科学院考古研究所安阳工作队在花园庄一带进行考古工作时发现花园东地甲骨坑。该坑内共发现甲骨1583片，其中卜甲1558片，上有刻辞的574片（刻辞腹甲557片，刻辞背甲17片）；卜骨25片，上有刻辞的5片，共计刻辞甲骨579片。特别珍贵的是，此坑甲骨以大版的卜甲为主，其中完整的卜甲755版，其上有刻辞的整甲近300版，占有字甲骨总数的50%以上。除了整甲外，半甲、大半甲的数量亦多，据粗略统计，半版以上的大块甲骨，占此坑甲骨总数的80%。这是继1936年小屯村东北地H127及1973年小屯南地甲骨以后又一次重要的发现。坑中的刻辞甲骨，每版的字数多寡不等，少者一两字，多的达200多字，一般数十字。刻辞内容比较集中，主要涉及祭祀、田猎、天气、疾病等方面。据甲骨坑出土的地层和共存的陶器及刻辞内容判断，这批甲骨属武丁时代。

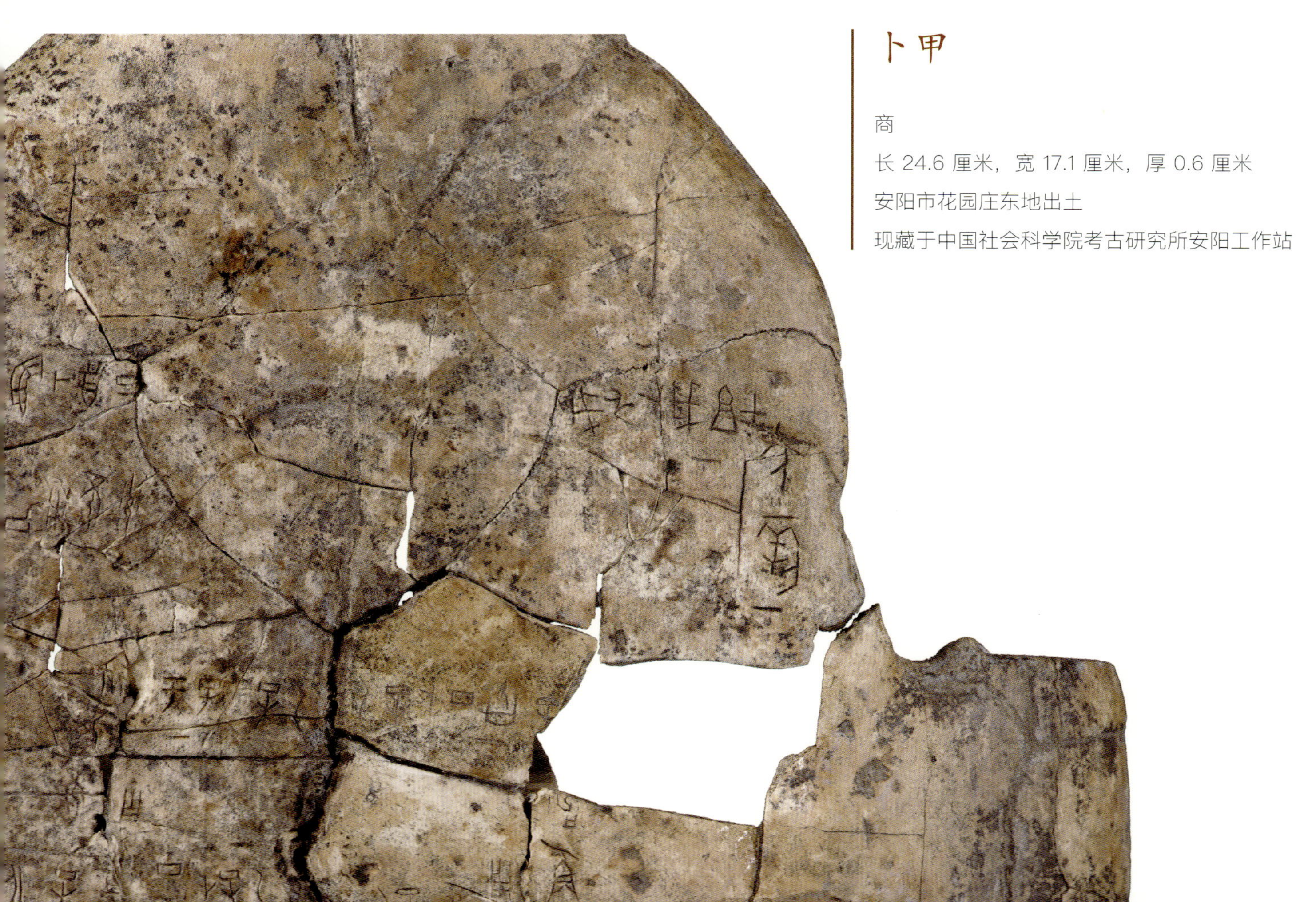

卜甲

商

长24.6厘米，宽17.1厘米，厚0.6厘米

安阳市花园庄东地出土

现藏于中国社会科学院考古研究所安阳工作站

卜甲

商

长 14.2 厘米，宽 9.1 厘米，厚 0.4 厘米

安阳市花园庄东地出土

现藏于中国社会科学院考古研究所安阳工作站

卜甲

商

残长 18.8 厘米，宽 15.6 厘米，厚 0.3 厘米

安阳市花园庄东地出土

现藏于中国社会科学院考古研究所安阳工作站

承前启

卜甲

商

残长 23.9 厘米，宽 13.9 厘米，厚 0.5 厘米

安阳市花园庄东地出土

现藏于中国社会科学院考古研究所安阳工作站

卜骨

商

残长 7.7 厘米，宽 6.7 厘米，厚 2.5 厘米

安阳市小屯村中出土

现藏于中国社会科学院考古研究所安阳工作站

卜骨

商

残长 24.4 厘米，宽 20.4 厘米，厚 0.7 厘米

安阳市小屯村中出土

现藏于中国社会科学院考古研究所安阳工作站

安阳戚家庄东商代墓地

戚家庄东商代墓地位于安阳殷墟小屯村西南，是殷墟西南边缘一处较大型的家族墓地。1981 年 12 月至1984 年 11 月，为配合安钢基建工程建设，安阳市文物考古研究所对其进行了全面的考古勘探和必要的发掘工作，发掘了一批殷商时期的墓葬。M269 是该墓地中规模较大、保存完整的一座，它是继殷墟妇好墓、小屯北地 18 号墓等一批完整的殷商大、中型王室贵族墓葬发现以后又一座完好的殷代中型贵族墓葬。该墓保存完整，随葬品丰富，其中青铜礼、乐、兵器占半数以上，有铭文的铜器达 28 件。这组完整的青铜礼器群，对于研究商代的贵族身份以及商代的等级制度、殷商时代的青铜器群的组合分期，都有着极为重要的价值。安阳戚家庄东商代墓地为殷墟族属问题的研究、对了解殷墟西南边缘的商代遗存分布等提供了重要资料。

商“爰”字兽面纹铜方鼎局部

安阳戚家庄东墓地 M269 出土器物组合

商

安阳市戚家庄东墓地 M269 出土

现藏于安阳市文物考古研究所

“爰”字兽面纹铜方鼎

商

口长 17.3 厘米，口宽 13.6 厘米，

通宽 18.2 厘米，通高 23 厘米

安阳市戚家庄东墓地 M269 出土

现藏于安阳市文物考古研究所

“爰”字兽面纹铜鼎

商

口径 8.7 厘米，通高 21 厘米

安阳市戚家庄东墓地 M269 出土

现藏于安阳市文物考古研究所

兽面纹扁足铜鼎

商

口径 13.5 厘米，通宽 14 厘米，通高 16.5 厘米

安阳市戚家庄东墓地 M269 出土

现藏于安阳市文物考古研究所

回纹带盖提梁铜卣

商

盖径 10.9 厘米，底径 12.5 厘米，

腹径 15.5 厘米，通高 22 厘米

安阳市戚家庄东墓地 M269 出土

现藏于安阳市文物考古研究所

兽面纹铜甗

商

口径 25.8 厘米，腹最大径 25.8 厘米，通高 45 厘米

安阳市戚家庄东墓地 M269 出土

现藏于安阳市文物考古研究所

兽面纹铜尊

商

口径 39.1 厘米，底径 23 厘米，高 33 厘米

安阳市戚家庄东墓地 M269 出土

现藏于安阳市文物考古研究所

兽面纹铜尊

商

口径 21.3 厘米，底径 14.6 厘米，

高 25 厘米

安阳市戚家庄东墓地 M269 出土

现藏于安阳市文物考古研究所

“爰”字弦纹铜爵

商

流至尾长 16 厘米，通宽 8.4 厘米，

通高 21 厘米

安阳市戚家庄东墓地 M269 出土

现藏于安阳市文物考古研究所

“爰”字兽面纹铜觚

商

口径 15 厘米，底径 8.8 厘米，

高 27.8 厘米

安阳市戚家庄东墓地 M269 出土

现藏于安阳市文物考古研究所

兽面纹铜钺

商

宽 16.7 厘米，高 22.4 厘米，厚 1.1 厘米

安阳市戚家庄东墓地 M269 出土

现藏于安阳市文物考古研究所

铜斧

商

长 11.2 厘米，宽 5.5 厘米，厚 1.9 厘米

安阳市戚家庄东墓地 M269 出土

现藏于安阳市文物考古研究所

铜锛

商

长 10.8 厘米，最宽 4.6 厘米，厚 3.2 厘米

安阳市戚家庄东墓地 M269 出土

现藏于安阳市文物考古研究所

铜弓形器

商

通长 35 厘米，宽 5.8 厘米，

高 8.9 厘米，厚 1.1 厘米

安阳市戚家庄东墓地 M269 出土

现藏于安阳市文物考古研究所

銎内铜戈

商

通长 25.6 厘米，宽 6.3 厘米，

援宽 6.3 厘米，銎径 2.6 厘米

安阳市戚家庄东墓地 M269 出土

现藏于安阳市文物考古研究所

勾头铜刀（2 件）

商

长 26 厘米，宽 5.8 厘米，厚 0.4 厘米

安阳市戚家庄东墓地 M269 出土

现藏于安阳市文物考古研究所

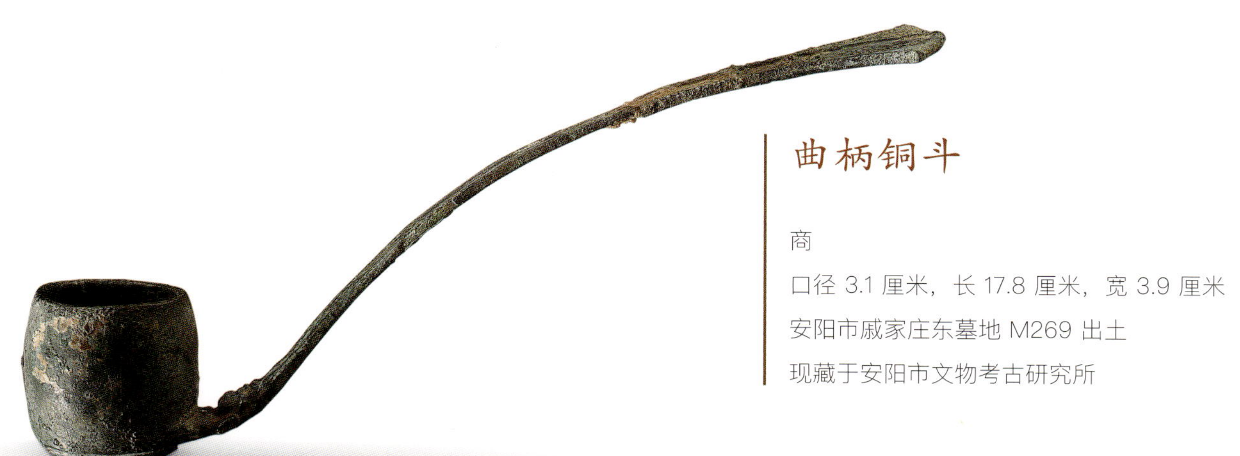

曲柄铜斗

商

口径 3.1 厘米，长 17.8 厘米，宽 3.9 厘米

安阳市戚家庄东墓地 M269 出土

现藏于安阳市文物考古研究所

“爰”字兽面纹铜铙（3件）

商

右：口长 13.2 厘米，口宽 10.1 厘米，高 18 厘米

安阳市戚家庄东墓地 M269 出土

现藏于安阳市文物考古研究所

玉戈

商
长 6.8 厘米，宽 2.7 厘米，厚 0.8 厘米
安阳市戚家庄东墓地 M269 出土
现藏于安阳市文物考古研究所

柄形器

商
残长 5.7 厘米，宽 2.8 厘米，厚 1.5 厘米
安阳市戚家庄东墓地 M269 出土
现藏于安阳市文物考古研究所

玉勒

商
直径 2 厘米，高 1.1 厘米
安阳市戚家庄东墓地 M269 出土
现藏于安阳市文物考古研究所

虎形玉璜

商

长 5.8 厘米，宽 1.8 厘米，厚 0.4 厘米

安阳市戚家庄东墓地 M269 出土

现藏于安阳市文物考古研究所

鱼形玉璜

商

长 6.2 厘米，宽 1.1 厘米，厚 0.4 厘米

安阳市戚家庄东墓地 M269 出土

现藏于安阳市文物考古研究所

螳螂形玉器

商

长 6.9 厘米，宽 1.1 厘米，厚 0.6 厘米

安阳市戚家庄东墓地 M269 出土

现藏于安阳市文物考古研究所

信阳罗山天湖商代墓地

信阳罗山天湖商代墓地位于信阳市罗山县莽张镇（原莽张乡）天湖村后李村民组北约25千米的岗地丘陵上。1979年，当地村民兴修水利筑渠时发现。1979年、1980年、1985年和1991年，信阳地区文管会、罗山县文化馆、河南省文物考古研究所曾先后对该墓地进行了四次发掘，发掘商周时期墓葬72座，其中商代晚期至西周时期墓葬50座，战国时期墓葬22座，出土大量陶器、石器、玉器和青铜器，其中多座墓葬出土青铜器上带有“息”字铭文。青铜器包括容器、兵器、工具等，其中容器包括铜鼎、铜甗、铜簋、铜盉、铜觚、铜爵、铜斝、铜卣、铜罍、铜觯等，兵器包括铜钺、铜戈、铜矛、铜策末、铜剑等，工具包括铜锛、铜凿、铜削、铜锸、铜铃、铜弓形器、铜箕形器等。

2008年，天湖墓地被列入河南省第五批省级文物保护单位。2019年10月，天湖墓地被国务院公布为第八批全国重点文物保护单位。

罗山天湖商代墓地是以商代晚期至西周时期的息国贵族墓地，战国时期成为以埋葬楚国贵族为主的墓地，是墓葬分布集中、保存相对较好的息国和楚国家族墓地。墓地位于豫南地区，其晚商文化与殷墟晚商文化总体上是相似的，同时也表现出一定的地方特点，这对于研究商王朝南方疆域界、商代方国等具有重要的学术价值。

信阳罗山天湖商代贵族墓地 M57 出土部分铜器合照

商

信阳市罗山天湖商代贵族墓地 M57 出土

现藏于河南省文物考古研究院

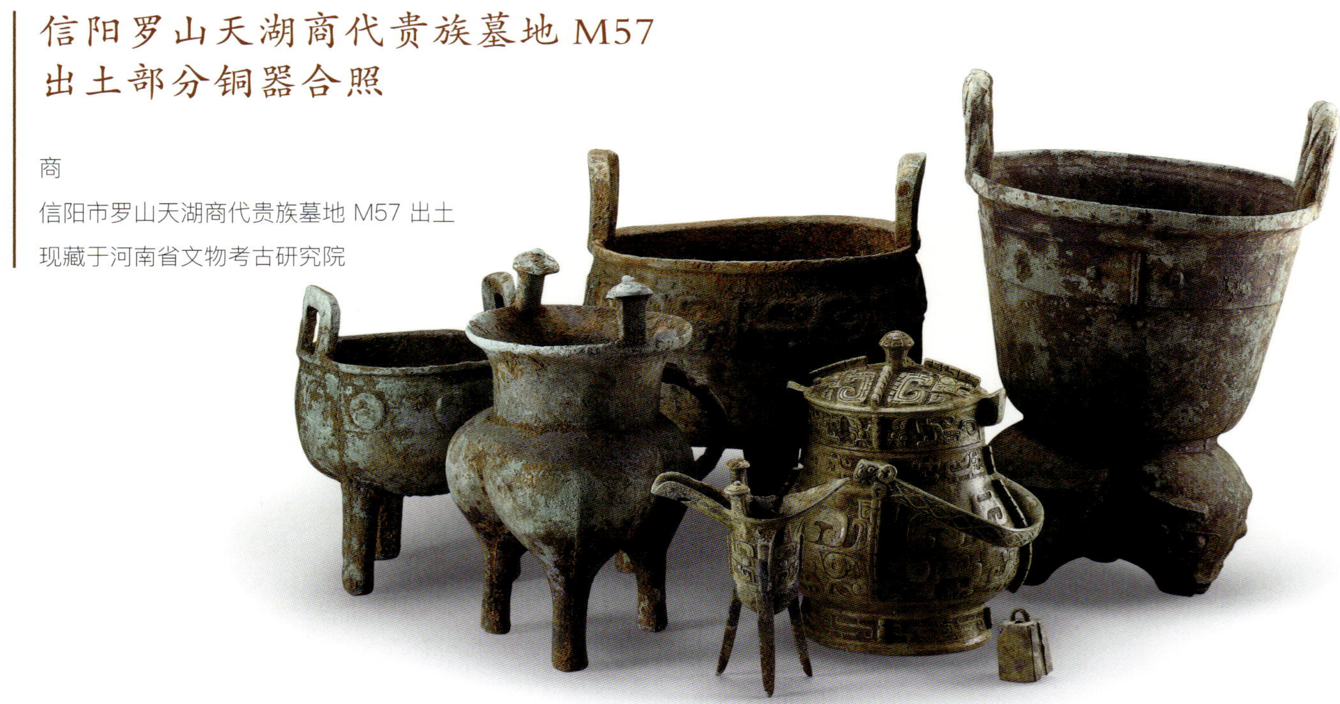

铜鼎

商

口径 29.8 厘米，腹径 30.7 厘米，高 38.4 厘米

信阳市罗山天湖商代贵族墓地 M57 出土

现藏于河南省文物考古研究院

铜鼎

商

口径 20—21.7 厘米，腹径 21—21.9 厘米，高 27.8 厘米

信阳市罗山天湖商代贵族墓地 M57 出土

现藏于河南省文物考古研究院

铜甗

商

口径 31 厘米，残高 43.8 厘米

信阳罗山天湖商代贵族墓地 M57 出土

现藏于河南省文物考古研究院

铜提梁卣

商

口部长径 13.9 厘米，短径 11 厘米，

腹径 21.7 厘米，底径 17 厘米，

通高 26.8 厘米

信阳市罗山天湖商代贵族墓地 M57 出土

现藏于河南省文物考古研究院

铜斝

商

口径 19.6 厘米，腹径 21.6 厘米，通高 33.6 厘米

信阳市罗山天湖商代贵族墓地 M57 出土

现藏于河南省文物考古研究院

铜爵

商
流至尾通长 16 厘米，通高 18.6 厘米
信阳市罗山天湖商代贵族墓地 M57 出土
现藏于河南省文物考古研究院

铜铃

商
口长 3.9 厘米，宽 3.4 厘米，
顶长 3.3 厘米，宽 2.5 厘米，高 6.2 厘米
信阳市罗山天湖商代贵族墓地 M57 出土
现藏于河南省文物考古研究院

铜簋

商
信阳市罗山天湖商代贵族墓地 M49 出土
现藏于河南省文物考古研究院

荥阳小胡村墓地

荥阳小胡村墓地位于郑州市荥阳市广武镇小胡村东北。2006 年 7—9 月，河南省文物考古研究所联合郑州市文物考古研究所、荥阳市文物保护管理所对荥阳市小胡村墓地进行了抢救性考古勘探和发掘，勘探面积 8 万平方米，共发现商、周、宋、清等各时期墓葬 160 座。其中商代晚期墓葬 58 座，墓葬形制均为长方形竖穴土坑墓，葬具多为一棺一椁，人骨保存较差。共出土铜器、玉石器、海贝等 405 件，青铜器有鼎、簋、觚、爵、卣等礼器，戚、戈、镞等兵器，刀、锛、凿等工具，铜铃，弓形器等车马器；玉石器包括钺、圭、璧、琮、璜、戈、簪及多种动物模型。在出土的多件铜器上发现铭文“舌”字，这里应是一处商代晚期的“舌”族墓地。此墓地对研究商代晚期丧葬习俗、族属及相关历史地理等问题具有重要的学术意义。

荥阳小胡村墓地商代墓葬 M28 出土部分铜器合照

荥阳市小胡村墓地商代墓葬 M28 出土

现藏于河南省文物考古研究院

铜鼎

商

口径 18.1 厘米，耳高 3.4 厘米，

足高 6.5 厘米，通高 22.3 厘米

荥阳市小胡村墓地 M28 出土

现藏于河南省文物考古研究院

铜卣

商

口长径 12.3 厘米，短径 8.7 厘米，

最大腹长径 15.8 厘米，最大腹短径 11.4 厘米，

器高 14 厘米，足高 4.4 厘米，通高 19.4 厘米

荥阳市小胡村墓地 M28 出土

现藏于河南省文物考古研究院

铜觚

商

口径 13.3 厘米，足径 7.9 厘米，高 22.5 厘米

荥阳市小胡村墓地 M28 出土

现藏于河南省文物考古研究院

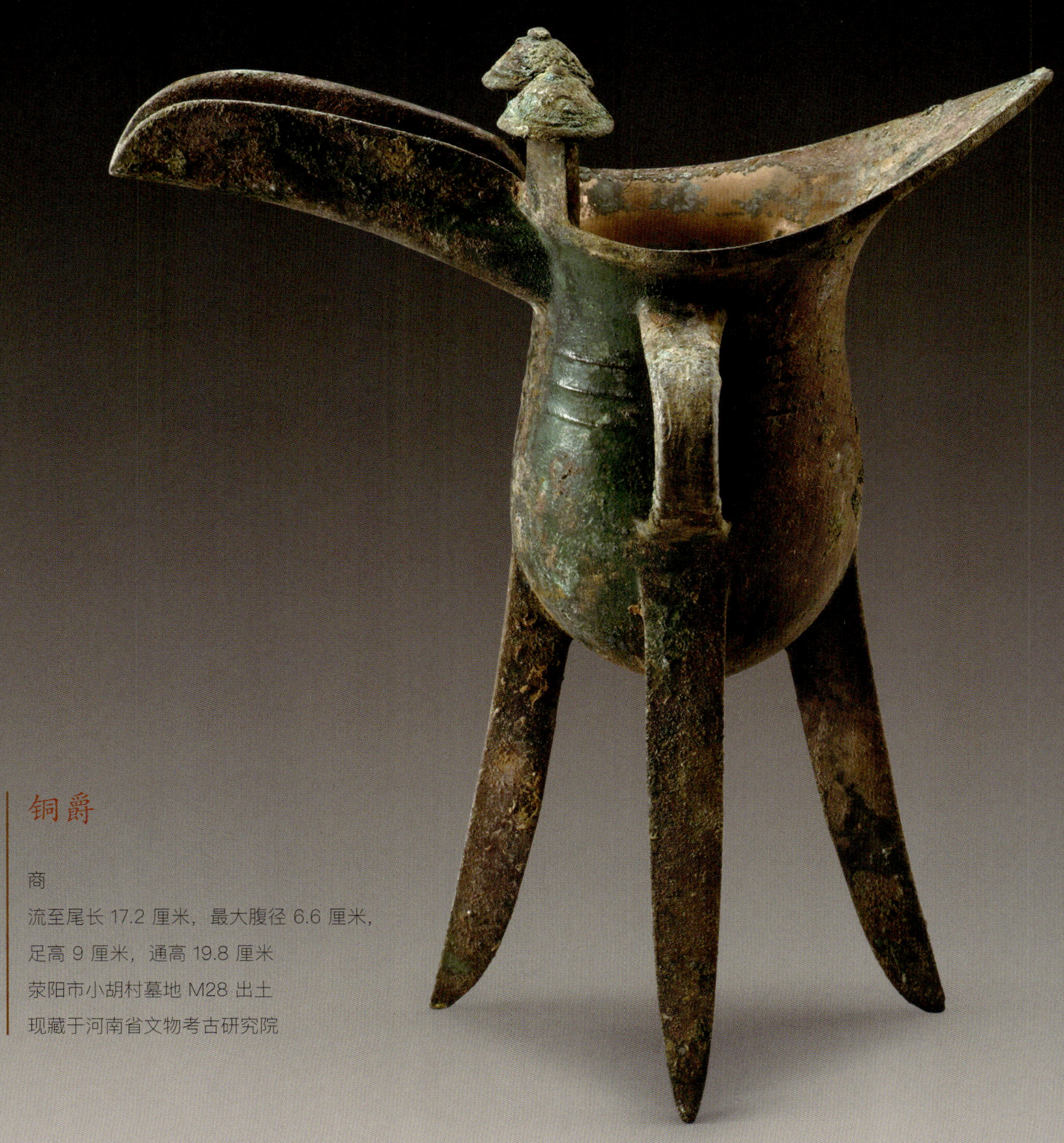

铜爵

商

流至尾长 17.2 厘米，最大腹径 6.6 厘米，

足高 9 厘米，通高 19.8 厘米

荥阳市小胡村墓地 M28 出土

现藏于河南省文物考古研究院

铜刀

商

通长 24.5 厘米，柄长 9.8 厘米，刃宽 3.1 厘米

荥阳市小胡村墓地 M28 出土

现藏于河南省文物考古研究院

铜戈

商

通长 22.8 厘米，援长 16.1 厘米，援宽 6.1 厘米

荥阳市小胡村墓地 M28 出土

现藏于河南省文物考古研究院

弓形器

商

通长 39.1 厘米，弓身长 22.4 厘米

荥阳市小胡村墓地 M28 出土

现藏于河南省文物考古研究院

铜锛

商

通长 10.4 厘米，刃宽 3.5 厘米，銎径 3.6 厘米

荥阳市小胡村墓地 M28 出土

现藏于河南省文物考古研究院

铜镞

商

通长 6.3 厘米，铤长 2.7 厘米，翼宽 1.8 厘米

荥阳市小胡村墓地 M28 出土

现藏于河南省文物考古研究院

铜镞

商

荥阳市小胡村墓地 M28 出土

现藏于河南省文物考古研究院

铜策末

商

通长 11 厘米，策长 7.2 厘米，箭口径 1.9 厘米

荥阳市小胡村墓地 M28 出土

现藏于河南省文物考古研究院

铜簪

商

通长 11.1 厘米，长径 1.3 厘米，短径 1.1 厘米

荥阳市小胡村墓地 M28 出土

现藏于河南省文物考古研究院

两周列国考古

［礼制的形成与崩坏］

两周列国

河南是两周列国图强争雄的中心地带，
数十年来，
河南考古揭示出丰富多彩的列国文化，
城邑栉比、金玉生辉，
从礼制森严到礼崩乐坏，
从天下共主到百家争鸣，
丰富的考古资料是对两周历史与文献的
弥补、改写、印证、诠释。

西周洛邑

西周初年周公在洛阳营建洛邑，《尚书·洛诰》记载："予惟乙卯，朝至于洛师。我卜河朔黎水，我乃卜涧水东，瀍水西，惟洛食；我又卜瀍水东，亦惟洛食。"《逸周书·作雒解》记载：成周城（即洛邑）"城方千七百二十丈，郛（外城郭）方七十里，南系于洛水，北因于郏山（北邙山），以为天下之大凑（大都会），制郊甸六百里，国田土为方千里，乃设丘兆于南郊，乃建大社于国中"。西周时期的东都成周是西周王朝东部政治、经济、军事和文化中心，具有极为重要的地位。

新中国成立以来，洛阳已发现的西周文化遗存，主要集中于老城区东部、瀍河两岸，如瀍河以西的邙山南麓发现有西周贵族墓地；瀍河以东发现有大量的殷遗民墓；贵族墓地南邻的瀍河西岸发现有大型的西周宗族铸铜遗址。2009 年，在中州东路北发现大规模西周祭祀遗址，是目前发现规模最大、保存完好、规格较高的西周早期的祭祀场所，是西周考古的重大发现。此次发现为深入研究西周东都成周的历史地位、城市布局等问题提供了极为重要的资料，同时也为洛阳的都城发展史增添了新的内容。

洛阳北窑西周铸铜遗址位于河南省洛阳市北窑村西南、洛阳火车站正北约 200 米处。是西周前期青铜器铸造作坊遗址。自 1973 年发现以来，经过多次发掘，发现了房址、

洛邑祭祀遗址考古发掘区航拍全景

洛邑祭祀遗址发现的车马坑

窖穴（灰坑）、墓葬、祭祀坑、烧窑等遗迹，出土了大量陶范、熔炉残壁、鼓风管残块、铜器、陶器等遗物。在可辨器形的陶范中，以礼器范居多，车马器和兵器范较少见。礼器范主要有鼎、簋、卣、尊、爵、觚、觯、罄、锺范等；车马器范有辖、軎、銮铃、泡饰范；兵器范有戈、镞范。

洛阳地区发掘的西周时期墓葬分布范围广泛，东起白马寺，西至涧水以西，北到邙山南麓，南抵洛阳南郊的关林，主要集中在瀍河两岸的北窑墓地、铸铜遗址、老城东郊、杨文镇，涧河两岸的五女冢、中州路、西干沟，铜加工厂以及洛阳西郊王湾、东郊白马寺等几个地点。出土的器物主要有陶器，原始瓷器，青铜礼器、兵器、车马器、工具，以及玉、石、骨、贝、蚌等器类。1964—1966 年在洛阳市郊北窑村西庞家沟发掘西周时期贵族墓 348 座和 7 座车马坑，出土大量青铜器、陶器、原始瓷器和骨蚌器等。特别是青铜器铭文中有王妊、太保、康伯、平伯、毛伯等人名，可知这是一处西周王室贵族的大型墓地。

洛邑祭祀遗址发现的马坑

洛邑祭祀遗址发现的牛坑

卦象纹陶簋

西周

口径 25.5 厘米，底径 15 厘米，高 14.2 厘米

洛阳市中房唐城花园 C3M434 出土

现藏于洛阳市文物考古研究院

原始青瓷罍

西周

口径 24 厘米，腹径 27.5 厘米，

底径 16.5 厘米，高 21 厘米

洛阳市铁道十五局营办锅炉房 C5M146 出土

现藏于洛阳市文物考古研究院

白懋父铜簋

西周

口径 19.5 厘米，高 13.4 厘米

洛阳市北窑庞家沟出土

现藏于洛阳博物馆

铜簋

西周

口径 27 厘米，底径 17.4 厘米，高 14.5 厘米

洛阳市机瓦厂一车间出土

现藏于洛阳市文物考古研究院

铜尊

西周

口径 19 厘米，底径 13.4 厘米，高 19.5 厘米

洛阳市机瓦厂出土

现藏于洛阳市文物考古研究院

铜牺尊

西周

长 26 厘米，宽 10 厘米，高 16.5 厘米

洛阳市中房唐城花园 C3M511 出土

现藏于洛阳市文物考古研究院

“中□父”铜匜

西周

长 21 厘米，宽 12.3 厘米，高 13 厘米

洛阳机瓦厂出土

现藏于洛阳市文物考古研究院

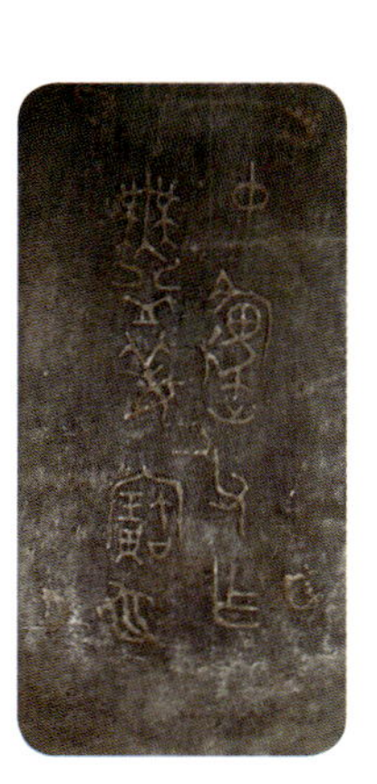

“父丁”铜爵

西周

流至尾通长 18 厘米，高 21 厘米

洛阳市关林红旗机械厂 M95 出土

现藏于洛阳市文物考古研究院

饕餮纹铜爵

西周

流至尾长 16.7 厘米，高 23 厘米

洛阳市柴油机厂 C3M1 出土

现藏于洛阳市文物考古研究院

兽面纹铜车饰

西周

宽 10 厘米，高 20 厘米

洛阳机瓦厂 M311 出土

现藏于洛阳市文物考古研究院

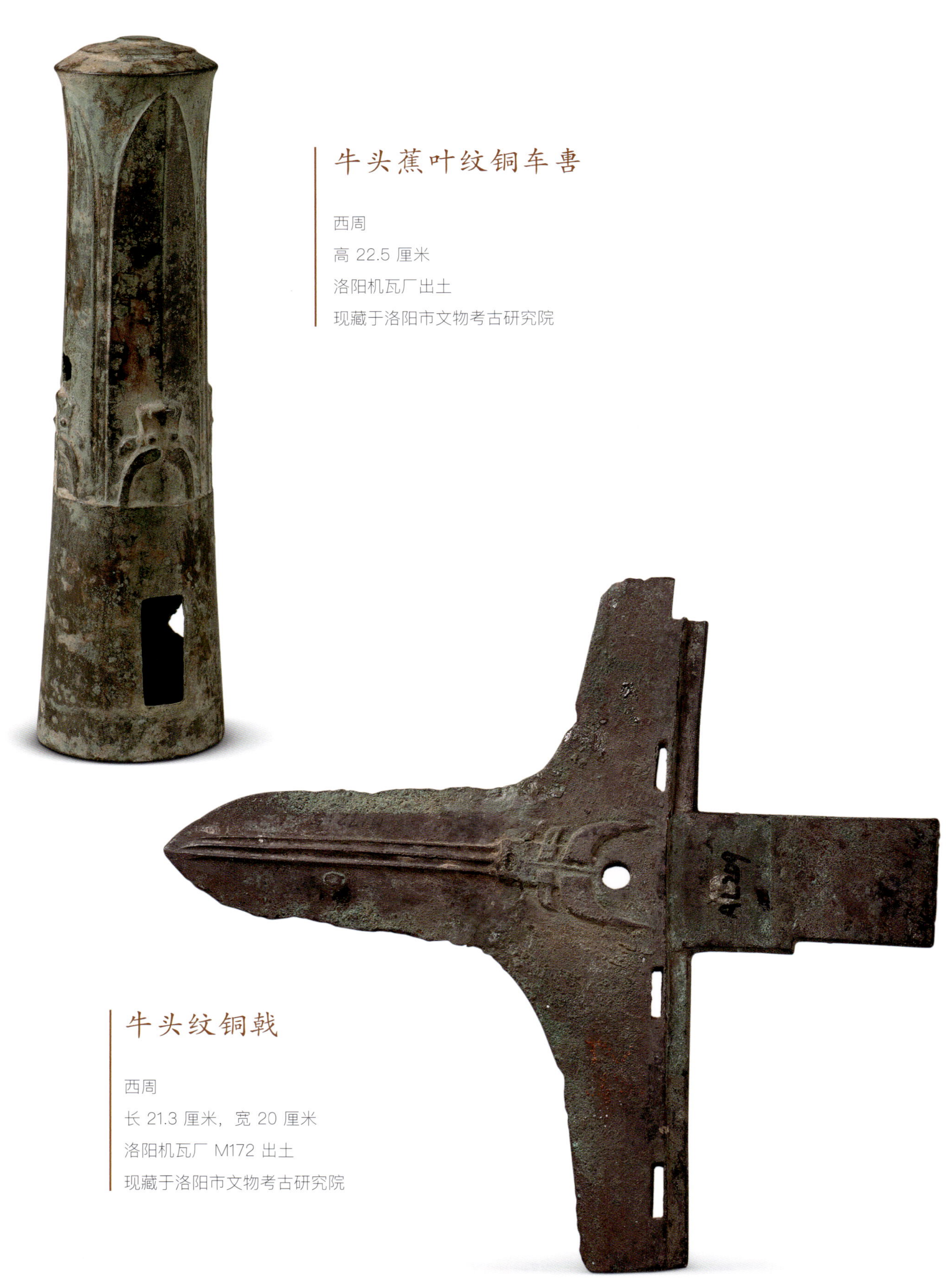

牛头蕉叶纹铜车軎

西周

高 22.5 厘米

洛阳机瓦厂出土

现藏于洛阳市文物考古研究院

牛头纹铜戟

西周

长 21.3 厘米，宽 20 厘米

洛阳机瓦厂 M172 出土

现藏于洛阳市文物考古研究院

鹿邑太清宫长子口墓

太清宫长子口墓位于河南省周口市鹿邑县太清宫镇。1997 年在清理太清宫遗址时发现。

长子口墓为“中”字形大墓，有南北两条墓道，墓室内有二层台，四周有边箱，中部为棺，棺内铺朱砂，棺下部有长方形腰坑，腰坑内有殉人、殉狗各一，同时在墓室内东、西二层台和东西棺椁之间都发现有殉人，这些是商人墓葬的显著特征。该墓随葬品丰富，出土有青铜器、玉器、骨器、蚌器、原始瓷器、陶器等。陶器的器类有罐、罍和小口尊，青铜器有鼎、簋等饮食器，尊、斝、觚、爵、觯等酒器，铜戈、铜钺、铜镞等兵器，另有铜车马器、乐器等。玉器有玉璧、玉戈、玉柄形器等。另外，在西椁室南部出土有 5 组禽骨排箫，为迄今为止所仅见。

长子口墓出土的青铜器物既有商代晚期风格，又带有西周初期的特征，铭文中有“长子口”，推断该墓墓主为西周初年长氏国君长子口，长氏应是殷王室的高级贵族。

鹿邑太清宫长子口墓全景

鹿邑太清宫长子口墓墓室南部殉人

鹿邑太清宫长子口墓北椁室随葬器物

鹿邑太清宫长子口墓西椁室出土禽骨排箫

“长子口”分裆铜鼎

西周

口径 14 厘米，通高 19 厘米

周口市鹿邑太清宫长子口墓出土

现藏于河南博物院

“子”四耳铜簋

西周

口径 20 厘米，通高 13.3 厘米

周口市鹿邑太清宫长子口墓出土

现藏于河南博物院

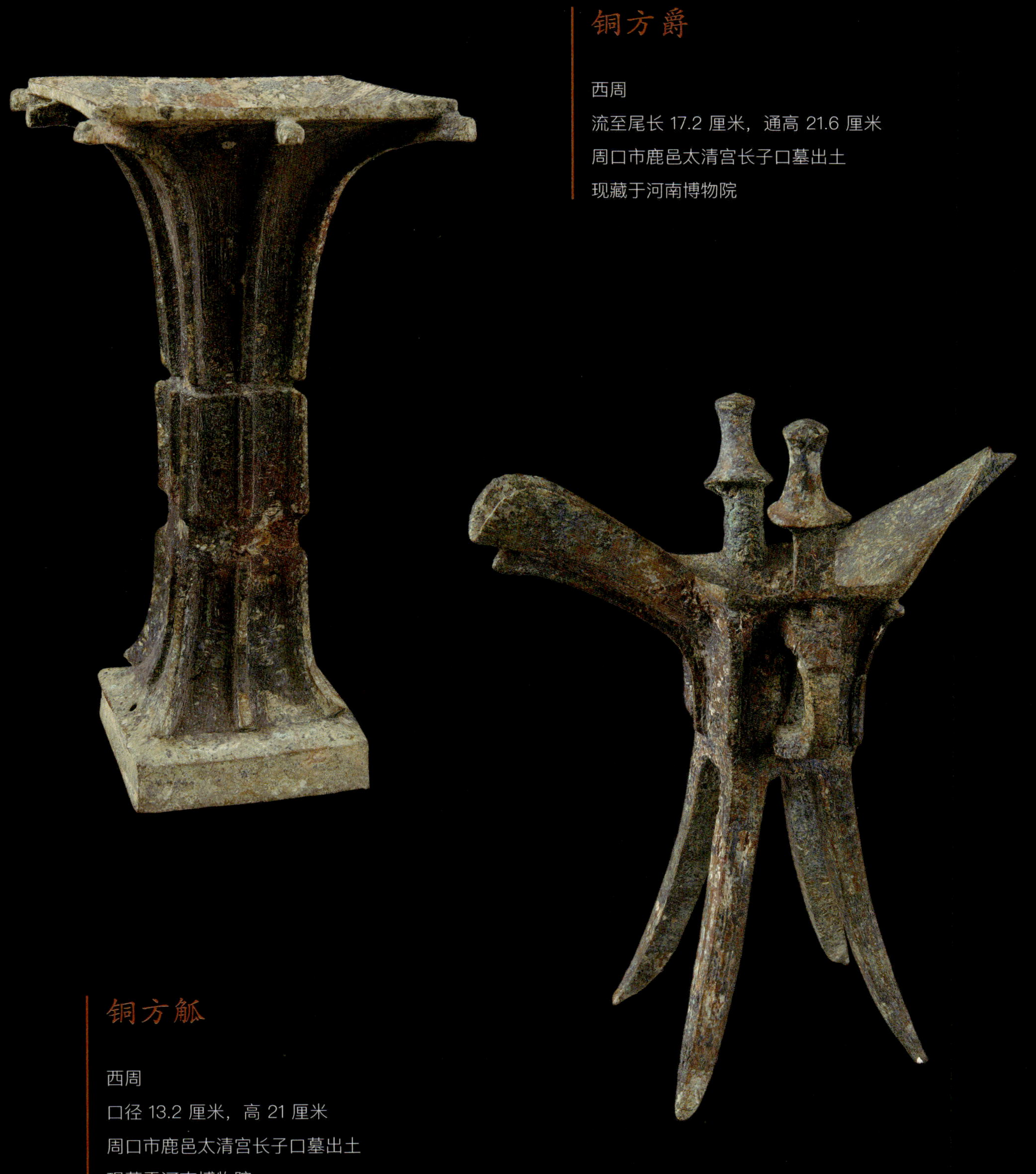

铜方爵

西周

流至尾长 17.2 厘米，通高 21.6 厘米

周口市鹿邑太清宫长子口墓出土

现藏于河南博物院

铜方觚

西周

口径 13.2 厘米，高 21 厘米

周口市鹿邑太清宫长子口墓出土

现藏于河南博物院

三门峡李家窑遗址与上村岭虢国墓地

李家窑遗址位于三门峡市虢国墓地东南2千米，为周代虢国都城。2000年元月，河南省文物考古研究所会同三门峡市文物工作队，对李家窑遗址进行了大规模的科学考古发掘，发现了城垣、城壕、建筑遗址等，取得中国考古学史上的重大突破。李家窑遗址由城垣、城壕、宫城、宫殿以及制骨、制陶、冶铜作坊和粮库等组成。南墙城垣平面呈长方形，城垣外平行环绕两道城壕。宫城和城垣之间分布着制骨、制陶、冶铜作坊和粮库，制骨作坊发现数以千计的骨器成品、半成品、骨料等，并有制骨工具铜锯、砺石等；在冶铜作坊发现大量的炼渣和陶范，出土有陶器成品和半成品等珍贵文物；在粮食窖藏区，发现一处排列整齐有序的窖穴，是储藏粮食的粮库。虢国都城上阳城的发现对研究和了解古代都城发展、演变的历史具有十分重要的意义。

虢国墓地，位于三门峡市北部的上村岭一带。1956年冬，中国科学院和文化部联合组成的黄河水库考古工作队在三门峡市上村岭发掘了1052号太子墓，确认了虢国墓地的所在。1957年起，对墓地进行了第一次大规模的发掘，共发掘了234座墓葬，3座车马坑，1座马坑。在这批墓葬中，有38座出土青铜器皿，共计181件，其中14件为有铭铜器。此外有120座墓葬出土陶器522件。另外还出土工具、武器、车马器、生活用具、礼器、乐器、装饰品等一万余件，木车遗迹20辆。

三门峡上村岭虢国墓地M2001缀玉瞑目出土情况

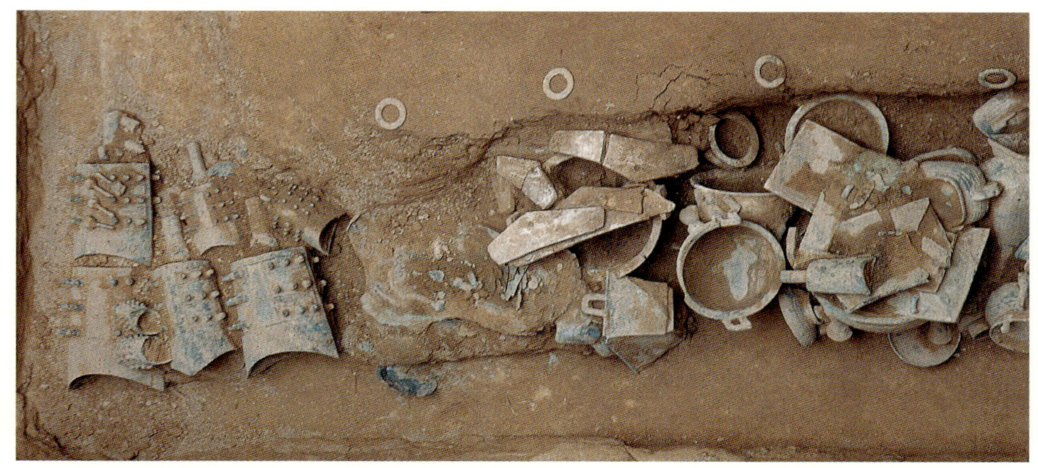

三门峡上村岭虢国墓地 M2001 墓底西北隅铜甬编钟、石编磬出土情况

三门峡上村岭虢国墓地 M2009 棺内南端青铜器出土情况

1990 年至 1999 年，由河南省文物考古研究所与三门峡市文物工作队组成的联合考古发掘队对虢国墓地进行了第二次大规模考古发掘。共清理发掘了 18 座墓葬、4 座车马坑、2 座马坑。

虢国墓地是一处规模宏大、等级齐全、排列有序、保存完好的两周时期大型邦国公墓地，出土珍贵文物达 1 万多件。其中两座国君墓出土了许多国宝级文物，如有“中华第一剑”之称的玉柄铁剑，中国首次发现的“瞑目”造型的缀玉瞑目，西周黄金制品中的金腰带饰，精美华丽的七璜组玉佩，以及体现高超制玉水平的人龙合纹玉璋等。

1996 年 11 月，虢国墓地被国务院列为第四批全国重点文物保护单位。

虢国墓地发掘所得的大量实物资料，尤其是青铜礼器和组合玉佩饰的出土，对认识西周末期与春秋早期虢国文化面貌提供了重要资料，青铜器上的长篇铭文也为研究方国历史提供了第一手的文献资料，增进了对诸侯国贵族埋葬制度及丧葬礼俗的认识，为进一步研究古代礼乐制度提供了依据。

圆雕青玉牛

商

长 5.4 厘米，宽 2.3 厘米，高 2.6 厘米

三门峡虢国墓地 2009 号墓出土

现藏于三门峡虢国博物馆

圆雕青玉鸮

商

长 4.5 厘米，宽 3.5 厘米，高 5.8 厘米

三门峡虢国墓地 2009 号墓出土

现藏于三门峡虢国博物馆

玉戈

商

通长 40 厘米，最宽 7 厘米，厚 0.8 厘米

三门峡虢国墓地 2009 号墓出土

现藏于三门峡虢国博物馆

虢仲铜鼎

西周

口径 36.8 厘米，腹径 36.8 厘米，

腹深 19.2 厘米，通高 39.2 厘米

三门峡虢国墓地 2009 号墓出土

现藏于三门峡虢国博物馆

虢仲带盖铜簋

西周

口径 19.1 厘米，腹径 24.2 厘米，

腹深 10.6 厘米，底径 21.2 厘米，通高 24 厘米

三门峡虢国墓地 2009 号墓出土

现藏于三门峡虢国博物馆

虢仲带盖铜壶

西周

口径 14 厘米，腹径 23 厘米，

腹深 28.8 厘米，底径 19.6 厘米，

通高 39.6 厘米

三门峡虢国墓地 2009 号墓出土

现藏于三门峡虢国博物馆

虢仲铜盨

西周

口长 30.2 厘米，宽 20.7 厘米，

腹深 11.6 厘米，通高 23.3 厘米

三门峡虢国墓地 2009 号墓出土

现藏于三门峡虢国博物馆

虢季盨

西周

口长 18 厘米，口宽 16 厘米，

通高 18.3 厘米

三门峡虢国墓地 2001 号墓出土

现藏于河南博物院

虢季盘

西周

口径 40 厘米，通高 17.5 厘米

三门峡虢国墓地 2001 号墓出土

现藏于河南博物院

虢季簠

西周

口径 23.3 厘米，高 15 厘米

三门峡虢国墓地 2001 号墓出土

现藏于河南博物院

丰白铜簠

西周

口长 31.6 厘米，宽 26 厘米，

腹深 7.3 厘米，通高 20.5 厘米

三门峡虢国墓地 2006 号墓出土

现藏于三门峡虢国博物馆

波曲纹铜方甗

西周

口长 24 厘米，宽 18.5 厘米，通高 33 厘米

三门峡虢国墓地2012号墓出土

现藏于三门峡虢国博物馆

凤鸟纹铜方盉

西周

最长 32.4 厘米，腹长径 17.8 厘米，

通高 24 厘米

三门峡虢国墓地2012号墓出土

现藏于三门峡虢国博物馆

玉璧

西周

直径 11.8 厘米，孔径 6.6 厘米，厚 0.6 厘米

三门峡虢国墓地2012号墓出土

现藏于三门峡虢国博物馆

玉璧

西周

直径 19.3 厘米，孔径 6 厘米，厚 0.7 厘米

三门峡虢国墓地 2009 号墓出土

现藏于三门峡虢国博物馆

青玉琮

西周

边长 6.6 厘米，孔径 5.9 厘米，通高 12.9 厘米

三门峡虢国墓地 2009 号墓出土

现藏于三门峡虢国博物馆

龙纹玉玦

西周

直径 3.8 厘米，孔径 1.2 厘米，厚 0.35 厘米

三门峡虢国墓地2012号墓出土

现藏于三门峡虢国博物馆

龙纹玉玦

西周
直径 3.8 厘米，孔径 1.25 厘米，厚 0.35 厘米
三门峡虢国墓地2012号墓出土
现藏于三门峡虢国博物馆

五璜联珠组玉佩

西周
通长 81 厘米
三门峡虢国墓地2012号墓出土
现藏于三门峡虢国博物馆

玉佩及玛瑙珠组合项饰

西周

通长 24.5 厘米

三门峡虢国墓地 2006 号墓出土

现藏于三门峡虢国博物馆

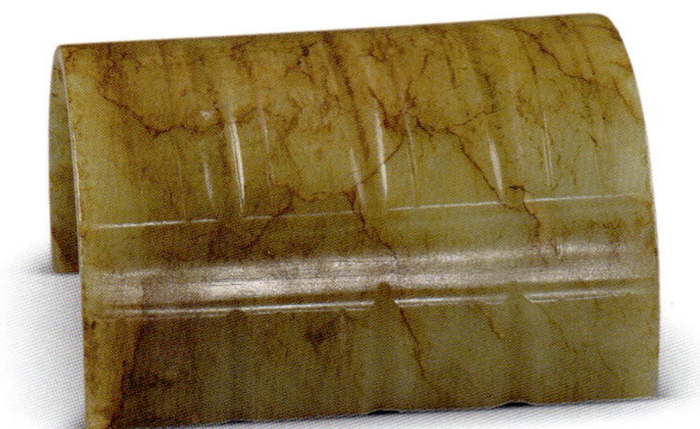

凹弦纹玉箍

西周

直径 7.2 厘米，高 7.9 厘米，厚 0.4 厘米

三门峡虢国墓地 2009 号墓出土

现藏于三门峡虢国博物馆

青玉柄形器

西周

长 24.7 厘米，宽 2 厘米，厚 0.2 厘米

三门峡虢国墓地 2001 号墓出土

现藏于河南博物院

青玉踏玉

西周

长 18.8 厘米，宽 3.3 厘米，厚 0.3 厘米

三门峡虢国墓地 2001 号墓出土

现藏于河南博物院

青玉牛首形佩

西周

宽 9 厘米，高 11 厘米，厚 0.6 厘米

三门峡虢国墓地 2001 号墓出土

现藏于河南博物院

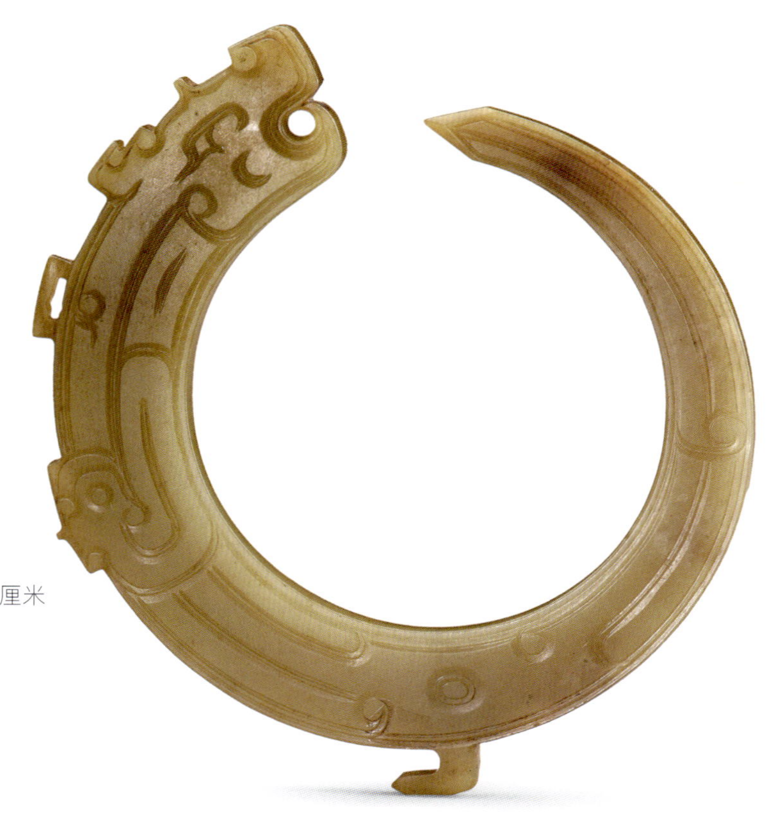

C 形玉龙

西周

最大直径 9.6 厘米，身宽 1.8 厘米，厚 0.6 厘米

三门峡虢国墓地 2009 号墓出土

现藏于三门峡虢国博物馆

玉蚕

西周

长 4 厘米，最宽 0.8 厘米，高 1.4 厘米

三门峡虢国墓地 2009 号墓出土

现藏于三门峡虢国博物馆

鹦鹉形玉佩

西周

通高 8.4 厘米，最宽 3.3 厘米，厚 0.6 厘米

三门峡虢国墓地 2009 号墓出土

现藏于三门峡虢国博物馆

玉虎

西周

长 5.25 厘米，最宽 2.3 厘米，厚 1 厘米

三门峡虢国墓地 2009 号墓出土

现藏于三门峡虢国博物馆

玉鹿

西周

通高 6.1 厘米，最宽 5.5 厘米，厚 0.4 厘米

三门峡虢国墓地 2009 号墓出土

现藏于三门峡虢国博物馆

玉鱼

西周

高 10.5 厘米，最宽 2.1 厘米，厚 0.6 厘米

三门峡虢国墓地 2009 号墓出土

现藏于三门峡虢国博物馆

平顶山应国墓地

应国墓地位于平顶山市新华地区薛庄乡北滍村滍阳岭上。墓地呈南北，南北长 2400 米，东西宽 150 米，是一处包括西周、春秋、战国、西汉、东汉时期的大型古墓群。20 世纪 70 年代，滍阳岭上数个砖瓦厂在取土时陆续挖出青铜器和玉器，随后文物部门对墓地进行考古勘探。1986—2003 年，河南省文物考古研究所与平顶山市文管所对应国墓地进行发掘，共发掘墓葬 310 多座，其中应国墓葬 42 座；出土各类文物 1 万多件，其中有铭文的青铜器达 200 多件。尤以敔簋、应侯鼎、鸭形盉、邓公盨、封虎鼎、应事觯、洎鼎等最为珍贵。

应国墓地主要是周代应国贵族的埋葬地，其中也包括应国灭亡后部分楚国贵族墓葬与两汉时期的一些平民墓。其中两周时期的墓葬，自南向北依次排列，其入葬年代也相应地从早到晚逐渐递进，墓葬之间秩序井然，极少有打破关系。墓地南半部分是应国墓葬区，北半部分是楚国墓葬区，两个区域之间相隔有一定的距离。

两汉时期的墓葬遍布于整道土岭之上，多为砖室墓。有单室墓和多室墓之分。空心砖上大都有模印几何形图案，个别砖上或有模印有“亭长”等人物形象或车马出行图像，少数小砖券顶墓设有石门，随葬器物一般都是日常生活类陶器和一些模型明器。据随葬器物分析，这批墓葬的墓主人一般都是平民。

2006 年，应国墓地被国务院公布为第六批全国重点文物保护单位。

应国墓葬排列有序，具有“族墓葬”特征，所出铜器铭文涉及大射礼、俯聘礼、帝王庙号、丧服制度，对古代礼仪制度与诸侯方国史研究有重要价值；而排列有序的国君墓葬，为同时期墓葬断代研究提供了珍贵资料。

平顶山应国墓地应国国君墓器物出土现场照

平顶山应国墓地应国国君夫人墓棺内器物出土现场照

应国伯鼎

西周

口径 17.5 厘米，通高 21 厘米

平顶山市应国墓地出土

现藏于平顶山博物馆

应国应侯带盖铜盨

西周

平顶山市应国墓地出土

现藏于平顶山博物馆

应国应姚铜盘

西周

平顶山市应国墓地出土

现藏于平顶山博物馆

邓国邓公铜簋

西周

平顶山市应国墓地出土

现藏于平顶山博物馆

铜斜麟纹帽首

西周

长 11.1 厘米，口径 5.7 厘米，顶径 4.1 厘米

平顶山市应国墓地出土

现藏于河南省文物考古研究院

铜车軎

西周

长 12.6 厘米，口径 6 厘米，顶径 5.3 厘米

平顶山市应国墓地出土

现藏于河南省文物考古研究院

铜花萼纹帽首

西周

长 3.9 厘米，挡端外径 7.2 厘米，内径 4.9 厘米

平顶山市应国墓地出土

现藏于河南省文物考古研究院

戈形玉佩

西周

残长 5.7 厘米，宽 1.5 厘米，厚 0.4 厘米

平顶山市应国墓地出土

现藏于河南省文物考古研究院

牛首形玉佩

西周

长 3.9 厘米，宽 2.8 厘米，厚 0.4 厘米

平顶山市应国墓地出土

现藏于河南省文物考古研究院

料珠联珠组合玛瑙项饰

西周

平顶山市应国墓地出土

现藏于河南省文物考古研究院

玉柄形器

西周

长 13.3 厘米，宽 3.3 厘米，厚 0.65 厘米

平顶山市应国墓地出土

现藏于河南省文物考古研究院

四璜联珠组合玉佩

春秋

平顶山市应国墓地出土

现藏于平顶山博物馆

错金鸟书铜戈

战国

平顶山市应国墓地 M321 出土

现藏于平顶山博物馆

南阳夏响铺鄂国贵族墓地

夏响铺鄂国贵族墓地位于南阳市区东北 10 千米。在南水北调中线工程干渠工程修建过程中发现，南阳市文物考古研究所对其进行了勘探发掘。发掘面积 2800 余平方米，共清理古墓葬 20 座，出土一大批青铜器、陶器、玉器、漆木器等珍贵文物。墓葬分为南、中、北三排，均为竖穴土坑墓，墓向为南北向。大型墓 2 座（长超过 5 米，宽超过 4 米），M1 和 M6 都有保存较好的木质棺椁，椁外有 0.8—1 米厚的青膏泥，青膏泥外四周有二层台，墓口距墓底 8 米多深。中型墓葬 8 座（长宽均为 4 米左右），M2、M3、M4、M5、M7、M16、M19、M20 都发现木质棺椁朽痕，有青膏泥、二层台等。小型墓 10 座（长宽均在 2 米以下），在 M1 北边东西一排在干渠北堤上，南端被破坏，葬具不明显，无随葬器物或有一件陶器。

夏响铺鄂国贵族墓地的发现与发掘，改变了对鄂国及鄂国历史的传统认识，为研究西周晚期到春秋早期鄂国地望、鄂国历史以及鄂、养、鄀等古国关系等学术问题提供了弥足珍贵的实物资料。夏响铺鄂国贵族墓地是南阳市区首次发现的高等级贵族墓地，规格和规模在南阳盆地都是第一次发现，对研究南阳周代的历史有重大意义。

郑州洼刘西周贵族墓

1999 年 10 月至 2000 年 3 月，郑州市文物考古研究所为配合郑州高新技术开发区重阳街西拓工程，对道路占用的郑州洼刘遗址地段进行了文物勘探，并对发现的文化遗存进行了考古发掘。除发现二里头文化时期的窖穴和一批西周平民墓外，还发现了一座西周贵族墓葬，出土了一批珍贵的文物。在随葬青铜器中，绝大部分器物的盖内顶部、底部、器外底部或鋬下铸有铭文或族徽等。铭文字数不多，主要为“陪作父丁宝尊彝”等。

郑州洼刘西周贵族墓是近年来郑州地区西周考古的重要发现，它对郑州地区西周时期的封国研究具有重要的学术价值。

辛村遗址

辛村遗址位于鹤壁市淇滨区金山办事处，遗址东西最宽 4.5 千米，南北最宽 2.5 千米，已勘探的遗址面积 90 余万平方米。

1932—1933 年，中央研究院史语所在辛村发掘西周墓葬 80 余座，其中包括大型墓 8 座，中型墓 11 座，小型墓 54 座和车马坑 14 座等。王陵区墓葬为区域内级别最高的遗存，为卫国王侯及中高级贵族专用埋葬区，著名的康侯簋出土于该区域。墓葬均为南北向长方形土坑竖穴墓，出土有大量青铜器、玉器等。辛村墓地的发现与发掘，不仅为研究西周卫国的历史提供了重要的实物资料，而且对研究西周时期的青铜铸造工艺也有重要价值。

2017—2018 年，为配合鹤壁市快速通道拓宽工程，河南省文物考古研究院首次对辛村非墓葬类遗存进行大规模考古发掘，发现了天桥西制骨作坊区、福兴寺南铸铜作坊区、草莓园一般居住区、葡萄园商墓地点以及大量殉人、殉牲坑。在福兴寺南发掘点，发现西周时期铸造青铜鼎的陶范及炉渣，马坑、牛坑及殉人等祭祀类遗存，出土陶支垫、陶拍等大量制陶工具，还发现多处窖藏坑。新发现的制骨作坊区，清理出西周时期骨料坑近 10 座，出土大量牛的肢骨与鹿角等骨料，以及大量骨簪、骨饰、卜骨、蚌镰等骨器、

鹤壁市辛村遗址北发掘区航拍

鹤壁市辛村遗址杨晋庄西周墓地

角器、蚌器和骨（角）制工具。铸铜及制骨作坊区的发现，丰富了辛村遗址的内涵。

辛村遗址王陵区于 1986 年 2 月被公布为河南省第二批文物保护单位。2019 年 10 月，辛村遗址被国务院公布为第八批全国重点文物保护单位。

辛村遗址以商周文化遗存为主，其中西周遗址为区域内两周时期重要诸侯国卫国的核心遗址，是集王陵区、铸铜作坊区、制骨作坊区及其他功能区为一体的、具有都邑级性质的超大型聚落群，是 20 世纪初为数不多的经过考古发掘的遗址，是西周考古的肇始，在中国考古学史上具有重要历史地位。

鹤壁市辛村遗址发现的祭祀牛坑

鹤壁市辛村遗址发现的两周铸铜作坊内出土烘范坑

荥阳娘娘寨遗址

荥阳娘娘寨遗址位于郑州市荥阳市豫龙镇寨杨村西北，遗址北临索河，东西长 1200 米，南北宽 850 米，面积近 100 万平方米，为一座西周至东周时期的古城址。2004 年底至 2005 年初，郑州市文物考古研究所配合国家重点工程南水北调文物点调查复核时发现娘娘寨遗址，对其进行了较为详细的考古调查及钻探。城址由内城、外郭城及护城河组成。内城平面近方形，西周时期兴建，东周时期修补，其中部发现有面积达 2000 多平方米的夯土建筑群基址。外城平面为长方形，始建于春秋时期，战国时期对其进行加宽，战国末期废弃。2005 年 5 月起，郑州市文物考古研究院对娘娘寨遗址进行了连续发掘，截至 2008 年，共发掘面积 15000 平方米，遗迹主要有城墙、城门、房址、夯土基址、墓葬、道路、陶窑、灰坑、水井、灰沟、土灶等。出土遗物多为陶器，还有石器、骨器、蚌器、小型铜器和玉器等。西周时期城垣夯筑方法为棍夯，东周时期修补城墙使用圜底平夯。城垣四面各设有一城门，分别与城内“十”字形主干交通道路相接。内城中部发现有 8 座两周时期的夯土基址，其中 F2、F3、F4、F7、F8 外围被一周夯土围墙围绕，组成一组面积达 2000 多平方米的庞大的建筑群；东北部分布有较多的陶窑，为作坊区。

该城址的发现，是郑州地区西周城址考古的重大突破，在一定程度上填补了当时该地区西周文化遗存几近空白的缺憾，为研究西周时期的筑城方法、城墙结构、功能布局等提供了新的材料，同时对研究两周之际发生的郑桓公东迁其民于虢、郐间提供了重要线索。

荥阳娘娘寨遗址内城 9 号夯土基址

荥阳娘娘寨遗址西周晚期陶窑

荥阳官庄遗址

官庄遗址位于郑州市荥阳市高村乡官庄村西、北，遗址东西长约 2000 米，南北宽约 900 米，面积约 18 万平方米。1981 年全国第一次文物普查时发现。

2004 年 8 月，为配合南水北调中线工程干渠工程建设，郑州市文物考古研究院对官庄遗址进行复查和试掘。

2009 年，为配合荥阳国电厂基建工程，郑州市文物考古研究院对该遗址的中北部进行了小规模发掘。

2010 年 4 月到 2011 年 1 月，为配合南水北调中线工程建设，郑州大学历史学院考古专业对官庄遗址南部、西南部进行考古调查、勘探和发掘，发现了丰富的西周晚期至春秋时期的遗存，包括南、东侧的环壕和房址、祭祀坑、陶窑和墓葬等。

2011 年 7 月至 2012 年底，郑州大学考古系和郑州市文物考古研究院联合对官庄遗址进行了系统钻探与主动发掘，确认了遗址面积，并在环壕内侧新发现了大小城南北并列呈“凸”字形布局的周代城址，并在北部小城内发现了窖穴、水井、殉马坑、墓葬等周代遗存。

荥阳官庄遗址发掘区航拍

荥阳官庄遗址发掘现场

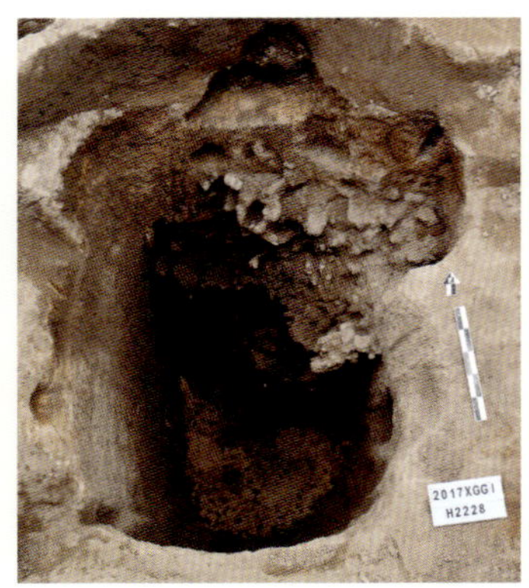

官庄遗址发现的熔炉残块堆积

荥阳官庄遗址殉马坑

荥阳官庄遗址陶窑

2013 年 10 月至 2014 年 1 月，郑州大学历史文化遗产保护研究中心、郑州市文物考古研究院对遗址大城西北部进行勘探和发掘，发现了一批丰富的西周晚期至战国中期遗存，其中有大量的窖穴遗迹。

2015 年以来，经国家文物局批准，郑州大学历史学院联合郑州市文物考古研究院、荥阳市文物保护管理中心在大城内进行了系统勘探和发掘，在大城中北部发现了丰富的手工业遗存，包括两周时期的制陶、铸铜、制骨遗存，以及汉代砖瓦窑、铁器窖藏等。2018 年又对大城中北部的手工业作坊区再次进行了发掘，并对小城西南部的大小城壕连接处进行了解剖。截至 2018 年底，在大城中北部清理陶窑 10 余座、灰坑 1500 多个、灰沟 50 条、墓葬 36 座、瓮棺葬 18 个。

2016 年 1 月，荥阳官庄遗址被公布为河南省第七批文物保护单位。2019 年 10 月，国务院公布官庄遗址为第八批全国重点文物保护单位。

荥阳官庄遗址遗存涵盖了龙山、两周、汉、唐宋及明清时期，其中以西周中晚期至春秋时期的遗存最为丰富，是目前中原地区最大的西周城址，为完善郑州地区的两周考古学文化序列提供了重要资料，对于深入探讨郑州地区两周时期考古学文化的发展演变，厘清东虢、郑、韩相关历史具有重要意义。

东周王城

东周王城遗址位于洛阳市王城公园一带，南临洛河，西跨涧水。洛阳东周王城由四面土城墙组成，城址整体形状为矩形。公元前 770 年，周平王东迁洛邑，建都于东周王城。由平王至景王、悼王加上后来的赧王，先后有 14 王在此执政达 310 年之久。

20 世纪 50 年代初，中国科学院考古研究所在今洛阳市王城公园一带、涧河两岸进行了大规模的考古调查和发掘工作，摸清了东周王城的具体位置、布局和范围，并于 1954—1955 年在中州路发掘东周墓葬 260 座，大多为竖穴墓。

1957 年，中国科学院考古研究所洛阳工作队在洛阳市小屯村东北的东周王城内钻探发现了四座东西并列的大型古代墓葬，由东向西编为一至四号墓。1973 年 10 月至 1974 年 2 月，洛阳市文物工作队为配合基本建设，发掘了其中的四号墓，出土铜、铁、玉、石、骨、蚌、陶、玻璃、玛瑙、料器等。

1984 年，在洛阳东周王城内的东南部，即中州渠以南 612 工地，洛阳市文物工作队发掘东周墓葬 500 余座，除 2 座车马坑以外，均属中小型竖穴墓。

1992 年 7 月，为配合洛阳市王城公园觅乐宫的基建工程，洛阳市文物工作队在东周王城遗址区进行了一次考古发掘，其中清理出一座烧造冶炼工具的古窑址，出土陶器 38 件。1998 年 10—12 月，在配合河南省建三公司 12 号住宅楼的基建工程中，洛阳市文物工作队发现并清理了一处战国时期的陶窑遗址，发掘面积 350 平方米，发现战国陶窑 18 座、灰坑 11 个。出土的遗物主要是陶器，陶器可分为建筑材料、生活用品、制陶与烧陶工具三类，其中建筑材料主要有板瓦、筒瓦、瓦当、瓦钉等；生活用品主要有罐、盆、瓮、豆、壶等；制陶和烧陶工具主要有陶拍、陶垫拍、陶范、陶支垫等。

2002 年至 2003 年，在配合洛阳中心广场的建设过程中，洛阳市文物工作队发现并清理了一座东周时期车马陪葬坑遗址，车马坑全长 42.6 米，宽 7.4 米，发掘整理出 68 匹马，26 辆车。“六驾”车马摆放在车马坑的东南部。2013 年 7—12 月，洛阳市文物考古研究院发掘了两段洛阳东周王城西城墙和一段南城墙遗址。出土遗物主要为建筑材料及陶器残片，其中建筑材料主要为外壁绳纹、内壁布纹或麻点或素面的板瓦残片，还有少量的筒瓦、卷云纹半瓦当残片等。陶器多为鬲、罐、盆、豆口沿或底部残片。

2000 年 9 月，洛阳东周王城被列为河南省第三批文物保护单位。2013 年 5 月，洛阳东周王城被国务院列为第七批全国重点文物保护单位。

洛阳东周王城的发现对了解和掌握东周历史以及中国古代都城发展史都起着至关重要的作用，并为研究周代政治、经济、文化提供了珍贵的实物资料。

洛阳瞿家屯建筑基址

瞿家屯建筑基址位于洛阳市瞿家屯村东南，东周王城南城墙外西南部。2004 年 11 月至 2005 年 12 月，洛阳市文物考古研究院在配合房地产开发工程的过程中，发现一处东周时期大型夯土建筑基址，清理出夯土墙、建筑基址、墙基、散水、池苑、暗渠、陶窑等遗迹，出土有筒瓦、板瓦及卷云纹瓦当、瓦钉及少量陶器残片。

2006 年 6 月，瞿家屯建筑基址被公布为河南省第四批文物保护单位。

瞿家屯建筑基址具有中轴线性质，规模较大，规格较高，可能与东周王城有关。

洛阳瞿家屯建筑基址整体发掘区

洛阳瞿家屯建筑基址第一组建筑

洛阳瞿家屯建筑基址给排水设施

洛阳瞿家屯建筑基址给排水设施

洛阳战国粮仓

洛阳战国粮仓是战国中晚期的粮仓遗址，位于今洛阳市共青路东段、胜利路西侧、洛河与涧河汇合处以北不远处。1970 年发现，已探明粮窖 74 座，大致东西成行，南北成列，分布于南北长约 400 米，东西宽约 300 米的范围内。粮窖均为圆窖，口大底小，纵剖面呈倒置的等边梯形，窖壁坡度大，一般口径与深度均在 10 米左右，窖口外连一缓坡状进出口。窖底铺设有青膏泥、木板、谷糠等防潮设施。据窖内填土中出土的砖、瓦、圆木等遗物，推测窖顶可能是一种高出地面、顶上覆瓦的圆锥形土木建筑。洛阳战国粮仓系研究战国时期中原地区农业经济发展状况与储粮手段之重要实物资料。

洛阳中州路东周墓

洛阳中州路东周墓为东周时代周人墓葬，位于横贯河南省洛阳新旧市区的中州路一带。1954 年发现，随后由苏秉琦主持，中国科学院考古研究所进行发掘。

这批墓葬的年代当自平王东迁（前 770）至秦统一（前 221）的整个东周时期。墓中的陶器组合基本是鬲、盆、罐，鼎、豆、罐，鼎、豆、壶和鼎、盒、壶四类。根据上述组合的形制变化可将这里的墓葬分为 7 期，每期的年代不足百年。在各期墓葬中，可看出一些很有意义的变化，如第一期中只有少数大型墓才有的铜鼎，在第二期的中型墓中也出现了，第三期以后，小型墓也普遍地用鼎陪葬，第二期中型墓才有的陶鼎，到第四期时也出现于大型墓中。所有这些，都反映了当时的社会政治及意识形态方面发生的变化。总体上看，这种变化以第三、四期之间，即春秋战国之际的变化最大。这一发现，对进一步揭示春秋、战国之际的社会及其变革，具有重要的意义。而根据这批墓葬的随葬品提出的 7 期划分，则成为中原地区东周墓分期断代的标尺。

蟠虺纹铜盖鼎

东周

口径 20.6 厘米，通高 21.厘米

洛阳东周墓出土

现藏于洛阳市文物考古研究院

蟠螭纹铜鼎

东周

口径 37.5 厘米，高 33 厘米

洛阳康乐食品厂 C1M3427 出土

现藏于洛阳市文物考古研究院

窃曲纹铜簠

东周

长 29.2 厘米，宽 24 厘米

洛阳市中州大渠 M15 出土

现藏于洛阳市文物考古研究院

蟠螭纹铜簠

东周

长 24 厘米，宽 18.8 厘米

洛阳地区医院家属楼 M18 出土

现藏于洛阳市文物考古研究院

宽带蟠螭纹铜提梁壶

东周

口径 10.3 厘米，高 33 厘米

洛阳市740招待所 M7 出土

现藏于洛阳市文物考古研究院

铜编钟

东周

宽 8—15 厘米，高 15—24 厘米

洛阳市空空导弹研究院 C1M8836 出土

现藏于洛阳市文物考古研究院

铜盖舟

东周
长 18.7 厘米，宽 20 厘米
洛阳市空空导弹研究院 C1M8836 出土
现藏于洛阳市文物考古研究院

铜勺

东周
长 19 厘米，宽 12 厘米
洛阳市空空导弹研究院 C1M8836 出土
现藏于洛阳市文物考古研究院

铜罍

东周

口径 21 厘米，腹径 38.5 厘米，高 26 厘米

洛阳市康乐食品厂出土

现藏于洛阳市文物考古研究院

铜罍

东周

口径 20 厘米，腹径 38 厘米，高 24 厘米

洛阳市康乐食品厂出土

现藏于洛阳市文物考古研究院

铜爵

东周

流至尾长 17.5 厘米，通高 21.5 厘米

洛阳市康城花园出土

现藏于洛阳市文物考古研究院

铜镜

东周

直径 15.5 厘米

洛阳市恒顺贵府出土

现藏于洛阳市文物考古研究院

铜镜

东周

直径 11 厘米

洛阳市恒顺贵府出土

现藏于洛阳市文物考古研究院

铜戈

东周

通长 19.5 厘米，最宽 8.5 厘米

洛阳市汉德置业丹尼斯解放路出土

现藏于洛阳市文物考古研究院

铜剑

东周

通长 43.5 厘米，宽 4.5 厘米

洛阳市汉德置业丹尼斯解放路出土

现藏于洛阳市文物考古研究院

铜銮铃

东周

通高 15 厘米，长 4 厘米，宽 2.5 厘米

洛阳市银河小区出土

现藏于洛阳市文物考古研究院

龙形玉佩

东周
左侧长 14.6 厘米，宽 8 厘米；
右侧长 14.5 厘米，宽 9 厘米
洛阳市汉德置业丹尼斯解放路一期 C1M4020 出土
现藏于洛阳市文物考古研究院

龙形玉佩

东周
左侧残长 18.6 厘米，宽 7 厘米；
右侧长 22 厘米，宽 7.5 厘米
洛阳市汉德置业丹尼斯解放路一期 C1M4020 出土
现藏于洛阳市文物考古研究院

龙形玉佩（一组2件）

东周

长 12.7 厘米，宽 4.6 厘米

洛阳市第一百货公司家属楼 C1M3099 出土

现藏于洛阳市文物考古研究院

龙形玉佩（一组2件）

东周

长 10.8 厘米，宽 6.5 厘米

洛阳市第二房屋开发公司西小屯 C1M2197 出土

现藏于洛阳市文物考古研究院

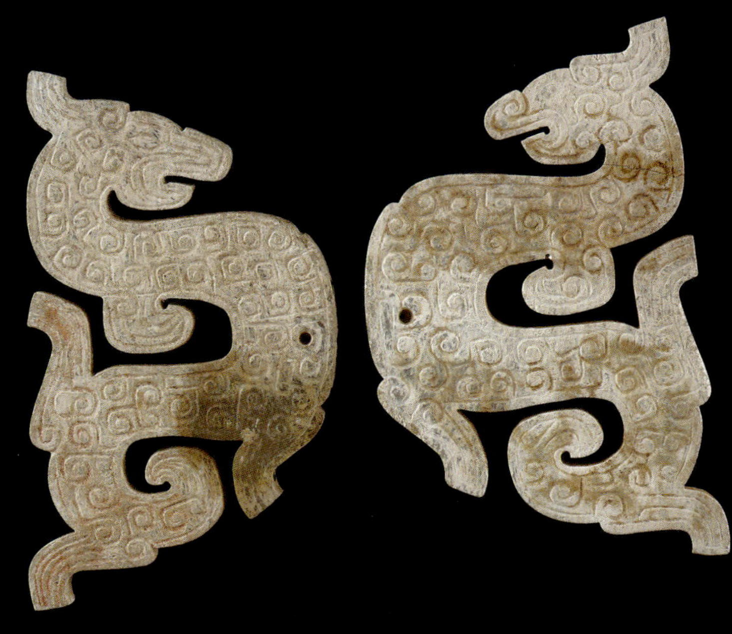

龙形玉佩

东周

长 6 厘米，宽 4.8 厘米

洛阳市第一百货公司宿舍楼 C1M2857 出土

现藏于洛阳市文物考古研究院

玉龙

东周

长 5.9 厘米，宽 3.7 厘米，厚 0.8 厘米

洛阳市天主教堂 C3M623 出土

现藏于洛阳市文物考古研究院

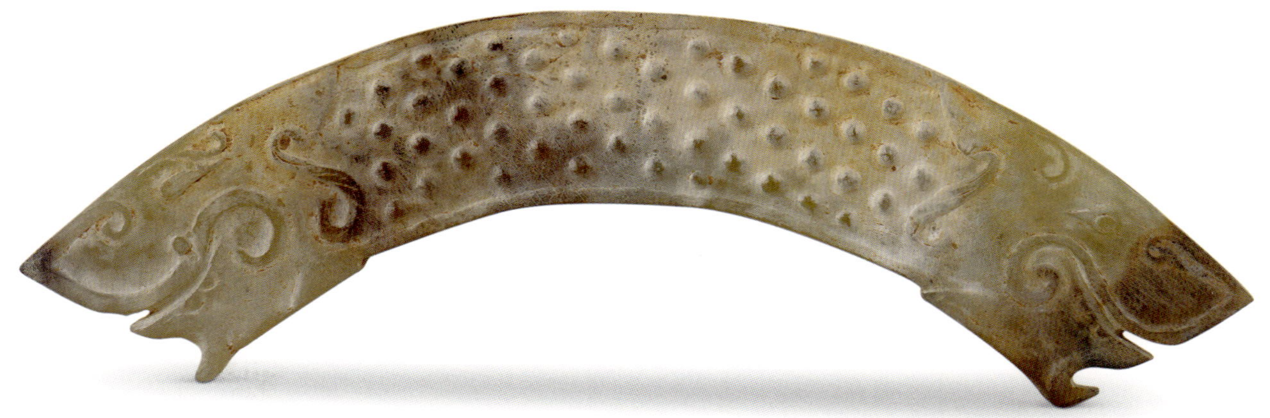

玉璜

东周

长 12.7 厘米，宽 2.2 厘米

现藏于洛阳市文物考古研究院

玉月牙形器

东周

长 8 厘米，宽 7 厘米，厚 0.3 厘米

洛阳市针织厂 C1M5269 出土

现藏于洛阳市文物考古研究院

玉兽面饰

东周

长 2 厘米，宽 2.7 厘米

洛阳市针织厂 C1M5269 出土

现藏于洛阳市文物考古研究院

玉饰

东周

宽 3.5 厘米

洛阳市唐宫路小学 C1M5560 出土

现藏于洛阳市文物考古研究院

玛瑙环

东周
直径 7 厘米
洛阳市针织厂 C1M5269 出土
现藏于洛阳市文物考古研究院

玛瑙环

东周
直径 4.2 厘米
洛阳市解放路地铁 2 号线 C7M18520 出土
现藏于洛阳市文物考古研究院

水晶环

东周
直径 3.7 厘米
洛阳市解放路地铁 2 号线 C7M18518 出土
现藏于洛阳市文物考古研究院

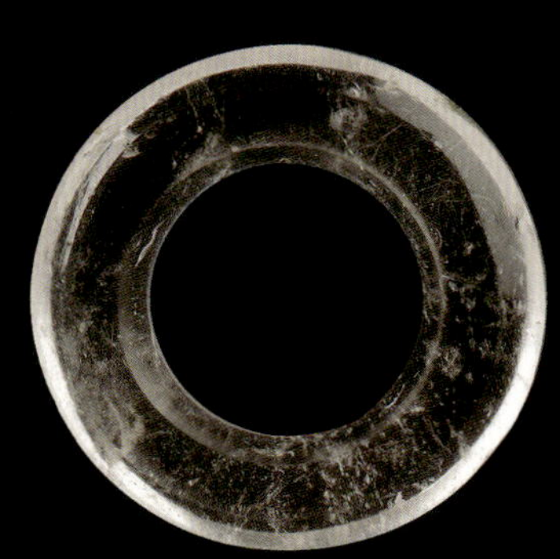

郑韩故城

郑韩故城，本为郑国的都城，公元前375年，韩国兼并郑国，迁都于此，因此通称为郑韩故城。城址略呈不规则的长方形，东西长约5000米，南北长约4500米，中部有一道南北向的隔墙，把城址分为西城和东城两大部分。西城的北中部夯土建筑基址分布密集，中部发现宫城遗址和战国晚期韩国王室专用的地下冷藏建筑设施，对于研究我国古代建筑史及食品的冷藏技术具有重要价值。东城是手工业作坊的集中分布区，发现有铸铜、制陶作坊、制骨、铸铁作坊遗址，并且还有战国晚期的储粮窖穴。

20世纪60年代，通过钻探普查，初步了解郑韩故城内的文化分布情况，发现了郑韩两国的宫殿宗庙基址、铸铁遗址、战国冷藏室遗址及多处夯土台基等，为郑韩故城的文物保护与发掘研究奠定了基础。

20世纪70年代，先后发掘了白庙范铜兵器坑、后端湾墓地、仓城春秋时期高级贵族墓地、梳妆台遗址等。白庙范铜兵器坑，出土战国时期的戈、矛、剑等兵器220余件，其中有铭者180余件。这批带铭兵器的出土，对研究韩国兵器铸造技术与制度，兵制、库制以及战国时期的历史地理与古文字等具有重要参考意义。

20世纪80年代，先后发掘了河李墓地、阁老坟村西宫殿遗址、税务局家属院战国宫殿建筑遗址、药厂仿楚大布范和连布钱范遗址、玻璃厂春秋冷藏窖、后端湾墓地、李马墓地春秋车马坑等。尤其是韩侯王陵墓的发现，填补了郑韩故城长期没有韩国大型陵墓的考古空白。

20世纪90年代，为配合新郑市基本建设，在金城路、城市信用社和中行遗址发现了时代接近、性质相同的三处祭祀遗址，发现青铜礼乐器坑28座，出土郑国公室青铜礼乐器470件，发现殉马坑93座。

21世纪以来，主动性和抢救性的发掘不仅发掘了战国时期韩国的大型官营制陶作坊，而且还清理了春秋战国时期冯庄私营制陶作坊，官营和私营制陶作坊的发现，对了解和研究郑韩故城当时的生产力水平以及社会经济状态具有非常重要的意义。这一时期发掘的兴弘花园与热电厂墓地，第一次完整揭露了一处从西周晚期到战国中期以低等级贵族及平民为主的公共墓地，对研究郑韩故城的城市布局、丧葬制度等具有较高的学术价值。

21世纪10年代，为配合郑韩故城考古遗址公园和地方经济建设，河南省文物考古研究院新郑工作站对北城门、南城墙、三号车马坑、双楼、天利等遗址和墓地进行了考古发掘，发现东周至唐宋时期的道路、瓮城、墓葬、灰坑、陶窑、车马坑等遗迹，出土各类质料的文物数万件。其中，郑韩故城北城门遗址全面揭露了春秋战国时期城门的构造、16条春秋至明清时期道路的走向，还印证了史书中对郑国“渠门”的记载。同时还发现了战国时期带有防御体系的瓮城城墙，这在中原地区东周时期王城遗址中也是首次发现。

1961年，郑韩故城被列为第一批全国重点文物保护单位。

方形象牙车饰

春秋

长 6.4 厘米，宽 4.5 厘米，厚 2.3 厘米

新郑市郑国贵族墓地 M12 出土

现藏于新郑市博物馆

象牙车踵

春秋

长 32.3 厘米，宽 4.7 厘米，厚 5.6 厘米

新郑市郑国贵族墓地 M12 出土

现藏于新郑市博物馆

玉排箫

春秋

长 19.3 厘米，宽 10.3 厘米，厚 1.2 厘米

新郑市后端湾墓地 M8 出土

现藏于新郑市博物馆

玉笛

春秋
长 20.2 厘米，厚 1.6 厘米
新郑市后端湾墓地 M8 出土
现藏于新郑市博物馆

陶埙（左侧为四音孔，右侧为三音孔）

春秋
左：直径 2.9 厘米，右：直径 3.2 厘米
新郑市中行遗址出土
现藏于新郑市博物馆

郑王陵

2002年，为配合新郑市群众建房，河南省文物考古研究所新郑工作站在1号车马坑西部进行考古发掘，发现一座春秋晚期至战国早期的郑国“中”字形大墓。墓室发现有九鼎八簋、方壶圆壶、玉器、金器等陪葬品，南北墓道内随葬了密密麻麻的拆葬马车。2016年发掘的三号车马坑，发现了饰有青铜和骨器构件的彩席顶棚、舆长约2.2米的大型安车。郑韩故城春秋贵族墓葬群与大型车马坑群的发掘，填补了郑国公族墓地考古发现的空白。

新郑郑王陵3号车马坑全景

新郑郑王陵3号车马坑发掘现场

新郑郑王陵3号车马坑1号安车顶棚灰痕

新郑郑国祭祀遗址

新郑郑国祭祀遗址位于郑韩故城东城西南面，发现了 348 件郑国公室青铜礼乐器。礼乐器大都保存完好，精美富丽，件套完整，编钟、编镈 138 件，多经调音，为实用乐器。此次发掘大大丰富了对春秋时期礼乐制度、郑国铜器等方面的认识，对我国春秋时期的礼乐制度、古乐器学、考古音乐学、乐律史、音乐史和科学技术史等方面的研究，均具有非常重要的价值。

新郑郑国祭祀遗址礼器坑

新郑郑国祭祀遗址乐器坑

新郑胡庄墓地

新郑胡庄墓地位于河南省郑州市新郑市城关乡。2006 年 11 月至 2009 年 10 月，为配合南水北调工程，河南省文物考古研究所对胡庄墓地进行了抢救性发掘，发掘面积 12000 平方米，共清理 1 组 2 座战国韩王陵及其陵园，春秋中小型墓 44 座，战国中小型墓 284 座和道路 1 段，以及少量宋、明和时代不明墓葬，共出土各种青铜器 740 件，银器 46 件，玉器 137 件，铁器 5 件，陶器 300 余件，骨器 46 件。新郑胡庄墓地在韩国王陵的陵园规划、陵墓建筑、墓上建筑、工程防水、墓葬规制及郑韩两国家族墓地考古等方面均获重要发现，填补了多项东周陵墓考古发现的空白。

新郑胡庄墓地西南区环沟墓葬发掘区

新郑胡庄墓地发现的石磬

新郑胡庄墓地战国墓葬

新郑胡庄墓地出土的铜礼器

新郑许岗韩王陵

韩王陵位于郑州市新郑市郑韩故城四周，其中4座位于新郑市辛店镇许岗村东，2002年3月至2003年6月，河南省文物考古研究所对许岗村韩王陵M4及3、5号陪葬坑进行了发掘，出土了大量器物，对研究战国时期以国君陵墓为主体的陵寝制度等有着重要意义。

鎏金龙首铜车毂

战国

长6.3厘米，宽2.6厘米

郑州市新郑市许岗K3出土

现藏于新郑市博物馆

错金铜车毂

战国

直径6.2厘米，厚1.3厘米

郑州市新郑市许岗K3出土

现藏于新郑市博物馆

错金车辖

战国

长 5.6 厘米，宽 4.2 厘米，厚 1.6 厘米

郑州市新郑市许岗 K3 出土

现藏于新郑市博物馆

青铜帐顶四通

战国

长 14.5 厘米，宽 20 厘米，高 10.3 厘米

郑州市新郑市许岗 K4 出土

现藏于新郑市博物馆

新郑白庙范兵器窖藏

1971 年，新郑白庙范村窖藏出土了 180 件左右的青铜兵器，铭文内容丰富，涉及地名如“梁”“阳城”“雍氏”等 20 余处，有些记有“郑令”“工师”等职官名称以及“王二年”“卅四年”等纪年，对研究韩国历史地理、文字演变、冶铸官署、兵器形制等都具有重要的意义。

“十七年郑令”戈

战国

通长 25.5 厘米，援长 15.7 厘米

郑州市新郑市白庙范村出土

现藏于河南博物院

“卅四年郑令”矛

战国

通长 16 厘米

郑州市新郑市白庙范村出土

现藏于河南博物院

“卅三年郑令”铍

战国

通长 31.8 厘米，宽 3.6 厘米

郑州市新郑市白庙范村出土

现藏于河南博物院

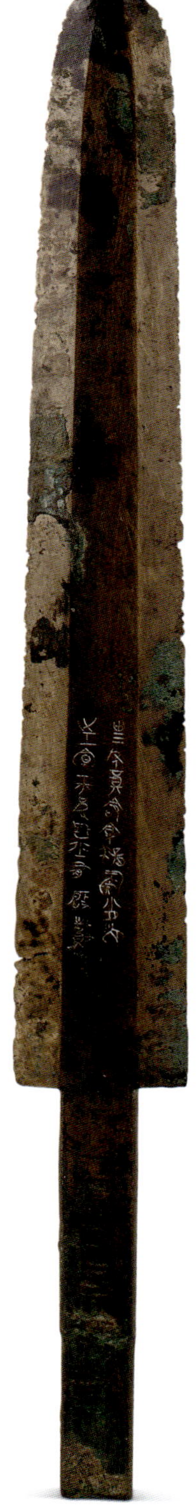

信阳城阳城址

信阳城阳城址位于信阳市北 25 千米处。自 20 世纪 50 年代以来，城址西南墓葬区陆续清理出几座大型楚墓，经考证，墓葬区东北部的城址即楚顷襄王郢破之后的临时都城城阳城。2009—2011 年，为实施“信阳地区先秦城址考古学调查”项目，河南省文物考古研究所对城阳城址进行了系统的考古工作，经勘探、发掘，确认了城址的范围、布局，城墙、城壕的宽度以及城内遗迹的大体分布。

城阳城遗址内有大小古墓 200 多座，经多次考古发掘，出土了大量精美文物，其中 1957 年发掘的 1 号战国楚墓，出土了我国第一套完整的青铜编钟。大量珍贵文物的出土，为研究古楚文化增添了宝贵的文物资源。

1963 年 6 月，城阳城址被公布为河南省第一批文物保护单位。2001 年 6 月，城阳城址被国务院公布为第五批全国重点文物保护单位。

信阳城阳城址
西城墙南段

信阳城阳城址航拍

长台关楚墓

长台关楚墓位于河南省信阳市长台关西北 4 千米处，属战国中期的楚国贵族墓葬。1957—1958 年，河南省文物工作队对墓葬进行了发掘。共发现两座墓葬，均为长方形竖穴木椁墓，东面有斜坡墓道。1 号墓长 14.5 米，宽 12.3 米，椁室中央为主室，置木棺；周围为放置随葬品的边箱。两墓随葬品规格大体相同，出土有青铜礼乐器鼎、壶、编钟及漆木器案、俎、豆、耳杯等。墓内所出木雕髹漆镇墓兽，口吐长舌，顶树鹿角，具有鲜明的楚文化特色。另外，1 号墓中出土有竹简，同出的还有修治和书写用具。

长台关楚简为长台关 1 号楚墓出土竹简。竹简共二组，分别出自前室和左后室，共计 148 根。一组出土于前室东部，均为断简，共 119 根，残存 470 余字，三道编，文字用墨书写在竹黄的一面，属典籍。二组出土于左后室，共 29 根，竹简较完整，文字较模糊，两道编，每简均为单行墨书，顶格书写，不留空白，残存 957 字，属遣策。

铜扁壶形套盒

战国

信阳市长台关楚墓出土

现藏于城阳城遗址博物馆

番国故城

番国故城遗址，系东周时期土城墙遗址，位于信阳市固始县境内，是一座规模宏大的、具有两千多年历史的古代城池遗址。1974 年 12 月在城南半部出土 3 枚楚国金币郢爰。1978 年 3 月至 1979 年 5 月，在侯古堆先后发掘了侯古堆春秋大墓和陪葬坑。1980—1983 年，在白狮子地发掘 1—3 号春秋战国墓和蝙蝠山 1—7 号战国墓。

古城分内外两城，内城位于外城的东北部。两城的土城墙大部分尚存，有些地段保存相当完整，有些虽已夷平，但城基及四周轮廓清晰可辨。外城周长 13.5 千米，外城北墙中部有一个 72 米的缺口，是城墙的北门，历称“北山口”，是通往安徽阜阳的咽喉要道。内城东、北墙是利用外城的东北墙，只有西、南二城墙另行修筑，内城周长 6.5 千米。内外两城城墙墙基最宽处 50 米，高 7 米，顶宽 30 米不等。城墙夯土层夯窝明显。两城城墙底宽 25—45 米，高 4—8 米，顶宽 13—17 米。城墙系夯土结构，由黄黏土夯筑而成，层次分明，夯窝清晰，构筑牢固。外城的护城河大部分完整。该遗址对研究东周时期淮河流域小国的历史、文化、经济、军事等方面具有重要的价值。

固始侯古堆一号墓

固始侯古堆一号墓位于信阳市固始县城东南 2 千米。1978 年，固始县城关镇砖瓦厂在侯古堆取土时，发现了一座长方形竖坑，并取出坑内部分器物。后经文物部门勘察，该处实为一春秋晚期墓葬，河南省文物部门随即对墓葬展开抢救性发掘。

侯古堆一号墓及陪葬坑出土了大批遗物，这些遗物按质地可分为青铜器、玉器、木漆器、陶瓷器等类。青铜器有礼器、乐器、车马器、生活用具等。礼器有鼎、簠、罍、方豆、壶、舟、匜等。乐器有编镈、编钟、木镈、钟架、钟槌等，其中编钟均有铭文，钟铭中的原有人名被铲掉，再刻上“鄱子成周”。车马器有车辖、管形饰、管形插饰、工字形管状饰、单环形及双环形插饰、铜泡、马衔、节约等。木漆器有肩舆、盘龙、镇墓兽、俎、豆、木盒等。其中肩舆舆身安有铜饰，顶部构件用不同形制的铜饰相衔接。盘龙用一块整木雕成，圆形座底，龙身盘卷，龙首昂起，头上有双角，两耳耸立，四偶蹄足，通体髹黑漆，绘朱、黄色花纹。玉器有玉璧、玉环、玉璜 、玉管、鼻塞、龙形饰、玉人、带钩等。陶瓷器有瓷杯、陶鼎、陶瓮、陶盆、陶鬲、陶壶、陶豆、陶罐、硬陶罐、硬陶杯等。

固始侯古堆一号墓出土的随葬品，对研究古代器物和相关历史都具有重要价值。成组的青铜礼、乐器完善了东周铜器分国、断代的标尺。成套乐器，为研究古代乐器和音乐史提供了重要资料。三乘肩舆，为我国考古史上的首次发现，其造型大方，结构复杂，是研究我国古代肩舆形制的重要实物资料。

对龙纹兽钮
附耳蹄足铜盖鼎组合

春秋

口径 19—23.5 厘米

信阳市固始侯古堆一号墓出土

现藏于河南博物院

对龙纹兽钮附耳蹄足铜盖鼎

| 对龙纹兽钮附耳蹄足铜盖鼎

对龙纹附耳蹄足铜鼎盖

带流直提钭

春秋

口径 7.5 厘米

信阳市固始侯古堆一号墓出土

现藏于河南博物院

黄国墓地

20 世纪七八十年代发现的两处黄国墓地，一处在潢川县东北盘磨山上油岗，另一处在潢川西南进入光山县内的宝相寺附近。上油岗墓地已遭到严重破坏，潢川县文化馆仅在 1975 年收集到出土于同一坑墓的盨、鐳、盉三件铜器。其中，铜盨盖内、器底有铭文，均作四行十六字“隹子丌舌铸皿其行宁子孙永年寿用之”。铜鐳素面无纹饰，器肩铭文四行三十四字“隹正月初吉丁亥黄孙须䪼子白亚臣自作鐳用征用乐□眉寿万年无疆子孙永宝是尚”。

1983 年 4 月，光山县宝相寺上官砖瓦厂在取土过程中发现了黄君孟夫妇墓，当地的考古工作者对其进行抢救性发掘，清理出土了大量的青铜器、玉器、丝麻制品等遗物。在该墓出土的青铜器中铸有“黄君孟”“黄子作黄夫人孟姬”等铭文，考古工作者据此推断该墓为黄国国君孟及其夫人的合葬墓。

光山县宝相寺附近的黄国墓地保存情况较好。1983 年发掘黄君孟夫妇墓，1988 年发掘黄季佗父墓。黄君孟夫妇墓为竖穴二土坑（先后挖坑）并列的木椁墓。黄君孟随葬青铜器 14 件、玉器 54 件。青铜器有鼎、豆、壶、鐳、盘、匜、戈、镞、削。镞 2 件、削 1 件无铭文，余 11 件均有铭文。其中 10 件容器的铭文均作“黄君孟自作行器子二孙二则永宝”。戈 1 件，铭文为“黄君孟作元□戈”。夫人孟姬随葬青铜器 22 件、玉器 131 件，还有众多的竹木器、漆器。青铜器中的鼎、豆、壶、鐳、鬲、盉、盘、匜、罐、方座共 16 件有铭文，均作“黄子作黄甫（夫）人孟姬行器则永宝宝霝冬（终）霝后”。

1988 年在黄君孟夫妇墓西北边（天鹅墩）165 米处发掘一座竖穴土坑木椁墓。墓主单棺单椁，棺椁南边附陪葬器物箱。箱内发现有较多陶器、漆器和青铜器，其中 1 件铜戈上有铭文“黄季佗父之戈”6 字。黄佗父墓与黄君孟夫妇墓同属一个墓地，铜戈形制又与黄君孟戈相同，从黄佗父墓位于黄君孟夫妇墓下首看，下葬年代可能稍晚。

黄君孟壶

春秋

口宽 12 厘米，高 31.7 厘米

信阳市光山宝相寺黄君孟夫妇合葬墓出土

现藏于河南博物院

黄君孟匜

春秋

残长 28.5 厘米，通高 15.6 厘米

信阳市光山宝相寺黄君孟夫妇合葬墓出土

现藏于河南博物院

黄君夫人鬲

春秋

口径 14.2 厘米，高 10.7 厘米

信阳市光山宝相寺黄君孟夫妇合葬墓出土

现藏于河南博物院

“黄夫人”𨱔

春秋

口径 17 厘米，通高 26.7 厘米

信阳市光山宝相寺黄君孟夫妇合葬墓出土

现藏于河南博物院

淅川楚墓

文献记载，楚国早期都城丹阳的地望在淅川一带。自 20 世纪 70 年代以来，在此发现许多身份较高的贵族墓葬，已发掘的有下寺楚墓、和尚岭楚墓、徐家岭楚墓等。

淅川下寺春秋楚墓群是一个春秋中晚期的楚国贵族墓群，位于河南省南阳市淅川县丹江口水库西岸的仓房镇下寺东沟村。1977 年，河南省西南部大旱，位于该省淅川县境内的丹江口水库水位下降，当地村民在此地发现青铜器。1978—1979 年，河南省文物研究所、河南省丹江库区发掘队、淅川县博物馆联合对下寺墓群进行发掘，共发掘了墓葬 25 座、车马坑 5 座。其中贵族墓有 9 座，陪葬有成套的青铜礼器和玉石等质料的饰物，根据 2 号墓出土的平底鼎上面的铭文“王子午择其吉金”和“令尹子庚民之所敬”等字，专家判断该墓墓主是楚共王和楚康王时期的令尹子庚之墓。该墓群出土随葬品 6098 件，其中王子午升鼎、云纹铜禁和王孙诰编钟等均为中国一级文物。

淅川和尚岭与徐家岭楚墓群位于河南省南阳市淅川县丹江口水库西岸的仓房镇，其中和尚岭楚墓群位于陈庄村东南 1 千米的长岭上，徐家岭楚墓群位于沿江村。1989 年，由于丹江口水库水位下降，和尚岭楚墓和徐家岭楚墓被盗。1990 年 2—3 月，河南省文

淅川楚墓和尚岭 M1 墓底全景

淅川楚墓和尚岭 M2 墓底全景

淅川楚墓徐家岭 M9 车马坑局部

淅川楚墓徐家岭 M9 椁室中东部随葬器物出土情况

淅川楚墓徐家岭 M10 墓底全景

物研究所、南阳地区文物研究所、淅川县博物馆对和尚岭楚墓进行发掘，共发掘墓葬 4 座，其中 2 座为春秋楚墓，M1 出土的克黄升鼎、曾太师奠鼎、卷云纹填漆鼎，M2 出土的鸟嘴兽纹鼎、画像铜壶、仲姬敦、镇墓兽座等，都属于精品文物。1990—1991 年，河南省文物研究院、南阳市文物考古研究所和淅川县博物馆组成考古队，对徐家岭楚墓进行发掘，共发掘 10 座楚国贵族墓葬。其中徐家岭 9 号墓等级较高，出土的青铜神兽极其精美。2004 年 11 月至 2007 年 1 月，南阳市文物考古研究所对被盗的 3 座楚墓进行发掘。

整个楚墓群对研究楚都丹阳、楚国历史文化的发展、楚国与周边诸侯国的关系、当时的礼乐制度以及古文字书法等方面都有着极为重要的参考价值。

“倗”铜浴缶

春秋

口径 24 厘米，通高 40 厘米

南阳市淅川下寺楚墓 M3 出土

现藏于河南博物院

倗湕铜鼎

春秋

口径 22 厘米，高 45 厘米

南阳市淅川下寺楚墓 M2 出土

现藏于河南博物院

蟠夔纹铜鬲

春秋

口径 28.5 厘米，高 27.5 厘米

南阳市淅川下寺楚墓 M1 出土

现藏于河南博物院

蟠虺纹铜簠

春秋

口径 31.6 厘米，通高 21 厘米

南阳市淅川下寺楚墓 M3 出土

现藏于河南博物院

云雷纹环耳铜盘

春秋

口径 39 厘米，高 9.2 厘米

南阳市淅川下寺楚墓 M1 出土

现藏于河南博物院

蟠虺纹镂孔铜俎

春秋

俎面长 31.6 厘米，面宽 21 厘米，通高 21 厘米

南阳市淅川下寺楚墓 M2 出土

现藏于河南博物院

青铜神兽

春秋

长 46 厘米，宽 24.6 厘米，通高 48 厘米

南阳市淅川徐家岭楚墓 M9 出土

现藏于河南省文物考古研究院

铜戈

春秋

长 18.3 厘米，宽 11.6 厘米，厚 1.3 厘米

南阳市淅川和尚岭楚墓 M1 出土

现藏于河南省文物考古研究院

青玉虎形佩

春秋

长 14.6 厘米，宽 4.4 厘米

南阳市淅川下寺楚墓 M1 出土

现藏于河南博物院

谷纹玉环

春秋

直径 6.8 厘米，厚 0.7 厘米

南阳市淅川徐家岭楚墓 M1 出土

现藏于河南省文物考古研究院

卷云纹玉环

春秋

直径 9.9 厘米，厚 0.9 厘米

南阳市淅川徐家岭楚墓 M1 出土

现藏于河南省文物考古研究院

南阳八一路楚彭氏家族墓

2008年6月，南阳市文物考古研究所对南阳市八一路重化公司改造项目名门华府小区进行了文物钻探，发现一批东周、汉代墓葬。经过考古报批，河南省文物考古研究所与南阳市文物考古研究所联合于2008年6—8月对这批古墓葬进行了抢救性发掘。本次共发掘春秋到汉代墓葬45座，陪葬坑2座。

这批楚国贵族墓葬，出土了大量的青铜礼器及精美的玉器，尤其名门华府小区1号墓、2号墓和38号墓是目前南阳市区发现的最为重要的楚国贵族墓葬之一，它不但出土了一套完整的青铜礼器，而且还随葬有一套制作精美的编钟、编磬。丰富的随葬器物、精美地制作工艺以及大量的铜器铭文，对研究南阳地区楚国历史文化的发展、青铜器的制作工艺以及古代音乐等都具有重要的参考价值。通过对这些墓葬出土的铜器铭文的初步考释，也进一步证明这里是一处春秋时期楚国申县的彭氏家族墓地，这为楚国高级贵族墓地的丧葬习俗、埋葬制度以及楚国申公的研究、申县彭氏家族的研究等提供了重要的实物资料。

“彭子射”带盖蟠螭纹繁鼎

春秋

口径 27.4 厘米，通高 34.8 厘米

南阳市八一路楚彭氏家族墓 M38 出土

现藏于南阳市文物考古研究所

“彭子射”带盖蟠螭纹铜汤鼎

春秋

口径 19.2 厘米，腹径 35.1 厘米，通高 37.7 厘米

南阳市八一路楚彭氏家族墓 M38 出土

现藏于南阳市文物考古研究所

“彭射”带盖铜尊缶

春秋

口径 19.6 厘米，腹径 35.5 厘米，

底径 18 厘米，通高 42.5 厘米

南阳市八一路楚彭氏家族墓 M38 出土

现藏于南阳市文物考古研究所

“彭子射”蟠虺纹铜簠

春秋

通长 35.1 厘米，通宽 25 厘米，通高 26 厘米

南阳市八一路楚彭氏家族墓 M38 出土

现藏于南阳市文物考古研究所

带盖蟠虺纹铜盏

春秋

口径 22.4 厘米，通高 20.9 厘米

南阳市八一路楚彭氏家族墓 M38 出土

现藏于南阳市文物考古研究所

铜方敦

春秋

口径 20.2 厘米，通宽 27.1 厘米，通高 27 厘米

南阳市八一路楚彭氏家族墓 M1 出土

现藏于南阳市文物考古研究所

扁茎铜铍

春秋
通长 26.3 厘米，宽 3.3 厘米，厚 1 厘米
南阳市八一路楚彭氏家族墓 M38 出土
现藏于南阳市文物考古研究所

“射之用”铜戈

春秋
通长 27.2 厘米，援长 19.7 厘米，
援宽 3.9 厘米，内长 5 厘米
南阳市八一路楚彭氏家族墓 M38 出土
现藏于南阳市文物考古研究所

月河墓地

月河墓地位于南阳市桐柏县月河镇左庄村北的斜坡地带。1964 年当地曾经出土鼎、罍、盘等青铜器。

1993 年，为配合桐柏县天然碱开发总公司月河碱矿施工，南阳市考古研究所与桐柏县文管办联合对左庄村北进行文物钻探，发现 4 座墓葬，并于 1993 年 11 月至 1994 年 2 月对墓葬进行发掘。其中的一号墓规模较大，为土坑竖穴木椁墓，出土大量青铜器、玉器，青铜器有鼎、缶、壶、匜、盂、盘、铎等，玉器有璧、瑗、璋、琮、璜、戈等。墓中出土的铜铎发现有铭文“养子白受之铎”，表明墓主是嬴姓小国养国的国君受。

2001 年 10 月至 2002 年 1 月，为配合宁西铁路建设，河南省文物考古研究所、桐柏县文物管理委员会联合对月河墓地进行了抢救性发掘，清理东周时期墓葬 22 座，出土了一批青铜器、玉器，青铜器有鼎、鬲、壶、罍、盘、匜、匕、铜带钩等。

龙纹管状玉玦

春秋

直径 2 厘米，内径 1.1 厘米，

高 2.55 厘米，厚 0.5 厘米

南阳市桐柏县月河镇左庄村 M1 出土

现藏于南阳市文物考古研究所

龙纹玉环

春秋

直径 9.4 厘米，内径 5.8 厘米，

厚 0.25 厘米

南阳市桐柏县月河镇左庄村 M1 出土

现藏于南阳市文物考古研究所

龙纹玉珩

春秋

长 8.8 厘米，宽 2 厘米，厚 0.25 厘米

南阳市桐柏县月河镇左庄村 M1 出土

现藏于南阳市文物考古研究所

龙纹玉珩

春秋

长 7.65 厘米，宽 3.2 厘米，厚 0.3 厘米

南阳市桐柏县月河镇左庄村 M1 出土

现藏于南阳市文物考古研究所

龙纹玉柄

春秋

长 12.3 厘米，宽 2.2 厘米，厚 1.1 厘米

南阳市桐柏县月河镇左庄村 M1 出土

现藏于南阳市文物考古研究所

龙纹玉饰

春秋

长 7.65 厘米，宽 2.3 厘米，厚 0.8 厘米

南阳市桐柏县月河镇左庄村 M1 出土

现藏于南阳市文物考古研究所

龙纹玉牌饰

春秋

长 3.35 厘米，宽 2.6 厘米，厚 0.2 厘米

南阳市桐柏县月河镇左庄村 M1 出土

现藏于南阳市文物考古研究所

龙纹玉觿

春秋

长 8 厘米，宽 1.2 厘米，厚 0.4 厘米

南阳市桐柏县月河镇左庄村 M1 出土

现藏于南阳市文物考古研究所

龙凤纹玉龙

春秋

长 6.7 厘米，宽 2.5 厘米，厚 0.2 厘米

南阳市桐柏县月河镇左庄村 M1 出土

现藏于南阳市文物考古研究所

云龙纹玉虎

春秋

长 14.4 厘米，宽 8.4 厘米，厚 0.4 厘米

南阳市桐柏县月河镇左庄村 M1 出土

现藏于南阳市文物考古研究所

云龙纹玉虎

春秋

长 12.5 厘米，宽 3.65 厘米，厚 0.1—0.3 厘米

南阳市桐柏县月河镇左庄村 M1 出土

现藏于南阳市文物考古研究所

龙纹玉虎

春秋

长 14.45 厘米，宽 6.7 厘米，厚 0.25 厘米

南阳市桐柏县月河镇左庄村 M1 出土

现藏于南阳市文物考古研究所

龙纹玉虎

春秋

长 6.7 厘米，宽 6.3 厘米，厚 0.25 厘米

南阳市桐柏县月河镇左庄村 M1 出土

现藏于南阳市文物考古研究所

龙纹玉虎

春秋

长 13.6 厘米，宽 6.9 厘米，厚 0.2 厘米

南阳市桐柏县月河镇左庄村 M1 出土

现藏于南阳市文物考古研究所

上蔡郭庄楚墓

郭庄楚墓位于驻马店市上蔡县大路李乡郭庄村，共有两座墓葬，其中位于南侧的主墓是大型的积石积沙墓。2005 年 5 月至2006 年 7 月，河南省文物考古研究所对该墓进行抢救性考古发掘，出土各种青铜器物 1000 余件、玉器 200 余件及少量陶器。

郭庄楚墓出土的青铜器上的铭文，有“楚王孙”“陈公”“曾侯”等人名，推测墓主人当是其中的“楚王孙”。郭庄墓葬规模宏大，结构具有鲜明的时代特点，密集的祭祀坑群在楚国墓葬中较为罕见，对研究楚墓祭祀制度颇有价值，且铜器铭文内容丰富，有重要的历史信息。

2006 年，郭庄楚墓被国务院公布为第六批全国重点文物保护单位，并入第四批全国重点文物保护单位。

驻马店市上蔡县郭庄一号楚墓墓底全景

嵌红铜浴缶

春秋

口径 23.8 厘米，通高 39.3 厘米

驻马店市上蔡县郭庄楚墓 M1 出土

现藏于河南博物院

叶县旧县四号春秋墓

叶县旧县四号春秋墓位于平顶山市旧县乡常庄自然村西。2002 年初发现该墓被盗，2002 年 3 月至 4 月，平顶山市文物管理局与叶县文管所对这座墓葬（M4）进行了抢救性发掘，清理出土器物 638 件，有礼器、乐器、兵器、车马器、工具、用具、佩玉、棺饰、殓玉等，其中青铜器占绝大多数，玉器次之，其他器物较少。青铜器有鼎、簋、簠、方壶、方甗、浴缶、鉴等礼器，戈、矛、铍、镞、镈、钺等兵器，铜编钟、铜编镈、跽座人俑与鼓架等乐器。玉器有项饰、四璜联珠组玉佩、玉璧、玉璜、玉珩、瓒、戈、镞、踏玉等。根据此墓的形制和出土器物的特征，以及青铜器铭文综合考证，此墓应即春秋时期许国国君许灵公的墓葬。

束腰垂鳞纹升鼎

春秋

口径 58 厘米，耳高 13.5 厘米，

足高 21 厘米，宽 72 厘米，通高 60 厘米

平顶山市叶县旧县四号墓出土

现藏于平顶山市叶县文物管理局

多戈铜戟

春秋

宽 18.5 厘米，通高 19.7 厘米，

銎口长径 3.4 厘米，短径 2.8 厘米

平顶山市叶县旧县四号墓出土

现藏于平顶山市叶县文物管理局

人面铜带扣

春秋

宽 2.9 厘米，高 3.1 厘米

平顶山市叶县旧县四号墓出土

现藏于平顶山市叶县文物管理局

跽坐铜人

春秋

高 13 厘米

平顶山市叶县旧县春秋墓地出土

现藏于平顶山博物馆

汤阴羑河墓地

汤阴羑河墓地位于安阳市汤阴县韩庄乡羑河村。2012年配合南水北调安阳汤阴段第三标段羑河村取土区建设进行发掘，共清理古墓葬318座，出土大量青铜器、陶器等。其中M1出土的吴王诸樊短剑中脊两侧各刻铭文14字、共计28字。文字刻划精准，内容丰富，是2000多年前三晋文化与吴越文化在中原地区交流、碰撞的新证。

吴王诸樊铜短剑

春秋

剑柄长9.9厘米，格宽4.9厘米，剑身长31.9厘米，通长41.8厘米

安阳市汤阴羑河墓地M1出土

现藏于安阳市文物考古研究所

马鞍冢

马鞍冢位于周口市淮阳县平粮台龙山古城东约一里。因两个土堆相连，状如马鞍，故当地群众称之为“马鞍冢”。1980—1983 年，河南省、周口地区与县文物部门对该冢联合发掘。南冢封土残高 2 米，墓葬平面为“中”字形；北冢封土高 4 米，墓葬平面为“甲”字形。墓中文物均在早年被盗，两冢西 50 米处各有一座车马陪葬坑，北冢陪葬坑长 35 米，宽 4.72 米，葬马 24 匹、车 8 辆、狗 2 只；南坑长 40 米，宽 3.7 米，葬车 23 辆、泥马 20 余匹、旌旗 6 面。另有鼎、敦、壶、盒、簠、豆、匜等陶器、肩舆以及泥质器物等出土。

温县盟书

温县盟书即焦作市温县武德镇西张计村出土的春秋晚期晋国卿大夫之间举行盟誓时记载誓辞的文书，多在圭形石片上用毛笔黑墨写成。1980 年 3 月至 1982 年 6 月，河南省文物研究所等对盟誓遗址进行了发掘，出土石圭、石简、石璋 1 万余件。其中 1 号坑出土盟书 4588 片，大致可分为短体弧腰、长体直腰和等腰三角形三种类型，誓辞内容是：一定要“忠心事主”，决不“与贼为徒”，否则将受到晋国先公在天之灵最严厉的惩罚，夷灭氏族，绝子绝孙。

温县盟书为研究春秋时期的政治经济状况、古代盟誓制度、古文字与书法艺术，提供十分重要的历史实物资料。

温县盟书

春秋

焦作市温县武德镇西张计村盟誓遗址出土

现藏于河南省文物考古研究院

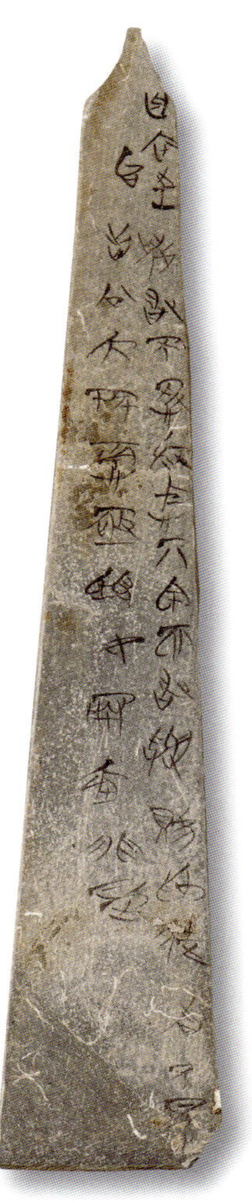
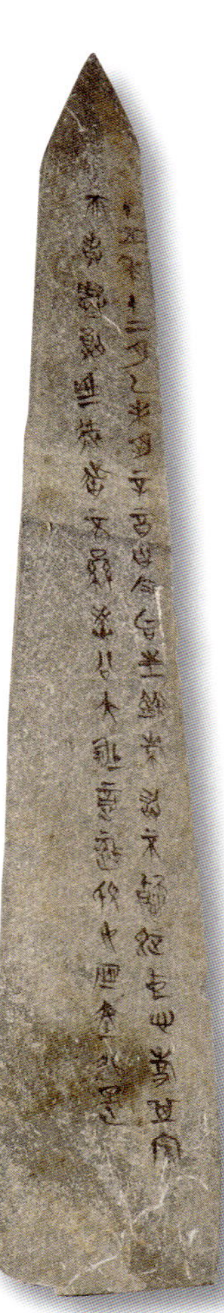
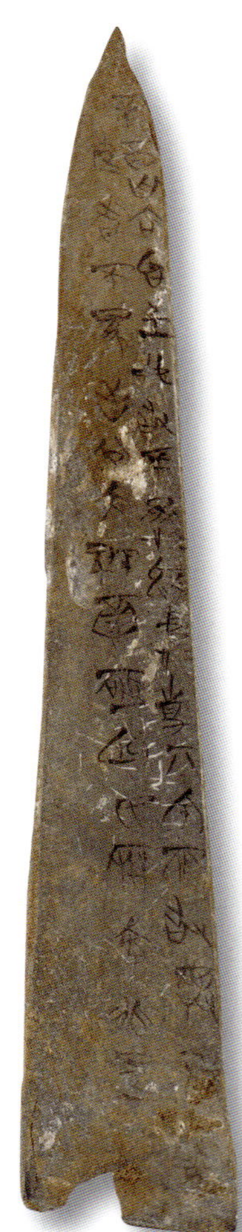

新蔡葛陵楚墓

葛陵楚墓位于驻马店市新蔡县李桥镇葛陵村。1985 年，新蔡文物保管所进行文物普查时，在葛陵故城东北部发现两座古代墓葬，并对其进行了文物钻探，推测该墓葬区的年代当在战国中晚期至西汉早期。1992 年和 1993 年墓葬遭到破坏和盗掘。1994 年 5 月，河南省文物考古研究所对葛陵楚墓进行抢救性考古发掘。该墓为“甲”字形大墓，据该墓出土的铜戟、铜戈上的铭文“平夜君成”和竹简上的“小臣成”推断，墓主人为平夜君成。

葛陵楚墓出土的 1500 余枚竹简，是继长台关楚简之后河南境内第二次发现战国竹简，文字数量近 8000 个。内容主要分为两类：第一类为卜筮祭祷记录，主要为墓主人平夜君成生前的占卜祭祷记录；第二类为遣策，内容为对墓主馈赠物品的清单，此类文书，也被称为“赗书”。葛陵简有九种以事纪年的材料，为研究战国早、中期之交的历史提供了新的线索。同时，葛陵简的内容丰富了对楚国量制系统、生理医疗，楚地居民组织、行政区划等方面的认识。

驻马店市新蔡县葛陵楚墓墓葬结构平面

驻马店市新蔡县葛陵楚墓竹简与马甲片、车栏、伞柄

铜带钩

战国

长 7 厘米，宽 1 厘米

驻马店市新蔡县葛陵楚墓出土

现藏于河南省文物考古研究院

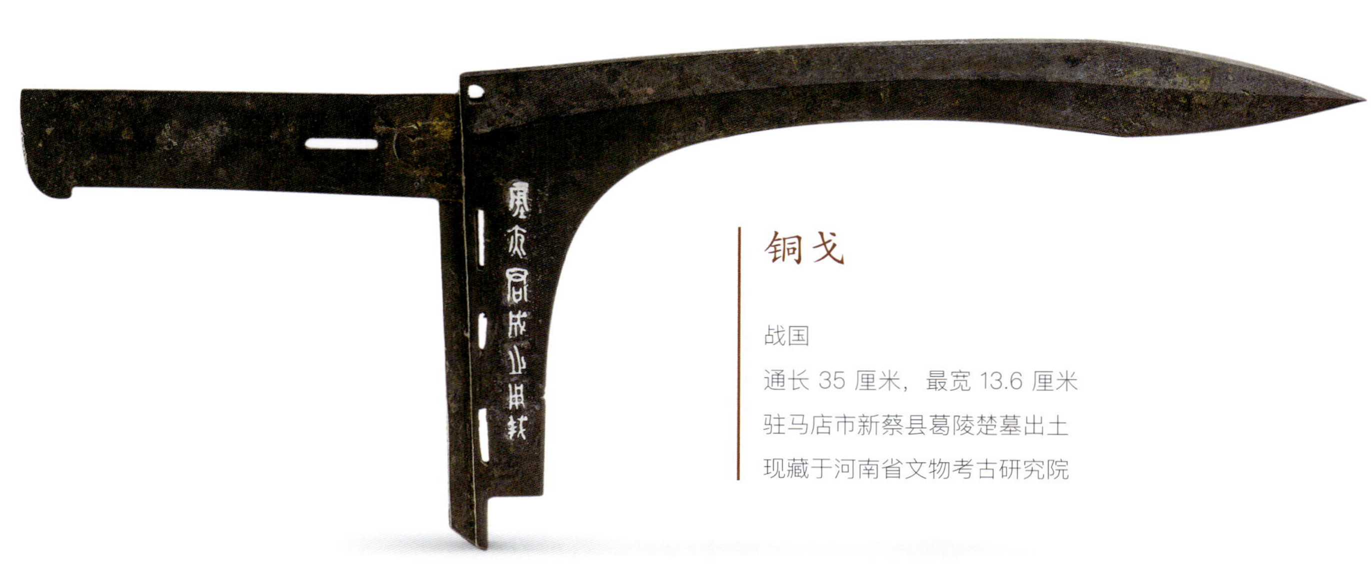

铜戈

战国

通长 35 厘米，最宽 13.6 厘米

驻马店市新蔡县葛陵楚墓出土

现藏于河南省文物考古研究院

异形玉璧

战国

通长 8.2 厘米，宽 4.6 厘米，厚 0.4 厘米

驻马店市新蔡县葛陵楚墓出土

现藏于河南省文物考古研究院

玉璧

战国

直径 6.7 厘米，厚 0.6 厘米

驻马店市新蔡县葛陵楚墓出土

现藏于河南省文物考古研究院

玉环

战国

直径 7.8 厘米，厚 0.5 厘米

驻马店市新蔡县葛陵楚墓出土

现藏于河南省文物考古研究院

白石人

战国

左：宽 1.4 厘米，高 3.6 厘米，厚 0.5 厘米

右：宽 1 厘米，高 4.6 厘米，厚 0.6 厘米

驻马店市新蔡县葛陵楚墓出土

现藏于河南省文物考古研究院

淮阳平粮台楚墓

1979–1989 年，河南省文物考古研究所在发掘淮阳平粮台遗址时发现数十座战国时期的楚墓，出土有鼎、敦、壶、盆、罐等陶器，璧、璜、环等玉器，镜、带钩等铜器。此后在平粮台间或发现一些楚墓，出土一批陶器、铜器等，墓主多为平民。

陶响盒

战国

周口市淮阳平粮台楚墓 M216 出土

现藏于河南省文物考古研究院

正面

背面